Benedikt Jeßing und Ralph Köhnen

Einführung in die Neuere deutsche Literaturwissenschaft

Verlag J. B. Metzler
Stuttgart · Weimar

Die Autoren

Benedikt Jeßing, geb. 1961; Studium der Fächer Deutsch und Biologie in Essen; 1991 Promotion; Studienrat im Hochschuldienst an der Ruhr-Universität Bochum; bei J.B. Metzler sind erschienen: »Johann Wolfgang Goethe«. Sammlung Metzler 288. 1995; »Metzler Goethe Lexikon«. 1999 (Mitherausgeber).
Benedikt Jeßing verfasste die Kapitel: Vorwort, 2.1, 2.2, 3.1, 3.2, 3.4, 3.5, 4, 6.1, 6.7, 6.11., 7 und 8

Ralph Köhnen, geb. 1961; Studium der Germanistik, Anglistik und Kunstgeschichte in Bochum, Berlin und München; 1994 Promotion; Studienrat im Hochschuldienst an der Ruhr-Universität Bochum; Veröffentlichungen zu Literaturgeschichte und -theorie vom 18. bis zum 20. Jh., zur Fachdidaktik sowie zu Komparatistik und Gegenwartskunst.
Ralph Köhnen verfasste die Kapitel: 1, 2.3, 2.4, 3.3, 5, 6.2-6.6 und 6.8-6.10

Bibliografische Information Der Deutschen Bibliothek
Die Deutsche Bibliothek verzeichnet diese Publikation in der Deutschen Nationalbibliografie; detaillierte bibliografische Daten sind im Internet über <http://dnb.ddb.de> abrufbar.

Gedruckt auf chlorfrei gebleichtem, säurefreiem und alterungsbeständigem Papier

ISBN 3-476-01951-9

Dieses Werk einschließlich aller seiner Teile ist urheberrechtlich geschützt. Jede Verwertung außerhalb der engen Grenzen des Urheberrechtsgesetzes ist ohne Zustimmung des Verlages unzulässig und strafbar. Das gilt insbesondere für Vervielfältigungen, Übersetzungen, Mikroverfilmungen und die Einspeicherung und Verarbeitung in elektronischen Systemen.

© 2003 J. B. Metzlersche Verlagsbuchhandlung
und Carl Ernst Poeschel Verlag GmbH in Stuttgart

www.metzlerverlag.de
info@metzlerverlag.de

Einbandgestaltung: Willy Löffelhardt

Satz: DTP + TEXT Eva Burri, Stuttgart
Druck und Bindung: Ebner & Spiegel GmbH, Ulm

Printed in Germany
September 2003

Verlag J. B. Metzler Stuttgart · Weimar

Inhaltsverzeichnis

1. Einleitende Fragestellungen und Grundbegriffe 1
2. Literaturgeschichte 11
   2.1 Terminologisches: Epochenbegriffe 11
   2.2 Von der Reformation bis zur Französischen Revolution ... 13
       2.2.1 Literatur der Renaissance und des Humanismus:
             Zwischen Reformation und dem Beginn
             des Dreißigjährigen Krieges 13
       2.2.2 Die Literatur des 17. Jahrhunderts: Barock 19
       2.2.3 Literatur des 18. Jahrhunderts: Aufklärung 25
   2.3 Von der Französischen Revolution bis zum Ersten Weltkrieg 33
       2.3.1 Reaktionen auf die Französische Revolution: Romantik ... 33
       2.3.2 Krise der Romantik und das Biedermeier 37
       2.3.3 Frühe Formen des Realismus und Vormärz 39
       2.3.4 Nach 1848: Der poetische Realismus 42
       2.3.5 Vom Naturalismus bis zum Expressionismus 46
   2.4 Vom Ersten Weltkrieg bis zur Gegenwart 56
       2.4.1 Die Avantgarden nach dem Ersten Weltkrieg 56
       2.4.2 Literarische Extreme in der Weimarer Republik 57
       2.4.3 Das ›Dritte Reich‹ und die unmittelbare Nachkriegszeit . 61
       2.4.4 Literatur der DDR 63
       2.4.5 Literatur der Bundesrepublik 68
       2.4.6 ›Postmoderne‹ 72
3. Literarische Gattungen 77
   3.1 Terminologisches: Gattungsbegriffe 77
   3.2 Lyrik 79
       3.2.1 Zum Begriff der Lyrik 79
       3.2.2 Formelemente und Formen der Lyrik 80
       3.2.3 Zur Geschichte der Gattung: Verschiedene Konzeptionen
             von Lyrik 91
   3.3 Drama 99
       3.3.1 Probleme des Dramas 99
       3.3.2 Bauelemente des Dramas und dramaturgische Begriffe ... 99
       3.3.3 Theorie: Wirkungsabsichten des Dramas 105
       3.3.4 Historische Untergattungen 110
   3.4 Erzählende Prosa 119
       3.4.1 Epik – Erzählen – Erzählende Prosa 119

VI Inhaltsverzeichnis

      3.4.2 Strukturelemente des Erzählens 121
      3.4.3 Gattungen erzählender Prosa 128
  3.5 Literarische ›Gebrauchsformen‹ 137

4. Rhetorik, Stilistik und Poetik 145
  4.1 Terminologisches: Stilistische und poetologische Fachbegriffe 145
  4.2 Rhetorik und Poetik 146
  4.3 Rhetorik und literarische Stilistik 153

5. Literatur und andere Künste: Formen der Intermedialität 161
  5.1 Methodologie und Begriffe 161
  5.2 Literatur und bildende Kunst 165
  5.3 Literatur und Musik 171
  5.4 Gesamtkunstwerk 176
  5.5 Literatur und Film 180
  5.6 Literatur und Radio 185

6. Literaturwissenschaftliche Methoden und Theorien 189
  6.1 Zur Fachgeschichte der Neueren deutschen Literatur-
        wissenschaft 189
  6.2 Hermeneutik 195
      6.2.1 Verstehen als Problem 195
      6.2.2 Geschichte und Positionen der Hermeneutik 195
      6.2.3 Diskussion und neuere Tendenzen der Hermeneutik 201
  6.3 Formanalytische Schule 206
      6.3.1 Emil Staiger: Einfühlung und Analyse 206
      6.3.2 Wolfgang Kayser: Die werkimmanente Interpretation
             und ihre Folgen 207
  6.4 Rezeptionsästhetik 210
      6.4.1 Hans R. Jauß: Grundlegung der ›Konstanzer Schule‹ 210
      6.4.2 Wolfgang Iser: Die Rolle des Lesers im Text 211
      6.4.3 Rezeptionsästhetik und Strukturalismus 212
      6.4.4 Kritik und Perspektiven 213
  6.5 Psychoanalytische Literaturwissenschaft 215
  6.6 Strukturalismus, Poststrukturalismus
        und Dekonstruktion 219
      6.6.1 Strukturalismus 219
      6.6.2 Poststrukturalismus 222
      6.6.3 Dekonstruktion 224
  6.7 Sozialgeschichte der Literatur/Literatursoziologie 229
      6.7.1 Zur Vorgeschichte sozialgeschichtlicher
             Literaturwissenschaft 229
      6.7.2 Analysegegenstände und zentrale Fragestellungen 232
      6.7.3 Ende und/oder Nachgeschichte sozialgeschichtlicher
             Literaturwissenschaft 236

6.8 Diskursanalyse 238
    6.8.1 Begriffsentwicklung 238
    6.8.2 Michel Foucault: Grundlegungen des Diskursbegriffs 238
    6.8.3 Foucaults Kritik der Institutionen und Machtanalytik ... 240
    6.8.4 Anwendungsmöglichkeiten in der Literaturwissenschaft 241
    6.8.5 Perspektiven und Kritik 244
6.9 Systemtheorie 247
    6.9.1 Begriffsentwicklung 247
    6.9.2 Niklas Luhmann: Grundbegriffe 248
    6.9.3 Vorgänge des Beobachtens 249
    6.9.4 Wechselwirkung zwischen Literatur und anderen Teilsystemen 250
    6.9.5 Literarische Autopoesis als Systembildung 251
    6.9.6 Perspektiven für die Literaturwissenschaft und Kritik 253
6.10 Medienwissenschaften 256
6.11 Kulturwissenschaftliche Ansätze 262
    6.11.1 Cultural Studies 262
    6.11.2 Feministische Literaturtheorie / Gender Studies............ 265
    6.11.3 New Historicism 268
    6.11.4 Anthropologie 270

7. Literaturwissenschaftliche Praxis 273
  7.1 Arbeitstechniken des literaturwissenschaftlichen Studiums 273
  7.2 Editionsphilologie 280
  7.3 Berufsfelder für Germanist/innen 286

8. Anhang 295
  8.1 Bibliografie 295
  8.2 Personenregister 302
  8.3 Sachregister 312

Vorwort

In einem Brief an den Freund, Musiker und Schriftsteller Johann Friedrich Rochlitz teilt Goethe das Lesepublikum seiner Zeit rigoros und kritisch in drei zu unterscheidende Gruppen ein:

> »Es giebt dreierley Arten Leser: Eine, die ohne Urtheil genießt, eine dritte, die ohne zu genießen urtheilt, die mittlere, die genießend urtheilt und urtheilend genießt; diese reproducirt eigentlich ein Kunstwerk auf's neue. Die Mitglieder dieser Classe [...] sind nicht zahlreich, deshalb sie uns auch werther und würdiger erscheinen« (13. Juni 1819).

Die Kriterien für diese Dreiteilung des Lesepublikums sind, in unterschiedlicher Zusammensetzung, »Urtheil«, also kritisches Unterscheidungsvermögen, *und* »Genuß«, also sinnliche Erfahrung. ›Lesen‹ setze, so Goethe, beides voraus: Bloßer Genuss, sinnliches ›Verschlingen‹ der Bücher, sei ebenso wenig ›Lesen‹ wie der rein kritisch-analytische Blick. Und gelungenes Lesen sei viel mehr als Genuss und Urteil, nämlich die nochmalige Herstellung des literarischen Kunstwerks selbst, sei es als einfühlendes Nacherleben, kongenialer Nachvollzug oder konstruktive Eigenschöpfung.

Gleichgültig, ob heute diese Vorstellung vom idealen Leser noch geteilt werden kann oder nicht – die **Befähigung zu einem Umgang mit Literatur**, der ihrer Komplexität ebenso angemessen ist wie ihrem Kunstcharakter, ist in unseren Tagen ebenso wünschenswert wie zur Zeit Goethes. Literatur ist, emphatisch gesprochen, eine spezifische Form kulturellen Gedächtnisses, die intensive Beschäftigung mit Literatur ist **gesellschaftliche Erinnerungsarbeit**. Und Literatur ist allen anderen Formen des kollektiven Erinnerns überlegen: Denn nirgends sonst werden geschichtliche Erfahrungen in so hohem Maße gleichzeitig vergesellschaftet und radikal individualisiert versprachlicht sowie in ästhetische Form gebracht wie in der Literatur. In literarischen Texten sprechen Individuen, Autorinnen und Autoren; wie sie sprechen, ist aber nicht nur individuell, sondern über die Sprache und die Vielzahl stilistischer und literarischer Traditionen, die sie benutzen, mit der Gesellschaft und der Geschichte verbunden.

Hier hat die Neuere deutsche Literaturwissenschaft ihren Sitz im Leben: Sie ist die Universitätsdisziplin, durch die die Techniken und Mittel weitergegeben werden, sich diese Wissensbestände anzueignen und so das kulturelle Gedächtnis zu verlängern. Texte aus dem 16., dem 18. oder dem 20. Jahrhundert zu lesen, sie zu verstehen oder sie verstehen zu lernen, sie zu ›deuten‹ im Kontext ihres eigenen Horizonts oder auch im Horizont heutiger Leser/innen – all dies erst setzt die kulturelle Überlieferung fort.

Die wissenschaftliche Beschäftigung mit Literatur setzt beide von Goethe thematisierten Wahrnehmungskategorien voraus: sinnliches Vermögen, Genuss und Anteilnahme ebenso wie ein wissenschaftliches Analyseinstrumentarium, kritisches Unterscheidungs- und Urteilsvermögen. Anteilnahme an literarischen Texten lässt sich nicht lernen, vor dem Beginn des Studiums der Literaturwissenschaft sollte jede(r) Studierende sich selbst vergewissern, ob sie bzw. er überhaupt gerne (viel und intensiv) liest! Das Studium geht natürlich weit über das Lesen hinaus: Es vermittelt die wissenschaftlichen Beschreibungs- und Analyseverfahren, die zu einer plausiblen Deutung eines literarischen Textes führen, zu einem begründeten Urteil.

Dieser Band stellt dieses literaturwissenschaftliche Handwerkszeug systematisch vor, das heißt, er bildet in seiner Gliederung das **Profil der Neueren deutschen Literaturwissenschaft** nach ihren Gegenständen, Verfahren, Methoden und ihrer Terminologie ab und beabsichtigt, ohne im Spektrum der Methoden und Zugangsweisen selbst Position zu beziehen, die Bandbreite literaturwissenschaftlicher Reflexionsgegenstände annähernd neutral zu präsentieren:

- **Grundlegende Begriffe** wie ›Autor‹, ›Literatur‹, ›Text‹, ›Werk‹, ›Leser‹, ›Interpretation‹;
- **Textanalytisches Instrumentarium**: gattungspoetologische und -analytische Grundkategorien;
- **Literaturgeschichtliches Ordnungswissen**: literaturgeschichtliche Epochen und wissenschaftliche Periodisierungssysteme;
- **Rhetorik und Poetik** sowie rhetorische und stilistische Fachbegriffe;
- Literaturwissenschaftlich relevante **Wissensbestände aus anderen Künsten**: Kunstkomparatistik, Intermedialität;
- **Methodologisches Wissen**: eine Fachgeschichte der germanistischen Literaturwissenschaft und Erläuterungen zur Methodengeschichte des letzten Jahrhunderts;
- **Literaturwissenschaft in der Praxis**: Textedition, Studium, Wissenschaft, Berufsfelder für Literaturwissenschaftler/innen.

Denn die Neuere deutsche Literaturwissenschaft hat ganz praktische Bezüge: Sie stellt eine Reihe von Kompetenzen zur Verfügung, die in unterschiedlichen Berufsfeldern der gegenwärtigen Gesellschaft gefragt sind (dazu ausführlich s. Kap. 7.3).

Das Ziel dieser Einführung ist ein umfassender **Überblick über das Grundwissen** der Neueren deutschen Literaturwissenschaft, der die Einführungsveranstaltung im ersten Studiensemester begleiten und die eventuelle Abschlussklausur vorbereiten helfen soll. Darüber hinaus aber sollen bis zur Examensvorbereitung relevante grundlegende Orientierungen in den verschiedenen Abteilungen des Faches bereitgestellt werden. Das Ziel wäre jedenfalls erreicht, wenn die Leserin oder der Leser dieses Buches sich besser in den Stand gesetzt fühlte, über Literatur ›genießend urteilen zu können und sie gleichzeitig urteilend zu genießen‹ sowie Literaturerfahrung in verschiedenste Formen mündlicher und schriftlicher Mitteilung übersetzen zu können: in ein Statement oder ein Kurzreferat, in Moderation, Podiumsdiskussion oder Streitgespräch, schriftliche Hausarbeit, Lexikonartikel oder Literaturkritik – also, um noch einmal mit Goethe zu sprechen, ›das literarische Kunstwerk auf's neue zu reproduciren‹.

Jedes Kapitel dieser Einführung wird mit einer Bibliografie abgeschlossen, in der, neben der im Text zitierten, grundlegende und weiterführende Fachliteratur zum Thema aufgeführt ist. Auf die in dieser Bibliografie genannten Titel wird im Text verwiesen in der Kurzform (Autorname Jahreszahl, Seite).

Darüber hinaus versammelt die **Abschlussbibliografie** weitere Fachliteratur, die als Handwerkszeug des literaturwissenschaftlichen Studiums unverzichtbar ist: Wichtige Literaturlexika, die prominenten mehr- und einbändigen Literaturgeschichten, weitere Einführungen in die Neuere deutsche Literaturwissenschaft, in die Textanalyse und die Bücherkunde, die zentralen periodisch erscheinenden und abgeschlossenen Fachbibliografien, die Titel der wichtigsten Fachzeitschriften sowie hilfreiche Internetseiten. Schließlich ermöglichen ein Personen- sowie ein Sachregister die gezielte Arbeit mit dem Band.

1. Einleitende Fragestellungen und Grundbegriffe

Die Literaturwissenschaft beschäftigt sich gewissermaßen mit einem Sonderfall gesellschaftlicher Kommunikation: Jemand schreibt etwas, das ein anderer druckt und verbreitet, was schließlich ein oder viele Dritte(r) lesen. Wer aber ist der, der da schreibt? Was denkt er sich beim Schreiben? Denkt er sich überhaupt etwas? Was ist an dem, was er schreibt, so besonders, dass es ›Literatur‹ genannt werden kann? Wie sehen die Verfahren und Techniken der Vermittlung aus? Welche Medien werden benutzt? Und: Wem wird das Geschriebene vermittelt, wer liest? Oder hört? Und wie und in welchen Situationen? Was ist eigentlich lesen, verstehen, interpretieren?

Die scheinbar einfachen Antworten auf diese Fragen werden von der Literaturwissenschaft problematisiert. ›Autor‹, ›Text‹ und ›Leser‹ etwa haben keine absoluten Bedeutungen; die Begriffe sind vielmehr unter historischen Bedingungen gewachsen und auch veränderbar.

Autor

Zu den Selbstverständlichkeiten des Alltagswissens gehört die Vorstellung, dass es jemanden gibt, der einen Text schreibt und für den Inhalt mit seinem Namen einsteht: den Autor. Der Begriff selbst ist abgeleitet vom lat. Wort *auctor,* das soviel wie Urheber, Verfasser, glaubwürdiger Gewährsmann, Vorbild und schließlich auch Schriftsteller bedeutet. Den modernen Begriff des Autors gibt es erst seit Ende des 18. Jahrhunderts. Allerdings gab es schon im Mittelalter Dichter und Sänger, die selbstbewusst auftraten und eine wichtige Rolle sowie Bezahlung an den Höfen beanspruchen konnten.

Aber erst von dem Zeitpunkt an, wo das moderne Individuum ein Selbstbewusstsein entwickelt und sich, wenn es dichtet, als **Genie** begreift, gibt es auch den Gedanken eines exklusiven **geistigen Eigentums** an einer Idee oder an einem Text. Der Autor ist dann nicht mehr der Wissenschaftler oder Gelehrte, wie ihn Buchdruck und Humanismus hervorgebracht haben, sondern schöpft aus sich bzw. seiner Natur und seiner Empfindung; die Idee, an der er arbeitet, denkt er als sein Eigentum. Wenn der Dichter sich seiner selbst bewusst wird, wenn er sein Leben als literarischen Gegenstand behandelt (in den autobiografischen Texten), wenn er sich vor Raubdrucken, die im 18. Jahrhundert an der Tagesordnung waren, schützen will und er schließlich mit künstlerischer Arbeit Geld verdienen und seine Position als Dichterinstitution festigen will, muss ihm auch an einer rechtlichen Absicherung gelegen sein.

Das Allgemeine Preußische Landrecht von 1794 formulierte dieses Rechtsverhältnis (wenn auch zunächst nur in Bezug auf den Verleger) und legte damit den Grundstein dafür, dass die geistige Arbeit geschützt wird – bis zum heutigen **Urheberrecht** der BRD (vgl. §2 oder 7) oder dem Welturheberrechtsabkommen von 1955, das alle wichtigeren Staaten mittlerweile unterzeichnet haben. Aus diesem Verständnis des Autors als Rechtssubjekt, der über sein Werk herrscht und seine Weltanschauungen gleichsam als Institution verkörpert (Bosse 1981), hat sich von Goethe über Fontane, Thomas Mann u.a. das noch heute gelegentlich zitierte Konzept des Großschriftstellers entwickelt, der den entsprechenden Lebensstil selbst zum Kunstwerk stilisieren kann.

Dem entgegen steht ein anderes extremes Konzept, das in der Moderne seit 1900 angebahnt wird – wenn Schriftsteller vom **Verschwinden des Autors** aus der Literatur reden und so tun, als ob der Text maschinengleich sich selber schreibt oder nur eine Sache von Wörtern untereinander ist, die sich zum Text zusammenschließen, eine Wortkunst also, die sich wie eine selbst produzierende Maschine aus einem großen Intertext gleichsam selber baut. Der Autor kann damit in die Anonymität flüchten oder ganz unparteiisch die Wirklichkeit selbst zum Material von Kunst nehmen und diese Rohstoffe für seine Wort- oder Bildketten montieren. Die Wendung vom ›Tod des Autors‹ geht seit Roland Barthes durch die Debatten, und Michel Foucault (1974) hat die provokante Frage gestellt, wen es überhaupt kümmere, wer spricht – denn der Autor sei nur eine historische Erfindung, deren Rechtsansprüche hinter dem Spiel der Wörter und der Macht der Diskurse zurücktreten würden (s. Kap. 6.9).

Bereits in den romantischen Künstlerzirkeln wird ein anderes Verständnis geprägt, nämlich das der Künstlergemeinschaft: Künstlerfreunde verfassen zusammen Texte, die schließlich auch vom Publikum weitergeschrieben werden können. Diese **Vorstellung eines Künstlerkollektivs** lebt heute weiter in literarischen ›workshops‹ oder ›factories‹, vor allem aber im interaktiven Schreiben am Computer, das die Hierarchien von Autor und Leser auf den Kopf stellen kann und einem *simultaneous engineering* verschiedener Autoren weicht, vielleicht zum gänzlich anonymen Vorgang wird. Die problematischen Fragen des Urheberrechtes werden derzeit diskutiert; kopierte oder collagierte Literatur aus dem Netz als eigene auszugeben ist nach wie vor nicht legal, mittlerweile gibt es sogar Internet-Services, die die Autorschaft von Texten durch Netzrecherche feststellen können.

Text – Literatur

Der Begriff des **Textes** geht auf lat. *textus* zurück, was das zum Gewebe Verdichtete, spezieller das Geflecht aus Wörtern meint. Wird dieses schriftlich fixiert, könnte man, entsprechend lat. *littera*: Buchstabe, von Literatur sprechen: **Literatur im weitesten Sinne ist fixierter Text** – wenngleich es natürlich Möglichkeiten von mündlicher Textweitergabe oder Rezitation gibt. Geschriebener Text ist aber nicht einfach verschriftlichter mündlicher Text – es findet also nicht nur ein Wechsel des Ausdrucksmaterials statt. Denn die nachhaltige Wirkung des Textes beruht auf dem schlichten Effekt, dass der Text, einmal auf Papier geschrieben und veröffentlicht, sich von den direkten Absichten seines Autors abkoppelt und in neuen räumlichen und historischen Umgebungen auch neue Bedeutungen annehmen kann.

Anders als die situationsgebundene Rede existiert Schrift also unabhängig von ihrem Entstehungskontext weiter. Die Dauerhaftigkeit des Textes mag auch der Grund dafür sein, warum Dichtung sich meist um sprachliche Komprimierung und Verfeinerung, also um Abgrenzung zur gesprochenen oder Alltagssprache bemüht (einmal davon abgesehen, dass das Hörverstehen eher Einfachheit, Wiederholungen o.Ä. erfordert und gerade keine verdichtete Rede). Mit der Metapher des Webens wird aber auch die Verbindung der Textschichten deutlich – man kann Teile nicht vertauschen (oder den ›Erzählfaden‹ heraustrennen), ohne dass sich der Text erheblich verändert: Eine ausgewählte, komponierte Form ist Kennzeichen des literarischen Textes.

In diesem Sinne ist **Literatur** ein spezieller Fall in der Welt der Texte. Als Schriftgebäude ist der Text dafür prädestiniert, fiktive Welten zu entwerfen, die über die konkrete Situation der Entstehung hinausgehen. Folgende **grundlegenden Funktionen** kann sie dabei entfalten:

- Eine **referenzielle Funktion**: Texte beziehen sich auf eine Wirklichkeit; sie stellen allerdings fiktive Welten dar, die aber nicht mit der allgemein erfahrenen Realität zu verwechseln sind – das fiktive Venedig in Thomas Manns *Tod in Venedig* ist nicht identisch mit dem geografischen Venedig. Auch wenn man gewisse Äußerlichkeiten, Gebäude etc. wiedererkennen könnte, bleiben Handlung und Figuren erfunden; damit wird auch die Stadt Teil der fiktiven Welt. Darin liegt ein wichtiger Unterschied zum so genannten expositorischen Text oder Gebrauchstext, der im politisch-journalistischen Essay (s. Kap. 3.5) auch literarische Qualitäten haben kann, sich aber direkt auf die Alltagswelt bezieht und diese im pragmatischen Bezug beschreiben oder Handlungsanweisungen geben will wie beispielsweise bei einer Gebrauchsanleitung.
- Eine **expressive Funktion**, wenn der Autor seine Stimmungen, Gefühle oder Einbildungskraft zum Ausdruck bringen will, wie etwa in der Stimmungslyrik der Empfindsamkeit, des Sturm und Drang über die Romantik bis zum Expressionismus oder in der subjektiven Lyrik der Gegenwart.
- Eine **appellative Textfunktion**, die darin liegen kann, dass ein Autor engagiert Stellung bezieht zu politischen oder moralischen Fragen und versucht, auf möglichst suggestive Weise dem Leser seine Argumentation nahe zu legen, um damit die größtmögliche Wirkung zu entfalten.
- Eine **ästhetische Funktion**, die sich darin geltend macht, dass Literatur Sprache selbst als ein experimentelles Mittel behandeln kann, mit dem man nicht nur etwas bezeichnet und ausdrückt, sondern auch spielerisch umgehen kann. Sprache wird dann zum Selbstzweck: Literatur hat in einer langen Tradition ihre eigenen Ausdrucksformen hervorgebracht, die sie von der Alltagsrede unterscheiden. Gedichte machen etwa auf ihre Lautqualitäten aufmerksam, Erzählungen bauen ihre Bilder sowie ihre Strukturen auf, die auch im Text reflektiert werden können – ein Selbstbezug, der literarische Sprache im Gegensatz zur berichtenden Sprache kennzeichnet, in der nicht über die eigenen Mittel nachgedacht wird.

Diese vier Grundfunktionen, denen man noch einige Unterfunktionen zuordnen könnte (kritische, belehrende oder unterhaltende Funktion usf.), werden von einem Text jedoch selten alle zur Geltung gebracht. Meistens finden sich zwei oder drei Funktionen kombiniert, etwa im Fall der Lyrik des Expressionismus, die zwar auch Phantasmen ausdrücken will, dabei aber ebenso an der ästhetischen Funktion interessiert ist, also z.B. auf die Konstruktion der Bilder setzt.

Eine **Erweiterung des Textbegriffs** stellt das Konzept des **Intertextes** dar. Darunter wird nicht nur ein einzelner Text verstanden, vielmehr wird die Tatsache berücksichtigt, dass Texte aufeinander Bezug nehmen, sich zitieren, variieren oder Reihen bilden und Motive oder auch Strukturen abwandeln können. Dies kann man im historischen Längsschnitt etwa daran zeigen, wie nach der Erfindung des Buchdrucks der Buchmarkt ermöglicht, dass eine wachsende Zahl von Autoren die Texte der anderen Schreibenden zur Kenntnis nimmt und sie abwandeln oder plagiieren kann, also etwa Stoffe und Motive übernommen werden. Aber auch an einem Einzeltext lässt sich nachweisen, welche Vorläufertexte (Prätexte) ihn geprägt haben oder welche nachfolgenden Texte (Posttexte) er seinerseits angeregt hat.

Von **Intertextualität** im engeren Sinne wird dann gesprochen, wenn es sich um eine mehr oder weniger bewusste Bezugnahme, ein direktes Zitat, eine Motivvariation oder eine Anlehnung in der Form handelt (vgl. Pfister 1985). Darüber hinaus gibt es aber auch eine generelle Vorstellung von Intertextualität, die die **allgemeine Vernetzung aller Texte** behauptet. Die Welt wird dann als riesige Bibliothek vorstellbar, in der alle Bücher untereinander kommunizieren, und zwar ohne besonderes Zutun des Autors. Dieser schreibe vielmehr aus einem Textgedächtnis, in dem sich ein allgemeiner Bildungsvorrat sedimentiert hat, und verknüpft prinzipiell bereits Vorhandenes zu neuen Kombinationen (Kristeva 1987). Fasst man den Textbegriff sehr weit und bezieht ihn auch auf Bilder, Filme oder Musik, lässt sich übergreifend von einem intermedialen Intertext sprechen (Hoesterey 1988, 191), bei dem die Behandlung eines Themas in verschiedenen Kunstformen und Medien analysiert wird (s. Kap. 5).

Über den weiten Intertextbegriff hinaus entstehen mit dem neuen Typ des digitalen **Hypertextes** bisher kaum denkbare Möglichkeiten der Verkreuzung, Ineinanderblendung und auch der Modifikation von Texten. Was die Literatur seit der Romantik erträumte, das Zusammenwirken aller Bücher im fortlaufenden Kunstgespräch, ist mit den Texten im Netz auf eine sichtbare Ebene gehoben worden. Der Text ist dann kein abgeschlossenes Produkt mehr, sondern wird als wandelbar, beweglich und unabschließbar gesehen. Für den Literaturwissenschaftler ergibt sich mit den digitalen Medien ein gewaltiger beweglicher Intertext, der aber mit Erreichen der Hypertext-Ebene auch ausdrücklich interaktiv wird: Die Textmassen im Netz müssen von einem arbeitenden Leser für jeweils ganz spezifische Intentionen in Beziehung gesetzt werden, sonst bleiben sie bedeutungslos.

Werk

Der Begriff des ›Textes‹, so selbstverständlich er heute ist, hat sich in der Literaturwissenschaft erst in den 1970er Jahren durchgesetzt gegen den bis dahin gebräuchlicheren des ›Werkes‹. Aus dem Literaturverständnis der Hermeneutik (s. Kap. 6.2) implizierte dieser eine innige, organische Verbindung von Autor und

Einzeltext, den man im Kontext des Lebens und der Absichten des Autors interpretierte. Mit seinen Intentionen und Schreibweisen sollte der Werdegang eines Autors selbst markiert werden, man sprach von Früh-, Mittel- oder Spätwerk oder nahm sonstige Phaseneinteilungen vor: Das einzelne Werk kennzeichnete dann auch die jeweilige Entwicklungsstufe eines Autors.

Als Problem erwies sich allerdings, dass man damit Autor und Text gleichsetzte, ja dass man die Selbstäußerungen des Autors direkt auf den Text übertrug. Dem Autor wurde die Herrschaft über sein Werk und seine Bedeutungen eingeräumt (vgl. Bosse 1981), die Eigengesetzmäßigkeiten des literarischen Textes wurden kaum beachtet. Weiterhin impliziert der Werkbegriff immer auch eine abgeschlossene Einheit, sowohl für das einzelne literarische Werk als auch für ein Lebenswerk – ein klassizistischer Begriff von Ganzheit, der aber bereits bei den vielfach fragmentarischen Texten der Romantik und denen der Moderne nach 1900 nicht greifen kann.

Diese Probleme erkannte die werkimmanente Literaturwissenschaft (s. Kap. 6.3.2), die begann, das Werk vom Autorwillen zu lösen und Literatur als eigenständiges Form- und Motivgebäude zu analysieren. Spätestens aber seit den 1970er Jahren ist es gebräuchlich geworden, vom ›Text‹ zu sprechen, dem man eine eigenständige Qualität zuerkannte, ihn also von der Autorintention strikt löste. Damit soll nicht geleugnet werden, dass es durchaus erkennbare Stilmerkmale, individuelle Spuren oder eine ›Handschrift‹ eines Autors gibt, die in den Texten durchscheinen (Frank 1979).

Eine Vermischung von Autor und Text aber, wie sie immer wieder im Feuilleton (und auch in Seminararbeiten) zu beobachten ist, sollte auf jeden Fall vermieden werden – der Einzeltext sagt immer mehr, als sein Autor mit ihm beabsichtigt haben könnte. Er bleibt eine fiktive Welt, aus der man nicht strikt auf den Autor schließen kann (wenn etwa die Figur des Hans Castorp aus dem *Zauberberg* etwas sagt, darf die Äußerung keinesfalls dem Autor Thomas Mann zugeschrieben werden). Für die literaturwissenschaftliche Analyse bleibt es methodisch unumgänglich, zwischen dem Text und dem Autorhorizont zu trennen: Nur dann sind die Eigenständigkeiten des Textes adäquat zu erforschen.

Kanon

In diesem Zusammenhang ist in den letzten Jahren intensiv über den Begriff des Kanons (gr. Richtschnur, Messlatte) debattiert worden, der einen verabredeten Fundus von ausgewählten Musterwerken bezeichnet, die als unverzichtbar für kulturelle Bildung eingeschätzt werden. Angesichts einer fortgeschrittenen Literarisierung sowie einer ersten Bücherflut suchte man schon um 1800 nach einer sicheren Kommunikationsbasis und einer Einteilung dessen, was gelesen werden soll und was weniger wichtig ist. Das Problem der Beliebigkeit spitzt sich zu, wenn jeder Leser selbst auch zum potenziellen Autor wird, der wiederum mit einer Buchveröffentlichung hervortreten kann (was derzeit an der Menge der Texte im Internet offenkundig wird).

Über die mehr oder weniger verbindlichen Listen zu lesender Bücher und Autoren, die Anweisungen über das Lesen selbst beinhalten können, wird zumal in Schule und Hochschule auch **Bildungspolitik** betrieben. Die Frage, welche Wissensvorräte auf welche Weise vermittelt werden sollen, interessiert über Schüler/innen und Studierende hinaus auch ein breites allgemeines Publikum, das seine Allgemeinbildung (oder auch nur das Quiz-Wissen) sichern oder gezielt lernen will, sich auf dem aktuellen Diskussionsstand halten und allgemein kulturelle Kompetenzen ausprägen möchte. Neutral gesprochen, handelt es sich beim Kanon insgesamt um Strategien der ökonomischen Handhabung eines riesigen Angebots, dessen unbekanntere Bestandteile in der Gefahr stehen, an den Rand gedrängt zu werden.

Dabei sind die Gefahren der Ausgrenzung noch unbekannter Titel nicht von der Hand zu weisen – dann jedenfalls, wenn die Auswahl willkürlich bleibt und nicht einmal ihre Kriterien durchsichtig gemacht werden. Um dieser Gefahr zu entgehen, muss jeder Kanon begründet werden, zum Beispiel über die Frage, ob ein Text exemplarisch für bestimmte Epochen, für bestimmte Gattungen oder historische Probleme ist, ob er insofern auch historische Aussagekraft mit aktuellem Anspruch hat oder ob er interessant ist, d.h. ob er mit neuen Perspektiven aufwartet. Der Kanon muss insbesondere prinzipiell offen bleiben, damit auch randständige oder neuere Texte berücksichtigt werden können. Ist dies gegeben, scheinen die Vorteile zu überwiegen: Dann ist es möglich, an einem klar konturierten Gegenstandsbereich zu arbeiten, eine Grundlage für die literarische Kommunikation zu erwerben, einen Einstieg in gemeinsame kulturelle Sprachspiele zu schaffen (Fuhrmann 2002) und daran Analysestrategien zu erlernen.

Literarische Wertung

Mit solchen Literaturlisten, wie sie nicht nur in den Lehrplänen, sondern auch in den Feuilletons immer wieder veröffentlicht werden, ist auch die Frage der literarischen Wertung verknüpft, die zum Alltag des Journalisten, Lehrers oder Bildungspolitikers gehört. Dabei hat sich immer wieder gezeigt, dass die Wertung von Lessing bis zum heutigen Feuilleton perspektivgebunden ist – warum und in welcher Hinsicht ein Text als ›gut‹, ›akzeptabel‹ oder ›schlecht‹ bezeichnet wird, sollte also immer transparent gemacht werden.

Kriterien für die literarische Wertung sind u.a.:

- *formale Werte*: Geschlossenheit oder Offenheit, Stimmigkeit oder Brüchigkeit, Einfachheit oder Komplexität eines Textes;
- *inhaltliche Werte*: Wahrheit und Erkenntnis, Moral, Humanität, Gerechtigkeit, kritische Perspektiven;
- *relationale Werte*: Traditionszugehörigkeit oder Normbruch und Innovation, Wirklichkeitsnähe oder -ferne;
- *wirkungsbezogene Werte*: die individuelle, beim Leser erzeugte Wirkung, Spannung oder Langeweile, Leidenseffekte oder Interessantheit (vgl. Heydebrand/Winko 1996).

Lesen/Leser

Über die Begriffe des Kanons und der Wertung wird auch die entscheidende **Rolle des Lesers** deutlich, die sich ebenfalls historisch gewandelt hat. Im Wortursprung des lat. *legere* sind bereits zwei Grundbedeutungen angelegt, die heute noch gebräuchlich sind:

- das Aufsammeln von Dingen (Früchten, Trauben oder ›Wein lesen‹), also das Auswählen von speziellen Gegenständen aus einer allgemeinen Vielheit zu einer bestimmten Ordnung, als Trennen und Zurechtlegen;
- der heute geläufigere Sinn von ›Lesen‹, der das Zusammenlesen von Buchstaben zu Wörtern und Herauslesen von Bedeutungen aus einem Text bezeichnet.

Auch der **Vorgang des Lesens** selbst hat sich weithin gewandelt. Die wenigen Bücher aus Pergament oder Bütten, die bis zur frühen Neuzeit nur ein kleines Lesepublikum hatten (Mönche oder Gelehrte), wurden um 1500 einer intensiven und wiederholten Lektüre unterzogen. Die **Erfindung des Buchdrucks** mit beweglichen Lettern befreite den Leser von der Notwendigkeit des Überliefernns und Memorierens. Der expandierende Buchmarkt ermöglichte eine breite, extensive Lektüre, die dann auch Unterhaltungsfunktionen haben konnte, was um 1800 von den aufklärerischen Pädagogen als reine Zerstreuung oder auch Lesesucht kritisiert wurde (Schön 1987).

Der Versuch, das Lesen auch für Schulzwecke zu disziplinieren und schließlich ein Regelwerk zum methodischen Lesen zu entwickeln, konnte aber nicht verhindern, dass sich mit der Romantik das **Konzept eines aktiven Lesens** entwickelte: Der Leser wurde als Fortsetzer oder Weiterschreiber des Autors verstanden, also als Kommunikationspartner und selbst als Künstler. In diesem Sinne hat später die Rezeptionsästhetik (s. Kap 6.4) die aktive Rolle des Lesers in der Textarbeit betont (Warning 1975).

Diese **verschiedenen Lesebegriffe** prägen bis heute die Diskussionen:

- das *informative Lesen*, das aus Texten Informationen herausklaubt,
- das *interpretierende Lesen*, das zum Ziel gelangen will,
- und das *kreative Lesen*, das einen ästhetischen und gestalterischen Anspruch hat.

Lesen als das Entziffern von Zeichen und Zuweisen von Bedeutungen lässt sich auch auf das Lesen eines Bildes, eines Films, musikalischen Werkes, Theaterstückes oder allgemein von Alltagserscheinungen (z.B. von Mode) übertragen, das der Textlektüre vergleichbar ist (Barthes 1977). Dieser erweiterte Lese- und Textbegriff mag problematisch sein, doch ermöglicht er, die Entzifferungsbemühungen in verschiedenen Kunstformen zu vergleichen (s. Kap. 5) und darüber hinaus Leseweisen zu beobachten, wie sie in den digitalen Medien entstanden sind. Damit hat sich die **intensive zu einer extensiven Lektüre** gewandelt: Der Leser tritt dann als Surfer im Internet auf, der genussvoll schmökert (*browsing*) oder Texte beliebig kombiniert – mit vielseitiger ›Lust am Text‹ (Barthes 1974).

Interpretation

Damit ist schließlich das **zentrale Tätigkeitsgebiet des Literaturwissenschaftlers**, die Interpretation, auf dem Prüfstand. Interpretation (lat. Deutung, Auslegung, Übersetzung) kann zunächst als Deutungsverfahren definiert werden, das in der langen Tradition der Hermeneutik (s. Kap. 6.2) entwickelt worden ist, die sich vor allem mit dem historischen Verstehen, dem Texterklären sowie der praktischen Anwendung biblischer und juristischer Texte beschäftigte. Insofern aber Textverstehen ein unabschließbarer Vorgang ist, der in historisch wechselnden Umgebungen und mit der Beteiligung jedes einzelnen subjektiven Lesers stets neue Bedeutungen hervorbringen kann, fordert Interpretieren vom Leser immer auch einen kreativen Beitrag.

Diesem Verstehensvorgang kann die objektivere ›Sachanalyse‹ eines Textes zur Seite gestellt werden. Das ändert aber grundsätzlich nichts an der Einsicht, dass die vermeintlich objektive Analyse (wie auch das naturwissenschaftliche Forschen) eine subjektive Forschungsperspektive voraussetzt; ein bestimmtes Erkenntnisinteresse bringt auch bestimmte Ergebnisse hervor (Gadamer 1960). Für die Literaturwissenschaft heißt das, dass Interpretieren kein Decodieren von Botschaften ist, die ein für alle mal in einem Text fixiert und regelkonform rückzuübersetzen wären.

Damit jedoch das Interpretationsgeschäft sich nicht in subjektiver Beliebigkeit erschöpft, muss das, was als Deutung verstanden werden will, durch Anhaltspunkte und Belege im Text Plausibilität bekommen bzw. sich in der Auseinandersetzung mit anderen Interpretationen behaupten. In dieser Zusammenarbeit können Interpretationen dann darauf angelegt sein, Fragen zu formulieren, Lücken aufzutun, neue Denkräume anlässlich desselben Gegenstandes zu eröffnen und einer Vielzahl von Perspektiven Raum zu geben.

Literatur

Barthes, Roland: »La mort de l'auteur«. In: *Manteia* 5 (1968), S. 12–17, dt. in: Jannidis, Fotis/Lauer, Gerhard/Martínez, Matías/Winko, Simone (Hg.): *Texte zur Theorie der Autorschaft.* Stuttgart 2000, S. 185–193.
– : *Die Lust am Text.* Frankfurt a.M. 1974.
Bosse, Heinrich: *Autorschaft ist Werkherrschaft.* Paderborn u.a. 1981.
Eco, Umberto: *Lector in fabula. Die Mitarbeit der Interpretation in erzählenden Texten.* München/Wien 1990.
Foucault, Michel: »Was ist ein Autor?« In: ders.: *Schriften zur Literatur.* München 1974.
Frank, Manfred: »Was ist ein literarischer Text und was heißt es, ihn zu verstehen?« In: Nassen, Ulrich (Hg.): *Texthermeneutik: Aktualität, Geschichte, Kritik.* Paderborn u.a. 1979, S. 58–77.
Fuhrmann, Manfred: *Bildung. Europas kulturelle Identität.* Stuttgart 2002.
Gadamer, Hans-Georg: *Wahrheit und Methode. Grundzüge einer philosophischen Hermeneutik.* Tübingen 1960.
Heydebrand, Renate von/Winko, Simone: *Einführung in die Wertung von Literatur.* Paderborn 1996.
Hoesterey, Ingeborg: *Verschlungene Schriftzeichen. Intertextualität von Kunst und Literatur in der Moderne/Postmoderne.* Frankfurt a.M. 1988.

Kristeva, Julia: »Bachtin, das Wort, der Dialog und der Roman« [1967]. In: Hillebrand, Bruno (Hg.): *Zur Struktur des Romans*. Darmstadt 1987, S. 388–407.
Pfister, Manfred: »Konzepte der Intertextualität«. In: Broich, Ulrich/Pfister, Manfred (Hg.): *Intertextualität. Formen, Funktionen, anglistische Fallstudien*. Tübingen 1985, S. 1–30.
Schön, Erich: *Die Verdrängung der Sinnlichkeit oder die Verwandlungen des Lesers*. Stuttgart 1987.
Warning, Rainer (Hg.): *Rezeptionsästhetik*. München 1975.

2. Literaturgeschichte

2.1 Terminologisches: Epochenbegriffe

Eines der wesentlichen Kategoriensysteme, mit deren Hilfe Literaturwissenschaftler ihren Gegenstandsbereich – hier die Literatur seit ungefähr 1500 – ordnen, ist die **Periodisierung der Literatur**, ihre historische Gliederung durch Epochenbegriffe. Das Wort ›Epoche‹ stammt vom griechischen *epoché*, das ›Einschnitt, Hemmung‹ heißt – und in diesem Sinne wurde das Fremdwort auch bis ins 19. Jahrhundert hinein meist verwendet: Ein bestimmtes Ereignis wurde als ›Epoche‹ bezeichnet, als Abschluss eines Zeitraums bzw. als Beginn eines neuen. Erst im Verlauf des 19. Jahrhunderts setzte sich die heutige Bedeutung des Begriffes durch: Er bezeichnet den **Raum zwischen zwei Einschnitten oder Daten**. Um einen Zeitraum überhaupt als ›Epoche‹ bezeichnen zu können, ist man also auf zwei Daten angewiesen. Epochenbezeichnungen können deswegen nur im Rückblick erwogen oder vergeben werden, die eigene Gegenwart ist als Epoche unbestimmbar.

Über die beiden Eckdaten hinaus setzen literaturgeschichtliche Epochenbegriffe Gemeinsamkeiten einer bestimmten Textgruppe in einem bestimmten Zeitraum voraus, Merkmale, die es ermöglichen, die Texte eines Zeitraums von denen der angrenzenden Zeiträume unterscheiden zu können. Dabei ist natürlich nur ein Teil der Merkmale epochenspezifisch, andere wiederum bilden stilistische, gattungspoetologische oder andersartige Kontinuitäten.

Die **Kriterien**, nach denen in der Literaturgeschichtsschreibung Epochen voneinander abgegrenzt und bestimmten literarhistorischen Zeiträumen Epochenbegriffe zugeordnet werden, sind ganz unterschiedlicher Natur bzw. Herkunft:

- **Politik- oder sozialgeschichtliche Unterscheidungskriterien** können auf die Literaturgeschichte übertragen werden: Die Literatur zwischen 1830 und 1848 etwa wird als ›Vormärz‹ bezeichnet, d.h. sie ist vor der Märzrevolution 1848 entstanden; die Literatur zwischen 1871 und 1918 heißt grob zusammengefasst ›Literatur des Kaiserreichs‹, nach 1945 spricht man von der ›Literatur der BRD‹ bzw. der DDR.
- **Philosophie-, ideen- oder auch religionsgeschichtliche Epochenbezeichnungen** werden auf literarhistorische abgebildet: Literatur des Humanismus, der Reformation oder der Aufklärung.
- Neben diesen beiden literaturexternen Periodisierungskatalogen werden auch **literaturinterne Kriterien** zur Epochengliederung genutzt: Poetikgeschichtliche, ästhetisch-programmatische oder stilistische Konzepte oder Unterscheidungsmerkmale: ›Barock‹ ist ein Stilbegriff, der aus der Kunstgeschichte auf die Literatur des 17. Jahrhunderts übertragen wird; eine kleine Gruppe von Texten junger Autoren zwischen 1770 und 1785 mit einem ganz bestimmten ästheti-

schen Programm lässt sich unter dem Begriff ›Sturm und Drang‹ zusammenfassen; ›Ästhetizismus‹ bzw. ›Hermetik‹ sind stilistische Konzeptionen um 1900 bzw. nach dem Zweiten Weltkrieg.
- Epochenbegriffe können auch aus den **Einschätzungen viel späterer Zeiten** resultieren, Literaturgeschichtsschreibung dokumentiert immer auch die Rezeptions- und Kanonisierungsgeschichte der Literatur: So ist etwa der Begriff der ›Weimarer Klassik‹ eine Erfindung der zweiten Hälfte des 19. Jahrhunderts, der nicht so sehr aus den Texten Goethes und Schillers zwischen 1788 und 1805 selbst abgeleitet wird, sondern aus der Stilisierung und Verklärung vor allem der Autoren resultiert.

Epochenbegriffe sind also immer **wissenschaftliche Konstruktionen**: In Bezug auf bestimmte literaturinterne oder -externe Kriterien wird die Literaturgeschichte in Abschnitte eingeteilt. Weil es mehrere Orientierungssysteme der Literaturgeschichtsschreibung gibt, deren eigene Epochengliederungen voneinander abweichen, überschneiden sich häufig Epochen der Literaturgeschichte oder sie laufen mitunter sogar parallel zueinander. Epochenbegriffe erlauben schon für das 18. Jahrhundert keine genaue Trennung zwischen tatsächlichen Zeiträumen. Das gilt umso stärker für das 19. und 20. Jahrhundert, in denen die literarische Produktion ungeheuer anstieg. Hier lassen sich insofern nur noch literarische Gruppierungen oder Strömungen beobachten, die dann natürlich auf einer historischen Zeitachse eingeordnet werden können.

Trotz des Konstruktcharakters der Epochenbegriffe benötigt die Literaturwissenschaft diese. Sie erleichtern die wissenschaftliche Verständigung über die Literatur im historischen Prozess und ermöglichen auf unterschiedliche Weise das Verständnis der Literatur aus ihrer Zeit, ihrer Sozial-, Ideen- und Stilgeschichte heraus. In diesem Sinne arbeiten die folgenden Kapitel mit den traditionellen Epochenbegriffen. Im Einzelfall wird allerdings ein fragwürdig gewordener Begriffsgebrauch problematisiert, um die Schwierigkeiten der historischen Ordnung der Literatur deutlich zu machen.

2.2 Von der Reformation bis zur Französischen Revolution

Die Geschichte der deutschen Literatur des 16., 17. und 18. Jahrhunderts lässt sich nach drei unterschiedlichen, aber gleichwertigen **Periodisierungskriterien** gliedern:

- Auf der Ebene der *realpolitischen, gesellschaftsgeschichtlichen Ereignisse* kann der Zeitraum zwischen etwa 1500 und 1800 nach folgenden Daten strukturiert werden: Reformation (seit 1517), Dreißigjähriger Krieg (1618–1648), Einsatz eines aufgeklärten Absolutismus (in Deutschland zwischen 1670 und 1690), Französische Revolution (1789).
- *Philosophie- oder ideengeschichtlich* ließe sich der gleich Zeitraum in folgende Abschnitte gliedern: Humanismus/Reformation, Gegenreformation/Konfessionalismus, Aufklärung.
- *Literatur- oder genauer: poetikgeschichtlich* sind die zentralen Einschnitte markiert durch die Literaturreformen von Martin Opitz (*Buch von der teutschen Poeterey*, 1624) und von Johann Christoph Gottsched (*Versuch einer Critischen Dichtkunst*, 1730) sowie durch die Kritik und Auflösung von dessen starrer Regelpoetik bei Herder und dem jungen Goethe (ca. 1770) und die Formulierung einer dezidiert klassizistischen Literaturprogrammatik durch Schiller und Goethe in den 1790er Jahren.

Auch wenn es im Idealfall geboten scheint, Literaturgeschichte nach literaturinternen Kriterien zu periodisieren, kann die Literatur des 16.–18. Jahrhunderts grundsätzlich nicht losgelöst von den ideen- und sozialgeschichtlichen Entwicklungen, Strömungen und Ereignissen verstanden werden – eine Literaturgeschichte der Frühen Neuzeit muss alle drei oben angeführten Periodisierungskonzepte zusammenschließen (ausführliche literatur- und epochengeschichtliche Darstellungen finden sich in de Boor/Newald 1949 ff., Bd. 4.2, 1973 u. Bd. 5, [6]1967; Glaser 1980 ff., Bd. 2–4; Beutin [6]2001, 51–153; Könneker 1975; Niefanger 2000; Alt [2]2001).

2.2.1 Literatur der Renaissance und des Humanismus: Zwischen Reformation und dem Beginn des Dreißigjährigen Krieges

Zum Epochenbegriff

Das 16. Jahrhundert ist, für den Raum des Heiligen Römischen Reiches Deutscher Nation, von unterschiedlichen geistes- und bildungs-, religions-, technik- sowie sozialgeschichtlichen Strömungen und Tendenzen gekennzeichnet, die alle Auswirkungen auf den Bereich der literarischen Kultur haben: Renaissance, Humanismus, Reformation, Buchdruck und gesellschaftliche Umwälzung der spätmittelalterlichen Gesellschaftsordnung.

Epochencharakteristika

Die Voraussetzung der großen ideengeschichtlichen Strömungen des 16. Jahrhunderts war die grundlegende Umwälzung der gesellschaftlichen Verhältnisse am Ausgang des Mittelalters. Die **Sozialgeschichte** des 15. und 16. Jahrhunderts benennt als ersten zentralen Faktor dieser Umwälzung die Dynamisierung der Ständeordnung und damit die Ermöglichung von Fortschrittserfahrung: Neuerungen auf dem Gebiet der landwirtschaftlichen und technischen Produktionsmittel und die Entwicklung von Märkten sowie eine verstärkte Geldwirtschaft leiten diesen Wandel ein. Die starre horizontale Gliederung mittelalterlicher Gesellschaft wird im Spätmittelalter zunehmend durchlässig für vertikale Bewegungen, für den Auf- oder Abstieg einzelner Individuen. Gerade im Bereich der frühneuzeitlichen Städte kann ein einzelner Mensch oder eine Familie den Aufstieg aus bäuerlicher Herkunft ins Handwerks- oder gar Handelsbürgertum schaffen. Damit wird im Rückblick auf das eigene Leben oder auf die zwei oder drei mitlebenden Generationen der Familie Veränderung, Fortschritt, Aufstieg sichtbar – der Ewigkeitsanspruch der mittelalterlichen Ständehierarchie verliert seine Legitimität.

Aus dieser Dynamisierung der Ständeordnung resultiert ein neuer **Begriff des Individuums:** Definierte sich das Individuum mittelalterlicher Prägung immer über die Zugehörigkeit zu einer Gruppe, zu einem Stand (innerhalb dessen alle mehr oder weniger gleich erschienen), erscheint es jetzt als Einzelner, der in der Absonderung vom früheren Stand hervortritt, gar in der Absonderung von allen anderen, da ja die eigene Individualität durch die je anders- und einzigartige Lebensgeschichte erzählbar wurde. In diesem Kontext wird an die Stelle des feudalistischen Geburtsadels, etwa durch Sebastian Brant (*Das Narrenschiff*, 1494) oder Ulrich von Hutten (*Gesprächbüchlein*, 1521), der ›Leistungsadel‹ gesetzt, eigene Arbeit und individuelle Tugend treten an die Stelle der Geburtsrechte.

Als **Renaissance** wird die von Italien seit der Mitte des 14. Jahrhunderts auf viele Länder Europas ausstrahlende Bewegung einer ›Wiedergeburt‹ (ital. *rinascimento*) der Antike bezeichnet, die hauptsächlich durch gelehrte bürgerliche Schichten der oberitalienischen Städte getragen wurde. Ein wesentlicher Bestandteil der Renaissance-Gelehrsamkeit war die präzise philologische Bemühung. Der italienische Gelehrte und Dichter Francesco Petrarca (1304–1374) identifizierte die sprachlichen Differenzen zwischen dem spätmittelalterlichen Gebrauchslatein der Kirche und der Gelehrten und dem der Antike als Verfall und leitete eine Wiederentdeckung des klassischen Lateins und seiner literarischen Dokumente ein, der die Wiederaneignung der älteren, griechischen Literatur und Philosophie folgte. Ein zentraler literatur- und kulturgeschichtlicher Impuls der italienischen Renaissance war die **Nachahmung antiker Architektur, Skulptur und Literatur,** die zum ästhetischen Ideal erhoben wurde.

Die Renaissance ist nur verstehbar vor dem Hintergrund der allmählichen Herauslösung des spätmittelalterlichen Individuums aus dem starren Korsett mittelalterlicher Welt- und Gesellschaftsordnung; die Orientierung an eben nicht biblischen, kirchlich kanonisierten Autoritäten dokumentiert diese Widerständigkeit gegen die traditionellen Ordnungsmuster ebenso wie die Aufwertung des

Individuums und die Hinwendung zum Diesseits, auch: zum alltäglichen Leben des Einzelnen, wie Autobiografien und Reisetagebücher der Zeit zeigen.

Die gelehrten und die ästhetischen Ambitionen der Renaissance werden auch unter dem Begriff des **Humanismus** aufgefasst, worunter eine viele Länder Europas erfassende Bildungsbewegung verstanden wird, die die **Pflege antiker Sprachen und Kulturen** zu ihrem Programm erhob. Italienische Humanisten waren es, die die ersten philologisch genauen Ausgaben lateinischer und griechischer Schriftsteller herausbrachten, die antike Dichtungen und philosophische Texte übersetzten und kommentierten. Sie waren es, die eine neue Literatur in vor allem lateinischer Sprache schufen (Neulatein); moderne Poesie sollte aus einer produktiven Nachahmung von Werken der Antike hervorgehen. Allerdings eröffnen gerade humanistische Gelehrte wie Petrarca und Boccaccio (1313–1375) später auch einer neuartigen volkssprachlichen Dichtung den Weg. Der an der Antike orientierte Klassizismus der Renaissance entsprang einem spezifischen Geschichtsbewusstsein: Die Antike überragte alles, die Gegenwart erschien als ein Zwerg, der auf den Schultern eines Riesen stand. – Kennzeichen des europäischen Humanismus ist eine weitgreifende **Gelehrten- und Kommunikationskultur**: Das Lateinische stand allen als Umgangssprache zur Verfügung, in Briefwechseln und Diskussionszirkeln tauschte man sich aus.

Vor allem im Kontext der neulateinischen Gelehrtendichtung des Humanismus entstand ein Dichterideal, das von der heutigen Vorstellung scharf zu unterscheiden ist: Das Konzept des *poeta doctus*. Der Typus des *gelehrten Dichters* setzt grundsätzlich nicht auf eigenschöpferische Tätigkeit und Kreativität. Vielmehr soll der Autor sein umfangreiches Wissen in die literarische Arbeit einbringen. Dieses Wissen umfasst zunächst die Gegenstände seines Schreibens: Mythologie, biblische Geschichte, Religion, Geografie, Naturkunde und vieles andere mehr stellten den Wissensschatz dar, aus dem der Autor sich schreibend bedienen musste. *Inventio*, die erste Stufe der Produktion literarischer Rede (gemäß der antiken Rhetorik; s. Kap. 4.2), war nicht die *Er*findung einer fiktiven Welt, sondern die *Auf*findung des literarischen Gegenstandes im kollektiven Wissen der gelehrten Welt. Damit wurde Literatur immer auch zum Magazin eines breiten Wissens. Das Wissen des gelehrten Dichters umfasste darüber hinaus auch das *Wie* des Schreibens: Die Regeln der Poetik, streng orientiert an antiken Mustern, mussten streng befolgt werden. Das Konzept des *poeta doctus* im strengen Sinne gilt für das 16. Jahrhundert eigentlich nur für die meist neulateinische Gelehrtenliteratur; die volkssprachliche und -tümliche Dichtung kennt noch gar keinen Begriff von Autorschaft – die oft anonyme Erscheinungsweise der Texte weist darauf hin.

In den Ländern und Regionen des Heiligen Römischen Reiches Deutscher Nation trafen die Ausstrahlungen der Renaissance etwas verspätet ein: Erst von der zweiten Hälfte des 15. Jahrhunderts kann von einem **deutschen Humanismus** gesprochen werden. Vor allem süddeutsche Städte wurden zu Zentren humanistischer Gelehrsamkeit und Kultur: etwa Nürnberg, Augsburg, Straßburg und Wien.

Die humanistische Loslösung von den meist kirchlich verbürgten Autoritäten sowohl der Gesellschaftsordnung als auch der Weltdeutung bildet eine wichtige Voraussetzung der **Reformation**. Ausgangspunkt war nämlich die nicht nur durch Luther geäußerte harsche Kritik an einer Kommerzialisierung und bloßen Formalisierung der Kirche. Luthers ›Thesen‹-Anschlag von 1517 richtete sich zunächst gegen den päpstlichen Ablasshandel; darüber hinaus aber machten sie grundsätzliche Differenzen in theologischen Auffassungen gegenüber der Papstkirche deutlich. Luther griff den philologischen Impuls des Renaissance-Humanismus auf und erarbeitete aus den griechischen und lateinischen Quellen der biblischen Überlieferung eine Übertragung der Heiligen Schrift in die deutsche Volkssprache.

Diese Übersetzung war (für damalige Verhältnisse) philologisch beispielhaft exakt – und unterschied sich an entscheidenden Stellen von der überlieferten Auslegung der Bibel durch die Papstkirche. Gegen die Auffassung der Papstkirche, die das Seelenheil durch äußere Werke als erreichbar ansah (in eigenem materiellen Interesse), setzt Luther dezidiert eine individualisierte, das Gewissen und den persönlichen Glauben betonende Position: *sola fide*, »allein durch den Glauben« könne der Mensch selig werden. Damit wird die hierarchisch gegliederte Institution der Amtskirche, die sich als Mittler zwischen dem Gläubigen und seinem Gott sah, außer Funktion gesetzt. Der einzelne Mensch steht unmittelbar zu Gott, mit seinem Gewissen selbst verantwortlich für seine Taten – und er wird selbst in die Lage versetzt, den biblischen Text zu deuten.

Voraussetzung dafür war die *übersetzte* Bibel. Bibelkenntnisse der vorreformatorischen Zeit waren Herrschaftswissen einer geringfügigen Elite, die luthersche Übersetzung demokratisierte dieses Wissen. Allein die Übersetzung der Bibel in die Volkssprache hätte keine Wirkung entfalten können, wenn nicht der Mainzer Drucker Johannes Gutenberg in der Mitte des 15. Jahrhunderts den Druck mit beweglichen Lettern erfunden und damit die massenweise Herstellung von Büchern und Flugschriften ermöglicht hätte. Der **Buchdruck** erst verhalf der Reformation zum Erfolg. Er machte die deutsche Bibelübersetzung einem größeren Publikum zugänglich, Bücher wurden in einem gewissen Rahmen erschwinglicher. Allerdings darf man das 16. Jahrhundert nicht als ein neues Lesezeitalter verklären: Auf den Kauf eines Bibelexemplars musste ein städtischer Handwerker lange hinsparen, auch war zu Beginn der Reformation der Anteil der Analphabeten ungeheuer groß (unter 10 % der Bevölkerung konnten fließend lesen). Dass die Reformation allerdings vor allem in den Städten Erfolg hatte, hat auch mit der dort weitaus höheren Lesefähigkeit zu tun: Das städtische Handels- und Handwerksbürgertum war eine weitgehend alphabetisierte Schicht, da es für den Beruf zumindest über grundlegende Lese- und Schreibfähigkeiten verfügen musste.

Die **Bibelübersetzung Luthers** stellt einen sprach- und damit auch indirekt literaturgeschichtlich entscheidenden Wendepunkt dar: Die Sprache, in die Luther den biblischen Text übersetzte, war die so genannte ›sächsische Kanzleisprache‹, sprachgeschichtlich das ›Ostmitteldeutsche‹, die Luther allerdings mit Begriffen, Ausdrücken und Wendungen der alltäglichen Umgangssprache so verschmolz, dass der biblische Text in dieser Gestalt selbst volkstümlich wurde. Damit erlangt die Bibelübersetzung eine sprachnormierende Kraft: Sie wird zum Modell der (frühneu-)hochdeutschen **Schriftsprache**.

Literarische Gattungen

Den verschiedenen Strömungen, Bewegungen und Tendenzen des 15. und vor allem 16. Jahrhunderts lassen sich unterschiedliche literarische Textsorten zuordnen: Dem Renaissance-Humanismus in Deutschland entspringt eine reichhaltige **neulateinische Dichtung,** die den größten wie auch – zumindest unter den Gelehrten selbst – angesehensten Teil der literarischen Produktion des Zeitalters ausmachte. Orientiert an den italienischen Vorbildern Petrarca und Boccaccio richtete die neulateinische Literatur des Humanismus sich zunächst an antiken Formen aus, sie ist damit eine klassizistische Strömung. Die Einrichtung von Universitätslehrstühlen für Poesie und Rhetorik macht das neue Gewicht literarischer Produktion deutlich. Gleichzeitig wurden im Rahmen einer literarischen Gelehrtenkultur Institutionalisierungs- und Inszenierungsformen der Antike wiederbelebt, wie z.B. die (Lorbeer-)Krönung eines ausgezeichneten Dichters zum *poeta laureatus* durch den Kaiser. Als erster Deutscher wurde der Nürnberger Übersetzer, Dichter und Editor Konrad Celtis 1487 mit dem Lorbeer gekrönt.

Das Gattungsrepertoire der Gelehrtenpoesie wies in hohem Maße die in der Antike kanonischen Formen literarischer Rede auf: Ode, Elegie und Epos sind wichtige Beispiele. Zwar entwickelte die neulateinische Dichtung in Ansätzen auch neuartige literarische Formen (v.a. im Kontext der Reformation), blieb aber insgesamt der antiken Rhetorik und Poetik, Cicero, Quintilian und Horaz treu.

Regelgerecht in einem ganz anderen Sinne war die aus dem Spätmittelalter bis in 19. Jahrhundert hineinragende literarische **Tradition des Meistersangs.** Die Meistersinger waren im Hauptberuf meist städtische Handwerker. In Singschulen frühneuzeitlicher Städte wurde ein formal streng reglementiertes Vers-Handwerk betrieben, dessen literarische Produktionen der Zunft- oder Stadtöffentlichkeit zur Unterhaltung und Belehrung dargeboten wurden. Einer der bevorzugten Gegenstände des Meistersangs ist die Kritik am geistlichen Stand und seiner moralischen Verfallenheit, ein Motiv, das im 16. Jahrhundert von der Reformation wieder aufgegriffen wurde.

Vornehmlich volkssprachlich war die Literatur, die sich im Kontext der Reformation entwickelte. Die **Flugschriftenliteratur** der konfessionellen Auseinandersetzungen war gewiss die einflussreichste Gebrauchsprosa: Kritik und Polemik, Parteinahme und Glaubensbekenntnis fanden hier, in knappster Form, Platz. Das neue Medium des Buchdrucks ermöglichte die Herstellung und Verbreitung von Flugschriften. Oft in dialogischer Form, z.B. in Religionsgesprächen wurden neue Gedanken entwickelt und verbreitet, doch auch Predigttext, theoretischer Traktat, ja selbst im engeren Sinne literarische Gattungen wie Drama und Lied existierten als Flugschriftenliteratur. Gerade dem Lied kommt im Kontext der Reformation eine übergeordnete Bedeutung zu: Luther übersetzte viele lateinischsprachige liturgische Gesänge und bearbeitete auch die gregorianischen Ursprungsmelodien derart, dass gut sing- und lernbare volkstümliche Gesänge entstanden, die vor allem bei der illiteraten Bevölkerung für eine Popularisierung reformierten Gedankenguts sorgten (z.B.: *veni redemptor gentium* wurde zu *Nun komm der Heiden Heiland*).

Unmittelbar in den Kontext der konfessionellen und auch sozialen Auseinandersetzungen gehört auch ein großer Teil der **dramatischen Literatur** des 16. Jahrhunderts. Der Humanismus brachte das an der antiken Poetik ausgerichtete neulateinische Drama hervor (das zum Vorläufer der Barockdramatik wurde; s. Kap. 2.2.2), aus dem Mittelalter erbte das Jahrhundert das geistliche Spiel sowie das (weltliche) **Fastnachtsspiel**, wobei jenes sich im reformierten Bibeldrama fortsetzte (Paul Rebhun, Thomas Brunner): Verkündigung und Deutung der Bibel war seine Absicht. Das Fastnachtsspiel der Reformationszeit hat seinen Meister in **Hans Sachs** (1494–1576), der unzählige weltliche (und auch geistliche) Spiele verfasste: Etwa in seinem *Hecastus* (1549) dramatisierte er die Unmöglichkeit für einen Reichen, ins Himmelreich zu kommen; allein mit Hilfe von Tugend und Glauben, die als allegorische Figuren auftreten, kann die Höllenfahrt noch einmal abgewendet werden, der Held ist gerettet. Luthers Formel *sola fide* findet hier eine exakte literarische Übersetzung.

Selbst das Genre **erzählender Prosa** steht, in einigen Beispielen, im Dienst der Reformation: Die berühmte *Historia von D. Johann Fausten*, anonym erstmals 1587 erschienen, ist eine scharfe reformatorische Kampfschrift und gleichzeitig einer der frühen deutschen **Prosaromane**, der die verschiedenen Versatzstücke erzählender Literatur im 16. Jahrhundert repräsentiert. Einerseits zeigt die Geschichte vom Dr. Faust Züge biografischen Erzählens, der Text scheint auf den ersten Blick ein einheitliches Figuren- und Erzählkonzept zu haben. Der dritte Teil des *Faust* allerdings übernimmt andererseits eine Fülle von Schwankerzählungen aus der literarischen Überlieferung, deren Held jeweils in Faust umgetauft wird. Das scheinbar einheitliche Konzept wird disparat, bricht auf. – Der **Schwank** ist die Kleinform frühneuzeitlichen Erzählens in der Volkssprache; in knapper, oft witziger oder sozial entlarvender Weise werden vornehmlich Gegenstände der bürgerlichen Alltagswelt vorgeführt (*Eyn kurtzweylig Lesen uon Dyl Ulenspiegel*, 1515).

Auch von Georg Wickram, dem wichtigsten Romanautor des 16. Jahrhunderts, ist eine Schwanksammlung überliefert: das *Rollwagenbüchlein* (1555). Unter seinen Romanen, zwischen dem *Galmy* (1539) und dem *Goldtfaden* (1557), finden sich ritterliche Erzählungen, die an die spätmittelalterliche Prosaübertragung von Versepen anschließen, sowie echt bürgerliche Romane, die etwa Nachbarschaftskonflikte, soziale Tugenden und bürgerliche Ethik zum Gegenstand haben. Hier ist, im Unterschied zur *Faust-Historia*, tatsächlich ein übergreifendes Erzählkonzept erkennbar. Wickram bildet in entscheidender Weise die wesentlichen Bestandteile literarischen Erzählens heraus, die für die gesamte Neuzeit bestimmend blieben (Zeitgestaltung, Erzählverhalten usf.).

Im letzten Viertel des Jahrhunderts schafft Johann Fischart mit seiner *Geschichtklitterung* (1575), einer Übersetzung, Bearbeitung und Ergänzung von François Rabelais' *Gargantua und Pantagruel*, den Höhepunkt der Prosaliteratur des Reformationszeitalters, sprachgewaltig einerseits, andererseits in seiner Exzentrizität folgenlos in der deutschen Literaturgeschichte.

2.2.2 Die Literatur des 17. Jahrhunderts: Barock

Zum Epochenbegriff

Die deutsche Literatur des 17. Jahrhunderts wird, seit der Literarhistoriker Fritz Strich (1916) diese Epochenbezeichnung erstmals verwendete, als literarischer **Barock** bezeichnet. Der Begriff stammt aus dem Portugiesischen (*barocco*) und bezeichnet zunächst Schmuckperlen als ›unregelmäßig, bizarr‹, wird später als Stilbegriff metaphorisch auf andere Kunstgegenstände übertragen. In der Kunstgeschichte bezeichnet er den schwülstigen, in seinen Schmuckelementen übertriebenen ›Tumor‹-Stil v.a. des 17. Jahrhunderts; seine Übertragung in die Literaturgeschichte allerdings ist problematisch. Natürlich ließe sich eine größere Zahl der literarischen Werke des 17. Jahrhunderts dem Stilkriterium des Barocken zuordnen, als Epochenbezeichnung ist der Begriff ungenau: Einerseits subsumiert er die humanistisch geprägten Formen weltlicher Literatur zwischen Naturpoesie und Liebeslyrik und die unterschiedlichen Gattungen geistlicher Literatur, andererseits scheint er, in seinem engen stiltypologischen Sinne, einen größeren Teil der literarischen Produktion des Jahrhunderts auszuschließen – nämlich alle jene Texte, die nicht dem barocken ›Tumor‹-Stil entsprechen. Um die Literatur der ganzen Epoche wenigstens unter einen Begriff zu bringen, behilft sich die Literaturgeschichtsschreibung gelegentlich mit einem in der Geschichtswissenschaft geläufigen Terminus – der allerdings die gesamte Literatur von der Reformation bis zur Hochaufklärung mit einschließt: Man spricht von der **Frühen Neuzeit** (ausführlicher dazu vgl. Niefanger 2000, 8 ff.).

Als zentrales Kennzeichen der Epoche kann der vor allem von Martin Opitz vorangetriebene Versuch gelten, mit der Orientierung der Poetik an antiken Vorbildern sowie an der europäischen Renaissance »Anschluss zu suchen an die literarische Kultur Europas« (Schöne 1963, V). Die deutsche Barockliteratur steht insofern ganz im Zeichen der humanistischen Gelehrtenkultur, bekommt aber ihr Spezifikum durch die Katastrophenerfahrung des Dreißigjährigen Krieges, der das gesamte Jahrhundert überschattete.

Epochencharakteristika

Der **Dreißigjährige Krieg** setzt die konfessionellen Auseinandersetzungen des Reformationszeitalters fort, als deren Höhepunkt er aufgefasst werden kann. Gleichzeitig ist er viel mehr als ein Konfessionskrieg: Die territorialpolitische Lage im Heiligen Römischen Reich Deutscher Nation war konfus und unsicher, der Kaiser längst geschwächt durch die Territorialherren und im Kampf mit den Reichsständen, ein Zusammenhalt war durch die konfessionelle Differenzierung fragwürdiger denn je. In Europa stand die Auseinandersetzung zwischen den Häusern Habsburg und Bourbon an – der Dreißigjährige Krieg war eine gesamteuropäische Auseinandersetzung um territoriale Machtansprüche, die Konfessionsstreitigkeiten waren entweder zweitrangig oder wurden von verschiedenen Kriegsgegnern instrumentalisiert. Für Zentraleuropa, also für den sprachlich definierbaren Raum einer deutschen Literatur, war der Krieg vor allem eine Katastrophe unvorstellbaren Ausmaßes: Kämpfe, Pest und Hungersnöte dezimierten die Bevölkerung (gegenüber ca. 17 Mio 1618) auf ca. 10 Millionen; Landwirtschaft, Städte und Infrastruktur waren zerstört, die Auswirkungen reichten bis in die erste Hälfte des 18. Jahrhunderts hinein.

Nach dem Dreißigjährigen Krieg blieb das Reich erst recht ein bloß formaler Zusammenhalt, die aus- und gegeneinander strebenden größeren **Territorialfürstentümer** setzten sich gegen jede reichsabsolutistische Bewegung durch. Der Hof bildete das repräsentative Zentrum eines jeden der deutschen Kleinstaaten. Nach französischem Vorbild prägte sich eine höfische Kultur aus, das höfische Zeremoniell regulierte genauestens Verhalten und Beziehungen der höfischen Gesellschaft. Die Kosten der aufwendigen Repräsentationskultur überstiegen allerdings meist die ökonomischen Möglichkeiten des Landes – Leidtragende waren die unteren Stände. In den jeweils absolutistisch regierten Territorien des Reiches wurde, zum Teil schon seit dem 16. Jahrhundert, eine ›moderne‹ Verwaltungsstruktur und Gerichtsbarkeit aufgebaut, Erziehungs- und Militärwesen, Kirchenfragen und vieles andere wurde nun per Dekret geregelt. Akteure in dieser Staatsverwaltung waren meist gebildete Bürgerliche; für humanistische Gelehrte boten sich Berufs- und Aufstiegschancen, selbst die Nobilitierung ehemals Bürgerlicher wurde ermöglicht: Ein gelehrter Leistungsadel tritt in Konkurrenz zum alten Adel und den Höflingen.

Die **Schriftsteller des 17. Jahrhunderts** entstammten fast ausnahmslos diesem Gelehrtenstand, der Gruppe der gebildeten, meist bürgerlichen Hof- und Verwaltungsbeamten, der Universitätsprofessoren und Ärzte. Sie konnten alle auf eine gediegene Universitätsausbildung zurückgreifen, innerhalb deren unterer Stufe, dem Quadrivium, auch antike Rhetorik und Grammatik gelehrt wurde, Kenntnis und alltäglicher Gebrauch der klassischen Sprachen waren ebenso selbstverständlich wie philologischer Umgang mit literarischen Dokumenten der Antike. Daraus resultierte die umfassende Orientierung ihrer literarischen Produktion an den Mustern antiker Literatur. Allerdings waren sie Dichter nur im Nebenberuf, ihre literarischen Texte entstanden entweder nebenbei, in den Mußestunden, oder aber im Kontext ihrer Dienstgeschäfte, etwa zur Ausgestaltung einer höfischen oder universitären Festlichkeit. Nur wenige der aus dem 17. Jahrhundert überlieferten Schriftsteller gehörten nicht dem humanistisch gebildeten Aufstiegsbürgertum an: z.B. Jakob Christoph von Grimmelshausen (1622–1676), dessen Prosawerk deutlich die Spuren dieser anderen Herkunft zeigt – aus kleinstädtischem Handwerkertum stammend, geriet er etwa im zehnten Lebensjahr ins Getriebe des Dreißigjährigen Krieges.

Eine besondere Organisationsform der literarischen Öffentlichkeit des 17. (und auch noch des frühen 18.) Jahrhunderts waren die **Sprach- und Dichtergesellschaften**. Dies waren, nach dem Vorbild ähnlicher ›Akademien‹ der italienischen Renaissance und auf fürstliche Initiative hin entstanden, fest institutionalisierte Verbände von Schriftstellern, Gelehrten und Mäzenen sowohl bürgerlichen als auch adligen Standes. Sie versammelten sich in bestimmten regionalen Zentren (Hamburg, Breslau, Nürnberg, Straßburg), um dichterische Projekte zu diskutieren, aus unveröffentlichten Manuskripten vorzulesen und eine gebildete Gesprächskultur zu pflegen. Eines ihrer wichtigsten Anliegen war die Förderung des Deutschen als Literatursprache, das sich gegen das Neulatein, vor allem aber gegen das am Hof als modisch geltende Französisch durchsetzen sollte. Die bedeutendste dieser Sprachgesellschaften war die auf Initiative des Fürsten Ludwig von Anhalt-Köthen 1617 gegründete »Fruchtbringende Gesellschaft« (auch: »Palmenorden«), in die bis zum Tod des Gründers 1650 527 Mitglieder aufgenommen wurden. Die Mitglieder der Gesellschaft bekamen wohlklingende und sprechende Ehrennamen: So hieß Martin Opitz »Der Gekrönte«, Andreas Gryphius »Der Unsterbliche«.

Poetik

Das Ideal des *poeta doctus* wurde vor allem im Kontext der **Literaturreform** von Martin Opitz (1597–1639) auf die Literatur in deutscher Sprache übertragen. Nur wenige Jahre nach dem Beginn des Dreißigjährigen Krieges veröffentlichte Opitz sein in wenigen Wochen niedergeschriebenes *Buch von der Deutschen Poeterey* (1624), mit dem die deutsche Sprache – die bis dahin, an (spät-)mittelalterlichen Mustern orientiert oder volkstümlich-unprofessionell gehandhabt, als nicht literaturfähig galt – in den Rang einer Literatursprache erhoben wurde. Opitz war es, der für eine deutschsprachige Verskunst das an Längen und Kürzen ausgerichtete metrische System der Griechen und Römer in ein Betonungsgesetz umformulierte. Er lieferte sowohl im *Buch von der Deutschen Poeterey* als auch in seiner literarischen Produktion eine Fülle von Mustern der unterschiedlichen Gattungen – meist eigene Übersetzungen von antiken Oden, Elegien oder Epigrammen, von Renaissance-Sonetten, humanistischen Romanen (die *Argenis* des John Barclay) und verschiedenen dramatischen Formen. Opitz lehnte die volkssprachliche Literatur des 16. Jahrhunderts rigoros ab; mit dem *Buch von der Deutschen Poeterey* wurde der Klassizismus der neulateinischen Literatur auf die deutschsprachige Literatur übertragen: Opitzens Buch stellte für diese die erste **Regelpoetik** dar.

Die Poetik Opitz' war aber nicht die einzige, die das 17. Jahrhundert hervorbrachte: Georg Philipp Harsdoerffers *Poetischer Trichter* (1647–53) und Albrecht Christian Rotths *Vollständige Deutsche Poesie* (1688) sind nur zwei Beispiele der über 100 Poetiken des Jahrhunderts. Bei Unterschieden im Detail und im Umfang orientierten sich alle diese Poetiken in klassizistischer Weise an Aristoteles und Horaz und an Mustern antiker und Renaissance-Literatur. Sie zielten alle auf die Programmatik einer Regelpoetik und die Erhaltung des Dichter-Ideals ab (zum Barock insgesamt vgl. Hoffmeister 1987; Szyrocki 1997; Niefanger 2000).

Literarische Gattungen

Literatur richtete sich, zumal nach der Opitzschen Reform, vornehmlich an ein gebildetes Publikum – der elitäre Kreis der Dichtergesellschaften vermittelt einen guten Eindruck davon. Die Ziele der Literatur waren Belehrung und Wissensvermittlung, Erbauung und Unterweisung in tugendhaftem Leben – ganz im Gefolge der Poetik des Horaz. Über das Belehrende hinaus allerdings sollte Dichtung auch immer ›erfreuen‹ können (Horaz: *aut prodesse volunt, aut delectare poetae*). In diesem Zusammenhang war die wohl typischste Erscheinungsform der Literatur des 17. Jahrhunderts die **Gelegenheitsdichtung** oder **Casualpoesie** (lat. *casus*: die Gelegenheit). Die antiken Formen dieser Literatur waren in der Renaissance wieder entdeckt worden, Opitz hat in seiner Poetik Beispiele für verschiedene lyrische Genres der Casualpoesie ins Deutsche übertragen. Die Gelegenheitsdichtung ist eine meist im Auftrag des Mäzens oder Fürsten erstellte schriftstellerische Arbeit, die zu konkreten Anlässen, zu Hochzeiten, Taufen, Geburtstagen, Beerdigungen usf. entstand, um das jeweilige Fest zu schmücken, den Fürsten besonders zu loben, die königliche Leiche zu besingen oder Ähnliches. Gerade die Gelegenheitsdichtung des 16. und 17. Jahrhunderts bildete eine besonders reichhaltige Formen- und Verssprache aus, von lyrischen Kleinformen wie Sonett oder Ode bis hin zu dramatischem Festspiel, Kantate, Oper oder Heldenepos (zu den Formen der Lyrik s. Kap. 3.2.2). Erst in den literarischen Programmen des 18. Jahrhunderts wird die Gelegenheitsdichtung als bloße Stilroutine oder als fremdbestimmte Literatur abgewertet werden.

Opitz hatte in seinem *Buch von der Deutschen Poeterey* neben den Regeln für eine kunstvolle Literatur in deutscher Sprache auch eine große Zahl literarischer Muster aus verschiedenen europäischen Kulturen benannt bzw. in eigener Übersetzung gleich mitgeliefert und damit den Anschluss an die volkssprachlichen Renaissance-Literaturen gewährleistet. Im Formenkanon der Opitzschen Muster bewegt sich auch die literarische Produktion der folgenden Jahrzehnte – natürlich nicht ohne Experiment, Abweichung und Ausweitung der Formensprache.

Lyrik Das **Sonett**, eine literarische Entwicklung der frühen italienischen Renaissance, ist die typische lyrische Gattung des gesamten 17. Jahrhunderts. Während Opitz dem Sonett einen jambischen Alexandriner (6 Hebungen mit Mittelzäsur, weibliche oder männliche Versendung) verordnete, experimentiert **Andreas Gryphius** (1616–1664) darüber hinaus etwa mit der Form eines daktylischen Sonetts mit einem langen, schwerfällig gehenden Vers. Das Sonett kommt in seiner inneren Struktur dem spezifischen bildhaften Denken des 17. Jahrhunderts entgegen: Häufig bieten die beiden Quartette einen bildhaft präsentierten Gegenstand, der in den zwei Terzetten kommentiert oder reflektiert wird, womit die lyrische Form sich an *pictura* und *subscriptio* der Bildform des Emblems anlehnt (zu den Formen der Lyrik s. Kap. 3.2.2; zum Emblem s. Kap. 5.2).

Sonette sind von fast allen Dichtern des 17. Jahrhunderts überliefert: Opitz und Gryphius, Hoffmannswaldau und Klaj, Catharina von Greiffenberg, Paul Fleming und viele andere mehr. Doch auch andere **lyrische Formen** der Antike finden Eingang in die deutsche Literatur. Verschiedene Odenformen und -strophen, Elegien und Epigramme entstehen in deutscher Sprache, formal strengere Liedformen finden sich vor allem im protestantischen Kirchenlied, dessen herausragender Vertreter Paul Gerhardt ist. Ebenfalls auf antike Vorbilder greift das **Figurengedicht** zurück, bei dem die äußere Form des Textes bildhaft mit seinem Gegenstand oder Thema korrespondiert – eine frühe Form der konkreten Poesie.

Mit den letzten Jahrzehnten des 17. Jahrhunderts wird die literarische Sprache der Lyrik immer stärker aufgeladen mit überbordenden Metaphern und anderen stilistischen Übertreibungen, manieristische Tendenzen, die dieser Literatur den **Vorwurf des Schwulstes** eingebracht haben.

Die Gegenstände der verschiedenen lyrischen Texte sind breit gestreut: Der Dreißigjährige Krieg und seine äußeren und inneren Zerstörungen sind vor allem bei Andreas Gryphius ein bestimmender Gegenstand; die Vergänglichkeit des körperlichen, weltlichen Lebens und die Eitelkeit menschlichen Strebens sind Leitthemen barocker Lyrik. Selbstreflexion über Krankheit und Leid, existentielle Sorge um das Seelenheil, (Selbst-)Ermahnung zu Tugend- und Standhaftigkeit, Todessehnsucht, aber auch Liebesgenuss und sinnliche, diesseitige Freude (Hoffmannswaldau) sowie satirische Brechung einer verkehrten gesellschaftlichen Welt (Logau) zeigen die **thematische Vielfalt** der lyrischen Texte des Jahrhunderts.

Drama Noch deutlicher als die Lyrik greift die **dramatische Produktion** des Barock auf verschiedene Traditionen der europäischen Renaissance-Dramatik zurück. Keine der spätmittelalterlichen volkstümlichen Spielformen erschien anschlussfähig, nur das humanistische, meist neulateinische **Schuldrama** konnte weiterentwickelt werden. Zur Orientierung an der klassischen Dramatik trat allerdings der Einfluss unterschiedlicher europäischer Wanderbühnen hinzu: etwa die italienische Commedia dell'Arte im süddeutschen Raum, wichtiger waren englische Wandertruppen mit ihrem naturalistischeren Darstellungsstil; Jakob Ayrer ist einer der ersten ›Importeure‹ dieser englischen Dramentechnik (*Comedia von der schoenen Sidea*).

Die Fortentwicklung des protestantischen Schuldramas allerdings bestimmte das Drama des Barock. Auf katholischer Seite entwickelte sich die Konkurrenzform des Jesuitendramas – allerdings in lateinischer Sprache. Für die deutschsprachige Dramatik lieferte wiederum Opitz mit seinen Übersetzungen griechischer Tragödien die klassischen Vorbilder. Andreas Gryphius, neben Lohenstein der bedeutendste Dramatiker des Jahrhunderts, formte das antike Vorbild zum **Trauerspiel** um: Nicht mehr mythologische, sondern historische Figuren und Begebenheiten wurden verhandelt. Helden (*Carolus Stuardus*, 1657) oder Heldinnen (*Catharina von Georgien Oder Bewehrete Beständigkeit*, 1651) müssen gegen alle Mordkomplotte und noch im Tod ihre stoische Duldung und die Annahme körperlichen Leidens märtyrerhaft beweisen. Gryphius und Lohenstein behalten die Formstrenge antiker Tragödien bei, sie verändern allerdings das Element des Chores, an dessen Stelle sie, jeweils am Ende der Akte (oder, in zeitgenössischer Rede: ›Abhandlungen‹) einen ›Reyen‹ setzen, einen reflektierend-ausdeutenden strophischen (Sprech-)Gesang allegorischer Figuren. Die dramatische Handlung des einzelnen Aktes wird als bildhafte Darstellung eines Sachverhalts verstehbar (*pictura*), der durch den Reyen kommentiert wird (*subscriptio*): Wie auch das barocke Sonett lehnt sich auch das Trauerspiel an die Bild-Text-Figur des Emblems (s. Kap. 5.2) an (vgl. dazu v.a. Schöne 1964).

Die **Komödie** oder das »Schimpff-« oder Scherz-Spiel des 17. Jahrhunderts orientiert sich an antiken wie an zeitgenössischen Vorbildern. Beispielsweise geht Gryphius' *Herr Peter Squentz* (1658) auf eine verballhornende Überlieferung des

Shakespeareschen *Midsummer Night's Dream* zurück, *Horribilicribrifax* (1663) ist der deutsche Bruder des *miles gloriosus* von Plautus sowie des *capitano* der italienischen Wanderbühne. An die Stelle der hier noch höfischen Stoffe tritt 1696 in Christian Reuters bitter-böser Verlachkomödie *Schlampampe* (eigentlich *L'Honnête Femme Oder die Ehrliche Frau zu Plißine*) bürgerlich-städtisches Milieu.

Prosa Opitz forderte die Orientierung der deutschen Dichtung an der europäischen Renaissanceliteratur – und damit auch die Übersetzung von deren Hauptwerken. Dies setzt er auch für den **Roman** selber in die Tat um: Die 1621 in Paris erschienene *Argenis* von John Barclay überträgt er schon 1626 ins Deutsche. Mit seinen Bemühungen um eine angemessene Übersetzung lieferte er ein Muster, in dem das Deutsche sich als Literatursprache auch für die Prosagattung etablieren kann, die im Verlauf der Epoche für eigenständige deutschsprachige Romane maßgeblich wurde.

Mit der *Argenis* liefert Opitz das Vorbild für den **höfisch-historischen Roman**. Dieser angesehenste Typus des Barockromans spielt durchweg in adeligem oder bürgerlich-gelehrtem Milieu, seine Leserschaft war eine erlesene und hochgebildete Gesellschaft. Die Gegenstände sind Verwicklungen um königliche Liebespaare, Abenteuer, Irrfahrten, eingebunden in Kriegszüge und Staatsgeschäfte, wobei schließlich immer die sittliche Weltordnung siegt – und natürlich die Liebenden zusammengeführt werden. Der höfisch-historische Roman steht repräsentativ für die sich entwickelnde neue Form politischer Herrschaft im Absolutismus. Die im 17. Jahrhundert beliebten **Schäferromane** idyllisieren den Hof, indem sie höfisches Leben in einer Schäferszenerie ansiedeln. Sie lagen in Deutschland allerdings nur in Übersetzungen vor – z.B. Montemayors *Diana* oder Sidneys *Arcadia*. Opitz' *Schäfferey von der Nimfen Hercynie* adaptiert das Genre in einer nicht romanhaften, sondern episch-lyrischen Form.

Im Gegensatz zu beiden Formen des ›hohen‹ Romans steht die Traditionslinie des ›niederen‹ Romans: der **Schelmen- oder Picaroroman**. Einer der französischen Autoren solcher Romane, Charles Sorel, verteidigte diese Form des Romans vehement gegen die unwahrhaftigen Ritter- und Schäferromane der hohen Literatur als eine Möglichkeit, alle »Bereiche des menschlichen Lebens ohne idealisierende Stilisierung oder auswählende Reduktion auf nur bestimmte soziale und ethische Perspektiven« erzählerisch darzustellen (Voßkamp 1973, 36). Gegenstand und Erzähler des Schelmenromans ist ein zumeist aus gesellschaftlichen Unterschichten stammender Held, den sein Lebenslauf mit allen möglichen Standespersonen und Situationen der frühneuzeitlichen Lebens- und Arbeitswelt in Berührung bringt. So präsentiert der Held das gesamte Spektrum der gesellschaftlichen Möglichkeiten seiner Zeit in episodischer Reihung. Der Picaro ist immer ein Ich-Erzähler. Als modellhaft gelten der 1554 in Spanien erschienene *Lazarillo de Tormes*, 1617 erstmals übersetzt publiziert, und Charles Sorels *Histoire comique de Francion* (1623). Letzterer stellt das Vorbild dar, an dem sich Jakob Christoph von Grimmelshausen mit seinem *Abentheuerlichen Simplicissimus*

Teutsch (1668/69) orientiert, dem bedeutendsten Vertreter des niederen Romans im Deutschland des 17. Jahrhunderts – dessen Autor eben *kein* gelehrter Dichter war.

2.2.3 Literatur des 18. Jahrhunderts: Aufklärung

Epochenbegriff

Die deutsche Literatur des 18. Jahrhunderts insgesamt als **Literatur der Aufklärung** zu bezeichnen, ist einerseits durchaus korrekt. Andererseits aber werden damit die vielfältigen Strömungen, die unterschiedlichen ästhetischen Programme und eine sehr reichhaltige literarische Produktion unter einem Überbegriff zusammengefasst, der der Vielgestaltigkeit der Literatur des 18. Jahrhunderts nicht gerecht werden kann. Aus diesem Blickwinkel werden in diesem Kapitel die gebräuchlichen Namen einzelner Perioden oder Strömungen der Aufklärung in ihrem Anteil an der Literatur des 18. Jahrhunderts verstanden und vorgestellt – etwa Empfindsamkeit, Sturm und Drang oder die so genannte ›Weimarer Klassik‹.

Ideengeschichtlich lässt sich die Aufklärung – die sich als gesamteuropäische Bewegung von etwa 1680 bis 1795 erstreckt – wenigstens in **drei große Abschnitte** gliedern.

- Der **Rationalismus** ist die wichtigste Unterströmung der *frühen Aufklärung* (1680–1740). Die Gedankengebäude der rationalistischen Vordenker René Descartes (1596–1650) und Gottfried Wilhelm Leibniz (1646–1716) werden in Deutschland durch Christian Wolff (1679–1754) popularisiert; rationalistisches Denken verfolgt primär das Ziel, sämtliche Prozesse der Natur auf verbindliche, logisch begründbare und stimmig darstellbare Gesetzmäßigkeiten zurückzuführen. Die rationale Ordnung der Schöpfung soll in einer streng logischen und zugleich allgemein verständlichen Argumentation dargestellt werden; grundlegend ist das unbedingte Vertrauen in die (von Gott veranstaltete) vollkommene Einrichtung der existierenden Welt.
- Scharf vom rationalistischen Denken abgesetzt sind die Grundannahmen des **Empirismus** (und seiner radikalisierten Spielart, des **Sensualismus**) in der Phase der *mittleren Aufklärung* (1740–1780), innerhalb dessen die Sinneserfahrung als Ausgangspunkt menschlichen Wissen an die Stelle einer erfahrungsunabhängig gegebenen logischen Ordnung der Welt tritt (Locke 1632–1704, Hume 1711–1776). Diese erkenntnistheoretische Wendung bedeutete gleichzeitig einen **Säkularisierungsschub**, eine Überwindung der theologischen Ausrichtung des bisherigen philosophischen Denkens.
- In der *Spätaufklärung* (1780–1795) bildet der **Kritizismus** Immanuel Kants (1724–1804), der eine Beurteilung (›Kritik‹) der Dimensionen menschlicher Erkenntnis *vor* alles weitere Philosophieren setzt, den Übergang zur ersten großen Geschichtsphilosophie des 19. Jahrhundert, den Idealismus.

Sozialgeschichte

Die Gesellschaftsgeschichte Deutschlands im 18. Jahrhundert ist einerseits dominiert vom Fortbestand des Heiligen Römischen Reiches Deutscher Nation, dessen Territorialfürsten die politische Macht ausübten. Innerhalb der feudalen Ordnung der deutschen Länder entwickelte sich, v.a. in den größeren Reichsstädten, ein **erstarkendes Bürgertum**, ökonomisch meist durch Fernhandel, Bankwesen oder den Industriekapitalismus der Manufakturperiode abgesichert und nicht mehr, wie das gelehrte Bürgertum des 17. Jahrhunderts, auf die staatlichen oder höfischen Verwaltungspositionen angewiesen. Die politische Aufsplitterung des Reiches erwies sich aus der Perspektive dieses neuen Bürgertums zunehmend als Behinderung: Zollschranken, Währungsdifferenzen und andere Handelshemmnisse blockierten einen reibungslosen Waren-, Geld- und Personenverkehr.

Ökonomische Macht und soziales Prestige allerdings ließen dieses neue Bürgertum schnell zu einer auch politische Ansprüche einfordernden Klasse werden – deren Einlösung ihm allerdings noch bis weit über die Französische Revolution hinaus verwehrt bleiben sollten. Komplementär zu dieser öffentlichen, politischen Ohnmacht wandte man sich nach innen, ins Private, Innerliche. Die **bürgerliche Familie** machte v.a. ab der Mitte des 18. Jahrhunderts eine entscheidende Wandlung durch: Aus der Großfamilie, dem »Ganzen Haus«, dem mehrere Generationen, unverheiratete Verwandte und auch das Gesinde angehörten, wurde die so genannte ›konjugale‹ Kleinfamilie, die nur noch aus Eltern und ihren Kindern bestand. Die Rollenbilder waren eindeutig: Während die Mutter auf das Haus und die Erziehung der Kinder beschränkt blieb – ihre Erwerbstätigkeit war wirtschaftlich überflüssig geworden –, betrieb der Vater die ökonomische Absicherung der Familie, stellte den Kontakt zur Gesellschaft her, deren Gesetz und Ordnung er innerhalb des Familienraums vertritt. Vor allem die Beziehung der Mutter zu ihren Kindern war durch eine neuartige Intensität und Affektivität gekennzeichnet: Innerliche Zustände, Gefühle, erfuhren eine starke Aufwertung. Überhaupt ist das 18. Jahrhundert das Jahrhundert der **Entdeckung von Kind und Kindheit** und der Pädagogik. Erziehung und Erziehbarkeit wurden zu zentralen Themen der öffentlichen Diskussion im Bürgertum.

Alle diese sozialgeschichtlichen Tendenzen – der Aufstieg eines aus eigener Leistung erstarkten Bürgertums wie die neuartige Affektivität und Zuwendungskultur innerhalb der modernen Familie gleichermaßen – setzen die schon in der Renaissance begonnene Aufwertung des Individuums fort, das sich im Verlauf des Jahrhunderts von den unterschiedlichsten normativen Vorgaben emanzipierte und zunehmend soziale, intellektuelle und ästhetische Autonomie einforderte.

Poetik und Ästhetik

Der Rationalismus der Frühaufklärung schlägt sich unmittelbar auch in der Poetik nieder: Johann Christoph Gottscheds *Versuch einer Critischen Dichtkunst* (1730) ist das Schulbeispiel für eine **Regelpoetik**. Aus der (angeblichen) Vorbildlichkeit der antiken Literatur leitet Gottsched ein poetologisches Ordnungssystem ab, das davon ausgeht, dass Literatur nach festen Normen herstellbar sei.

Grundlage dieser Poetik ist zunächst, alle Elemente des poetologischen Lehrsystems (allgemeine dichterische Darstellungsprinzipien, Stilmittel, Gattungen) in einen vernunftmäßigen *und* hierarchischen Systemzusammenhang zu rücken (vgl. Alt ²2001, 69). Literarische Produktion gehorcht also wissenschaftlich exakten Gesetzen, die man erlernen kann: Die rationalistische Auffassung vom Künstler setzt das Dichterideal der vergangenen Jahrhunderte fort, wobei Gottsched den Schwerpunkt auf das Regelwissen des Dichters legt. Rationalität schlägt bei Gottsched auch in der Kritik der Literatur des vorangegangenen Jahrhunderts durch: Unter dem Stichwort der **Schwulstkritik** propagiert er das (aus der Antike entlehnte) Stilideal der Reinheit und Transparenz; die übertriebenen Schmuck- und Schwulstformen ›barocker‹ Literatur lehnt er ab.

Unter dem Einfluss des englischen Empirismus und Sensualismus wurden allerdings schon seit den 1740er Jahren der Rationalismus und die Normativität Gottscheds einer Kritik unterzogen. Die im Kontext der modernen Kleinfamilie aufgewerteten, nicht-rationalen inneren Zustände, Gefühle und Gemütsbewegungen wurden, zwar unter dem Primat von Vernunft und Tugend, immer wichtiger. Vernunft und Sinnlichkeit sollten gleichermaßen den Menschen ausmachen, die Literatur der **Empfindsamkeit** präsentiert einem mitfühlenden Publikum Handlungsmodelle des tugendhaft-vernünftigen *und* sinnlich-emotionalen Lebens.

Die kurzlebige und dennoch einflussreiche Bewegung, die nach dem Titel eines 1777 veröffentlichten Dramas von Friedrich Maximilian Klinger **Sturm und Drang** genannt wird, könnte als radikal antiaufklärerisch missverstanden werden. Eine Gruppe junger bürgerlicher Autoren, zu denen Herder und Goethe, Lenz, Bürger und Hölty gehören, versuchte, die rational begründeten Regelzwänge von Gesellschaft und Kunst zu sprengen. An die Stelle des regelkonformen *poeta doctus* (vgl. S. 15) trat das **Genie**, das ›aus sich selbst eine neue Welt schafft‹; gottgleiche Kreativität und künstlerische Originalität bestimmten dieses Dichterkonzept. An die Stelle der Regelpoetik setzte sich das autonome Künstlersubjekt, das alle Regeln aus sich selber schöpft. Das Verhältnis dieser literarischen Strömung zur Aufklärung war damit kontrovers – aber sie betrieb mit dieser Opposition gegen die Verabsolutierung des rationalen Umgangs mit der Welt die Fortsetzung der Aufklärung mit anderen Mitteln: Etwa mit Goethes *Werther* (1774) beginnt die Aufklärung über die irrationalen Kräfte des Seelischen; die Psyche, das Unbewusste wird als Feld der Erkenntnis entdeckt (zur Epochencharakteristik des Sturm und Drang vgl. Hinck ²1989; Kaiser ⁵1996; Luserke 1997)

Gegen die eindeutige Vorbildfunktion, die Gottsched der antiken Literatur zugewiesen hatte – und der gegenüber alle moderne Literatur nachgeordnet erschien –, setzte die Literatur von Empfindsamkeit und Sturm und Drang eine ›nationelle‹ (Goethe) Themenwahl und neue Vorbilder: **Gegenstände der deutschen Geschichte** oder der eigenen Gegenwart wurden Thema in Roman und Drama, für Letzteres waren nicht mehr die Griechen, sondern vielmehr Shakespeare das unübertroffene Muster. Allerdings entdeckte schon in der Hochphase der Sturm-und-Drang-Bewegung einer ihrer Protagonisten, Johann Wolfgang Goethe (1749–1832), die Antike wieder: Schon in der zweiten Hälfte der 1770er Jahre wandte er sich Stoffen und literarischen Formen der griechischen und lateinischen Klassik zu, seine Italien-Reise 1786–88 bestätigte ihn in dieser ästhetischen Orientierung derart, dass sie für die nächsten anderthalb Jahrzehnte bestimmend bleiben sollte.

Gemeinsam mit Friedrich Schiller (1759–1805) prägt Goethe eine der wichtigsten literarischen Strömungen unmittelbar nach der Französischen Revolution. Sie erscheint auf den ersten Blick als unpolitisch. Die Literatur (und auch bildende Kunst und Architektur) der Antike gilt als vorbildlich und mustergültig, soll jedoch produktiv, gemäß den aktuellen Bedingungen, aufgegriffen, nicht aber sklavisch nachgeahmt werden. Goethes und Schillers Literaturprogramm ist also ein **modernisierter Klassizismus**. Die moderne, Stoffe und Formen der griechisch-römischen Klassik adaptierende, Literatur begriff sich einerseits dezidiert losgelöst vom tagespolitischen Geschäft, Goethe und Schiller insistierten auf dem grundsätzlich zweckfreien Charakter jedes künstlerischen Werkes (**Autonomieästhetik**). Gleichzeitig aber wird im Kunstwerk in seiner zweckfreien Schönheit die utopische Vorwegnahme einer sinnhaften, unentfremdeten Identität sichtbar, es wird zur spielerischen Erprobung von Autonomie und Selbstbestimmung. Kunst und ästhetische Erziehung sollen gewährleisten, was gesellschaftlich immer schwieriger zu realisieren scheint. Hier reagiert die Programmatik Goethes und Schillers doch auf die politische Umwälzung im Nachbarland Frankreich. Kunst ist für sie allerdings das Medium einer Erziehung, die eine Revolution überflüssig machen würde. Die Kunst ist damit das letzte, dann allerdings uneigentlich und rätselhaft sprechende Refugium der optimistischen Hoffnungen der Aufklärung – und damit auch ihr Gegenteil: Da nämlich Kunst in Rätseln spricht und die begriffliche Auflösung verweigert, widersetzt sie sich dem rationalistischen Logozentrismus des 18. Jahrhunderts. Insofern ist klassizistische Kunst und Ästhetik das letzte Stadium des Aufklärungszeitalters und gleichzeitig das erste nach der Aufklärung!

Die Bezeichnung der anderthalb Jahrzehnte klassizistischer Ästhetik bei Goethe und Schiller werden in der Literaturgeschichtsschreibung als ›**Weimarer Klassik**‹ bezeichnet – ein Name, der diesem Zeitraum erst spät zugeordnet wurde. Die Proklamierung der Weimarer Klassik als der vorbildlichen deutschen Kulturtradition begleitete die Reichsgründung 1871; neben den politischen Heroen Kaiser und Kanzler sollten die literarischen Olympier die Selbstgewissheit deutscher nationaler Identität demonstrieren – ›Weimarer Klassik‹ ist also ein ideologisches Konstrukt, keine literaturgeschichtliche Epoche und schon gar kein Stilbegriff (zur Problematik des Klassik-Begriffs vgl. v.a. Borchmeyer 1994, 13 ff.).

Gattungen

Ein wichtiges (auch) literarisches Medium der frühen und mittleren Aufklärung waren die **Moralischen Wochenschriften**. Gottsched war auch hier eine maßgebliche Gestalt: Nach englischem Vorbild begründete er mit seinen beliebten Journalen *Der Biedermann* und *Die vernünftigen Tadlerinnen* seit den 1720er Jahren wesentliche Organe bürgerlicher Selbstverständigung über die Identität der eigenen Klasse: Erbauliche Lehrdichtungen und religiöse Abhandlungen, Literaturkritik und belehrende Dialoge, aber auch Rätsel, Alltagswissen und Fortsetzungsromane sollten das Lesepublikum unterhalten und gleichzeitig über Tugend-, Erziehungs-, Rechts- und Gesellschaftsfragen unterrichten. Seit den 1740er Jahren sind die Wochenschriften ebenfalls Verbreitungsmedium empfindsamer Tendenzen und Strömungen – sie sind gleichsam die literarischen Zentren der Zeit.

Parallel dazu bildeten sich in einigen Städten Zusammenschlüsse junger Schriftsteller, so genannte **Dichterbünde**: Die ›Bremer Beiträger‹ propagierten die Gottschedsche Regelpoetik; der Göttinger Hainbund stellte zu Beginn der 1770er Jahre, in seiner religiösen Verehrung Klopstocks, den Höhepunkt der Empfindsamkeit dar. Gleichzeitig gingen von Göttingen wichtige Anstöße zur Sturm- und Drang-Bewegung aus. Spätestens mit Goethes Ankunft in Weimar 1775 wurde die kleine thüringische Residenzstadt zu *dem* Zentrum literarischer Kultur für die nächsten drei Jahrzehnte: Wieland lebte schon dort, später kamen Herder und Schiller. Die engste, bis zu Schillers Tod 1805 reichende Zusammenarbeit mit Goethe bildet den Ausnahmefall eines Dichterbundes, der bis in die (brieflichen) Arbeitsbesprechungen einzelner Werke und Projekte hinein dokumentiert ist.

Lyrik Die Frühaufklärung findet in der **Lyrik** der ersten Hälfte des 18. Jahrhunderts einen interessanten Niederschlag: Die aus England importierte Verbindung von moderner aufgeklärter Naturwissenschaft und christlichem Glauben, die **Physikotheologie**, wird im lyrischen Werk des Hamburgers Barthold Hinrich Brockes derart umgesetzt, dass im Gedicht ein jedes ›Naturding‹, sei es ein Wurm, eine Eisblume oder ein Gewitter, in allen seinen Details und seinem Aufbau geschildert wird, und die Ordnung der Natur selbst wird dann zum Lob der Schöpfung und des Schöpfers gedeutet (*Irdisches Vergnügen in Gott*, 9 Bände 1721–48). Lehr- und Gedankengedichte ergänzen das Spektrum der lyrischen Produktion der Zeit, Gelegenheitsdichtung wird weiter betrieben, in geselligen Spielformen und unter (vermeintlichem) Rückbezug auf antike Traditionen in der **Anakreontik**. In einer missverständlichen Orientierung am antiken Dichter Anakreon schreiben Dichter wie Friedrich v. Hagedorn, Johann Wilhelm Ludwig Gleim, der junge Goethe u.a. leichte, um Liebe, Freundschaft und Geselligkeit kreisende, formal freie Gedichte. Die Sprache der Anakreontik bedient sich aus einem Repertoire typischer Bilder und Motive, die kunstvoll gehandhabt werden sollten.

Gerade in der Naturlyrik bilden sich die verschiedenen Strömungen des 18. Jahrhunderts erkennbar ab: Die **Landlebendichtung** (Gleim, Hagedorn) meidet Hof, Stadt und Gesellschaft zugunsten einer empfindsamen Naturzuwendung und gesuchten Einsamkeit. In Klopstocks großen Hymnen tritt ein neuer Dichtertypus auf: Er ist selber Prophet göttlicher Wahrheit im enthusiastischen Gesang; der Dichter ist mehr als nur einer, der Regeln anwendet. Klopstock ist es auch, der im Anschluss an die klassischen Odenstrophen lyrische Experimente mit antiken Formen veranstaltet. Die Lyrik Herders und des jungen Goethe nach 1770 findet einerseits neue, ganz unklassische Vorbilder im **Volkslied** oder, bei Bürger, in der **Ballade**, andererseits werden im formal oft selbstbestimmten oder freirhythmischen Gedicht Natur- und Liebeserfahrungen auf eine ganz neuartige, individuelle Weise ausdrückbar – oder auch Ansprüche auf die Autonomie des genialischen

Dichtersubjekts: Etwa in Goethes *Prometheus* (1773/74) besingt sich das Genie als gottgleich. Die Hinwendung zur antiken Form führt, zumal bei Goethe und Schiller, zur Adaption klassischer lyrischer Gattungen: Elegie, Epigramm, Xenie – selbst die Ballade wird in die klassizistische Praxis integriert (zu den Formen der Lyrik s. Kap. 3.2.2).

Drama Die Mustergattung des Aufklärungsjahrhunderts ist das Drama. Gottsched proklamierte und vollzog ab 1727 und gemeinsam mit der Theaterprinzipalin Karoline Neuber eine **Theaterreform**: Deren wichtigste Ziele waren die Abkehr von der Bühnenästhetik der traditionellen Wandertruppen und der Verzicht auf Improvisation, stattdessen forderte sie Texttreue, klassizistische Kostümierung und gravitätischen Deklamationsstil; der Hanswurst, der Narr der frühneuzeitlichen Komödie, wurde zur Unfigur erklärt. Vorbild einer neuen deutschen Dramatik war der französische Klassizismus Corneilles, Racines und Voltaires, also die in der höfischen Kultur des französischen 17. Jahrhunderts überformte griechische Klassik. Gottsched selber verfasste mit dem *Sterbenden Cato* (1732) ein Musterstück seiner Dramenästhetik, dem aber kein Bühnenerfolg beschieden sein sollte.

Gegen die implizit höfische Orientierung Gottscheds entwickelte Lessing sein **Bürgerliches Trauerspiel**, in dem sowohl das neue städtische Bürgertum und die neuartige Familienstruktur mit ihren Rollen und in ihrer Intimität als auch die erstarkende Tendenz der Empfindsamkeit ihren Ausdruck finden (*Miß Sara Sampson*, 1755; *Emilia Galotti*, 1772). Trauerspiel und auch **rührendes Lustspiel** sollten auf Rührung und Mitleid abzielen und im erlebten Affekt Gemeinschaft stiften. Das an Shakespeare orientierte Drama von Lenz, Klinger, dem jungen Goethe und anderen sprengte nicht nur die Fesseln der antiken Formen bzw. ihrer klassizistischen Festschreibung in der aufgeklärten Regelpoetik, sondern eroberte neue Gegenstände für die Bühne: Personen der eigenen Geschichte oder sogar der Gegenwart wurden mit einem provozierenden (Sprach-)Realismus dramatisch präsentiert (Lenz: *Der Hofmeister*, 1774; Goethe: *Götz von Berlichingen*, 1773).

In Opposition zu dieser letztlich gescheiterten jugendbewegten bürgerlichen Kulturrevolution schloss das **klassizistische Drama** Goethes und Schillers in produktiver Aneignung an die Formensprache der Antike an. Die Stoffe der Dramen entstammten zwar teilweise noch dem Mythos, häufig aber der europäischen Geschichte (*Die Jungfrau von Orleans*, *Wallenstein*), die Themenstellung war höchst modern: die Möglichkeiten und Grenzen individuell verantwortbarer Wahrhaftigkeit (*Iphigenie*) oder die Position und Ohnmacht des Einzelnen gegenüber der Geschichte (*Egmont*, *Maria Stuart*).

Prosa Die Erzählliteratur des Aufklärungsjahrhunderts kennt zunächst eine idealtypische Kleinform, die **Fabel**. Die Lehrhaftigkeit und Prägnanz der Gattung kam der Belehrungsabsicht des poetologischen Programms entgegen. Wie die Fabel ist auch die **Idylle** an einem antiken Vorbild orientiert: Salomon Geßners greift auf Theokrit und Vergil zurück und inszeniert im Kontext der Landlebendichtung ein oft seichtes Wunschbild unentfremdeten Lebens in einer schäferlichen Kulisse.

Der **Roman der Aufklärung** hat insgesamt einen ähnlich prominenten Stellenwert wie das Drama. Schon die große Kollektiv-Robinsonade Johann Gottfried Schnabels, die *Insel Felsenburg* (1731–43), weist prototypische Bestandteile des Aufklärungsromans auf: bürgerliche Helden, scharfe Kritik an der maroden feudalistischen Gesellschaft in den europäischen Ländern und die Propagierung eines theologisch geprägten Tugend- und Gesellschaftsideals, das hier in eine funktionierende Insel-Utopie mündet. – Der, neben dem Trauerspiel, vorrangige ›Motor‹ der Empfindsamkeit wurde dann der Romantyp, der ein einzelnes Individuum ins Zentrum stellte: Heldin oder Held präsentieren sich als Tugend- und Vernunftideal und gleichermaßen in ihrer vorbildhaften, da kontrollierten Sinnlichkeit (Gellert: *Leben der Schwedischen Gräfin von G****, 1747/48; La Roche: *Geschichte des Fräuleins von Sternheim*, 1771).

Zum Medium von Innerlichkeit, Tugend und Vernunft schlechthin wurde schon in diesen Romanen der Brief – der auch in der bürgerlichen Geselligkeitskultur eben diese Position einnahm. Der **Briefroman**, hier noch sinnlich *und* belehrend konzipiert, ließ in Goethes *Werther* (1774) diese aufgeklärte Intention hinter sich: Der Roman war nur noch monologischer Ausdruck eines leidenschaftlichen und leidenden Individuums; Leserin oder Leser blieben unberaten zurück. Durchaus kontrovers zu dieser radikalisierten (und damit kritisierten) Übertreibungsform der Empfindsamkeit steht der **Entwicklungs- oder Bildungsroman** der Spätaufklärung (Moritz: *Anton Reiser*, 1785–94; Goethe: *Wilhelm Meisters Lehrjahre*, 1796): In biografischer Erzählung wird der Bildungsgang eines Individuums innerhalb der bürgerlichen Gesellschaft modellhaft vorgeführt. Im Idealfall führt dieser Lebensweg den Helden zur gelungenen Integration in die Gesellschaft.

Eine Sonderform epischen Erzählens wurde in der zweiten Hälfte des 18. Jahrhunderts das **Versepos**. Nachdem Klopstock in seinem *Messias* (1748–73) christliche Mythologie und antike Epik miteinander verband und Wieland mit seinem *Oberon* (1780) inhaltlich und formal an die englische (Chaucer) und italienische (Ariost, Tasso) Renaissance anschloss, gelangen Johann Heinrich Voß und Goethe im Klassizismus der Spätaufklärung die homerisierenden Muster der Gattung. Voß hatte mit der *Luise* (1795) ein episches Idyll geliefert, und Goethe verbindet im *Reineke Fuchs* (1794) und in *Hermann und Dorothea* (1797) das Fabel-hafte bzw. Idyllische der Erzählgegenstände auffällig mit politischem Gehalt: Die klassizistische Literatur thematisiert explizit den Verfall politischer Tugenden bzw. die Französische Revolution, reagiert aber hier im Epos sowohl inhaltlich als auch ästhetisch mit bloßer Harmonisierung.

Grundlegende Literatur

Alt, Peter-André: *Aufklärung*. Lehrbuch Germanistik. Stuttgart/Weimar ²2001.
Beutin, Wolfgang u.a.: *Deutsche Literaturgeschichte. Von den Anfängen bis zur Gegenwart*. 6., verb. u. erw. Aufl. Stuttgart 2001.

Borchmeyer, Dieter: *Weimarer Klassik. Portrait einer Epoche*. Weinheim 1994.
Conrady, Karl Otto (Hg.): *Deutsche Literatur zur Zeit der Klassik*. Stuttgart 1977.
de Boor, Helmut/Newald, Richard: *Geschichte der deutschen Literatur von den Anfängen bis zur Gegenwart*. 7 Bände in 11 Teilbänden. München: Beck 1949 ff.
Gaede, Friedrich: *Humanismus, Barock, Aufklärung. Geschichte der deutschen Literatur vom 16. bis zum 18. Jahrhundert* (= Handbuch der deutschen Literaturgeschichte. Abt. 1. Darstellungen, Bd. 2). Bern/München 1971.
Glaser, Horst Albert (Hg.): *Deutsche Literatur. Eine Sozialgeschichte*, 10 Bände. Reinbek bei Hamburg 1980 ff.
Hinck, Walter (Hg.): *Sturm und Drang. Ein literaturwissenschaftliches Studienbuch*. 2., durchges. Aufl. Kronberg 1989.
Hoffmeister, Gerhart: *Deutsche und europäische Barockliteratur*. Stuttgart 1987.
Hofmann, Michael: *Aufklärung*. Stuttgart 1999.
Jørgensen, Sven Aage/Bohnen, Klaus/Øhrgaard, Per: *Aufklärung, Sturm und Drang, Frühe Klassik 1740–1789*. München 1990 (de Boor, Helmut/Newald, Richard: *Geschichte der deutschen Literatur von den Anfängen bis zur Gegenwart*, Bd. 6).
Kaiser, Gerhard: *Aufklärung, Empfindsamkeit, Sturm und Drang*. Tübingen ^{5}1996.
Könneker, Barbara: *Die deutsche Literatur der Reformationszeit. Kommentar zu einer Epoche*. München 1975.
Luserke, Matthias: *Sturm und Drang. Autoren – Texte – Themen*. Stuttgart 1997.
Newald, Richard: *Die deutsche Literatur vom Späthumanismus zur Empfindsamkeit 1570–1750*. München ^{6}1967 (de Boor, Helmut/Newald, Richard: *Geschichte der deutschen Literatur von den Anfängen bis zur Gegenwart*, Bd. 5).
Niefanger, Dirk: *Barock. Lehrbuch Germanistik*. Stuttgart/Weimar 2000.
Rupprich, Hans: *Vom späten Mittelalter bis zum Barock*, 2 Bde. München 1970/72 (de Boor, Helmut/Newald, Richard: *Geschichte der deutschen Literatur von den Anfängen bis zur Gegenwart*, Bd. 4.1/2).
Schöne, Albrecht (Hg.): *Das Zeitalter des Barock. Texte und Zeugnisse*. München 1963.
– : *Emblematik und Drama im Zeitalter des Barock*. München 1964.
Szyrocki, Marian: *Die deutsche Literatur des Barock. Eine Einführung* [1968]. Stuttgart 1997.
Trunz, Erich: *Deutsche Literatur zwischen Späthumanismus und Barock. Acht Studien*. München 1995.
Voßkamp, Wilhelm: *Romantheorie in Deutschland. Von Martin Opitz bis Friedrich von Blanckenburg*. Stuttgart 1973.
Witte, Bernd u.a. (Hg.): *Goethe-Handbuch*, 5 Bände. Stuttgart/Weimar 1996–1999.

2.3 Von der Französischen Revolution bis zum Ersten Weltkrieg

Das ›lange 19. Jahrhundert‹, das von den Historikern nicht von 1800 bis 1900, sondern zwischen den zwei Großereignissen der europäischen Geschichte 1789 bis 1918 verortet wird, ist nicht nur durch eine Reihe sozialer und politischer Veränderungen, sondern entsprechend auch durch sehr heterogene ästhetische Orientierungen gekennzeichnet. Wenn bereits Novalis 1800 behauptete: »Wir sind aus der Zeit der allgemein geltenden Formen heraus« (Fragment Nr. 2167), so ist damit eine Entwicklung vorweggenommen, die von der Romantik über das Biedermeier, den Vormärz, Realismus, Naturalismus, Symbolismus und Expressionismus sehr unterschiedliche Stile, Formen und ›Ismen‹ zeigen wird. Dabei lässt sich als grobe Tendenz ausmachen, dass die Literatur der Klassik und Romantik in der so genannten **Kunstepoche** zunächst nach **Autonomiegewinn** und Selbstbezüglichkeit strebt, um dann im Lauf des 19. Jahrhunderts eine **zunehmende Orientierung auf die Umwelten von Literatur** zu gewinnen, die über Realismus und Naturalismus bis zu den Avantgarden eine Entwicklungslinie darstellt (vgl. Plumpe 1995). Zu beachten ist aber auch, dass die Rückbesinnung auf den ästhetischen Pol um 1900 wieder auftaucht – Positionen und Gegenpositionen werden sich ab dann immer schneller abwechseln und schließlich simultan nebeneinanderherlaufen.

2.3.1 Reaktionen auf die Französische Revolution: Romantik

An den unterschiedlichen Reaktionen auf die Französische Revolution lassen sich diese Ausrichtungen zwischen Autonomieästhetik und Umweltbezug bereits erkennen. Auch wenn es Leitgedanken der Aufklärung waren, die 1789 realisiert werden wollten – Freiheit, Gleichheit und Brüderlichkeit, also demokratische und humanitäre Werte – wurden sie doch mit totalitären Praktiken installiert. Goethe und Schiller etwa reagierten auf die Schreckensherrschaft der Jakobiner in Paris mit der Absicht, den Absolutismus auf dem Kunstweg zu einer modernen Gesellschaft zu wandeln. Dem standen zunächst jakobinisch orientierte Dichter gegenüber. Georg Forster oder C.F.D. Schubart etwa forderten zur engagiert-demokratischen Haltung heraus und beteiligten sich bei der ersten, allerdings kurzlebigen Republik in Deutschland (in Mainz 1792/93). Friedrich Hölderlin tritt auf als markanter Grenzgänger mit revolutionären Hoffnungen, die er aber zunehmend auf die Kunst als Vorschein einer Utopie setzte. In seinem Bildungsroman *Hyperion* (1797/99) wird von einem Staat geträumt, der freiheitlich philosophisch und künstlerisch verfasst ist und der dem Individuum Entfaltungsmöglichkeiten für alle Anlagen und Sinne garantiert. Auch in der Lyrik wollte Hölderlin eine Versöhnung von individuellem Anspruch und überindividuellem Geschehen (Natur, Geist, Gott, Gesellschaft) verwirklichen. Eine weitere Figur zwischen Poesie und Politik ist Jean Paul: Einerseits Demokrat, sah er im napoleonischen Gesetzeswerk des *Code Civil* eine Chance, elementare bürgerliche Rechte zu sichern wie auch die Bildungsideen einer ganzheitlichen Persönlichkeit politisch umzusetzen – eines ganzen Menschen, der mit seinen widersprüchlichen Teilen und der gesellschaftlichen Welt versöhnt ist. Andererseits beklagte er die Maschinenhaftigkeit der modernen Welt und setzte ihr ein Erzählwerk gegenüber, das ganz von Phantasieausschweifungen, Abweichungen und formalen Brüchen gekennzeichnet ist.

Wenngleich Jean Paul sich gegen den selbstüberheblichen Typus wandte, der die Ansprüche der Einbildungskraft über die Außenwelt stellt und damit an seiner Umgebung scheitern muss – wie sein Bildungsroman *Titan* (1800) zeigt –, wird sein Œuvre doch oft als Beitrag zur Romantik gerechnet, die mit der **Betonung des Individuellen** und der subjektiven Einbildungskraft auf die politischen Umwälzungen reagierte (zur Romantik allgemein vgl. Gruber 1999; Kremer ²2003). Die starke Aufwertung des Ich in den 1770er Jahren wurde philosophisch durch Kant verstärkt, nach dessen Auffassung der Mensch nur für seinen eigenen, nicht für einen fremden Zweck lebt, wie er auch als einziges Lebewesen in der Lage sei, über sich selbst zu reflektieren (vgl. Vorrede zur *Anthropologie*, 1798).

Kant, dessen Transzendentalphilosophie sich mit den Bedingungen der Möglichkeit von Erkenntnis befasst, weist in seiner *Kritik der Urteilskraft* (1790) aber auch auf ein grundlegendes Problem hin: Das Ding, wie es an sich ist, ist unerkennbar, weil es abhängig ist von den Anschauungsformen Raum und Zeit, die der menschlichen Wahrnehmung als Apriori zugrunde liegen. Während Kant aber noch darauf setzte, dass sich die Erkennenden untereinander über die Welt verständigen, radikalisierte Johann Gottlieb Fichte das Problem, indem er in seiner *Wissenschaftslehre* (1795) das absolute Ich zum Bezugspunkt allen Seins erklärt – alles Nicht-Ich, also die Außenwelt, ist demnach nur eine Setzung. Mit dieser Auffassung hat Fichte als Lehrer in Jena die dortigen jungen Romantiker darin bestärkt, das Ich mit allen Rechten eines wachsenden Selbstbewusstseins auszustatten.

Poetologie der Frühromantik

Noch pointierter als die Klassik arbeiten die **Frühromantiker** ein Autonomieprogramm von Dichtung heraus: »Poesie ist Poesie« und nichts sonst, so dekretierte Novalis (1798/1962, 502) – allein aus der Phantasie und nur für sich erhält sie ihre Regeln, die der Leser gefühlsmäßig nachvollziehen soll (vgl. Plumpe 1995). Intensiv wird in der Kunst über ihre Bestimmung nachgedacht, aber auch über Sprache als ihre Bedingung. So entsteht eine »Poesie der Poesie«, wie Friedrich Schlegel meinte (1798, I, 244) – eine Metapoesie also, wenn Literatur das Wort ebenso einer kritischen Prüfung unterzieht wie die künstlerischen Formen. In diesem Selbstbezug bzw. der Autoreferenzialität kann der Roman zum Selbstgespräch werden, der gegen Drama und Lyrik als die vorherrschenden Formen der Klassik gesetzt wird, dabei oft Fragment bleibt oder die Gattungsgrenzen öffnet mit gedichtartigen, essayistischen Einsprengseln und Briefpassagen (Clemens Brentano: *Godwi*, 1801).

Kunst soll aber auch im dauernden Arbeitsprozess in gesellschaftliche Praxis umgesetzt werden. Dies hat F. Schlegel in der von ihm und seinem Bruder August herausgegebenen *Athenäums*-Zeitschrift (1798–1800) mit wenigen Leitsätzen zum Programm gemacht:

> »Die romantische Poesie ist eine progressive Universalpoesie. Ihre Bestimmung ist nicht bloß, alle getrennte[n] Gattungen der Poesie wieder zu vereinigen, und die Poesie mit der Philosophie, und Rhetorik in Berührung zu setzen. Sie will, und soll auch Poesie und Prosa, Genialität und Kritik, Kunstpoesie, und Naturpoesie bald mischen, bald verschmelzen, die Poesie lebendig und gesellig, und das Leben und die Gesellschaft poetisch machen, den Witz poetisieren, und die Formen der Kunst mit gedieg[e]nem Bildungsstoff jeder Art anfüllen und sättigen, und durch die Schwingungen des Humors beseelen.« (1798, I, 204; 116. Fragment)

Nicht das abgeschlossene Werk, sondern das ständige Fortschreiben ist entscheidend. Die offene Form des Fragments (in Aphorismen, Essays oder im Roman), die die Romantiker der klassischen organischen Ganzheit entgegensetzen, zeigt, dass man sich immer auf dem Weg befindet: Alle poetische Welt ist ein Entwurf, in progressiver Universalpoesie zu erarbeiten. Dem entspricht, dass die Romantiker nicht wie Goethe auf das Symbol vertrauen, bei dem ein Einzelnes im Bezug auf einen Gesamtzusammenhang steht. Diese Verbindung ist in der Allegorie unterbrochen, die immer wieder neue Lesarten und Bilder über die Welt bietet, aber keinen größeren Zusammenhang mehr darstellt (s. Kap. 4.3).

Der Poesiebegriff wird entgrenzt auf andere Künste, die man in Bezug setzen will, und schließlich soll das Leben selbst poetisch werden. Damit war an die ganze Gesellschaft gedacht, die aus dem Geist der Kunst geformt werden soll, um ihre auseinander strebenden Teile zu versöhnen. Jeder sollte prinzipiell zum Teilnehmer eines großen Kunstwerkes werden, zwischen Autor und Leser wird die Trennung dann aufgehoben – eine solche Zusammenarbeit bzw. **Sympraxis** schwebte insbesondere Novalis vor, der in jedem Leser einen Ko-Autor sah und in dem Kritiker einen Fortschreiber, der sich seinem Gegenstand annähert und ihn weiterentwickelt. Konkreter wurde das Projekt in der Jenaer Künstlergemeinschaft verwirklicht, wo einer des anderen Entwürfe vorantreiben und im unendlichen Gespräch am Kunstprojekt arbeiten sollte. In der Geselligkeit des Kunstgenusses sollte dann jeder Einzelne sein eigenes Leben zum Gegenstand von Kunst machen und sich zu alternativen Formen der Partnerschaft – z.B. der Ehe zu viert – inspirieren lassen. Nicht nur interessante Texte, sondern auch eine interessante Individualität zu kultivieren, das bedeutete für Friedrich Schlegel die romantische »Lebenskunstlehre« (1798, I, 237) – eine Lehre auch der Lebensformen, wie sie in seinem Roman *Lucinde* (1799) als Liebesstile vorgeführt werden.

Zum Inbegriff des interessanten Charakters wird in der Romantik **die Frau**. Hatte bereits 1771 Sophie von la Roche mit der *Geschichte des Fräuleins von Sternheim* die **Tradition des ›Frauenromans‹** in Gang gesetzt, ist es außerdem Mary Wollstonecrafts *Verteidigung der Rechte der Frauen* (dt. 1794), die verschiedene Autorinnen inspiriert. Dazu zählen etwa Rahel Levin-Varnhagen mit ihren umfangreichen Briefwechseln und Tagebüchern, Sophie Tieck (*Wunderbilder und Träume in elf Märchen*, 1802), Sophie Mereau (*Amanda und Eduard*,

1803) oder Karoline von Günderrode (*Hildgund*, 1805) und Bettina von Arnim (*Goethes Briefwechsel mit einem Kinde*, 1835) – abgesehen von den Zuarbeiten für ihre literarisch bekannteren Männer, die sich nicht selten das von ihnen Verfasste auf die eigenen Fahnen schrieben.

Für die Männer bleibt das Frauenbild der Muse dominant – eine Figur, die für die männlichen Künstler Kunsterfahrungen ermöglicht, die dann in romantischen Künstlerromanen thematisiert werden können. Novalis zeigt in einem Romanfragment den Weg *Heinrich von Ofterdingens* (posthum 1802), den die Romantiker für den Verfasser des Nibelungenliedes hielten, über seine Liebeserfahrungen mit Mathilde zum Dichtersänger – eine Berufung, für die die blaue Blume als Denkbild romantischer Kunst den Vorschein gibt. In die Gruppe des Künstlerromans gehören Wilhelm H. Wackenroders *Herzensergießungen eines kunstliebenden Klosterbruders* (1797), der Lebensbeschreibungen italienischer Künstler gibt und Kunstgenuss als Gefühlserbauung predigt – ein Zeugnis auch der fortgeführten Debatte über den Stellenwert des Künstlers allgemein, der sich Autonomie erstreiten will.

Das Märchenhafte des *Ofterdingen*-Romans ist wiederum im Zusammenhang mit der Aufwertung des Märchens zu sehen. Die schriftlichen Sammlungen der bislang mündlich überlieferten **Volksmärchen** durch die Brüder Grimm (*Kinder- und Hausmärchen*, 1812–1822) und der *Deutschen Sagen* (1816) wollen möglichst getreu den historischen Text rekonstruieren – womit auch die Germanistik als Wissenschaft angebahnt wird. Eine Auswahl zu treffen, ist bereits die Absicht der Schlegel-Brüder um 1800, wenn sie einen literarischen Kanon im Sinne des Schönen, Wahren und Guten aus der immer unüberschaubarer werdenden Literatur zu Unterhaltungs- und Bildungszwecken herausarbeiten. Das Klassische soll so mit der eigenen Nationalität in weltbürgerlicher Absicht versöhnt werden. Die Hinwendung zum Volk geht bis hin zum Mittelalter, das die Romantiker zum epochalen Vorbild wählten. Auch Clemens Brentano befasste sich mit Volksmärchen und gab mit Achim von Arnim deutsche Volkslieder heraus (*Des Knaben Wunderhorn*, 1806 und 1818). Aber man versuchte auch, die Gattung durch das **Kunstmärchen** zu bereichern (vgl. Mayer/Tismar ⁴2003). Diese Entwicklung beginnt mit Goethe bzw. dessen Schlussmärchen in den *Unterhaltungen deutscher Ausgewanderten* (1795) und wird über die märchenhaften Züge in den Erzähltexten Novalis' oder E.T.A. Hoffmanns bis hin zu Ludwig Tiecks Textsammlung *Phantasus* (1812–16) fortgesetzt.

Eine weitere Domäne der Romantik ist die **Denkfigur der Synthese**, die These und Antithese überwindet. Das Zusammenfügen getrennter oder gar widersprüchlicher Bereiche zeigt sich im Kleinen an der beliebten Stilfigur der Synästhesie, wo mehrere Sinnesappelle verschmolzen werden. Unter den Künsten äußert sie sich im Hang zum **Gesamtkunstwerk**, wo zumindest in Programmen die Vereinigung mehrerer Künste angestrebt wurde (s. Kap. 5.4). E.T.A. Hoffmann etwa betätigte sich in verschiedenen Kunstdisziplinen, wenn er sowohl als Musikkomponist, Zeichner wie auch als Erzähler arbeitete, Pläne für einen Maschinenmenschen entwarf und seinen Lebensunterhalt als Jurist verdiente.

Die Synthesefigur zeigt sich weiterhin in der Verflechtung von Poesie und Wissenschaften, in denen die meisten Autoren zusätzlich dilettierten. In dem Projekt, die Welt zu poetisieren, sollten darüber hinaus Geist, Natur und Gesellschaft ebenso in Übereinstimmung gebracht werden wie die Ansprüche von Individuellem und Allgemeinem, Innenwelt und Außenwelt. Die Einsicht indessen, dass das Unendliche schlechthin unerreichbar bleiben muss (weil sonst auch die künstlerische Arbeit abgeschlossen wäre), erzeugt die Haltung der **Ironie** – das Unendliche kann weder konkret dargestellt noch tatsächlich erreicht werden.

2.3.2 Krise der Romantik und das Biedermeier

Der romantische Identitätsgedanke und das Unendlichkeitsmotiv werden in der Hoch- und Spätromantik, die ihr Zentrum in Süddeutschland (besonders Heidelberg) hatte, mit anderen Mitteln fortgesetzt – ihre Vertreter flüchten meist in ein christliches Weltbild (so auch Schlegel) oder retten sich in Idyllen, die an der Wirklichkeit längst gescheitert waren: Alle hochfliegenden Pläne konnten auch nicht darüber hinwegtäuschen, dass politisch nichts erreicht war. Hatten Vertreter des aufgeklärten Absolutismus zunächst versucht, im Allgemeinen Preußischen Landrecht von 1794 sowie in den Stein-Hardenbergschen Reformen seit 1806 eine Veränderung mit Augenmaß in Gang zu setzen, wurden diese Bemühungen durch die Napoleonischen Eroberungsfeldzüge mit Gründung der Rheinbundstaaten gekreuzt. Als Napoleon in den Befreiungskriegen 1813–15 besiegt worden war, initiierte der Wiener Kongress restaurative Politik im großen Maßstab und installierte alte Monarchien aufs Neue. In Deutschland wurden die vorrevolutionären Machtverhältnisse wieder hergestellt; die 39 im Frankfurter Bundestag vertretenen Ländern hatten das wirtschaftliche Problem der Kleinstaaterei und entsprechender Zölle. Mit den Karlsbader Beschlüssen (1819) wurde das Autoritätsdenken kulturpolitisch wieder eingeführt durch Entzug der Lehr- und Pressefreiheit, der mit ausgearbeiteten polizistischen Methoden überwacht wurde.

Dass bereits die Frühromantik in eine Krise geraten war, lässt sich schon an den *Nachtwachen* von Bonaventura (1804 unter diesem Pseudonym) ablesen, die anders als Novalis' *Hymnen* an die Nacht (1797–99) nicht in Entgrenzungsphantasien schwelgen, sondern Bilder des Ausgeliefertseins und eines krisengeschüttelten Daseins entwerfen, mit denen auch gegen Zeitgenossen und politische Verhältnisse gespottet wird. Besonders greifbar werden die Zeitprobleme bei **Heinrich von Kleist**, der das Motiv des Scheins, der Sinnestäuschung und des permanenten Missverstehens zwischen seinen Erzähl- oder Dramenfiguren mit der These von der Unerkennbarkeit der Welt als schockähnliche Erfahrung formuliert. Seine syntaktisch oft zerrissene Sprache und die Sprünge im Erzählduktus reflektieren den Schock der beginnenden Moderne: Das ganze Dasein ist willkürlich, unberechenbar und dem Zufall unterworfen – was aber auch die politische Dominanz Napoleons widerspiegelt, gegen die Kleist patriotisch protestiert. Auch E.T.A. Hoffmanns Schauerromantik zeigt die frühmoderne Krise, wenn dort immer wieder Figuren Opfer ihrer Imagination werden oder gar Maschinenmenschen auftauchen wie im *Sandmann* (1816). Geradezu ein **Kult des Irrationalen** wird mit der verbreiteten Elektrizitätslehre gefeiert sowie mit der Schädelkunde; Justinus Kerner verarbeitete mit der *Seherin von Prevorst* (1829) auch Aspekte der Parapsychologie.

Die Modernität der romantischen Literatur wird in den 1820er Jahren in das **Biedermeier** abgedrängt, eine Strömung, die sich durch einen Hang zur Idylle, Melancholie und im Effekt durch Harmlosigkeit auszeichnet (vgl. die Beiträge in Titzmann 2002). Interessante Zeitzeugnisse sind hier die Kalenderblätter und Jahrbücher, die kleine Texte zur Erbauung sowie reichhaltige Kupferstichillustrationen enthalten und weite Verbreitung fanden (Almanache). Traditionsbewusstsein in Verbundenheit zur Heimat und zur patriarchalischen Ordnung, ein bisschen religiöse Zuversicht, resignative Flucht in die Innerlichkeit – das ruhige, beschauliche Dasein im trauten Heim, das der Einzelne durch Entsagung, Triebverzicht und Genügsamkeit erlangen kann, wird in vielen Texten am Übergang zu Hoch- und Spätromantik von den Hauptfiguren als ein Lebensmodell vorgestellt.

Joseph von Eichendorffs *Aus dem Leben eines Taugenichts* (1826) ist dafür ein Paradebeispiel, das den wandernden und müßig gehenden Müllerssohn in purem Gottvertrauen mit harmonisierendem, verschönerndem Blick auf das gute Ende zeigt. Dahinter steht als Geschichtsbild die Auffassung, die G.F.W. Hegel in den 1820er Jahren entwickelte: dass die Weltgeschichte einen sinnvollen Gang geht, bei dem ein vernünftiger Weltgeist sich von Teil zu Gegenteil stufenweise zu einer höheren Synthese fortbewegt bis zum modernen Staat als Vernunft gewordener, freiheitlicher Form eines göttlichen Geistes (*Vorlesungen über die Philosophie der Geschichte*, 1837 posthum). Dazu gesellte sich unter dem Eindruck der napoleonischen Eroberungskriege ein patriotischer Gedanke, der Kritik an den eigenen provinziellen und spätabsolutistischen Verhältnissen verhinderte.

In dieser Tendenz gibt es viele hundert Romane der 1820er und 30er Jahre, die wegen ihrer Trivialität bis heute weitgehend unbekannt geblieben sind. Bekannter geworden sind jene Autoren, bei denen die vorgezeigten Idyllen ins Wanken geraten: Eichendorffs *Schloß Dürande* (1837), das die Geschichte des Scheiterns einer Liebe in den Umwälzungen der Französischen Revolution zeigt, Mörikes *Maler Nolten* (1832) oder die *Studien* (1839–44) des jungen Adalbert Stifter bis hin zu Annette von Droste-Hülshoffs *Die Judenbuche* (1842), einer Kriminalnovelle, die den Täter zugleich als Opfer seiner Umgebung psychologisiert. Diese Texte zeigen ein Krisenbewusstsein, in dem die individuellen schönen Welten z.B. durch politische Schwierigkeiten bedroht sind.

Auch die **späten Texte Goethes** sind in diesem Sinne nicht mehr zeitenthobene Klassik (weswegen auch die gelegentlich anzutreffende Bezeichnung ›Goethezeit‹ für die Literatur bis 1830 nicht plausibel erscheint). Insbesondere mit *Wilhelm Meisters Wanderjahren* (1829) hat Goethe eine Fortsetzung der *Lehrjahre* (1795) erarbeitet, die Themen der Montanindustrie, des Maschinenwesens, der Politik und Pädagogik sowie Wilhelms Bestreben zeigt, seinen Platz in der ökonomischen Welt zu finden und in der Spezialbildung zu behaupten. Auch die aufgelöste, fragmentarische Romanform im Wechsel der Erzählung mit lyrischen Passagen, Aphorismen oder Novelleneinsprengseln weist auf einen Zeitenwechsel hin. Für *Faust II* (1831) gilt mit seinen vielfältigen Formen zwischen attischer Tragödie, Volksdrama, Mysterienspiel oder romantischem Gesamtkunstwerk

Ähnliches. Der nach Höherentwicklung strebende Held wird einer kritischen Einschätzung unterworfen, wenn er etwa auf Kosten von Menschenleben und Zerstörung ein Siedlungsprojekt vorantreibt. Beide Texte sind auch als Stellungnahmen zu einer problematisch gewordenen modernen Gegenwart zu lesen.

2.3.3 Frühe Formen des Realismus und Vormärz

Die hochgestimmten Entwürfe der **Kunstepoche** nach 1800, in der man aus der freien Kunst und der dichterischen Subjektivität heraus die Probleme der Moderne in den Griff zu bekommen hoffte, konnten all denen nicht genügen, deren Blick auf die politischen Wirklichkeiten gerichtet war. Die beschleunigte Industrialisierung relativierte die Rolle des alten Handwerks: Es entsteht im Lauf des 19. Jahrhunderts ein neues Unternehmertum sowie ein Proletariat, das immer mehr in Massen hervortritt. Das Auseinanderdriften der gesellschaftlichen Bereiche, den Bindungsverlust des Einzelnen und die Verzwecklichung des Individuums fasst Hegel in seiner *Ästhetik* mit der Formel der »Prosa der Verhältnisse« als Grunderfahrung der Moderne zusammen: »das Ganze erscheint nur als eine Menge von Einzelheiten, die Beschäftigungen und Tätigkeiten werden in unendlich viele Teile gesondert und zersplittert« (Ästhetik, Bd. 1, 198). Dieser Gesellschaftszustand steht dem Subjekt und seinen unerfüllten Ansprüchen, der so genannten ›Poesie des Herzens‹ gegenüber. Dem entspricht aber Hegels Leitthese vom Ende der schönen Kunst, die »echte Wahrheit und Lebendigkeit verloren« habe (ebd., 25), weil sie Form und Inhalt, Idee und Gestalt nicht mehr bruchlos zusammenbringe.

Es ist diese gesellschaftliche Krise, die Druck auf die Literatur ausübt. Die Alltagswelt hält zunehmend Einzug in die Literatur – die Romantik geht in den Realismus über (vgl. Oellers 2001). Dafür ist bereits E.T.A. Hoffmanns letzte Novelle *Des Vetters Eckfenster* (1822) ein Beispiel, bei dem der Fernglasblick aus dem Panoramafenster die Einzeldinge auf einem Marktplatz erfasst und so die Imagination bei den Bildbeschreibungen stimuliert. Angespielt wird damit auf das **Panorama** als wichtigstes Kunstmedium im 19. Jahrhundert. Bereits 1787 wurde es patentiert und fand schnell ein massenhaftes Publikum, weil es die bürgerliche Bildungsreise des 18. Jahrhunderts ins Haus holte. In runden Holzhäusern konnte man gegen Bezahlung Schlachtenszenen oder idyllische sowie erhabene Fernlandschaften bestaunen, und zwar in der Blicktotale von 360 Grad. Dies ermöglichte eine neue Wahrnehmungsweise: die Überschau aus souveräner Position, ein genussvolles Beherrschen des Gegenstandes, der dem Auge unterworfen wird.

Dem Wunsch, die Erde aus der übergeordneten Perspektive und im Ganzen überschauen zu wollen, entsprechen die ersten erfolgreichen Flugversuche: Der 1783 von den Gebrüdern Montgolfier erstmals gestartete **Heißluftballon** wurde im 19. Jahrhundert zur Betrachtung von Naturphänomenen und zur Kartierung der Erde von oben eingesetzt. Bereits Jean Paul hatte im *Titan* (1800) den Flug mit der Montgolfière literarisch erprobt und den Blick panoramisch schweifen lassen, Adalbert Stifter macht im *Kondor* (1840) dasselbe Experiment. Das Motiv des Rundblicks taucht in der Prosa vielfach auf; formal zeigt sich sein Niederschlag in gewandelten Erzählperspektiven, die oft zwischen der auktorial-allwissenden Haltung und dem Blick aus den Figuren oder aus den Dingen heraus pendeln.

Das Wechseln der Erzählperspektive kennzeichnet viele Texte des Realismus, wodurch die Vielseitigkeit des Lebens Einzug in die Literatur hält. Georg Büchners *Lenz* enthält mit dem »Kunstgespräch« ein Programm, das den Realismus in nuce beinhaltet: »Ich verlange in allem Leben, Möglichkeit des Daseins, und dann ist's gut; wir haben dann nicht zu fragen, ob es schön, ob es häßlich ist« (1835/1998, 234). Nicht idealistisch aus dem verschönernden Geist soll Kunst gemacht werden, sondern mit Blick auf das Leben – das Interesse wird umgestellt vom **Literatursystem** auf die **Umweltsysteme**, aus denen Literatur ihre Anregungen bezieht. Dem entspricht die dokumentarische Tendenz im *Lenz* sowie in den Dramen *Woyzeck* (1836) und *Dantons Tod* (1835), die auf historischen Quellen beruhen.

Mit *Dantons Tod* gibt Büchner (1813–37) eine kritische Aufarbeitung der Französischen Revolution anhand von Geschichtsdokumenten, die ins Drama übersetzt werden. Neben dem historischen hat Büchner aber vor allem ein tagespolitisches Interesse, das allgemein für die Autoren des **Jungen Deutschland** leitend wird (vgl. Vogt 2001). Mit Blick auf die Französische Julirevolution von 1830, die auch Deutschland erreicht, weist Büchner auf die Gewaltproblematik eines entfesselten Staates hin. Wieder sind die unteren Volksschichten als eigentliche Initiatoren der Aufstände deren Opfer geworden. Es herrschen nach wie vor Provinzialismus und Zensur bis hin zur Androhung von Berufsverbot und Gefängnisstrafen, überdies tritt schärfer noch als um 1800 das Problem der massenhaften Verelendung hervor. Dem wollte etwa Büchner begegnen durch Gründung einer »Gesellschaft der Menschenrechte« oder des *Hessischen Landboten*, einem politischen Pamphlet, das die sozialen Verhältnisse aufs Schärfste anklagt. Der **rapide Modernisierungsdruck** beginnt, sich zu verselbständigen, er beschleunigt das Entwicklungstempo erheblich wie auch die Lebensgeschwindigkeiten selbst. 1835 fährt zwischen Nürnberg und Fürth die erste Eisenbahn in Deutschland, schnell entsteht ein umfassendes Schienennetz. Mit der Industriellen Revolution entstehen auch neue Raum- und Zeitbegriffe, und es werden Wahrnehmungsmuster in Gang gesetzt, wie sie sich vielfach an den Texten des Realismus zeigen.

Gesellschaftskritische Ansätze im Jungen Deutschland

Die so genannten **Jungdeutschen** setzten weniger radikal-kritisch, vielmehr noch halbwegs optimistisch ihre Veränderungshoffnungen auf eine politische Literatur. Den Autonomiegedanken von Dichtung lehnten sie ab, um vielmehr ihren direkten Bezug auf die Gesellschaft sowie engagierte Stellungnahme zu fordern: Pressefreiheit und Demokratie, sinnliches Leben gegen akademische Zöpfe, Emanzipation allgemein und Befreiung der Frau insbesondere waren ihre Forderungen. Sie strebten direkte Wirkung auf ein Publikum an, das in Leihbibliotheken oder Lesezirkeln immer größer wurde und auch von den Machthabern durchaus als Bedrohung empfunden wurde.

Ein bis heute weit diskutierter Exponent ist **Heinrich Heine** (1797–1856), bei dem der Sprung zwischen den Weltbildern deutlich wird. Konsequent spielt er die Epochenbilder gegeneinander aus, wenn er einerseits hochromantische Verklärung in Klischeebildern und volksliedhaften Strophen vorführt und sie dann mit einer desillusionierenden Pointe versieht. Frühe Beispiele finden sich in seinen *Reisebildern* (1826–31), die zwischen Hymne und Satire, zwischen Andichtung der Natur, Schwärmerei und bissigem Spott schwanken; dazu kommt eine Assoziationsfreudigkeit, die Heine als Zeitungskorrespondent (und Feuilletonist) ausgezeichnet hat. Noch radikaler setzt Christian Dietrich Grabbe in seinen historischen Dramen die Ironie ein, bei denen auch die Form nicht mehr versöhnlich stimmt und alles Pathos ins Absurde und in eingestandene Sinnlosigkeit wegrutscht (*Napoleon oder Die hundert Tage*, 1831). Andere tragen ihren Protest in Romanen vor (Karl Gutzkow: *Wally die Zweiflerin*, 1835; Theodor Mundt: *Moderne Lebenswirren*, 1834; Heinrich Laube: *Das junge Europa*, 1833–37). Mundt verfasst sogar eine selbstbewusste *Geschichte der Literatur der Gegenwart* (1842), die sich von der Übermacht der Klassik und des Idealismus befreit. Während Heine stets auf Vieldeutigkeit und den Eigenwert der literarischen Form setzte, gaben andere wie Ludolf Wienbarg oder Ludwig Börne alle Dichtung auf, um in verschiedenen Formen des Journalismus politisch und mit eindeutiger Botschaft zu intervenieren. Sie gehören im engeren Sinne zur Gruppe des **Vormärz** (vgl. Eke 2000), der operativen, kritischen Literatur, die um 1840 bis zur Märzrevolution 1848 erheblich in Umlauf kam, weil sie in journalistischer Prosa, Feuilletons, Reiseberichten oder Briefen die stark anwachsende Erzählliteratur mit neuen Formen bereicherte. Die **Revolutionslyrik** Ferdinand Freiligraths oder Georg Herweghs war ebenfalls so klar ideologisch, dass Heine sie als Tendenzdichtung abqualifizierte, weil ihr die Kunstperspektive und die selbstkritische Ironie abgehe.

Noch allerdings entfaltete die kritisch-realistische Literatur keine Breitenwirkung. Die Journalisten, Lyriker oder Erzähler des Vormärz weisen aber darauf hin, dass der Einzelne von gesellschaftlichen Bedingungen determiniert ist und dass diese geändert werden müssen, wenn sich die Gesellschaftsstrukturen verbessern sollen. Dieser materialistische Ansatz wurde von **Karl Marx** aufgegriffen und in den Lehrsatz gewendet, dass es das gesellschaftliche Sein ist, welches das Bewusstsein bestimmt. Umgekehrt war zuvor der Gedanke leitend, dass der freie Wille des selbstbestimmten Individuums oder seine Ideen das Vermögen hätten, die Tatsachen zu verändern – davon war noch, vorbildlich für die idealistischen Geschichtsauffassungen des 19. Jahrhunderts, Hegel ausgegangen. Von ihm übernahm Marx lediglich die Denkfigur eines dialektischen Wechsels der Geschichtskräfte, um sie dann vom Kopf auf die Füße zu stellen, also von den Gesellschaftsstrukturen aus zu denken. Insbesondere die englischen Verhältnisse nahm er in den Blick, vor allem das Manchestertum, das grenzenlosen Wirtschaftsliberalismus praktizierte und jede politische Einmischung etwa in Form von Sozialgesetzgebungen ausschalten wollte.

Auch in Deutschland hatte sich mit der Industriellen Revolution und dem prosperierenden Handel ein neues Großbürgertum herausgebildet, das in immer schärferen Gegensatz zum wachsenden Proletariat geriet, das unter härtesten Bedingungen für kargen Lohn arbeiten musste. Das Gespenst der Arbeiterrevolution, das **Karl Marx und Friedrich Engels** 1848 im *Manifest der Kommunistischen Partei* heraufbeschworen, wo sie auf krasse soziale Missstände hinwiesen und zum Klassenkampf mobilisierten, organisierte sich dann weniger radikal, etwa in Gewerkschaften, 1862 im Allgemeinen Deutschen Arbeiterverein oder 1875 in der daraus hervorgehenden SPD.

2.3.4 Nach 1848: Der poetische Realismus

Der Rückzug der anspruchsvollen Literatur aus der Politik nach dem Scheitern der revolutionären Ideale 1848/49 (vgl. Eke 2000) geschieht nicht freiwillig. Er wird auch von einem Macht- und Mediengeflecht betrieben: Nach wie vor ist die Zensur tätig, und hinzu kommt, dass die Verlage mit Blick auf die Verkaufszahlen im härter werdenden Wettbewerb die Harmonie- und Unterhaltungsbedürfnisse eines Lesepublikums bedienen wollen, das meist nicht mehr nach Verschärfung der Konflikte strebt. Im liberalen, demokratischen und konservativen Bürgertum macht sich vielmehr eine **wirtschaftsfreudige**, aber auch **nationalistische Stimmung** in der Bevölkerung breit, die sich lieber von völkischen Kollektivsymbolen aus der Trivialliteratur nähren als von kritischer oder anspruchsvoller Literatur irritieren lassen will (vgl. Parr/Wülfing/Bruns 1991).

Das Familienunterhaltungsjournal *Die Gartenlaube* (ab 1853) ist von **patriarchalischem und heldischem Denken** ebenso geprägt wie von **Idyllen** des bürgerlichen Heims und nationalistischen Ansichten. Beglaubigen und zugleich schmücken wollten die Herausgeber das Unternehmen mit Literaturbeilagen. Diese waren sorgsam ausgewählt: Anspruchvollere Texte (z.B. Fontane) wurden stark umgearbeitet, Trivialautoren wie Eugenie Marlitt konnten hingegen dort unzensiert ein Massenpublikum erreichen; ihr Roman *Goldesele* (1867) predigt mit einfachen Charakteren und immer positivem Ausgang die Fleiß- und Moralbotschaften des Bürgertums. Mit unpolitischen Berichten über kulturelle Ereignisse, Unterhaltsames, gesellschaftliches Leben und Moden wird der Zeitgeist getroffen – die Auflage erreicht bis 1900 eine halbe Million.

In konzentrierter Form finden sich die neuen Ideale des Bürgertums in Gustav Freytags berühmtem Roman *Soll und Haben* (1855), einer Erfolgsgeschichte des Kaufmanns Anton Wohlfahrt, der sich auch gegen Rückschläge zu behaupten weiß. Die leitende **Ideologie** hinter der nicht immer schönen Wirklichkeit ist das Lob der Arbeit und des Strebens, mit dem die bürgerliche Hauptfigur die Gesetze des Lebens zu seinen Gunsten nutzt. Freytag will mit diesem Entwicklungsroman seine Leser künstlerisch gegen den Zufall und das Unberechenbare rüsten: Anstand, Gesundheit und Fleiß sind die Tugenden, in denen sich das Bürgertum üben soll. Diese Selbstbilder des Bürgertums kommen allerdings nicht ohne Diskriminierung aus. Auch das jüdische Bürgertum wird beargwöhnt – eine Tendenz, die sich später politisch verschärfen wird, wenn nach der Reichsgründung 1871 der Nationalismus den Kosmopolitismus verdrängt, Minderheiten unterdrückt werden und Integrationsprobleme offen zu Tage treten. In die patriotische Pflicht genommen werden im Übrigen auch die Klassiker, die man als solche entdeckt – allerdings vor allem, indem man aus ihnen **Denkmäler** macht (das berühmteste in Weimar 1857). Man verklärt sie in eine hohe, ferne Kunstwelt hinein, wobei das Ewige, Gute, Wahre und Schöne auf lauter Kitsch zusammenschnurrt und aus hohler Nachahmung literarisches Epigonentum erzeugt.

Das immer größer werdende Lesepublikum erwartete Entspannung, Harmonie, Erholung von anstrengenden Arbeitswelten; es scheute Konflikte mit der Obrigkeit oder offen kritische Darstellungen von sozialen Zuständen. Als Karl Gutzkow mit *Die Ritter vom Geiste* (1850–51) ein Zeitporträt aus einer Vielzahl nebeneinander geführter Stimmen vorlegte, die den ganzen Aufbau der Gesellschaftsarchitektur darstellen sollten, konnte er mit diesem Experimentalroman kein Publikum erreichen. Literatur gab für längere Zeit ihre direkten politischen Ziele auf, die nun von Sozialphilosophen oder Politikern vertreten wurden. Das lässt sich auch am Beispiel Richard Wagners zeigen, der nach den geplatzten politischen Hoffnungen 1848 alle Anstrengungen auf das ästhetische Raffinement im **Gesamtkunstwerk** richtete (s. Kap. 5.4).

Darstellungsstrategien und Themen des poetischen Realismus

Allgemein wird Kunst nun nach dem politischen Scheitern den Weg in die technische Sublimierung von Musik, Text und Bühnenbild suchen und an einem Illusionismus arbeiten, der auf die Nerven und die Sensibilität zielt oder mit medialen Effekten zwischen den Sinnen spielt. In der anspruchsvollen Literatur zeigt sich dies im sinnlich präzisen Aufbau der Erzählräume und in der Beschreibung der Einzeldinge, die mit zunehmend psychologischer Nuancierung vielfältige symbolische Strahlkraft entfalten.

Das gilt im poetischen Realismus vor allem für die **Darstellung von Natur** (vgl. Oellers 2001). Bei den beschriebenen Landschaften handelt es sich oft um lokal identifizierbare, provinzielle Gegenden, die von einem individuellen Temperament aus gesehen werden. Die Empfindung der Natur hat sich in der Volksliteratur bis zum irrationalen Heimatkult der Dorfgeschichten ausgeprägt. Hier wird ein Ideal-Realismus entworfen, der von einem konservativen Gestaltungs- und Ordnungswillen beseelt ist und mit städtischen Realitäten unvereinbar ist (Berthold Auerbach: *Schwarzwälder Dorfgeschichten*, 1843–54).

An der Hochliteratur dieser Epoche lässt sich hingegen zeigen, dass sich das Naturverständnis seit der Romantik gewandelt hat. Eine Bindung an natürliche und religiöse Ordnung zeigen zunächst noch die moralisierenden Erzählungen von Jeremias Gotthelf (*Die schwarze Spinne*, 1842). Die ganzheitlich-christliche Synthese von Natur, Gesellschaft und Subjekt im romantischen Sinne wird jedoch zunehmend bezweifelt. So wird in **Adalbert Stifters** Novellensammlung *Bunte Steine* (1853) deutlich, wie die politische Revolution Angst erzeugt, die sich in einer bedrohlichen Natur zeigt und die Idylle gefährdet. Der Rückzug in die Innerlichkeit wird schwieriger: Stifters Sichverlieren ans Detail zeigt den Verlust des Zusammenhangs an. Dies wird auch im *Nachsommer* (1857) deutlich, wenn in der Figur Heinrich Drendorfs Kunst, Sitte und Religion zur Übereinstimmung kommen sollen, diese Idylle aber trügerisch ist und ihn an seiner Entfaltung hindert.

Auch bei **Gottfried Keller** (1819–1890) ist dieser Hang zum ländlichen Leben und die Abneigung gegen das großstädtische Milieu und seine Probleme zu erkennen, wobei wiederum in den Erzählmitteln ein Bruch der universellen Harmonie von Subjekt, Natur und Gesellschaft deutlich wird. Die erste Fassung des Bildungsromans *Der Grüne Heinrich* (1854–55) zeigt den enthusiastisch scheiternden Künstler, der in der Liebe von seinen Einbildungen lebt und schließlich reuevoll über den Tod seiner vernachlässigten Mutter stirbt. Die zweite Fassung von 1880 bietet in der Ich-Form eine andere Lösung, wenn der heimgekehrte Heinrich Lee schließlich ein öffentliches Amt bekleidet und mit der Geliebten Judith freundschaftlich zusammenlebt – die Diesseitsfreude wird an stille Bescheidenheit geknüpft. Kellers Novellensammlung *Die Leute von Seldwyla* (1856 und 1873/74), einem fiktiven Schweizer Ort, befasst sich nicht mit hochgespannten, modernen Figuren, sondern mit dem soliden Leben der Kleingewerbler oder Bauern. Auch hier lassen sich Brüche entdecken, mit denen auf Probleme des Spießertums, der Philisterei und auf die Scheinhaftigkeit der Idyllen hingewiesen wird.

Aus dem Naturmotiv speist sich auch ein Großteil der **Lyrik**, die im Realismus allerdings nur eine Nebenrolle spielt. Die Landschaftsbilder Theodor Storms etwa zeigen Impressionen, die das Staunen vor der fremden Natur andeuten. Gebräuchlicher aber ist die Strategie, der Natur stimmungsgeladene Kleinbilder zu entnehmen, um damit einen größeren Horizont anzudeuten – Conrad F. Meyer etwa hat in der Tradition Goethes das Einzelbild über die strenge lyrische Form ganz zum Kunstbild erhoben, das symbolisch auf einen Ideenzusammenhang verweist (*Römischer Brunnen*, 1860). Die Ballade, die bereits im Biedermeier eine wichtige Rolle spielte (Droste-Hülshoff: *Der Knabe im Moor*, 1842; Mörike: *Der Feuerreiter*, 1824), wurde später von Fontane aufgegriffen (*Die Brücke am Tay*, 1880; *John Maynard*, 1886). Insgesamt wurde sie aber von den vielfältigen Erzählformen des Realismus zurückgedrängt, wie überhaupt das Einzelbild zunehmend erzählerisch als Dingsymbol integriert ist.

Natur kann also auch zum **Spiegel gesellschaftlicher Probleme** werden. Hatte der junge Theodor Storm mit *Immensee* (1851) noch eine rührselige Liebes- und Künstlergeschichte aus lauter Naturbildern vorgelegt, werden mit *Ein Doppelgänger* (1887) in der bedrohlichen Nordlandschaft und Kleinstadtenge schließlich soziale Fragen angesprochen, nämlich Probleme der Determination des Einzelnen durch seine Umwelt. In Wilhelm Raabes *Hungerpastor* (1864) sind es noch Heimatbewusstsein und Traditionsbindung, welche die Klassenunterschiede zwischen den Figuren erträglich machen, aber in den gesellschaftlichen Kommunikationen mit ihren Verleumdungen klingt bereits das soziale Thema an (*Stopfkuchen*, 1891).

Theodor Fontane (1819–98) hat hier seinen besonderen Beitrag zum Realismus geleistet, indem er gesellschaftliche Wirklichkeiten andeutet, sie aber nicht als direkte Fotografie gibt. Leitend ist für ihn vielmehr der Begriff der schönen Verklärung des Wirklichen – nicht zu zeigen, wie es ist, sondern wie es idealerweise sein könnte, ist dichterische Absicht (vgl. Kohl 1977, 99–113; zur Tradition des Realismus bis zur antiken Mimesis vgl. ebd., 15–78). Humoristische Distanz soll sich über das Hässliche erheben, auch über jenes Leben in dauernd befolgten Ordnungen, die das Dasein weder interessanter noch besser machen (*Irrungen, Wirrungen* 1887; *Effi Briest*, 1895). Wenn der späte Fontane viele Stimmen gegeneinander setzt und den Figuren nachlauscht, ohne durch einen auktorialen Erzähler noch die Richtung zu weisen, führt er die Dinge vor und überlässt seinem Leser weitgehend das Urteil. Das zeigt sich an *Effi Briest*, der Geschichte einer scheiternden Ehe und fehlgeschlagenen Emanzipation einer Frau, die über die Konvention hinaus lieben will. Besonders der *Stechlin* (1897) führt schließlich in dauernder Schwebelage die Gesprächsperspektiven gegeneinander; die Handlung wird unwichtig und weicht ganz den Dialogen: Die feste auktoriale Erzählerinstanz wird in mehrere Stimmen aufgelöst, die ihren eigenen Sprechstil bekommen (Rollenprosa). In dieser Perspektivverteilung sollen auch die konkurrierenden Ansprüche zwischen dem Adel und der andrängenden Sozialdemokratie milde versöhnt werden.

Der Historismus und die Gegenwart der technischen Medien

Zum Realismus gehört aber auch ein Interesse am überzeitlichen, aus der konkreten Gegenwart herausgehobenen Erzählgeschehen, worin sich ein Zug des Historismus geltend macht als Blick in die Vergangenheit mit verklärenden Tendenzen. In diese Zeitentrücktheit strebte etwa C.F. Meyer (*Das Amulett*, 1873; *Georg Jenatsch*, 1874), um aus der Ferne vorsichtige Andeutungen über menschliche Eigenschaften zu machen und die Aktualität zeitgenössischer Stoffe auf erträglicher Distanz zu halten. Dies zeigt sich auch in der für den Realismus randständigen Gattung des **Dramas**. Hatte Friedrich Hebbel mit *Maria Magdalene* (1843) eine Tragödie der unteren Schichten veröffentlicht, folgt er nach 1848 dem allgemeinen Streben in eine ferne Vergangenheit bis in die Zeit der *Nibelungen* (1862). Diese Tendenz passt in das Zeitalter der Museumsgründungen, der Etablierung der Geschichtswissenschaften oder der Lexika der historischen Sprachwissenschaft: Das Wörterbuch der Brüder Grimm (ab 1854) verfolgte das ehrgeizige Unternehmen, nicht nur Wortbedeutungen zu definieren, sondern vor allem auch literarische Belegstellen aus kanonischen Texten zu geben – ein emsiges Sammelbemühen, das das Traditionsbewusstsein des 19. Jahrhunderts zeigt.

Die Tendenz zum Überzeitlichen wird auch in der fast völligen Abwesenheit der technischen Medien in den Texten des Realismus deutlich. Der Telegraf mit beweglichen Flügeln, wie er um 1800 eingesetzt wurde, arbeitete nun, von Samuel Morse in Amerika 1844 erprobt, mit elektrischen Fernleitungen, die sich immer mehr wie ein Spinnennetz über das Land zogen, weit entfernte Ereignisse heranholten und damit begannen, Räume zusammenzuziehen. Das menschliche Bewusstsein wird medial ausgeweitet, während der poetische Realismus so tut, als ob er von all dem nichts wüsste. Dabei errichtet er für den Leser eben wie das Panorama oder der Fesselballon eine illusionistische Erzählkulisse. Dieselbe wissentliche Ignoranz gilt für viele technische Neuerungen – der mechanische Webstuhl etwa, 1822 erfunden, wird erst 1892 bei Gerhart Hauptmann zum Thema.

Besonders auffällig verschwiegen wird von der Hochliteratur die in den 1830er Jahren von Daguerre in Paris erfundene **Fotografie**, die dagegen in der unterhaltenden Literatur als selbstverständlich-komischer Gegenstand präsentiert wird. Das Ressentiment der Autoren ist zum einen aus der Konkurrenzsituation der Kunstmedien zu erklären. In der Sache geht es um das Schauen, das beim Realismus hinter die sichtbaren Oberflächen gehen soll, was in einer Erzählung Wilhelm Raabes offen ausgesprochen wird (*Der Lar*, 1887): Die Fotografie wird als modische Pseudokunst vorgestellt, die nur ein totes Blickobjekt benötige, nicht aber handwerkliches Geschick oder originelle Anschauung.

Die Arbeitsteilung ist deutlich: Das Literatursystem entwirft die poetische Schau in eine essenzielle Tiefe, wogegen der Blick des Fotografen an der zufälligen, flüchtigen Oberfläche der Dinge stehen bleibe (vgl. Plumpe 1990, 165 ff.). Wenn die meisten Realisten sich nicht für die äußere Erscheinungsform der Dinge, sondern für ihren wesenhaften Kern interessierten, entspricht dies noch Hegels Auffassung, dass hinter allem Sichtbaren eine Idee waltet. Insofern lässt sich hier von **Idealrealismus** sprechen, der auch die viel zitierte Auffassung Fontanes der poetischen Wirklichkeitsverklärung kennzeichnet. Mittels dieser Gestaltung möchte man dem nicht immer schönen Wirklichen eine schöne Idee unterlegen oder aus dem Chaos der Einzelerscheinungen wenigstens Zusammenhänge herstellen – so Otto Ludwig, der den Begriff des ›poetischen Realismus‹ geprägt hat (vgl. Kohl 1977, 105 f.). Das unterscheidet auch die deutsche Variante vom europäischen, insbesondere französischen Verständnis des Realismus bei Balzac, Stendhal, Flaubert oder Zola, der zunehmend die direkte Wiedergabe sozialer Wirklichkeiten im Auge hatte.

2.3.5 Vom Naturalismus bis zum Expressionismus

Was der Realismus in Deutschland ablehnte, indem er seinen milden poetischen Glanz auch über die hässlichen, rohen, unbequemen Wirklichkeiten breiten wollte, nahm sich der Naturalismus ausdrücklich vor: soziale Verhältnisse ungeschminkt zu zeigen, Großstadtrealitäten darzustellen, auf Probleme und Verwerfungen hinzuweisen, und zwar möglichst detailgetreu (vgl. Mahal ³1996; Fähnders 1998). So lautete zumindest das Programm, wie es Arno Holz in seiner berühmten Formel »Kunst = Natur – x« angab, wobei Kunst und Natur möglichst identisch, die Störgröße ›x‹ also klein zu halten sei (*Die Kunst. Ihr Wesen und ihre Gesetze*, 1891). Das ›x‹ steht dabei für das subjektive Temperament des Künstlers, aber auch für den jeweiligen Eigenwert des Kunstmediums, das die Dinge niemals vollkommen identisch wiedergeben kann. Diese Abweichungen möglichst gering haltend, soll sich die Kunst der Natur annähern, also mit dem Kunstsystem die Umwelt wiedergeben.

Naturalisten haben ein ausdrücklich **wissenschaftliches Selbstverständnis**: Kunst und Literatur werden zum positivistischen Verfahren des Aufzeichnens von Fakten. Diesen Grundsatz hatte der Franzose Auguste Comte für die Wissenschaften verpflichtend gemacht: Nicht das Spekulative der philosophischen Metaphysik, sondern das positiv Vorhandene, die sinnlich wahrnehmbaren Daten sollten empirisch erfasst werden. Dabei spielt die Soziologie des Franzosen Hippolyte Taine eine wichtige Rolle, wonach der Einzelne immer in Abhängigkeit von seinem sozialen Umfeld (Milieu) und seiner historischen Zeit gesehen werden muss. Auch wollten die Naturalisten jene Lebenskräfte eines dauernden Anpassungsprozesses zeigen, die Charles Darwin mit seiner Evolutionstheorie in die Diskussion gebracht hatte – das Gesetz des Stärkeren wird zur Anschauung gebracht.

Der Mensch wird also in dieser Sichtweise von äußeren Einflüssen determiniert gesehen, aber auch von inneren, wie es die Naturalisten von der biologischen Vererbungslehre lernen. Die **Naturwissenschaften**, die bereits auf eine große Zahl praktischer Erfindungen verweisen konnten, sollten die naturalistische Literatur beglaubigen, die sich auf das mechanistische Weltbild stützt: Eines folgt konsequent und berechenbar aus dem anderen, und diese Kausalität der Wirkungen zwischen Gesellschaft und Einzelnem soll literarisch aufgezeigt werden. Man sucht nach reinen Erklärungsmustern – so arbeitet der Literaturgeschichtler Wilhelm Scherer, der im Leben der Autoren nach Erklärungsfaktoren für ihre Werke sucht, und so argumentiert der Theoretiker Wilhelm Bölsche (*Naturwissenschaftliche Grundlagen der Poesie*, 1887). Nach diesem Grundsatz schreiben auch die Autoren der Berliner Gruppe *Durch* (1886–87), die Mitarbeiter der Münchner Zeitschrift *Die Gesellschaft* (1885–1902) oder die Brüder Heinrich und Julius Hart in den *Kritischen Waffengängen* (1882–84).

Der Blick war jedoch nicht auf die reine Anatomie der Gesellschaft beschränkt. Handfeste Interessen lagen vielmehr darin, auf Probleme der Großstadt hinzuweisen, die deutschnationale Stimmung ebenso wie Klerikale und Antisemiten zu kritisieren und soziale Fragen aufzuwerfen. Auch die traditionellen Geschlechterrollen werden problematisiert, vorbildlich von den Skandinaviern Henrik Ibsen (*Nora. Ein Puppenheim*, 1879) und August Strindberg (*Fräulein Julie*, 1889). Man stand der Sozialdemokratie nahe, ohne eigene politisch umsetzbare Konzepte zu entwerfen. **Gerhart Hauptmanns** Novelle *Bahnwärter Thiel* (1888) wurde zur Initialzündung des mikroskopischen Blicks und der präzisen Innenschau, und wichtig werden dann v.a. seine ›sozialen Dramen‹: *Vor Sonnenaufgang* (1889) erzeugte mit seiner Alltagsproblematik Empörung, mit *Die Weber* (1892) wurde in der Darstellung des geschichtlichen Aufstandes an das Mitleid der Zuschauer appelliert, die Diebskomödie *Der Biberpelz* (1893) zeigt die List der Unterprivilegierten. Sprachlich wurde die Wirklichkeit seziert und wiedergegeben mit Gebrauch des Dialektes und Soziolektes, unverstellter Alltagssprache, zeitdeckender Darstellung, Satzbrüchen, Ausrufen oder Stimmungswiedergaben. Georg Büchner wird lange nach seinem ersten Konzept eines kritischen Realismus zum Vorbild. In diesem Sinne bemühen sich die Naturalisten darum, geradezu fotografisch genau vorzugehen, was auch an den stark erzählerischen, minutiös beschreibenden Anteilen im Nebentext der Dramen und an den exakten Regieanweisungen erkennbar ist – so etwa in *Die Familie Selicke* (1890) oder den Erzählskizzen Papa Hamlet (1889) von Arno Holz und Johannes Schlaf, wo auch der zeitlupenhafte **Sekundenstil** geprägt wird (zu literar. Techniken vgl. Mahal [3]1996, 92–115).

Die **Determination des Einzelnen** zu zeigen, war auch leitendes Interesse des Franzosen Emile Zola, der in seinem Romanzyklus *Die Rougon-Macquart*

(1871–93) detailgetreu und politisch engagiert gearbeitet hatte und seine genauen Porträts als Experimente verstand. Um solche Versuchsanordnungen ging es auch in den weniger ausgeprägten Gattungen des Naturalismus, etwa in der Großstadtlyrik bei Holz oder in der Erzählgattung, zu der Holz und Schlaf, insbesondere Max Kretzer beitrugen. Oft als deutscher Zola bezeichnet, teilte er mit diesem allerdings nur die sozialen Themen, während er selbst in seinen Großstadtromanen das Spektakuläre und die Tabuverletzungen pflegte.

Moderne Lebensbedingungen in der Großstadt

Mit diesen Schreibweisen und Intentionen verstanden sich die Naturalisten selbst als modern – man bot Kunstformen an, die sich das beschleunigte Tempo der Großstadt zu Eigen machten, die technische Neuerungen berücksichtigten und Reize versprachen. Die große **Landflucht** hatte eingesetzt, Arbeit wurde in den Großstädten gesucht, wo die Bevölkerung rapide zunahm – so wächst Berlin von 500.000 Einwohnern 1850 auf 2 Millionen um 1910. Ähnliches gilt für London, Paris und Wien, wo der Prozess allerdings früher und insgesamt gemächlicher eingesetzt hatte. Die fortgeschrittene Industrialisierung brachte eine Reihe von Erfindungen hervor, die das Zusammenleben revolutionierten. 1889 schaffte Herman Hollerith mit seiner Lochkarte eine Möglichkeit der schnellen Datenspeicherung und -verarbeitung, die mit Nutzung elektrischer Stromkreise auch die spätere digitale Datenverarbeitung anbahnt. Mit dem Parlografen kann man nun Stimmen aufzeichnen, der Fonograf, von Edison 1877 erfunden, speichert Geräusche und Musik. Das heißt auch, dass die Stimme von einem abwesenden, unsichtbaren Urheber ausgeht – eine Kommunikationssituation, die sich in der Schriftübertragung durch Post und Telegrafie angebahnt hatte und sich nun auch im Telefon bemerkbar macht, das seinen triumphalen Einzug in die Bürgerhaushalte feiert. Auch die literarische Kommunikation wird beschleunigt: Die fortgeschrittene Drucktechnik der Rotationspresse bringt das Zeitungswesen zur Blüte, begünstigt das Entstehen eines Taschenbuchmarktes (Rowohlts Rotations Romane) und wirkt von außen auf die Pluralisierung der Literaturströmungen um 1900. Sie treffen auf eine höhere Alphabetisierung und verbesserte bildungspolitische Bedingungen, die neue Leserschichten schaffen.

Ferner wird aus der Serienfotografie der Film entwickelt: 1895 veranstalteten die Gebrüder Lumière in Paris die **erste öffentliche Kinovorstellung**, womit sie eine Kulturbranche ins Leben rufen, die weit mehr Aufmerksamkeit als die anderen Künste auf sich zieht; das Kino ist es auch, das neue Literaturformen inspirieren wird. Die neuen Transportmittel der Straßenbahn, U-Bahn oder des Automobils, das um 1900 langsam die Kutschen aus dem Straßenbild verdrängt, werden auch für die Autoren zum Vehikel, neue Erfahrungen zu machen. In die Lüfte erhebt man sich nun mit dem Zeppelin oder, nach Otto Lilienthals erstem Gleitflugzeugversuch 1896, bald mit dem beweglicheren Propellerflugzeug.

All dies bringt eine Beschleunigung, ein **akzeleriertes Lebenstempo** hervor, das wiederum eine »Steigerung des Nervenlebens« bedeutet, aber auch die Gefahr der Entfremdung mit sich bringt – so eine zentrale These des Berliner Soziologen Georg Simmel (1903, 119). Geldwirtschaft und Verstandesherrschaft, so seine Beobachtung, sind eng verbunden und finden in der Großstadt ihre besten Bedingungen. Darüber werden menschliche Beziehungen versachlicht, der Einzelne erscheint nur noch als Kapitalbesitzer oder Funktionsträger, nicht als Person (ebd.). Dieses Abstraktwerden menschlicher Verhältnisse berge neben dem Gewinn von Arbeits- und Verdienstmöglichkeiten auch sozialpsychologische Risiken, die sich zur Verunsicherung der Identität bis zur Ich-Dissoziation auswachsen können: Die Dinge scheinen dann zu reden und über den Menschen herzufallen, der sich nicht mehr als Handelnder erlebt, sondern als passiv Treibender in den Elementen.

Zustände des Bewusstseins und philosophische Fragen um 1900

Während die Autoren des Naturalismus sich meist freudig auf diese Bedingungen der Moderne einlassen, reagieren andere Literaturströmungen (Dekadenz, Impressionismus, Symbolismus) in Berlin, Paris und vor allem in Wien darauf zunächst zurückhaltender. Sie teilen allerdings das Interesse an der **Nervosität als modernem Bewusstseinszustand** und finden in der Wendung des Psychologen Ernst Mach von der ›Unrettbarkeit des Ich‹ eine Leitformel. Demnach ist das Ich selbst auch nur eine illusionäre Größe, eine höchst unzuverlässige, flüchtige Verbindung von Reizen und Sinnesempfindungen. Die Freudsche Psychoanalyse, die mit der *Traumdeutung* (1900) bald bekannt wurde, ging ebenfalls davon aus, dass das Bewusstsein dem Unbewussten unterlegen sei – das Ich, nach dieser Diagnose nicht mehr Herr im eigenen Hause, wird von seinem Es, dem Unbewussten, beherrscht.

Diesen Veränderungen entsprechen auch philosophische Umbrüche, wie sie **Friedrich Nietzsche** (1844–1900) mit Folgen für das ganze 20. Jahrhundert vorgenommen hat. Nicht von ungefähr bezeichnete er sich als ›Philosoph mit dem Hammer‹, der sich zum Ziel gesetzt hat, alle religiösen, moralischen oder überkommenen philosophisch-metaphysischen Werte zu zerschlagen. Diesem Nihilismus der Werte entspricht, dass auch die Erkenntnisgewissheiten irritiert werden. Denn alle Wissenschaft beruht auf Begriffsgebäuden, die ihrerseits aus Traditionen oder schlicht Denkgewohnheiten entstanden sind. Auch philosophische Wahrheit gibt es demzufolge nicht als objektive, sondern nur in einem unübersehbaren Plural oder in Relativitäten: Alle Dinge existieren nur in ihrer Beziehung untereinander und sind auch nur in diesen wechselnden Verhältnissen (und nicht als absolute) zu erkennen. Nietzsche leitet daraus die Unschärfen jeder Erkenntnis ab und zeigt, wie diese vielmehr strikt abhängig ist von der jeweils eingenommenen Perspektive. Die Wahrnehmung ist daher ebenso bezweifelbar wie die Sprache: Vor allem die philosophischen Begriffe sieht Nietzsche insgesamt als Täuschungsgeschäft: Sie mögen zwar die Dinge bequem sortieren, sagen aber über die Welt an sich nichts aus (*Wahrheit und Lüge im außermoralischen Sinne*, 1873).

Wenn Sprache für Nietzsche nur eine Sammlung leerer Metaphern ist und Begriffe wie Seele, Gott, Ich, Welt usw. keinen außersprachlichen Sinn haben, sind ihm in dieser **Sprachskepsis** fast alle namhaften Autoren nach 1900 gefolgt. Sprache, so die leitende Auffassung, habe die Möglichkeit, Gefühle, Gedanken oder Innenleben zu bezeichnen, verloren. Ein besonders beredtes Dokument dafür ist der viel zitierte »Chandos-Brief« Hugo von Hofmannsthals (*Ein Brief*, 1902). Sprachskepsis wird dort als metaphernreicher Schwanengesang vorgetragen, die Verzweiflung an der Sprache wird paradoxerweise zur Grundlage einer neuen, ausdrucksfähigen, künstlerischen Sprache. Diese muss nun nicht mehr lexikalisch funktionieren, vielmehr werden damit eigene Sprachwelten entworfen – ganz entsprechend Nietzsches Satz in der *Geburt der Tragödie*, dass »nur als ästhetisches Phänomen das Dasein der Welt gerechtfertigt« sei (I, 14). Kunst hat nun endgültig die Lizenz, sich aus Religion, Moral, Ethik oder gesellschaftlichen Fragen zurückzuziehen, um an einer eigenen ästhetischen Welt zu arbeiten – die dann meist als der empirischen Welt überlegene gesehen wird.

Nietzsche ist aber auch der Übermittler eines **emphatischen Lebensbegriffes**, wie er im Lauf des 19. Jahrhunderts geprägt worden ist. Hatte Schopenhauer bereits die Welt von einem blinden, energiegeladenen Willen durchzogen gesehen, formuliert Henri Bergson die Vorstellung, dass alle Dinge und Wesen von einem pulsierenden Lebensstrom (*élan vital*) durchdrungen sind. Das Konzept verträgt sich gut mit einer biologischen Forschung, die ganz im Sinne des Materialismus alle seelischen Funktionen, Gefühle, aber auch Gedanken und Kulturäußerungen auf die biologischen Grundlagen zurückführte – bis hin zu der These Ernst Haeckels, der keinen Unterschied zwischen Geist und Materie machte, sondern bei intellektuellen, seelischen wie auch künstlerischen Phänomenen einen einzigen biologischen Motor annahm, nämlich die Zellseelen, einen alles durchwirkenden, energiegeladenen Stoff (*Welträtsel*, 1899). Es sind wieder die Darwinschen Evolutionskräfte des Lebens, die der Stärkere zu seinem Recht nutzt: Leben ist eine blinde Energie. Philosophisch entspricht das dem Lebenskult Nietzsches, der Dionysos als Gott des Rausches und der Ekstasen mobilisierte, um darin Daseinskraft zu feiern und schließlich den Kult des Übermenschen zu begründen.

Weitere literarische Strömungen um 1900

Vom Begriff des Lebens handeln nicht nur die Naturalisten, er durchzieht auch die anderen Strömungen um 1900. In der **Heimatliteratur** zeigt er sich von seiner gefährlichen Seite, insofern sie mit dem Appell an ›Blut und Boden‹ gefährliche Tendenzen eines Deutschtums heraufbeschwört, das sich gegen alles Schwache wendet, einem Kult der Stärke frönt und dies in Heimatgeschichten und Bauernromanen ausbreitet, die sich später der Nationalsozialismus aneignen sollte (Gustav Frenssen: *Jörn Uhl*, 1901; Hermann Löns: *Der Wehrwolf*, 1910). Aber auch in den seriösen Formen von Literatur und Kunst spielt um 1900 das Lebensthema, dem sich das Todesmotiv zugesellt, eine wichtige Rolle. Dieses Zusammenwirken zeigt sich in der **Dekadenz** (vgl. Klein 2001), dem Kult der Schwäche, der Krankheit oder Zerbrechlichkeit, wenn am erlöschenden, letzten Lebensfunken noch einmal äußerste Gefühlsintensität aufblitzen soll und am drohenden Tod die Kunst sich selbst profiliert (Thomas Mann: *Buddenbrooks*, 1900; *Wälsungenblut*, 1903; *Tod in Venedig*, 1913).

Im Verbund der Komplexe ›Leben‹ und ›Großstadt-Nervosität‹ entstehen die zahlreichen Formen der **Bewusstseins-Literatur,** die vor allem in der Prosa das

Ich und seine Wahrnehmungen thematisiert. Solche Texte lassen sich im weiteren Sinne dem **Impressionismus** zurechnen: Arthur Schnitzler entwirft mit *Lieutenant Gustl* (1900) eine ganze Novelle als inneren Monolog; Robert Musil unternimmt mit den *Verwirrungen des Zöglings Törleß* (1906) eine Pubertätsstudie und zeigt ganz psychoanalytisch den Bruch zwischen der Welt des Verstandes und der des Irrationalen. Aber auch die Themen der Sprachskepsis und der Erkenntnistheorie werden erörtert: Alle Dinge können mal von dieser, mal von jener Perspektive aus sehr unterschiedlich angesehen werden, so lautet das Schlussurteil des Törleß, der damit die Relativität von Erkenntnis als Grundproblem formuliert.

Die darin liegenden Unschärfen des Rationalen lenken die Aufmerksamkeit umso stärker auf Wahrnehmungsintensitäten – Gefühle und Momenteindrücke sind es, die auch die Form auflösen, sei es in der weit verbreiteten sog. Kurzstreckenprosa, sei es in der Lyrik Detlef von Liliencrons. Fließend sind hier die **Übergänge zur Neuromantik**, die sich gegen die Sachlichkeit des Naturalismus stellt und die Sinne mit möglichst vielen Reizen, Metaphern oder frühlingshaften, synästhetischen Bildern oder Farbakkorden kitzeln will. Damit wird auch der romantische Identitätsgedanke von Ich, Natur und Kunst aufgegriffen – bekannt sind die Übungen des jungen Rilke, der mit preziöser Sprache am Gefühlskult mitarbeitet (*Larenopfer*, 1895), wobei die Gedichtform ebenfalls zum Stimmungsträger wird – vergleichbar den Linienschwüngen und Arabesken in der Kunst des **Jugendstils**, die in harmonisch drapierter Ordnung ebenfalls das Emotionale ansprechen.

Der **Symbolismus**, von Frankreich ausgehend (Jean Moréas, Stéphane Mallarmé), lenkt die Impressionen des Ich ganz in die dichterische Form (vgl. Hoffmann 1987, 13–37). Hatte zunächst der Wiener Theoretiker Hermann Bahr den Symbolismus als Nervenkunst gegen den Naturalismus aufgeboten, betont Hugo von Hofmannsthal die Stärke des einzelnen poetischen Bildes oder die Gedichtform. Die grundlegende Einsicht ist, dass man weder ein Ding direkt benennen noch eine innere Stimmung geradewegs aussprechen kann: Man sagt nicht »Angst« oder »Enthusiasmus«, sondern »schwarze Blume« oder »blauer Kranz«, man gibt Metaphern oder Hinweiszeichen.

Zum Oberstilisten erklärt sich **Stefan George** (1868–1933) in München, der in dem von ihm gegründeten Kreis die strenge Gedichtform kultivierte – Kunst habe nicht zu moralisieren, Stellung zu nehmen oder die Welt zu beglücken, sondern die Worte als Selbstzweck zu nehmen (*Blätter für die Kunst*, 1892–1919). Entsprechend werden sie bei Lesungen regelrecht als Klangkörper inszeniert oder in Buchform zur kunstvollen typografischen Gestalt ausgearbeitet. Abgewandt von jeder Alltäglichkeit wird hier Kunst als *l'art pour l'art* zelebriert, als reine Poesie (*poésie pure*), die nicht die Welt ausspricht, sondern mit Worten experimentiert.

Anders als der zur Umwelt gewandte Naturalismus wird nun das Kunstsystem gestärkt durch Selbstbezug: Lautmalereien und Alliteration leiten den Blick auf das Sprachmaterial, das betont künstlich arrangiert wird. Dieser **Ästhetizismus** (vgl. Simonis 2002) zeigt sich in Georges Wortwelten, die keine begehbaren Räume mehr entwerfen, sondern Gedichtstillleben sind, ähnlich auch in Rainer

Maria Rilkes *Neuen Gedichten* (1907/8), die keine empirischen Welten darstellen, sondern die dargestellten Dinge für lyrische Experimente nutzen. Anders als die eher statischen Bilder des poetischen Realismus sind die hier entworfenen Bilder äußerst wandlungsfähig, geradezu schwebend – sie lösen allerdings die verfeinerte Sensibilität in die Sprachform auf. Dahin tendieren auch die lustvoll-ironischen *Galgenlieder* Christian Morgensterns (1900), für den Gegenstände einzig als Kunstprodukte gelten und der vereinzelt so weit geht, nur noch Satzzeichen oder sinnlose Silben zu Gedichten anzuordnen.

Vielfach sind die kleineren Strömungen der Dekadenz, des Impressionismus oder Symbolismus als **Wiener Moderne** (vgl. Lorenz 1995) zusammengefasst worden – viele Anstöße und Diskussionen gingen von dort aus, das Kaffeehaus wurde Arbeitsplatz, Projektschmiede und Ort der Debatte zwischen Autoren und ihren Herausgebern, Verlegern, Mäzenen oder auch Lesern. Allerdings waren die genannten Richtungen, ohnehin von Paris inspiriert, auch in Berlin und besonders in München zu finden. Rilkes Roman *Die Aufzeichnungen des Malte Laurids Brigge* (1910) ist ein Übergangstext zwischen Symbolismus und Expressionismus, der von Großstadterfahrungen in Paris ausgeht, um daran Erzählformen auszuprobieren. Als erster deutscher Roman wagt er das Experiment, die noch angedeutete Erzählfigur völlig zu demontieren und in viele Stimmen aufzulösen: ein irritierender Plural von Erzählperspektiven, die in weitgehend austauschbarer Kapitelfolge montiert werden.

Expressionismus

Für den Expressionismus (vgl. Anz 2002; Vietta/Kemper [6]1997) hätte der *Malte*-Roman Vorbild werden können. Doch war es insbesondere Carl Einstein, der mit seinem *Bebuquin* (1909) für die Prosa und auch Lyrik des Expressionismus einflussreich wurde. In hohem Maße selbstreflexiv und ironisch gegen die eigene Form, sind es hier insbesondere die Kausalzusammenhänge, die aufgelöst werden. Gottfried Benn ist dem in seinen *Gehirne*-Novellen (1915) gefolgt, in denen der Arzt Rönne aus der Alltags- und Berufsrationalität fliehen will und Traum- und Rauschwelten sucht. Dabei tritt die assoziative Sprechtechnik in den Vordergrund, die sich an einem einzelnen Wort entzündet und über den Wortklang einen Bewusstseinsstrom entfalten kann – mit ähnlich gleitenden Bildfluchten wie im Film, der für Benn das Leitmedium war. Alfred Döblins Novelle *Ermordung einer Butterblume* (1910), die einen wilhelminischen, autoritären Spießbürger beim lustvollen Köpfen einer Butterblume zeigt, hatte diese Technik vorgegeben, mit der äußere Bewegungen wie filmische Abläufe dargestellt werden.

Herwarth Waldens Zeitschrift *Der Sturm* (1910–32), ebenso Franz Pfemferts Zeitschrift *Die Aktion* (seit 1911) bahnen den Expressionismus organisatorisch an. Mit großem Pathos rief man nach dem **neuen Menschen,** den man der modernen Zivilisation entgegenstellte. Traum, Rausch und Ekstase, die auf das Visionäre oder das sinnliche Treiben zielten, wurden gegen die Alltagsrationalität mobilisiert sowie gegen die Wertvorstellungen des Bürgertums, die man für spießige, versteinerte und verlogene Konventionen hielt – was auf einen Generationenkonflikt hinauslief, bei dem man gegen die Väter aufbegehrte, um damit einen politischen Konflikt mit dem fast schon toten Kaiserreich anzuzetteln. Solche Provokationen sind bereits bei dem Expressionismus-Vorläufer Frank Wedekind zu erkennen (*Frühlings Erwachen*, 1891), dann in Carl Sternheims Komödienzyklus *Aus dem bürgerlichen Heldenleben* (1908–22) oder in Georg Kaisers *Bürgern von Calais* (1917), wo gegen den alten ein neuer Mensch gesetzt wird, der sein Leben für die Mitmenschen und eine größere Idee opfert. In diesem Sinne feiert auch Ernst Toller in *Die Wandlung* (1919) die revolutionären Umwälzungen während der Münchner Räterepublik.

Expressionist sein hieß aber auch, eine bestimmte Lebensweise zu kultivieren – bekannt waren Else Lasker-Schülers Exotismen, mit denen sie als Bohémienne viele erstaunte. Mit ihrer lyrischen Produktion, orientalischen Motiven, Figuren und Bildtransformationen inspirierte sie besonders Benn und seine **Strategien der Lyrik**. Hier wird auch deutlich, wie die Technik von Schnitt und Montage zur umfassenden ästhetischen Strategie wird, indem gegebene Zusammenhänge aufgelöst, Einzelteile herauspräpariert und auf neue Art zusammengesetzt werden. So behandelt der skandalöse *Morgue*-Gedichtzyklus Benns (1912) nicht nur das medizinische Thema der Anatomie, sondern seziert mit den Verszeilen auch verschiedene Sprechebenen und setzt sie neu zusammen. Ein ähnliches Verfahren wird bei Georg Trakl oder Georg Heym deutlich, deren Rauschvorstellungen, Todesvisionen und Apokalypsen von Bildzerstörung und Neuaufbau geprägt sind. Damit einher geht der Bildertausch zwischen Großem und Kleinem sowie Lebendigem und Dinglichem oder Totem – semantische Schnitte, die die Lyrik prägen.

Im **Drama** entspricht dem die Stationentechnik, den selbständigen lose aneinander gereihten Bildern und disparaten Handlungsteilen etwa in Georg Kaisers *Von morgens bis mitternachts* (1912). Aber auch die **Prosa** zerschneidet Handlungsstränge, lässt sie nebeneinander herlaufen und isoliert dabei die Teile, die keinen Zusammenhang mehr finden müssen – so empfahl Alfred Döblin einen Romantyp, bei dem ähnlich wie bei einem zerschnittenen Regenwurm die einzelnen Teile selbständig lebendig sein sollen.

Der Expressionismus zielte bei allem Hang zu Neologismen, Metaphern, Metonymien und aller Kunstfertigkeit im Zerschlagen der Satzzusammenhänge nicht auf reine Wortkunst wie der Ästhetizismus, sondern auch auf das Leben, weshalb er zumindest teilweise der **Avantgarde** zuzurechnen ist. Es ist der Hunger nach der Sensation, der Versuch, der Langeweile und Passivität zu entkommen, der die expressionistischen Dichter in den Krieg treibt, den sie zunächst gar nicht ablehnten, sondern Nietzsche gemäß umwerteten als Knallereignis, das von den gesellschaftlichen Lähmungserscheinungen des 19. Jahrhunderts befreien soll.

Einflussreich war hier auch Filippo T. Marinetti, der sein erstes **futuristisches Manifest** (1909) im *Sturm* abdrucken konnte (1912). Technikeuphorie, Lärm und Liebe zur Geschwindigkeit sind zentral; im vitalistischen Lebensstrom werden die Maschinen belebt, die ihrerseits zum Motor für Dichtung werden sollen. Marinetti ließ sich die Silben seiner Dichtung vom Hubschrauberrotor diktieren und forderte, nur Substantive und Verben zu benutzen sowie die geläufige Syntax zu zerschlagen. Unmittelbar wirkte dies auf die Wortkunst August Stramms. In seinen Simultangedichten, die aus unterschiedlichen Richtungen zusammendrängende Kolonnen von Wörtern nebeneinander schalten, gibt es kaum noch Satzzeichen, die für Ordnung sorgen würden, vielmehr dominiert der Telegrammstil.

In diesem beschleunigten Sprechen schlägt sich wiederum der **Lebensbegriff des Vitalismus** nieder – eine durchaus gewaltbereite Ästhetik, wie sich später zeigen sollte. Als Kurt Pinthus mit dem Sammelband *Menschheitsdämmerung* (1919) wichtige Gedichte des Expressionismus – und so unterschiedliche Autoren wie Benn und Johannes R. Becher – zusammenfasste, wurde das Widersprüchliche dieser Strömung deutlich: Es handelte sich um eine Auflehnung, die im Namen des Humanismus begann, teilweise einem blinden Vitalismus ergeben war und im Chaos strandete.

Kunst und Literatur in der Phase ihrer Pluralisierung um 1900 geben ein höchst widersprüchliches Bild, das die unterschiedlichen Reaktionen des Literatursystems auf die neuen Lebensbedingungen zeigt. Damit sind aber auch jene Potenziale eingelöst, die Literatur nach 1789 zwischen Avantgardismus (als Politikrichtung) und Ästhetizismus (als reiner Kunstorientierung) entfaltet hatte (vgl. Plumpe 1995). Das Gefühl des **Fin de Siècle** und der Lebenserschöpfung geht mit Aufbruchsstimmung einher, Stärke und Krankheit, Femme fatale und Femme fragile stehen sich gegenüber, pralle Dinglichkeit und äußerste Sublimierung in der Kunst, politisches Engagement und reine Ästhetik – all dies sind Gegensätze, die die Epoche um 1900 als ›klassische Moderne‹ bestimmen. Es finden sich dort die irrationalistischen Unterströmungen und Lebenskulte der Moderne vereint mit dem technischen Motiv, neue Welten aus der Kunst zu konstruieren (vgl. Wyss 1996). Die Verunsicherung ist Allgemeinzustand, so der Philosoph Ludwig Wittgenstein: »Alles, was wir sehen, könnte auch anders sein. Alles, was wir überhaupt beschreiben können, könnte auch anders sein. Es gibt keine Ordnung der Dinge a priori« (*Tractatus logico-philosophicus*, Satz 5.634). Sie birgt aber auch Chancen. Ob mit politischem Hintergrund oder im reinen Kunstbezug: Es geht nach 1900 um das große Projekt eines **neuen Sehens**, das das Bekannte in verfremdete Zusammenhänge stellt und ungewohnte Sichtweisen eröffnen will.

Gesamtdarstellungen/grundlegende Literatur

Anz, Thomas: *Literatur des Expressionismus*. Stuttgart/Weimar 2002.
Beutin, Wolfgang u.a.: *Deutsche Literaturgeschichte: von den Anfängen bis zur Gegenwart*. 6., verb. u. erw. Aufl. Stuttgart/Weimar 2001, S. 182–386.
Eke, Norbert Otto (Hg.): *Vormärz – Nachmärz: Bruch oder Kontinuität?* Bielefeld 2000.
Fähnders, Walter: *Avantgarde und Moderne 1890–1930. Lehrbuch Germanistik*. Stuttgart/Weimar 1998.
Hoffmann, Paul: *Symbolismus*. München 1987.
Kohl, Stefan: *Realismus*. München 1977.
Kremer, Detlef: *Romantik. Lehrbuch Germanistik*. Stuttgart/Weimar ²2003.
Lorenz, Dagmar: *Wiener Moderne*. Stuttgart 1995.
Mahal, Günther: *Naturalismus*. München ³1996.
Oellers, Norbert (Hg.): *Realismus? Zur deutschen Prosa-Literatur des 19. Jahrhunderts*. Berlin 2001.
Vietta, Silvio/Kemper, Hans Georg: *Expressionismus*. München ⁶1997.
Vogt, Michael (Red.): *Literaturkonzepte im Vormärz*. Bielefeld 2001.

Zitierte Literatur

Gruber, Bettina (Hg.): *Romantik und Ästhetizismus*. Würzburg 1999.
Hegel, Georg Wilhelm Friedrich: *Vorlesungen über die Ästhetik*. Hg. von Eva Moldenhauer u. Karl M. Michel. Werke, Bd. 13–15 (1832–45). Frankfurt a.M. 1970.
Jung, Werner: *Kleine Geschichte der Poetik*. Hamburg 1997.
Klein, Wolfgang: »Dekadenz«. In: *Ästhetische Grundbegriffe. Historisches Wörterbuch in sieben Bänden*. Hg. von Karlheinz Barck u.a. Stuttgart/Weimar 2001, Bd. 2, S. 1–40.
Mayer, Mathias/Tismar, Jens: *Kunstmärchen*. Stuttgart ^{4}2003.
Nietzsche, Friedrich: *Werke* in 3 Bänden. Hg. von Karl Schlechta. München 1956.
Novalis (Friedrich von Hardenberg): *Werke und Briefe*. Hg. von A. Kelletat. München 1962.
Parr, Rolf/Wülfing, Wulf/Bruns, Karin: *Historische Mythologie der Deutschen*. München 1991.
Plumpe, Gerhard: *Der tote Blick. Zum Diskurs der Photographie in der Zeit des Realismus*. München 1990.
– : *Epochen moderner Literatur. Ein systemtheoretischer Entwurf*. Opladen 1995.
Rothmann, Kurt: *Kleine Geschichte der deutschen Literatur*. 17., aktualis. Aufl. Stuttgart 2001, S. 126–244.
Schlegel, August Wilhelm/Schlegel, Friedrich (Hg.): *Athenäum*. Berlin 1798–1900, 3 Bde. Nachdruck Darmstadt 1993.
Simmel, Georg: *Soziologische Ästhetik*. Hg. von K. Lichtblau. Darmstadt 1998 (*Die Bedeutung des Geldes für das Tempo des Lebens* [1897], S. 93–110; *Die Großstädte und das Geistesleben* [1903], S. 119–133).
Simonis, Annette: *Literarischer Ästhetizismus: Theorie der arabesken und hermetischen Kommunikation der Moderne*. Tübingen 2000.
Titzmann, Michael (Hg.): *Zwischen Goethezeit und Realismus. Wandel und Spezifik in der Phase des Biedermeier*. Tübingen 2002
Wyss, Beat: *Der Wille zur Kunst. Zur ästhetischen Mentalität der Moderne*. Köln 1996.

2.4 Vom Ersten Weltkrieg bis zur Gegenwart

Der Erste Weltkrieg hat in mancher Weise die widersprüchlichen Anlagen, die kurz nach 1900 entwickelt wurden, radikalisiert. Spätestens hier folgen die Entwicklungen oder Epochen nicht mehr in einfachen Abgrenzungen nacheinander, vielmehr ist ihre Entwicklung im Vergleich zum 19. Jahrhundert beschleunigt, Position und Gegenposition folgen unmittelbar und fast simultan aufeinander, bis sich schließlich ab 1970 Stilrichtungen ohne zwingende Bezugnahme nebeneinander entwickeln, die auch vergangene Perspektiven zitieren und reformulieren können. Die einzelnen Strömungen können sich am System der Dichtung, also an den literarischen Qualitäten orientieren (Autonomie) oder sich auf die Umwelt beziehen, etwa als engagierte Kunst, die politisch Stellung bezieht – mit vielen möglichen Spielarten dazwischen. Diese Entscheidungen sind wiederum im Kontext ideologischer Auseinandersetzungen zwischen politischen Extremrichtungen zu sehen, wie sie seit dem Ersten Weltkrieg mit Auswirkungen bis zur Wiedervereinigung Deutschlands zu erkennen sind.

2.4.1 Die Avantgarden nach dem Ersten Weltkrieg

Im Unterschied zum Expressionismus, dessen Dichter mehr eine Atelierrevolution entfachten als dass sie eine tatsächliche Veränderung der Verhältnisse anstrebten, hatte der **Dadaismus** alle Kennzeichen einer Avantgarde-Bewegung: Die ganze Gesellschaft sollte durch Kunst umgestaltet werden, um damit auch humanere politische Verhältnisse zu ermöglichen (zur Avantgarde vgl. Plumpe 2001; als Signatur eines Jahrhunderts vgl. Klinger/Müller-Funk 2003).

Hatten die Expressionisten noch den Ausbruch des Ersten Weltkriegs gefeiert, erkannten die Dadaisten die Massenvernichtungen in anonymisierten Materialschlachten als menschenfeindlich, und sie versuchten alles, um seine Wirtschafts- und Denkgrundlagen, die sie in einseitig ökonomischer Rationalität und Entfremdung sahen, außer Kraft zu setzen. Was um 1900 noch als Sprachskepsis beklagt wurde, bekommt nun eine konstruktive Wendung: Wenn es so sein sollte, dass Worte nicht die Welt abbilden können, sind sie nun als Assoziationsräume oder als Lautqualitäten interessant, die eigene Welten bilden. Das gilt bereits für den vieldeutigen Titel ›Dada‹: Auf Französisch heißt es ›Steckenpferd‹, ›ja ja‹ im Russischen, es imitiert das Stottern und ist der erste Laut frühkindlichen Sprechens.

Die Wortkunst August Stramms unternimmt solche Experimente, wenn in seinen Gedichten Substantive und Verben als roh belassene Infinitive im Telegrammstil nebeneinander gestellt werden – sie bilden Wortkaskaden, die jede Grammatik unterlaufen. Wörter sollen ausgewürfelt werden (Aleatorik) und in neuen Konstellationen neue Bedeutungen bilden. Ins Extrem hat dies Hugo Ball geführt mit seinen Gedichtintonationen im 1916 neu gegründeten *Cabaret Voltaire*, der Hauptarena Dadas in Zürich: In blau glänzende, geometrische Kartonteile gehüllt, führte er seine Performance mit sinnlosen Silben und Klängen auf wie ein Priester, der seine Inspirationen als Sprachrohr Gottes empfängt. Das Publikum zelebrierte dies mit, oder es tobte und raste, wurde nicht selten auch handgreiflich, um damit einen diffusen Gesamtprotest zum Ausdruck zu bringen.

Bei allen individuellen Unterschieden und Konkurrenzen etwa zwischen Richard Huelsenbeck, Tristan Tzara, Marcel Janco oder Max Ernst und ohnehin im internationalen Dadaismus, der besonders in den Pariser Surrealismus überging, bleibt das **Zufallsprinzip** gemeinsam. Unter diesem Vorzeichen kann alles zu Kunst werden, auch der banalste Alltagsgegenstand, eine Maxime, die sich noch in der Gegenwartsästhetik der Pop Art, der Video-Clips oder der Netzliteratur spiegelt. Allein die Deklaration als Kunstwerk macht dann den Gegenstand zum Kunstobjekt: Damit hat Marcel Duchamp operiert, indem er einen Fahrradständer oder ein Urinoir als vorgefundene Dinge (*objets trouvés*) zum Kunstwerk erklärte (*ready-mades*), und maßgeblich hat Kurt Schwitters das Prinzip aufgegriffen, der in seinen Collagen Notizzettel, Zeitungsausrisse und Buchstabenschnipsel zu Farbformen zusammenstellte oder mit realen Gegenständen zum dreidimensionalen Bild (Assemblage) komponierte. Der Titel dieser Werkgruppe ist selbst aus einem solchen Ausschnittverfahren entstanden: Schwitters hat ›Merz‹ als eine Zeitungssilbe aus dem Wort ›Commerzbank‹ isoliert und dann mit anderen Silben neu zusammengesetzt. Dieses analytische Herauslösen von Einzelelementen sowie ihre Synthese in neuen, künstlichen Einheiten, die aus Wortbestandteilen, Alltagsgegenständen oder -klängen hergestellt werden, ist zum durchgehenden **Montageprinzip** moderner Ästhetiken geworden, das auch in literarischen Texten zu beobachten ist (zu Grundlagen des Dadaismus vgl. Philipp 1987, 33–96).

Schwitters' Individualunternehmen als ›Dada-Hannover‹ entspricht dem subjektiven Ausdruckswillen der Dadaisten, die sich gegen alles Dauerhafte wehrten: Walter Serner, Kriminalautor und Ober-Dandy, gründet Genf-Dada im Alleingang, Zürich-Dada besteht wie die Kölner Fraktion nur kurze Zeit – das Anarchisch-Subjektive, der Aufstand gegen die systematisch begründete Form und das Zufallsprinzip hatten ein knappes Verfallsdatum. Die größte Langzeitwirkung hatte der politische Flügel der Berliner Dadaisten mit Johannes Baader, Raoul Hausmann, Johannes und Wieland Herzfelde, später George Grosz und Hannah Höch, die versuchten, die dadaistischen Mittel mit einer kritischen Botschaft zu verbinden.

2.4.2 Literarische Extreme in der Weimarer Republik

Die individuelle Nuance, für die noch die Expressionisten eintraten, wurde nun für lange Zeit ins Abseits gestellt: Seit den 1920er Jahren ist es ein kollektives Denken, das Kunst und Alltag dominiert. Die krisengeschüttelte Weimarer Republik, die sich auf keinerlei demokratische Erfahrungen im Volk stützen konnte und von innen durch politischen Extremismus ebenso bedroht war wie von außen durch hohe Reparationszahlungen, wurde denn auch stärker von den Kunstrichtungen geprägt, die auf die ganze Bevölkerung einwirken wollten (allgemein vgl. Stephan 2001, 387–432). Die ›Goldenen zwanziger Jahre‹ gab es allenfalls in manchen Teilen Berlins; zunehmende Arbeitslosigkeit und soziale Probleme, die ihren Höhepunkt nach der Weltwirtschaftskrise 1929 erreichten, waren die Fragen, an denen die Schreibenden arbeiteten. Insgesamt veranlasste die politische Lage auch eher unparteiische Autoren dazu, Position zu beziehen. Gegen die Restsympathien für die Monarchie oder für ein soldatisches Heldentum tendierte die Mehrzahl der anspruchsvollen Autoren zu sozialkritischen Auffassungen.

Das zeigt etwa der Werdegang **Heinrich Manns**, der sich in Weimar sozialistischen Gruppen zuwandte, nachdem er im *Untertan* (1916) die Hauptfigur Diederich Heßling als autoritären Charakter im Kaiserreich gezeigt hatte, der zur Demokratie noch nicht fähig ist. Neben dem ›Proletarischen Theater‹ Erwin Piscators, das mit Hauptmann- oder Büchner-Inszenierungen bürgerliche und proletarische Kultur zusammenbrachte, gab es viele Agitprop-Schauspieltruppen, und aus autobiografischen Kurztexten entwickelte sich eine populäre Erzählliteratur, die durch den ›Bund Proletarisch-Revolutionärer Schriftsteller‹ (BPRS) gefördert wurde.

Aus dem Gedanken des linken Engagements entstand auch das Rollenverständnis der engagierten, selbständigen ›**Neuen Frau**‹ – abgesehen von der selbstbewusst und freizügig zur Schau getragenen Mode vor allem in der künstlerischen Teilnahme sowie im politischen Bewusstsein (erst in der Weimarer Republik gab es ein Frauenwahlrecht!). Claire Goll, Emmy Hennings, Asja Lacis, Mascha Kaléko und Marie-Luise Fleißer mit ihrem Antiprovinzdrama *Fegefeuer in Ingolstadt* (1926), aber auch die kommunistische Erzählerin Anna Seghers bildeten ein Rollenverständnis aus, das in schärfstem Kontrast zu dem rückwärts gewandten Mutterkult stand, der sich später unter den Nationalsozialisten durchsetzte.

Nimmt man die zahlreichen bedeutenden Autor/innen hinzu, die sich unter keine Partei rubrizieren lassen, vervollständigt sich das vielfältige Epochenbild. Zu diesen Individualisten zählt der damals wie noch heute viel gelesene **Hermann Hesse**, der sich mit *Siddartha* (1922) dem Heilsbild des Buddhismus zuwendet, um damit eine rein ökonomisch-technische Moderne zu kritisieren, oder mit seinem *Steppenwolf* (1927) eine zwischen Triebleben und Intellektualität zerrissene faustische Figur zeigt.

Thomas Mann wandelt sich vom Geistesaristokraten zum Humanisten und legt mit dem *Zauberberg* (1924) eine Epochendiagnose vor, die den jungen Hans Castorp zwischen dem demokratisch-aufgeklärten Denker Settembrini und dem totalitären Extremisten Naphtha zeigt, den Schrecken des Ersten Weltkrieges entgegentaumelnd.

Rainer Maria Rilke ist längst in die Schweiz übergesiedelt und beendet dort seine *Duineser Elegien* (1923) und die *Sonette an Orpheus* (1923) – Außenseitertexte von Rang, die bewusst unzeitgemäß die lyrische Sprache mit hermetischen Bildern und Kunstbezügen in eine äußerst verdichtete Form mit hohem Grad von Sprachautonomie treiben.

Die Texte **Franz Kafkas**, der als Angehöriger der deutschsprachigen Minderheit in Prag schrieb, erreichten ein zunächst kleines Publikum, das aber dort die zeittypischen Entfremdungsmerkmale pointiert finden konnte: Die Entmündigung des Einzelnen durch eine labyrinthisch wuchernde Bürokratie (*Das Schloß*, 1922), anonyme und undurchschaubare Machtstrukturen (*Der Prozeß*, 1912) und Kommunikationsprobleme zwischen handlungsunfähigen Individuen.

Robert Musils *Mann ohne Eigenschaften* (1930) bleibt ein ›work in progress‹, das in der Figur des Mathematikers Ulrich einen Charakter zeichnet, der alle umliegenden Perspektiven aufsaugt und diese ironisiert. Ohne festen eigenen Standpunkt gibt er dem Möglichkeitssinn den Vorzug vor dem Wirklichkeitssinn – eine Haltung, die vielfach als Vorgriff auf postmoderne Mentalitäten des Pluralismus gelesen worden ist.

Stärker kritisch fällt **Hermann Brochs** Diagnose aus, der mit seiner *Schlafwandler*-Trilogie (1930–32) den Zerfall bürgerlicher Kultur in Egoismus und Inhumanität darstellt und mit zahlreichen essayistischen Einschüben auch den politischen Werteverfall erörtert.

Deutlicher politisch war **Alfred Döblin** orientiert, dessen List darin bestand, das Unbewusste einzubeziehen, das in den 20er Jahren die französischen Surrealisten um André Breton zelebrierten, um damit in automatischer Schrift (*écriture automatique*) Einblick in unbewusste Prozesse zu geben. In Anlehnung an James Joyces *Ulysses* (1922), der mit seinen inneren Monologen zugleich erzähltaktische Experimente, Umarbeitung von griechischen Mythen in Alltagserzählungen und bewusst durchgeführte Sprachkonstruktionen verband, lenkte Döblin seine Innenperspektive auf die Hauptfigur Franz Biberkopf, um mit dieser gestrandeten Großstadtexistenz sozialpolitische Probleme der Ausgrenzung darzustellen. Die formalen Möglichkeiten der avancierten Montagetechnik werden erweitert: Liedtexte, Parolen, Zeitungsausschnitte, Buchexzerpte, Gesetzestexte und viele andere Textsorten werden in die Erzählung gefügt, um damit das literarische Problem mit der gesellschaftlichen Ebene zu vernetzen.

Dieser **Dokumentarismus** ist kennzeichnend für die große Tendenz zur **Reportage** – eine Wendung zu den konkreten Tatsachen, auf die man in Grenzformen von Journalismus und Dokumentation Bezug nahm, wofür Egon Erwin Kischs *Der rasende Reporter* (1924) zum Manifest wurde. Die Romane von Erich Kästner, dessen *Emil und die Detektive* (1929) die Großstadtkindheit oder wie der *Fabian* (1931) eigenschaftslose Intellektualität thematisieren, fanden ebenso weite Verbreitung wie die von Hans Fallada, der mit *Kleiner Mann, was nun?* (1932) den Niedergang eines kleinen Angestellten erzählt und sich dabei ausdrücklich an die Filmtechnik anlehnt. Kurt Tucholsky spielte im Grenzgebiet der Satire, Lyrik, Erzählung und des Journalismus eine wichtige Rolle, und Karl Kraus' langjähriges Unternehmen mit seiner Zeitschrift *Die Fackel* (1899–1936) ging ebenfalls dahin, den alltäglichen Phrasengebrauch zu kritisieren, um damit reaktionäre Denkweisen durch das kommentierte Zitat zur Schau zu stellen. Weiterhin führt Carl Zuckmayers *Hauptmann von Köpenick* (1931) das schablonenhafte Kleinbürgerdenken, das sich auf Äußerlichkeiten wie die Autorität einer Uniform stützt, satirisch vor.

Diese Schreibintentionen sind unter dem Titel der **Neuen Sachlichkeit** zusammengefasst worden; sie haben ihre Parallele in den angewandten Künsten des **Bauhauses** in Dessau und Weimar. Auch dort bestimmt die Funktion eines Dinges seine gestalterische Form, die in Gebrauchsgegenständen, Möbeln oder Architektur eine konstruktive Utopie der Moderne tragen sollte: In der Geometrisierung sah man den demokratischen Vorteil der Berechenbarkeit und Planbarkeit für die ganze Gesellschaft – Probleme des Einheitsdesigns wurden noch nicht erkannt.

Die linke Avantgarde erreichte das große Publikum nicht entscheidend – dies gilt auch für **Bertolt Brecht**, der sich vom expressionistischen Bürgerschreck (*Baal*, 1918; *Trommeln in der Nacht*, 1920) zum linksdogmatischen Lehrstückautor (*Badener Lehrstück vom Einverständnis*, 1929; *Die Maßnahme*, 1930) und Verfechter eines epischen Theaters mit revolutionären Absichten wandelte (s. Kap. 3.3.4). Auch die Aktionsformen der Literatur, der satirische Vortrag oder der Bänkelsang mit Vertonungen etwa durch Hanns Eisler im politischen Kabarett mobilisierten nur die eigene Partei.

Der Literaturmarkt, der nach Erfindung der Rotationspresse wie auch von Radio und Film enorm expandierte, hatte nicht nur demokratische Seiten. Verleger griffen in Form von Popularisierungen, also Werkverfälschungen ein, was etwa Brecht erfahren musste, dessen *Dreigroschenoper* durch die Nero-Film AG derart verändert wurde, dass er im **Dreigroschenprozeß** von der Demontage seines Werkes unter »wirtschaftlichen und polizeilichen Gesichtspunkten« sprach. Bei weniger erfolgreichen Autoren ersetzte der Markt die fortgefallene Zensurinstanz, die im Sinne des fatalen »Schund- und Schmutzgesetzes« von 1926 jedoch gerade gegen linke Autoren eingesetzt wurde. Die schriftstellerischen Interessenvertretungen hatten einen bescheidenen Wirkungsgrad, so etwa der 1921 international gegründete PEN-Club, der sich für den Weltfrieden engagieren wollte. Aufführungsverbote trafen z.B. den Revolutionsfilm *Panzerkreuzer Potemkin* von Sergej Eisenstein oder Bertolt Brechts *Die heilige Johanna der Schlachthöfe* (1932), aber auch das Antikriegsbuch *Im Westen nichts Neues* (1929) von Erich Maria Remarque.

Dagegen setzten sich die **irrationalen Tendenzen der ›zweiten Moderne‹** durch, die sich auf die irrationale Tradition Schopenhauers und seines anonymen, energiegeladenen Weltwillens zurückführen lässt (vgl. Wyss 1996). Theorien eines kämpferischen Heroismus fanden starkes Echo; Ernst Jünger durfte seine heldischen Kriegsschwelgereien *In Stahlgewittern* (1920) mit hohen Auflagen veröffentlichen. Der Begriff der Rasse wurde salonfähig und immer stärker mit Wertungen besetzt wie bei Benn, und entsprechend wurden die Mythen aufgewertet, die im Gegensatz zur rationalen, dekadenten Zivilisation einen Fluchtpunkt des Irrationalen markierten – so die Vorstellung des Psychoanalytikers C.G. Jung, der die Beschäftigung mit Mythen und Archetypen geradezu als Heilmittel empfahl. Die Phalanx von Heimat-, Blut- und Bodenliteraten gewann an Einfluss: Hans Grimm lieferte 1926 mit *Volk ohne Raum* den Nazis ein wichtiges Stichwort, Erwin Kolbenheyer, Will Vesper oder Hans Blunck waren andere, die Tendenzen der Heimatkunst um 1900 aufgriffen und radikalisierten.

Die **Haltung zur Technik** war zwiespältig, Skepsis (Georg Kaiser: *Gas*, 1917/ 18) und Technikfeier (Max Brand: *Maschinist Hopkins*, 1929) standen sich gegenüber. Die entstehenden Arbeitswissenschaften untersuchten den Zusammenhang von Arbeitsrhythmen und ihrer Verinnerlichung zu Automatismen bei den

Arbeitenden, und **Walter Benjamin** versuchte, feinnervige Sensibilität mit einer aufgeschlossenen Sicht auf Technik zu verknüpfen, von der er sich ästhetische, aber auch gesellschaftliche Impulse erhoffte.

Konträre politische Absichten bestimmten auch den Gebrauch der neuen Kunstmedien. Der **expressionistische Film** (*Das Kabinett des Dr. Caligari*, 1919; Fritz Langs Nibelungenfilm, 1923; *Metropolis*, 1927), der sich weiterhin mit Problemen des großstädtischen und industriellen Lebens auseinander setzte, versuchte sich zunächst an den längeren Erzählbögen der Literatur. Dann wird die Technik der schnellen *cuts* entdeckt, die auch den Montageroman beeinflusst. Walter Ruttmanns Film *Berlin – Sinfonie einer Großstadt* (1927) z.B. überfordert absichtlich die Leistungen des Auges, und Oskar Fischinger arbeitete diese Technik aus mit geometrischen Farbformen, denen er Musik unterlegte. Der Film sollte auch die beschleunigten Lebensprozesse zur Diskussion stellen, woran Walter Benjamin noch 1936 in seinem Aufsatz über *Das Kunstwerk im Zeitalter seiner technischen Reproduzierbarkeit* große demokratische Hoffnungen knüpfte (s. Kap. 5.5).

Doch hatte schon bald die politische Rechte den Film für ihre Zwecke eingespannt und bei den Machtverschiebungen auch das andere neue Medium, das **Radio**, entscheidend genutzt. Eröffnete noch 1923 der deutsche Rundfunk sein Programm mit Dichterlesungen und Musikbeiträgen, war das akustische Medium bald ebenso umkämpft: Es gab eine Arbeiter-Radio-Bewegung, an der sich auch Döblin beteiligte, und die Hoffnungen Brechts gingen dahin, aus dem Radio als bloßem Nachrichtenverteiler (»Distributionsapparat«) nun einen basisdemokratischen, interaktiven »Kommunikationsapparat« zu machen (*Rede über die Funktion des Hörfunks*, 1932). An solchen Emanzipationsgedanken war das konservative Lager wenig interessiert: Benn etwa verbreitete seine Rassentheorien zur Überlegenheit des rationalen Nordeuropäers über den Äther und betrieb 1933 offensiv Propaganda für die Nazis (s. Kap. 5.6).

2.4.3 Das ›Dritte Reich‹ und die unmittelbare Nachkriegszeit

Überraschend kam nach den verschärften Wirtschaftskrisen die **Machtübernahme durch Hitler** am 30. Januar 1933 nicht, frappierend war allerdings das Tempo ihrer Umsetzung, auch was die Gleichschaltung der Presse und der literarischen Vereinigungen anging. Im Schutzverband deutscher Schriftsteller gewannen Nazis schnell die Oberhand; die Preußische Akademie der Künste in Berlin zwang linke Mitglieder zum Austritt, der PEN wurde rasch mit willfährigen Mitgliedern besetzt. Die Reichsschrifttumskammer übte strengste Zensur aus und erteilte nicht nur Veröffentlichungs-, sondern auch Schreibverbot für missliebige Autor/innen. Alle Kunst hatte nun der Feier der Masse unter dem Führer zu dienen: So wurden die Thingspiele mit ihren kultischen, weihevoll wabernden Texten von Tausenden von Schauspielern vor Zehntausenden von Zuschauern gespielt; die fanatischen Autoren arbeiteten dem Regime mit ihrer volkhaften, heldischen Dichtung zu, aber auch die Maler, die an Mutter-Kind-Idyllen, Erntebildern oder heroischen Porträts arbeiteten – unter Ausschluss natürlich der als ›entartet‹ diskriminierten Künstler z.B. des Expressionismus. Politik wurde inszeniert in Aufmärschen, Ritualen wie Bücherverbrennungen oder Massenveranstaltungen, deren Gestaltungen minutiös geplant waren und von der Filmregisseurin Leni Riefenstahl in technischer Perfektion gefilmt wurden, so etwa der Nürnberger Parteitag 1934 und die Olympiade 1936 in Berlin (zur Epoche allgemein vgl. Stephan 2001, 433–450).

Strittig ist, wie das von einigen Autoren später reklamierte Etikett der **inneren Emigration** einzuschätzen ist. Gottfried Benn wandte sich nach der Entfremdung von den Nazis enttäuscht seinen autonomen Wortwelten zu, Frank Thieß, der die Emigranten beschimpfte und Anerkennung für sein scheinbar heroisches Verhalten des Dableibens forderte, hatte sich eher listig arrangiert. Auf ihn wie auf viele andere passte die Diagnose Thomas Manns, dass es sich hier um schlichtes Anpassertum handelt. Dass im Privaten widerständige Werke von Rang geschaffen wurden, lässt sich hingegen von Ernst Barlach, Ricarda Huch oder Gertrud Kolmar behaupten, ebenso wie von Jochen Klepper, Werner Bergengruen oder Ernst Wiechert. Daneben gab es eine noch junge Schriftstellergeneration, die aufgrund ihrer meist subjektiven Dichtung von den Nazis teilweise geduldet wurde und ihre breitere Wirkung erst nach 1945 entfaltete, z.B. Günter Eich, Peter Huchel, Wolfgang Koeppen, Karl Krolow, Oskar Loerke oder Luise Rinser. Es gab ferner ein illegales, politisch engagiertes Schreiben im Untergrund, das ins Ausland geschmuggelt wurde (Jan Petersen: *Unsere Straße*, 1942), und ebenso Zeugnisse aus dem Gefängnis wie die nach dem Krieg veröffentlichten *Gedichte aus Tegel* (1946) des hingerichteten Dietrich Bonhoeffer, Werner Bergengruens Gedichtband *Dies irae* (1947) oder der Lyrikband *In den Wohnungen des Todes* (1947) von Nelly Sachs.

Von vielen anderen wurde der **Weg ins Exil** gewählt: Heinrich und Klaus Mann, Thomas Mann und Bertolt Brecht emigrierten, weiterhin Franz Werfel, Alfred Döblin, Robert Musil, Carl Zuckmayer, Lion Feuchtwanger, Arnold Zweig, Ilja Ehrenburg, Johannes R. Becher, um nur wenige von vielen zu nennen, die gerade ihrer politischen Auffassungen oder jüdischen Herkunft wegen bekämpft wurden (vgl. Stephan 2001, 451–478). Dass es aber auch unter ihnen ein breites Meinungsspektrum gab, zeigte sich an der international geführten **Expressionismus-Debatte**, in der Georg Lukács Klage erhob gegen das subjektive Pathos, mehr noch gegen die kriegslüsterne Erneuerungssucht des Expressionismus, wogegen etwa Ernst Bloch die formalen Errungenschaften als avantgardistische Ausdrucksmittel lobte. Die berüchtigten Moskauer Schauprozesse, die 1936/37 zu Massenhinrichtungen von Stalin-Oppositionellen führten, entzogen vielen linken Emigranten die Basis. Bei allen Unterschieden eint die Exilliteraten aber das antifaschistische Motiv – deutlich zu erkennen in Anna Seghers' Roman *Das siebte Kreuz* (1942), dem abenteuerlichen Roman einer Flucht aus dem Konzentrationslager. Indirekt zeigt es sich im historischen Roman, der, wie Lion Feuchtwangers *Der falsche Nero* (1936), Probleme der Herrschaft erörtert. Eine andere Variante bevorzugt Thomas Mann, der in seiner vielschichtigen Tetralogie *Joseph und seine Brüder* (1933–42) auf alttestamentarische Quellen zurückgeht und daran eine humanistische Hoffnung knüpft: Wenn es gelingt, einen zentralen Mythos neu zu gestalten, könnte auch die Menschheit ihr Schicksal durch Selbsterzählungen wieder in die Hand bekommen. Die Absicht Manns ist denn auch, den Faschisten das Feld des Mythos zu entreißen und ins Humane umzufunktionieren. Insgesamt lässt sich eher von Exilliteraturen im Plural sprechen; ein einheitliches Bild ergibt sich nicht – zu unterschiedlich sind die Perspektiven und auch die Folgen der Emigration.

1945 – Stunde Null?

Nach der bedingungslosen politischen Kapitulation und Befreiung vom Nationalsozialismus im Mai 1945 beschwor die ältere Generation eine konservative Rückbesinnung, so Stefan Andres, Hans Carossa, Georg Britting, Elisabeth Langgässer oder Hans Sedlmayer mit seiner viel beachteten Kulturstudie über den *Verlust der Mitte* (1948), der christlich-abendländische Werte reklamierte. In der Lyrik zog man sich auf die Form zurück, um damit Dichtung aus der Zeitbedrohung zu retten (Rudolf Hagelstange: *Venezianisches Credo*, 1945; Hans Egon Holthusen: *Klage um den Bruder*, 1947), und die meisten Naturlyriker arbeiteten im Sinne der bewahrenden Naturanschauung (Wilhelm Lehmann: *Entzückter Staub*, 1946; Karl Krolow: *Gedichte*, 1948).

Dem gegenüber standen die Versuche der jungen Generation, einen Neubeginn zu markieren: Mit **Kahlschlag** (Wolfgang Weyrauch in seiner Prosaanthologie *Tausend Gramm*, 1949) oder **Trümmerliteratur** (Heinrich Böll) wollte man in neuen Dichtungsformen den Bombast der Nazi-Sprache abschütteln. In Einzelfällen gelang das eindrücklich, wie etwa in Günter Eichs Gedicht *Inventur* (1945), das in rudimentären Sätzen lakonisch einzelne Dinge auflistet, oder bei Wolfgang Borchert, der mit seinen Kurzgeschichten und vor allem seinem Drama *Draußen vor der Tür* (1947) die Nullpunktsituation, das Fremdsein des Heimkehrers Beckmann und den allgemeinen Orientierungsverlust auch mit betont kargen Mitteln darstellte. Bei anderen griffen diese Mittel weniger – das gilt auch für die erste Kulturzeitschrift *Der Ruf*, die von Hans Werner Richter und Alfred Andersch 1946 gegründet wurde: Man wollte Aufklärungsarbeit leisten, konnte aber dem verabscheuten Sprachpathos selbst nicht entrinnen. Daraus entstand unter Leitung Richters die Gruppe 47, die in den folgenden zwei Jahrzehnten die Literatur der Bundesrepublik maßgeblich bestimmen sollte (zur Literatur der Nachkriegszeit vgl. Schnell 2001; 2003).

2.4.4 Literatur der DDR

Vergleichbare Bemühungen um eine neue Sprache gab es in der sowjetisch besetzten Zone nicht, die sich wenige Wochen nach der Gründung der Bundesrepublik am 7.9.1949 als **DDR** konstituierte. Der Gedanke einer Literatur, die aus der autonomen Sprache heraus die Dinge ins Bessere wenden könnte, war für die aus dem Exil zurückkehrenden marxistisch orientierten Autoren (Arnold Zweig, Anna Seghers, Johannes R. Becher, Bertolt Brecht, Ernst Bloch, Stephan Hermlin u.a.)

wenig plausibel. Was im Westen die *re-education* im Sinne der amerikanischen Demokratie war, wurde im Osten als Erziehung zum Sozialismus durchgesetzt, wofür auch der Kulturbereich genutzt wurde.

Nach dem 1946 erzwungenen Zusammenschluss von KPD und SPD zur SED wurde vom Kulturbüro die Doktrin des in der Sowjetunion seit 1934 gültigen **sozialistischen Realismus** durchgesetzt: Künstlerisches Spiel ohne sozialistische Parteinahme lehnte man ab. Literatur musste sich direkt auf die Wirklichkeit beziehen und sie im Blick auf kommunistische Ziele korrigieren, und zwar durch eine positive Identifikationsfigur, die eine klare Handlungsanleitung verkörperte. Eine besondere Rolle spielte hier Georg Lukács mit seiner Auffassung, dass Literatur die gesellschaftlichen Bestimmungen widerzuspiegeln und das einzelne Leben in diesem Zusammenhang zu zeigen habe. Daran knüpfte er die Forderung, dass das Kunstwerk ein Ensemble von gesellschaftlichem Kontext und Einzelschicksal in formal organischer Geschlossenheit repräsentieren solle. Polyperspektivismus, Montage oder andere moderne Experimente wurden als ›**Formalismus**‹ abqualifiziert.

Entsprechend war die Diskussion um das ›klassische Erbe‹ schnell entschieden. Auch wenn man die maßgeblichen Autoren auf Seiten des bürgerlichen Humanismus verortete, reklamierte man deren ganzheitliches Menschenbild für sich: Lessing, Goethe, Schiller, Heine bis zu Heinrich und Thomas Mann gehörten neben zeitgenössischen linken Autoren zum Lektüre- und Spielplan-Kanon.

Das literarische Leben zeigte aber alles andere als ein uniformes Bild. Bertolt Brecht, dessen episches Theater den Kulturfunktionären zu riskant war, bat man um Alltagsstücke aus der Produktion, die er aber seinen Schülern überließ, um sich selbst auf das Land zurückzuziehen und dort Lyrik zu schreiben (*Buckower Elegien*, 1953). Ernst Bloch, der sein *Prinzip Hoffnung* im amerikanischen Exil geschrieben und darin aus Philosophie-, Literatur- und Malereigeschichte seinen Tagtraum von einer humanen klassenlosen Gesellschaft formuliert hatte, übersiedelte nach Tübingen, wo er einigen Einfluss auf das politische Bewusstsein jüngerer Autor/innen ausübte.

Gefragt waren in der DDR reine Gebrauchstexte, darunter auch Kulthymnen auf Stalin, eine Pflichtübung vor allem für junge Autoren. Schriftstellern maß man im staatlichen Volkserziehungsprogramm große Bedeutung zu – dem Vorteil einer einigermaßen gesicherten Versorgungslage stand jedoch gegenüber, dass das ›Ministerium für Kultur‹ mit der Reglementierung bereits bei der Ausbildung begann: Das Johannes R. Becher-Institut in Leipzig etwa gab seit 1955 politische Schulungen in Verbindung mit dem literarischen Handwerk – man hatte die Grundüberzeugung, dass literarisches Schreiben eine lehrbare Angelegenheit sei. Diese Tendenz entsprach der bekannten Abhängigkeit von Leitlinien im gesamten politischen Leben, wie sie sich an den Enteignungen der Bodenreform nach 1945, den Verstaatlichungen der Betriebe, den Arbeitsnormen oder den Fünfjahresplänen dokumentierten (vgl. Emmerich 2001, 511–534). Auch die blutig niedergeschlagenen Demonstrationen für mehr Meinungsfreiheit am 17.6.1953 konnten nur wenig kulturelle Lockerungen erzielen.

Die offiziell gepflegte Vorbildgattung war der **Aufbauroman**, der in den 50er Jahren mit schlichter, geschlossener Form ein optimistisches Weltbild verbreiten sollte. Diese Betriebs- und Produktionserzählungen sowie die **Agrodramen** aus dem sozialistischen Alltag gehörten ebenfalls zu den Pflichtaufgaben junger Schriftsteller, die nur dann gefördert wurden, wenn sie auf die Produktionswelt Bezug nahmen. »Greif zur Feder, Kumpel – die sozialistische Nationalkultur braucht dich!« – mit dieser Forderung wollte Alfred Kurella die Literatur auf den ›Bitterfelder Weg‹ schicken, der als offizielle Leitdoktrin allerdings von vielen Autor/innen kaum ernst genommen wurde. Die neu gewonnene Gattung des Brigade-Tagebuchs war mit dem Anspruch des literarisch hohen Standards überlastet; später wurde die Doktrin revidiert und 1973 ganz verworfen.

Mit Beginn der 60er Jahre entsteht die Sparte der ›**Ankunftsliteratur**‹, eine Variante des bürgerlichen Bildungsromans, bei dem die Held/innen nach konflikthaften Entwicklungen im sozialistischen und parteipolitischen Alltag zu einer Integration finden: Brigitte Reimanns Roman *Ankunft im Alltag* (1963) wurde zum Leitmotiv für viele Erstlingswerke von später namhaften Autoren (z.B. Christa Wolf, Brigitte Reimann oder Günter de Bruyn). Etwas weiter gefasst sind die ›**Entwicklungsromane**‹, die sich vom Betriebsalltag lösen und stärker gedankliche Prozesse gestalten, die zum sozialistischen Standpunkt führen sollen (Anna Seghers: *Die Entscheidung*, 1959; Erwin Strittmatters Trilogie *Der Wundertäter*, 1957/73/80).

Subjektivität, Sprache und Politik in der späteren DDR

Dass die Diskussion um das Ich oder Wir in der Literatur immer wieder aufflammte und tendenziell seit den 60er Jahren das Subjekt stärker ins Spiel kam, ermöglichte eine Palette unterschiedlicher Schreibintentionen (vgl. Emmerich 2001, 534–551). So etwa hat Jurek Beckers *Jakob der Lügner* (1968) gezeigt, wie man mit dem Thema Konzentrationslager auch ironisch oder humorvoll umgehen kann, ohne zu verharmlosen – also mit einem **subjektiven Faktor**, der sich in Selbstaussprachen mit einer persönlichen, weniger einer historischen Vergangenheit zeigt. Besonders bei Christa Wolf wird dies deutlich, die die autoritären Prägungen auch der DDR-Gesellschaft aufdeckte (*Kindheitsmuster*, 1976). Mit dieser Archäologie der Ost-Gegenwart soll zugleich eine Geschichte des schreibenden Ich entworfen werden, um ein Plädoyer für den Individualismus und ein Programm der Authentizität zu geben (*Nachdenken über Christa T.*, 1969).

Günter de Bruyn z.B. hat diese Tendenz über die Wende hinaus beibehalten: Von *Buridans Esel* (1968) bis zu den autobiografischen Romanen *Zwischenbilanz. Eine Jugend in Berlin* (1992) und *Vierzig Jahre* (1996) steht das Persönliche im Vordergrund, und zwar mit dem an Jean Paul geschulten Gedanken, dass jede Autobiografie auch Erfindung und Konstruktion des Selbst ist. Diesen Weg von der Politik zum Subjekt hat Fritz Rudolf Fries über das Spiel mit Assoziationen und Bewusstseinsströmen in *Der Weg nach Oobliadooh* (1966) oder seinem späteren *Alexanders neue Welten* (1983) in eine weitere entscheidende Richtung getrieben: die Sprache selbst.

In der **Lyrik** ist dieser Schritt zum Sprachexperiment seit den 60er Jahren mit einer subjektiven Haltung verbunden. Johannes Bobrowski ist dafür ein markanter Vorläufer – sein Eingedenken der historischen Katastrophen, die sich zwischen Deutschland und Osteuropa abspielten, hüllte er in teilweise hermetische Diktion. Inge Müller betrieb in ihrer zumeist posthum veröffentlichten Lyrik ebenfalls persönliche Vergangenheitsbewältigung, die sie aber unerschrocken in Zusammenhang mit den Nazi- und DDR-Katastrophen stellte. Entsprechend forderte Günter Kunert gegen das sozialistische Mustergedicht das ›schwarze Lehrgedicht‹, das mit Mitteln der Chiffrierung und der Mehrdeutigkeit die Rechte des Subjekts reklamierte. Wolf Biermann, schon früh im Ruf eines Individualisten und Dekadenzlers, musste seine *Drahtharfe* (1965) und *Mit Marx- und Engelszungen* (1968) ebenso in der Bundesrepublik drucken lassen, und auch der geradezu epochenfähige Titel des Gedichtbandes *Sensible Wege* (1969) von Reiner Kunze macht die Tendenz zum Individualismus deutlich.

Das gilt auch für den Bereich der **Naturlyrik**. Peter Huchel etwa präsentierte Landschaften nicht wie Becher, Fürnberg und andere in den 50er Jahren als hoffnungsvollen Ort eines utopischen Vorscheins, sondern als verrätselte, pessimistische Stillleben (*Gezählte Tage*, 1972). *Landwüst*, wie Braun 1970 in Anlehnung an T.S. Eliots *Waste Land* ein Gedicht nannte, gibt dafür das Motto ab, mit dem die Natur als durch die Industrie zerstörtes Objekt oder als Kampfplatz zwischen Zivilisation und Natur thematisiert wird.

Für die Entwicklung des **Dramas** ist der Weg des in Ost und West bekanntesten Dramatikers Heiner Müller beispielhaft. Mit Stücken aus dem sozialistischen Produktionsalltag (z.B. *Der Lohndrücker*, 1956) schafft er allerdings ironische Brechungen und führt er die unbewältigte Nazi-Vergangenheit von DDR-Bürgern vor. In der Folge wandte er sich **mythologischen Stoffen** zu, die das gesellschaftlich Verdrängte aufdecken sollten: Philoktet, Herakles, Prometheus waren solche Figuren, deren klassische Handlungsmuster auch von anderen Autoren genutzt wurden, um die Zensur zu unterlaufen und herrschaftskritische Äußerungen gegen Sozialismus wie auch Kapitalismus zu richten – eine Eingeweihtensprache, die aber vom Publikum in der DDR weithin verstanden wurde.

Dem entspricht der Werdegang von Peter Hacks – seltenes Beispiel einer Übersiedlung von West nach Ost –, der sich nach seinen anfänglichen Produktionsstücken (*Die Sorgen und die Macht*, 1962) als ›postrevolutionärer Dramatiker‹ definierte, dessen politische Ziele verwirklicht seien – um sich dann klassischen Stoffen zuzuwenden, über *Amphitryon* (1968) schließlich bis zu *Adam und Eva* (1972). Auch Müller konzipierte seine Texte zunehmend als autonome Literatur, von der er sich keinerlei Wirkung mehr auf die gesellschaftliche Praxis erhoffte. Gerade in seinem Œuvre lässt sich stellvertretend für viele eine Wendung zum experimentellen Theater zeigen und zu einer Literatur, die vor allem Sprachkunstwerk sein will: Wirklichkeit wird als Materialfundus begriffen, aus dem man Kunst machen kann.

Die politische Konvergenz der feindlichen Systeme seit dem Besuch Willy Brandts brachte nach der Eiszeit des Kalten Krieges 1970 eine ›**Tauwetterphase**‹, die sich mit manchen Gesetzeslockerungen auswirkte. Selbstbewusst sprach Erich Honecker nun vom ›real existierenden Sozialismus‹ nicht mehr als Übergangsstadium, sondern als einer in sich selbst berechtigten Gesellschaftsform. Damit ging eine gewisse Liberalisierung einher, die der Literatur auch formale Entwicklungen zugestand. Ulrich Plenzdorfs *Die neuen Leiden des jungen W.* (1972), das aus der Sicht eines Jugendlichen Gesellschaftskritik äußerte, wurde jedoch zur Geduldsprobe für die Partei, und auch andere Autor/innen mussten bald erkennen, dass die Toleranz Grenzen hatte.

Die **Ausbürgerung Wolf Biermanns** 1976 wuchs sich zum innerdeutschen Skandal aus und brachte wiederum Repressionen für sympathisierende Autor/innen: Günter Kunert oder Sarah Kirsch gehörten zu denen, deren Ausreise von den Behörden emsig beschleunigt wurde, und andere wie Christa Wolf oder Volker Braun sahen sich persönlichen Überwachungs- und Bestrafungspraktiken ausgesetzt, die von massiven Eingriffen in die Texte begleitet wurden. Ein erneuter Exodus war die Folge: Erich Loest, Sarah Kirsch, Jurek Becker, Hans-Joachim Schädlich, Monika Maron, Wolfgang Hilbig, Thomas Brasch und andere verließen zwischen 1977 und 1988 die DDR.

Gerade unter dem Anspruch der Subjektivität entstand in den späten 1980er Jahren eine **alternative Kultur**, aus der eine wachsende Zahl von Bürgerrechtsvereinigungen, Ökobewegungen, Frauengruppen oder Gelegenheitsprotestlern hervorging. Dem entspricht das Erscheinen einiger Romane mit Frauenthemen, die früh anklingen wie in Brigitte Reimanns *Franziska Linkerhand* (1974) oder Irmtraud Morgners Phantasieperspektiven einer historisch fernen Figur auf die gegenwärtigen Verhältnisse (*Leben und Abenteuer der Trobadora Beatriz*, 1974). Christa Wolfs *Kassandra* (1983) bekundet in der mythologischen Figur die Ohnmacht der Seherin, die schließlich Opfer männlich-herrschaftlicher Zweckrationalität wird – ein Thema, dessen politische Brisanz in der DDR offenkundig war (hierzu und zu den folgenden Entwicklungen vgl. Emmerich 2001, 551–579).

Der Abschied fast aller Schreibenden von der Verherrlichung einer Utopie, die man als gewaltsam empfand, von den Schablonen der sozialistischen Heldenviten und ohnehin von der formalen Langeweile des sozialistischen Realismus mündete bei den meisten Autor/innen in ein **zyklisches Weltbild**. Es äußert sich in der resignativen Denkfigur, alle Geschichte wäre nur Wiederholung, Fortschritt ohnehin illusionär und auch gar nicht erstrebenswert. Man wendet sich gegen eine Gesellschaft, die – im Osten wie im Westen – nur Katastrophen heraufbeschwört, auch gegen die zunehmende Umweltverschmutzung (Monika Maron: *Flugasche*, 1981; Christa Wolf: *Störfall*, 1987).

Dieses dem Sozialismus abgeneigte Geschichtsdenken wirkt seit Ende der 70er Jahre auch auf das Theater junger Autoren: Stücke von Thomas Brasch (*Rotter*, 1977), Stefan Schütz (*Michael Kohlhaas*, 1978) bis zu Christoph Hein (*Die Ritter der Tafelrunde*, 1989) sind bereits ein Abgesang auf die historisch werdenden Verhältnisse in der DDR. 1985 erscheint eine Reihe erzählerischer Dokumente eines ›neuen Denkens‹: de Bruyns *Neue Herrlichkeit*, Volker Brauns *Hinze-Kunze-Roman* und Christoph Heins *Horns Ende* sind ebenso wie bereits Erich Loests *Durch die Erde ein Riß. Ein Lebenslauf* (1981) Aufarbeitungsromane aus der Perspektive des Subjekts.

Aus dieser Sicht, die dem Kulturbüro missfallen musste, ist der **Hang zu Subjektivismus und Hedonismus** erklärbar, eine Tendenz gegen die staatlich gelenkten Jugendkarrieren und für eine vielfarbige Alternativkultur. Literarisch zeigt sie sich in den 80er Jahren am deutlichsten in der Szene am Prenzlauer Berg. Für junge Autoren wie Sascha Anderson, Reiner Schedlinski, Bert Papenfuß-Gorek,

Stefan Döring oder Jan Faktor ist das Sprachexperiment zugleich Ausdruck des Subjektiven – von der politischen Hoffnung jedoch wenden sich auch die frechen Wortcollagen immer mehr ab.

2.4.5 Literatur der Bundesrepublik

Die 1950er Jahre

Der Marshall-Plan zur wirtschaftlichen Unterstützung Westeuropas und besonders Westdeutschlands, die Währungsreform 1948 und endgültig die formale Gründung der Bundesrepublik im Mai 1949 besiegelten die Teilung Deutschlands. Der Antikommunismus in den USA und die Maxime der Adenauer-Ära, ›keine Experimente‹ zu wagen, konnten die Entwicklungen der Literatur jedoch nicht lähmen. Wie noch die erste Kasseler ›documenta‹ 1955 einen Nachholkurs in Sachen klassischer Moderne und damit neue Perspektiven für Künstler bot, versuchten junge Autor/innen um 1950, an den Höhenkamm internationaler Literatur anzuknüpfen (vgl. Schnell 2001, 580–608). Erste Beispiele dafür liefert das Aufgreifen der amerikanischen *short story*, die in Deutschland als ›unschuldige‹, unbelastete Form genutzt wird, mit der sich in Aussparungstechnik an einem kleinen Alltagsgegenstand größere Zusammenhänge andeuten lassen.

Mit der **Gruppe 47**, zu der sich im Lauf der 1950er Jahre etwa Ingeborg Bachmann, Ilse Aichinger, Heinrich Böll, Wolfgang Hildesheimer, Walter Jens, später Günter Grass, Walter Höllerer oder Martin Walser gesellten, gab es eine fast unumgängliche Kulturinstanz, die kritisch orientiert war oder eine literarische Gegenwelt aufbauen wollte. Realismus im Kleinen kennzeichnete die Prosa, Kühle im Detail war zunächst das Stilprinzip. Das Medium des Radios begünstigte die **Gattung des Hörspiels**, das in den 50er Jahren starke Konjunktur entfaltete: Günter Eichs *Träume* (1951), das Wortwelten aus fünf Kontinenten montiert, wirkte vorbildlich; andere wie Ingeborg Bachmann, Ilse Aichinger, Walter Jens oder Heinrich Böll folgten dem Beispiel. In den 60er Jahren besannen sich Hörspielautor/innen zunehmend auf die technischen Möglichkeiten jenseits der Sprache und experimentierten mit Klangwelten, Montagetechniken und akustischen Versatzstücken (s. Kap 5.6).

Der aus heutiger Sicht karge, strenge Stil der Gruppe 47 entsprach einem Lebensgefühl, das auch in der Philosophie artikuliert wurde: Einflüsse des französischen Existenzialismus von Camus und Sartre sind es, die weithin rezipiert wurden, weil sie auf den Transzendenzverlust des Menschen, Kommunikationsprobleme oder Sprachzerstörung hinweisen und die Einsamkeit des Ich im Wirtschaftswunder bewusst machen. Ingeborg Bachmanns Gedicht *Reklame* (1956), das die Stimmen der existenziellen Sorge und des falschen Trostes durch Reklametexte eng führt, hinterlässt in der einsamen Schlusszeile nur Totenstille – Motive, in denen auch Heideggers Modernekritik seine Spuren hinterlassen hat. Gerade das Gedicht macht aber deutlich, dass Impulse der Montage-Technik die strengen Schreibweisen auflösen, die zunehmend einem Pluralismus der Stile weichen.

Experimentelle Haltungen in der BRD

Der zunehmende Einfluss der **analytischen Sprachphilosophie** begünstigte mit ihrer Leitfrage, wie Kulturen positiv durch Sprache oder Symbole geprägt werden, eine stärker experimentelle Orientierung von Literatur. **Ludwig Wittgenstein** hat in seinen späten *Philosophischen Untersuchungen* (1953) diese Idee maßgeblich formuliert, wonach Sprache nicht die Welt mehr oder weniger richtig abbildet, sondern überhaupt erst unsere Wahrnehmung der Welt konstruiert, und zwar durch kulturelle Ausdrucksformen, die er allgemein als **Sprachspiele** bezeichnet. Wittgenstein, der damit eine moderne literarische Hoffnung in ein philosophisches System gebracht hat, konnte wiederum viele jüngere Autor/innen anregen zu der Frage, wie man aus der Sprache heraus neue Wahrnehmungsbereiche schaffen kann, die auch eine Kultur und ihr Weltverständnis verändern können. Dabei kann es sich um Alleingänger handeln wie Arno Schmidt, der im *Leviathan* (1949) damit beginnt, Sprachwelten zu zerlegen und sie aus den Bestandteilen neu zusammenzusetzen – am radikalsten in *Zettels Traum* (1970), das im großformatigen, auf mehreren Spalten verteilten Typoskriptabdruck Assoziationen mit bewussten Sprachkombinationen verbindet und mehrere Weltsprachen sowie Vorlagetexte, z.B. Joyces *Ulysses* oder Shakespeares *Sommernachtstraum*, verknüpft.

Dazu sind aber auch jene Gruppen von Sprachspielern zu zählen, die in der **experimentellen Lyrik** für Veränderungen sorgten. Die **Stuttgarter Schule** um Max Bense, der in den 50er Jahren etwa Eugen Gomringer, Helmut Heißenbüttel oder der spätere Erzähler Ludwig Harig angehörten, hat die **Konkrete Poesie** vorangetrieben, Gedichte also, die auch im Druckbild den Inhalt reflektieren bzw. die Optik der Buchstaben in den Vordergrund stellen. Auch hier soll die Sprache aus ihrer katastrophischen Vergangenheit gerissen werden, wenn Strategien der Zerlegung (Dekomposition) und des neuen Zusammenfügens (Rekomposition) angewandt werden. Das Laborhafte, das diese Sprachwelten auszeichnet, hat auch mit der beginnenden Computerentwicklung zu tun – ästhetische Welten sind mit dem 20. Jahrhundert auch technisch-künstliche.

Noch längeren Bestand hatte die **Wiener Gruppe,** die sich ebenfalls zu Beginn der 50er Jahre zusammenfand und der Ernst Jandl, Friederike Mayröcker, Friedrich Achleitner, H.C. Artmann und Oswald Wiener angehörten – vielleicht auch, weil politische Stellungnahmen dort deutlicher artikuliert wurden. Sogar Paul Celan, dessen *Todesfuge* (1945) ein Eingedenken der Judenvernichtung ist, hat seiner hermetischen Lyrik um 1960 eine stärker spielerische Nuance gegeben (*Sprachgitter*, 1959; *Lichtzwang*, 1968) – auch hier ist die Hoffnung leitend, zumindest den Gefahren der Politik die Bildkraft der Gedichte entgegenzusetzen. In diesem Sinne hat noch Adorno sein strenges Diktum gewandelt, dass nach Auschwitz keine Lyrik mehr möglich sei und radikale Kunst finster sein müsse, um ein Gedächtnis der Katastrophen zu schaffen.

Dieser **experimentelle Ansatz** zieht sich auch in anderen Gattungen bis heute durch. Dafür ließen sich zahlreiche Beispiele anführen, seien es Peter Handkes Drama *Kaspar* (1968) oder sein Roman *Die Angst des Tormanns beim Elfmeter* (1970), Rolf Dieter Brinkmanns Wort-Bild-Collagen, die Montagen von Fotos und Nachrichtenzeilen bei Rainald Goetz oder die Sprachlabore des Romanciers Reinhard Jirgl bis hin zur digitalen Literatur.

Politische Orientierungen

Auch wenn diese Beispiele belegen, dass experimentelle Literatur durchaus fähig ist zur politischen Kritik, bahnte sich seit den 50er Jahren ein Konflikt mit jenen Autoren an, die **Kunst als politisches Engagement** in den Vordergrund stellten und gegenüber der experimentellen oder auch hermetischen Literatur immer wieder den Vorwurf des Eskapismus äußerten (vgl. Schnell 2001, 608–635). Die sporadischen frühen Bewältigungsromane zur nationalsozialistischen Geschichte (Siegfried Lenz: *Es waren Habichte in der Luft*, 1951) werden nun erweitert durch den direkten Gegenwartsbezug, wenn etwa **Heinrich Böll** mit *Billard um halbzehn* (1959) oder den *Ansichten eines Clowns* (1963) nationalsozialistische Schuld und die heuchlerische Doppelmoral der Nachkriegszeit sowie gesellschaftlicher Institutionen (etwa die Ehe) kritisiert. Stilistisch opulent ist dagegen **Günter Grass'** *Blechtrommel* (1959), das aus der Sicht des zwergwüchsigen Oskar die Beteiligung des Kleinbürgertums an den Katastrophen des 20. Jahrhunderts zeigt, aber auch Lebenseinstellungen der Adenauer-Ära kritisiert. Konkreter noch formuliert das **Dokumentartheater** seine Stellungnahmen: als Kirchenkritik in Rolf Hochhuths *Der Stellvertreter* (1963), Kritik der entfesselten Naturwissenschaften in Heinar Kipphardts *In der Sache J. Robert Oppenheimer* (1964), Dürrenmatts *Die Physiker* (1962) oder in der Darstellung des Frankfurter Auschwitz-Prozesses von 1963–65 in Peter Weiss' *Die Ermittlung* (1965).

Wurden in der *Blechtrommel* noch groteske Elemente verwandt, um übertreibend auf die Wirklichkeit zu zielen, ist es in den 60er Jahren der **Neue Realismus** von Dieter Wellershoffs Kölner Schule, deren Autoren ähnlich wie Böll ohne viel künstlerisches Beiwerk Wirklichkeit abbilden wollen. In Dortmund hatte sich bereits die **Gruppe 61** zusammengefunden, die, angestoßen vom Bitterfelder Weg der DDR, eine Art Basisliteratur begründete: Nicht Literatur für Arbeiter, sondern von Arbeitern geschriebene Texte sollen die Produktionswirklichkeit darstellen und zu einem gestärkten Selbstbewusstsein führen (Max von der Grün, Josef Reding). Erika Runges *Bottroper Protokolle* (1968), die mit Tonband aufgezeichnete Erzählungen von Arbeitenden wiedergeben, und der 1970 von der Gruppe 61 abgespaltene **Werkkreis Literatur der Arbeitswelt** zeigen das Bemühen, Literatur für alle zu öffnen – eine Politisierungstendenz der Kunst, die sich auch im Konzept einer ›sozialen Plastik‹ von Joseph Beuys spiegelt, wonach jeder Mensch ein Künstler ist, der seine Dinge durch sich selbst bestimmt und sich emanzipieren kann.

Was an politischen Umwälzungen kam – die große Koalition ab 1966, die Notstandsgesetze, die die Befugnisse des Staates stärkten, erste ökonomische Schwierigkeiten, der Vietnam-Krieg und die Studentenrevolten 1968 – hat die Literatur begleitet.

Auseinandersetzungen: Neue Subjektivität gegen Politisierung

Allerdings finden diese Schreibweisen Kritik von mehreren Seiten (vgl. Schnell 2001, 635–645). Peter Handkes fulminanter Protest gegen solche ›impotente Beschreibungsliteratur‹, bei der vorletzten Tagung der Gruppe 47 in Princeton 1966 vorgebracht, leitete zunächst die Wende zur Neuen Subjektivität ein: Ganz auf die Innenwelt sollte der Blick gelenkt werden, um dort Stimmungslagen, das Unbewusste und die eigene Vergangenheit auszuloten. Damit einher geht eine Rückbesinnung auf Sprache selbst, auf ein Spiel mit Zeichen, woraus schließlich neue Kunstwelten entworfen werden sollen, um damit wiederum die gesellschaftliche Welt auszuheben. Hieraus ergibt sich wiederum eine Verwandtschaft zur Pop-Art: Alles ist erlaubt, der künstlerische Höhenkamm soll mit der Alltagkultur verschmolzen werden, die Zeichen der schönen neuen Warenwelt kann man feiern oder sie kritisch vorführen. Die stärksten Experimente hat hier Rolf Dieter Brinkmann gezeigt: Seine späten Collagen von Alltagsbildern und Tagebuchschriften zeigen sowohl Subjektivität als auch Dokumentarismus (*Rom Blicke*, 1979).

Für die Mehrzahl der Schreibenden ist nun das Verfassen von Literatur vor allem ein Selbstfindungsprozess. Dieses Motiv, die eigene **Identität** herauszufinden oder überhaupt erst zu konstruieren, steht in der langen abendländischen Tradition der Autobiografie. Als neueres Vorbild sind die Identitätsromane Max Frischs zu nennen: *Stiller* (1954) und *Mein Name sei Gantenbein* (1964) kreisen um die Rollenhaftigkeit des subjektiven Standorts und stellen widerrufbare Entwürfe eines Ich auf Zeit dar, ähnlich die *Tagebücher 1966–71* (1972). Dasselbe Genre nutzt Handke dann mit schonungsloser Intimität (*Das Gewicht der Welt*, 1977) und macht damit, vorbildlich für viele Selbstschreiber nach ihm, die Sinnlichkeit literaturfähig. Verena Stefan hat dieses Motiv in *Häutungen* (1975) verfolgt und damit auch den Emanzipationsgedanken sowie die Suche nach einer weiblichen Sprache artikuliert – was ähnlich Brigitte Kronauer, Anne Duden und andere unternehmen, die aus reflektierten Sprachmustern neue Wirklichkeiten gewinnen wollen. Leitbild für sie sind wiederum die Selbstreflexionen Ingeborg Bachmanns in *Malina* (1971).

Die politisch radikalisierte Linke sah in all dem vergebliche Protestbemühungen, die sich im privaten Raum erschöpften: Sie folgten eher der strikten Auffassung Adornos, wonach es kein richtiges Leben im falschen gibt. Den Dokumentarismus der 60er Jahre setzte nun Günter Wallraff fort, der etwa bei Großunternehmen Enthüllungsarbeit leistete (*Ihr da oben, wir da unten*, 1973) oder unter Pseudonym bei der Bild-Zeitung arbeitete und die skandalösen journalistischen Praktiken in einer Reportage aufdeckte (*Der Mann, der bei Bild Hans Esser war*, 1977). Ansonsten geht nun zunehmend der politische Anspruch mit dem subjektiven Erleben einher, bezieht aber das Unbehagen an der Welt deutlicher auf Gesellschaftsphänomene, z.B. im Agitprop- und Aktionstheater auf der Straße. Die politische Lyrik verbündet sich mit der Alltagssprache wie bei Erich Fried, Nicolas Born oder Brinkmann; im Erzählgenre nimmt sie wohl die radikalsten Positionen ein: Peter Schneider (*Lenz*, 1973), Bernward Vesper (*Die Reise*, 1969–71) oder etwa Jürgen Theobaldy (*Spanische Wände*, 1981) wollen in der Kollision der subjektiven Ansprüche mit gesellschaftlichen Normen ein dauerndes Konfliktpotenzial schüren. Diese Tendenz versiegt im Lauf der 80er Jahre, wird aber maßgeblich durch Rainald Goetz noch einmal forciert, der mit *Irre* (1983) und *Kontrolliert* (1988) Radikalaufklärung betreibt: Literatur soll zur subversiven Störgröße werden, um Gesellschaft als einen Überwachungsapparat mit Zwangsmechanismen zu zeigen. Am ehesten hat sich dieser Gedanke in der Dramengattung erhalten, wo das Postdramatische Theater Heiner Müllers, Theresia Walsers, Elfriede Jelineks und anderer in den 80er und 90er Jahren gängige Wahrnehmungsmuster zerstören will (s. Kap. 3.3).

2.4.6 ›Postmoderne‹

Die konservative Wende 1982 hatte in der Folge auch für die Literatur Auswirkungen: Der Glaube an eine zielgerichtete utopische Moderne, die wie etwa die Bauhaus-Architekten meinten, einen festen Fahrplan für die gesamte Menschheit zu besitzen, gerät ins Wanken. Der kritische Umweltbericht des Club of Rome 1972 über das nahende Ende der Energieressourcen hatte bereits die Skepsis an der auf den ewigen Fortschritt gerichteten Moderne genährt. Dagegen zielten nun die verschiedenen Denkrichtungen der Postmoderne (zum Begriff Lyotard 1982) auf Pluralisierung ab – zielgerichtete Weltbilder empfindet man als Gewalt provozierende Totalitäten, fest geglaubte Konzepte wie Religion, Ich-Identität, Kunstwerk, Autor werden bezweifelt, auf große Utopien will man verzichten.

Auch der Literatur schwinden die großen Ziele, Endzeitstimmung verbreitet sich. Insbesondere bei Günter Kunert (*Abtötungsverfahren*, 1980) oder anderen aus der DDR Übergesiedelten lässt sich eine resignative Haltung erkennen: Zwar werden bei Wolf Biermann, Thomas Brasch, Sarah Kirsch, Günter Kunert oder H.M. Enzensberger noch subjektive Erlebnisszenen und Naturmotive verarbeitet, doch wird deutlich, dass der Fortschritt an ein Ende gekommen ist und die Gegenwart nur wenig Hoffnung zulässt. Auch Romane von Max Frischs *Der Mensch erscheint im Holozän* (1979) bis zu Christoph Ransmayrs *Die letzte Welt* (1988) oder *Morbus Kitahara* (1995) verfolgen diesen Gedanken. Der junge Botho Strauß hat mit seinen erzählerischen und dramatischen Miniaturen aus dem Alltag das Thema auf die Entfremdung in zwischenmenschlichen Beziehungen bezogen (*Paare, Passanten*; 1982).

Ähnliches gilt für **Thomas Bernhard,** der in seinen tastenden Prosa-Sprachspielen und in den autobiografischen Erzählungen Experimente zwischen Witz und Verzweiflung vorführt und der mit seinen Dramen im gnadenlosen Durchbuchstabieren von Alltagsfloskeln auch politische Kritik leistet (*Heldenplatz*, 1988). Die meisten Postmodernisten kennzeichnet allerdings heitere Gelassenheit: Man beschreibt das Scheitern von Ich und Welt, richtet sich aber im Fragmentarischen ein, spielt kunstvoll mit Motiven und Zitaten oder kommentiert sich selber mit Literaturtheorie (Klaus Hoffer: *Bei den Bieresch*, 1979; Hanns-Josef Ortheil: *Körper, Beute und Schatten: Suchbewegungen*, 1985; Klaus Modick: *Weg war weg*, 1987). Und positiv formuliert erwächst aus diesen Einsichten ein Plädoyer für Toleranz, für Vielheiten und Abweichung, Differenz statt Uniformität – das zentrale Motto des ›anything goes‹ (Leslie Fiedler) ist ein Plädoyer für den Pluralismus der Werte, aber auch der Kunststile.

Gegen diesen Mainstream der 80er Jahre hat der Soziologe Jürgen Habermas (1985) gemahnt, das unabgeschlossene Emanzipationsprojekt der Moderne weiter zu verfolgen: Mit Mitteln des besseren rationalen Arguments solle man im herrschaftsfreien Diskurs nach einem gesellschaftlichen Konsens suchen, um Entfremdungserscheinungen rückgängig zu machen. Kunst solle für diese Auseinandersetzungen einen Modellraum bieten, aus dem der Vorschein einer besseren Gesellschaft kommt, oder zumindest Aufklärung ermöglichen. Auch diesen Anspruch verfolgen Autor/innen, die man nicht über den postmodernen Leisten schlagen kann, sondern für die Kritik das maßgebliche Ziel bleibt.

Bereits 1970–80 hatte Uwe Johnson in seiner *Jahrestage*-Tetralogie die Zeitstufen des ›Dritten Reiches‹, der Nachkriegsgeschichte in Ost und West sowie der New Yorker Gegenwart verknüpft, um aus fiktiven Biografiestücken eine kritische Sicht auf die Gegenwart zu leisten. Peter Weiss beschreibt in seiner *Ästhetik des Widerstands* (1975–81) an Bildkunstwerken die Gewalt der Geschichte, die alle Hoffnung untergräbt. Und auch die Versuche Alexander Kluges, die von *Lebensläufe* (1962) bis *Chronik der Gefühle* (2000) reichen, zeigen aus der Sicht von Einzelnen die Geschichte als fatalen Machtfaktor. Diese Linie der subjektiven Darstellung von Geschichte verfolgen mit weniger explizitem politischen Anspruch auch Autoren wie Walter Kempowski, Ludwig Harig oder Hermann Lenz: Große Geschichte aus der kleinen Perspektive zu erzählen ermöglicht dann, Ereignisse besser zu erkennen und gleichzeitig für das eigene Ich eine Identität zu erschreiben.

Nach 1989: Vielheiten

Das Nebeneinander der poetischen Absichten und Mittel findet sich im Jahrzehnt nach der politischen Wende und Wiedervereinigung noch einmal vervielfältigt (vgl. die Beiträge in Harder 2001; Opitz/Opitz-Wiemers 2001). Zunächst aber stehen Fragen von Moral, Macht und Ästhetik an. Ein Text Christa Wolfs ist es, der 1990 zum Auslöser des **innerdeutschen Literaturstreits** wird: *Was bleibt* stellt die Frage nach der Rolle von Literatur und Autorschaft in der Diktatur, wobei sich Wolf selbst als Opfer der staatlichen Repressalien darstellt. Der Vorwurf, den Text nicht in der DDR-Zeit veröffentlicht, sondern 1989 überarbeitet zu haben, wurde als später Reinwaschungsversuch der Autorin interpretiert. Die Durchsicht der Stasi-Akten zeigte auch bei etlichen anderen bekannten Autor/innen Probleme, insofern deutlich wurde, dass sie ihre experimentellen Freiheiten teilweise mit Spitzeldiensten bezahlen mussten.

Der Forderung der Feuilletons nach einem ›**Wende-Roman**‹, der nun auch ästhetisch anspruchsvoll sei, wurde sehr unterschiedlich Rechnung getragen: als Abrechnung mit den Herrschaftsverhältnissen, die zum Generationenkonflikt werden (Monika Maron: *Stille Zeile sechs*, 1991); in Autobiografien, die scheinbar Enthüllungen vorlegen (Markus Wolf: *Spionagechef im geheimen Krieg*, 1996) oder die mit dem authentischen Bekenntnis ein ironisches Spiel führen (Heiner Müller: *Krieg ohne Schlacht*, 1992); in den Sprachexperimenten Reinhard Jirgls, der mit *Hundsnächte* (1997) eine Schreckensvision der Berliner Gegenwart und seiner gescheiterten Existenzen entworfen hat, in Ingo Schultzes *Simple storys* (1998), die auf der bewährten Kurzstrecke kleinere Alltagsprobleme in den neuen Verhältnissen darstellen, oder in der humoristischen Variante von Thomas Brussigs *Helden wie wir* (1995) und *Am kürzeren Ende der Sonnenallee* (2000). Skeptisch beurteilt auch Günter Grass in *Ein weites Feld* (1995) die Wiedervereinigung, die er aus Sicht seiner Hauptfigur Theo Wuttke als neue Demokratiegefährdung darstellt, insofern damit linke Politik abgeschafft wird. Ulrich Woelk schließlich zeichnet aus der Sicht einer privaten Beziehungsgeschichte einige Linien zwischen 1968, der Zeit des Nationalsozialismus und der Gegenwart der Maueröffnung (*Rückspiel*, 1993).

Die einzige Gattung, die in Ost- und Westdeutschland gleichermaßen Hochkonjunktur hat, ist die **Autobiografie**, wie man überhaupt von einem autobiografischen Jahrzehnt sprechen könnte. Man schreibt sein Leben auf, um Bekenntnisse zu geben oder den eigenen Standort zwischen den Systemen neu zu bestimmen (Herta Müller, Christa Wolf, Günter Kunert); im Westen ist es vor allem der Kampf um die Ressource Aufmerksamkeit, der von Showstars über Politiker auch signifikant viele Autoren zur Selbstschrift veranlasst. Damit geht das sozialpsychologische Thema der Identitätsfindung einher, das aus den 70er Jahren fortgeführt wird, zumal in der fiktionalisierten Form der Autobiografie wie in Ralf Rothmanns *Stier* (1991) und *Wäldernacht* (1994).

Auch in den neuen, **digitalen Medien** haben tagebuchartige oder autobiografische Notizen Hochkonjunktur, wobei sowohl Hochliteraten wie Rainald Goetz (*Abfall für alle*; 1998/99) wie auch Schreibkollektive bis hin zu völlig unbekannten Homepage-Autoren ihre Arbeiten im Netz veröffentlichen. Das elektronische Medium wird aber nur teilweise als Experimentierfeld genutzt: Wenn oft auch von der Implosion der Räume und Zeiten und ihrer Virtualisierung in den elektronischen Medien geschrieben wurde, bleibt **Literatur im Netz** doch tendenziell konservativ. Einige Projekte nutzen lediglich die neue Veröffentlichungsplattform (*the Buch – Leben am Pool*, 2000/1) oder *Null* (1999/2000) für konventionelle Inhalte. Andere lassen tatsächlich ihre Erzählperspektivik vom neuen Medium verändern oder sind gleich multimedial angelegt (*literatur.digital.de*, Simanowski 2002) – in diesem Fall lässt sich im engeren Sinne von **digitaler Literatur** sprechen. Diese Texte können dann mit Musik oder Bildern verbunden sein, auf Mausklick neue Ebenen öffnen, den Blick auf das Wortmaterial intensivieren und den Zufall einbeziehen (s. Kap. 6.10).

Das starke Medienbewusstsein kann aber auch in konventionellen Erzähltexten thematisiert oder im postdramatischen Theater auf der Bühne sinnfällig gemacht werden. In der **Lyrik**, die ebenfalls einen starken Standort im Netz hat, entspricht dem ein neuer Hang zum Experiment: Thomas Kling, Peter Waterhouse, Oskar Pastior und andere setzen auf Laut- und optische Qualitäten, spielen mit der Etymologie und wollen damit eine Archäologie von Sprache und Geschichte geben, aber auch gewohnte Wahrnehmungsmuster außer Kraft setzen. Mit Wanderrunden entlang an Gedichtinstallationen oder mit Klanginszenierungen überschreitet Lyrik dann nicht selten die Grenzen des Papiers.

Vor allem im Projekt, Kunst und Leben miteinander zu verschmelzen, verschränken sich ästhetische und Selbsterfahrungsexperimente. Was junge Autoren wie Benjamin von Stuckrad-Barre, Benjamin Lebert, Christian Kracht u.a. versuchen, ist eine Mischung von Pop-Art und Dekadenz: Das ›Werk‹ ist zwar auch noch Erzählung, vor allem aber eine Form von **Lebenskunst** – ein Trend der Alltagskultur mit der Absicht, das eigene Leben in Kunstformen zu hüllen, um es einer Öffentlichkeit zu präsentieren. Zu den Themen der Lifestyle-Literatur gehören auch Diskotheken und angrenzende Lebensbereiche bis hin zu Modetrends. Damit belegen ließe sich die These Wolfgang Welschs (1993), dass das öffentliche Leben zum Gegenstand der **Ästhetisierung** geworden ist, und einen ähnlichen Aspekt berührt Gerhard Schulze, der die neuen Hedonismen unter der Signatur der **Erlebnisgesellschaft** (1992) diagnostiziert hat. Skeptischer noch argumentieren Autoren wie Jean Baudrillard oder Botho Strauß, die den Verlust der sinnlich-direkten Erfahrung beklagen und gegen die ›sekundäre Welt‹ der Medien die subjektive Wahrnehmung und ein Nachdenken über die soziale Beziehungsfähigkeit fordern. Dem hat wiederum Norbert Bolz in *Das konsumistische Manifest* (2002) ein Plädoyer für die fröhliche Diesseitigkeit von Politik und Genuss gegen jeden Fundamentalismus entgegengestellt.

Überdies gibt es nach wie vor politische Themen, die zur ernsthaften Debatte stehen. Marcel Beyer hat mit *Flughunde* (1995) die Gegenwart mit der nationalsozialistischen **Geschichte** konfrontiert, und Ruth Klügers Autobiografie *weiter leben. Eine Jugend* (1992) kann als Erinnerungsdokument des Schreckens in Gegensatz gestellt werden zu Martin Walsers *Der springende Brunnen* (1998), das verharmlosend vom Heranwachsen in der Provinz erzählt. Die 1995 veröffentlichten Tagebücher von Viktor Klemperer (*Ich will Zeugnis ablegen bis zum letzten. Tagebücher zwischen 1933 und 1945*) oder Bernhard Schlinks *Der Vorleser* (1995) sind ebenfalls Geschichtskommentare, die zum Eingedenken mahnen.

Im weiteren Sinne politisch relevant ist die **interkulturelle Literatur**, worunter Texte von Autor/innen nichtdeutscher Herkunft verstanden werden (vgl. Chiellino 2000). Dazu zählen etwa Angehörige der ausgewanderten deutschsprachigen Minderheit in Rumänien wie etwa Herta Müller (*Reisende auf einem Bein*, 1989). Seit Mitte der 1950er Jahre gibt es aber bereits eine zunehmende Literatur von in der BRD aufgewachsenen fremdsprachigen Autor/innen, die gegen den Eurozentrismus andere Perspektiven setzen, neuerdings auch eine kreative, eigenständige Vermischung der Sprachkulturen anbieten wie etwa Feridun Zaimoğlu (*Kanak Sprak. 24 Misstöne am Rande der Gesellschaft*, 1995).

All diese Standortdebatten zeigen einen **Prozess der Pluralisierung**, der sich um 1900 bereits anbahnte und der mit der Konvergenz der politischen Systeme seit den 70er Jahren, schließlich dem Zusammenbruch des Sozialismus besonders deutlich wurde. Entsprechend ist ›Wahrheit‹ nicht mehr durch das einfache Ableiten von Kausalitäten und Gesetzen zu gewinnen, vielmehr muss jede Erkenntnis oder Perspektive ihre eigene Relativität bedenken. In diesem Sinne ersetzt der Begriff der Kommunikation im 20. Jahrhundert den der Kausalität – er bezeichnet ein Denken und Leben in Beziehungen, die in Grenzen wählbar sind (Baecker 2001, 425) – mit allen Schwierigkeiten, die diese Wahlfreiheiten ethisch und ästhetisch mit sich bringen.

Grundlegende Literatur

Barner, Wilfried (Hg.): *Geschichte der deutschen Literatur von 1945 bis zur Gegenwart.* München 1994.
Beutin, Wolfgang u.a.: *Deutsche Literaturgeschichte: von den Anfängen bis zur Gegenwart.* 6., verb. und erw. Aufl. Stuttgart/Weimar 2001.
Chiellino, Carmine: *Interkulturelle Literatur in Deutschland. Ein Handbuch.* Stuttgart/Weimar 2000.
Emmerich, Wolfgang: *Kleine Literaturgeschichte der DDR.* Leipzig ²1997.
– : *Die Literatur der DDR.* In: Beutin 2001, S. 511–579.
Opitz, Michael/Opitz-Wiemers, Carola: *Tendenzen der deutschsprachigen Gegenwartsliteratur seit 1989.* In: Beutin 2001, S. 600–702.
Philipp, Rainer: *Dadaismus.* München 1987.
Schnell, Ralf: *Deutsche Literatur nach 1945/Die Literatur der Bundesrepublik.* In: Beutin 1992, S. 479–510 bzw. S. 580–659.
– : *Geschichte der deutschsprachigen Literatur seit 1945.* Stuttgart/Weimar ²2003.
Stephan, Inge: *Literatur in der Weimarer Republik/Literatur im ›Dritten Reich‹, Die deutsche Literatur des Exils.* In: Beutin 2001, S. 387–478.

Weiterführende/zitierte Literatur

Baecker, Dirk: *Kommunikation.* In: *Ästhetische Grundbegriffe. Historisches Wörterbuch in sieben Bänden.* Hg. von Karlheinz Barck u.a. Stuttgart/Weimar 2001, Bd. 1, S. 384–426.
Barck, Karlheinz: *Avantgarde.* In: *Ästhetische Grundbegriffe. Historisches Wörterbuch in sieben Bänden.* Hg. von Karlheinz Barck u.a. Stuttgart/Weimar 2000, Bd. 1, S. 544–577.
Habermas, Jürgen: *Der philosophische Diskurs der Moderne.* Frankfurt a.M. 1985.
Harder, M. (Hg.): *Bestandsaufnahmen. Deutschsprachige Literatur der neunziger Jahre aus interkultureller Sicht.* Würzburg 2001.
Klinger, Cornelia/Müller-Funk, Wolfgang (Hg.): *Das Jahrhundert der Avantgarden.* München 2003.
Lyotard, Jean-François: »Beantwortung der Frage: Was ist postmodern?« In: *Tumult* 1982, S. 131–142.
Plumpe, Gerhard: Avantgarde. Notizen zum historischen Ort ihrer Programme. In: *Aufbruch ins 20. Jahrhundert. Über Avantgarden.* Hg. von Heinz L. Arnold. München 2001, S. 7–14.
Rothmann, Kurt: *Kleine Geschichte der deutschen Literatur.* 17., aktualis. Aufl. Stuttgart 2001, S. 245–392.
Schulze, Gerhard: *Erlebnisgesellschaft. Eine Kultursoziologie der Gegenwart.* Frankfurt a.M. 1992.
Simanowski, Roberto (Hg.): *Literatur.digital.de Formen und Wege einer neuen Literatur.* München 2002.
Welsch, Wolfgang (Hg.): *Die Aktualität des Ästhetischen.* München 1993.
Wyss, Beat: *Der Wille zur Kunst. Zur ästhetischen Mentalität der Moderne.* Köln 1996.

3. Literarische Gattungen

3.1 Terminologisches: Gattungsbegriffe

So wie die Epochenbegriffe dazu dienen, die Literatur seit dem 16. Jahrhundert in einer annähernd chronologischen Folge zu ordnen, nutzt die Neuere deutsche Literaturwissenschaft die Gattungsbegriffe, um innerhalb dieser ungeheuren Textmasse nach formalen Kriterien Textgruppen bilden zu können. Der **Begriff der Gattung** hat in der Literaturwissenschaft unterschiedliche Implikationen:

1. In einem weiten Sinne bezeichnet man mit ›Gattung‹ die drei von Goethe irreführenderweise als »Naturformen« bezeichneten Textgruppen Lyrik, Drama und Epik (welche letztere hier ›erzählende Prosa‹ heißen wird). In diesem Sinne fungiert der Gattungsbegriff als *Sammelbegriff* für alle Texte mit beispielsweise erzählendem Gestus.
2. Ein engerer Gattungsbegriff bezeichnet einzelne nach formalen Kriterien zu unterscheidende Gruppen von Texten innerhalb von Lyrik, Drama und erzählender Prosa: Roman, Novelle, Kurzgeschichte, Tragödie und Komödie, Ode, Hymne u.v.a.m. In diesem Sinne lässt sich ›Gattung‹ auch durch *Genre* ersetzen.
3. Mit einem engen Gattungsbegriff werden innerhalb dieser Genres Untergruppen noch einmal nach formalen oder historischen Merkmalen voneinander unterschieden: so z.B. pindarische oder anakreontische Ode, Brief- oder Bildungsroman, barockes oder bürgerliches Trauerspiel.
4. In einem normativen Sinne bezeichnet der Gattungsbegriff die Summe der formalen und inhaltlichen Bestimmungen, an die sich ein Autor etwa bei der Verfertigung eines Sonetts oder eines Trauerspiels zu halten habe. Dabei ist zu unterscheiden zwischen ›weichen‹ und ›harten‹ Normen: Genres wie Roman oder Hymne sind formal und inhaltlich relativ offen, Ode, Sonett oder Fabel sowohl inhaltlich als auch formal streng geregelt.

In einem noch stärkeren Maße als bei den Epochenbegriffen sind **Gattungen als wissenschaftliche Konstruktionen** zu begreifen: Jeder Gattungsbegriff ist immer eine Abstraktion, eine idealtypische Konstruktion formaler und inhaltlicher Kriterien, die innerhalb einer Gruppe von Texten eine Schnittmenge bilden. Insofern sind Gattungsbegriffe, vom einzelnen literarischen Text her betrachtet, immer nur Näherungen, die allerdings eine systematische Ordnung der Literatur erlauben. Wenn man aber von einzelnen Texten ausgeht und gemeinsame Merkmale tatsächlich beschreibend erarbeitet, lässt sich ein *deskriptiver* Gattungsbegriff gewinnen, der diesseits einer idealtypischen Konstruktion liegt.

Gattungen aber haben tatsächlich auch eine Realität, in einem *präskriptiven* Sinne: Sie existieren als normative Vorgaben in Poetiken oder aber in Schreibkonzepten im Kopf der Schriftsteller, die sich ja allein schon mit der Entscheidung, ein Sonett, ein Trauerspiel oder eine Novelle zu schreiben, in eine literarische Tradition stellen und damit auch die (vielleicht auch nur unbewusst wirksamen) Regeln des Schreibens befolgen oder variieren. Darüber hinaus haben Gattungen eine ebenso wirkmächtige Realität in den Köpfen der Leser, insofern Gattungsbezeichnungen unter Buchtiteln oder auf Theaterplakaten natürlich einen spezifischen **Erwartungshorizont** bedingen und damit die Rezeption des Textes, der Inszenierung ganz entscheidend mit beeinflussen.

Trotz des problematischen, da teils konstruktiven Charakters der Gattungsbegriffe soll im Folgenden sowohl in der Kapitelaufteilung als auch in der Terminologie im Einzelnen an der traditionellen Gattungsbegrifflichkeit festgehalten werden. Im Einzelfall wird ein besonders problematisch erscheinender Begriff erläutert und eine terminologische Alternative genannt.

Literatur

Hamburger, Käte: *Die Logik der Dichtung*. Stuttgart ³1977.
Hempfer, Klaus: *Gattungstheorie. Information und Synthese*. München 1972.
Horn, András: *Theorie der literarischen Gattungen. Ein Handbuch für Studierende der Literaturwissenschaft*. Würzburg 1998.
Staiger, Emil: *Grundbegriffe der Poetik*. Zürich 1946.
Szondi, Peter: *Poetik und Geschichtsphilosophie II: Von der normativen zur spekulativen Gattungspoetik*. Frankfurt a.M. 1974.
Voßkamp, Wilhelm: »Gattungen«. In: Helmut Brackert/Jörn Stückrath (Hg.): *Literaturwissenschaft. Ein Grundkurs*. Reinbek bei Hamburg 1992, S. 253–268.

3.2 Lyrik

3.2.1 Zum Begriff der Lyrik

Auf die Frage, welche literarischen Texte zur Gattung der Lyrik zu rechnen seien, lautet eine scheinbar einfache und selbstverständliche Antwort: Gedichte. Diese Antwort ist allerdings gar nicht unproblematisch: Mit dem Wort ›Gedicht‹ nämlich werden zunächst, in althochdeutscher Zeit, alle schriftlichen Äußerungen, später, bei verengter Bedeutung in der literarischen Tradition, alle Äußerungen in ›gedichteter‹ Sprache bezeichnet, Texte also, in denen Schriftsteller, Autoren, Dichter einen Gegenstand in sprachlich kunstvoller Weise gestalten. Derartige ›Gedichte‹ folgen einem Kanon festgelegter Regeln, die in antiken (z.B. Horaz) oder neuzeitlichen (Opitz, Gottsched u.a.) Poetiken versammelt sind oder den Vorbildern der literarischen Tradition entnommen werden.

›Gedicht‹ war also, zumindest bis weit in 18. Jahrhundert hinein, eine sehr unspezifische Bezeichnung für alle literarischen Texte: Schiller etwa nannte seinen *Wallenstein* im Untertitel ein »dramatisches Gedicht«, Wieland seinen *Oberon* ein »romantisches Heldengedicht in zwölf Gesängen«. Dramatische und epische Texte also werden gleichermaßen mit dem Begriff bezeichnet, der heute mit dem der Lyrik identifiziert wird. Das wichtigste sprachliche Kennzeichen des Gedichts war der rhythmisch und metrisch strukturierte Vers – und den weisen Drama und Versepos gleichfalls auf. Erst als sich in der Dramatik und, schneller und erfolgreicher, in der Epik die lang geschmähte – da angeblich nicht kunstvoll geformte – Rede in Prosa durchsetzen konnte, verengte sich der Begriff des Gedichts: Er blieb den zumeist kürzeren, weiterhin in Versen abgefassten Texten vorbehalten – eine **Bedeutungsveränderung oder -verengung**, die erst gegen Mitte des 19. Jahrhunderts abgeschlossen war.

Als literarische Gattung hat ›**Lyrik**‹, im Unterschied zu Drama und erzählender Prosa, eine vergleichsweise kurze Geschichte – zumindest wenn man *genau* auf die Begriffsgeschichte der ›Lyrik‹ schaut. Als ›Lyrik‹ galt in strenger antiker Tradition bis zur Ästhetik der Aufklärung nur das, was mit Begleitung eines Saiteninstruments des Altertums, der Lyra oder Leier, vorgetragen werden konnte, also singbare Gedichtformen. Weder Sonett noch Elegie etwa galten der Antike wie der Aufklärung als ›Lyrik‹. Erst die deutsche Übersetzung von Charles Batteux' *Les beaux arts reduits à un même principe* (1746), wo erstmals die ›klassisch‹ erscheinende Dreiteilung literarischer Formen gegeben war, führte diese in der Mitte des 18. Jahrhunderts auch in die deutsche Poetik und Ästhetik ein: Die ›Lyrik‹ wurde zur dritten Hauptgattung neben Dramatik und Epik. Die ästhetische Philosophie des späten 18. und frühen 19. Jahrhunderts verlieh dieser Dreiteilung schließlich die metaphysischen Weihen: Bei Schelling, Solger und Hegel erscheint das Denken in den drei Hauptgattungen als philosophische Notwendigkeit, wie bei Goethe wurden Lyrik, Dramatik und Epik als »echte Naturformen der Poesie« aufgefasst (HA 2, 187).

Auf die Frage nach einer **genaueren Bestimmung der Lyrik**, ihrer Abgrenzung von den anderen literarischen Gattungen, sind in der literaturwissenschaftlichen Diskussion verschiedene Antworten gegeben worden. Asmuth schlägt vor:

»Der Kern der Lyrik ist das Lied« (²1984, 133), setzt also implizit den von der Antike bis zu Opitz gültigen, engen Lyrikbegriff fort. Dieses Kriterium aber wird spätestens bei modernen Gedichten problematisch, die allenfalls als »stilisierte Form des Liedes« betrachtet werden dürften (ebd., 135). Was die Lyrik ausmache, sei ihre »Kürze«, so Walther Killy (1972, 154 ff.), ein Kriterium, das er weniger quantitativ als vielmehr im Sinne von ›konzentriert, prägnant‹ verstanden wissen will. Allein schafft auch dieses Merkmal keine zureichende Differenz gegenüber den anderen literarischen Gattungen. Aus dem russischen Formalismus wird das Kriterium der starken Abweichung lyrischer Rede von der Alltagsrede entliehen (Schmidt 1968), das zwar für die Lyrik in hohem Maße zutrifft – allerdings auch für sehr viele dramatische und epische Texte.

Das einzige Kriterium, das tatsächlich für (zumindest die meisten) lyrischen Texte zutrifft, ist das des Verses (vgl. Lamping 1989, 23 f.; Burdorf ²1997, 11 ff.), also der Tatbestand, dass in den Text durch stetigen Zeilenwechsel Pausen eingefügt sind, oder, mit den einfachen Worten Wolfgang Kaysers: »Wenn auf einer Seite um das Gedruckte herum viel weißer Raum ist, dann haben wir es gewiss mit Versen zu tun« (1971, 9). Die Zeilen sind im lyrischen Text drucktechnisch nicht gefüllt, dadurch werden sie zu *Versen*.

›Lyrik‹ ist also schlicht und einfach literarische Rede in Versen – ein positives Kriterium, das Burdorf ergänzt um die Abgrenzung der Lyrik vom Versdrama: Sie »ist kein Rollenspiel, also nicht auf szenische Aufführung hin angelegt« (²1997, 21). Als weitere mögliche, aber nicht notwendig gegebene **Bestimmungen der Lyrik** kämen die hochgradige und verdichtete Strukturierung der Sprache, ihre Abweichung von der Alltagssprache, eine starke Bildlichkeit und zuletzt auch Liedhaftigkeit und Kürze hinzu (vgl. ebd.). Unverzichtbar ist allein der Vers.

3.2.2 Formelemente und Formen der Lyrik

Lyrische Texte sind, wie oben schon angedeutet, hoch strukturierte, verdichtete Sprache. In der literarischen Tradition der Antike und der Renaissance wie auch der neueren deutschen Literatur sind sehr genau bestimmbare Formelemente und Formen lyrischer Rede ausgebildet worden, die im Folgenden eingehender behandelt werden sollen: Versformen, Strophenformen und Gedichtformen.

Der Vers

Der Begriff des *Verses* (von lat. *vertere*: wenden) bezeichnet die »Wiederkehr des gleichen regelmäßigen Metrumablaufs« (Lausberg 1973, 789) innerhalb eines Textes als dem wesentlichen textstrukturierenden Moment. Verse unterscheiden sich durch ein ganz einfaches Grundprinzip von der Prosa: Der Sprachfluss hört am Ende des Verses auf, um am Beginn des nächsten wieder einzusetzen. Vers heißt ›Umkehr der Rede‹, im Unterschied zur ›geradeaus gerichteten Rede‹ der Prosa (*provorsa oratio*). Für den Begriff des Verses ist ein **Metrum**, also die regelmäßige Wiederkehr betonter Silben im Vers, grundsätzlich nicht entscheidend,

Lyrik als Versrede existiert auch in **freier Rhythmik**, kann sich also der Prosa in einem starken Maße annähern (ebenso wie umgekehrt die ›rhythmische Prosa‹ sich der Lyrik annähert).

Um die bestimmenden Merkmale eines in Versen gesetzten Textes zu illustrieren, sei hier der Beginn von Eduard Mörikes *Um Mitternacht* (1827) angeführt:

> Gelassen stieg die Nacht ans Land,
> Hängt träumend an der Berge Wand;
> Ihr Auge sieht die goldne Wage nun
> Der Zeit in gleichen Schaalen stille-ruhn.

Der Text weist alle **Merkmale des lyrischen Sprechens in Versen** auf:

- Erstens wechseln sich in jedem Vers *betonte Silben oder Hebungen* (-) und *unbetonte Silben oder Senkungen* (˘) regelmäßig miteinander ab, sie alternieren (˘-˘-˘-˘-).
- Zweitens verfügen die Verse des ersten Verspaars und die des zweiten jeweils über die *gleiche Anzahl an Hebungen*, sie sind jeweils gleich lang.
- Drittens strukturieren die Versenden den Text: Der erste und zweite Vers sind, wie der dritte und vierte, *gereimt*, d.h. die letzte betonte Silbe hat einen gleichen oder ähnlichen Klang.
- Viertens ist jeder Vers als *eigene Druckzeile* und durch den Großbuchstaben zu Beginn drucktechnisch hervorgehoben.

Die kleinste Einheit des Verses ist der **Versfuß**: Die Folge von Hebungen und Senkungen in einem Vers wird in kleinere Abschnitte aufgeteilt

- Die kleinste Einheit dieser Verse ist die Folge jeweils einer Senkung und einer Hebung (˘ -). Sie heißt *Jambus*.
- Ihre Umkehrung (- ˘) heißt *Trochäus*.
- Die Folge zweier Hebungen heißt *Spondeus* (- -).
- Die beiden wichtigsten dreisilbigen Versfüße sind der *Daktylus* (- ˘ ˘) und der *Anapäst* (˘ ˘ -).

Am Ende eines Verses steht die so genannte **Kadenz**: Schließt ein beispielsweise fünfhebiger Jambus nicht, wie zu erwarten wäre, mit der Hebung des letzten Jambus, sondern mit einer angehängten unbetonten Silbe, spricht man vom *weiblichen* Versende (»Sich in erneutem Kunstgebrauch zu üben«, Goethe: *Das Sonett*). Ist die letzte Silbe im Vers eine Hebung, wird das Versende *männlich* genannt (»Ihr Auge sieht die goldne Wage nun«). Die Bezeichnung der Kadenzen geht auf die französische Tradition zurück, wo feminine Wörter stets mit einer (allerdings meist stumm bleibenden) unbetonten Silbe schließen (zu den Versfüßen vgl. Wagenknecht ³1993, 33 ff.).

Versformen

Die Anzahl der Versfüße innerhalb eines Verses bestimmt das **Versmaß oder Metrum**. Im Falle des angeführten Gedichts liegen ein *vierhebiger* bzw. *fünfhebiger Jambus* vor: Die Anzahl der Hebungen in einem Vers bestimmt die Kennzeichnung des Metrums, die Anzahl und Anordnung bestimmter Versfüße in einem Vers (oder in einem Verspaar, einem so genannten **Distichon**) macht die Versform erkennbar (zu den verschiedenen Versformen vgl. ausführlicher Burdorf ²1997, 81 ff.).

1. Der **Knittelvers** ist das wichtigste Versmaß frühneuzeitlicher Literatur – weniger in der Lyrik als in Dramatik und Epik. Sein wesentliches Kriterium ist der Paarreim (s.u.); der **strenge Knittel** besteht aus achtsilbigen (bei männlicher Kadenz) bzw. neunsilbigen (bei weiblicher Versendung) Versen, der **freie Knittel** aus meist zwischen sieben- bis elfsilbigen Versen (gelegentlich noch kürzer bzw. länger). Die Anzahl der Hebungen sowie die Alternation ist selbst im strengen Knittel nicht geregelt. Einer der berühmtesten Knittelverstexte der neueren Literatur ist der Eingangsmonolog von Goethes *Faust* (1808): »Zwar bin ich gescheiter als alle die Laffen,/Doktoren, Magister, Schreiber und Pfaffen« (v. 366 f.).
2. Der **Madrigalvers** (benannt nach dem bestimmenden Genre weltlicher Vokalmusik der italienischen Renaissance) ist ein relativ ungeregelter Vers: meist jambisch, mit wechselnder Silbenzahl, gereimt, aber ohne festes Reimschema. Er kommt häufig in singbaren Texten des Barock vor (Motetten-, Madrigal- oder Opern-Libretti), Goethe verwendet ihn unter vielen anderen Versformen im *Faust* (etwa v. 2012 ff.).
3. Der **Blankvers** ist ein reimloser fünfhebiger Jambus mit männlicher oder weiblicher Kadenz, der aus der englischen Literatur in die deutschsprachige übernommen wurde und seit Christoph Martin Wielands *Lady Johanna Gray* (1758) zum bestimmenden deutschen Dramenvers geworden ist (Goethe, Schiller, Hebbel).
4. Der **Alexandriner** (nach dem altfrz. *Alexanderroman*, um 1180) ist ein 12- oder 13-silbiger Vers, der gekennzeichnet ist durch eine oft mit einer Virgel (/) sichtbar gemachte Zäsur nach der sechsten Silbe und festgelegte Akzente auf der sechsten und der zwölften Silbe. Martin Opitz machte ihn in seiner Poetik zum bestimmenden Vers der gesamten Vers-Dichtung des Barock (z.B. Gryphius: »Wie offt hab ich den Wind / und Nord und Sud verkennet!« *An die Welt*). Die Unterscheidung zwischen heroischem und elegischem Alexandriner richtet sich nach der Reimstellung zweier Alexandriner-Paare: aabb bzw. abab.
5. Der **Hexameter** ist ein sechsfüßiger Vers (gr. *hexa* ›sechs‹), der meist aus Daktylen besteht. Der letzte Daktylus ist katalektisch, d.h., um eine Silbe verkürzt. In der antiken Literatur können die ersten vier Daktylen des Hexameters durch Spondeen ersetzt werden, in der deutschsprachigen Adaption des Versmaßes meist durch Trochäen. Der Hexameter ist der Vers in der Epik des 18. Jahrhunderts, in Klopstocks *Messias* ebenso wie in Idyllen von Joh. Heinrich Voß oder Goethes *Hermann und Dorothea* (1797).

6. Der **Pentameter** (gr. *penta*: fünf) ist trotz seines Namens ein sechshebiger Vers; im Unterschied zum Hexameter sind der dritte und der sechste Daktylus katalektisch. Nach dem dritten Daktylus muss eine Zäsur erfolgen, die ersten beiden Daktylen können durch Spondeen bzw. Trochäen ersetzt werden.
7. Der Pentameter ist kein eigenständiger Vers, sondern bildet mit dem Hexameter zusammen das so genannte **elegische Distichon**, das in der Antike ebenso wie etwa in der Literatur des Weimarer Klassizismus in Elegien und Epigrammen verwendet wurde: »Im Hexameter steigt des Springquells flüssige Säule, / Im Pentameter drauf fällt sie melodisch herab« (Schiller: *Das Distichon*).
8. Eine besondere Verteilung eines Satzes oder einer sprachlichen Sinneinheit auf zwei oder mehr Verse liegt beim **Enjambement**, dem **Zeilensprung** vor: Der Satz wird über das Versende hinausgeführt in den nächsten Vers hinein: »Ach! was ist alles dis was wir für köstlich achten / Als schlechte nichtikeitt« (Gryphius: *Es ist alles eitell*). Der Effekt des Enjambements ist eine hohe Geschlossenheit der Versdichtung. Wenn ein Zeilensprung sogar über eine Strophengrenze hinweggeht, spricht man vom **Strophensprung**.

Reim

Verse beziehen sich häufig insbesondere in klanglicher Weise aufeinander: Sie sind gereimt. Opitz spricht in seinem *Buch von der Deutschen Poeterey* von »der Echo oder des Wiederruffes zue ende der woerter« (*Poeterey*, 31), der in der deutschsprachigen Literaturtradition etwas Neuartiges darstellen solle. Hier war nämlich lange Zeit nicht der **Endreim** das bestimmende Prinzip der Textstrukturierung. In der althochdeutschen Literatur findet sich vornehmlich der so genannte **Stabreim**, die Alliteration. Mehrere Wörter eines Verses beginnen mit demselben Anlaut, ihre Zusammengehörigkeit wird so stilistisch angezeigt. Der Stabreim ist aus der dichterischen Sprache nicht verschwunden, ist rhetorisch-stilistisches Mittel geblieben. Doch mit der Anlehnung der mittelhochdeutschen höfischen Literatur an die provenzalische und altfranzösische wird auch deren bestimmendes Textstrukturierungsprinzip übernommen: In der romanischen Literatur war der Endreim vorherrschend. Unter Endreim wird der Gleichklang (keinesfalls die Buchstabengleichheit) mehrerer Wörter vom letzten betonten Vokal an verstanden (z.B. ›Stürme – Schirme‹).

Der Endreim schließt meist zwei Verse eines Gedichtes zu einem korrespondierenden Verspaar zusammen. Nicht notwendig allerdings reimen sich zwei aufeinander folgende Verse. Die Verteilung der Reimendungen, die **Reimstellung** in einer größeren Anzahl von Versen, strukturiert den lyrischen Text deutlich:

- Die geläufigste Reimstellung ist der **Paarreim**: Die Versenden zweier aufeinander folgender Verse sind gereimt (aabb).
- Viele volksliedartige Texte weisen den so genannten **Kreuzreim** auf: Die Reimendungen wechseln einander ab (abab).

- Eine dritte wichtige Reimstellung ist der **umarmende Reim**: Ein Reimpaar wird von einem anderen umrahmt (abba). Durch den umarmenden Reim werden sehr häufig vierzeilige Strophen gebildet, die durch die Reimstellung eine hohe Geschlossenheit aufweisen (etwa die Quartette in einem Sonett; s.u.).

Reime verbinden Verse miteinander, sie sind viel mehr als ein bloß klangliches Moment: Reimpaare, auch wenn sie im Kreuz- oder umarmenden Reim voneinander getrennt werden, sind auch inhaltlich aufeinander zu beziehen. Das heißt, dass insbesondere in der Lyrik Form und Inhalt sehr eng miteinander verschränkt sind (zum Reim vgl. Wagenknecht ³1993, 35 ff.; Burdorf ²1997, 30 ff.)

Strophe und Strophenformen

Über Vers und gereimte Verspaare hinaus ist der lyrische Text strukturiert durch die Gruppierung der Verse zu **Strophen** – die drucktechnisch gegeneinander abgesetzt sind. Als Textbeispiel zunächst ein Gedicht von Andreas Gryphius:

> An die Welt
>
> Mein offt bestuermbtes Schiff der grimmen Winde Spil
> Der frechen Wellen Baal / das schir die Flutt getrennet /
> das ueber Klipp auff Klip' / und Schaum / und Sandt gerennet.
> Komt vor der Zeit an Port / den meine Seele will.
>
> Offt / wenn uns schartze Nacht im mittag ueberfil
> Hat der geschwinde Plitz die Segel schir verbrennet!
> Wie offt hab ich den Wind / und Nord und Sud verkennet!
> Wie schadhafft ist Spriet / Mast / Steur / Ruder Schwerdt und Kill.
>
> Steig aus du mueder Geist / steig aus! wir sind am Lande!
> Was graut dir fuer dem Port / itzt wirst du aller Bande
> Vnd Angst / und herber Pein / und schwerer Schmertzen loß.
>
> Ade / verfluchte Welt: du See voll rauer Stuerme!
> Glueck zu mein Vaterland / das stette Ruh' im Schirme
> Vnd Schutz vnd Friden haelt / du ewig-lichtes Schloß!

Der Text ist, auf den ersten Blick erkennbar, in vier Strophen gegliedert; er beginnt mit zwei vierzeiligen Strophen, so genannten **Quartetten**, es folgen zwei dreizeilige, **Terzette** genannt. Über diese Einteilung hinaus fällt an diesem Text der enge Zusammenschluss jeweils der Quartette und der Terzette auf: Die Endreime der zweiten Strophe sind identisch mit denen der ersten, auch die Reimstellung (abba) wird wiederholt. Die Reimendungen der Terzette sind auf komplexere Weise aufeinander bezogen. Innerhalb der ersten dieser Strophen bleibt der letzte Vers ungereimt, erst das zweite Terzett vervollständigt das Reimpaar (ccd – eed). Die Stropheneinteilung von Gryphius' Text sowie die Reimstellung kennzeichnen das Gedicht als **Sonett**, eine Gedichtform, auf die weiter unten noch genauer eingegangen wird.

Neben den Strophentypen des Sonetts, Quartett und Terzett, weist die literarische Tradition noch weitere wichtige Strophenformen auf (zu den Strophenformen insgesamt vgl. ausführlicher Burdorf ²1997, 96 ff., Erläuterungen und Beispiele zu allen deutschen Strophenformen liefert Frank 1980):

- Die aus der mittelalterlichen Dichtung reisender Geistlicher oder auch Studenten (Vaganten) stammende **Vagantenstrophe** besteht ursprünglich aus vier Langzeilen, siebenhebige Trochäen mit einer Zäsur nach der vierten Hebung (etwa in den *Carmina Burana*). In der neueren Literatur wird die Vagantenstrophe geteilt: An der Stelle der Zäsur wird in den nächsten Vers gewechselt, so dass eine Strophe aus abwechselnd einem vierhebigen und einem dreihebigen Vers entsteht. Dem ersten Trochäus jeder Zeile kann mit einer unbetonten Silbe ein Auftakt vorangehen. Ein Beispiel für eine auftaktlose Vagantenstrophe ist die erste Strophe von Goethes *Die Spinnerin*:

> Als ich still und ruhig spann,
> Ohne nur zu stocken,
> Trat ein schöner junger Mann
> Nahe mir zum Rocken

- Ebenfalls aus der deutschsprachigen literarischen Tradition stammt die **Kirchenliedstrophe**, eine vierzeilige Strophe mit Paarreimen. Die Verse sind vierhebige Jamben mit Auftakt, die Kadenz ist immer männlich. Die Strophe ist die gängigste Form der geistlichen Choraldichtung seit Martin Luther und die häufigste deutsche Strophenform überhaupt. Seit dem 18. Jahrhundert wird sie zunehmend auch für weltliche Dichtung verwendet – etwa in Goethes Ballade *Der Erlkönig*:

> Wer reitet so spät durch Nacht und Wind?
> Es ist der Vater mit seinem Kind;
> Er hat den Knaben wohl in dem Arm,
> Er faßt ihn sicher, er hält ihn warm. –

1. In der ebenfalls vierzeiligen, volkstümlicheren, oft anonym überlieferten **Volksliedstrophe** wechseln männliche und weibliche Reime einander ab (Reimschema abab), die Verse sind drei- oder vierhebig. Das Volkslied erlebte eine große Konjunktur in den beiden Jugendbewegungen der deutschen Literaturgeschichte, im Sturm und Drang und der Romantik: Herder und Goethe wie auch Brentano und von Arnim sammelten ›echte‹ Volkslieder; in beiden Perioden werden Volkslieder zum Vorbild für eigene, oft kunstvolle Dichtungen (etwa Goethes *Heidenröslein*).
2. Die **Odenstrophe** ist eine aus der griechischen Antike stammende reimlose Strophe. Die vier Verse der Odenstrophe sind metrisch streng geregelt und weisen eine unterschiedliche (jeweils vorgegebene) Silbenanzahl auf. Die unterschiedlichen Odenstrophen, die für die deutsche Literatur v.a. ab der zweiten Hälfte des 18. Jahrhunderts maßgeblich wurden, sind benannt nach ihren vermutlichen griechischen Urhebern. Man unterscheidet folgende Stro-

phenformen: die **sapphische Odenstrophe**, benannt nach der griechischen Lyrikerin Sappho aus Mytilene (Lesbos; ca. 600 v. Chr., die **alkäische Odenstrophe**, benannt nach dem griechischen Dichter Alkaios aus Mytilene (Lesbos; ca. 600 v. Chr.) und fünf verschiedene **asklepiadeische Odenstrophen**, nach dem griechischen Dichter Asklepiades von Samos (3. Jahrhundert v. Chr.). Ein Beispiel für die Adaption der dritten asklepiadeischem Odenstrophe in der deutschen Literatur des 18. Jahrhunderts ist Klopstocks Ode *Der Zürchersee* (1750). Die erste Strophe lautet:

> Schön ist, Mutter Natur, deiner Erfindung Pracht — ᵕ | — ᵕ ᵕ —┼— ᵕ ᵕ —| ᵕ —
> Auf die Fluren verstreut, schöner ein froh Gesicht, — ᵕ | — ᵕ ᵕ —┼— ᵕ ᵕ —| ᵕ —
> Das den großen Gedanken — ᵕ | — ᵕ ᵕ —| ᵕ
> Deiner Schöpfung noch Einmal denkt. — ᵕ | — ᵕ ᵕ —| ᵕ —

3. Die **Terzine** (ital.: Dreizeiler) ist eine Strophenform der italienischen Renaissance: Aus Terzinen werden längere Gedichte gebildet, deren Strophen sich durch Reime in der Form aba bcb cdc aufeinander beziehen, ein Einzelvers schließt das Gedicht ab. Die Terzine ist die Strophenform von Dantes Epos *Divina Comedia*, berühmt sind Goethes Terzinen über die Reliquien Schillers:

> Im ernsten Beinhaus war's, wo ich beschaute,
>   Wie Schädel Schädeln angeordnet paßten;
>   Die alte Zeit gedacht ich, die ergraute.
> Sie stehn in Reih' geklemmt, die sonst sich haßten,
>   Und derbe Knochen, die sich tödlich schlugen,
>   Sie liegen kreuzweis zahm allhier zu rasten.
> [...]

4. Die **Stanze** (ital. *stanza* in metaphorischer Bedeutung ‚Reimgebäude‘) ist die Strophenform des italienischen Renaissance-Epos (Ariost, *Orlando furioso*; Tasso, *La Gerusalemme liberata*). Sie besteht aus acht Elfsilbern mit dem Reimschema abababcc. Die Reimordnung ermöglicht eine inhaltliche Zäsur, das letzte Verspaar kann die Darstellung der vorhergehenden Verse reflektierend oder pointiert abschließen. In der deutschen Literatur ist die Stanze selten: Wieland benutzt sie für sein Versepos *Oberon*, Goethe etwa für die »Zueignung« zum *Faust* und für die *Urworte. Orphisch*.

Gedichtformen

Das oben vollständig zitierte Gedicht von Andreas Gryphius war schon ein Beispiel dafür, wie im lyrischen Text über die Einteilung des Textes in Strophen und die Kombination bestimmter Strophenformen eine Gedichtform konstituiert wird. In der Folge sollen die **wesentlichsten Formen lyrischer Gedichte** kurz benannt und erläutert werden.

1. Die **Ode** (gr. *odé*: Gesang) ist eine sehr streng gebaute antike Gedichtform, die sich aus den vierzeiligen Odenstrophen zusammensetzt. Neben den sap-

phischen, alkäischen und asklepiadeischen Oden sind aus der Antike zudem die **Pindarischen Oden** überliefert, benannt nach dem griechischen Dichter Pindar (5. Jahrhundert v. Chr.). Diese Oden variieren die Strophenform frei in Verszahl und rhythmischer Ordnung, die pindarische Ode ist allerdings immer dreigeteilt (**triadische Ode**): 1. **Ode** (›Strophe‹); 2. **Antode** (›Antistrophe‹) (Verszahl und rhythmische Ordnung wie in der ›Strophe‹); 3. **Epode** (›Nachstrophe‹) (formal von ›Ode‹ und ›Antode‹ abweichend). Dies ist die Form des altgriechischen Chorliedes, von Pindar als Loblied auf den Sieger in Wettkämpfen, Wagenrennen o.Ä. geschrieben. Die Texte werden je nach den olympischen, pythischen, nemeischen bzw. isthmischen Spielen als olympische usf. Oden bezeichnet. Nachdem im 17. Jahrhundert die Gattungsbezeichnung ›Ode‹ für eine Vielzahl formal sehr unterschiedlicher Gedichte gewählt wurde – umfassend im Sinne von ›Lied‹ –, wurde die strenge antike Form seit der Mitte des 18. Jahrhunderts wieder entdeckt. Friedrich Gottlieb Klopstock dichtete in den alten strengen Formen und entwickelte daneben neue Strophenformen, die er dann genauso streng verfolgte. Diese Innovationen aber tendieren gerade bei Klopstock zu frei rhythmischer hymnischer Lyrik.

2. Die **Hymne** (gr. *hymnos*: Lobgesang) war zunächst in der antiken Literatur ein formal etwas freierer, aber dennoch metrisch geregelter feierlicher Gesang, dessen Gegenstände Götter und Helden waren. In der deutschen Literatur des späteren 18. Jahrhunderts entwickelt sich im Kontext v.a. der Odenexperimente Klopstocks eine freirhythmische Hymne ohne geregelte Strophe oder Reim, in der Gott und Schöpfung, Natur und Künstler besungen werden (Klopstock: *Das Landleben*, Goethe: *Wanderers Sturmlied*, *Prometheus*)

| Wanderers Sturmlied |
Wen du nicht verlässest, Genius,	Den du nicht verlässest, Genius,
Nicht der Regen, nicht der Sturm	Wirst ihn heben übern Schlammpfad
Haucht ihm Schauer übers Herz.	Mit den Feuerflügeln.
Wen du nicht verlässest, Genius,	Wandeln wird er
Wird der Regenwolke,	Wie mit Blumenfüßen
Wird dem Schloßensturm	Über Deukalions Flutschlamm,
Entgegen singen,	Python tötend, leicht, groß,
Wie die Lerche,	Pythius Apollo.
Du dadroben.	[...]

3. Neben der Ode ist die **Elegie** eine weitere aus der Antike stammende und streng geregelte Form lyrischen Sprechens. Sie lässt sich zunächst formal definieren als Gedicht aus ›elegischen Distichen‹, also Verspaaren, die jeweils aus einem Hexameter und einem Pentameter aufgebaut sind. Abweichend davon existieren in der deutschen Literatur des 17. Jahrhundert Elegien im Versmaß des Alexandriners. Erst seit dem späteren 18. Jahrhundert werden Elegien wieder in Distichen geschrieben. Schon die antike Elegie kannte neben dem Gestus erhabener Klage und Resignation auch den Gegenstand des Erotischen, Goethes *Römische Elegien* (im ersten Titel *Erotica Romana*!) greifen diese Tradition wieder auf – hier die fünfte:

> Froh empfind' ich mich nun auf klassischem Boden begeistert,
>   Vor- und Mitwelt spricht lauter und reizender mir.
> Hier befolg' ich den Rat, durchblättre die Werke der Alten
>   Mit geschäftiger Hand, täglich mit neuem Genuß.
> Aber die Nächte hindurch hält Amor mich anders beschäftigt;
>   Werd' ich auch halb nur gelehrt, bin ich doch doppelt beglückt.
> Und belehr' ich mich nicht, indem ich des lieblichen Busens
>   Formen spähe, die Hand leite die Hüften hinab?
> Dann versteh' ich den Marmor erst recht: ich denk' und vergleiche,
>   Sehe mit fühlendem Aug', fühle mit sehender Hand.
> Raubt die Liebste denn gleich mir einige Stunden des Tages,
>   Gibt sie Stunden der Nacht mir zur Entschädigung hin.
> Wird doch nicht immer geküßt, es wird vernünftig gesprochen;
>   Überfällt sie der Schlaf, lieg' ich und denke mir viel.
> Oftmals hab ich auch schon in ihren Armen gedichtet
>   Und des Hexameters Maß leise mit fingernder Hand
> Ihr auf den Rücken gezählt. Sie atmet in lieblichem Schlummer,
>   Und es durchglühet ihr Hauch mir bis ins Tiefste die Brust.
> Amor schüret die Lamp' indes und denket der Zeiten,
>   Da er den nämlichen Dienst seinen Triumvirn getan.

An die strenge Form des elegischen Distichons erinnern Rilkes *Duineser Elegien* (1923) noch ganz entfernt in ihrer rhythmischen Gestalt Brechts *Buckower Elegien* (1954) sind formal ganz frei von dieser Tradition:

> Der Rauch
>
> Das kleine Haus unter Bäumen am See.
> Vom Dach steigt Rauch.
> Fehlte er
> Wie trostlos dann wären
> Haus, Bäume und See.

4. Das **Epigramm** (gr. ›Aufschrift‹) ist eine prägnante lyrische Kurzform mit scharfsinniger, oft satirischer Zuspitzung. An den Epigrammen des römischen Dichters Martial schlossen sich Dichter des Humanismus und des Barock an (Friedrich von Logau). Seine kritisch-belehrende Schärfe ließ es für Lessing als Aufklärungsgenre geeignet erscheinen, Goethes *Venetianischen Epigramme* (1795) setzen die martialische Tradition fort. Die *Xenien* Goethes und Schillers sind ebenfalls Epigramme in Form jeweils eines einzigen elegischen Distichons.
5. Das **Haiku** ist eine lyrische Kurzform japanischer Herkunft. Die drei Zeilen bestehen genau aus 5, 7 und 5, also zusammen 17 Silben. Es gestaltet meist prägnant Sinneseindruck oder Gedanken und wird seit dem Ende des 19. Jahrhunderts von einigen westlichen Lyrikern nachgeahmt (Rilke, M. Hausmann, I. v. Bodmersdorf).
6. Im **Figurengedicht** tritt neben die lautliche Seite des Textes sein Schriftbild: Der geschriebene Text ergibt eine Figur, die in komplexer Verweisungsrelati-

on zu Worten und Bedeutung des Textes steht. Schon die barocke Lyrik spielt vielfach mit der äußeren Form lyrischer Rede, die **konkrete Poesie** des 20. Jahrhunderts greift das Prinzip wieder auf (Gomringer, Jandl). In Sigmund von Birkens *NiderSächsischem Lorbeerhayn* (1669) finden sich etwa folgende Herz-Gedichte:

>   Sie   Die   Er   Der
>   die Edle   dir schlug den   Fontans   befeuret
>   Margaris Herzensriß/   deine Lust/ deine Brust/
>   brennet dich mit Wechselflammen ❀ brennt von deinen Gegenflammen.
>   Drum so schlägt in Beyder Herzen   Eine Lieb und Loh zusamen.
>   Beyde fühlen einen Schmerzen: Beyde wollen Einbar scherzen.
>   Nun so liebet sonder ende.   Nun so lebet sonder Streiten.
>   Einigt Herz und Hände   Kriegt bey Nachtes Zeiten
>   unauflöslich-fast.   üm den Küsse - Sieg.
>   Der Eintracht Nest/   Der Liebes Krieg/
>   sey Euer   sey Euer
>   Beyder   Beyder
>   Herz.   Scherz.

7. Der **Chanson** ist ein formal nicht stark geregeltes singbares Sololied, dessen Strophen durch einen Refrain abgeschlossen werden. Satirische, politisch kritische oder polemische Lieder werden seit dem 15. Jahrhundert als Chanson bezeichnet. Er ist die bestimmende Gattung des Kabaretts (etwa für die deutsche Literatur der 1920er Jahre Liedtexte von Erich Kästner oder Kurt Tucholsky).
8. Die **Ballade** (ital.: *ballata*, provenzal.: *balada* Tanzlied) war ursprünglich im Frankreich des 14. und 15. Jahrhunderts ein kurzes Tanzlied mit drei längeren und einer kürzeren Strophe (romanische Ballade). Die germanische Ballade dagegen ist ein umfangreicheres Gedicht, das, häufig sogar dramatische Rollenrede benutzend, tragische, schauerliche oder unheimliche Begebenheiten erzählt. Die Ballade als lyrische Gattung schließt also dramatische und epische Anteile mit ein – der Grund dafür, dass Goethe in ihr die Urform der drei literarischen Gattungen sehen wollte. Die Ballade als künstlerische Form (Kunstballade) greift zurück auf Form und Gegenstände der anonym überlieferten Volksballade seit dem Mittelalter. Formal ist die Ballade uneinheitlich; gemeinsam sind sowohl Volks- als auch Kunstballaden die schlichte Versform und Reimstellung. Literaturgeschichtlicher Höhepunkt der Gattungsentwicklung waren Sturm und Drang (Bürger, Goethe), Weimarer Klassizismus (Schiller, Goethe) und der Realismus (Fontane), aber auch Schriftsteller des 20. Jahrhunderts bedienen sich gerne dieser Form (Brecht, Biermann).

9. Die spanische Variante des Erzählgedichts ist die **Romanze**, meist aus vierzeiligen Strophen bestehend mit achthebigem Trochäus, der eine Mittelzäsur und statt des Reimes eine Assonanz aufweist, also nur den Gleichklang der Vokale. Die Romanze, deren Stoffe der spanischen Überlieferung entstammen und heiterer sind als das Umheimliche der Ballade, wurde seit ca. 1750 in die deutsche Literatur eingeführt und erlebte ihren Höhepunkt in der Romantik.

10 Die dramatischen, oft unheimlichen oder tragisch verlaufenden Erzählgedichte finden häufig im **Bänkelsang** Verwendung, einer seit dem 17. Jahrhundert geläufigen öffentlichen Präsentationsform lyrischer Texte zu Musik (Drehorgel, Harfe), und unter Einsatz von illustrativen Bildtafeln, auf die der Sänger zeigt. Der Bänkelsang thematisiert in unterhaltsamer und moralisch belehrender Weise meist sensationelle Ereignisse (Katastrophen, Liebesdramen u.Ä.) und ist Bestandteil der Volkskultur (Jahrmarkt) bis ins 19. Jahrhundert hinein.

11. Das **Sonett**, für das Andreas Gryphius' *An die Welt* beispielhaft steht, ist eine ursprünglich aus dem italienischen Mittelalter stammende Gedichtform, die von dem Renaissance-Dichter Francesco Petrarca hohe Wertschätzung bis in den deutschen Barock hinein verdankt und eine erneute Blüte in der Romantik erlebte. Formal bestimmend ist der Aufbau aus den oben beschriebenen Quartetten und Terzetten, deren sechshebige Verse jambisch (wie im vorliegenden Fall) oder auch daktylisch gefüllt sein können. Am Beispiel des Sonetts kann die enge Verklammerung der formalen Seite des lyrischen Textes mit seiner inhaltlichen deutlich gemacht werden.

Deutungsaspekte von Gryphius' Sonett »An die Welt«

Die Stropheneinteilung im Sonett (s. S. 84) ist mehr als eine bloß formale Gliederung des lyrischen Sprechens in drucktechnisch oder durch die Reimendungen voneinander unterscheidbare Abschnitte. In seiner traditionellen Form hat das Sonett eine **antithetische Struktur**; zwischen den Quartetten und den Terzetten verläuft eine mehr oder weniger scharfe Grenze. Die gedankliche Strukturierung wird durch die unterschiedliche Strophengestaltung, die Zusammengehörigkeit jeweils der Quartette und der Terzette durch die Reimstellung deutlich betont.

Gryphius' *An die Welt* weist eine solche gedankliche Struktur auf. Gegenstand des Gedichtes ist die Reflexion über die Gefährdung und Endlichkeit des menschlichen Lebens, das – im Falle des hier sprechenden Rollen-Ichs – (zu) frühzeitig an sein Ziel kommt, den Tod: »Komt vor der Zeit an Port / den meine Seele will«. Die beiden Quartette verwenden ein für das 17. Jahrhundert sehr typisches Bild für Leib und Leben des Menschen: Das Schiff, das durch Stürme und Wellen, an Klippen und Sandbänken zu scheitern droht. Zwischen den beiden Quartetten verläuft eine weniger gewichtige Grenze: Während das erste die frühzeitige Ankunft des Leib-Schiffes im Todes-Hafen präsentisch thematisiert, ist das zweite Quartett weitgehend Rückblick auf vergangene Unwetter und eigenes Unvermögen, die Zeichen der Natur zu deuten. Erst der letzte Vers der zweiten Strophe mündet wieder im Präsens: Die Zerstörung des Lebens-Schiffes ist ganz gegenwärtig: »Wie schadhafft ist Spriet / Mast / Steur / Ruder Schwerdt und Kill.«

Im Gegensatz zu den Quartetten thematisieren die beiden Terzette die Ankunft im Todes-Hafen – schließen also eng an den letzten Vers des ersten Quartetts an. In einer fingierten Selbstanrede versucht das Rollen-Ich, sich die Angst vor dem »Port« zu nehmen: »itzt wirst du aller Bande / Vnd Angst / und herber Pein / und schwerer Schmertzen loß.« Das zweite Terzett nimmt den Abschied von der Welt vorweg. In der für das 17. Jahrhundert ebenfalls typischen Wendung »Ade / verfluchte Welt« wird die bildliche Bedeutung der Schifffahrts-Metaphern offen gelegt: Die »verfluchte Welt« wird direkt adressiert: »du See voll rauher Stürme«. In den beiden Abschlussversen begrüßt der lyrische Sprecher das »Land«, dessen Seehafen er nun betritt, ein Land, in dem Ruhe, Schutz und Frieden herrschen, sein eigentliches Vaterland – oder, mit dem letzten Bild des Textes, ein prachtvolles Schloss voll Licht in alle Ewigkeit. Der gefährlichen Lebens-Seefahrt in den Quartetten steht die friedvolle Einkehr in den Tod in den Terzetten gegenüber.

Die konsequente Bildersprache von Gryphius' Sonett ist neben der metrisch exakten Verteilung einer festgelegten Anzahl von Hebungen und Senkungen, neben Reim und Strophen eines der wesentlichen Kennzeichen eines lyrischen Textes. Sprache wird in oft viel höherem Maße als in Drama und erzählender Prosa bildhaft verdichtet, **Bildlichkeit**, hier Metapher und Vergleich, zeichnet das Gedicht aus.

Gryphius' Sonett *An die Welt*, das hier als Beispiel für einen traditionell gebauten lyrischen Text gelten soll, zeigt deutlich die Besonderheiten eines solchen Textes. Einerseits entspricht seine Form einer Tradition des lyrischen Sprechens: Die Verse sind regelmäßig gebaut, sie stimmen in Silbenmaß und Metrum exakt überein, die Reimstellung und die Stropheneinteilung weisen den Text als ein Sonett aus. Andererseits zeigen sprachliche Formen und Bilder eine bestimmte Qualität des lyrischen Sprechens an: Aus rhythmischen Gründen wird die grammatikalische Satzgliedfolge zuweilen geändert, Alliterationen verdichten Verse, der Text verwendet in dichter Folge sprachliche Bilder.

3.2.3 Zur Geschichte der Gattung: Verschiedene Konzeptionen von Lyrik

Von der Frühen Neuzeit bis zur Hochaufklärung

Die ›Lyrik‹ der Frühen Neuzeit sollte, streng genommen, als ›uneigentliche‹ Lyrik bezeichnet werden, insofern die Trias der drei großen Gattungen Lyrik, Dramatik und Epik noch nicht formuliert war. Die literarischen Texte des 16., 17. und 18. Jahrhunderts, die heute zur Lyrik gerechnet werden, wurden zu ihrer Zeit unter ihren besonderen Gattungsnamen, etwa Epigramm, Hymne o. Ä., als gleichwertig mit Tragödie, Komödie und Epos betrachtet (etwa in Opitz' *Buch von der deutschen Poeterey*). Diese Texte, ihre Entstehung und Rezeption sind Teil eines oft auf Repräsentation angelegten gesellschaftlichen Spiels, Dichtung ist häufig Gelegenheits-, sog. Casualdichtung (s. dazu Kap. 2.2.1) im Auftrag eines höfischen oder patrizisch-bürgerlichen Auftraggebers. Im bürgerlichen Raum hat Dichtung vorrangig die Funktion der Belehrung, Erziehung und Erbauung.

Höfische Lyrik – und das gilt für die Frühe Neuzeit noch ebenso wie für das Mittelalter – realisierte vor allem die Ansprüche der höfischen Gesellschaft an die Literatur: Sie war Ausdruck der höfischen Ideologie, des Selbstbildes einer herrschenden Klasse, eingebunden in die Mechanismen von adeliger Repräsentation und höfischem Zeremoniell. Einer dichterischen Subjektivität, die im heutigen, modernen Sinne noch gar nicht gedacht werden konnte, blieb im Rahmen dieser Auftragslyrik kein Raum (zur Lyrik des 16. Jahrhunderts vgl. Kühlmann ²2001; Kemper 1987, Bd. 1).

Die **Barock-Lyrik** bietet ein uneinheitliches Bild. Einerseits scheinen etwa die Sonette eines Gryphius oder Fleming durchaus individuelle Äußerungsformen darzustellen: etwa als Reaktionen auf den Dreißigjährigen Krieg oder als Liebesgedichte. Andererseits aber bewegen sich die Texte immer im Rahmen des kanonisierten und konventionellen Formenrepertoires. Die Bildersprache greift sowohl auf die Traditionen der antiken Literatur als auch auf die Darstellungsmittel der Rhetorik zurück. Dabei ist derjenige, der in diesen Gedichten ›Ich‹ sagt, nicht (oder fast nicht) identifizierbar mit dem individuellen Ich des Schriftstellers, das über ein persönliches Erlebnis, über eine Empfindung spräche. Vielmehr spricht das Ich in Rollenrede, seine Sprache entstammt einem weitgehend konventionalisierten Code über allgemeinere, weltanschauliche Themen und Gegenstände, die dem Lesepublikum zur Belehrung, Reflexion und Erbauung mitgeteilt werden (ein Beispiel für diese Form ›lyrischen‹ Sprechens ist das oben zitierte Sonett von Andreas Gryphius; zur Barocklyrik vgl. Kemper 1987 und 1988; Niefanger 2000, 80–129; Meid ²2001).

Dies gilt ebenso für die **Lyrik der ersten Hälfte des 18. Jahrhunderts**. Prinzipien der philosophischen und pädagogischen Bewegung der *Aufklärung* verlangten von Literatur Lehrhaftigkeit. Literarische Texte mussten eine philosophische, naturwissenschaftliche oder moralische Erkenntnis vermitteln und grundsätzlich im Dienst der Erziehung stehen. **Lehrgedichte** wie etwa Albrecht von Hallers *Die Alpen* (1729) repräsentieren diesen Typus: Naturdarstellung und das Lob des einfachen Lebens werden zivilisationskritisch dem modernen höfischen bzw. städtischen Leben mit all seinen moralischen Mängeln gegenübergestellt.

Auch die gesellige **Unterhaltungs- und Erbauungslyrik** des frühen 18. Jahrhunderts, die Liebesgedichte, Natur- und Landlebengedichte umfasst, bewegt sich im Rahmen eines konventionalisierten Formen- und Bilderarsenals: Das ›Ich‹ bleibt Rolle, und Natur wird in meist auf die Antike zurückgehender Bildlichkeit kulissenhaft im Hintergrund arrangiert. Die Funktion dieser zumeist als Gelegenheitsdichtung erscheinenden Texte ist gesellige Unterhaltung und Erbauung – selbst das Liebesgedicht unterliegt dieser überindividuellen Konvention (zur Lyrik der Aufklärung vgl. Kemper 1991; Alt ²2001, 126–166; Große ²2001).

›Erlebnislyrik‹

Erst Mitte des 18. Jahrhunderts entsteht die folgen- und erfolgreichste Konzeption von Lyrik – die jetzt auch unter dem Gattungsnamen Lyrik neben Dramatik und Epik tritt: Das Gedicht wird als **unmittelbarster Gefühlsausdruck** aufgefasst, in seinem Zentrum steht das empfindende oder leidende Subjekt, individueller Ausdruck ist das (scheinbare) Grundprinzip.

Diese Entwicklung mag zunächst sozialgeschichtliche Ursachen haben. In der zweiten Hälfte des 18. Jahrhunderts setzte in kleinen Gruppen meist sehr junger Autoren innerhalb des gebildeten Bürgertums eine Gegenbewegung zur einseitigen Dominanz von Vernunft und Lehrhaftigkeit in der Aufklärung und zur konventionellen, an höfischer Geselligkeit orientierten Konzeption des Gedichts ein. Zunächst waren es die emphatisch-empfindsamen Hymnen und Oden Friedrich Gottlieb Klopstocks, die oft jenseits der traditionellen Formen der Versstrukturierung und der Strophengliederung, jenseits von einheitlichem Silbenmaß, Metrum und regelmäßiger Strophengliederung dem dichterischen Ich neue Aussagemöglichkeiten im Gedicht eröffneten.

In den frühen 1770er Jahren wandten sich Herder und Goethe, Bürger, Voß, Stolberg, Hölty u.a. den Traditionen volkssprachlicher, vermeintlich naturwüchsiger Texte zu und vom Gekünstelten der alten Poesie ab. Sowohl die Volksliedichtung als auch die kunstvollen Hymnen der Empfindsamkeit und des Sturm und Drang betonten den Eigenwert von Innerlichkeit, Empfindsamkeit und ›Seele‹. Hier artikulierte bürgerliche Subjektivität erstmalig ihr volles Selbstbewusstsein; sie suchte vor allem auch in lyrischen Texten den ihr angemessenen Ausdruck (zur Bedeutung dieser neuartigen Lyrikkonzeption vgl. insgesamt Huyssen ²2001).

Diese Konzeption von Lyrik wird gemeinhin mit dem Begriff der **Erlebnislyrik** bezeichnet – ein Begriff, der zwei nicht unproblematische Implikationen hat:

- Erstens wird das ›Ich‹ des Gedichtes als weitgehend oder völlig identisch mit dem historisch-biografischen Ich des Dichters oder der Dichterin betrachtet;
- Zweitens wird vorausgesetzt, hier drücke sich tatsächlich (bürgerliche) Subjektivität aus, die ›echten‹ Empfindungen und Erlebnisse des Dichters kämen in der Lyrik unmittelbar zum Ausdruck.

Der Philosoph Georg Wilhelm Friedrich Hegel formuliert in seinen *Vorlesungen über die Ästhetik*, die er im ersten Drittel des 19. Jahrhunderts mehrfach an der Berliner Universität hielt, die Idealvorstellung des Konzeptes der Erlebnislyrik:

> Die flüchtigste Stimmung des Augenblicks, das Aufjauchzen des Herzens, die schnell vorüberfahrenden Blitze sorgloser Heiterkeiten und Scherze, Trübsinn und Schwermut, Klage, genug, die ganze Stufenleiter der Empfindung wird hier in ihren momentanen Bewegungen oder einzelnen Einfällen über die verschiedenartigsten Gegenstände festgehalten und durch das Aussprechen dauernd gemacht. (Hegel: *Ästhetik* III, 205).

Der Lyrik als literarischem Ausdrucksmedium wird damit ein hohes Maß an subjektiver Authentizität beigemessen. Der Begriff der Erlebnislyrik, wie er spätestens zu Beginn des 20. Jahrhunderts von Wilhelm Dilthey geprägt wird, begreift jedes Gedicht als sprachlichen Niederschlag persönlicher Erlebnisse des Dichters – die dann in der ›Interpretation‹ wieder freigelegt werden sollen. Das Interpretations-Konzept ›Erlebnislyrik‹ mündet oft in akribische, biografistisch-voyeuristische Untersuchungen oder gar Spekulationen – die sprachliche Gestaltung des Textes bleibt weitgehend uninteressant (s. dazu auch Kap. 6.1).

Seit dem letzten Drittel des 18. Jahrhunderts gilt die Lyrik als *das* literarische Medium subjektiven Ausdrucks, Lyrik insgesamt wird landläufig mit Erlebnislyrik gleichgesetzt. Die naive Gleichsetzung des ›Ich‹ im Gedicht mit dem historisch-biografischen Autor-Ich wird allerdings schnell problematisch – und in der Differenz, Abweichung oder Kritik dieser Identifikation lassen sich verschiedene Strömungen, Tendenzen oder gar ›Epochen‹ der Gattungsgeschichte im 19. und 20. Jahrhundert begreifen.

Begriff des ›lyrischen Ich‹ – Symbolismus

Die entscheidende Differenz zwischen dem ›Ich‹ im Gedicht und dem historisch-biografischen Autor-Ich wird, allerdings schon rückblickend auf die Entwicklung der Lyrik in den vorangegangenen fünfzig Jahren, 1910 von der Schriftstellerin Margarete Susman auf den Begriff gebracht: Sie ›erfindet‹ die Bezeichnung des ›lyrischen Ich‹. Das ›Ich‹ im Gedicht wird als Rollenspiel des Autors bzw. der Autorin entlarvt, es ist nicht mehr naiv identifizierbar mit dem historisch-biografischen Ich. Damit wird natürlich auch die Auffassung des Gedichts als ›Erlebnis-Gedicht‹ höchst fragwürdig. Wenn das ›Ich‹ im Gedicht problematisch wird, gilt das natürlich gleichermaßen für die diesem Ich zugeschriebenen Erlebnisse, Wahrnehmungen und Gefühle – jedenfalls ist das scheinbar subjektive Erleben, das im Gedicht Ausdruck findet, eine Inszenierung, eine Zuschreibung, im Extremfall sogar: eine Erfindung, eine Fiktion. Mit diesem Wandel der Lyrik-Konzeption rückt natürlich das ›Erlebnis‹, das die Interpretation herauszuarbeiten hätte, in den Hintergrund; vorrangig werden jetzt die **Mittel der Inszenierung** von Ich und Welt, die Sprache selbst.

Die Lyrik hatte sich schon in der zweiten Hälfte des 19. Jahrhunderts von der Konzeption des Erlebnisgedichts distanziert. In Gedichten etwa von Stefan George inszeniert sich ein nur noch symbolisch bzw. sprachlich konstruiertes Ich in einer ebenso kunsthaften Welt, bei Hugo von Hofmannsthal wird Sprache zu einer eigengesetzlichen Sphäre. Das Ich im Gedicht ist bloß eine Rolle auf der imaginären Bühne des Textes. Damit lässt sich diese Konzeption von Lyrik identifizieren mit der von Frankreich ausgehenden literarischen Strömung des **Symbolismus**. Lyrik verzichtet hier auf Wirklichkeits- und Erlebniswiedergabe, Sprache soll nicht Aussage über etwas sein, sondern ein kunstvolles Arrangement von Bildern, Lautformen und Tönen. – Vom Begriff der bloßen Rollen-Rede des lyrischen Ichs in einer solchen Konzeption von ›Lyrik‹ ausgehend müssen natürlich auch ›echte‹ Erlebnisgedichte etwa Goethes in einem völlig neuen Licht erscheinen: Auch hier werden Ich und Welt, subjektives Erleben und objektive Wahrnehmung sprachlich konstruiert, das Ich wie das ›Erlebnis‹ werden geradezu zum »Erschreibnis« (Kaiser 1987, 138).

Lyrik als autonomes Spiel der Wörter

Die Eigengesetzlichkeit der Sprache, die sich in der Lyrik-Konzeption des Symbolismus gegen ihre Abbildfunktion durchgesetzt hatte, wird in der *poésie pure* radikalisiert, in der reinen, **absoluten Dichtung**. Das ›Ich‹ ist nicht einmal mehr eine Rolle im Gedicht, vielmehr wird es ganz aus dem Gedicht herausdefiniert, subjektfreie Dichtung steht auf dem Programm. Schon innerhalb des Symbolismus am Ende des 19. Jahrhunderts gibt es Tendenzen zur Verabsolutierung des Mediums (z.B. Stéphane Mallarmé). Die Idealvorstellung eines solchen lyrischen Textes nach dem Verschwinden des Dichters ist folgende: Die Wörter selbst arbeiten im und am Text, das Gedicht ist nicht Ausdruck von irgendetwas, sondern ein selbstbezügliches Gebilde aus Sprache. Lyrik ist das autonome Spiel des sprachlichen Materials, ist absolute Poesie (um 1900 etwa in Texten Georges, Rilkes und Benns, später allerdings auch bei I. Bachmann, Paul Celan oder in der so genannten Konkreten Poesie. Hier stellt sich die Frage nach der Funktion des Dichters – wenn der Text nicht mehr Ausdruck von etwas ist, schon gar nicht von etwas Individuellem: Der Lyriker wird zum ›Wortingenieur‹, der eine sinnreiche Maschine zur Hervorbringung poetischer Effekte sprachlich konstruiert.

Als beispielhaft für das Verschwinden von Erlebnis-, Welt- und Ich-Ausdruck in der absoluten Lyrik kann ein Gedicht Paul Celans (1920–1970) gelten. Celan versuchte, die Erfahrung des nationalsozialistischen Völkermords und der Unbehaustheit des modernen Individuums in seiner Welt in eine hermetische Sprache umzusetzen:

> In den Flüssen nördlich der Zukunft
> werf ich das Netz aus, das du
> zögernd beschwerst
> mit von Steinen geschriebenen Schatten.

Dem ›Sinn‹ eines solchen Textes, seiner ›Bedeutung‹, kann man sich nicht mehr, wie etwa bei Gryphius' Sonett, dadurch annähern, dass man poetische Rede identifiziert als Aussage *über etwas*. Hier lässt sich nur noch vermuten, man kann nur die literarischen Bilder beschreiben sowie ihre kombinatorische Verbindung im Text – ihre ›Bedeutung‹ bleibt im Dunkeln. Eine solche Vermutung kann allerdings weder als verbindliche Interpretation gelten noch am Text eindeutig plausibel gemacht werden. Die Metaphern oder Bilder, die auch dieser Text verwendet, »Flüsse nördlich der Zukunft«, »Netz«, »Steine«, »Schatten«, sind im eigentlichen Sinne keine Metaphern mehr, sie liefern keinen Anhaltspunkts für das, auf das sie bildhaft verweisen, sie werden zu so genannten **absoluten Metaphern** (zur Metapher s. Kap. 4.3).

Engagierte Lyrik

Die absolute Lyrik des 20. Jahrhunderts stellt nicht die einzige moderne Form lyrischen Sprechens dar. Die Verabsolutierung des sprachlichen Mediums in der *poésie pure* rief schnell Widerspruch auf den Plan, das Konzept einer *littérature engagée*, der **engagierten Lyrik** beharrt auf der notwendigen Anbindung des Gedichts an die Welt. Dies bedeutet aber keineswegs die Rückkehr zur Erlebnisdichtung: Nicht der Ausdruck (bzw. die sprachliche Konstruktion) von Innerlichkeit ist der Gegenstand der Lyrik – Gedichte sollen über Sachen sprechen, die gesellschaftlicher Natur sind, und sie sprechen mit einer bestimmten politischen Absicht.

Engagierte Lyrik ist keine Erfindung des 20. Jahrhunderts: Literatur, die in knappen Versformen gesellschaftliche Zu- oder Missstände thematisiert oder anprangert (oder auch bestätigt), existierte in allen Perioden der deutschen Literaturgeschichte seit der Frühen Neuzeit. In Abgrenzung von der erlebnishaften Konzeption von Lyrik seit ca. 1770 steht sowohl die politisch engagierte Lyrik der antinapoleonischen Befreiungskriege als auch Gedichte zwischen französischer Julirevolution (1830) und der gescheiterten bürgerlichen Revolution in Deutschland (1848): die Literatur des so genannten Vormärz, etwa Börne, Gutzkow und Heine. Gerade aber in den 1920er Jahren entstand, sowohl gegen die ästhetizistische Programmatik einer *poésie pure* als auch im Kontext politischer Diskussionen und Auseinandersetzungen, eine starke Tradition engagierter Lyrik (Brecht, Becher), die in der Literaturgeschichte der BRD und DDR ihre Fortsetzung fand. In Brechts *Buckower Elegien* (1953) bezieht ein Text in polemischer Weise Stellung zur Niederschlagung des Aufstandes vom 17. Juni 1953:

> Die Lösung
>
> > Nach dem Aufstand des 17. Juni
> > Ließ der Sekretär des Schriftstellerverbands
> > In der Stalinallee Flugblätter verteilen
> > Auf denen zu lesen war, daß das Volk
> > Das Vertrauen der Regierung verscherzt habe
> > Und es nur durch verdoppelte Arbeit
> > Zurückerobern könne. Wäre es da
> > Nicht doch einfacher, die Regierung
> > Löste das Volk auf und
> > Wählte ein anderes?

Engagierte Lyrik, Gedichte mit politischer Intention, wie sie die Texte etwa Brechts, Biermanns oder Enzensbergers darstellen, ist angewiesen darauf, dass ihre Sprache, ihre Metaphern und Bilder verstanden werden. Nicht das kunstvolle Spiel mit sprachlichen Formen und literarischen Traditionen steht im Zentrum, die traditionellen Strukturen der Lyrik, wie Reim und Metrum, Strophenformen und lyrische Genres, werden, wenngleich häufig parodistisch, in der politischen Lyrik angewandt.

Spätestens seit dem späteren 19. Jahrhundert bestehen die vier modernen Konzepte lyrischer Rede nebeneinander: Erlebnislyrik im naiven Sinne, symbolistische Lyrik, *poesié pure* und engagierte Lyrik. Auch Goethe war sich schon der Tatsache bewusst, dass das Ich in seinen Texten etwas anderes war als das historisch-biografische Goethe-Ich, er nimmt also das ›lyrische Ich‹ vorweg und spielt mit der scheinbaren Identifizierbarkeit des lyrischen Ich mit dem des Autors. Die verschiedenen Konzepte lyrischer Rede bieten auch jeweils eine unterschiedliche

Vorstellung davon, wie mit Gedichten interpretierend umzugehen sei. Sie lassen sich nicht künstlich synthetisieren zu einer allgemein gültigen Konzeption von Lyrik, ihre Vielfalt und ihre Widersprüchlichkeit müssen schlicht anerkannt werden. Diese erlauben aber, Gedichte ›gegen den Strich zu lesen‹, d.h. sie gegen ihr eigenes Verständnis von Lyrik zu interpretieren und damit oft ganz neue, ungeahnte Deutungsmöglichkeiten zu gewinnen.

Grundlegende Literatur

Burdorf, Dieter: *Einführung in die Gedichtanalyse*. 2., überarb. und erw. Aufl. Stuttgart/Weimar 1997.
Frank, Horst J.: *Wie interpretiere ich ein Gedicht. Eine methodische Anleitung*. Tübingen ⁵2000.
Friedrich, Hugo: *Die Struktur der modernen Lyrik*. Erweiterte Neuausgabe. Reinbek bei Hamburg 1985.
Hinderer, Walter (Hg.): *Geschichte der deutschen Lyrik vom Mittelalter bis zur Gegenwart*. 2., erw. Aufl. Würzburg 2001.
Höllerer, Walter (Hg.): *Theorie der modernen Lyrik. Dokumente zur Poetik*. Reinbek bei Hamburg 1965.
Kaiser, Gerhard: *Geschichte der deutschen Lyrik von Goethe bis zur Gegenwart. Ein Grundriß in Interpretationen*, 3 Bde. Frankfurt a.M. 1991.
Kayser, Wolfgang: *Geschichte des deutschen Verses*. Tübingen ⁴1991.
Knörrich, Otto: *Lexikon lyrischer Formen*. Stuttgart 1992.
Korte, Hermann: *Geschichte deutschsprachiger Lyrik seit 1945*. Stuttgart 1989.
Lamping, Dieter: *Moderne Lyrik. Eine Einführung*. Göttingen 1991.
Ludwig, Hans-Werner: *Arbeitsbuch Lyrikanalyse*. Tübingen 1979.
Völker, Ludwig (Hg.): *Lyriktheorie. Texte vom Barock bis zur Gegenwart*. Stuttgart 1990.

Zitierte Literatur

Alt, Peter-André: *Aufklärung. Lehrbuch Germanistik*. Stuttgart/Weimar ²2001.
Asmuth, Bernhard: *Aspekte der Lyrik. Mit einer Einführung in die Verslehre*. Opladen ⁷1984.
Frank, Horst J.: *Handbuch der deutschen Strophenformen*. 2., durchges. Aufl. Tübingen 1993.
Goethe, Johann Wolfgang: »Noten und Abhandlung zum besseren Verständnis des West-östlichen Divans«. In: Goethe: *Werke*. Hamburger Ausgabe. München 1980, Bd. 2, S. 126–267.
Große, Wilhelm: »Aufklärung und Empfindsamkeit«. In: Hinderer ²2001, 139–176.
Hegel, Georg Wilhelm Friedrich: *Vorlesungen über die Ästhetik. Dritter Teil: Die Poesie*. Hg. von Rüdiger Bubner. Stuttgart 1971.
Huyssen, Andreas: »Sturm und Drang«. In: Hinderer ²2001, S. 177–201.
Kaiser, Gerhard: »Was ist ein Erlebnisgedicht? Johann Wolfgang Goethe: ›Es schlug mein Herz‹«. In: G.K.: *Augenblicke deutscher Lyrik. Gedichte von Martin Luther bis Paul Celan*. Frankfurt a. M. 1987, S. 117–144.
Kayser, Wolfgang: *Kleine Deutsche Versschule*. Bern/Tübingen/Basel/München ²⁵1995.
Kemper, Hans-Georg: *Deutsche Lyrik der frühen Neuzeit*, Bd. 1: *Epochen- und Gattungsprobleme. Reformationszeit*; Bd. 2: *Konfessionalismus*; Bd. 3: *Barock – Mystik*; Bd. 5.1: *Aufklärung und Pietismus*; Bd. 5.2: *Frühaufklärung*; Bd. 6.1: *Empfindsamkeit*; Bd. Bd. 6.2: *Sturm und Drang*. Teil 1: *Genie – Religion*; Bd. 6.3: *Sturm und Drang*. Teil 2: *Göttinger Hain und Grenzgänger*. Tübingen 1987; 1987; 1988; 1991; 1991; 1986; 2002; 2002.
Killy, Walther: *Elemente der Lyrik*. München ²1972.
Kühlmann, Wilhelm: »Das Zeitalter des Humanismus und der Reformation«. In: Hinderer ²2001, S. 49–73.

Lamping, Dieter: *Das lyrische Gedicht. Definitionen zu Theorie und Geschichte einer Gattung*. Göttingen 1989.
Lausberg, Heinrich: *Handbuch der literarischen Rhetorik. Eine Grundlegung der Literaturwissenschaft*. München ²1973.
Meid, Volker: »Das 17. Jahrhundert«. In: Hinderer ²2001, S. 74–138.
Niefanger, Dirk: *Barock. Lehrbuch Germanistik*. Stuttgart/Weimar 2000.
Schmidt, Siegfried J.: »Alltagssprache und Gedichtssprache. Versuch einer Bestimmung von Differenzqualitäten«. In: *Poetica* 2 (1968), S. 285–303.
Sorg, Bernhard: *Lyrik interpretieren. Eine Einführung*. Berlin 1999.
Susman, Margarete: *Das Wesen der modernen deutschen Lyrik* [1910]. Darmstadt/Zürich 1965.
Wagenknecht, Christian: *Deutsche Metrik. Eine historische Einführung* [1981]. 3., durchges. Aufl. München 1993.

3.3 Drama

3.3.1 Probleme des Dramas

Dramatische Texte unterscheiden sich in einem wichtigen Punkt von den übrigen Gattungen: Sie liefern nur die Basis, sie sind das virtuelle Kunstwerk, das sich erst in der Aufführung realisiert. Die Dramentextvorlage ist also zu trennen von ihrer jeweiligen Inszenierung im theatralen Raum – was etwa für den Theaterkritiker wichtig wird, wenn er über die Qualität des Textes befindet und davon die Merkmale der Aufführung bzw. ihr Gelingen trennen muss. Zwar gibt es Dramentexte, die eher als Lesetexte bzw. Buchdramen konzipiert sind und die sich gegenüber jeder Inszenierung sperrig verhalten. In den meisten Fällen jedoch geht es um die **Darstellung einer Textvorlage im Bühnenraum**: Die Textkommunikation ist erweitert durch Regisseur, Schauspieler und Zuschauer, es gibt direkte Rückkopplungseffekte. Drama ist live: Es kann etwas schief gehen, bei jeder einzelnen Aufführung treten andere Nuancen des Stückes zu Tage, sei es durch variierende Betonungen der Schauspieler, durch unterschiedliche Publikumsreaktionen oder zufällige Ereignisse im Bühnenbereich. Dadurch entsteht eine weitere Verunsicherung: Welchen Status von Wirklichkeit hat überhaupt das Bühnengeschehen?

Beim Drama handelt es sich um ein Spiel, das nach klaren Regeln funktioniert und in einem abgegrenzten Raum stattfindet. Als allgemeinstes, elementares Motiv der Dichtkunst wie auch des Theaterspielens gilt immer noch, was Aristoteles in seiner *Poetik* (ca. 340 v. Chr.) als **Nachahmung** (*mimesis*) bezeichnet hat. Diese ermögliche dem Menschen das Lernen, aber auch Spielfreude: »Was wir nämlich in der Wirklichkeit nur mit Unbehagen anschauen, das betrachten wir mit Vergnügen, wenn wir möglichst getreue Abbildungen vor uns haben« (*Poetik*, Kap. 4). Das Nachahmungskonzept zielt dabei nicht auf ein Kopieren der Natur – so wurde es oft missdeutet –, sondern bezeichnet einen Übersetzungsvorgang: Das Grausame, das auf die Bühne gebracht wird, wird dadurch verhandelbar, dass es in einer zeichenhaften Darstellung erscheint, also einen eigenen Wirklichkeitscharakter hat, der über die direkt erfahrene Umwelt hinausgeht. Dichtung ist eine mögliche Welt (ebd., Kap. 9); Theater, bei dem das gedichtete Drama zu neuen Zeichen verwandelt wird, ist ein »Vorstellungs- und Urteilsraum« (Turk 1992, XI f.), der auch gesellschaftlich wirksam sein kann. Insofern kann der Dramatiker Heiner Müller das Theater auch als »Laboratorium sozialer Phantasie« (1982, 111) bezeichnen.

3.3.2 Bauelemente des Dramas und dramaturgische Begriffe

Für Literaturwissenschaftler/innen sind am Theater zunächst die Dramentexte, ihre Handlungsverläufe, Motive und Strukturen interessant, kurzum Fragen nach der sprachlichen Umsetzung der Stoffe. Wiederum von Aristoteles' *Poetik*, so oft sie auch seit dem 18. Jahrhundert kritisiert wurde, sind die folgenreichsten Überlegungen zum Aufbau des Dramas ausgegangen. Sie sind mit den Effekten verbunden, die sich durch die Aufführung erzielen lassen. **Aristoteles unterscheidet zwei Grundformen:**

Die **Tragödie** definiert er als »Nachahmung einer guten und in sich geschlossenen Handlung von bestimmter Größe, in anziehend geformter Sprache, wobei diese formenden Mittel in den einzelnen Abschnitten je verschieden angewandt werden – Nachahmung von Handelnden und nicht durch Bericht, die Jammer und Schaudern hervorruft und hierdurch eine Reinigung von derartigen Erregungszuständen bewirkt« (*Poetik*, Kap. 6).

Dem anderen Idealtypus, der von ihm nicht so hoch geschätzten **Komödie**, hatte Aristoteles ein Buch gewidmet, das verschollen ist – in der *Poetik* wird sie kurz behandelt als die »Nachahmung von Gemeinerem, aber nicht nur in bezug auf jede Art von Schlechtigkeit, sondern nur des Lächerlichen, das ein Teil des Hässlichen ist. Das Lächerliche ist nämlich ein Fehler und eine Schande, aber eine solche, die nicht schmerzt und nicht verletzt, so wie etwa eine lächerliche Maske häßlich ist und verzerrt, aber ohne Schmerz« (*Poetik*, Kap. 5). Die Komödienmittel des Humors oder der Satire als politische Kritik, wie sie etwa Aristophanes und Menander gebrauchten, auch die Fähigkeit, grundlegende menschliche Eigenschaften durch hintergründigen Witz zu zeigen, lässt Aristoteles außer Acht – für ihn zeigt die Komödie eher zufällige Schwächen oder Hässlichkeiten des Menschen, die zu Amüsierzwecken überspitzt würden.

Die Lehre von den drei Einheiten

Aristoteles' Darlegungen zur Form beziehen sich vor allem auf die Tragödie. Sie hängen mit den räumlichen Vorgaben des Theaters zusammen und sind so grundlegend, dass sie bis heute diskutiert werden. Ausdrücklich ist von der **Einheit der Handlung** die Rede (*Poetik*, Kap. 7 ff.), bei der die Handlungselemente kontinuierlich und mit sachlicher Motivierung aufeinander folgen, also ein kohärentes Ganzes gebildet wird aus Anfang, Mittelteil (mit Wendepunkt) und Ende.

In der Entwicklung des Dramas wurde der dreiteilige Aufbau oft zum Fünfakter ergänzt: Von Horaz gefordert, kam dem zunächst Seneca in seinen Tragödien nach, und im 19. Jahrhundert entwarf Gustav Freytag (1863) daraus einen Idealtyp in Pyramidenform.

- Demnach bildet der erste Akt die **Exposition**. Hier erhält das Publikum die Hintergrundinformationen, die zum Einstieg in die Dramenhandlungen nötig sind: Die Ausgangssituation wird erläutert, Vorgeschichte, Zustände, Zeit, Ort und Personen eines Stückes werden vorgestellt, und auch die Problemlage kann schon angedeutet werden (dazu gehören im engeren Sinne nicht mehr die Rückwendungen, die im Stückverlauf je nach Bedarf weitere Informationen liefern). Der zweite Akt enthält konfliktsteigernde Elemente und kann zugleich den Aufstieg des Helden gestalten.
- Es folgt die **Peripetie** als Wendepunkt oder Glückswechsel, womit der Fall des Helden eingeleitet und zugleich ein für ihn verhängnisvolles Problem entwickelt wird. Der vierte Akt motiviert den Fall des Helden, führt aber meist an

der Oberfläche noch ein **retardierendes Moment** ein, das die Entwicklung aufzuhalten scheint.
- Schließlich folgt im fünften Akt die **Katastrophe**, die auch Hintergründe aufdecken oder offene Fragen auflösen kann. Begleitet wird der Aufstieg und Fall des Helden meist durch **Intrigen**, Verwicklungen in politische Unterhandlungen, Liebesbeziehungen oder beides zusammen. Im Fall einer guten Intrige kann etwa durch geschicktes Fädenziehen eine Liebesgeschichte zum Erfolg gebracht werden (ein beliebter Komödienstoff, vgl. G.E. Lessings Lustspiel *Minna von Barnhelm* und die Ring-Intrige, 1767).

Nahe liegt, aus dieser tektonischen Form die **Einheit der Zeit** zu fordern, auch wenn Aristoteles das nicht explizit getan hat: Im antiken Drama geht es meist um eine durchgängige Handlung, die einen Sonnenumlauf nicht überschreitet. Eingebaut werden können auch gelegentliche Rückwendungen – etwa durch den Chor oder in der Figurenrede – sowie Hinweise auf zukünftige Ereignisse (Klotz 1960, 38–44). Ob diese Vorausdeutungen eintreten, ist zwar prinzipiell ungewiss, doch verfehlen sie ihre suggestive Wirkung auf den Zuschauer nicht, dessen Erwartungen davon geprägt werden.

Ist der Dramenverlauf auf einen zukünftigen Höhepunkt hin konzipiert, handelt es sich um **Zieldramen** bzw. teleologische Dramen, auch Konflikt- oder Entscheidungsdramen genannt. Beim **analytischen Drama** ist zu Beginn schon das entscheidende Ereignis oder die Katastrophe eingetreten, und im Verlauf der Bühnenhandlung werden die in der Vergangenheit liegenden Gründe enthüllt bzw. finden die Figuren zusammen, die darin verstrickt sind. Das klassische Beispiel für ein solches Entdeckungs- oder Enthüllungsdrama (vgl. Sträßner 1980) ist Sophokles' *König Ödipus* (ca. 426 v. Chr.): Dort nimmt die Voraussage des Orakels, dass Ödipus seinen Vater erschlagen und seine Mutter heiraten würde, das Ereignis vorweg, und die Spannung bezieht sich dann weniger auf den Ausgang, vielmehr auf den Hergang. In diesem Fall ergibt sich die beliebte Konstellation, dass der Held plötzlich sein Schicksal durchschaut (**anagnorisis**), mit der besonderen Pointe, dass er seine Mutter als Verwandte wiedererkennt. Eine humoristische Enthüllungsvariante bietet etwa Heinrich v. Kleists *Der zerbrochene Krug* (1806).

Zwischen beiden **Dramentypen** gibt es auch kombinierte Formen, bei denen die dramatischen Konflikte in der Vergangenheit schon angelegt oder gar eingetroffen sind, die Folgen daraus sich aber an den weiteren Ereignissen erst noch zeigen. Diese Doppelstruktur der Spannung auf den Gang der Aufklärung und zugleich auf den Ausgang der Handlung (vgl. auch Schillers *Maria Stuart*, 1800, oder Kleists *Käthchen von Heilbronn*, 1807/8) hat sich bis in den Kriminalroman bzw. -film erhalten: Es gilt, einen Fall aufzuklären und zugleich zu sehen, was im weiteren Verlauf passiert.

Die von vielen Interpreten des Aristoteles geforderte **Einheit des Raumes** – der Schauplatz sollte ohne Szenenwechsel gleich bleiben – lässt sich ebenfalls damit erklären, dass das Handlungsgerüst kohärent bleiben sollte (Klotz 1960, 45–92). Dies geht auf einen schlichten architektonischen Umstand zurück: Die frühen Bühnen besaßen nicht die heutigen technischen Umbaumöglichkeiten, so dass man zur Mitteilung von Ereignissen außerhalb des Bühnengeschehens auf andere Mittel angewiesen war. Eine geläufige Strategie war dabei, Handlungen über die dramatische Rede zu vermitteln. Darüber hinaus kann ein Akteur in sog. **Mauerschau** (Teichoskopie) von erhöhtem Blickpunkt aus gerade stattfindende Schlachten, Massenszenen oder auch intime Handlungen präsentieren. Räumlich entfernte, aber auch vergangene Ereignisse (etwa zur Aufklärung oder Motivierung des Geschehens) kann der **Botenbericht** vergegenwärtigen, mit dem Vergangenes in Zeitraffung erzählt wird. Nicht selten auch trat der Chor als Gruppenerzähler auf oder fungierte als Moderator, der die fehlenden, verdeckt passierten Handlungsstücke ergänzte (Pütz 1980, 20 f.).

Geschlossene und offene Dramenform

Eine Einteilung in Akte oder Szenen hat Aristoteles nicht entwickelt, sie lässt sich allerdings bequem ergänzen. **Akt** (lat. *actus*: Vorgang, Handlung; dt. Bezeichnung: Aufzug) bezeichnet dabei den größeren, in sich geschlossenen Handlungsabschnitt eines Dramas, der aus den **Szenen** (griech. *skene*: Bühnenrückwand; dt.: einzelnes Bühnenbild, Auftritt) als den kleinsten Aufbaueinheiten besteht: Diese hängen meist mit dem Auftreten oder Abtreten einer Figur zusammen, im neueren Drama sind sie oft als innerlich geschlossener Handlungsabschnitt konzipiert. Das klassische griechische Drama kannte keine Akteinteilung im heutigen Sinne, wenngleich gelegentlich in der Antike schon die Gliederung in drei oder fünf Teile gefordert wurde. Mit der späteren Lockerung der traditionellen Tektonik verliert auch die Forderung nach der Fünfteilung ihre ausschließliche Gültigkeit. Die aristotelische Tradition der **geschlossenen bzw. tektonischen Dramenform** wird bereits im Lauf des 18. Jahrhunderts, mit letzter Konsequenz um 1900 abgelöst zugunsten der modernen **offenen bzw. atektonischen Form** (vgl. Klotz 1960, 7–92 bzw. 93–184).

In den **offenen Dramenformen** müssen die Einzelteile nicht mehr in ein kausallogisch begründetes, homogenes Ganzes gebunden sein, ihre Abfolge ist oft vertauschbar. Die Spielzeit entspricht nicht mehr der gespielten Zeit wie im antiken Drama, auch die Räume können diskontinuierlich eingesetzt werden. Diese Wendung leiten schon die Dramatiker des Sturm und Drang ein, die sich vehement von der als Zwangsjacke empfundenen Einheitenlehre abwenden (J.W. Goethe: *Götz von Berlichingen*, 1773; J.M.R. Lenz: *Der Hofmeister*, 1774; *Die Soldaten*, 1776). In der Atektonik spiegelt sich zugleich ein modernes Krisenbewusstsein, das die traditionellen, fest gefügten, hierarchischen Formen auflöst in die Vielheit von Handlungen und Nebenhandlungen, wie sie etwa in Georg Büchners *Woyzeck* (1836), im expressionistischen Drama oder bei Bertolt Brecht in Einzelszenen, Bildern oder Stationen dargestellt werden.

Geschlossene und offene Formtypen des neuzeitlichen Dramas verweisen wiederum auf gegensätzliche historische Typen: Das aristotelische, insbesondere französische klassizistische Regeldrama (z.B. Jean Racine) steht dem breit ausgreifenden, lockeren, nicht streng regelmäßigen Drama William Shakespeares gegenüber. Insgesamt wird der Gegensatz von geschlossener und offener Form meist in zugespitzter Typisierung gebraucht, muss also am Einzeltext überprüft und konkretisiert werden.

Formen der dramatischen Rede

Hat man den Dramenaufbau zumeist nach der Handlung beurteilt, so umfasst diese nicht nur die Kette von äußeren Ereignissen, die von den Figuren aktiv betrieben werden. Lessing bereits hat hinzugefügt, dass auch »jeder innere Kampf von Leidenschaften« zur Dramenhandlung zählt (Bd. V, 373), ebenfalls Gedanken, Emotionen oder Charakterwandlungen. Auch die dramatische Rede treibt nicht nur die Vorgänge weiter, sondern ist selbst ein Handeln mit Worten. Die derart gesprochenen **Haupttexte** werden vom **Nebentext** unterschieden, der z.B. Sprecher charakterisiert und insbesondere die Bühnen- und Regieanweisungen umfasst sowie Titel, Motto, Widmung, Vorwort, Personenverzeichnis, Akt- und Szeneneinteilung (Pfister 2001, 35 ff.). Nebentexte können sich, wie bei Gerhart Hauptmann, Brecht, Heiner Müller oder Peter Handke zu eigenen epischen Einheiten entwickeln.

Zum Haupttext gehört der **Dialog**, die zwischen zwei oder mehr Personen abwechselnd geführte Rede und Gegenrede (ebd., 196–219). Der Dialog bestimmt den Fortgang der Handlung, in ihm werden die Personen und ihre gegensätzlichen Denk- und Redeprogramme charakterisiert, aus denen sich die Konflikte entwickeln. Die Redelängen können erheblich variieren, die Sprecher können auch zeilenweise wechseln (Stichomythie) oder sich ins Wort fallen, eine Zeile auf mehrere Sprecher verteilen und das Redetempo steigern, zumal an Stellen, wo Überraschungen eintreten oder hektisches Geschehen einsetzt.

Der Sprecher im **Monolog** hingegen hat keinen direkten Adressaten auf der Bühne und hält seine Einzelrede, bei der er exponiert oder sogar alleine auf der Bühne steht, ungehindert und unwidersprochen – das Publikum wird hier zum Dialogpartner. Zu unterscheiden sind dabei (vgl. Kayser 1948, 200):

- der *technische Monolog* (zur Verbindung verschiedener Auftritte),
- der *epische Monolog* (zur Mitteilung nicht darstellbarer oder dargestellter Vorgänge),
- der *lyrische Monolog* (zur Darstellung des Innen- und Gefühlslebens),
- der *Reflexionsmonolog* (Betrachtung/Kommentierung einer Situation durch eine Figur) und
- der *dramatische Monolog*, der auf dem Höhepunkt der Verwicklungen zur Entscheidung führt.

Eine Sonderform bildet das so genannte ›Beiseitesprechen‹ (gebräuchlicher engl. *aside*), bei dem ein Protagonist seine Empfindungen, geheimen Gedanken oder Pläne für das Publikum hörbar äußert, es aber auf der Handlungsebene durch Sprechen in eine andere Richtung den anwesenden Mitspielern scheinbar verbirgt (zu Formen des Monologs weiterhin Pfister 2001, 180–195).

Mit der Einteilung von geschlossener und offener Dramenform gehen auch unterschiedliche **Sprechstile** einher. Die gehobene und typisierende Sprache ist kennzeichnend für das geschlossene Drama, ebenso das Einhalten von Reim und Rhythmus. Der herrschende Vers im Drama des Barock und der Frühaufklärung war der **Alexandriner**, ein sechshebiger jambischer Reimvers mit deutlicher Zäsur nach der dritten Hebung (zu den Versformen s. Kap. 3.2.2). Die hohe Sprache des Alexandriners ersetzt Lessing dann durch den **Blankvers**, der in Anlehnung an Shakespeare fünf Hebungen mit Füllungsfreiheit hatte und sich nur an seltenen, besonders hervorgehobenen Stellen reimen musste. Denn nicht um die hohe Form, sondern um die Wirkung auf ein Publikum ging es nun – und damit realisiert das Drama überhaupt seine Nähe zur mündlichen, gesprochenen Sprache. Ganz gegen die gelehrte, künstlich übersteigerte Sprechweise des barocken Schultheaters, bei der die Figuren stets druckreif sprechen mussten, zielt etwa das Drama des Sturm und Drang durch kürzere Sätze, die nicht mehr versgebunden sein müssen, auf das Hörverstehen, und spätestens mit Kleist kommt Spontaneität in die Rede, finden sich Satzbrüche (Anakoluth), abgebrochene Sätze (Aposiopése), Wiederholungen oder auch sprachliche Aussetzer. Allgemein bringt die Öffnung der festen Dramenform einen Sprachstil mit sich, der auf die individuelle Rolle zugeschnitten ist und dadurch eine Vielzahl von Sprachperspektiven bietet. Dialektformen und Schichtsprachen als Formen der Alltagssprache finden mit Georg Büchner Eingang in das Drama, dessen Woyzeck-Figur beides bietet:

> Woyzeck: (schüttelt Andres) Andres! Andres! Ich kann nit schlafen! Wenn ich die Aug zumach, dreht sich's immer, und ich hör die Geigen, immer zu, immer zu. Und dann spricht's aus der Wand. Hörst du nix?
> Andres: Ja, – laß sie tanzen! Gott behüt uns, Amen, (Schläft wieder ein)
> Woyzeck: Es zieht mir zwischen den Augen wie ein Messer.
> Andres: Du musst Schnaps trinken und Pulver drein, das schneidt das Fieber.
> (*Nacht*-Szene)

Mit der geschlossenen Dramenform werden auch die ranghohen Figuren zunehmend verabschiedet. Seit Aristoteles' *Poetik* galt es als ausgemacht, dass in der Tragödie die Hauptfiguren nur von hoher Herkunft, in der Komödie dagegen nur von niederem Stand sein durften. Um eine intensive Wirkung beim Zuschauer zu erzielen, müssen die Helden »zu denjenigen zählen, die großen Ruhm und Glück gehabt haben« (*Poetik*, Kap. 13) – ihre **Fallhöhe** steigert die Drastik des tragischen Verlaufs. Anders als in der Komödie mit ihrem gewöhnlichen Personal wurde aus dieser Forderung später für die Tragödie eine **Ständeklausel** formuliert, die über die Renaissance- und Barockpoetiken hinaus noch bis zu Gottsched verbindlich blieb. Erst Lessing hat diese Regel in seiner Entwicklung des bürgerlichen Trauerspiels suspendiert – er fordert ausdrücklich bürgerliche Helden, die sich auf gleicher Höhe mit dem Publikum befinden sollen, denn allein diese könnten Rührung erzeugen. Nicht eindeutig gut oder böse haben die Figuren zu sein, glaubwürdiger werden sie vielmehr als **gemischte Charaktere**. In dieser Mittellage erscheint die Verfehlung (*hamartia*) nur halb verschuldet, das Unglück somit als unverdient, und dies hat Teil an der **tragischen Ironie**, wenn der Held sein Schicksal auch noch voraussieht. Aber auch der ›unschuldige‹ Held befördert den tragischen Ausgang, etwa dadurch, dass er die Lage verkennt oder unter falschen Voraussetzungen handelt, was vom Publikum durchschaut wird, vom Akteur jedoch nicht (zu Personal und Figurenkonzeptionen vgl. Pfister 2001, 220–264).

Damit ist insgesamt ein großes Themenfeld des Dramas abgesteckt, das sich mit Asmuth in **Charakter-** und **Handlungsdramen** unterscheiden lässt (^{5}1997,

137 ff.). Im Bereich der Konflikttypen lassen sich demnach fünf Varianten in historischer Folge benennen: im antiken Drama zunächst die Auseinandersetzung zwischen göttlicher und menschlicher Ordnung, dann der mittelalterliche Seelenkampf; drittens verlagert sich das Schicksalsdrama auf die höfische Ebene, viertens verschieben sich die Konflikte mit dem bürgerlichen Trauerspiel in Richtung des sozialen Dramas. Schließlich werden im modernen bewusstseinsanalytischen Drama die Spannungsprozesse in die Innenwelt verlagert (ebd., 146 f.).

3.3.3 Theorie: Wirkungsabsichten des Dramas

Die dramaturgischen Grundbegriffe sind seit Aristoteles' *Poetik* auch in der Theorie strittig gewesen. Besonders wurde das Problem der Tragödienwirkung, dabei vor allem der **Begriff der Katharsis** diskutiert. Die Tragödie soll »Jammer und Schauder« (*eleos* und *phobos*) hervorrufen und diese Erregungszustände reinigen (*Poetik*, Kap. 6). Das ist durchaus medizinisch gemeint und bezieht sich auf den Säftehaushalt des Menschen, der im Gleichgewicht sein sollte. Über diesen Effekt der *Katharsis* wird bis heute gestritten: Wie wörtlich ist er zu nehmen, welche Folgen hat ein Theaterbesuch für die Zuschauer/innen, was spielt sich dabei ab? Bei Aristoteles bleibt der Vorgang zwiespältig, je nach Übersetzung: Setzt man den Dativ ein, heißt es ›Reinigung von den Leidenschaften‹, mit dem Ergebnis, dass sie mit dem Schweiß ausgetrieben werden. Im Genitiv, der ebenfalls möglich ist, hieße es ›Reinigung der Leidenschaften‹, die dann weiter bestehen, aber gebessert sind. Darin ist die zweite Lesart des Katharsis-Begriffs angelegt, die auf eine ethisch-moralische Besserung zielt: Die Triebe werden gesellschaftsfähig gemacht.

Diese Deutung wird im 18. Jahrhundert dominant werden, was vor allem an Lessings folgenreicher Fehlübersetzung der Begriffe *phobos* und *eleos* liegt. Denn diese bedeuten bei ihm nicht mehr Schauder und Jammer, sondern **Furcht und Mitleid**, und zwar insofern sich das Publikum die Unglücksfälle auf der Bühne als eigene vorstellen soll (Bd. IV, 578 f.). Im Begriff des Mitleids macht sich auch ein neues Menschenbild geltend. Wenn nach Lessing derjenige Theaterbesucher als der beste gilt, der die meisten Taschentücher verschneuzt, geht es dabei zwar auch noch um die Säfte des Menschen. Besonders aber wird nun der nervengesteuerte Organismus angesprochen, wie ihn die Mediziner Mitte des 18. Jahrhunderts entdeckt haben. Es geht um Sinneseindrücke und Nervenreize, die die Bühne vermittelt, die aber jeder einzelne Besucher in sich aufnehmen, für sich verarbeiten und auf sich beziehen muss. Lessing betont den ›sanften‹ Affekt des Mitleids als notwendiges Gefühl, das die verstandesmäßige Erkenntnis begleitet. Aus diesen beiden Seiten speist sich die moralische Wirkung, die Lessing schließlich anstrebt, wenn er behauptet, dass »diese Reinigung in nichts anders beruhet, als in der *Verwandlung der Leidenschaften in tugendhafte Fertigkeiten*« (Bd. IV, 595).

Theater als moralische Anstalt und Bildungsinstitution

Das Lessingsche Tugendtheater, das Mitleid und die Identifikation mit dem bürgerlichen Personal hatten die Funktion, Theater zum Verständigungsmedium und **Kommunikationsmittel einer bürgerlichen Öffentlichkeit** zu machen. Das ihm folgende Drama der Klassik hat den Katharsis-Begriff weiter in den Hintergrund gedrängt, zumindest, was seine tragische Komponente angeht. Schiller sublimiert die Erfahrung des Tragischen ins Erhabene – das Pathetische muss durchlitten werden, um darüber hinaus die moralische Freiheit zu erweisen (vgl. *Vom Erhabenen* und *Über das Pathetische*). Und besonders Goethe meidet seine zerstörerischen, gefährlichen Aspekte. Noch 1827 lässt er in seiner *Nachlese zu Aristoteles' Poetik* die Katharsis allenfalls im Sinne einer »Ausgleichung« bzw. »Versöhnung solcher Leidenschaften« gelten und entwirft als Gegenperspektive die »aussöhnende Abrundung, welche eigentlich von allem Drama, ja sogar von allen poetischen Werken gefordert wird« (Bd. 14, 710).

Damit fasst er die **Absichten des klassischen Theaters** noch einmal zusammen: das Individuum als einen in sich gerundeten, ganzen Menschen zu denken, der in Einklang mit dem Gesellschaftlich-Allgemeinen steht. Theater soll Herzens- und schließlich auch Freizeitbedürfnisse stillen (Schiller Bd. V, 821), es soll weiterhin »Vergnügen mit Unterricht« paaren und auf der Bühne eine künstliche Welt schaffen, in der wir über die wirkliche hinwegträumen können (ebd., 831). Das klassische Theater wird schließlich eine **Vorbildfunktion für die Gesellschaft** beanspruchen – es soll einen ästhetischen Staat als Ideal darstellen, der sich aus dem schönen Schein der Kunst und der Freiheit des Spiels speist (Bd. V, 661 ff.).

›Ästhetische Bildung‹, wie sie insbesondere Schiller erhoffte, umfasst all diese Bereiche, die der einzelne Zuschauer in sich zur Entfaltung bringen soll. Der Mensch selbst wird zum Gegenstand von Erkenntnis, auch das Zusammenleben mit anderen in religiöser und philosophischer Toleranz – Lessing demonstriert dies mit der Ring-Parabel in *Nathan der Weise* (1779). In der Beschäftigung Goethes mit dem verbreiteten Faust-Stoff ließen sich weitere Themen des Klassikprogramms zeigen: Der tätige, strebende Mensch, der wie ein Titan seine Grenzen in der Forschung, aber auch im privaten und schließlich politischen Leben überschreiten will (am Ende ist Faust ein gewalttätiger Herrscher), steht im Mittelpunkt. Aufgeworfen werden aber auch Wissenschaftsprobleme, Moralthemen, theologische Aspekte, Rechtsfragen (Kindsmord) und Dichtungsprobleme. Dafür wäre der vielfach strapazierte Begriff des **Welttheaters** angebracht, wie ihn der Theaterdirektor im *Vorspiel auf dem Theater* (Z. 239 ff.) in regelmäßigem vierhebigen Jambus entwickelt:

> Ihr wisst, auf unsern deutschen Bühnen
> Probiert ein jeder was er mag;
> Drum schonet mir an diesem Tag
> Prospekte nicht und nicht Maschinen.
> Gebraucht das groß' und kleine Himmelslicht,
> Die Sterne dürfet Ihr verschwenden;
> An Wasser, Feuer, Felsenwänden,

> An Tier und Vögeln fehlt es nicht
> So schreitet in dem engen Bretterhaus
> Den ganzen Kreis der Schöpfung aus
> Und wandelt mit bedächt'ger Schnelle
> Vom Himmel durch die Welt zur Hölle.

Kritisches Theater von Büchner bis zum epischen Theater Brechts

So wenig der Utopiegedanke der Klassik auch eingelöst wurde, machte er doch vielleicht die Brüche in der Gesellschaft bewusst. Was J.M.R. Lenz in seinen Tragikomödien des Sturm und Drang bereits anregte, nämlich den Einzelnen in sozialen Verhältnissen zu zeigen, arbeitet Georg Büchner aus und begründet damit Theater in politisch-kritischer Absicht. Er will nicht mehr den Menschen zeigen, wie er sein soll, sondern wie er ist: Woyzeck wird weniger als Mörder, sondern in seinen sozialen Abhängigkeiten gesehen, wobei politische, medizinische und juristische Perspektiven ins Spiel gebracht werden. Ausdrücklich bezieht sich dann Gerhart Hauptmann auf Büchner, wenn er zeigt, wie seine Figuren vom Milieu bestimmt sind und sich soziale Benachteiligungen auf ihre Denk-, Sprech- und Handlungsweisen auswirken. Dabei spielt das Mitleid als Wirkungsaspekt durchaus noch eine Rolle – doch lässt sich hier bereits eine Linie zum späteren politisch-kritischen Theater ziehen, das ganz auf das Beobachten und Analysieren setzen wird.

Aus einigen Anregungen Erwin Piscators hat Bertolt Brecht das Modell eines **epischen Theaters** entworfen, das hauptsächlich kritisch-politisch orientiert ist und noch einmal gegen die klassische Tradition des Theaters – insbesondere Aristoteles – mobil macht. Vor allem zeigt sich dies an seinem Plädoyer für den analytischen Verstand, der im Theater trainiert werden und die Einfühlung überflüssig machen soll. Eine Skizze Brechts von 1931 (1931/1967, 1009) fasst seine Positionen zusammen:

Dramatische Form des Theaters	*Epische Form des Theaters*
Die Bühne ›verkörpert‹ einen Vorgang	sie erzählt ihn
verwickelt den Zuschauer in eine Aktion und verbraucht seine Aktivität	macht ihn zum Betrachter aber weckt seine Aktivität
ermöglicht ihm Gefühle	erzwingt von ihm Entscheidungen
vermittelt ihm Erlebnisse	vermittelt ihm Kenntnisse
der Zuschauer wird in eine Handlung hineinversetzt	er wird ihr gegenübergesetzt
es wird mit Suggestion gearbeitet	es wird mit Argumenten gearbeitet
die Empfindungen werden konserviert	bis zu Erkenntnissen getrieben
der Mensch wird als bekannt vorausgesetzt	der Mensch ist Gegenstand der Untersuchung
der unveränderliche Mensch	der veränderliche und verändernde Mensch
Spannung auf den Ausgang	Spannung auf den Gang
eine Szene für die andere	jede Szene für sich
die Geschehnisse verlaufen linear	in Kurven

natura non facit saltus	facit saltus
die Welt, wie sie ist	die Welt, wie sie wird
was der Mensch soll	was der Mensch muß
seine Triebe	seine Beweggründe
das Denken bestimmt das Sein	das gesellschaftliche Sein bestimmt das Denken

Brecht geht dabei von den Grundsätzen des Marxismus aus: Zeigen will er die Entfremdungserscheinungen, wie sie die kapitalistische Gesellschaftsordnung mit sich bringt, ihre unversöhnbaren Gegensätze und insgesamt die dialektischen Geschichtsabläufe, die über Revolutionen in die klassenlose Gesellschaft münden sollen. Nicht mehr Einfühlung oder gar kathartische Abläufe, auch nicht Moral, sondern die Aufdeckung der falschen Verhältnisse ist nun Zweck des Theaters.

Eine zentrale Rolle spielt dabei der **Verfremdungseffekt (V-Effekt)**, der dadurch erzielt wird, dass ein bekannter Stoff auf neue, ungewohnte Weise dargeboten wird, sei es durch erzählerische Variation, inhaltliche Änderung oder Präsentation in einem neuen Medium und nicht zuletzt durch die Distanz, die der Schauspieler zu seiner Rolle aufbaut. Das Publikum soll sich nicht mit dem Geschehen identifizieren, sondern seine gesellschaftliche Entfremdung rational erkennen, ebenso die Änderbarkeit der Missstände: Im Theater wird es denkbar, in Gesellschaftsprozesse einzugreifen. Entsprechend ist kein passiver Zuschauer gewünscht, der sich blenden lässt, sondern ein aktiver, der jede Illusion durchschauen soll. Das Publikum avanciert in diesem Theater als analytischer Anstalt selbst zum Helden.

Dass diese Ansprüche an das Theater formale Konsequenzen mit sich brachten und eine offene Dramenform verlangten, versteht sich. Jedes Mittel, das die Illusion stört, ist willkommen: Die Palette reicht vom Zeitungsverkäufer, der durch das Publikum läuft, bis zum Einsatz von Medien (damals etwa Dia- oder Filmprojektionen, Lautsprecher, Rundfunk), die den V-Effekt unterstützen und einen bekannten Vorgang in seinen Einzelteilen sichtbar machen können. Dabei geht es nicht nur um kühle Rationalität, sondern auch um Vergnügen, dem Brecht in seinem berühmten Aufsatz *Kleines Organon für das Theater* von 1948 eine wichtige Rolle zugestanden hat. Die antike Katharsis deutet Brecht völlig um als ein Vergnügen des Denkens (1948/1967, 67).

Ziele des experimentellen Theaters bis zur Postdramatik

Was die optimistische politische Vision angeht, sind jedoch auch etliche Brecht-Schüler abtrünnig geworden. Der DDR-Dramatiker Heiner Müller etwa löst sich vom Lehrstück und vom epischen Theater, um das Drama wieder der körperlichen Erfahrung, also der antiken Katharsis anzunähern. Dafür setzt er mythologische Stoffe ein, macht Anleihen bei Shakespeare, vor allem entdeckt er das **Theater der Grausamkeit** des Franzosen Antonin Artaud. Dieser hielt bereits in den 1920er Jahren ein Plädoyer für Traum und Rausch, für erotische oder gar kannibalistische Anwandlungen, aber auch für das Schwelgen in den Klang- und Lichterfahrungen der Bühne (vgl. Artaud 1932/1986). Artauds Spur zieht sich bis ins Gegenwartstheater, wenn etwa die baskische Theatertruppe ›La fura dels baus‹

das Publikum mit Kettensägen bedroht, mit rohen Fleischstücken um sich wirft und dazu wüste Klangcollagen und Video-Installationen liefert. Seit den 1970er Jahren hat Müller Elemente des Grausamen in seine Dramentexte gebracht, die zugleich an die sinnliche Erfahrung der Zuschauer/innen appellieren wie auch die reale Gewalt der Gesellschaften vorführen sollen. Dazu gehört auch die kritische Auseinandersetzung mit großen Theatertexten der Vergangenheit und ihre Konfrontation mit der Gegenwart, wie etwa in der *Hamletmaschine* (1977), wo der ›Hamletdarsteller‹ räsoniert:

> Ich bin nicht Hamlet. Ich spiele keine Rolle mehr. Meine Worte haben mir nichts mehr zu sagen. Meine Gedanken saugen den Bildern das Blut aus. Mein Drama findet nicht mehr statt. Hinter mir wird die Dekoration aufgebaut. Von Leuten, die mein Drama nicht interessiert, für Leute, die es nichts angeht. Mich interessiert es auch nicht mehr. Ich spiele nicht mehr mit. *Bühnenarbeiter stellen, vom Hamletdarsteller unbemerkt, einen Kühlschrank und drei Fernsehgeräte auf. Geräusch der Kühlanlage. Drei Programme ohne Ton* (Szene 4).

Dabei untergräbt Müller die Form vollends: Die dramatische Erzählung wird aufgelöst, die Inszenierung repräsentiert weder Handlung noch Figurenprofile. Nicht mehr die Botschaft, sondern die **sinnlichen Potenziale der Bühne** selbst rücken in den Vordergrund: Spielfreude, sinnlicher Reiz, das Staunen über aufgesprengte Bilder, über Klänge und Wortleiber, die aufgehäuft werden – sie übertreffen jede festgelegte Absicht des Autors. Dieses Theater als Störung, als Krise und Verwandlung soll aber auch das Gedächtnis an historische Katastrophen aktivieren – wozu dann der Verstand wieder eingesetzt werden muss.

Damit wird eine Unterströmung des Theaters aufgegriffen, die schon seit dem 18. Jahrhundert zu beobachten ist: Mit der Aufwertung der Sinnlichkeit entfaltet auch die Bühne ihren ästhetischen Eigenwert. Solche radikalen Formen im 20. Jahrhundert hat der Theaterwissenschaftler Hans-Thies Lehmann (1999) im Begriff des **postdramatischen Theaters** zusammengefasst. Es geht dabei um ein Theater in Zeiten *nach* dem Theater, das nun nicht mehr an dramatischer Handlung interessiert ist und auch die verbindliche ›Botschaft‹ nicht mehr braucht. Der Schauspieler hat seine Identität mit der Rolle längst aufgegeben, das Publikum wird mit einbezogen und kann die Aufführungssituation diskutieren. Dieses Theater bezieht sich in radikaler Weise auf sich selbst bzw. auf die Bühnenmittel, die nun zum eigentlichen Helden werden. Stimmeffekte, die Zerlegung von Sprache in Buchstaben- und Lautreihen, Wortkaskaden, Bühnenbild und Lichtgewitter, Bühnenmusik – in diesen und anderen Mitteln sieht Lehmann wiederum eine neue intensive Erfahrung ermöglicht. Darin begründet er eine »Ästhetik des Risikos« (1999, 473), mit der das Theater die ihm eigenen Mittel steigern soll, um damit auf Nervenreize noch unmittelbarer abzuzielen als dies etwa Kino oder Musical können.

3.3.4 Historische Untergattungen

Das griechische Wort *tragodia* zeigt bereits die kultischen Ursprünge des Theaters an: Übersetzt heißt es ›Bocksgesang‹ und bezeichnet antike **Satyrspiele**, bei denen man in Masken und Tierfelle gehüllt dem Wein- und Rauschgott Dionysos huldigte und ihn in Preis- und Weihegedichten anrief. Wort, Tanz, Gebärde und Spiel waren eng verknüpft im **Dithyrambos**, dem chorischen Kultlied. Ab dem 6. Jahrhundert v. Chr. vollzieht sich die Entwicklung zu einer festen, organisierten Form dessen, was heute im engeren Sinne als Tragödie bekannt ist: Man beginnt, die zunächst frei improvisierten mündlichen Texte aufzuschreiben und ihnen ein festes Metrum zu unterlegen. Dem Chor wird ein Schauspieler als Protagonist gegenübergestellt, der antwortet, kommentiert und handelt. Aristoteles berichtet, dass Aischylos diese Möglichkeiten durch zwei Schauspieler erweitert hat, Sophokles durch drei (*Poetik*, Kap. 4), womit im 5. Jahrhundert v. Chr. schon alle Möglichkeiten des Sprechtheaters angelegt sind. Zugleich werden die Verbindungen zu den kultischen Praktiken immer schwächer. Mit Sophokles, spätestens zu Zeiten von Euripides wird das Theater zum festen Bestandteil der politischen Öffentlichkeit, dort werden Lebensmodelle und Verhaltensmuster vorgezeigt, die zur Debattenkultur gehören. Göttliche Prinzipien und Forderungen, mit denen sich der Mensch auseinander zu setzen hatte, waren das Dauerthema, in das aber mehr oder weniger deutlich Auseinandersetzungen, Macht- und Liebesbestrebungen zwischen Menschen eingeflochten waren.

Offiziell blieben die Festspiele dem Dionysos verpflichtet: Das ihm geweihte Theater an der Akropolis in Athen war der Rahmen der jährlich im März stattfindenden Spiele, die zugleich Kampf (*agon*) um die Trophäe des besten Dichters und Schauspielers waren. Eine Aufführungsfolge war festgelegt in tetralogischer, also vierteiliger Einheit: Drei Tragödien und ein Satyrspiel sollten im mehrtägigen Zyklus den Gewinner ermitteln (vgl. Brauneck 1993, 24–35). Gespielt wurde in Freilichttheatern vor großem Publikum – gut 15.000 Zuschauer/innen fanden im Epidauros-Theater Platz, das 300 v. Chr. erbaut wurde. Den meisten Spielstätten waren Heilbäder angelagert – Epidauros etwa war solch ein kombiniertes Kurtheater, was zugleich auf die medizinische Bedeutung des Katharsis-Effekts hinweist (Brauneck 1993, 35–50).

Mit dem Zerfall des Römischen Reiches, das die griechischen Dramenstrukturen und Aufführungspraktiken fortgeführt hatte, stockt die Theaterentwicklung: Es gibt keine Zeugnisse eines öffentlichen Theaterlebens aus dem frühen Mittelalter. Überliefert sind die späteren **Mysterienspiele**, die im 14. und 15. Jahrhundert in Frankreich und England entstanden und als Prozessions- und Osterspiele mit ihren biblischen Themen zunächst stark an den Gottesdienst gekoppelt sind. Die Aufführungen, der Kirche als Spielort angelagert, wandern nun zunehmend in umliegende öffentliche Plätze ab, womit auch ein Sprachwandel auf der Bühne einher geht: Die kürzeren, lateinisch verfassten **Kirchenspiele** weichen der Volkssprache in den längeren **Schauspielen**. Marktplätze werden zu Freilufttheatern umfunktioniert, und so können größere Simultanbühnen entstehen, auf denen mehrere Stationen in Szenenreihung dargeboten wurden. Der religiöse Inhalt tritt gelegentlich zurück zugunsten von derb-komischen Passagen, wie überhaupt bei den Komödienelementen der **Fastnachtspiele und Farcen** (vgl. Sowinski 1991) der Possenreißer (Mimus-Darsteller) im Mittelpunkt steht. Mit Winteraustreibungen und Fruchtbarkeitskulten wird die Hinwendung zur karnevalesken Volkskultur deutlich. Die **Posse** nahm eine lange eigene Entwicklung und pflegte die derbere Komik (ab 1750 auch als **Burleske**), bekam im 19. Jahrhundert eine mehraktige Form mit komischer Mittelpunktfigur und beeinflusst mit ihren Alltagsthemen und kritischen Perspektiven bis heute das Volksstück (vgl. Brauneck 1993, 271–403).

Renaissance und Barock

Die Überlieferung der antiken Dramenliteratur war im Mittelalter nahezu abgerissen. Die Rückbesinnung der Renaissance auf die Antike sowie der Buchdruck ermöglichten es, dass um 1500 die antiken Texte ähnlich wichtig werden wie die volkstümlichen Stücke in geistlicher Tradition. Dies betraf zunächst die Komödiengattung: Die Humanisten entwickelten um 1500 die **Commedia erudita**, eine Intrigen- und Verwechslungskomödie, die sich durch Gelehrsamkeit und Formstrenge auszeichnete (vgl. ebd., 426–429). Die populäre Variante dessen war die **Commedia dell'Arte**, die Stegreifkomödie, die Mitte des 16. Jahrhunderts entstand und auf Marktplätzen oder in Schaubuden eine Art Spontan- und Improvisationstheater mit grotesken Masken und Typen zur allgemeinen Erheiterung bot (ebd., 429–440).

Das aufgewertete Theater rief wiederum nach einer verbindlichen Architektur: Die Aufführungsorte wurden wieder eigenständig, z.B. in England, wo Ende des 16. Jahrhunderts runde Holzbauten unter freiem Himmel als Forum der öffentlichen Debattenkultur entstanden. Shakespeares **Historiendramen** und die Tragödien handeln auch nicht mehr von abstrakten Schicksalsfragen, sondern zeigen politische Machtfragen, Korruption, Usurpation und Sexualität. Die **Rachetragödie** Senecas sowie die volkstümlichen *morality plays* wirkten daran mit, einige Forderungen des Aristoteles aufzuheben: Handlungskohärenz ist unwichtig, stattdessen wird eine Vielzahl von Handlungen herausgearbeitet, die an verschiedenen Orten stattfindet, Formen werden gelockert, den Figuren wird eine individualisierende Redeweise oder Alltagssprache zugestanden. In den Historiendramen, die geschichtliche Stoffe und Ereignisse bearbeiten, fällt die episodische Reihung von Szenen auf, und all dies wird in die hohe Gattung der Tragödie integriert (vgl. Brauneck 1993, 564–667).

In Frankreich nahm das Theater eine entgegengesetzte Richtung. Einmal abgesehen von den pompösen Selbstfeiern Ludwig XIV., der in Versailles gerne im Kostüm des Sonnenkönigs auftrat und sich von seinen Untergebenen als Planeten und Trabanten umkreisen ließ, sind es die Typenkomödie Molières und das Sprechtheater Jean Racines und Pierre Corneilles, die im späten 17. Jahrhundert mit der *tragédie haute* Maßstäbe setzten. Das **klassizistische Regeldrama** (Brauneck 1996, 163–274) nutzte formstreng die antiken Vorbilder, um darin den Kampf der Leidenschaften zu bändigen und zu kultivieren.

Das deutsche **Barock-Drama** (vgl. ebd., 329–459) machte sich zunächst daran, das in der Renaissance entwickelte Schuldrama auszuarbeiten: Die Texte wurden meist von Lehrern für Schüler zu Aufführungszwecken geschrieben, es handelte sich also um Laientheater. Historische Stoffe dominierten entsprechend, so bei Andreas Gryphius (*Leo Armenius*, 1650; *Carolus Stuardus*, 1657) oder Daniel Casper von Lohenstein (*Cleopatra*, 1661; *Sophonisbe*, 1669). Nur zwei Lustspiele sind bekannt geworden (*Horribilicribrifax* und *Herr Peter Squentz*, 1663), ebenfalls von Gryphius geschrieben. Die blutrünstigen Themen des barocken Trauerspiels werden vor dem Hintergrund des Dreißigjährigen Krieges verständlich; dies alles erträglich zu machen, ist denn auch die Intention von Martin Opitz: Das Publikum soll den ›Trübsalen‹ durch Ausprägung einer stoischen Kraft der Duldung (*ataraxia*) widerstehen und ein Gleichgewicht der inneren Kräfte (*constantia*) erreichen.

Die Ständeklausel gilt für das gesamte Dramenpersonal, das stilstreng zu sprechen hatte. Neben der thematischen Ausrichtung auf Todesbedrohung bzw. Vergänglichkeit (*vanitas*) und Machtfragen diente das barocke Trauerspiel der Einübung von Rederegeln, der Kunstfertigkeit in der Motivfügung und der Bilderwahl, also dem Training der Beredsamkeit wie auch des Gedächtnisses. Die Formenstrenge brachte allerdings auch Erstarrung mit sich – ein Grund für die Rückständigkeit des deutschen Theaters im europäischen Vergleich. Für das Volk gab es Wandertheater mit zweifelhaftem Ruf. Dagegen erhoben allerdings die Puristen den Vorwurf, dass die Stückvorlagen dort stark geändert und auf den Tagesgeschmack des Publikums zugeschnitten wurden (vgl. Brauneck 1996, 701–751).

Entwicklung zum bürgerlichen Trauerspiel und Drama der Klassik

Über diese Verwahrlosung, die nach seiner Meinung die Wandertheater mit sich brachten, ärgerte sich der Frühaufklärer Johann Christoph Gottsched (1700–66). Gegen die populären Possen mit Stegreifeinlagen, die **Hanswurstiaden**, auch gegen die spektakulären Gräuelszenen und die Verkürzung der Textvorlagen auf ein nacktes Handlungsgerippe leitete er 1730 seine Theaterreform ein. So erhob er den fünfteiligen Aufbau des Dramas zur Norm, womit die freien Darbietungsformen der zeitgenössischen Wandertruppen reguliert werden sollten. Aber auch die düstere Schicksalsergebenheit des barocken Trauerspiels war Gottsched suspekt. Er wollte das Theater in die pädagogische Pflicht nehmen, denn es versprach die Möglichkeit, einem breiteren Publikum aufklärerische Ideen nahe zu bringen. Auf Verstand und Sitte zielend, schwächte Gottsched die Bedeutung der Tragödie ab und begrüßte dagegen das **rührende** oder **weinerliche Lustspiel** – gerade diese Gattung sollte moralisches Korrektiv sein, »belustigen, aber auch zugleich erbauen« (Gottsched 1731, 643). Im Übrigen sei sie gesellschaftsfähig, da »ordentliche Bürger« zu ihrem Personal gehören (ebd., 647). Insbesondere Christian F. Gellert setzte diese Forderung um (*Die Betschwester*, 1745; *Die zärtlichen Schwestern*, 1747).

Lessing arbeitete weiter am Begriff des Lustspiels, der seit dem 16. Jahrhundert als Übersetzung des lat. *comoedia* in Umlauf gekommen war und Begriffe wie Schimpfspiel, Scherzspiel oder Freudenspiel verdrängt hatte. Er stellt sich darunter einen Kompromiss vor zwischen dem satirischen Lachen der Posse oder

der aufklärerischen Typenkomödie sowie andererseits dem hingerissenen, blinden Mitleiden, wie es in der Folge der französischen *comédie larmoyante* gefragt war. Die Elemente der ernsteren Lustspiele sollen eher aufbauend-rührender Art sein (*Minna von Barnhelm*, 1763). Die Einfühlung, aber auch die Aufklärungshaltung in der Komik prägen dann das Mitleidskonzept, das vor allem im **bürgerlichen Trauerspiel** bedeutend wird (*Miss Sara Sampson*, 1755; *Emilia Galotti*, 1772; Schillers *Kabale und Liebe*, 1784). Bereits 1657 hatte Gryphius mit seinem Trauerspiel *Cardenio und Celinde* hierfür einen Vorläufer verfasst: Gegen Opitz' Warnung gestaltete er ein tragisches Liebesthema mit bürgerlichen Helden, ohne allerdings Standesprobleme herauszuarbeiten. Der Konflikt zwischen Adel und Bürgertum wurde dagegen im Theater Lessings offenkundig. Dies zeigte sich auch im Bühnenbild: Verschwunden waren der Prunk und die riesigen Raumillusionen des höfischen Theaters, nun gab es eine geschlossene Zimmerdekoration mit teilweise aufgemalten Möbeln – die private Welt des mittelständischen Publikums sollte auf der Bühne gespiegelt werden (Brauneck 1996, 772–801).

Trotz der sich abzeichnenden Standeskonflikte war der aufgeklärte Teil der politisch Verantwortlichen durchaus interessiert an festen Bühnen: Man wollte mit dem Theater eine Sittenkultivierung erzielen und traf bei der Bevölkerung auf eine regelrechte Theatromanie, die sich in Deutschland im Lauf des 18. Jahrhunderts entwickelt hatte. Zahlungskräftige Bürger waren es, die in Hamburg 1767 das erste offizielle Nationaltheater gründeten und das Unternehmen privatwirtschaftlich finanzierten, das von Lessings Seite aus theaterpraktisch und theoretisch (*Hamburgische Dramaturgie*, entstanden 1767/68) flankiert wurde. Der Weg zum heutigen, durch öffentliche Gelder finanzierten Stadttheater war noch lang, doch wurden zumindest, unterstützt durch die aufgeklärten absolutistischen Fürstenhöfe, weitere Schauspielhäuser gegründet: Gotha, München, Wien, und natürlich: Weimar und Mannheim.

Dem **klassischen Drama** liegen vielerlei Wissensgebiete zugrunde, die im 18. Jahrhundert in neuer Konstellation erscheinen: Anthropologie, Medizin, Recht und Philosophie treten besonders in Goethes *Faust* in engen Zusammenhang. Dabei kann auch der Dichter selbst in den Mittelpunkt rücken: In Goethes *Torquato Tasso* (1790) nimmt er die Titelrolle ein und reklamiert seine Freiheiten, wird aber auch in der Selbstzelebration als leidender Poet dargestellt (**Dichterdrama**). In den **Geschichtsdramen** der Klassik wie Goethes *Egmont* (1788), besonders dann in Schillers *Wallenstein* (1798/99) und *Maria Stuart* (1800) werden historische Prozesse in den Einzelcharakteren gespiegelt, die an einer fatalen Ordnung scheitern – dabei wird auch der Geschichtsverlauf neu erzählt und auf neue Ziele hin projiziert, wenn etwa Schiller im *Wilhelm Tell* (1804) am historischen Stoff die politische Freiheitsidee entwickelt. Denn bei aller Elaboriertheit ist der politische Bezug des Theaters offenkundig und wird auch im Prolog des *Wallenstein* die Anspielung auf Napoleon bzw. die Französische Revolution deutlich. Für das klassische deutsche Drama ist noch die geschlossene Form verbindlich, die als in sich gerundeter Kunstbau ein optimistisches Weltbild verkörpern soll: Auch wenn die Handlung ein katastrophisches Ende findet, stimmen doch die Teile mit dem Ganzen formal harmonisch zusammen.

›Hohe‹ und ›niedere‹ Formen im 19. Jahrhundert

Vielleicht aber hatte sich das klassische Theater mit seinen ambitionierten Zielsetzungen übernommen: Die **Tragödie** wird im 19. Jahrhundert ihre Rolle als Leitmedium der Aufklärung oder des klassischen Programms einbüßen. Den größten Publikumserfolg verbuchte August von Kotzebue, der tragische Gegenstände vermied oder sie zum **Rührstück** aufweichte. Er avancierte zum Lieblingsschauspieldichter des deutschen Publikums. Die bekanntesten Stücke, *Menschenhaß und Reue* (1788) sowie *Die deutschen Kleinstädter* (1803) machen Anleihen beim bürgerlichen Trauerspiel, zeigen aber auch komödiantische und parodistische Elemente mit Themen der freien Liebe, der Moral sowie Konflikten zwischen Stadt und Land oder Adel und Bürgertum. Eine vergleichbare Publizität hatte August Wilhelm Iffland – zunächst selbst Schauspieler von Rang –, der bürgerliche Alltagsnöte und die Korruption des Adels in tränenreiche Rührung und melodramatische Versöhnung auflöste (*Die Jäger*, 1785; *Der Spieler*, 1795).

Echte Breitenwirkung entfaltete Ende des 18. Jahrhundert auch das **Volksstück** bzw. das ›**niedere Lustspiel**‹ (Posse, Burleske oder Schwank, Zauberspiel, Intrigen- und Familienstück). Im 19. Jahrhundert wird es durch die Vorstadtbühnen zum Massenmedium und erscheint seitdem als Lokal- oder Heimatstück, Bauerndrama, Genrebild oder Besserungsstück (vgl. Hein 1973; Brauneck 1999, 165–231). Besonders in Wien ist diese Verbindung zwischen dem literarisch-›hohen‹ Drama und den komischen Formen, betrieben durch niedergelassene Wandertruppen, ausgeprägt. Ferdinand Raimunds Stücke prägen die eher literarisch-traumhafte Seite des Volkstheaters (*Der Alpenkönig und der Menschenfeind*, 1828), das dann von Johann Nestroy stärker mit Blick auf die soziale Wirklichkeit gestaltet wurde (*Zu ebener Erde und erster Stock*, 1835; *Der Unbedeutende*, 1846). Nach 1848 bewegt sich das Volksstück – auch wegen der Zensur – in idyllischen Bahnen und pflegt Klamauk oder Heimatidylle, verliert aber nicht sein satirisch-kritisches Potenzial. Ludwig Anzengruber neigt eher zu Moralismen und Idyllisierungen (*Die Kreuzelschreiber*, 1872; *Das vierte Gebot*, 1878).

Das gesellschaftskritische Volksstück hingegen entwickelt an mundartlichen Eigenheiten oder Schichtensprache eine Aggressivkomik, die mit den Sprach- und Denkklischees auch gesellschaftliche Fehlentwicklungen bewusst macht. Diese Linie lässt sich bis in das Gegenwartstheater verfolgen. Else Lasker-Schüler (*Die Wupper*, 1909), Carl Zuckmayer (*Der Hauptmann von Köpenick*, 1931) Ödon von Horváth (*Kasimir und Karoline*, 1932), in dieser Linie sogar Brecht, der in *Herr Puntila und sein Knecht Matti* (1940) den Klassenstandpunkt herauskehrt, das DDR-Volksstück, aber auch Franz Xaver Kroetz (*Das Nest*, 1975) oder Peter Turrini (*Die Eröffnung*, 2000) und andere – sie wollen nicht nur einem breiten Unterhaltungsbedürfnis entsprechen, sondern zeigen auch die Verhältnisse, in denen die Protagonisten stecken, entlarven den engen heimatlichen Horizont oder rücken die unterprivilegierten Randfiguren in den Mittelpunkt, von wo aus sie ihrerseits Sozialkritik üben können.

Überschneidungen gibt es hier mit der **Tradition des ›höheren‹ Lustspiels**, das über die Satiren des Sturm und Drang (J.M.R. Lenz: *Der Hofmeister*, 1774; J.W. Goethe: *Götter, Helden und Wieland*, 1774; *Satyros*, 1773; F.M. Klinger:

Sturm und Drang bzw. *Wirrwarr*, 1776) ins 19. Jahrhundert reicht (vgl. Hein 1991, 212). Die Komödie wird spätestens bei Kleist in der Hochkultur etabliert (*Der zerbrochene Krug*, 1811; *Amphitryon*, 1808), bei Georg Büchner (*Leonce und Lena*, 1834) dann als Zeitkritik ausgearbeitet, wie sie auch später bei Gerhart Hauptmann erscheint (*Der Biberpelz*, 1893). Carl Sternheims Zyklus *Aus dem bürgerlichen Heldenleben* (1908–23), Hugo von Hofmannsthals *Der Schwierige* (1921) oder noch Friedrich Dürrenmatts *Der Besuch der alten Dame* (1955) zeigen, dass in die Komödie tragische Untertöne einfließen können: Auch sie wollen, wie die meisten Komödienautoren, nicht nur amüsieren, sondern können durch die Handlung oder sprachliche Mittel auch Kritik äußern.

Wenn Hebbel 1843 mit *Maria Magdalena* noch einmal ausdrücklich versucht, das bürgerliche Trauerspiel wieder zu beleben, indem er bürgerliche Probleme und zerbrechende Ordnungen bearbeitet, gelingt ihm dies für die Gattung selbst zwar nicht mehr. Doch unterstützt er die Wirkung des ausdrücklich politischen Georg Büchner (*Dantons Tod*, 1835; *Woyzeck*, 1836) in Richtung auf das spätere gesellschaftskritische Drama; auch Henrik Ibsens sozialkritische Werke *Peer Gynt* (1867) und *Gespenster* (1881) arbeiten in diese Richtung. Gerhart Hauptmann fasst die Anregungen zur Untergattung des **sozialen Dramas** zusammen – so sein Untertitel zu *Vor Sonnenaufgang*, 1889 – und macht auch formal Anleihen bei Büchner: Mit dessen offener Form bzw. Stationentechnik geht eine konsequente, schichtorientierte Sprache der Figuren einher, die keine Hochsprache mehr im Munde führen, sondern ihrem Stand oder Beruf gemäß sprechen. Die soziale Frage wird mit dem Soziolekt oder, wie in *Die Weber* (1892), im Dialekt drastisch vorgeführt. Hauptmann benutzt die Illusionsbühne, die auf das Theater des bürgerlichen Trauerspiels zurückgeht: ein klar definierter, realistisch ausgestatteter Innenraum mit künstlicher Beleuchtung und Kulisse, in den man wie durch eine fehlende Wand hineinsehen kann. Sie entspricht aber auch dem Grundsatz des Naturalismus, das soziale Feld mit minutiöser, wissenschaftlicher Genauigkeit zu studieren.

Avantgardistische und experimentelle Formen im 20. Jahrhundert

Mit diesen neuen Fragestellungen und Formen sind die großen Experimente des 20. Jahrhunderts vorbereitet. Von ihnen lässt sich nur im Plural sprechen, insofern oft gleichzeitig äußerst unterschiedliche Ansätze entwickeln werden. Das **expressionistische Drama** etwa Georg Kaisers (*Die Koralle*, 1917; *Von morgens bis mitternachts*, 1916), Ernst Tollers (*Die Wandlung*, 1919; *Masse Mensch*, 1920) oder Ernst Barlachs (*Der blaue Boll*, 1926) zeigt den krisengeschüttelten, dissoziierten Großstadtmenschen, der nicht nur am Fremdsein und an der Zivilisation verzweifelt, sondern grundlegend seiner Sprache und Erkenntnisfähigkeit skeptisch gegenübersteht. Die Stationentechnik ist dafür wiederum die passende Form, und im Bereich der Bühne gibt es zahlreiche Experimente, die die Formensprache der Abstraktion nutzen: Oft bezeichnen die Bühnengegenstände nichts mehr, sondern sie sind Farbraumkörper, die Stimmungen andeuten oder Traumszenen untermalen. Die Sprachdynamik der Expressionisten, ihre auch auf dem Theater benutzte lyrisch verdichtete Redeweise machten sich die **Dadaisten** zu Eigen. In ihren eigenen Spielstätten, z.B. dem Cabaret Voltaire in Zürich, singen sie sinnfreie Lautgedichte, provozieren das Publikum und arbeiten an einem Gesamtkunstwerk, bei dem alle Sinne aktiviert werden (s. Kap. 5.4). Dies geht so weit, dass das Alltagsleben selbst zur Bühne werden kann.

Den humanistischen Gedanken Dadas oder der Expressionisten haben Vertreter der linken Avantgarde in den 1920er Jahren politisch formuliert. Brecht hat, über Frühformen seines dogmatisch-marxistischen **Lehrstücks** hinausgehend (*Die Maßnahme*, 1930), das **epische Theater** als kritisch-politisches definiert und bei dem Bemühen, das Publikum zu aktivieren, auch den traditionellen geschlossenen Bühnenraum aufgelöst (*Der gute Mensch von Sezuan*, 1930–42; *Mutter Courage und ihre Kinder*, 1939; *Leben des Galilei*, 1939 bzw. 1947; *Der kaukasische Kreidekreis*, 1945). Seine Fortwirkung hat das epische Theater vor allem in den Anregungen Brechts für die dramaturgische Praxis gehabt – ohne Ansehen der politischen Richtung gehören sie heute zum Abc des Regisseurhandwerks.

Konkurrenz gab es für das epische Theater in den 1950er Jahren durch das **absurde Theater** Samuel Becketts (*Warten auf Godot*, 1953) oder Eugène Ionescos (*Die Stühle*, 1952). Wenn aber dort in ebenfalls offener Dramenform die Geworfenheit des Menschen in eine sinnentleerte, nicht zu verstehende Welt problematisiert wird und seine Kommunikations- und Kontaktprobleme gezeigt werden, handelt es sich eher um allgemeine, nicht ausdrücklich politische Diagnosen. In Deutschland arbeitete das nach 1945 entstehende Bewältigungsdrama, das Schrecken und Folgen des ›Dritten Reichs‹ aufzeigt, ohne die Impulse des epischen Theaters (Carl Zuckmayer: *Des Teufels General*, 1946; Wolfgang Borchert: *Draußen vor der Tür*, 1947).

Allerdings sind Brechts Wirkungen nach seinem Tod bemerkenswert. Direkte Einflüsse gibt es etwa auf das **Dokumentartheater** der 1960er Jahre von Heinar Kipphardt (*In der Sache Robert J. Oppenheimer*, 1964) oder Peter Weiss, dessen Stück *Die Ermittlung* (1965) Berichte des Frankfurter Prozesses gegen Auschwitzer Wachpersonal verarbeitet. Auch Friedrich Dürrenmatt (*Der Besuch der alten Dame*, 1956) und Max Frisch (*Biedermann und die Brandstifter*, 1958) sind von Brecht ebenso beeinflusst wie noch die weit reichende Politisierung des Dramas in den 1970er Jahren (Rainer W. Fassbinder: *Bremer Freiheit*, 1971).

Der Blick auf die letzten dreißig Jahre des 20. Jahrhunderts zeigt einen Stilpluralismus, der sich nicht auf bestimmte Themen eingrenzen lässt – das postmoderne ›anything goes‹ hat auch das Theater erreicht. Heiner Müller arbeitet mit seinen Collagetexten und Medienversuchen, die er vor allem mit dem Bühnenbildner und Regisseur Robert Wilson veranstaltet hat, seit den 1970er Jahren an einem **Experimentaltheater** (*Germania Tod in Berlin*, 1971; besonders die epochemachende *Hamletmaschine* von 1977 oder *Medeamaterial*, 1982), um das puristische Worttheater der 60er Jahre durch eine stärkere Bildersprache zu überwinden. Wenn Peter Handke in der *Publikumsbeschimpfung* (1966) seine Attacken auf das Auditorium reitet, Joseph Beuys, Wolf Vostell und viele andere Aktionskünstler auf körperliche Vorgänge, auf politische Fragen oder einfach auf sich selber aufmerksam machen und damit Straßenpflaster oder Kunsträume besetzen, wird diese Linie von Müller verstärkt und für das Theater erobert. Dabei gewinnen die Regisseure die Oberhand über die Stücke (**Regietheater**), setzen eigenwillig Bühnenmittel ein, reflektieren im Schauspiel über das Theater selbst und beziehen die Zuschauer/innen mit ein. Ähnliche Tendenzen lässt Rainald Goetz erkennen, der Alltagsmitschriften zu Wortkaskaden aufhäuft und seine Figuren mit politischen Parolen und anderen Sprachhülsen in aggressive Auseinandersetzungen treibt, die ebenfalls zusammen mit Medienexperimenten aufgeführt werden sollen (*Krieg*, 1986; *Festung*, 1993). Peter Handke hat zwar den lärmenden Aufbruch seiner frühen Proteststücke zugunsten eines meditativen Theaters zurückgenommen, ist mit *Die Stunde da wir nicht voneinander wußten* (1992) allerdings experimentell geblieben, insofern das Stück ganz ohne Figurenrede auskommt und die Körperbewegungen vorgibt.

Botho Strauß, der mit seinen frühen Texten (*Groß und klein*, 1978) eine kritische Besichtigung des bundesrepublikanischen Alltags unternommen hat, lässt nur noch Kunstwelten gelten und thematisiert in seinem Stück *Der Narr und seine Frau heute abend in Pancomedia* (2001) die Einsamkeit des Dichters, der in den Amüsiersphären und Finanzwelten unterzugehen droht. Thomas Bernhard, der seine Figuren in Sprachspiele eingekleidet und damit auch Floskel- und Ideologiekritik betrieben hat, hat mit *Heldenplatz* (1988) ein eminent politisches Stück geschrieben, ebenso aber selbstreferenzielles Schauspiel gemacht (*Der Theatermacher*, 1984). Nimmt man noch das Aktionstheater von Christoph Schlingensief hinzu, ergibt sich erst recht ein vielfältiges Bild, das immerhin eines zeigt: Oft war von einer Krise des Dramas die Rede, doch jedesmal haben Dramatiker daraus neue Energie bezogen.

Grundlegende Literatur

Asmuth, Bernhard: *Einführung in die Dramenanalyse*. Stuttgart/Weimar ⁵1997.
Baldo, Dieter: *Das Schauspiel*. In: Knörrich ²1991, S. 326–346.
– : *Die Tragödie*. In: Knörrich ²1991, S. 398–430.
Brauneck, Manfred: *Die Welt als Bühne. Geschichte des europäischen Theaters in 5 Bänden*. Stuttgart 1993 (Bd. 1), 1996 (Bd. 2), 1999 (Bd. 3), 2003 (Bd. 4).
– : *Theater im 20. Jahrhundert. Programmschriften, Stilperioden, Reformmodelle*. Reinbek bei Hamburg 1986.
– /Gérard Schneilin (Hg.): *Theaterlexikon. Begriffe und Epochen, Bühnen und Ensembles*. Reinbek bei Hamburg ³1992.
Fischer-Lichte, Erika: *Geschichte des Dramas. Epochen der Identität auf dem Theater von der Antike bis zur Gegenwart*. Bd. 1: Von der Antike bis zur deutschen Klassik. Bd. 2: Von der Romantik bis zur Gegenwart. Tübingen/Basel ²1999.
Hein, Jürgen: *Theater und Gesellschaft. Das Volksstück im 19. und 20. Jahrhundert*. Düsseldorf 1973.
– : Die Komödie. In: Knörrich ²1991, S. 202–216.
Klotz, Volker: *Geschlossene und offene Form im Drama* [1960]. München ⁷1975.
Knörrich, Otto (Hg.): *Formen der Literatur*. Stuttgart 1991.
Lehmann, Hans-Thies: *Postdramatisches Theater*. Frankfurt a.M. 1999.
Pfister, Manfred: *Das Drama. Theorie und Analyse*. 11., erw. u. bibliogr. aktual. Aufl. München 2001.
Platz-Waury, Elke: *Drama und Theater. Eine Einführung*. Tübingen ²1980.
Strässner, Matthias: *Das analytische Drama*. München 1980.
Sucher, C. Bernd (Hg.): *Theaterlexikon*. München 1995.
Trilse-Finkelstein, Jochanan/Klaus Hammer (Hg.): *Lexikon Theater International*. Berlin 1995.

Turk, Horst: *Theater und Drama. Theoretische Konzepte von Corneille bis Dürrenmatt.* Tübingen 1992.

Zitierte Literatur

Aristoteles: *Poetik.* Dt. von Manfred Fuhrmann. Stuttgart 1995.
Artaud, Antonin: *Das Theater der Grausamkeit. Erstes Manifest* [1932]. In: Manfred Brauneck: *Theater im 20. Jahrhundert.* Reinbek bei Hamburg 1986, S. 395–404.
Brecht, Bertolt: Anmerkungen zur Oper ›Aufstieg und Fall der Stadt Mahagonny‹ [1931]. In: Gesammelte Werke in 20 Bänden. Frankfurt a.M. 1967, Bd. 17, S. 1009.
– : *Kleines Organon für das Theater* (1948). In: Berliner und Frankfurter Ausgabe, Schriften 3, Bd. 23, S. 65–97.
Freytag, Gustav: *Die Technik des Dramas* [1863]. Darmstadt [13]1965.
Goethe, Johann Wolfgang: *Sämtliche Werke,* Bd. 14. Hg. von Ernst Beutler. Zürich 1950 (*Theater und Schauspielkunst,* S. 7–150; *Nachlese zu Aristoteles' Poetik,* S. 709–712).
Gottsched, Johann Christoph: *Versuch einer critischen Dichtkunst.* 1730 bzw. 4., vermehrte Aufl., Leipzig 1751 (*Von Tragödien, oder Trauerspielen; Von Komödien oder Lustspielen*).
Hebbel, Friedrich: *Vorwort zu »Maria Magdalene«.* Hamburg 1844.
Kayser, Wolfgang: *Das sprachliche Kunstwerk.* Bern 1948.
Lessing, Gotthold Ephraim: *Werke.* Hg. von Herbert G. Göpfert. Darmstadt 1996 (bes.: *Hamburgische Dramaturgie.* Hamburg 1769, Bd. 4, S. 229–707).
Müller, Heiner: *Heiner Müller Material.* Hg. von F. Hörnigk. Leipzig 1990.
– : »Gespräch mit B. Umbrecht«. In: H.M.: *Rotwelsch.* Berlin 1982, S. 111.
Pütz, Peter: »Grundbegriffe der Interpretation von Dramen«. In: *Handbuch des deutschen Dramas.* Hg. von Walter Hinck. Düsseldorf 1980, S. 11–25.
Schiller, Friedrich: *Sämtliche Werke,* 5 Bde. Hg. von Gerhard Fricke und Gerhard G. Göpfert. Darmstadt 1993.
Sowinski, Bernhard: »Das Fastnachtspiel«. In: Knörrich [2]1991, S. 107–113.
Zahn, Peter: »Das Geschichtsdrama«. In: Knörrich [2]1991, S. 123–135.
– : »Die Tragikomödie«. In: Knörrich [2]1991, S. 385–394.

3.4 Erzählende Prosa

3.4.1 Epik – Erzählen – Erzählende Prosa

Die Erzählliteratur als Gattung wird traditionell unter dem Begriff der **Epik** behandelt. Dieser ist abgeleitet vom antiken Vorgänger der erzählenden Prosa, dem Epos. Das Epos ist eine breit darstellende Versdichtung über Helden und Götter, wie z.b. Homers *Odyssee* oder *Ilias*; auch die höfischen Großdichtungen des deutschen Mittelalters dürfen als Epen bezeichnet werden.

Das klassische Epos ist durch einige Merkmale deutlich von der erzählenden Prosa der Neuzeit abzugrenzen. Der sowjetische Literaturwissenschaftler Bachtin führt für das Epos folgende drei konstitutive Merkmale an:

> »Gegenstand des Epos ist die nationale epische Vergangenheit, das ›vollkommen Vergangene‹ [...] Als Quelle des Epos dient die nationale Überlieferung (und nicht die persönliche Erfahrung und die aus ihr erwachsende freie Erfindung); die epische Welt ist von der Gegenwart, d.h. von der Zeit des Sängers (des Autors und seiner Zuhörer), durch eine absolute epische Distanz getrennt« (Bachtin 1989, 220).

Gegenstand neuzeitlicher Prosa ist demnach die individuelle und historische **Erfahrung des Einzelnen**, statt aus der nationalen Überlieferung schöpft modernes *Erzählen* aus individueller Erfindung (Fiktionalität), die erzählerisch verarbeitete Erfahrung ist eingebunden in den historischen Kontext des Autors und seiner Zuhörer. »Erfahrung, Erkenntnis und Praxis (Zukunft) sind für den Roman bestimmend« (ebd., 223).

Den Umbruch von epischer zu ›prosaischer‹ Welthaltung markiert wohl das Erstarken der bürgerlichen Klasse, die Entwicklung bürgerlichen, subjektiven Selbstverständnisses, in dem der Einzelne sich über die unverwechselbare Identität und Kontinuität seiner eigenen Biografie definiert. Erzählende Prosa, und vor allem ihre prominenteste Gattung, der Roman, wird somit, wie schon Hegel das sah, zu der der bürgerlichen Gesellschaft *angemessenen* Kunstform, die sich, gerade zu Hegels Zeit, gegen die herrschende, an der klassischen Antike orientierte Ästhetik durchsetzen konnte.

›Epische‹ Literatur der Neuzeit ist also (mit wenigen Ausnahmen wie z.B. den Versepen des 18. Jahrhunderts) immer **erzählende Prosa**. Dieser Gattungsbegriff wird hier an der Stelle der ›Epik‹ verwendet, er ist zwar historisch enger, bezeichnet aber genauer sowohl den sprachlich-rhetorischen Zustand der literarischen Texte – an Stelle der epischen Verse steht die Prosa – als auch ihren gesellschaftsgeschichtlichen Hintergrund, das bürgerliche Zeitalter.

Erzählen als Erfahrungsvermittlung, Traditionsbildung und Sinnkonstitution

Erzählen ist zunächst ein ganz normales, alltägliches, praktisch von allen Menschen immer wieder angewandtes, ja grundsätzlich unumgehbares **sprachliches Handeln**. Jeder Mensch erzählt jeden Tag: das Kind seine Kindergartenerlebnisse, Freunde oder Kollegen Anekdoten aus dem Alltag oder dem jüngsten Urlaub, die Großmutter Rückblicke in die eigene Kindheit oder Jugend. Erzählen ist gleichsam die ›naturwüchsigste‹ Form menschlichen Verhaltens zur eigenen Vergangenheit, ist die schlichteste Form der Vermittlung individueller oder gesellschaftlicher Erfahrung.

Erzählen stiftet Sinn: Erst dadurch, dass Ereignisse oder Erlebnisse in einer bestimmten Folge, in einer Chronologie, oder sogar in einer Abhängigkeit, einer Ursache-Wirkungs-Beziehung erzählt werden, bekommen sie Sinn. **Erzählen stiftet Identität:** Erst dadurch, dass ein Mensch sein Leben als eine sinnvolle Folge nur auf ihn zutreffender Erlebnisse und Ereignisse *erzählt*, kommt er zu seiner Biografie, kann er sich als Individuum verstehen. Erst dadurch, dass Geschichtsschreiber gesellschaftliche Ereignisse in einer bestimmten Folge erzählen, entsteht nationale oder kulturelle Identität. Erzählen ist also unumgehbares Medium individueller und kollektiver, biografischer und historischer Sinn- und Identitätsstiftung.

Die scheinbare Naturwüchsigkeit und Unmittelbarkeit des Erzählens liegt zuallererst in seiner Sprache begründet: Sie ist nicht, wie traditionell in Lyrik und Dramatik, durch Rhythmus und Metrum und Reimendungen ästhetisch überformt. Sie ist vielmehr wie die alltägliche, die ›geradeaus gerichtete Rede‹: Lateinisch hieß das *provorsa oratio* – ein rhetorischer Begriff, der wortgeschichtlich dann zu **Prosa** zusammengezogen wurde. Die Prosa ist grundsätzlich die Sprache der Erzählung – die damit dem alltäglichen Sprechen am nächsten zu stehen scheint.

Dennoch aber darf man nicht den Fehler machen, Erzählen als überhistorisches, immer gleiches, unveränderliches Phänomen zu betrachten. Natürlich werden auch die Menschen der Antike erzählt haben, ebenso wie Naturvölker oder die Bewohner eines mittelalterlichen Dorfes. Neuzeitliches Erzählens aber entsteht, so formulierte der Literaturtheoretiker Walter Benjamin in den 1930er Jahren, wo sich die menschliche Welt auf eine entscheidende Weise veränderte (vgl. Benjamin 1937/1980 II.2, 438 ff.). Im Handwerk der frühen Neuzeit präge sich das neuzeitliche Erzählens aus: Grundlage und Grundstoff des Erzählens ist also die Erfahrung, die der wandernde Geselle macht, buchstäblich die Er-Fahrung der Welt. Die Vermittlung dieser Erfahrung beabsichtigt einen Nutzen – mit Benjamins Worten: »In jedem Falle ist der Erzähler ein Mann, der dem Hörer Rat weiß« (ebd., 442).

Erzählen als Fiktion

Die Vermittlung von Erfahrung, wie sie die Erzählung im Rahmen handwerklicher Traditionsbildung übte, bleibt jedoch lange Zeit das Muster, auf das die *literarische* Erzählkunst zurückgreift. Die Prosaliteratur der Neuzeit ahmt die bestimmenden Strukturen des vorliterarischen Erzählens nach. Dessen **wesentliche Strukturelemente** werden hier allerdings fingiert:

- Die wichtigste Erfindung ist die des Erzählers: Im literarischen Erzählen existiert, zumindest für lange Zeit, ein *Erzähler*, der über das zu Erzählende Bescheid weiß und Erfahrung zu vermitteln vorgibt, und **dieser Erzähler ist immer eine Fiktion**.
- Ebenso fingiert ist der Erzählgegenstand, die erzählte Welt, die Orte, Figuren, Handlungszusammenhänge. Wie aber über diese Welt gesprochen wird, beschreibt die Erzählanalyse unter dem Begriff der **Redeformen in der Erzählung**.

- Literarisches Erzählen bezieht sich grundsätzlich auf etwas angeblich Vergangenes, es täuscht nur vor, dass Erfahrung noch unverbrüchlich weiterzugeben wäre, als ob ein Rat noch zu geben wäre. Die Tatsache, dass die literarische Erzählung sich aber auf etwas angeblich Vergangenes bezieht, bestimmt die **Zeitstruktur** des erzählenden Textes.

3.4.2 Strukturelemente des Erzählens

Erzählerfiktionen – Erzählsituationen

Nicht nur das, *was* im Prosatext erzählt wird, ist Fiktion, auch das Erzählen selbst muss erfunden werden. Wie das Erzählte bloß ›fingierte‹, erfundene ›Erfahrung‹ ist, so ist auch derjenige, der vorgibt, diese Erfahrung gemacht zu haben, eine Fiktion: der Erzähler. Grundsätzlich erzählt niemals der Autor eines erzählenden Textes – vielmehr erfindet er eine Figur, die sich zwischen ihn und den Erzählgegenstand schiebt – und damit auch zwischen den Leser und das Gelesene. Die erzählende Prosa benötigt traditionell die Vermittlung der **Erzählerfiktion**. Der Erzähler ist immer eine erfundene Figur im Text!

Die Art und Weise, in der erzählt wird, lässt sich mit der Kategorie der **Erzählsituation** beschreiben.

1. Die wohl bestimmende Ausprägung eines solchen fiktiven Erzählers in der bürgerlichen Erzählliteratur bis zur Moderne hin ist der so genannte **auktoriale Erzähler**, oder allgemeiner: die **auktoriale Erzählsituation** – eine Bezeichnung, die aus einem der ›Klassiker‹ der Erzählforschung stammt, aus Franz K. Stanzels Buch *Typische Formen des Romans* (1964). Der auktoriale Erzähler zeichnet sich zuallererst dadurch aus, dass er »eine eigenständige Gestalt [ist], die ebenso vom Autor geschaffen worden ist, wie die Charaktere des Romans« (Stanzel [12]1993, 16). Diese fiktive Erzählerfigur hat ein übergeordnetes Verhältnis zu der Geschichte, die sie erzählen soll: Der Erzähler weiß über die Geschichte bis zu ihrem Ausgang Bescheid, er kann Späteres vorwegnehmen, andeuten, kann rückblickend die Vorgeschichte referieren. Die Kenntnis des auktorialen Erzählers erstreckt sich aber nicht nur auf die äußeren Fakten der Geschichte, vielmehr ist er befähigt, ins Innere seiner Figuren zu sehen, er erzählt ihre Gedanken, Träume, Ängste, ihr Wahrnehmen, Denken, Empfinden. Diese Fähigkeit zur Innenweltdarstellung hat ausschließlich der fiktionale Text: Nur die literarische Erzählung darf sich anmaßen, innere Vorgänge Dritter, von denen niemand wissen kann, zu berichten (zum auktorialen Erzähler insgesamt vgl. Vogt [8]1998, 58 ff.).
Der auktoriale Erzähler verhält sich **nicht neutral** zum erzählten Geschehen, zu den Handlungen seiner Figuren. Er mischt sich immer wieder kommentierend und bewertend in die Geschichte ein; »in diesen Einschaltungen zeichnet sich [...] die geistige Physiognomie des auktorialen Erzählers ab, seine Interessen, seine Weltkenntnis, seine Einstellung zu politischen, sozialen und

moralischen Fragen, seine Voreingenommenheit gegenüber bestimmten Personen oder Dingen« (Stanzel [12]1993, 18 f.). Der auktoriale Erzähler ist – insofern ist die von Stanzel gewählte Bezeichnung sehr genau – tatsächlich viel mehr als der bloße Erzähler eines ihm äußeren Geschehens. Er ist der **Urheber** der Geschichte (lat. *auctor*: Urheber), er erzeugt das Erzählte durch das Erzählen, im Medium der Sprache.

2. Das Gegenstück zum auktorialen Erzählen ist die **Ich-Erzählsituation**. Der Autor erfindet hier nicht einen Erzähler, der außerhalb eines zeitlich und räumlich von ihm getrennten Erzählgegenstandes steht, sondern vielmehr eine Figur, die einerseits im Handlungskontext des zu Erzählenden steht, andererseits in der Ich-Form die Geschichte als eine selbst erlebte erzählt. Vom auktorial-allwissenden Erzähler unterscheiden den Ich-Erzähler einige wichtige Merkmale. Er steht nicht in sicherer und ironischer Distanz zum erzählten Geschehen, vielmehr ist er Betroffener und berichtet vorgeblich Selbsterlebtes. Durch die Ich-Perspektive ist der Text auf die Sicht dieser einen erzählenden Figur angewiesen; nichts kann erzählt werden, was nicht der Ich-Erzähler erlebt, gesehen und gehört hat. Der Blick in das Innere anderer Figuren ist ausgeschlossen, nur Empfindungen, Wahrnehmungen, Gedanken des Ich können erzählt werden. Die Ich-Form erweckt allerdings einen weit höheren Anschein von Authentizität, von ›Echtheit‹ des Erzählten und erzielt so für die Leser/innen den Eindruck größerer Unmittelbarkeit.

Bei auktorialer und Ich-Erzählsituation bestimmt eine mehr oder weniger konsequent durchgeführte ›Zentralperspektive‹ das Erzählgeschehen; sei es das über eigene Erlebnisse sich aussprechende fiktive Ich, sei es der ebenso fiktive allwissende, kommentierende Erzähler.

3. Die **personale Erzählsituation**, die vor allem für die Prosaliteratur des 20. Jahrhunderts wesentlich wurde, verzichtet weitgehend auf eine solche ›Zentralperspektive‹. Sie zeichnet sich durch scheinbare Abwesenheit des Erzählers aus. Natürlich ist da noch der reale Autor, der schreibt; er erfindet jedoch nicht mehr einen Vermittler zwischen sich und dem Erzählgegenstand, vielmehr scheinen die erzählten Dinge selbst zu sprechen.

Die Bezeichnung des *personalen* Erzählens resultiert aus der vorrangigen Darstellung jeweils aus der personalen Perspektive einer der handelnden Figuren als »Er-« oder »Sie«-Erzählung. Die Innensicht dieser Figur ist sozusagen vollständig: Nicht nur wird erzählt, was diese sieht, auch, wie sie es sieht, was sie sich denkt. Die *personale* Erzählsituation ermöglicht, wie die auktoriale, die **inneren Vorgänge einer Figur** zu schildern.

Der personal erzählte Text muss sich allerdings nicht auf die Perspektive *einer* Figur beschränken. Die personalen Perspektiven können häufig wechseln, d.h. einmal steht die eine, dann die andere Figur sozusagen in der Zentralperspektive auf das erzählte Geschehen. ›Personale Erzählsituation‹ ist eher eine Kategorie, die zur analytischen Beschreibung jeweils kleinerer Erzähleinheiten im größeren Text dienlich ist, die immer wieder durch neutrales Erzählen oder gar durch auktoriale Einmischungen voneinander getrennt werden. Die Extremform personalen Erzählens verzichtet sogar auf die Figurenperspektive: Situationen werden oft so geschildert wie vom Blickpunkt eines unsichtbar bleibenden Beobachters, wie durch eine Kamera. Dieses Erzählen heißt deshalb auch *neutrales Erzählen*.

Der Begriff der Erzählsituation ist als analytische Kategorie auch zur Erfassung der **Perspektivität des Erzählten** geeignet. Auktoriales und Ich-Erzählen können als *monoperspektivisches* Erzählen aufgefasst werden. Personales Erzählen stellt meist genau den gegenteiligen Typus, das *multiperspektivische Erzählen*, dar: Der Erzählgegenstand wird aus der Sicht verschiedener Figuren berichtet, ohne dass zwischen den unterschiedlichen Ansichten auktorial vermittelt würde (zu den Erzählsituationen insgesamt vgl. Vogt [8]1998, 41–80; zur Kritik von Stanzels Systematik s. ebd., 81 ff.; Petersen 1993, 68 ff.; einen Überblick über die Diskussion zur Erzählperspektivik liefert Bauer 1997, 74 ff.).

Redeformen in der Erzählung

Wie oben schon erwähnt, ist es niemals der Autor selbst, sondern der von ihm erfundene Erzähler, der im Text spricht. Aber auch dieser Erzähler, egal ob es sich um auktoriales, um personales oder Ich-Erzählen handelt, spricht nicht immer selbst. In fast allen Erzähltexten wechselt sich die Erzählerrede ab mit der Rede der Figuren, mit Monologen, Dialogen oder ganzen Gesprächsrunden, wie z.B. in den großen Konversationsromanen Fontanes. Der Erzähler gibt mündliche oder auch nur gedankliche Äußerungen seiner Figuren auf ganz unterschiedliche Weise wieder, und oft so, dass es schwierig ist, zwischen der Erzählerrede und der Figurenrede zu unterscheiden. Wer also spricht im erzählenden literarischen Text?

Zunächst ist es tatsächlich der Erzähler, der spricht. Seine Rede-Beiträge werden mit einem etwas ungenauen Begriff bezeichnet, dem **Erzählerbericht**. Dies ist der unpräzise Hilfsbegriff der Literaturwissenschaft für alle Elemente der Erzählung, die nicht als Äußerung einer fiktiven Figur, sondern als unverstellte Verlautbarung der Erzählfunktion dargeboten werden: Bericht, Beschreibung, szenische Darstellung, Erörterung, raffende und zusammenfassende Skizzierung größerer Geschehenszusammenhänge oder Ereignisabläufe o.Ä. Dem Erzählerbericht stehen alle Äußerungsformen der Figurenrede gegenüber: direkte und indirekte Rede, erlebte Rede, innerer Monolog und Bewusstseinsstrom.

Figurenrede tritt am einfachsten in Form **direkter Rede** in Erscheinung: Der Erzählerbericht geht, abgetrennt durch Anführungszeichen, zum Redebeitrag einer Figur über: »[...] er legte die Gerätschaften in das Futteral zusammen und betrachtete seine Arbeit mit Vergnügen, als der Gärtner hinzutrat und sich an dem teilnehmenden Fleiße des Herrn ergötzte. ›Hast du meine Frau nicht gesehen?‹ fragte Eduard, in dem er sich weiterzugehen anschickte« (Goethe: *Wahlverwandtschaften*, HA 6, 242). Der Erzähler kann die direkte Rede mit einem *verbum dicendi*, einem Verb mündlicher Äußerungsform an- oder, wie in diesem Fall, abmoderieren; er kann allerdings auch, meist mit dem Effekt einer unmittelbarer erscheinenden Gesprächswiedergabe (der Erzähler zieht sich sozusagen zeitweise zurück), auf diese so genannten *inquit*-Formeln verzichten.

Im Gegensatz zur unveränderten Wiedergabe der Figurenrede baut der Erzähler in der **indirekten Rede** die Aussage der Figur in seinen Erzählerbericht ein.

Die oben zitierte Roman-Passage könnte auch folgendermaßen lauten: »Als Eduard die Gerätschaften in das Futteral zusammengelegt hatte [...], fragte er den Gärtner, ob er seine Frau gesehen habe« – der Erzähler muss die Figurenrede verändern, zumindest grammatisch umformen, um sie in den Erzählerbericht einbauen zu können. Direkte und indirekte Rede sind Formen mündlicher, expliziter Figurenrede: Die Figuren der Erzählung sagen wirklich etwas, sprechen es laut aus und der Erzähler gibt es wieder (ausführlich zu Erzähler- und Figurenrede vgl. Lämmert ³1968, 195–242; Vogt ⁸1998, 143 ff.; ungleich komplizierter Genette 1994, 151–188).

Erzählerbericht und auch direkte und indirekte Figurenrede werden als erzählerische Darstellung der Außenwelt des Erzählten bezeichnet; dieser stehen die verschiedenen Formen der erzählerischen **Innenweltdarstellung** gegenüber.

Vor allem auktoriales und personales Erzählen haben die Möglichkeit, in die Köpfe oder die ›Herzen‹ der Figuren hineinzuschauen, und so sind Techniken erforderlich, die Innenwelt der Figuren darzustellen. Die erste dieser Techniken heißt **erlebte Rede**: Die Gedanken oder Bewusstseinsinhalte, Reflexionen, unausgesprochene Fragen und Empfindungen einer Figur werden statt in direkter oder indirekter Rede im Indikativ der dritten Person und im epischen Praeteritum ausgedrückt, sie steht also zwischen direkt und indirekt wiedergegebener Figurenrede und Erzählerbericht. Die erlebte Rede ist vor allem in der neueren europäischen Literatur ausgeprägt worden. Als Beispiel mag ein ›Selbstgespräch‹ des Konsuls Thomas Buddenbrook gelten:

> Und siehe da: plötzlich war es, als wenn die Finsternis vor seinen Augen zerrisse, wie wenn die samtne Wand der Nacht und eine unermeßlich tiefe, eine ewige Fernsicht von Licht erfüllte [...] Und er lag stille und wartete inbrünstig, fühlte sich versucht, zu beten, daß es noch einmal kommen und ihn erhellen möge. Und es kam. Mit gefalteten Händen, ohne eine Regung zu wagen, lag er und durfte schauen (Th. Mann: *Die Buddenbrooks*, S. 656 f.).

Mit der erlebten Rede verwandt, aber doch grundsätzlich unterschieden von ihr, ist die Wiedergabe von Gedanken oder Bewusstseinsinhalten, Reflexionen, unausgesprochenen Fragen und Empfindungen einer Figur im **inneren Monolog**. Im Unterschied zur grammatischen Form der erlebten Rede (3. Person, episches Praeteritum) verwendet der innere Monolog, als stummes Selbstgespräch, die Ich-Form und das Präsens. Die oben zitierte Passage aus den *Buddenbrooks* geht aus der erlebten Rede über in einen inneren Monolog:

> In meinem Sohne habe ich fortzuleben gehofft? In einer noch ängstlicheren, schwächeren, schwankenderen Persönlichkeit? Kindische, irregeführte Torheit! Was soll mir ein Sohn? Ich brauche keinen Sohn (S. 657).

Die Extremform des inneren Monologs ist schließlich der **Bewusstseinsstrom** (*stream of consciousness*; zu allen drei Formen der Innenweltdarstellung vgl. Vogt ⁸1998, 157–192). Er stellt eine komplexe, oft amorphe Folge von assoziativen Bewusstseinsinhalten einer Figur dar, in denen Empfindungen, Ressentiments, Erinnerungen, sich überlagernde Reflexionen, Wahrnehmungen und subjektive

Reaktionen auf Umwelteindrücke vor ihrer gedanklichen Ordnung durcheinander gleiten. Als Beispiel folgende Passage aus Döblins *Berlin Alexanderplatz*: Zur Situation: Franz Biberkopf besucht – erfolglos – eine Frau, dann heißt es:

> Krach. Die Türe zu, zugeschlagen. Rrrrrr, der Riegel wird vorgeschoben. Donnerwetter. Die Tür ist zu. Son Biest. Da stehst du. Die ist wohl verrückt. Ob die mich erkannt hat ...

Zeitbezug I: Episches und historisches Praeteritum

Der Erzählvorgang mitsamt dem Erzähler erscheint in der literarischen Erzählkunst also als Fiktion. Ebenso aber ist auch das Erzählte, der Gegenstand, erfunden. Geht das ursprüngliche Erzählen zurück auf tatsächliche Erfahrung, auf Erlebtes, gibt hingegen die Erzählliteratur das Erzählte bloß als solches aus. Gegenstand ist nicht mehr, was geschehen ist, sondern was geschehen sein könnte, was möglich wäre. Natürlich verweben sich in die dichterische Erfindung unzählige Versatzstücke der ›tatsächlichen‹, historischen Wirklichkeit – allein schon, um ihr einen möglichst großen Wirklichkeitscharakter, *Authentizität* zu verleihen. Diese historischen Anteile der erzählten Geschichte sind alles andere als belanglos für das Verständnis des Erzählten: Erzählt wird ein mögliches Geschehen um möglicherweise vollständig erfundene Figuren unter ganz bestimmten, historisch überprüfbaren Bedingungen. Erzählliteratur muss also auch *historisch* gelesen werden, ihr Gegenstand ist meist ein **mögliches Geschehen im Kontext realer Geschichte** – und in dem Spannungsfeld zwischen Fiktivem und geschichtlichen Bedingungen ist *historische Erfahrung* verborgen. Auf komplexere Weise fungiert künstlerisches Erzählen demnach immer noch wie das vorliterarische: als Überlieferung von Erfahrung.

Wie der historische Bericht oder die biografisch-authentische Schilderung erzählt auch der literarische Text in einer bestimmten grammatischen Zeitform: dem Praeteritum. Hierbei zeigt sich aber der entscheidende Unterschied zwischen historischem Tatsachenbericht und literarischer Erzählung: Der Geschichtsschreiber berichtet etwas, was tatsächlich in der Vergangenheit stattgefunden hat – jede Leserin, jeder Leser weiß beim Lesen: Das Berichtete ist vergangen. Im Gegensatz dazu tut die literarische Erzählung nur so, als ob sie etwas Vergangenes erzählt und schafft mit dem Erzählen die Illusion, uns als Lesern sei das Erzählte gegenwärtig. Wenn wir einen Roman lesen, scheint es uns, als ob das Erzählte gerade in diesem Augenblick passiere, wir sind von dieser Gegenwärtigkeitsillusion gefangen genommen und sind sogar gespannt auf die ›Zukunft‹ im Roman, die sich auf den nächsten Seiten, in den nächsten Kapitel entfaltet. Und diese Empfindung der Gegenwärtigkeit des Erzählten wie die Spannung auf dessen Zukunft stellt sich ein, obwohl die Erzählung praktisch immer im Präteritum steht.

Die Germanistin und Erzählforscherin Käte Hamburger hat in ihrem Werk *Die Logik der Dichtung* (1957) diese Vergegenwärtigungsfunktion des Erzählens mit einer fundamentalen begrifflichen Unterscheidung beschrieben: die Differenz zwischen historischem und epischem Praeteritum. Das **epische Praeteritum** ist, wie eben erläutert, die vorherrschende Tempusform der erzählenden Gattungen.

Das epische Praeteritum gibt keine Wirklichkeitsaussage, sondern eine fiktionale; daher hat es nicht die Funktion der Vergangenheitsbeziehung (die würde durch das – grammatisch identische – **historische Praeteritum** ausgedrückt). Vielmehr drückt das epische Praeteritum die fiktive Gegenwartssituation der Romanfigur aus, von der es berichtet. Seine Funktion ist die suggestive Illusion der Gegenwärtigkeit des erzählten Geschehens, die sich beim Lesen fiktionaler Erzähltexte aufdrängt. Bezeichnend dafür ist die Möglichkeit, das epische Praeteritum (auf eigentlich ungrammatische Weise) mit einem Zukunftsadverb zu verbinden: »*Morgen war* Weihnachten« (dazu ausführlicher Vogt [8]1998, 29 ff.; Petersen 1993, 21 ff.).

Zeitbezug II: Erzählte Zeit und Erzählzeit

Das Erzählte aber ist grundsätzlich, ganz gleich ob Fiktion oder Tatsachenbericht, in der **Vergangenheit** angesiedelt. Diese schlichte Tatsache, die zu bemerken überflüssig scheint, betrifft jedoch eine wesentliche strukturelle Bestimmtheit erzählerischer Texte: Sie gestalten immer Zeit, erzählen Vorgänge als *vergangene* in einer gewissen Folge und in einem gewissen Tempo. Erzählende Texte *sind* selber Zeit, indem sie Beginn und Ende haben, sich über Minuten oder Stunden erstrecken.

Der imaginäre Zeitraum, den die Erzählung als Vergangenheit fingiert, etwa die anderthalb Jahre zwischen dem 4. Mai 1771 und dem 23. Dezember 1772 im Leben eines jungen Mannes namens Werther, heißt **erzählte Zeit**. Die Zeit jedoch, die der *Werther* braucht, um erzählt oder gelesen zu werden, beträgt nur etwa vier Stunden, oder, anders ausgedrückt, 118 Textseiten. Die **Erzählzeit** ist also, wie fast immer in erzählender Prosa, sehr viel kürzer als die erzählte Zeit – notwendigerweise, um längerwierige Vorgänge aus der imaginären Vergangenheit überhaupt erzählbar zu machen.

Dieses grundsätzliche Verhältnis zwischen Erzählzeit und erzählter Zeit kann als **Zeitraffung** beschrieben werden (Müller 1968, 257). Dass Erzählzeit und erzählte Zeit immer aufeinander bezogen sind, macht das **Erzähltempo** eines Textes aus. Dies kann im Einzelnen sehr unterschiedlich sein und kann innerhalb eines Textes wechseln. Sind Erzählzeit und erzählte Zeit gleich lang, spricht man von **zeitdeckendem Erzählen**; es findet sich vor allem bei der wörtlichen Wiedergabe von Dialogen, von Figurenrede. Ist die Erzählzeit länger als die erzählte, liegt **zeitdehnendes Erzählen** vor, so z.B. bei der Wiedergabe von Gedanken oder schnell ablaufenden Bewusstseinsprozessen.

Das erzähltechnische Mittel der Zeitraffung lässt zahlreiche Variationen zu. Ein Text kann etwa zwischen breiter erzählten Begebenheiten ereignis- oder belanglose Zeiträume auslassen, dann macht er einen **Zeitsprung**, eine **Aussparung**. Henry Fielding, einer der bedeutendsten englischen Erzähler der ersten Hälfte des 18. Jahrhunderts, erklärt etwa seinen Lesern: »Wenn sich uns eine außergewöhnliche Szene bietet, werden wir es nicht an Mühe und Papier fehlen lassen, sie unsern Lesern lang und breit zu eröffnen; doch wenn ganze Jahre vergehn, ohne dass sich etwas Erwähnenswertes tut, werden wir eine Lücke in unserer Geschichte nicht scheuen.«

Die wohl kunstvollste Form der Zeitraffung stellt ein »Zusammenraffen der Ereignisse in große Schritte« dar (Müller 1968, 259), das einen längeren Zeitraum nicht ausspart, sondern ihn in hohem Erzähltempo als verstreichende Zeit erzählt. Berühmtestes Beispiel hierfür ist wohl die extrem raffende Darstellung von ungefähr fünfzig Jahren verstreichender Weltgeschichte in Johann Peter Hebels Kalendergeschichte *Unverhofftes Wiedersehen*: »Unterdessen wurde die Stadt Lissabon in Portugal durch ein Erdbeben zerstört, und der Siebenjährige Krieg ging vorüber, und Kaiser Franz der Erste starb, und [...] die Engländer bombardierten Kopenhagen«. Diese stark raffende Reihung von Ereignissen heißt **sukzessive Raffung** (vgl. Lämmert 1955/³1968, 83). Zeit wird gerafft durch die Reduzierung eines langen Zeitraums auf wenige wesentliche Begebenheiten.

Werden allerdings in einem längeren Zeitraum andauernde oder sich immer wiederholende Vorgänge erzählt, spricht man von **iterativ-durativer Raffung** (vgl. ebd., 84). Hebels Erzählung geht unmittelbar nach der oben zitierten Passage so weiter: »[...] und die Ackerleute säeten und schnitten. Der Müller mahlte, und die Schmiede hämmerten, und die Bergleute gruben nach den Metalladern in ihrer unterirdischen Werkstatt.«

Zeitbezug III: Rückwendung / Vorausdeutung und andere »Anachronien«

Zur Zeitgestaltung in der erzählenden Prosa gehören darüber hinaus auch **Rückgriffe**, **Rückwendungen** und **Vorausdeutungen** des Textes. Die Zeitstruktur des erzählenden Textes muss nicht einsinnig nach der Chronologie des Erzählten geordnet sein: Der auktoriale Erzähler, der ja die Geschichte bis zu ihrem Ausgang kennt, trägt manchmal Wissenswertes aus der Vorgeschichte des zu Erzählenden nach, deutet zuweilen noch Zukünftiges an. Auch im personalen und Ich-Erzählen sind Rückwendungen jeweils aus der Perspektive der erzählten Figur häufig. Ein solcher ›Verstoß‹ gegen die Ordnung des chronologischen Nacheinanders auf der Ebene der erzählten Welt heißt auch **Anachronie**, je nach der Richtung des Verstoßes unterscheidet man zwischen Rückwendung und Vorausdeutung.

Unter der **Rückwendung (Analepse)** versteht man die Unterbrechung der fiktiv-gegenwärtigen Handlungsfolge, um einen oder mehrere Einschübe zu Zeitspannen oder Ereignissen einzubauen, die von der fiktiven Gegenwart aus in einer Vergangenheit liegen – oftmals sogar jenseits der Haupthandlung der erzählten Zeit (›Vorzeithandlung‹). Wird in einer solchen Rückwendung die Vorzeithandlung zum besseren Verständnis der Gegenwarts-Handlung nachgetragen, spricht man von **aufbauender Rückwendung**; die oft rekonstruierende Wiederholung eines vergangenen Handlungsverlaufs heißt **auflösende Rückwendung** (etwa im Detektivroman). Der erzählerische Verweis auf ein einzelnes Faktum aus der Vorzeithandlung heißt **Rückgriff**, bezieht sich eine Figur reflexiv auf die eigene Vergangenheit, so heißt dies **Rückblick**.

Unter der **Vorausdeutung (Prolepse)** versteht die Erzählforschung den erzählerischen Verweis auf in der Erzählchronologie noch zukünftige Ereignisse. Auktorialer und Ich-Erzähler sind ja in der Lage, die Geschichte bis zu ihrem Ausgang zu überblicken, und können daher in oft spannungsteigernden **zukunftsgewissen Vorausdeutungen** die Aufmerksamkeit des Lesers auf ein noch eintreffendes Ereignis lenken. Das begrenzte Wissen der fiktiven Figuren erlaubt dies nicht: Die in Hoffnungen, Plänen, Wünschen und Befürchtungen vorweggenommenen (antizipierten) Ereignisse sind **zukunftsungewisse Vorausdeutungen** (zu den Anachronien insgesamt und zur Terminologie ganz ausführlich vgl. Lämmert ³1968, 100–192; Genette 1994, 22–54; gut zusammengefasst bei Vogt ⁸1998, 118–133).

3.4.3 Gattungen erzählender Prosa

Kleinformen

Literarisches Erzählen bildete sehr schnell unterschiedliche Formen aus, von denen sich einige noch eng an Strukturen des vorliterarischen Erzählens anlehnten, andere jedoch relativ schnell eine eigene, eine ästhetische Logik ausprägten. Jede Beschreibung der Textsorten erzählender Prosa muss notwendigerweise typisierend reduzieren, die Vielfältigkeit des epischen Genres macht die Beschränkung auf einige wenige Untergattungen der Epik nötig.

Ein Teil der so genannten **Kleinformen der Prosaliteratur** steht noch in engem Zusammenhang zu der Entstehung neuzeitlichen Erzählens aus der Vermittlung von Erfahrung, der mündlichen Traditionsbildung im städtischen Handwerk:

1. Der **Schwank**, der vor allem die Prosaliteratur des Spätmittelalters und der frühen Neuzeit ausmachte, steht auch sozialgeschichtlich ganz im Kontext der sich ausbildenden handwerklich-frühbürgerlichen Gesellschaft. Der Schwank ist grundsätzlich die derbere Darstellung einer ›komischen‹ Begebenheit, eines erheiternden Konflikts zwischen mehreren Ständen der sich auflösenden Feudalgesellschaft des ausgehenden Mittelalters. Die Konfrontation zwischen einem betrogenen gesellschaftlich Unterprivilegierten und dem Vertreter eines herrschenden Standes schlägt meist in einer überraschenden Pointe um in den Sieg des zunächst Unterlegenen (z.B. *Till Eulenspiegel*). In witziger Weise schlägt sich die Erfahrung der aufbrechenden Starrheit der Ständegesellschaft im Schwank nieder; er artikuliert damit beginnendes bürgerliches Selbstbewusstsein (zum Schwank vgl. Theiss 1985; Straßner ²1978).
2. Die **Fabel** ist ein lehrhafter, sehr kurzer Erzähltext; sie ›weiß dem Hörer oder Leser stets einen Rat‹. Handelnde Figuren in der Fabel sind meist Tiere, auf die allerdings bestimmte menschliche Eigenschaften projiziert werden (etwa die Schläue auf den Fuchs), die damit in idealtypisch reiner Form darstellbar sind. Die Tiererzählung führt beispielhaft gesellschaftliche Konflikte zwischen menschlichen Grundeigenschaften vor, zum Schluss wird eine Moral ausdrücklich formuliert: Die Fabel drängt als didaktischer Text auf Anwendung ihrer Moral im Lebens- und Erfahrungszusammenhang des Lesers. – Die Fabel ist von der Antike bis zur Moderne literaturgeschichtlich präsent (Äsop, de la Fontaine, Gellert, Lessing; zur Fabel vgl. Leibfried ⁴1982; Hasubek 1982).

3. Die **Kalendergeschichte** ist eine kurze Erzählung über heitere oder merkwürdige Begebenheiten meist aus dem unmittelbaren Erfahrungszusammenhang des Volkes, die zunächst im Rahmen der Volkskalender des 18. und 19. Jahrhunderts publiziert wurde. Sie beabsichtigt zumeist Belehrung, Unterhaltung oder Besinnlichkeit, ihre Sprache lehnt sich stark an die mündliche Tradition an. Große Berühmtheit haben die Kalendergeschichten Johann Peter Hebels erreicht, an dessen Konzeption aus Lehrhaftigkeit und Unterhaltsamkeit Brecht mit seinen *Kalendergeschichten* anzuknüpfen sucht, natürlich mit einer neuen, eher antibürgerlichen ›Lehre‹.

Blieben die bisher skizzierten Textsorten, die allesamt kürzere oder kürzeste Formen erzählender Prosa darstellen, eng dem traditionellen Erzählen verhaftet, sei es in ihrem Ratwissen, sei es in ihrer ›volkstümlichen‹ Sprache, sind die literarischen **Großformen des Erzählens** sehr viel stärker als *künstlerische* Texte strukturiert.

1. Die traditionelle Ausprägung der kürzeren Großform literarischen Erzählens ist die **Novelle** (ital. *novella*: Neuigkeit). Sie beinhaltet immer, nach Goethes ›klassischer‹ Definition, »eine sich ereignete unerhörte Begebenheit« (Gespr. m. Eckermann am 29.1.1827). Diese »Neuigkeit«, die bisher nicht bekannte Begebenheit, ist meist ein gesellschaftlicher Konflikt, der wie der Einbruch von etwas Schicksalhaftem zur Darstellung kommt. Die Erfahrung gesellschaftlicher Konfliktsituationen wird nicht auf der Grundlage ihrer realen sozialen Bedingungen verhandelt; vielmehr wird das Gesellschaftliche des Konfliktes innerhalb der Novelle oft verschwiegen, das Neue, Unerhörte wird scheinbar objektiv, neutral erzählt. Diese Neutralität wird strukturell gewährleistet durch die Rahmenkonstruktion, innerhalb derer die Novelle erzählt wird: Vor einem geselligen Publikum erzählt ein natürlich fiktiver Erzähler das ›Unerhörte‹. Der Erzählrahmen stellt damit die gesellschaftliche Dimension der Novelle dar.

Ein berühmter Novellenzyklus innerhalb einer Rahmenhandlung ist etwa Boccaccios *Decamerone* (1353); auch die Novellen, die in Goethes *Wanderjahre* (1829) integriert sind, werden innerhalb eines solchen Rahmens erzählt. Im Lauf des 19. Jahrhunderts aber trennte sich die Kunstform der Novelle von der Rahmenkonstruktion. Vor allem der deutsche *bürgerliche Realismus* machte die Novelle, nun als eigenständige Erzählung, zur bevorzugten Darstellungsform für die Konflikte zwischen dem bürgerlichen Individuum und der Gesellschaft (Storm, Meyer, Keller, Fontane; ausführlich zur Novelle vgl. Kunz ²1973; Schlaffer 1993; Aust ³1999).

2. Gegen die Abgeschlossenheit der erzählten Begebenheit in der Novelle grenzt sich die strukturelle Offenheit ihrer modernen Variante, der **Kurzgeschichte** ab. Diese setzt sich in der deutschen Literatur vor allem nach 1945, unter dem Einfluss amerikanischer Vorbilder (vor allem Hemingways), als beliebteste Form kürzerer Erzählprosa durch. Die Kurzgeschichte erzählt eine einschneidende oder eine Umbruchsituation im Leben eines Individuums, setzt unvermittelt ein und endet ebenso offen, lässt die Auswirkungen des erzählten Geschehens auf das weitere Leben der Betroffenen nur erahnen (ausführlich zur Kurzgeschichte vgl. Marx ²1997, Durzak ²1994).

Der Roman

Die differenzierteste Formenvielfalt bildete die repräsentative Großform erzählender Prosa aus: der *Roman*. Er ist zugleich »die spezifische literarische Form des bürgerlichen Zeitalters« (Adorno 1981, 41). Schon am Beginn der Neuzeit wurde die alltägliche, im handwerklichen Erzählen praktizierte Weitergabe von Erfahrung immer problematischer: Die bürgerliche Gesellschaft entwickelte sich rasant zu einer großen Komplexität, so dass die Welt nicht mehr in ihrer Gesamtheit erfahrbar und damit als ungebrochener Sinnzusammenhang nicht mehr erzählbar war. In diesem Kontext wird der Roman – wichtigen Romantheoretikern zufolge (vgl. Lukács 1916/⁷1981; Adorno 1981) – zu der literarischen Form, deren Ziel der in der Realität nicht mehr sichtbare Sinnzusammenhang von Geschichte, Gesellschaft und individueller Biografie ist. Der meist auktoriale Erzähler suggeriert, es gäbe noch die Möglichkeit, Welt sinn-voll zu erzählen; der Held des Romans wird auf einen Weg durch eine feindliche Welt geschickt, durch »versteinerte Verhältnisse« (Adorno 1981, 43), im besten Falle erreicht er, meist durch viele Kompromisse, eine Integration in die Gesellschaft (Goethe: *Wilhelm Meister*, 1795/96, 1827; Stifter: *Der Nachsommer*, 1857). Oft ist seine Suche nach Sinn vergeblich, die prosaische Realität entzieht ihm meist die Sinn-Illusion, desillusioniert ihn (Goethe: *Werther*, 1774; Keller: *Der grüne Heinrich*, 1854/55).

Mit der Entstehung der Kleinformen prosaischen Erzählens emanzipierte sich auch die Großform deutschsprachiger Prosa im 14. und 15. Jahrhundert langsam von der höfischen Versform des Epos und auch von lateinischer Gebrauchs-, Lehr- und Glaubensprosa: Prosa-Bearbeitungen großer mittelalterlicher Versepen machen den Anfang. Der **Prosaroman** der frühen Neuzeit entsteht im frühen 16. Jahrhundert aus Prosaübertragungen (Elisabeth von Nassau Saarbrücken (1390–1456): *Herpin, Huge Scheppel*) und aus Schwanksammlungen, die auf einen Helden zugeschnitten wurden: Der bekannteste Schwankroman ist wohl der *Dyl Ulenspiegel* (1515).

Daneben entstehen im 16. Jahrhundert echte Prosaromane: Der anonym erschienene Roman *Fortunatus* (1509) thematisiert Tugenden und Gefährdungen des neuen Kaufmannsstandes, die *Historia von D. Johann Fausten* (1587, ebenfalls anonym) bezieht am Beispiel des Antihelden Faust ganz unmittelbar Position in den Auseinandersetzungen des Reformationsjahrhunderts. Der wichtigste Romanautor des 16. Jahrhunderts ist Georg Wickram (ca. 1505–1555/60). Seine Romane, zwischen dem *Galmy* (1539) und dem *Goldtfaden* (1557), sind einerseits höfische Erzählungen – die zumindest inhaltlich die Tradition der spätmittelalterlichen Prosaübertragung von Versepen fortsetzen; andererseits schreibt er dezidiert bürgerliche Romane, die etwa Nachbarschaftskonflikte, soziale Tugenden, Erziehung, Freundschaft und Liebe zum Gegenstand haben. Für die Entstehung modernen Erzählens kann Wickrams Beitrag kaum überschätzt werden: Seine Texte weisen die wesentlichen Bestandteile literarischen Erzählens auf, die für die gesamte Neuzeit bestimmend blieben (Zeitgestaltung, Erzählerverhalten usf.). Johann Fischarts *Geschichtklitterung* (1575), eine Übersetzung und Bearbeitung von François Rabelais' *Gargantua und Pantagruel*, bildet den Höhepunkt der Prosaliteratur des Reformationszeitalters (zum Prosaroman insgesamt vgl. Müller 1985; umfassender zur erzählenden Literatur des 16. Jahrhunderts vgl. Rupprich 1972, 156–207).

Martin Opitz hatte 1624 mit seinem *Buch von der Deutschen Poeterey* die Abkehr von den Prosaformen und -stoffen des 16. Jahrhunderts eingeleitet; vorbildlich für den neuen Roman wird seine Übersetzung der 1621 in neulateinischer und 1623 französischer Sprache erschienenen *Argenis* John Barclays (1626). Damit beginnt die Geschichte des **Barockromans**, der insgesamt in drei große Untergruppen eingeteilt werden kann:

1. Der **höfisch-historische Roman** ist grundsätzlich in adeligem Milieu angesiedelt, er handelt von oft verwirrenden Verwicklungen um königliche Liebespaare, von Abenteuern und Irrfahrten, Kriegszügen und Staatsgeschäften. Am Ende siegt immer die sittliche Weltordnung und die Liebenden werden zusammengeführt. Die Leserschaft dieser höchst umfangreichen Texte war die hoch gebildete Elite der Barockgesellschaft. Beispielhaft für das reichhaltige Genre seien nur zwei genannt: John Barclay (nlat. 1621, frz. 1623)/Opitz (1626): *Argenis*; Philipp von Zesen: *Die adriatische Rosemund* (1645).
2. Die beliebten **Schäferromane** unterlegten dem »herrschenden Bereich des Hofes und des Rittertums [...] durch die Schäferszenen [...] eine idyllische Folie« (Meid 1974, 72), lagen in Deutschland allerdings nur in Übersetzungen vor, z.B. Montemayors *Diana* oder Sidneys *Arcadia* (1590). Opitz' Verserzählung *Schäfferey von der Nimfen Hercynie* (1630) stellt eine »episch-lyrische Sonderform« des Schäferromans dar (Singer ²1966, 15), der insgesamt für die deutsche Barockliteratur nur geringere Bedeutung hatte.
3. Gegenstand und Ich-Erzähler des **Schelmen- oder Picaroromans** ist ein zumeist aus der gesellschaftlichen Unterschicht stammender Held, eine »Mischung aus Vagabund, Diener und Spitzbube« (Salinas 1969, 206). Konstitutiv für das Genre ist die gesellschaftliche Mobilität des Helden: Er kommt mit Vertretern verschiedenster Stände, mit allen möglichen Situationen frühneuzeitlicher Arbeitswelt und gesellschaftlichen Alltags in Berührung. So präsentiert der Schelmenroman das gesamte Spektrum der gesellschaftlichen Möglichkeiten seiner Zeit in episodischer Reihung. Der deutsche Schelmenroman des 17. Jahrhunderts greift auf eine ältere spanische Tradition zurück: den 1554 in Spanien erschienenen *Lazarillo de Tormes*, 1617 erstmals übersetzt, sowie Cervantes' *Don Quijote* (1605/15; dt.1648). Mateo Alemáns *Guzmán de Alfarache* (1599/1605) wurde unter dem Titel *Der Landstörtzer: Gusman von Alfarche oder Picaro genant* von Aegidius Albertinus bearbeitet und 1615 publiziert: In dieser Form übte der Text großen Einfluss auf die Entstehung von Grimmelshausens *Simplicissimus* aus (vgl. dazu Rötzer 1972, 128 ff.; zum Barockroman insgesamt Rötzer 1972; Meid 1974; Niefanger 2000, 174–219).

Schelmenroman und auch höfisch-historischer Roman waren Ausgangspunkt für das, was etwas despektierlich im 18. Jahrhundert **Abenteuerroman** genannt wurde. Die spannend erzählten und oft haarsträubenden oder völlig unwahrscheinlichen Ereignisse lieferten allerdings der Abwertung der Gattung Roman in der Aufklärung wichtige Argumente. Christian Reuters *Schelmuffskys Warhafftige*

Curiöse und sehr gefährliche Reisebeschreibung zu Wasser und zu Lande (1696) gehört ebenso dazu wie Johann Gottfried Schnabels *Wunderliche Fata einiger Seefahrer [...]*, der unter dem Titel *Insel Felsenburg* berühmt wurde (1731–43), und Johann Carl Wezels *Belphegor* (1776). Eine Sondergattung des Abenteuerromans – die einerseits schon mit Grimmelshausens *Simplicissimus* begonnen hatte und andererseits für die Aufklärung wieder gut nutzbar wurde – war die **Robinsonade:** Daniel Defoes *Robinson Crusoe* (1719) lieferte das häufig kopierte Vorbild, bis hin zu J.H. Campes *Robinson der Jüngere* (1779) und J.C. Wezels pessimistischem Roman *Robinson Krusoe* (1779).

Idealtypisch für den Aufklärungsroman aber mag der **Briefroman** stehen, in dem Empfindsamkeit und Aufklärung zusammengeführt wurden. In den Romanen des Engländers Samuel Richardson (*Pamela*, 1741; *Clarissa*, 1748), in Christian Fürchtegott Gellerts *Schwedischer Gräfin von G**** (1747)/48), Jean-Jacques Rousseaus *Julie ou La Nouvelle Heloïse* (1761) und Sophie von La Roches *Geschichte des Fräuleins von Sternheim* (1771) wurde die leidenschaftliche Emotion immer durch den Brief gefiltert, Gegenstimmen relativierten die Urteile einzelner Figuren; die Gesamttendenz bestand insgesamt im Erreichen eines empfindsamen bürgerlichen Tugendideals. Goethes Briefroman *Die Leiden des jungen Werthers* (1774) lässt diese aufgeklärte Intention hinter sich: Nur einer spricht hier noch, der Briefroman tendiert zum monologischen Ausdruck eines leidenschaftlichen und leidenden Individuums. Mit dem *Werther* ist der Endpunkt des empfindsamen (Brief-)romans erreicht (zu den verschiedenen Formen des Aufklärungsromans vgl. Alt ³2001, 276–302; Kimpel 1967).

Romangeschichtlich von ungeheurer Wirkung wurde, zusammen mit Carl Philipp Moritz' *Anton Reiser* (1785–94), Goethes *Wilhelm Meisters Lehrjahre* (1796) als Muster des **Entwicklungs-** oder **Bildungsromans.** Hier wird biografisch erzählend der Bildungsgang eines Individuums innerhalb der bürgerlichen Gesellschaft dargestellt, bei Goethe in der Tendenz angelegt auf eine scheinbar glückhafte Integration. Leben wird hier zum sinnhaften Entwurf; der Entwicklungsroman kann oft zunächst sinnlos erscheinende Erlebnisse des Helden hinoder umdeuten auf das Ziel gesellschaftlicher Integration. Gottfried Kellers *Grüner Heinrich* (1854) folgt diesem Vorbild, in Adalbert Stifters *Nachsommer* (1857) werden unter dem scheinbaren Glück erfolgreicher gesellschaftlicher Integration bereits die Strukturen von Gewalt sichtbar, die der Einzelne, unter dem Zwang kollektiver Imperative, sich zu ›seinem Glück‹ antun muss. Thomas Manns *Felix Krull* (1954) kann als später und ironisch die Form brechender Nachfolger des Bildungsromans gelten, ebenso wie Günther Grass' *Blechtrommel* (1959) (zum Bildungsroman vgl. Selbmann ²1994).

Im 19. Jahrhundert wird dem individualisierenden Bildungsroman schon mit Goethes *Wilhelm Meisters Wanderjahre* (1821/29) der **Gesellschaftsroman** entgegengestellt: Angeregt durch die historischen Romane Walter Scotts entwickelt sich dieses Genre programmatisch gegen die Dominanz der individualisierenden Bildungs- und Entwicklungserzählung (Karl Gutzkow, Gustav Freytag, Gottfried Keller). In den ›realistischen‹ Romanen Theodor Fontanes wird, weit über die individuellen Schicksale der Heldinnen und Helden hinaus, die psychosoziale Verfassung der preußisch-wilhelminischen Gesellschaft thematisiert (*Effi*

Briest, 1895; *Der Stechlin*, 1898). Dass das auktorial-biografische Erzählen schließlich auch Mittel war zur Vortäuschung von Sinnhaftigkeit in einer sinnentleerten Welt, machte die traditionelle Romanform zunehmend problematisch. Schon bei Fontane erzählt eigentlich nicht mehr der Erzähler: Die erzählte Welt entsteht in den vielfältigen Perspektiven der Figuren, deren Monologe und Dialoge der Erzähler nur noch moderiert; bei Fontane darf man zu Recht vom **Konversationsroman** sprechen.

Sozial-realistisches Erzählen dominiert die Gattungsentwicklung auch zu Beginn des 20. Jahrhunderts, etwa in Heinrich Manns kritisch-satirischen Romanen über das wilhelminische Kaiserreich (*Der Untertan*, 1991–14/1918). Die Anreicherung realistischer Darstellung durch (tiefen-)psychologische Momente und philosophische Reflexion kennzeichnet schon Thomas Manns ersten Roman, *Die Buddenbrooks* (1901). Realismus als Kennzeichen des Romans tritt aber in den ersten beiden Jahrzehnten des 20. Jahrhunderts zunehmend zurück zugunsten der Entwicklung und Nutzung neuer Darstellungsweisen (**Montage, Innerer Monolog und Bewusstseinsstrom**) oder der Integration wissenschaftlicher Textsorten und Deutungsperspektiven (z.B. bei Robert Musil: *Der Mann ohne Eigenschaften*, 1930/33/43). – An diese erzähltechnischen Innovationen v.a. der Jahre vor 1933 schließen viele Romanciers der Nachkriegszeit an, beispielsweise Peter Weiss, Uwe Johnson, Wolfgang Koeppen und Peter Handke; gleichzeitig aber leben die traditionellen Erzählweisen – biografisches Erzählen, auktoriales Erzählen, die Präsentation einer narrativ geschlossenen Welt – in der Mehrheit der Romane der letzten fünf Jahrzehnte fort (Siegfried Lenz, Heinrich Böll, Martin Walser u.v.a.m.) (zum Roman im 20. Jahrhundert insgesamt vgl. Schärf 2001).

Der **Roman der Moderne** schließlich zerschlägt tendenziell den kontinuierlichen Erzählvorgang, der sonst fingiert wurde. Nicht nur ist kontinuierliches Erzählen unmöglich geworden, vielmehr versagt sich der Roman der Moderne, die dargestellte Welt als sinnhafte zur Erscheinung kommen zu lassen. Er stellt den Versuch dar, das Disparate der hochindustriell-bürgerlichen Welt, ihre tiefen Risse und Widersprüche, eben nicht zu verschleiern durch den ästhetischen Schein der Sinnhaftigkeit, sondern gerade in einer fragmentarischen ästhetischen Struktur zum Ausdruck zu bringen. Die Montagetechnik wurde in Verfahren der bildenden Kunst der 1920er Jahre entwickelt (John Heartfield), in der Literatur greift erstmals die dadaistische Lyrik auf das Verfahren zurück. Alfred Döblins Roman *Berlin Alexanderplatz* (1929) gilt, in der Tradition von John Dos Passos' *Manhattan Transfer* und James Joyce' *Ulysses*, als der erste deutsche Montageroman. Er springt ständig zwischen mehreren personalen Perspektiven, Zeit- und Handlungsebenen hin und her, streut montageartig Bruchstücke dritter Texte (Werbung, Radio, Zeitung u.a.m.) ein, wechselt oft und unvermittelt zwischen verschiedenen Texten heterogener Struktur und unterschiedlichster formaler Abkunft.

In der westdeutschen Nachkriegsliteratur knüpft etwa Wolfgang Koeppen an diese Verfahren an (*Tauben im Gras*, 1951; *Der Tod in Rom*, 1954), Uwe Johnsons vierbändige *Jahrestage. Aus dem Leben von Gesine Cresspahl* (1970–83) präsentieren eine aufwendige Montage aus personal erzählten Passagen, fingierten Tonbandaufzeichnungen, Zeitungsausschnitten (*New York Times*) u.v.m.

Alexander Kluge (*Schlachtbeschreibung*, 1964) und Arno Schmidt greifen das Verfahren ebenso auf, Schmidt in radikalisierter Form: Sein *Kaff auch Mare Crisium* (1960) besteht nicht nur aus zwei durch den Druck voneinander unterschiedenen Handlungsebenen, einmontiert werden Bruchstücke fingierter Übersetzungen des Nibelungenliedes und von Herders Epos *Der Cid* ins Amerikanische bzw. Russische.

Während die Montage-Technik lediglich die Kontinuität des Erzählvorgangs aufbricht, stellt der in Frankreich in den 1950er Jahren entwickelte **Nouveau roman** einen vollständigen Bruch mit der traditionellen bürgerlichen Erzählweise dar (Alain Robbe-Grillet, Nathalie Sarraute u.a.). Erzählen verzichtet hier ganz auf zeitliche Linearität, die Kategorie des Helden rückt ganz in den Hintergrund – oder entfällt völlig, die Zusammenhänge zwischen Figuren und Welt werden zerschlagen, jede erzählerische Konstruktion von Sinn vermieden. Schon in den 1950er Jahren orientierten sich deutschsprachige Autoren am *Nouveau roman*: Heinrich Bölls *Billard um halbzehn* (1959) experimentiert mit der narrativen Präsentation disparaten Textmaterials, ebenso Uwe Johnsons *Mutmaßungen über Jakob* (1959), in denen allerdings im Scherbenhaufen der zu erzählenden Geschichte gerade Figuren sichtbar werden, an denen Sinn sichtbar wird. Jürgen Beckers Trilogie *Felder* (1964), *Ränder* (1968) und *Umgebungen* (1974) umspielt in Erzählbruchstücken die Unerzählbarkeit der Welt, Peter Handkes *Hornissen* (1966) und *Die Angst des Tormanns beim Elfmeter* (1970) stehen ganz deutlich in der Tradition des ›neuen Romans‹.

Der **postmoderne Roman** schließt einerseits durchaus an das Verfahren literarischer Montage an – allerdings ohne die Montage selbst offen zu legen. Gegen das modernistische Diktat zerschlagener Erzählzusammenhänge und der Auflösung traditioneller Erzählstrukturen spielt der postmoderne Romane; mit auktorialen Erzählmustern ebenso wie mit den Techniken der literarischen Moderne in diesem Gewand bietet er, in unendlicher Fülle von Zitaten, Anspielungen und intertextuellen Verweisungen, scheinbar eine geschlossene Welt, die sich allerdings, mit Blick auf ihren intertextuellen Ursprung, als Täuschung erweist. Kurz gesagt: Der postmoderne Roman spielt mit der genrespezifischen Attitüde des Sinnangebots im Bewusstsein dessen, dass Sinn immer nur konstruiert ist, intertextuell verfertigt. Die Romane des italienischen Semiotikers und Romanciers Umberto Eco können als Muster des postmodernen Romans gelten, für die deutsche Literatur Patrick Süskinds *Parfum*.

> Was vor Jahrhunderten als naives oder märchenhaftes Ausfabulieren von ritterlichen Abenteuern und Amouren begann, erweist sich nach wie vor als das leistungsfähigste, vielfältigste und breitenwirksamste literarische Projekt zur Erkundung einer unüberschaubar und undurchdringlich scheinenden Welt – und zugleich als Methode der kritischen, spielerischen oder utopischen Auseinandersetzung mit ihr: ein Spiegelkabinett der Wirklichkeit und ein Experimentierfeld des ›Möglichkeitssinns‹ (Musil)« (Vogt [8]1998, 247).

Grundlegende Literatur

Bauer, Matthias: *Romantheorie*. Stuttgart/Weimar 1997.
Brauneck, Manfred (Hg.): *Der deutsche Roman im 20. Jahrhundert. Analysen und Materialien zur Theorie und Soziologie des Romans*. Bamberg 1976.
Brauneck, Manfred (Hg.): *Der deutsche Roman nach 1945*. Bamberg 1993.
Cohn, Dorrit: *Transparent Minds. Narrative Modes for Presenting Consciousness in Fiction*. Princeton 1978.
Durzak, Manfred: *Der deutsche Roman der Gegenwart. Einwicklungsvoraussetzungen und Tendenzen*. 3., erw. u. veränd. Aufl. Stuttgart 1979.
– : *Die Kunst der Kurzgeschichte. Zur Theorie und Geschichte der deutschen Kurzgeschichte*. 2., verb. Aufl. München 1994.
Hillebrand, Bruno: *Theorie des Romans. Erzählstrategien der Neuzeit*. 3., erw. Aufl. Stuttgart/Weimar 1993.
Koopmann, Helmut (Hg.): *Handbuch des deutschen Romans*. Düsseldorf 1983.
Lämmert, Eberhard: *Bauformen des Erzählens* [1955]. Stuttgart ³1968.
Marx, Leonie: *Die deutsche Kurzgeschichte*. 2., überarb. u. erw. Aufl. Stuttgart/Weimar 1997.
Petersen, Jürgen H.: *Erzählsysteme. Eine Poetik epischer Texte*. Stuttgart/Weimar 1993.
Schärf, Christian: *Der Roman im 20. Jahrhundert*. Stuttgart/Weimar 2001.
Stanzel, Franz K.: *Theorie des Erzählens* [1979]. Göttingen ⁶1995.
Vogt, Jochen: *Aspekte erzählender Prosa. Eine Einführung in Erzähltechnik und Romantheorie*. 8., durchges. und aktualisierte Auflage Opladen 1998; Nachdr. 2002.

Weitere zitierte Literatur

Adorno, Theodor W.: »Der Standort des Erzählers im zeitgenössischen Roman«. In: ders.: *Noten zur Literatur*. Frankfurt a. M. 1981, S. 41–48.
Alt, Peter-André: *Aufklärung. Lehrbuch Germanistik*. Stuttgart/Weimar ²2001.
Aust, Hugo: *Novelle*. 3., überarb. und aktual. Aufl. Stuttgart/Weimar 1999.
Bachtin, Michail: *Formen der Zeit im Roman. Untersuchungen zur historischen Poetik*. Frankfurt am Main 1989.
Benjamin, Walter: »Der Erzähler. Betrachtungen zum Werk Nikolai Lesskows«. In: W.B.: *Gesammelte Schriften*. Hg. von Rolf Tiedemann und Hermann Schweppenhäuser, Bd. II, 2 (*Werkausgabe*, Bd. 5), Frankfurt am Main 1980, S. 438–465.
Genette, Gérard: *Die Erzählung*. Aus d. Franz. von Andreas Knop. Mit einem Vorwort hg. von Jochen Vogt. München 1994.
Grimm, Reinhold (Hg.): *Deutsche Romantheorien. Beiträge zu einer historischen Poetik des Romans in Deutschland*. Frankfurt am Main, Bonn 1968.
Hamburger, Käte: *Die Logik der Dichtung* [1957]. Stuttgart ²1968.
Hasubek, Peter: *Die Fabel. Theorie, Geschichte und Rezeption einer Gattung*. Berlin 1982.
Kimpel, Dieter: *Der Roman der Aufklärung*. Stuttgart 1967.
Klotz, Volker (Hg.): *Zur Poetik des Romans*. Darmstadt ²1969.
Kunz, Josef (Hg.): *Novelle*. 2., wesentl. verb. u. veränd. Aufl. Darmstadt 1973.
Leibfried, Erwin: *Fabel*. 4., durchges. u. erg. Aufl. Stuttgart 1982.
Lukács, Georg: *Die Theorie des Romans. Ein geschichtsphilosophischer Versuch über die Formen der großen Epik* [1916]. Darmstadt/Neuwied ⁷1981.
Mahoney, Dennis F.: *Der Roman der Goethezeit (1774–1829)*. Stuttgart 1988.
Meid, Volker: *Der deutsche Barockroman*. Stuttgart 1974.
Müller, Günther: *Morphologische Poetik. Gesammelte Aufsätze*. Darmstadt 1968.
Müller, Jan-Dirk: »Volksbuch/Prosaroman im 15./16. Jahrhundert – Perspektiven der Forschung«. In: *Internationales Archiv für Sozialgeschichte der Literatur (IASL)*, Sonderheft 1 (1985), S. 1–128.
Niefanger, Dirk: *Barock. Lehrbuch Germanistik*. Stuttgart/Weimar 2000.

Rötzer, Hans Gerd: *Der Roman des Barock, 1600–1700. Kommentar zu einer Epoche*. München 1972.
Rupprich, Hans: *Vom späten Mittelalter bis zum Barock*, 2 Bde. München 1970/72 (de Boor, Helmut/Newald, Richard: *Geschichte der deutschen Literatur von den Anfängen bis zur Gegenwart*, Bd. 4.1/2).
Salinas, Pedro: »Der literarische ›Held‹ und der spanische Schelmenroman. Bedeutungswandel und Literaturgeschichte«. In: Heidenreich, Helmut (Hg.): *Pikarische Welt. Schriften zum europäischen Schelmenroman*. Darmstadt 1969, S. 192–211.
Schlaffer, Hannelore: *Poetik der Novelle*. Stuttgart/Weimar 1993.
Selbmann, Rolf: *Der deutsche Bildungsroman*. 2., überarb. u. erw. Aufl. Stuttgart/Weimar 1994.
Singer, Herbert: *Der galante Roman*. 2., durchges. Aufl. Stuttgart 1966.
Stanzel, Franz K: *Typische Formen des Romans* [1964]. Göttingen ^{12}1993.
Straßner, Erich: *Schwank*. 2., überarb. u. erg. Aufl. Stuttgart 1978.
Theiss, Winfried: *Schwank*. Bamberg 1985.

3.5 Literarische ›Gebrauchsformen‹

Im 20. Jahrhundert findet, unter dem Einfluss verschiedener literaturtheoretischer und ästhetisch-programmatischer Strömungen, eine **Ausweitung des Literaturbegriffs** statt. Über die ›klassische‹ Dreiheit von Lyrik, Dramatik und erzählender Prosa hinaus werden verschiedene, z.T. schon sehr lange existierende Textgattungen als literaturnah oder als literarisch aufgefasst. Dies ist zunächst in den Texten oder Gattungen selbst begründet: Nicht innerhalb eines traditionell engen Literaturbegriffs stehende Textsorten wie **Brief** und **Autobiografie, Tagebuch, Reisebericht** oder **Traktat** verwenden z.T. sichtbar literarische Darstellungsmittel, sind in ihrer ästhetischen Erscheinungsform also durchaus Literatur.

Darüber hinaus tritt mit der industriellen **Massenfertigung von textlichen Erzeugnissen** und der **Expansion von Presse und Medienwesen** im 20. Jahrhundert eine große Menge neuerer Textsorten hinzu, die unter einem erweiterten Literaturbegriff ebenfalls zu subsumieren sind: Essay, Feuilleton, Glosse, Leitartikel, Memoiren, Protestsong, Reportage, Sachbuch, Nachricht, Chronik, Bericht, Wettervorhersage, Flugblatt, Pamphlet, Propagandatext, Gebrauchsanweisung, Fahrplan, Erlass, Gesetz, Annonce, Werbeanzeige u.v.a.m. Bei einigen dieser Textsorten, v.a. den letztgenannten, sind die Kriterien der Literarizität nur in äußerst beschränktem Maße erfüllt: Die Texte liegen gedruckt vor und weisen zumindest gelegentlich die Benutzung sprachlich-literarischer Stilmittel auf.

Die Markierung der Grenze zwischen einem engen Literaturbegriff, der nur Lyrik, Dramatik und erzählende Prosa umfasst, und diesen anderen, z.T. auch literarischen Gattungen kann von der Beziehung der Texte zur (außertextlichen) ›Wirklichkeit‹ abgeleitet werden: Die oben genannten Textsorten können als **literarische Gebrauchstexte** bezeichnet werden, also als »solche Texte [...], die nicht, wie poetische Texte, ihren Gegenstand selbst konstituieren, sondern die primär durch außerhalb ihrer selbst liegende Zwecke bestimmt werden. Gebrauchstexte dienen der Sache, von der sie handeln; sie sind auf einen bestimmten Rezipientenkreis ausgerichtet und wollen informieren, belehren, unterhalten, kritisieren, überzeugen, überreden oder agitieren« (Belke 1973, 320).

Im Folgenden sollen zunächst die **wichtigsten Gattungen** literarischer Gebrauchstexte vorgestellt werden:

Der **Brief** als Medium der meist privaten, personalen Kommunikation ist eine schriftliche Mitteilung an eine räumlich vom Schreiber getrennte Person. Mit dieser räumlichen Trennung ist auch ein ›Zeitverzug‹ verbunden: Zwischen Schreiben und Lesen vergeht mehr oder weniger lange Zeit. Gerade um Zeitverzug und räumliche Trennung aber zu kompensieren, imitiert der Brief – so das Ideal des Aufklärungsschriftstellers Gellert – das Gespräch: Im Brief finden sich als Stilmittel direkte Leseranreden, Frage- und Antwortspiele u.Ä. Waren im Mittelalter und in der Frühen Neuzeit Briefe relativ stark von formellen Anforderungen geprägt, ausgerichtet an den Regeln der rhetorischen *ars dictaminis*, wie sie auch noch die Briefsteller, Modellbriefbücher des 17. Jahrhunderts prägten, entwickelt sich im Verlauf des 18. Jahrhunderts ein individueller Briefstil: Der Brief wird zu *der* privaten Äußerungsform des Bürgertums schlechthin. Aufgrund dieser Authentizität des Briefes kommt ihm ein hoher Stellenwert als biografischem oder kulturgeschichtlichem Dokument zu; das 18. Jahrhundert kann ohne Übertreibung als Jahrhundert der Briefkultur bezeichnet werden. Gleichwohl muss das naive Kriterium der Authentizität hinterfragt werden – weisen doch auch ›echte‹ Briefe vielfach sprachliche Muster von Selbst- oder Identitätsinszenierungen auf, entwerfen in Phantasien o.Ä. fiktionale Welten und konstituieren erst die Welt, über die sie sprechen.

Dass authentische Briefe oder Briefwechsel dokumentarische *und* literarische Qualität haben können, zeigt sich etwa daran, dass Goethe selber seinen Briefwechsel mit Schiller zum Druck bearbeitete, und auch an den unzähligen Editionen der so genannten epistolarischen Werke vieler Schriftsteller/innen, Philosophen usw. Die Literarizität oder die Literarisierbarkeit der Gebrauchsform des Briefes zeigt sich aber vor allem daran, dass schon aus der Antike literarische Werke überliefert sind, die aus (fiktiven) Briefen bestehen: etwa die *Heroiden* Ovids, die als *Heldenbriefe* im deutschen Barock wieder aufgegriffen werden (Hoffmannswaldau). Vor allem die Literatur des 18. Jahrhunderts aber greift auf die wichtigste intime Kommunikationsform des Bürgertums häufig zurück: Richardson, Rousseau, Gellert, Sophie von La Roche und Goethe schreiben berühmte **Briefromane**, also epische Großtexte, in die fiktive Briefe ganz konstitutiv eingebaut sind oder die praktisch ausschließlich aus Briefwechseln oder den Briefen einer einzelnen Person bestehen (*Werther*).

Wie der Brief gilt auch das **Tagebuch** als ein alltagsnahes, authentisches Dokument. In strenger Zuordnung zum jeweiligen Datum werden täglich oder zumindest regelmäßig Erlebnisse und Erfahrungen, Beobachtungen, Gedanken und Gefühle notiert. Da das Tagebuch sich normalerweise nicht an einen Leser richtet, ist hier, im Unterschied zum Brief, der Ausdruck noch näher am Subjekt, ohne Zwang zur Intersubjektivität, ganz monologisch. Die Tradition der Gattung geht bis auf die Antike zurück, das Interesse am einzelnen Subjekt im Renaissance-Humanismus verhalf der Gattung zu einer ersten Blüte, vollends führte in der zweiten Hälfte des 18. Jahrhunderts die pietistische Verpflichtung zur frommen Selbstbeobachtung zu einer wahren Tagebuch-Flut.

Innerhalb der Textsorte gibt es eine große Spannbreite zwischen bloßer sachlich-genauer Notiz, präzisester Beschreibung alltäglichen Lebens und emotionaler bzw. empfindsamer Ausführlichkeit. Wie schon der Brief – und verstärkt durch das Monologische der Gattung – erweist sich das Tagebuch häufig als literarisiert: Stilisierungen und Muster der Selbstinszenierung überschreiten den Bereich des Authentischen. Wie Briefe werden auch *fiktive* Tagebücher oder Tagebuch-Teile zu Bestandteilen von Romanen: Goethes *Wilhelm Meisters Wanderjahre* (1827) geht zu größeren Teilen auf Wilhelms Tagebuch (und auf diejenigen anderer Figuren) zurück, Uwe Johnsons großer vierbändiger Roman *Jahrestage. Aus dem Leben der Gesine Cresspahl* (1970–83) verarbeitet u.a. das angebliche Tagebuch der Hauptfigur; die diaristische Form des Tagebuchs, die Einträge Tagesdaten zuzuordnen, kann auch als Strukturelement erzählender Prosa genutzt werden.

Die halb-authentische, halb-literarische Gattung der **Autobiografie** hatte in den *Confessiones* des spätantiken Kirchenvaters Augustinus ihr Modell: Der Charakter der Konfessions-, der Bekenntnisschrift war bestimmt, eine Tendenz, die der Pietismus des 18. Jahrhunderts noch einmal verstärkte. Wie bei Augustinus sollte die Autobiografie eine religiöse Bekehrungsgeschichte sein, die die eigene Lebenszeit und -erfahrung in ein sinnhaftes Verhältnis zur göttlichen Heilsordnung zu setzen versuchte. Diese Bekenntnisliteratur spielte bei der Ausprägung empfindsam-psychologischer Selbstbeobachtung eine nicht zu unterschätzende Rolle, die sowohl in ihre literarische Aufarbeitung (etwa im *Werther*) mündete wie in ihre beginnende wissenschaftliche Analyse (psychologische Zeitschriften). Die pietistische Autobiografie wich stark von den radikal diesseitigen, anekdotenhafteren Renaissance-Autobiografien (Cardano, Cellini), historisch-chronikalischen Selbstlebensbeschreibungen aus dem 16. Jahrhundert (Götz von Berlichingen) sowie von den ebenfalls chronikartigen Berufs- und Gelehrtenautobiografien des 17. und 18. Jahrhunderts ab.

Die stark psychologisierende Tendenz der **pietistischen Selbstbeobachtung** hatte starke Wirkung auf autobiografische Literatur: Rousseaus *Confessions* (1764–70) versuchen jenseits einer chronologischen Fakten- und Ereignisanhäufung, die Geschichte des eigenen Ich erzählerisch als Kette von Empfindungszuständen zu konstruieren, ähnlich auch Jung-Stillings Lebensgeschichte. Goethes *Dichtung und Wahrheit* (1811–1833) inszeniert Entwicklung und Durchsetzung des Autors Goethe vor einem breiten gesellschafts- und literaturgeschichtlichen Hintergrund. Die erzählende Darstellung selbst erlebter Geschichte, die Rettung des Ich aus historischen Katastrophen oder desolaten Familienverhältnissen, die prägenden Muster literarischer Sozialisation u.v.m. sind im 20. Jahrhundert Gegenstände der literarischen Autobiografie (Walter Benjamin, Elias Canetti, Thomas Bernhard). Daneben gibt es natürlich die Fülle ›naiver‹ Autobiografien (von Hildegard Knef bis Dieter Bohlen).

Die Autobiografie, also die Erzählung des eigenen Lebens aus der rückblickenden Ich-Perspektive, ist in dieser Differenz zwischen erzählendem und erzähltem Ich immer schon literarisierend – insofern sie niemals den **Konstruktionscharakter** der biografischen Erinnerung verleugnen kann. Die Geschichte des Ich ist – und damit die personale, im Erzählen erwirkte Identität – Ergebnis einer Konstruktion, einer Selektion, Gewichtung und spezifischen Kombination von Erlebnissen und Ereignissen. Das Ich ist gleichsam fiktiv, entsteht erst am Ende des Schreibens. Insofern ist im Verhältnis zu Brief und Tagebuch die Autobiografie von möglicherweise viel geringerer oder zumindest noch problematischerer Authentizität.

Das Erzählmuster der Autobiografie bietet das Modell für eine der zentralen Erscheinungsformen des Romans: Romane aus der Ich-Perspektive imitieren sehr häufig den autobiografischen Gestus, beginnen bei Voreltern, Eltern und Geburt und erzählen über Kindheit, Jugend und Abenteuer hinweg bis in die (fiktive) Erzählgegenwart hinein (Grimmelshausen: *Simplicissimus*; Moritz: *Anton Reiser*; Th. Mann: *Felix Krull*; Grass: *Die Blechtrommel* u.v.a.m.) (zu Autobiografie insgesamt vgl. Wagner-Egelhaaf 2000).

Eine Sonderform autobiografischen Erzählens ist der **Reisebericht**, also die erzählende Präsentation von Erfahrungen, Erlebnissen und Reiseeindrücken, denen reale Erfahrungen zugrunde liegen. Formal ist der Reisebericht ungebunden: Meist in Prosa erzählt, kann er tagebuch- oder chronikartige Anteile enthalten, er kann, wie Goethes Brieftagebuch für Charlotte von Stein aus Italien, Briefstruktur haben, er kann sogar, im Falle eines dichterischen Reiseberichts, Eindrücke in Gedichte umgewandelt aufführen. Die Geschichte der Gattung reicht bis in die Antike zurück: Eroberungen und Entdeckungsreisen, im Mittelalter die Kreuzzüge waren stets auch Anlass zum Reisebericht. Von besonderem Interesse sind die Berichte aus der neuen Welt aus dem 16. Jahrhundert: Einerseits werden mit nahezu ethnologischer Präzision etwa brasilianische Völker geschildert (Hans Staden: *Warhaftig Historia vnd beschreibung eyner Landschafft der Wilden / Nacketen / Grimmigen Menschfresser Leuthen*, 1557), andererseits aber wird oft auch nur das Bekannte oder mythologisch Überlieferte berichtet (etwa die aus Homer und Herodot bekannten Amazonenvölker, die dann in den brasilianischen Urwald hineinphantasiert werden).

Die Reiseliteratur der Aufklärung vermittelt Kenntnisse der Welt (G. Forster über James Cooks *Reise um die Welt*, 1778–80), von deutschen Landschaften (Nicolai), v.a. auch von Italien. Während Goethes *Italienische Reise* (1816–17, 1829), autobiografisch konstruierend, die Wiedergeburt des Künstlers Goethe aus der Begegnung mit antiker Kunst, italienischer Natur und Sinnlichkeit thematisiert, beschreibt Johann Gottfried Seumes *Spaziergang nach Syracus im Jahre 1802* (1803) die Armut und Not, die realen Lebensbedingungen des Landes. A. von Humboldt entwickelt den Reisebericht zu einer wissenschaftlichen Gattung fort, während Heines *Reisebilder* (1826–31) gesellschaftskritische Satire über die deutsche Misere sind. Mit zunehmender Politisierung der Gattung in der Zeit der Weimarer Republik – etwa bei Reiseberichten aus der jungen Sowjetunion – tendiert das Genre zu einer neuen Gebrauchsform der Literatur, die sich erst im Kontext der Massenmedien des 20. Jahrhunderts entfalten konnte, der Reportage (s.u.).

Vielfach zeigt der Reisebericht Elemente literarischer Stilisierung oder Überformung; Element literarischer Texte aber wird die Reisebeschreibung ebenso häufig: Schon einige der Urtexte europäischer Überlieferung, die *Odyssee* Homers und die *Aeneis* Vergils, sind u.a. Reisedarstellungen. Reise und Erfahrung der Welt sind vielfach **Motiv oder zentrales Strukturmuster** v.a. erzählender Texte der Neueren deutschen Literatur: Der *Fortunatus* (1509) bereist die halbe Welt, der höfisch-historische Roman des Barock ist ohne Reise und Irrfahrt nicht denkbar, Reuters *Schelmuffsky* (1696) prahlt mit einer abenteuerlichen Reise durch viele Länder, die Robinsonade verbindet Reise, Schiffbruch und Rettung mit der Selbsterziehung des Helden und auch der Bildungsroman kommt nicht ohne Reisen aus (Goethe: *Wilhelm Meister*; Stifter: *Der Nachsommer* u.v.a.).

Eine moderne Spielart des Reiseberichts ist die **Reportage** – eine kürzere Prosaform, die nur im Zeitungs- und Medienwesen des 20. Jahrhunderts vorzufinden ist. Mit Anspruch auf dokumentarische Authentizität wird über soziale Konflikte, Katastrophen, gesellschaftliche Ereignisse, Gerichtsprozesse, Städte und Länder berichtet. Die Reportage thematisiert, über den neutralen Bericht hinaus, den Vorgang der Informationsermittlung (die Recherche) und die subjektiven Wahrnehmungen oder sogar Bewertungen. Damit zielt sie darauf ab, dem Leseoder Zuhörer-Publikum Erfahrungen und Erkenntnisse zu vermitteln, die im normalen Alltag unzugänglich blieben, tendenziell will die Reportage auch die Haltung des Publikums beeinflussen. Eine Blütezeit erlebte die Gattung in den 1920er Jahren: Egon Erwin Kisch prägte mit seinen Reportagen aus Mexiko oder aus dem Ruhrgebiet das Genre der literarischen Reportage entscheidend mit. Vor allem in den 1960er und 1970er Jahren kam es im Kontext der Dokumentarliteratur (s. Kap. 2.4.5) und der »Entdeckung« der Alltagskultur und der Arbeiterliteratur zu einer hohen Wertschätzung der Reportage als literarischer Gattung (Erika Runge, Günter Wallraff). Die Recherche als fundamentale Handlung des Reporters, die dem Text voraus- und in ihn eingeht, ist in der Literatur des 20. Jahrhunderts häufiger auch zum Bestandteil der Erzählhaltung geworden: in Uwe Johnsons *Das dritte Buch über Achim* (1961) ebenso wie in Heinrich Bölls *Gruppenbild mit Dame* (1971) (ausführlich zur Reportage vgl. Siegel 1978).

Der **Essay** ist eine Textsorte, die sachbezogenes und literarisches Schreiben miteinander verbindet: Er scheint auf die strenge Erarbeitung und systematische Darstellung eines Sachverhalts zu verzichten, erlaubt ein kreativeres, wilderes Denken. Die Struktur des Essays ist dadurch gekennzeichnet, dass die Autoren scheinbar unsystematisch und gleichzeitig in einer literarischen Sprache versuchen, sich einer Erkenntnis anzunähern. Der Essay ist **Grenzgänger zwischen Wissenschaft und Literatur**: Von der umfassendsten Kenntnis eines Gegenstandes oder Sachverhalts her, die ein Essay voraussetzt, gehört er zu den wissenschaftlichen Textsorten; von der Durchführung der Gedanken und von seinem Stil her ist er ein literarischer Text.

Der Essay ermöglicht in hohem Maße, über Gedankenexperimente, über spielerischen Umgang mit Hypothesen, mit intuitiven, stark subjektiv eingefärbten Bildern und Denkmöglichkeiten einen Gegenstand auszuleuchten, um nicht etwa am Ende eine ›Wahrheit‹ auf einen Begriff zu bringen, sondern im *Prozess* dieses unsystematischen, rhapsodischen Denkens, Sprechens und Spielens die Dimensionen dieses Gegenstandes aufzuzeigen.

Die Geschichte der Gattung beginnt im 16. Jahrhundert mit den »Versuchen«, *Essais* des Michel de Montaigne (1580). Vor allem in den englischen Zeitschriften des 18. Jahrhunderts wird die kleine reflexive Prosagattung wieder gepflegt, woher sie die deutschen Moralischen Wochenschriften entleihen (s. Kap. 2.2.3). Der Essay ist eine bestimmende philosophische Gattung der Romantik (Gebrüder Schlegel), im 20. Jahrhundert kennzeichnet essayistisches Schreiben oder die Integration abgeschlossener Essays in literarische Texte selbst vielfach die Literatur: Berühmt ist Musils Reflexion über das essayistische Denken und die Integration von Essays in seinen Roman *Der Mann ohne Eigenschaften* (1930/33/43; etwa das 4. Kapitel über den »Möglichkeitssinn«), ein Verfahren, das auch Hermann Broch im dritten Teil seiner Roman-Trilogie *Die Schlafwandler* praktiziert (1931/32).

Die Erweiterung des Literaturbegriffs im 20. Jahrhundert, die die eben skizzierten Textsorten als mögliche Gegenstände der Literaturwissenschaft erscheinen ließ, hat auch den Blick dafür geschärft, dass v.a. in erzählender Literatur schon weit vor dem 20. Jahrhundert Versatzstücke anderer Texte in die literarischen Texte hineinmontiert wurden, verschiedene Gebrauchsformen der Literatur, die sozusagen in unmittelbareren Lebenszusammenhängen ihre primäre Funktion hatten. Diese **Montage** in den literarischen Text machte die Gebrauchstexte im poetischen Kontext einerseits literaturfähig, andererseits erhielten sie aber in ihrem textlichen Eigenwert, also losgelöst vom literarischen Text, einen neuen Stellenwert. Es wurde ihre Interpretationsbedürftigkeit erkannt: dass auch sie mit den Mitteln der Literaturwissenschaft durchaus beschrieben und analytisch betrachtet werden könnten.

Im literaturwissenschaftlichen Umgang mit den verschiedenen ›Gebrauchsformen‹ der Literatur sind verschiedene analytische Zugriffe im Blick auf den eigentlichen ›Gebrauchszusammenhang‹ der jeweiligen Textsorte denkbar:

- erstens lassen sie sich befragen auf ihren Gegenstand hin, daraufhin, um welche *Sache* es ihnen geht;
- zweitens sind sie beschreibbar von ihrem *Zweck* aus: ob überhaupt und welche Reaktion sie beim Rezipienten, was für eine Handlungsorientierung sie bewirken wollen;
- drittens können sie nach dem *Adressaten* befragt werden: an welche spezifische oder unbestimmtere Gruppe von Hörern/Lesern/Sehern sie sich wenden;
- viertens sind sie differenzierbar hinsichtlich des *Mediums*, in dem sie an den Rezipienten herantreten: ob sie also mündlich, schriftlich, als Bilder oder als Film, ob sie über die Zeitung, das Radio, das Fernsehen oder das Kino vermittelt werden.

Je nach Differenzierungsmerkmal bilden sich ganz unterschiedliche Gruppen von Texten, die wiederum völlig inhomogen sein können: So stehen etwa Essay, Leitartikel, Nachricht, Leserbrief, Reportage, Wettervorhersage, Annonce und Werbeanzeige in einer Gruppe zusammen, weil sie, wenn man nach dem Übermittlungsmedium fragt, alle über die Zeitung ihren Rezipienten erreichen.

Dass diese Gebrauchstexte, vor allem seit den 1970er Jahren, Gegenstand der Literaturwissenschaft wurden, hat einerseits mit ihrem schon oben erwähnten Einbau in ›literarische‹ Texte zu tun – der sie sozusagen aufgewertet hat, indem er ihnen literarischen Rang verlieh. Andererseits aber ist nicht unerheblich, dass gerade an den Texten mit angeblich ›eindeutigem‹ Sinn, der sich von ihrer Funktion in einem bestimmten Praxiszusammenhang herleitete, eine mögliche Vieldeutigkeit sichtbar wurde. Zudem wurde offenbar, dass gerade viele Gebrauchstexte sich literarischer Mittel bedienen, die geradezu literaturwissenschaftliche Analyse erfordern. Die Interpretation der politischen Rede oder des Werbetextes etwa, die bis in den Deutschunterricht vordrangen, sind deutliche Anzeichen dafür.

Grundlegende Literatur

Belke, Horst: *Literarische Gebrauchsformen.* Düsseldorf 1973.
Fischer, Ludwig/Hickethier, Knut/Riha, Karl (Hg.): *Gebrauchsliteratur. Methodische Überlegungen und Beispielanalysen.* Stuttgart 1976.
Holdenried, Michaela: *Autobiographie.* Stuttgart 2000.
Knörrich, Otto (Hg.): *Formen der Literatur in Einzeldarstellungen.* Stuttgart ²1991.
Nickisch, Reinhard M.G.: *Brief.* Stuttgart 1991.
Siegel, Christian: *Die Reportage.* Stuttgart 1978.
Wagner-Egelhaaf, Martina: *Autobiographie.* Stuttgart/Weimar 2000.
Weissenberger, Klaus (Hg.): *Prosakunst ohne Erzählen. Die Gattungen der nicht-fiktionalen Kunstprosa.* Tübingen 1985.

4. Rhetorik, Stilistik und Poetik

4.1 Terminologisches: Stilistische und poetologische Fachbegriffe

Neben Gattungsbegriffen, Epochenbezeichnungen und methodologischer Fachterminologie arbeitet die Neuere deutsche Literaturwissenschaft mit einer Vielzahl stilistischer und poetologischer Fachbegriffe. Diese gehen zumeist auf die Tradition der antiken Rhetorik zurück. Das hat einerseits damit zu tun, dass literarische Rede bis weit ins 18. Jahrhundert hinein nur als Spezialfall der Redekunst überhaupt angesehen wurde, **Poetik war also immer auch Rhetorik.** Insofern ist es notwendig, die literarischen Texte auch unter rhetorischen Gesichtspunkten zu beschreiben und zu analysieren – sowohl was ihre Stilistik als auch was ihre Wirkungsabsichten angeht.

Andererseits hat die Erweiterung des Literaturbegriffs, die die Literaturwissenschaft in der zweiten Hälfte des 20. Jahrhunderts vollzogen hat, Textsorten zum Gegenstand literaturwissenschaftlicher Analyse werden lassen, die bis dahin nicht als Literatur galten: mündliche Textsorten wie die politische Rede, schriftliche wie den journalistischen Text oder die Werbeanzeige. Alle diese ›Gebrauchsformen‹ der Literatur sind in viel höherem Maße auf Wirkung hin entworfen und arbeiten mit **rhetorischen Mitteln,** um diese zu erzielen.

Die **antike Rhetorik** entwickelte ein differenziertes System zur Produktion einer wirkungsvollen Rede, für die sie verschiedene Gattungen, innere Gliederungsmomente, vor allem aber eine Vielzahl von sprachlichen Figuren mit jeweils ganz bestimmter Funktion bereitstellte. **Literarische Stilistik** nutzt vor allem diese rhetorische Figurenlehre, um Stilmerkmale eines Textes beschreiben zu können: etwa Abweichungen von der Alltagssprache im Satzbau, vor allem aber im Bereich literarischer Bildlichkeit. Die dichterischen Mittel der Metapher, der Metonymie, der Allegorie (um nur die drei prominentesten zu nennen) sind ursprünglich rhetorische Gestaltungsmittel.

Stilistische und rhetorische Fachbegriffe entstammen praktisch ausschließlich dem Lateinischen oder Griechischen, es gibt (fast ausschließlich) keine gleichbedeutenden deutschsprachigen Termini. Die lateinischen oder griechischen Bezeichnungen der stilistischen Mittel und literarischen Bilder sind unverzichtbar für die literaturwissenschaftliche Arbeit (sie müssen also ›gelernt‹ werden!). Darüber hinaus müssen die Fachbegriffe immer präzise angewandt werden: Wenn ein literarisches Bild beispielsweise eine Metapher ist, muss dies erstens begründet werden können, zweitens darf man nicht, um der Abwechslung willen, ungenauer- oder falscherweise von einem ›symbolischen Sprachgebrauch‹ reden.

4.2 Rhetorik und Poetik

Literarische Texte sind immer, selbst das hermetischste Gedicht, adressatenbezogene Texte, d.h. sie implizieren immer, dass sie veröffentlicht werden, dass jemand sie lesen könnte oder wird. Mehr noch:

- Literarische Texte zielen häufig darauf ab, auf eine bestimmte Weise verstanden zu werden, erbaulich, unterhaltend oder belehrend etwa. Literatur ist also immer – mehr oder weniger – **wirkungsbezogene Rede**.
- Literarische Texte aber sind auch deswegen gerade *literarische* Texte, weil sie etwas auf eine ganz bestimmte Weise sagen, anders als man es im Alltagsgebrauch täte. Literatur ist also immer – mehr oder weniger – **geschmückte Rede**.
- Darüber hinaus ist Literatur, zumindest bis zum letzten Drittel des 18. Jahrhunderts, stark geformte Rede: Der Vers war für Drama, Epik und Gedicht verbindlich, Prosa war die alltägliche Rede, Literatur als *Poesie* war **gebundene Rede**.

Die ersten beiden Kriterien, Wirkungsbezug und Redeschmuck, hat die Literatur mit allen Formen der öffentlichen Rede gemeinsam, erst die Versbindung zeichnet(e) Literatur als besondere Form dieser Rede aus. Die Lehre aber vom korrekten und klaren, dem jeweiligen Publikum und auch dem Gegenstand der Rede angemessenen öffentlichen Sprechen ist die Rhetorik (gr. *rhetoriké techné*). Das in der Antike ausgebildete **System der klassischen Rhetorik** bietet ein höchst differenziertes Instrumentarium zum Erreichen verschiedener Wirkungen, zum erfolgreichen öffentlichen Sprechen. Darüber hinaus gibt es eine klare Stufenfolge unterschiedlicher Erarbeitungsstadien der Rede, Möglichkeiten der Gliederung usf., vor.

Poetik, als die Lehre vom öffentlichen Sprechen in gebundener (Vers-)Form, wäre in diesem Sinne also nur eine Teilmenge, eine Spezialisierung der Rhetorik – und diese Nähe und Verwandtschaft ist auch bis mindestens ins frühe 18. Jahrhundert immer wieder betont worden. Die Vorstellungen davon, was ein Dichter sei und was einen literarischen, dichterischen Text vor allen anderen auszeichne, hing bis weit ins 18. Jahrhundert grundsätzlich von der jeweils gültigen und gebräuchlichen Auffassung der Rhetorik ab. In diesem Sinne erscheint ein knapper Durchgang durch die Geschichte der Redekunst einerseits unverzichtbar, stellt aber andererseits auch schon immer eine ebenso knappe (Vor-)Geschichte der Poetik dar (ausführlicher vgl. Ueding/Steinbrink ³1994, 11–133; Knape 2000).

Zur Geschichte der Rhetorik

Die Geschichte der Rhetorik beginnt im 5. Jahrhundert v. Chr. im westlichen Teil des antiken Großgriechenlands: in Sizilien. Ausgehend von dem sizilianischen Rhetor **Gorgias** von Leontini (etwa 485–380), von dem einige Musterreden überliefert sind, kam die Redekunst nach Athen, wo sie vor allem im Kontext juristischer Auseinandersetzung große Bedeutung gewann (vgl. Ueding/Steinbrink ³1994, 11 ff.). **Aristoteles** (384–322) bringt die Rhetorik erstmals in ein System. Er fasst sie als handwerkliches Vermögen auf und ordnet verschiedene Redeformen drei

Anlässen (*genera causarum*) oder gesellschaftlichen Orten zu: Er unterscheidet zwischen Gerichtsrede, politischer Beratungsrede und Fest- oder Prunkrede (*genus iudiciale, genus deliberativum, genus demonstrativum*). Der wichtigste Aspekt der aristotelischen Rhetorik ist die **Wirkungskonzeption**: Der Redner soll nicht nur in der Sache überzeugende Schlüsse liefern, sondern durch die Würde seiner Person (*ethos*) und die Erregung der Leidenschaften (*pathos*) des Publikums mitreißen, emotional erregen. Damit konzipiert er in der Rhetorik eine der Katharsis-Vorstellung der Poetik analoge Wirkungsästhetik.

Die römische Rhetorik schließt direkt an Aristoteles an. Die anonyme **Rhetorik *ad Herennium*** (86–82 v. Chr.) bietet eine ebenso praxisorientierte wie differenzierte Lehrsystematik der Redekunst. **Ciceros** (106–43 v. Chr.) *De oratore* stellt den Höhepunkt der systematischen Rhetorik im antiken Rom dar. Er verlangt vom Redner umfassendes Weltwissen; Kenntnisse der Gesetze und der Politik, der Tugend, der Geschichte und Geografie sollen zu den Fertigkeiten des Redners hinzutreten. Den Gegenständen der Rede ordnet Cicero, entsprechend ihrer Würde, auch je eine unterschiedliche **Stilhöhe** (*genera dicendi*) zu: Über das Erhabene soll erhaben, das Mittlere maßvoll und über das Niedrige schlicht und einfach gesprochen werden (*stilus gravis, mediocris* und *humilis*). Darüber hinaus erteilt Cicero dem Redner eine Lizenz zum Redeschmuck: Das in übertragenem Sinne gebrauchte Wort könne häufig besser ausdrücken, was der Redner meine, könne vor allem auch höhere Wirkung erzielen. Von Cicero ist die bis heute gültige Systematik der Schmuckformen der Rede überliefert, die weiter unten erläutert werden. – Die Summe der gesamten antiken Rhetorik präsentiert noch einmal **Quintilians** (um 35–100 n. Chr.) in zwölf Bücher eingeteiltes Erziehungsbuch *Institutio oratoria*.

Die Gesamtheit des antiken Wissens wird, vermittelt von den Kirchenvätern Hieronymus und Augustinus, an das **Mittelalter** weitergegeben. Sie ist in den sieben Fakultäten der mittelalterlichen Universität abgebildet, den ›freien Künsten‹ Grammatik, Rhetorik, Dialektik (dem *Trivium*) und Geometrie, Arithmetik, Astronomie und Musik (dem *Quadrivium*). Rhetorik in der Tradition Quintilians spielt in der Predigtlehre, der Briefstellerkunde und auch in der mittelalterlichen Poetik eine rolle.

Die ›Wiedergeburt‹ antiker Wissenschaften, Literatur und Philosophie in der Renaissance ist eng an die Wiederentdeckung der systematischen Werke der Redekunst, zumal Ciceros und Quintilians gebunden. Der Humanismus wiederholt und vertieft deren Ansprüche an den idealen Redner. Umfassendes Wissen und Tugendhaftigkeit bleiben bestimmend und »höchstes Ziel humanistischer Bildung ist die Eloquenz, ihr werden alle anderen Lehrgegenstände untergeordnet« (Ueding/Steinbrink ³1994, 77). Martin Luther schließlich erkannte die Notwendigkeit rhetorischen Wissens für die reformierte Predigtpraxis.

Martin Opitz, der ganz in der humanistischen Tradition steht, macht in seinem *Buch von der Deutschen Poeterey* (1624) den besonderen Status der dichterischen Rede deutlich: Poetik kann hier als eine praktische Spezial-Rhetorik verstanden werden:

»[...] vnd soll man auch wissen / das die gantze Poeterey im nachäffen der Natur bestehe / vnd die dinge nicht so sehr beschreibe wie sie sein / als wie sie etwas sein köndten oder solten. [...] Dienet also dieses alles zue vberredung vnd vnterricht auch ergetzung der Leute; welches der Poeterey vornemster zweck ist« (Opitz: *Poeterey* 19).

Die Wirkungsaspekte entlehnt die Poetik aus der Rhetorik: ›vberredung, vnterricht, ergetzung‹, ihr Gegenstandsbereich aber ist speziell: Poetik erscheint hier als die **Rhetorik des Fiktionalen**.

Opitz geht aber noch weiter sowohl in seiner Anlehnung als auch in der spezifischen Modifikation der Rhetorik: Während das fünfte Kapitel die beiden ersten Aufgaben des Redners auf den Poeten überträgt, die Auffindung und die Gliederung der Redegegenstände (*inventio, dispositio*), entspricht das sechste, »Von der zuebereitung vnd ziehr der worte«, scheinbar dem dritten *officium oratoris*: der *elocutio*. Hier ergänzt Opitz allerdings die der Rhetorik geläufigen Schmuckformen durch **dichtungsspezifische *elocutio*-Elemente**: Reimstrukturen, metrische und Versformen und Gattungen der Poesie, und auf dieser Ebene gelten für die Poetik besondere »Freiräume (*licentia poetarum*) für Abweichungen von der erwarteten Form, z.B. für neue Bilder, aber auch für veraltete Ausdrücke, bizarre Vergleiche, ›falsche‹ Wortstellung oder ungewöhnliche Rhythmen« (Ueding/Steinbrink ³1994, 90). Im Gegensatz zur Rhetorik, deren Aufgabe die Überzeugung und Überredung durch nachvollziehbares mehr oder minder *eigentliches* Sprechen ist, kennzeichnet die Poetik vor allem auf der Ebene der *elocutio* das *uneigentliche* Sprechen (vgl. ebd.).

Der Weg von der barocken Wirkungsauffassung der Rhetorik führt über Leibniz und Thomasius zur vernunftbetonenden **Rhetorik der Aufklärung** bei Gottsched. Hier wird sie zum Instrument »rationale[r] Überzeugungsherstellung« (Ueding/Steinbrink ³1994, 103), die Überzeugung oder Überredung des Zuhörers soll durch rationale Argumentation und Ableitung der Argumente und unter vorrangiger Adressierung der *ratio* des Publikums bewerkstelligt werden. Die noch in der Hochaufklärung **ausgeschlossenen Gefühle und Leidenschaften** aber rücken in der zweiten Hälfte des 18. Jahrhunderts ins Zentrum der rhetorischen wie auch der poetologischen Diskussion. Vor allem die beiden Schweizer Philosophen und Gottsched-Kritiker Bodmer und Breitinger, in ihrem literarischen Gefolge dann zunächst Klopstock, mittelbar auch Lessing, räumten dem Wunderbaren und Neuartigen in der Poesie sein Recht ein und betonten gleichermaßen die ›hertzrührende‹ Wirkung gerade solcher Elemente und Aspekte literarischer Texte. Eine poetologische Konsequenz dieser Umbewertung ist, rhetorisch gewendet, Lessings Mitleidsästhetik (s. Kap. 3.3). Dass wissenschaftsgeschichtlich damit auch erstmals der Gedanke einer spezifischen Wahrnehmungsweise des Kunstwerks auftritt, nämlich in der ›Erfindung‹ der Disziplin der *Ästhetik* (1750/58) bei Baumgarten, sei hier nur angemerkt (vgl. Ueding/Steinbrink ³1994, 107).

Die sichtbare Aufspaltung der im 17. Jahrhundert noch zusammengehörenden Elemente der Redekunst in rationale Rhetorik einerseits, Empfindsamkeit modellierende und voraussetzende Poetik und Ästhetik andererseits, führte noch im 18. Jahrhundert zur **Auflösung der Rhetorik**. Die vielfältigen seit Beginn des 19. Jahrhunderts sich etablierenden akademischen Einzeldisziplinen treten zwar mehr oder minder selektiv das Erbe der alten Redekunst an, auch gibt es in der Frühromantik noch zaghafte Versuche, die Rhetorik neu zu definieren oder zu begründen, aber ihr Wissenschaften und die Poetik umschließender Charakter ist historisch. Allerdings feiert sie als praktische Rednerkunst in vielen neu begründeten oder aufgewerteten Institutionen der bürgerlichen Gesellschaft des 19. Jahrhunderts eine Renaissance: in der politischen Parlaments- oder Volksrede, in der Gerichtsrede, der Predigtlehre und als Rhetorik-Unterricht v.a. im Gymnasium.

Die in der Gegenwart existierende Vielfalt an Ratgeberbüchern für Vorstellungsgespräche, Selbst-Präsentationen oder auch die Anleitungen zum Abfassen von Hausarbeiten und zur Vorbereitung von Referaten im Studium setzen als Alltagsrhetorik die Tradition der Redekunst fort; sie greifen häufig bis ins Detail auf Systematik und Verfahren der antiken Rhetorik zurück (zur Geschichte der Rhetorik seit der Antike vgl. ausführlich Ueding/Steinbrink ³1994, 11–204; Knape 2000).

Das System der Rhetorik

Für die gesamte rhetorische Tradition bis hinein in die Poetiken des 18. Jahrhunderts und auch die Alltagsrhetoriken der Gegenwart sind, mehr oder weniger offen und bewusst und zum Teil unter einschneidenden historischen Veränderungen bzw. Verschiebungen, die fundamentalen **systematischen Gesichtspunkte der Redekunst** erhalten geblieben:

1. die verschiedenen Arten oder Gattungen der Rede (*genera orationis*);
2. die unterschiedlichen Wirkungsabsichten (*officia oratoris*);
3. die traditionell fünf Produktionsstadien der Rede (*partes artis*);
4. die taxonomischen Systematiken, die vor allem bei der Auffindung des Redegegenstands (*inventio*) genutzt werden: die *topoi* und die *loci a persona*.

Mit den drei verschiedenen Wirkzielen der Rede eng verknüpft sind die drei voneinander unterschiedenen Stilebenen, die *genera elocutionis*. Diese sind das Verbindungsglied zwischen der eher makrostrukturellen und der mikrostrukturellen Beschreibungsebene der Rede, auf der dann von den unterschiedlichen Figuren und Schmuckformen, den Elementen uneigentlichen Sprechens usf. die Rede sein wird (s. Kap. 4.3).

1. Die klassische Rhetorik unterscheidet grundsätzlich zwischen drei verschiedenen **Gattungen der Rede**, den *genera orationis* – eine Unterscheidung, die bis heute Gültigkeit beanspruchen kann:
    - Die erste Gattung ist die Beratungsrede (*genus deliberativum*), deren Ort die Volksversammlung oder auch das Parlament ist, dessen Mitglieder die Adressaten der Rede stellen. Da die Funktion der Rede im Kontext von Beratungszusammenhängen das Zu- oder Abraten bestimmter Entscheidungen ist, ist ihre vorrangige Zeitrichtung die Zukunft.
    - Die zweite Redegattung ist die Gerichtsrede (*genus iudiciale*), ihr Ort ist das Gericht, Adressaten sind Richter oder Schöffen. Da die wesentliche Funktion der Gerichtsrede Anklage oder Verteidigung ist und sie in diesem Zusammenhang immer auf der (beweisbaren) Rekonstruktion von Geschehensabläufen beruht, ist ihre vornehmliche Zeitrichtung die Vergangenheit.

- Die dritte Gattung ist die Fest-, Prunk- oder Gelegenheitsrede (*genus demonstrativum*), deren Ort jede feierliche Zeremonie, der Festsaal oder die Totenfeier ist, Fest- oder Trauergemeinde die Adressaten darstellen. Ihre Funktion lässt sich als lobende bzw. tadelnde Ausführung über den Jubilar bzw. den Verblichenen beschreiben; ihr Gegenstand ist die gegenwärtige Stimmung der Freude oder Trauer, insofern ist ihre vornehmliche Zeitrichtung die Gegenwart.

2. Die antike Rhetorik unterscheidet drei **Aufgabenbereiche des Redners** voneinander, die *officia oratoris*:
   - Der Redner kann erstens ein **intellektuelles Wirkziel** verfolgen, auf den Verstand, die Vernunft seines Publikums einwirken wollen. Er setzt die Vernunft als Überzeugungsmittel ein (*logos*), um seine Zuhörerschaft zu unterrichten (*docere*) oder ihr etwas zu beweisen (*probare*).
   - Zweitens kann der Redner ein so genanntes »**mildes**« **Affektziel** verfolgen; er möchte seine Adressaten erfreuen (*delectare*) oder auch für sich gewinnen (*conciliare*). Zu diesem Zweck setzt er das Überzeugungsmittel der eigenen Haltung ein, des *Ethos*, die moralische Position, die der Redner bezieht, und sein Verhalten sollen in der Rede sichtbar werden und das Publikum überzeugen.
   - Drittens aber kann der Redner ein **leidenschaftliches Affektziel** verfolgen, er möchte sein Publikum bewegen (*movere*) oder gar zu Taten aufstacheln (*concitare*). Dazu setzt er Leidenschaft (*pathos*) selbst als Überzeugungsmittel ein, »die wilden, mitreißenden, erschütternden und entsetzenden Gefühlsregungen« (Ueding/Steinbrink ³1994, 275).

3. Hat der Redner einerseits über die Redegattung und andererseits über das angestrebte Wirkziel entschieden, verläuft seine rednerische Arbeit in fünf obligatorischen Schritten, den **partes artis**:
   - Der erste Schritt ist die *inventio*, die **Auffindung der Gedanken**, des Redegegenstandes. Grundsätzlich geht es hierbei allerdings nicht um Er-findung eines Neuen, sondern tatsächlich um die Auf-findung des Redegegenstandes in Mythologie, Geschichte, gegenwärtiger gesellschaftlicher Umwelt oder Natur.
   - Steht der Redegegenstand fest, plant der Redner zweitens seinen Vortrag im Groben, er gliedert, was er sagen will; die *dispositio* ist die **Konzeption des Argumentationsgangs**.
   - Erst in einem dritten Schritt geht er an die **Ausformulierung der Gedanken**, an die sprachliche Umsetzung der einzelnen Argumente, ihre Einkleidung in Worte und Sätze, in Wortspiele, sprachliche Bilder u.v.m. Erst hier, auf der Ebene der *elocutio*, kommt die Vielzahl der unterschiedlichen rhetorischen Mittel zum Einsatz, die Sprachfiguren, die Tropen u.a. (s.u.).
   - Die vierte Produktionsphase der Rede ist die *memoria*; aus Ermangelung handhabbarer Schriftträger und um der gesteigerten Wirkung der Rede selbst willen muss der Redner die Rede **auswendig lernen** (mit einem Verfahren, das weiter unten knapp erläutert wird).
   - Der fünfte Schritt ist der **Vortrag der Rede**, ihre stimmliche, mimische, gestische Umsetzung: *pronuntiatio* oder *actio*.

4. Auf der Ebene der **Auffindung des Redegegenstandes** formuliert die klassische Rhetorik einen Fragenkatalog, der zur genauen Schilderung eines Sachverhalts führen sollte, die so genannte **Topik**:
   - So wurde erstens stets nach der Person gefragt, die im zur Rede stehenden Zusammenhang handelte: *quis*.

- Zweitens musste überhaupt die Tat, die Handlung selbst erfragt werden: *quid*.
- Drittens folgte die Frage nach dem Ort der Handlung: *ubi*.
- Die Frage nach den Mitakteuren, den ›Helfern‹ oder Unterstützern der Handlung vergrößert viertens den Kreis der Handelnden: *quibus auxiliis*.
- Grundsätzlich sollten fünftens auch der Grund der Handlung, ihre Motivation oder ihre Ursprünge erarbeitet und genannt werden: *cur*.
- Sechstens sollte die qualitative Seite des Redegegenstands, die Art und Weise, auf welche das Geschehen ablief, erläutert werden können: *quomodo*.
- Schließlich musste natürlich auch der Zeitpunkt der zur Rede stehenden Handlung benannt werden: *quando*.

Diese sieben Fragen bzw. Fragekategorien, die die Topik systematisch erfasst, gelten nicht nur für den Redner etwa der Antike: Jeder Praktikant oder Volontär bei einer Zeitung lernt, bevor seine erste Meldung, Konzertkritik o.Ä. gedruckt wird, die **Topik der sieben W-Fragen** kennen – die mit denen der antiken Redekunst exakt übereinstimmen. In diesem Sinne sind viele moderne Praxisfelder des professionellen Schreibens und Sprechens **angewandte Rhetorik**.

Die *quis*-Frage nach der Hauptperson oder nach Personen, über die gesprochen werden soll, wird in der Rhetorik nochmals differenziert aufgeschlüsselt. Eine gesonderte Liste von Suchkategorien fragt nach den genaueren ›Umständen der Person‹, den **loci a persona**. Eine Person kann erschlossen werden mit der Frage

- nach ihrer Abstammung, den Vorfahren und Eltern (*genus*);
- nach ihrem Namen (*nomen*);
- nach ihrem Geschlecht (*sexus*), kann sogar mit geschlechtspezifischen Zuschreibungen näher charakterisiert werden;
- nach ihrem Alter (*aetas*), dem altersspezifische Verhaltensweisen zugeordnet sein können;
- nach der Nationalität (*natio*). Die Frage bezog sich auf die Herkunft aus einem bestimmten Volk, einer Nation oder Region;
- nach dem Vaterland (*patria*), ihrem Umfeld der besonderen Gesetze, Sitten, Gebräuche, Auffassungen und Lebensformen;
- nach Erziehung und Ausbildung der Person (*educatio et disciplina*), nach dem Beruf (*studia*) und dem sozialen Stand (*conditio*), denn diese bedingen bestimmte Verhaltensweisen und Einstellungen;
- nach den Neigungen, die einer Person zugeordnet werden (*quid affectet quisque*), die Handlungs- und Denkweisen verständlich machen;
- nach körperlichen Eigenschaften (*habitus corporis*) wie Aussehen, Stärke oder bestimmte Fertigkeiten;
- nach der Vorgeschichte der Person (*ante acta dicta*), die Gründe und Motivationen für bestimmte Handlungen liefern kann;
- nach dem ›Schicksal‹ (*fortuna*). Die Frage sollte klären, ob die zur Rede stehende Person etwa von Glück oder Unglück verfolgt sei.

Auch diese Fragekategorien sind in ihrer Gültigkeit keinesfalls auf die (klassische) Rhetorik beschränkt: Zumindest solange die Poetik eine Teilmenge der Rhetorik darstellte, hat ein Schriftsteller bei der näheren Charakterisierung einer literarischen Figur, bei ihrer Exposition in Drama oder Roman, sehr eng und genau die verschiedenen *loci a persona* abgearbeitet: Nach dem ersten Aufzug von Goethes *Egmont* beispielsweise – in dem der Held gar nicht auftritt –, weiß der Leser oder Zuschauer sehr genau, wer Egmont ist, aus welchem Stand er kommt, welche spezifischen Verhaltensweisen er zeigt, wer seine Freunde sind, in welche Konflikte er eingebunden ist und vieles mehr. Die Fragekategorien nach der Person also lenken den Schriftsteller bei der literarischen Arbeit – und bieten für die Dramen- oder Romananalyse auch Hilfestellung, insofern sie den Blick sehr genau auf einzelne Aspekte der Figurenexposition oder -charakterisierung lenken (die Produktionsstadien der Rede sowie Topik und *loci a persona* sind beispielhaft erläutert bei Ueding/Steinbrink ³1994, 209–253).

Die antike **Technik der *memoria*** verdient neben der Topik und den *loci* besondere Aufmerksamkeit. Der Stellenwert der *memoria* war prinzipiell doppelt bestimmt: Einerseits spielte sie eine zentrale Rolle bei der *inventio*, der Auffindung des Materials, der historischen Gegenstände der *narratio* wie auch der Bilder, in denen diese vollzogen wurde. Damit ist andererseits auch schon die zweite, den hohen funktionalen Rang der *memoria* ausmachende Rolle bestimmt: Die *memoria* war die **Technik der Aufbewahrung der Bilder im Gedächtnis**, um sie in der *actio* in ihrer geplanten Anordnung realisieren zu können. »Der Autor *ad Herennium* nennt sie Schatzkammer der aufgefundenen Gedanken und zugleich Hüter aller Zweige der Redekunst [...]; Quintilian spricht von einer Schatzkammer der Beredsamkeit« (Knape 1997, 7).

Technisch gesehen stellte der antike Redner beim Auswendiglernen seiner Rede sich diese verräumlicht vor, der Gang der Argumentation wird abgebildet auf den Grundriss eines großen Gebäudes. Für jedes Argument ist ein Raum vorgesehen, in den nur eine Tür hinein, aus dem nur eine Tür ins nächste ›Argument-Zimmerchen‹ herausführt. Für jeden gedanklichen Schritt seiner Rede denkt der Redner sich ein möglichst ausgefallenes Bild aus, das in dem entsprechenden Raum an die Wand gehängt wird – später muss er nur in der Erinnerung den vorgestellten Grundriss entlangwandern und in Ansehung der Bilder die entsprechenden Argumente memorieren.

Die Fertigkeit, die eigenen Argumente zu bebildern, die Bildfindungskraft, nennt der Lateiner *imaginatio*. Diese ist also noch lange nicht im Sinne der regen Phantasietätigkeit ein Begriff kreativen Erfindens von Neuem, sondern ein eher technisches Vermögen im Kontext der *memoria*. In dem Zeitraum aber, in dem durch die Verbilligung von Papier, die steigende Alphabetisierungsrate, den Buchdruck die Notwendigkeit immer geringer wurde, große Textmengen auswendig zu lernen – also in der frühen Neuzeit, zwischen dem 15. und dem 18. Jahrhundert – verlor die *memoria* als (nicht nur rhetorisches) Vermögen immer stärker an Bedeutung. Die Imagination als mentale Fertigkeit aber wurde umbewertet und, an neuer Stelle im System, wieder eingefügt: Unter dem Begriff der **Einbildungskraft** werden der ***imaginatio*** Implikationen der Phantasietätigkeit, der schöpferischen Erfindung zugemessen und sie wird, in der Poetik seit der Mitte des 18. Jahrhunderts, ein Vermögen der *inventio*, die jetzt tatsächlich Er-findung heißt, die Schöpfung eines Neuen. Der Künstler wird damit zum Genie (zur Technik der *memoria* vgl. Yates ⁴1997; zur Veränderung der Gedächtniskunst in der Frühen Neuzeit vor allem Haverkamp/Lachmann 1993, 17–27 u.ö.).

4.3 Rhetorik und literarische Stilistik

Dreistillehre

Den drei unterschiedlichen weiter oben thematisierten Aufgaben des Redners – belehren, erfreuen, bewegen – werden auf der Ebene der Elocution, der **Ausformulierung der Gedanken**, drei Stilebenen zugeordnet (*genera elocutionis*, Dreistillehre):

- Der Absicht des Belehrens ist ein schlichter, ›niederer‹ Stil angemessen: *genus* oder *stilus humilis*;
- Will der Redner bzw. der Dichter erfreuen, milde Affektziele erreichen, spricht er im mittleren Stil: *genus medium*, *stilus mediocris*;
- Die Erregung leidenschaftlicher Affekte bedarf des hohen oder erhabenen Stils: *genus sublime*, *stilus gravis*.

Alle drei Stilkategorien aber sind grundsätzlich gleichwertig, ›niederer‹ bzw. ›hoher‹ Stil sind keinesfalls wertende Begriffe – seine Wertigkeit erhält der gewählte Stil immer nur in Bezug auf die Erreichung der beabsichtigten Wirkung.

Diese Dreistillehre ist auch im Feld literarischer Texte, der Poetik, einflussreich. Im Blick auf das Gesamtwerk des römischen Dichters Vergil haben schon mittelalterliche Gelehrte festgestellt, dass sich den verschiedenen Abteilungen dieses Werkes sehr genau die drei Stilebenen zuordnen lassen. So entspricht die Idyllen- oder Hirtendichtung Vergils, die so genannten *Bucolica*, exakt dem *stilus humilis*, die Landlebendichtung, *Georgica*, dem *genus medium* und seine Heldendichtung, das große Versepos *Aeneis*, dem *stilus gravis*. Innerhalb dieser Texte oder Textgruppen sind die verschiedenen Bestandteile der erzählten oder erdichteten Welt – die Handlungszusammenhänge ebenso wie der Stand der Protagonisten, vorkommende Tiere, Pflanzen, Werkzeuge, Handlungsort u.v.m. – präzis aufeinander und auf die jeweilige Stilhöhe abgestimmt. So kommen etwa in der Hirtendichtung nur ›schlichte‹ Konflikte zur Sprache (ein Lämmchen geht verloren, es wird wiedergefunden – am Ende wird geheiratet), handelnde Figuren sind die Hirten, die auf der Weide unter Buchen ihre Schafe hüten und einen Hirtenstab tragen. Diese innere Angemessenheit aller Bestandteile des Textes heißt, ebenso wie die äußere Angemessenheit der Stilhöhe an die Wirkziele, *aptum*.

Für die Poetik ist diese Angemessenheitsregel von höchster Bedeutung: Die **Ständeklausel**, die in Tragödie wie Komödie Geltung hatte, ist angewandte *aptum*-Lehre (s. Kap. 3.3.2): Die Helden der Tragödie mussten aus hohem Stand stammen, denen die Erhabenheit der Konflikte und der Sprache, die Bienvenance der Figuren u.v.m. entsprechen mussten. Schon Lessings Konzeption des bürgerlichen Trauerspiels modifiziert diese Regel. Die Aufnahme von Volkssprachlichem oder gar Vulgärem ins Schauspiel des Sturm und Drang, die Ausweitung der möglichen Handlungsträger auf Figuren aus dem niederen Stand u.Ä. haben als Verstoß gegen das *aptum* ungeheuer provokativ gewirkt.

Stilmittel

Gleichgültig, welcher Stilebene der Redner die geplante Rede zuordnen will, gelten grundsätzlich, über die innere und äußere Angemessenheit der *elocutio* hinaus, die Forderungen der **sprachlichen Korrektheit** (*puritas*) und der **Klarheit** (*perspicuitas*). Der Redner aber ist auch aufgefordert, in der sprachlichen Ausformulierung der Gedanken Schmuckformen der Rede einzusetzen. Diese sollen gleichermaßen die Überzeugungsabsicht des Redners unterstützen, seine Argumentation verdeutlichen, helfen, Redegegenstände zu verkleinern oder zu vergrößern, zu erhöhen oder zu erniedrigen (*amplificatio*) und auch die Zuhörer/innen durch Abwechslung unterhalten. Dabei darf der Redeschmuck niemals in übertriebener Form, als Selbstzweck Verwendung finden, er muss immer dem *aptum*-Kriterium genügen.

Die antike Rhetorik unterscheidet zwischen **Formen des Redeschmucks in Wortverbindungen** (*ornatus in verbis coniunctis*) und solchen in **Einzelwörtern** (*ornatus in verbis singulis*).

1. Die erste Gruppe umschließt verschiedene Formen meist auf der Satzebene sichtbarer ›Figuren‹ und die Wortfügung. **Wortfiguren** haben immer eine amplifizierende Funktion, d.h. sie heben ein Wort besonders hervor, zur Erhöhung oder Verminderung des Gemeinten.
    - Die ***Geminatio*** ist die einfache oder mehrfache Wiederholung eines Wortes oder Satzteils (»Mein Vater, mein Vater, jetzt faßt er mich an«, Goethe: *Erlkönig*).
    - Die ***Anadiplose*** wiederholt ein Wort oder einen Satzteil, um damit einen nächsten Satz zu beginnen (»reden [...] einander ins Wort, ins Wort sich selber«, Th. Mann: *Der Erwählte*). Ist bei einer solchen, auch drei- oder vierfachen Wiederholung eine Steigerung zu beobachten, spricht man von ***Klimax*** oder *gradatio*.
    - Die Wortwiederholung am Anfang mehrerer Sätze oder auch Verszeilen heißt ***Anapher*** (»Dort meine Hütte, / Dort hin zu waten«, Goethe: *Wandrers Sturmlied*), am Ende mehrerer Sätze oder Verszeilen heißt sie ***Epipher***. Wird während einer Wortwiederholung der Kasus verändert, spricht man vom ***Polyptoton***, wenn der Redner der reinen Wiederholung durch die Setzung eines gleichbedeutenden Wortes ausweicht, von ***Synonymie***, eine Figur, die für den Zuhörer Abwechslung bereithält.
    - Die Häufung von ähnlich- oder gleichbedeutenden Wörtern, von Wörtern verschiedener Bedeutung oder auch innerhalb einer Klimax, die auf sämtliche Bindewörter (und, oder) verzichtet, heißt ***Asyndeton*** (»Innre Wärme, / Seelenwärme, / Mittelpunkt«, Goethe: *Wandrers Sturmlied*), bei der Verwendung von Bindewörtern ***Polysyndeton*** (»Die Welle sprüht und staunt zurück und weicht / Und schwillt bergan«, Goethe: *Mächtiges Überraschen*). Die oft überraschende, in Einzelfällen sogar grammatisch unrichtige Kopplung mehrerer gleichartiger oder ungleichartiger Satzglieder an ein Verbum heißt ***Zeugma*** (»Er saß ganze Nächte und Sessel durch«, Jean Paul: *Siebenkäs*).
    - Neben der Wiederholung oder Häufung von Wörtern gehört auch die **Auslassung** zu den figurenbildenden Verfahren des Redners. Schon das Asyndeton ist eine Figur der Auslassung (der Bindewörter). Die ***Ellipse*** ist die Auslassung eines Wortes oder Satzteils, das für das Verständnis des Satzes nicht unbedingt erforderlich ist, grammatisch aber notwendig wäre (»Ich dich ehren? Wofür?«, Goethe: *Prometheus*), eine Figur, die in der Rede durch Neuheit oder Überraschungseffekt dem

Zuhörer Abwechslung bietet und eine Form des affektgeladenen verknappten Sprechens darstellt. In literarischer Sprache dient die Ellipse auch dazu, die Unsagbarkeit des Eigentlichen, nur Gefühlten, der Sprache sich Verweigernden auszudrücken. Auf der Ebene der Gedankenfiguren ist der *Ellipse* der Redeabbruch, die *Aposiopese* entgegenzusetzen, die tatsächlich im bewusst und strategisch eingesetzten Weglassen abschließender Satzteile besteht – etwa um den Eindruck einer starken affektiven Betroffenheit zu suggerieren (»was mich verdrießt, ist, daß Albert nicht so beglückt zu sein scheinet, als er – hoffte – als ich – zu sein glaubte – wenn –«, Goethe: *Werther*).
- Vor allem in der poetischen Rede gibt es verschiedene durch (**Wort-)Umstellungen** gebildete Figuren. Die *inversio* verkehrt, meist um zentrale Wörter im Vers in Eckstellung zu bringen oder den Vers einem Metrum anzupassen, die grammatische Satzfolge um (»Wandeln wird er / Wie mit Blumenfüßen / Über Deukalions Flutschlamm / Python tötend, leicht, groß / Pythius Apollo«, Goethe: *Wandrers Sturmlied*). Werden Sachverhalte in einer ihrer ursprünglichen Chronologie widersprechenden Reihenfolge formuliert, liegt das *hysteron proteron* vor (»Ihr Mann ist tot und läßt Sie grüßen«, Goethe: *Faust*).
- Beim *hyperbaton* werden syntaktisch einander zugeordnete und zusammenhängende Wörter durch Umstellung des Satzes oder durch einen Einschub voneinander getrennt (»Und *übe*, Knaben gleich, / Der Disteln köpft, / An Eichen *dich* und Bergeshöhn«, Goethe: *Prometheus*). Werden Sachverhalte in paralleler syntaktischer Fügung angeordnet, spricht man vom **Parallelismus**, der häufig eine Steigerung, eine Klimax darstellen oder auch stilistisch mit der Anapher verbunden sein kann (»Und meine Hütte, / Die du nicht gebaut, / Und meinen Herd, / Um dessen Glut / Du mich beneidest«, Goethe: *Prometheus*). Die pointierte Gegenüberstellung entgegengesetzter Sachverhalte heißt **Antithese**; wird dieser Gegensatz zudem in einer Überkreuzstellung der antithetischen Satzglieder formuliert, so liegt ein *Chiasmus* vor (»Eng ist die Welt und das Gehirn ist weit«, Schiller: *Wallenstein*) (zu weiteren Wortfiguren Ueding/Steinbrink ³1994, 299–308).

2. Eine zweite Gruppe der Formen des Redeschmucks in Wortverbindungen ist die der **Gedanken-** oder **Sinnfiguren**.
   - Der Redner – wie auch der Dichter – kann Formen der Frage (*interrogatio*) einsetzen, um Sachverhalte hervorzuheben, um die Zuhörerschaft oder die Leser/innen in Spannung oder gesteigerte Aufmerksamkeit zu versetzen. Dabei kann er Fragen verwenden, auf die keine tatsächliche Antwort erwartet wird (alltagssprachlich die so genannten ›rhetorischen Fragen‹), die ihre Beantwortung schon suggerieren, oder aber auch Fragen, auf die der Text selbst die Antwort gibt, also ein textlich inszeniertes Frage-und-Antwort-Spiel (*subiectio*): »Wer half mir wider / Der Titanen Übermut? / Wer rettete vom Tode mich, / Von Sklaverei? / Hast du's nicht alles selbst vollendet, / Heilig glühend Herz? / Und glühtest, jung und gut, / Betrogen, Rettungsdank / Dem Schlafenden dadroben?« (Goethe: *Prometheus*).
   - Gibt der Redner vor, am eigenen Wissen zu zweifeln (*dubitatio*), will er besonderes Zutrauen in seine Glaubwürdigkeit erwecken. Durch den Einschub längerer etwa illustrativer oder historischer Passagen kann er seine Zuhörer hinhalten (*sustenatio*) und so ihre Aufmerksamkeit über längere Zeit fesseln. Durch Ausrufe werden zentrale Argumente oder Gedanken hervorgehoben oder leidenschaftlich unterstützt (*exclamatio*). »Weh! Weh! Innre Wärme« (Goethe: *Wandrers Sturmlied*).
   - Die Wortfigur der Antithese (s.o.) ist meist gleichzeitig auch eine Sinnfigur. Wird die antithetische Struktur radikal verdichtet im Zusammenschluss zweier einander

widersprechender Begriffe, liegt ein ***Oxymoron*** vor: »Schwarze Milch der Frühe«, Celan: *Todesfuge*). Die nur scheinbar widersprüchliche Struktur des ***Paradoxons*** fordert Zuhörer oder Leser/innen auf, aus dem Widersprüchlichen eine abstraktere Schlussfolgerung, einen höheren Sinn zu erschließen: »Ein Christenmensch ist ein freier Herr über alle Dinge und niemand untertan. Ein Christenmensch ist ein dienstbarer Knecht aller Dinge und jedermann untertan« (Luther: *Von der Freiheit eines Christenmenschen*).

- Die Gedankenfigur der ***Ironie*** ist ein problematisches rednerisches Mittel, da sie, auf den ersten Blick, die Wahrheit verbirgt: Der Redner weiß mehr, als er seinem Publikum mitteilt; er kann so etwa Gegenargumente bewusst übertrieben darstellen, um sie zu entwerten und ihre Glaubwürdigkeit zu erschüttern. Allerdings muss er in seine Rede Signale einbauen dafür, dass er gerade ironisch spricht, so dass das Publikum die Spannung zwischen dem gerade Gehörten und dem im Hintergrund stehenden Wissen oder Meinen des Redners realisieren kann (zu weiteren Gedankenfiguren vgl. Ueding/Steinbrink ³1994, 308–323).

Die antike Rhetorik misst innerhalb der Produktionsphase der *elocutio* über die Figuren hinaus auch der **Wortfügung** großes Gewicht bei, also der **sprachrhythmischen Gestalt der Rede** (vgl. dazu insgesamt Ueding/Steinbrink ³1994, 323–329). Quintilian unterscheidet zwar grundsätzlich zwischen der ›bloß‹ rhythmischen, ungebundenen Rede des Rhetors und der gebundenen, metrischen Rede des Dichters, formuliert aber einen Satz strenger Regeln, die schon für die rhythmische Gestaltung der ungebundenen Rede gelten und die in der Poetik lediglich in noch strengerer Vorschrift Geltung erheischen.

Neben inhaltlichen Kriterien zur Anordnung der Wörter im Satz, Abschnitt oder in Aufzählungen sind es vor allem **klanglich-rhythmische Vorschriften**, die der Redner beachten muss. So soll etwa der Zusammenstoß von Vokalen am Ende eines und am Beginn des nächsten Wortes (*hiatus*) vermieden werden, zumal wenn es sich um zwei lange Vokale handelt. Im Einzelfall kann zum Mittel der Verschmelzung beider Vokale gegriffen werden. Die Vermeidung eines solchen Hiatus soll der störenden Unterbrechung des Redeflusses vorbeugen, ebenso wie die Vermeidung des Zusammenstoßes bestimmter Konsonanten, der zu einer Pause zwänge.

Die lateinische Sprache empfängt, anders als die deutsche, ihren **Rhythmus** nicht aus der Folge von Hebungen und Senkungen, sondern aus der von Längen und Kürzen. Quintilians Rhetorik enthält genaue Anweisungen über die unterschiedlichen Versfüße (Jambus, Daktylus; dazu ausführlicher s. Kap. 3.2.2), also rhythmische Kleinsteinheiten, in die der Redner seinen Text einteilen kann. Allerdings gibt es für die rhythmisierte Prosa-Rede natürlich keine Vorschrift, wie viele solcher Versfüße in einer Folge stehen dürfen. Quintilian stellt hier der Poetik das Handwerkszeug zur Verfügung, das diese nur noch auf den begrenzten Raum des Verses übertragen muss. Schon die Redekunst zielt auf eine geplant rhythmisierte Sprache ab, die Poetik fügt lediglich die Begrenzung des Verses hinzu. Darüber hinaus ist Rhythmus auch in der Prosa wirkungsvoll: Viele Passagen von Goethes *Werther* etwa erzielen den Eindruck beispielsweise eines geschlossenen Naturbildes auch aufgrund ihres harmonisierten Rhythmus (z.B. im Brief vom 10. Mai 1771 u.ö.).

Neben dem Redeschmuck in Wortverbindungen existiert eine größere Zahl von Formen des **Redeschmucks in Einzelwörtern**. Zu diesen zählen die für die

Literatur zentralen sprachlichen Bilder, die so genannten **Tropen**, sowie Archaismus und Neologismus (zu allen Figuren literarischer Rheotrik bzw. Stilistik vgl. auch Lausberg ³1990, Asmuth/Berg-Ehlers ³1978).

- Unter **Archaismus** wird ein altertümlicher oder altertümlich erscheinender Ausdruck verstanden, der häufig dem Redegegenstand zu einer größeren Würde verhelfen oder auch, in literarischen Texten, Stilformen oder Mentalitäten älterer Kulturzustände zitieren soll. So imitiert etwa Goethe in der ersten Fassung seines *Faust*, dem so genannten *Urfaust*, die altertümliche Begrifflichkeit des 16. Jahrhunderts, in dem das Drama spielt: »Hab nun ach die Philosophey / Medizin und Juristerey, / Und leider auch die Theologie / Durchaus studirt mit heißer Müh«.
- Beim **Neologismus** liegt eine Wortneuschöpfung des Redners oder Dichters vor, die einerseits das Fehlen eines passenden Wortes kompensieren soll, andererseits aber auch den Zuhörer oder Leser überrascht und so Abwechslung bietet. Eine der literaturgeschichtlich berühmtesten Wortneuschöpfungen ist Goethes »Knabenmorgen- / Blütenträume« aus dem *Prometheus*.
- Besonders interessant sind durch Wortzusammenstellungen erzeugte Neologismen, die gleichzeitig archaisierende Funktion haben, wie sie vor allem die klassizistische Sprache um 1800 auszeichnen. Wörter wie »vielwillkommner« oder »fernabdonnernd« (Goethe: *Iphigenie* V. 803/ V. 1361) versuchen, entsprechend der Homerübersetzung von Johann Heinrich Voß, ein homerisches Wortbildungsprinzip nachzuahmen und galten insbesondere im Kontext des Weimarer Klassizismus als Zeichen antikisierenden Stils.

Die große und wichtigste Gruppe der **Tropen** umfasst alle in übertragenem Sinn gebrauchten Ausdrücke, die anstelle der ›eigentlichen‹ Sprechweise treten. Die Ersetzung des eigentlichen Ausdrucks durch einen uneigentlichen, bildhaften kann durch ganz unterschiedliche Übertragungsoperationen vollzogen werden – ein Kriterium, nach dem die einzelnen Tropen voneinander unterschieden werden können.

1. Die **Metapher** ist die Übertragung eines Wortes aus einem Bildspendebereich in einen Bildempfangsbereich, wobei zwischen beiden eine semantische Schnittmenge existieren muss, das so genannte *tertium comparationis*, das ›Dritte des Vergleichs‹. Die Metapher ist ein abgekürzter Vergleich ohne Vergleichspartikel. Die Formulierung »Achill kämpfte wie ein Löwe« ist ein **Vergleich**; um die Vergleichspartikel gekürzt, könnte der Satz heißen: »Achill war ein Löwe im Kampf«; dann liegt eine Metapher vor. Der Löwe spendet das Bild, Achill empfängt es, zwischen beiden existiert eine Schnittmenge semantischer Merkmale: »stark, mutig, königlich«. Zwischen Achill und dem Löwen liegt also als Drittes dieser Überschneidungsbereich. Quintilian unterscheidet zwischen Metaphern, bei denen ein Belebtes durch ein anderes Belebtes (»Achill war ein Löwe im Kampf«) ersetzt wird, und solchen, bei denen Unbelebtes durch Unbelebtes (»Luftschiff«), Unbelebtes durch Belebtes (»der Frost beißt«) und Belebtes durch Unbelebtes (»Wüstenschiff«) ersetzt wird. Darüber hinaus ist auch die bildhafte Ersetzung eines Abstraktum durch etwas Konkretes eine Metapher (»Stromquelle«).
Auch die Größe und schnelle Erschließbarkeit der Schnittmenge, wovon immerhin das klare Verständnis der Metapher abhängt, kann zur Unterscheidung zwischen Metapherntypen dienen. Ist bei der Metapher »Achill war ein

Löwe im Kampf« das Verständnis sofort gegeben, die Schnittmenge klar, ist das bei folgendem Bild schon schwieriger: »Der Mond ist ein blutiges Eisen« (Büchner: *Woyzeck*); die Möglichkeit allerdings, dass der Mond wie eine (eiserne) Sichel aussehen und zuweilen eine rote Farbe annehmen kann, lässt ein *tertium comparationis* denkbar erscheinen. In diesem Fall spricht man von einer **kühnen Metapher**. Für den Fall jedoch, dass der Bildspendebereich sich verabsolutiert, der Empfangsbereich gar nicht mehr mitgeliefert wird, also nicht einmal das ›Zweite des Vergleichs‹ gegeben ist, liegt eine **absolute Metapher** vor – wie es häufig in symbolistischer oder auch hermetischer Lyrik geschieht: »In den Flüssen nördlich der Zukunft / werf ich das Netz aus, das du / zögernd beschwerst / Mit von Steinen geschriebenen Schatten« (Celan).

2. Im Gegensatz zur Metapher besteht bei der **Metonymie** keine semantische Schnittmenge. Die Metonymie ist die Ersetzung eines Wortes durch ein anderes, das in einer ›realen‹ Beziehung zum ersten steht. Solche Beziehungen können sein:
   - Personen – Ort (»die Ostkurve brüllte auf«);
   - Ort – Institution (»Berlin gibt bekannt«);
   - Gefäß – Inhalt (»trinkst du noch ein Glas mit mir«);
   - Erzeugnis – Erzeuger (»hast du noch ein Tempo«);
   - Erfindung – Erfinder (»ich fahre einen Benz«);
   - Werk – Autor (»Bach hören«);
   - Abstraktes – Sinnbild (»sein Lorbeer verwelkte«);
   - Ursache – Wirkung (»er fügt mir Schmerzen zu«).

3. Eng mit der Metonymie verwandt ist die **Synekdoche**. Dies meint die Ersetzung eines Wortes von weiterer durch eines mit engerer Bedeutung (oder umgekehrt). So zum Beispiel beim *pars pro toto* (»Er hat ein Dach überm Kopf«, statt: Haus) oder beim *totum pro parte* (»der Wald stirbt«). Auch die Ersetzung von Art durch Gattung (und umgekehrt) ist eine Synekdoche (»Unser täglich Brot« steht stellvertretend für alle Nahrungsmittel; »der Unsterbliche« bezeichnet einen Gott mit einem Gattungskriterium).

4. Die **Allegorie** gilt seit Quintilian als fortgesetzte, erweiterte Metapher: Das Bild steht nicht für einen einzelnen Begriff, für eine einzelne handelnde Figur. Vielmehr wird im Bild eine ganze Reihe von Gedanken, ein komplexerer Zusammenhang, ausgedrückt. Gryphius' Sonett *An die Welt* spricht im Bild des Schiffs im Sturm in allegorischer Weise über die Gefährdungen des menschlichen Lebens (und den Tod):

> Mein offt bestuermbtes Schiff der grimmen Winde Spil
> Der frechen Wellen Baal / das schir die Flutt getrennet /
> das ueber Klipp auff Klip' / und Schaum / und Sandt gerennet.
> Komt vor der Zeit an Port / den meine Seele will.

Da hier ausschließlich auf der Bildebene gesprochen wird und da das, worauf das Bild verweist, nur deutend mitgedacht werden kann, liegt hier eine **vollständige** oder **abgeschlossene Allegorie** vor. Diese kann natürlich so dunkel und rätselhaft werden, dass sie vieldeutig wird oder nicht mehr verständlich ist.

Die **gebrochene, gemischte Allegorie** enthält neben der Bildebene auch Anteile des Gemeinten, auf das sie verweist. In Johann Sebastian Bachs *Kreuzstab*-Kantate (BWV 56) etwa taucht das Schiffs-Bild von Gryphius im ersten Rezitativ wieder auf:

> Mein Wandel auf der Welt,
> Ist einer Schiffahrt gleich:
> Betrübnis, Kreuz und Not
> sind Wellen, welche mich bedecken
> und auf den Tod mich täglich schrecken.

Die Veranschaulichung eines abstrakten Begriffskomplexes in einem figürlichen Bild wird ebenfalls als Allegorie bezeichnet: Eine Frauenfigur mit Augenbinde, Schwert und Waage, Justitia, steht für die Gerechtigkeit.

5. Die **Hyperbel** ist eine Figur der bewussten Übertreibung, die meist die Funktion der Erhöhung oder Verringerung eines Sachverhalts oder einer Person hat: »die liebe Liane, der verschämte, erschrockne blaßrote Engel« (Jean Paul: *Titan*).

6. Die *Litotes* (gr. Schlichtheit) ist die Umgehung einer Übertreibung oder lobenden Äußerung durch die Verneinung des Gegenteils: ›nicht schlecht‹ bedeutet meist ›ziemlich gut‹.

7. Das **Symbol** ist eigentlich keine der Tropen, die die antike Rhetorik aufzählt. Allerdings stammt der Begriff des Symbols ebenfalls aus der Antike: Die beiden Hälften eines irdenen Gefäßes oder einen Ringes, die zwei lange getrennte Freunde bei sich tragen und bei einer Begegnung als Erkennungszeichen zusammenlegen (gr. *symballein*: ›zusammenwerfen‹), stehen für die Freundschaft der beiden. Das Symbol ist in diesem Sinne ein Sinnbild für etwas Abstraktes, eine Idee.
Für das Selbstverständnis der Literatur wurde der Symbolbegriff um 1800 zu einem zentralen Terminus, vor allem bei Goethe. Seinem Verständnis nach ist das Symbol die ›Schau des Allgemeinen im Besonderen‹. Das Symbol erscheint ihm als »die Natur der Poesie; sie spricht ein Besonderes aus, ohne an's Allgemeine zu denken oder darauf hinzuweisen« (WA I.42.2, S. 146). Das Symbol »verwandelt die Erscheinung in Idee, die Idee in ein Bild, und so, daß die Idee im Bild immer unendlich wirksam und unerreichbar bleibt« (WA I.48, S. 205). Ausgangspunkt ist also nicht, wie bei der Allegorie, eine philosophische Abstraktion, sondern die konkrete und sinnliche Anschauung etwa eines Naturdings. In diesem ein Allgemeineres wahrzunehmen, zu ahnen, schafft für den Künstler die Voraussetzung, ein (literarisches) Bild zu schaffen, in dem das Besondere der Erscheinung mit dem Allgemeinen der Idee zusammenfallen.

Insbesondere an den stilistischen Anteilen der Rhetorik wird die enge Verflechtung von Rhetorik und Poetik sichtbar: Die antike Dreistillehre wirkt unmittelbar in literarische Konzepte wie die Ständeklausel hinein, die Wort-, Gedanken- und Sinnfiguren sowie die Tropen sind nicht nur Schmuckelemente der Gerichts-

oder Versammlungsrede, sondern die wichtigsten stilistischen Gestaltungsmittel literarischer Texte überhaupt. Darüber hinaus aber lassen sich aus den grundlegenden systematischen Entscheidungen der antiken Redekunst **literaturwissenschaftliche Basiskategorien** ableiten: etwa aus den Redegattungen und den Aufgaben des Redners auch die verschiedenen literarischen Gattungen. Diese enge Verwandtschaft rhetorischer und poetologisch-stilistischer Verfahren und Kategorien aber ist eine Konsequenz der Tatsache, dass die Poetik eigentlich bis zur Mitte des 18. Jahrhunderts angewandte Spezialrhetorik war und sich erst in den letzten zweieinhalb Jahrhunderten von der Rhetorik emanzipieren konnte. Gleichwohl behält rhetorisches Wissen für den beschreibenden, analytischen und deutenden Umgang mit literarischen Texten seine elementare Bedeutung.

Literatur

Asmuth, Bernhard/Berg-Ehlers, Luise: *Stilistik*. Opladen ³1978.
Fuhrmann, Manfred: *Die antike Rhetorik. Eine Einführung*. München/Zürich ³1990.
Göttert, Karlheinz: *Einführung in die Rhetorik. Grundbegriffe, Geschichte, Rezeption*. München ³1998.
Haverkamp, Anselm/Lachmann, Renate (Hg.): *Memoria. Vergessen und Erinnern (Poetik und Hermeneutik XV)*. München 1993.
Knape, Joachim: »Memoria in der älteren rhetoriktheoretischen Tradition«. In: *Zeitschrift für Literaturwissenschaft und Linguistik* 105 (1997), S. 7–21.
– : *Allgemeine Rhetorik. Stationen der Theoriegeschichte*. Stuttgart 2000.
Lausberg, Heinrich: *Handbuch der literarischen Rhetorik. Eine Grundlegung der Literaturwissenschaft*, 2 Bde. Stuttgart ³1990.
Ottmers, Clemens: *Rhetorik*. Stuttgart/Weimar 1996.
Sowinski, Bernhard: *Stilistik. Stiltheorien und Stilanalysen*. 2., überarb. u. akt. Aufl. Stuttgart/Weimar 1999.
Ueding, Gert (Hg.): *Historisches Wörterbuch der Rhetorik*. Tübingen 1992 ff.
– /Steinbrink, Bernd: *Grundriß der Rhetorik. Geschichte, Technik, Methode*. 3., überarb. u. erw. Aufl. Stuttgart 1994.
– : *Klassische Rhetorik*. München ²1996.
– : *Moderne Rhetorik. Von der Aufklärung bis zur Gegenwart*. München 2000.
Yates, Francis A.: *Gedächtnis und Erinnern. Mnemonik von Aristoteles bis Shakespeare* [1966]. Berlin ⁴1997.

5. Literatur und andere Künste: Formen der Intermedialität

5.1 Methodologie und Begriffe

Der Wettstreit der Künste um die Vorherrschaft ist so alt wie diese selbst und hat eine eigene Kunstgattung hervorgebracht, die seit der Renaissance als *paragone* bezeichnet wird. Doch gab es als Gegenreaktion zu dem ›entweder-oder‹ auch regelmäßig das Bemühen um die Synthese, um das ›und‹ der Künste: Sie scheinen dann besonders zusammenzustreben, wenn man sich gerade vorher bemüht hatte, sie voneinander zu trennen. Hatte sich Lessing etwa mit seinem *Laokoon*-Traktat (1766) um eine Abgrenzung von Bildkünsten und Literatur bemüht, so überschritten kurze Zeit später die Romantiker die Grenzen und entwarfen Konzepte des Gesamtkunstwerks, die dann von Richard Wagner über die Avantgarden bis in die Gegenwart hinein umgesetzt worden sind.

Mit Lessing und überhaupt seit dem 18. Jahrhundert werden die unterschiedlichen Arbeitsweisen, aber auch die Darstellungsmedien der Künste besonders diskutiert. Die **Bildzeichen**, mit denen die darstellenden Künste arbeiten, funktionieren anders als die **Schriftzeichen**. Lessing hat darauf hingewiesen, dass sich die Malerei für die simultane Darstellung der Dinge bzw. das Nebeneinander der Körper im Raum eignet, während die Dichtung ihre Schilderungen nacheinander auf der Zeitachse ordnet – die Künste haben hinsichtlich ihrer Darstellungsmöglichkeiten also verschiedene Kompetenzen (vgl. Lessing 1766/1987, Kap. 16).

Mit dieser Reflexion auf das Verfahren der bildlichen und der sprachlichen Zeichen hat Lessing die Auseinandersetzungen bis heute beeinflusst. Wesentliche Diskussionsbeiträge zu diesem Thema liefert mittlerweile die **Semiotik**. Mit Umberto Eco lässt sich der Unterschied zwischen Wort und Bild wie folgt festhalten: Verbale Sprache beruht auf diskreten, standardisierten Einheiten und ist durch Phoneme und lexikalische Einheiten gebildet. Im Gegensatz zu dieser starken, festen Codierung (das Extrem wäre das Morsealphabet) kommunizieren bildliche, ikonische Einheiten vermittels schwacher Codes, die nicht präzise definiert, also untercodiert sind und sich anfällig zeigen für Veränderungen (Eco 1972, 214). Sie müssen bei jedem Rezeptionsvorgang des Bildes mühsam neu bestimmt und vom Rezipienten aufgeschlüsselt werden. Gerade diese **Unschärfe des Bildes** aber ermöglicht dem Betrachter erzählende Kommentare, es erfordert diese sogar – ein Bild reizt dazu, ›verstanden‹ zu werden.

Dies lässt wiederum die Folgerung zu: Auch beim Betrachten vormoderner Malerei, die noch auf Handlung oder kompositionelle Geschlossenheit abzielt, lässt sich von ›Bildlektüre‹ sprechen. Denn anders als Lessing behauptet, tastet das Auge in ähnlich sukzessiver Bewegung wie bei einem Text seinen Gegenstand ab, greift aus, fährt zurück, nach links, rechts, oben und unten, um den nur lose definierten Bildzeichen ihre Bedeutung zuzuweisen. Weitergehend noch lässt sich behaupten, dass ein Bild überhaupt nur dann verstanden werden kann, wenn auch der begriffliche, philosophische oder allgemein kulturelle Hintergrund erfasst wird, der wiederum aus sprachlichen Formulierungen besteht. Malerei entfaltet also Bedeutung, auf welch verschlüsselte Weise auch immer, und ist insofern ein entzifferbares Zeichengebilde, das den mehrfachen Blick braucht.

Eco kann insofern die Beobachtung aufstellen, dass Malerei bzw. Bildzeichen von kulturalisierten Konzepten und Inhalten begleitet, also konzeptuell vorgeprägt sind und damit ähnlich arbiträren Charakter wie die Wortzeichen haben. So folgen etwa abbildende Zeichnungen einer kulturellen Verabredung: Die Umrisslinie eines Gegenstandes existiert nämlich nicht in der Natur, sondern folgt einer Darstellungskonvention. Darin gehen sie auch über die Wortgrenze hinaus: »Ein ikonisches Zeichen ist tatsächlich ein Text, denn sein verbales Äquivalent ist [...] kein Wort, sondern entweder ein Satz oder eine ganze Geschichte« (Eco 1987, 286). Jedes Bild – wenn man es als komplex vernetzte Aussage auffasst – erfordert so zu seinem vollen Verständnis einen Kommentar oder eine Erzählung. Das Prinzip lässt sich auch auf die bewegten Bilder des Films übertragen: Hochverdichtete visuelle Informationen mit eigenen optischen Gesetzen sind in einem Ablauf gebündelt, dessen Linearität aber mit der Erzählgattung zusammenhängt bzw. von Erzählabläufen grundiert ist – entsprechend sind Film und Literatur auch als parallele Erzählformen analysiert worden (vgl. Paech ²1997).

Die Differenz der Kunstdisziplinen bleibt freilich bestehen – Pinselstriche sind keine Wörter. Das genuin Optische übertrifft die Absichten des Malers an manchen Stellen, in jedem Bild finden sich semantische ›Inhalts-Nebelflecken‹, deren Unschärfe für den Betrachter reizvoll sein kann. Aber die dem Bild zugrunde liegenden inhaltlichen und formalen Aspekte haben Teil an kulturellen Codes, über die der Interpret kommunizieren und die er mit Texten in Verbindung bringen kann.

Zeichen in der Musik

Auch die **musikalischen** oder **auditiven Zeichen** unterliegen im Vergleich zum Wort unterschiedlichen Verstehensbedingungen. Zwar folgt die Musik ähnlich wie die Literatur dem Prinzip der Linearität: Sie wird im Zeitfortlauf gespielt, ist also auf einer syntaktischen Ebene wahrnehmbar, kann allerdings simultan einen Mehrklang entfalten – ein Effekt, der in der Literatur nur sehr selten zu beobachten ist (etwa im dadaistischen Simultangedicht). Der akustische Sinn kann jedoch anders als die optische Wahrnehmung keine Auswahl treffen.

Wie Sprache lässt sich der Ton grafisch festlegen, und zwar als Notation in der Partitur (Signifikant). Der fundamentale Unterschied ist aber, dass ein Ton oder ein Akkord, ob mit dem Einzelinstrument oder im Orchester produziert, bloßer Klang bleibt und mit keiner festen lexikalischen Bedeutung verbunden werden kann (vgl. Eco 1972, 106 f.). Dasselbe gilt für Harmonien oder Motivfolgen: Auch wenn man meistens das Moll-Tongeschlecht mit traurigen oder düsteren Stimmungen verbindet, kann es in einem bestimmten Zusammenhang fröhlichen Charakter haben, so wie das Dur, dem man Fröhlichkeit nachsagt, melancholisch wirken kann – eine feste Zuordnung gibt es nicht, es handelt sich um subjektiv unterschiedlich erfahrbare und auch **kulturell relative Stimmungswerte**.

Zwar gibt es auch bei der Sprache offene Bedeutungsränder, doch lässt sich jedem Wort zumindest eine lexikalische Bedeutung zuordnen. Musik und Sprache bleiben in diesem Sinne auf Distanz. Das gesteht auch Nietzsche ein, so sehr er für die Erneuerung des Dramas aus dem Geist der Musik plädierte: Die Sprache kann »nie und nirgends das tiefste Innere der Musik nach Aussen kehren, sondern bleibt immer, sobald sie sich auf Nachahmung der Musik einlässt, nur in einer äußerlichen Berührung mit der Musik« (Nietzsche I, 51).

Intermedialität im Gesamtkunstwerk, Film und Radio

Mit Zeichen aus möglichst vielen Gebieten wollen **Gesamtkunstwerk**-Artisten möglichst viele Sinne ansprechen: Das stehende oder bewegliche Bild, das sukzessiv ausgebreitete Wort und die vieldeutige Musik kommen zum Einsatz. Dazu können körperliche Ausdrucksgesten von Tanz oder Pantomime, aber auch Tast-, Geruchs- oder Geschmackssinn aktiviert werden. Wenn die Künste im Spiel vereint werden, wird dabei ihre Autonomie von allen anderen Zwecken vorausgesetzt. Das Bemühen der Einzelkünste um Integrität und um Abgrenzung von den anderen wird dabei unterlaufen. Die unterschiedlichen Zeichen der Künste können Kontrastwirkungen erzielen oder aber ihre Kräfte zu einer Gesamtaussage bündeln.

Der Literaturwissenschaftler kann sich dabei im engeren Sinn für den jeweiligen Text des Gesamtkunstwerks interessieren (etwa die dramatische Dichtung, die Wagner für den *Ring des Nibelungen* verfasst hat). Er kann weitergehend die Konzeptionen analysieren und sie historisch einordnen, was wiederum über bestimmte kulturelle Vorstellungen Aufschluss gibt, mit denen eine Gesellschaft sich ihre Formen und Regeln schafft. Wichtig wird dann, das **Verfahren zu erkennen, wie Botschaften konstruiert werden** (seien sie bildlicher, akustischer oder verbaler Art) und wie sie unsere kulturellen Leitbegriffe sowie Werthaltungen beeinflussen.

Im Übrigen haben alle sauberen Unterscheidungen weder Autoren noch Musiker oder Bildkünstler davon abgehalten, anderswo Anleihen zu machen und sich eine Partnerkunst zu suchen, die den Blick auf die eigene Kunst schärft. Dies ist das Hauptinteresse der Schreibenden, die sich mit Musik oder Bildkunst beschäftigt haben und dort die relativ freiere Bedeutungszuordnung oder Bilder als Anregung für ein neues Schreiben nutzen. Die Formel von der »wechselseitigen Erhellung der Künste«, die Walzel (1917) geprägt hat, ist auch für die neuere Kunstkomparatistik leitend geworden. Unter dem heute gebräuchlichen Begriff der **Intermedialität** (vgl. Eicher 1994; Rajewski 2002) ist näher zu analysieren, wie Literatur bei Bildkünsten (s. Kap. 5.2) oder der Musik (s. Kap. 5.3) Anleihen macht oder umgekehrt Musik und Kunst erzählerische Strategien aufgreifen können und wie die Konzepte des Gesamtkunstwerks (s. Kap. 5.4) funktionieren. Dies gilt auch für die beweglichen Bilder des Films, der nicht ohne die Erzählkunst denkbar ist und sich später unter wechselseitigen Einflüssen mit ihr weiterentwickelt hat (s. Kap. 5.5). Weiterhin lässt sich das Zusammenwirken der Künste in den akustischen Formen untersuchen, zu denen Literatur im Radio als Lesung oder Hörspiel entwickelt wurde (s. Kap. 5.6).

Literatur

Barthes, Roland: *Image – Music – Text*. New York 1977.
Eco, Umberto: *Einführung in die Semiotik*. München 1972.
– : *Semiotik. Entwurf einer Theorie der Zeichen*. München 1987.
Eicher, Thomas (Hg.): *Intermedialität. Vom Bild zum Text*. Bielefeld 1994.
Lessing, Gotthold E.: *Laokoon oder Über die Grenzen der Malerei und Poesie* [1766]. Hg. von Ingrid Kreutzer. Stuttgart 1987.
Nietzsche, Friedrich: *Werke in drei Bänden*. Hg. von Karl Schlechta. München 1954.
Paech, Joachim: *Literatur und Film*. 2., überarb. Aufl. Stuttgart/Weimar 1997.
Rajewski, Irina: *Intermedialität*. Tübingen 2002.
Walzel, Oskar: *Wechselseitige Erhellung der Künste. Ein Beitrag zur Würdigung kunstgeschichtlicher Begriffe*. Berlin 1917.
Zima, Peter V. (Hg.): *Literatur intermedial. Musik – Malerei – Photographie – Film*. Darmstadt 1995.

5.2 Literatur und bildende Kunst

Die Geschichte des Bilderschauens durch Autoren ist von erwartungsvollen Hoffnungen durchzogen – vor allem darauf, von der Bildkunst etwas für die eigene Darstellungsweise zu lernen. Es ist die kurze, von Horaz in seiner *Poetik* (V. 361) eher nebenbei eingestreute Wendung, die die große Tradition des Verhältnisses von Bildern und Dichtung zeigt – das »ut pictura poesis«, das in Diskussionen um das Verhältnis von Bild und Text immer wieder zitiert wird. Dabei meinte Horaz damit lediglich, dass Texte und Bilder unter Berücksichtigung von Licht und Schatten, Nähe und Ferne über die Gattungsgrenzen hinweg vergleichbare Wirkungen haben.

Lessing hat diese noch beiläufigen Versuche, **Literatur und Malerei zu vergleichen**, theoretisch anspruchsvoll betrieben und dabei die Unterschiede zwischen beiden betont bzw. die Literatur auf ihre eigenen Möglichkeiten verpflichtet. Dies wird vor dem geschichtlichen Kontext verständlich: Besonders im 18. Jahrhundert, namentlich mit Breitingers *Critischer Dichtkunst* (1740) wurde aus der Horazischen Beschreibung die Forderung abgeleitet, Literatur solle malerisch verfahren. Dagegen wie auch gegen die zunehmende Rolle von Emblem und Allegorie wollte Lessing die Literatur in Schutz nehmen. Als der Kunsthistoriker Johann Joachim Winckelmann mit seiner emphatischen Schrift über die Laokoon-Gruppe (1755) den Schrei Laokoons in ›edler Einfalt und stiller Größe‹ zur klassischen Norm erhebt, hält Lessing die unterschiedlichen formalen Bedingungen der Künste dagegen. Seine Beobachtung geht dahin, dass die Künste gemäß ihren Ausdrucksmitteln auch unterschiedliche Themen behandeln: Unbewegliche Gegenstände sind demnach eher Sache der Malerei, die eine Bewegung im simultan überschaubaren Raum festhalten muss; Handlungen, Ideen oder Personencharakterisierungen seien Angelegenheit der sukzessive verfahrenden Dichtung.

Als Antwort verweist Herder darauf, dass nicht die Gattungsgrenzen objektiv festsetzbar seien, sondern die Energie bzw. die beim Betrachter freigesetzte Einbildungskraft, das Nachempfinden und damit seine ästhetische Erfahrung nach Gattungen unterschieden werden können. Damit werden die Formeigenschaften der Sukzessivität oder Simultaneität nachrangig gegenüber den Leistungen des Rezipienten (vgl. Herder 1769/1878, 90 ff.). Herder beeinflusste die Romantiker, die immer wieder Kooperationen zwischen Literatur und bildenden Künsten ermöglichten und somit Lessings säuberliche Unterscheidungen ausschalteten.

Dabei kam es zu unterschiedlichen **Mischgattungen**. Wenn etwa die Bezugnahmen von Literatur sich auf das einfache Nennen eines Bildes oder Malers bzw. Stils beschränken, handelt es sich um ein **optisches Zitat**, das ein bestimmtes Thema untermalt, Neugier wecken soll oder einen Anspielungshorizont darstellen kann. Die Referenz kann aber auch wesentlich intensiver sein. Handelt es sich dabei um einen allgemeinen Bezug der Kunstformen aufeinander und ihre motivische Zitation, wird dies als **visueller Intertext** bezeichnet (Hoesterey 1988).

Techniken der Bildbeschreibung

Die geläufigste und sicherlich umfangreichste Reaktion von Literatur auf bildende Kunst ist in der traditionsreichen Gattung der Bildbeschreibung (Ekphrasis) zu sehen. Die erste überlieferte Bildbeschreibung ist Homers Dichtung über den Schild des Achilleus (18. Gesang der *Ilias*), wo bereits eine grundlegende Funktion deutlich wird: Die klassische Absicht der Ekphrasis ist es, das beschriebene Werk auf lebendige Weise vor Augen zu stellen, es zu vergegenwärtigen und einen authentischen Eindruck zu erzeugen, was mit dem rhetorischen Programm der **Energeia**, der größtmöglichen Wirkung auf die Vorstellungskraft des Zuhörers verbunden ist (dazu ausführlich Boehm 1995, 31 ff.).

Im 18. Jahrhundert gewinnen die Bildbeschreibungen zunehmend die Funktion, jene Bilder, die noch nicht technisch massenhaft reproduzierbar waren, über das geschriebene Wort dem öffentlichen Lesepublikum bekannt zu machen, um damit Bildungseffekte zu erzielen. Das Beispiel der *Salons* (1759–81) von Denis Diderot zeigt, dass die Aufklärer ihre Hoffnungen nicht nur auf das Wort, sondern auch auf belehrende Bilder setzten. Von Winckelmann gingen in Deutschland entscheidende Impulse aus: Psychologisierung, Verlebendigung und erzählerisch-poetische Qualitäten sind es, die seit seinen *Dresdner Gemäldebeschreibungen* (1752) die Ekphrasis bestimmen: Mit Sprache sollen Erlebnisqualitäten in ein stehendes Bild oder eine Skulptur eingeschrieben werden. In diesem Wandel der Beschreibungstechnik spiegelt sich das allgemeine Bemühen von Kunst nach 1750, Autonomie zu erlangen, wodurch bis 1800 die Leitfunktion philosophischer, religiöser oder moralischer Intentionen abgelöst wird.

Danach haben Bildbeschreiber wie Heinse (*Düsseldorfer Gemäldebriefe*, 1776/77) oder Wilhelm H. Wackenroder (*Herzensergießungen eines kunstliebenden Klosterbruders*, 1796) die **Kunsterzählung als eigenständige Disziplin** begründet. Ihr Ziel war es, plastische Anschaulichkeit zu erzeugen und damit eine intensive Wirkung auf die Leser zu erzielen. Davon sind auch Wackenroders ästhetisierende Bildbeschreibungen und Bildgedichte in den *Phantasien über die Kunst* (1796, mit Ludwig Tieck) geleitet, wo die zwei Sprachen der Natur und der Kunst in einer Kunstreligion vereint werden sollen. Mit diesem Verfahren der Ästhetisierung werden nicht nur die Künste einander angenähert. Vielmehr beeinflussen sie durch ihre knappe, pointierte Erzählweise auch die Entwicklung der Novellengattung.

Goethe hatte in seinem *Laokoon*-Beitrag bereits darauf hingewiesen, dass das Kunstwerk zwar auf die Anschauung wirkt, aber »nicht eigentlich erkannt, viel weniger sein Verdienst mit Worten ausgesprochen werden« kann (1798/1950, 162). Diese Differenz von Bild und Sprache prägt dann besonders auch die Bildbeschreibungen des 20. Jahrhunderts, worin einige Autoren die Möglichkeit für Literatur erkennen, über den Umweg der Kunstbeschreibung **Perspektiven für das eigene literarische Schreiben** zu gewinnen – zumal in Zeiten der Sprachskepsis. Das meistdiskutierte Beispiel dafür sind die Arbeiten Rainer Maria Rilkes über die Skulpturen Auguste Rodins (1902/7) und die Malerei Paul Cézannes (1907): Dort wird die Polyperspektive angesprochen, die fragmentarische Erzählform erprobt und ein neuer Zeit- bzw. Raumbegriff in die Erzählgattung eingeführt. Als Folgen in der Lyrik erscheinen Neologismen, Metaphern, Personifikationen und insgesamt lenkt Rilke den Blick nicht nur auf das Darstellungsmaterial der Farbe oder der Skulptur, sondern auch auf die Sprache selbst. Diese Reflexion ist für die anspruchvolle Bildbeschreibung verbindlich geblieben bis zu Peter Handke (*Lehre der Sainte-Victoire*, 1979) oder Heiner Müller (*Bildbeschreibung*, 1985), der mit Einblendung von Textzitaten und neuen Bildern aus Malerei und Film einen erweiterten Textbegriff gewinnt.

Das Bildgedicht

Mit Homer wird auch eine Untergattung der Bildbeschreibung, nämlich das Bildgedicht begründet: Es umfasst all jene lyrischen Texte, die auf ein Bildwerk hin verfasst sind, dieses wiedergeben, sich von ihm anregen lassen oder seine Struktur aufgreifen (vgl. die umfangreiche Sammlung von Kranz 1987). Dabei hat sich in der langen Geschichte des Bildgedichts von der Antike bis zur Gegenwart das Augenmerk der Texte von den erfundenen Bildern stärker auf die gemalten gewendet. In der deutschen Romantik wird das Bildgedicht mit Wilhelm H. Wackenroder (1796) wiederbelebt, der an der Malerei vor allem seine erfindungsreiche Metaphorik, seinen Assoziationsreichtum und seine Empfindungen profilieren wollte. Im 19. Jahrhundert wurden zeitgenössische mythologische Bilder oder Historiengemälde meist im Lobpreisstil angedichtet. Im 20. Jahrhundert nutzen z.B. Surrealisten wie Paul Eluard oder Louis Aragon Bilder zu Abschweifungen und Fantasieanregungen, aber auch formale Anregungen sind es, die die Autoren für ihre Bildgedichte übernehmen (Jürgen Becker, Zbigniew Herbert).

Das Emblem

Direkte **Kopplungen von Bildkünsten und Dichtung** gibt es in weiteren Untergattungen, so etwa beim Emblem. Seine Spannung bezieht es aus den drei Teilen von Überschrift (*inscriptio*), dem darunter befindlichen Bild (*pictura*), das von einer Bildunterschrift (*subscriptio*) erklärt oder im Sinne der Bildbeschreibung kommentiert wird – je nach Bedarf knapp oder ausführlich mit pädagogischen Absichten, lakonisch erzählt oder gereimt.

Die erste Sammlung der auf Flugblättern verbreiteten Bilder mit Unterschriften veröffentlichte 1531 der Italiener Andrea Alciato im *Emblematum liber*. Dieses Werk war nur Gelehrten zugänglich oder solchen Emblemschöpfern, die sich aus diesem Fundus bedienen wollten. Doch wurde wenig später durch das neue Medium des Kupferstichs eine allgemeine öffentliche Verbreitung erreicht, weswegen das Emblem neben der unterhaltenden vor allem eine moralisierende Funktion übernahm. Praxis dieser Wortbildkunst war, dass die Künstler sich aus Alciatos Sammlung bedienten und Abwandlungen schufen, die ihrerseits in Cesare Ripas *Iconologia* (1593) lexikonartig katalogisiert wurden. So kam es auch, dass die **Wort-Bild-Bedeutungen** zwar gewissen Variationen unterlagen oder auch gelegentlich ins Gegenteil verkehrt wurden, insgesamt aber einen relativ stabilen Bezugsrahmen bildeten – anders bei den Allegorien etwa des barocken Trauerspiels, die aufgrund ihrer Sprachlichkeit die Bedeutungen rascher wechselten.

Die Karriere des Emblems war im 18. Jahrhundert beendet. Beachtlich bleibt die Errichtung eines ziemlich stabilen Emblemfundus im Lauf der Renaissance und der Barockliteratur, aus dem sich wiederum die Einzelkünste Malerei und Literatur bedienen konnten, was die umfassende Emblemsammlung von Schöne/Henkel (1967) belegt. Bemerkenswert ist insgesamt der Einfluss der Embleme auf die Bildung von Kollektivsymbolen des öffentlichen Denkens: Insofern sie die geläufigen christlichen, mythologischen, literarischen, philosophischen, aber auch trivialkünstlerischen Bilder aufgriffen und sie sprachlich einbanden, beeinflussten sie durch ihre Verbreitung insgesamt den kulturellen Horizont bzw. Bilder- und Zeichenvorrat.

Bildergeschichten von der Antike bis zum Comic

Die Bildergeschichte ist die Wiedergabe einer Handlung mit oder ohne Begleittext in einer Folge von Bildern – eine Bildkomposition also mit narrativem Anspruch, die in sehr unterschiedlichen Formen ausgeprägt ist. Anfänge lassen sich bis in Frühkulturen zurückverfolgen, etwa zu den altägyptischen Totenbüchern. Im Mittelalter gibt es Anregungen vor allem aus der Bildkunst, sei es in der Miniaturmalerei, besonders aber im Teppich von Bayeux, der auf über 20 Metern Länge mit eingewobenen lateinischen Texten die Schlacht bei Hastings 1066 bzw. die Eroberung Englands durch den Normannenkönig darstellt. In der Malerei der Gotik finden sich Heiligenbilder, auf denen Schriftbahnen oder auch Sprechblasen ergänzt sind.

Dass Bildergeschichten einen **didaktischen Zweck** erfüllen können, weil sie über den intuitiv erfassbaren optischen Eindruck auch Zugang zu Buchstaben, Wörtern oder (Lehr-) Sätzen schaffen können, machten sich die Aufklärer im späten 18. Jahrhundert zu Nutze – so schrieb K. Ph. Moritz ein *A.B.C.*-Buch (1790), das mit beigefügten Kupferstichen die Idee des illustrierten Schulbuches bis heute prägt. Diese Mischgattung entwickelt sich im 19. Jahrhundert in Richtung einer Kinderliteratur weiter, die moralisch-erzieherischen Anspruch hat: Heinrich Hoffmanns *Struwwelpeter* (1845) oder Franz von Poccis *Lustiges Bilderbuch* (1852) haben sich bis heute erhalten. Wilhelm Busch knüpft hier etwa mit *Max und Moritz* (1865) an und entfaltet in einprägsamen, instruktiven Reimformen auch seine Doppelbegabung als Dichter und Zeichner bzw. Maler.

Busch hat später auch anregend auf die Entstehung der US-amerikanischen *comic strips* um 1900 gewirkt, die zunächst als farbige Zeitungsbeilagen erschienen. Die Erzähltexte sind hier jedoch kaum eigenständig lesbar; abgesehen von sporadischen Bildunterschriften dominieren Sprechblasentexte, die gesprochene Sprache und Interjektionen nachahmen. Als weitere Form haben sich, die Tradition der Wandmalerei fortführend, *Graffiti* etabliert, bei denen der Text- und Bildanteil stark variiert.

Wort- und Bildexperimente

Die Visualisierung von Dichtung kann sich auch auf das Sprachmaterial selbst beziehen wie z.B. bei der **optischen Poesie**. Auch sie lässt sich bis in die Antike zurückverfolgen, hat einen Höhepunkt in der Barocklyrik (z.B. mit den beliebten Bildern in Labyrinthgestalt, vgl. S. 89) und taucht um 1900 wieder auf, wo in manchen Texten die Gedichtwörter nach optischen Effekten hin ausgerichtet wurden (Christian Morgensterns *Galgenlieder*, 1900, oder Arno Holz' Lyrik in Mittelachsensymmetrie bzw. im Umfeld des Symbolismus Stéphane Mallarmés, *Un coup de dés*, 1897). Dadurch werden neue Leserichtungen und Sinnzusammenhänge eröffnet, so z.B. in den Spielformen des Dadaismus und auch in der **Konkreten Poesie**. Dort wird seit den 1950er Jahren in der Stuttgarter Schule um Max Bense und Eugen Gomringer wie auch in der Wiener experimentellen Schule (Ernst Jandl u.a.) aus Einzelwörtern oder Sätzen ein Bild geformt, das visuellen Eigenwert hat (s. Kap 2.4.5). Dieses Bild kann die Textaussage unterstützen und verhält sich dann komplementär ergänzend, also als Doppelung von sprachlichem und visuellem Zeichen (wenn aus vielen ›Apfel‹-Wörtern ein Apfel als Druckbild geformt wird und drinnen ein ›Wurm‹ steckt). Mit der Bildqualität der Wörter kann auch grundsätzlich eine Reflexion über Sprache in Gang gesetzt werden.

Umgekehrt hat die Malerei Buchstaben, Wörter oder Zahlen als eigenständige optische Werte bzw. Farbformen in die Malerei integriert (vgl. Freeman 1990). Als Bildgegenstände werden sie verwendet wie bei Paul Klees Aquarellen, Zeichnungen oder Radierungen, die auch von erfindungsreichen Bildunterschriften kommentiert werden, oder im Dadaismus, besonders bei Kurt Schwitters' Merz-Collagen (s. Kap. 2.4). **Schnitt und Montage** werden hier im Zusammenhang von Bild und Wörtern als grundlegendes Konstruktionsprinzip gewonnen – ein Synergieeffekt von Kunst und Literatur, der in den Ästhetiken des 20. Jahrhunderts immer wieder sichtbar wird. Variiert wird das Collageprinzip durch den Amerikaner William S. Burroughs in den 1950er Jahren, der Textblätter zerschnitt und sie anders zusammensetzte, dadurch Brüche erzeugte, neue Anschlüsse schaffte und andere Zusammenhänge herstellte (*cut-up*-Verfahren). Dieses Prinzip hat nicht nur die Werbung erobert, sondern ist auch für Gegenwartsautoren interessant geworden, die der Fotografie, dem Bildausschnitt oder der Zeichnung einen eigenständigen Status in ihren Texten geben wollten. Rolf Dieter Brinkmann etwa hat mit diesem Verfahren die Gattung des Tagebuchs bereichert (*Rom Blicke*, 1976), und Rainald Goetz hat über das Jahr 1989 ein umfangreiches Medientagebuch aus Abschriften und Bildreportagen zusammengestellt, das dokumentarische Interessen mit ästhetischen Mitteln verfolgt (*1989*, 1993).

Literatur

Boehm, Gottfried: »Bildbeschreibung«. In: ders./Pfotenhauer, Helmut: *Beschreibungskunst/Kunstbeschreibung. Ekphrasis von der Antike zur Gegenwart*. München 1995, S. 23–40.
Eco, Umberto: *Semiotik. Entwurf einer Theorie der Zeichen*. München 1987.
Goethe, Johann Wolfgang: *Sämtliche Werke*. Hg. von E. Beutler. Zürich 1950. Bd. 13: *Schriften zur Kunst*.
Freeman, Judi: *Das Wort-Bild in Dada und Surrealismus*. München 1990.
Harms, Wolfgang (Hg.): *Text und Bild, Bild und Text*. Stuttgart 1990.
Herder, Johann Gottfried: Kritische Wälder [1769 ff.]. In: *Sämmtliche Werke*, Bd. 4. Hg. von B. Suphan. Berlin 1878.

Hoesterey, Ingeborg: *Verschlungene Schriftzeichen. Intertextualität von Literatur und Kunst in der Moderne/Postmoderne*. Frankfurt a.M. 1988.
Horaz: *Ars Poetica/Die Dichtkunst*. Zweisprachige Ausgabe. Stuttgart 1972.
Kranz, Gisbert (Hg.): *Das Bildgedicht: Theorie, Lexikon, Bibliographie*, 3 Bde. Köln/Wien 1987.
Lessing, Gotthold Ephraim: *Laokoon oder Über die Grenzen der Malerei und Poesie* [1766]. Hg. von Ingrid Kreutzer. Stuttgart 1987.
Mitchell, W.J. Thomas: »Was ist ein Bild?« In: *Bildlichkeit. Internationale Beiträge zur Poetik*. Hg. von Volker Bohn. Frankfurt a.M. 1990, S. 17–68.
Ritter-Santini, Lea (Hg.): *Mit den Augen geschrieben. Von gedichteten und erzählten Bildern*. München/Wien 1991.
Schöne, Albrecht/Henkel, Arthur: *Emblemata: Handbuch zur Sinnbildkunst des XVI. und XVII. Jahrhunderts*. Stuttgart 1967.
Weisstein, Ulrich (Hg.): *Literatur und Bildende Kunst. Ein Handbuch zur Theorie und Praxis eines komparatistischen Grenzgebiets*. Berlin 1992.

5.3 Literatur und Musik

Sprache und Literatur sind in ihrer Entstehung mit der Musik eng verwandt: Das zeigt das religiöse Ritual von der Antike bis heute, aber auch die Genese des Dramas aus den kultischen Gesängen sowie die späte Gattungsbezeichnung der Lyrik, die an das zur Leiermusik (*lyra*) gesungene Wort erinnert. Auf diese Anfänge spielt Nietzsche an, der sich 1872 in der *Geburt der Tragödie* das Theater vor Euripides zurückwünscht, das noch nicht an den Logos, also Wort und Verstand gebunden ist. Musik, kultische Gesänge, Klangwerte und Rhythmen sind es, die nach Nietzsche die Kunst aus ihrer Bedeutungsschwere, ihrer Verstandesüberlast wieder ins Leben zurückführen sollen. Dagegen wird Dionysos, der Gott des Rausches, als Vorbild für Dichtung benannt, die aus dem gesungenen und dem getanzten Wort (*Dithyrambos*) hervorgehe – womit schließlich die Tradition der Wortmusik begründet wird, die im 20. Jahrhundert im Dadaismus oder anderen experimentellen Schulen wieder Karriere macht. Nicht zufällig adressiert Nietzsche seine Schrift an Richard Wagner, der insbesondere Musik und Dichtkunst verknüpfte.

Musiktheater/Oper

Am Beispiel von Wagners *Ring des Nibelungen* (1876 zuerst komplett aufgeführt) wird die paritätische **Verbindung von Oper und Text** deutlich, wenn er sich als sein eigener Librettist betätigt und dabei auf die nordischen *Edda*-Lieder und germanischen Mythen des Nibelungenliedes zurückgreift. Die Handlungsstränge und den Hang zu archetypischen Situationen sowie die Liebesthemen hat man aus Perspektiven der Romantik, aber auch des Nationalsozialismus sehr unterschiedlich gedeutet. Wagner ging es jenseits der Stoffe auch um gestalterische Fragen. Durch seine Schule machende Technik, bestimmte Figuren, Dinge oder Inhalte musikalischen **Leitmotiven** zuzuordnen, sie also mit einer charakteristischen Tonfolge anzukündigen oder auszustaffieren, bekommt das Orchester sogar narrative Qualitäten und hat nicht nur begleitende Funktion. Es führt mit den Motiven durch die Handlung, kündigt eine Figur oder ein Problem an. Insofern dient hier Musik dazu, etwas zu bezeichnen, die Melodien deuten auf ein Thema hin, kündigen den Auftritt eines Helden an oder seine psychologischen Befindlichkeiten. Dem Publikum erleichtert dies das schnelle Wiedererkennen oder Zuordnen, wobei die starke Typologisierung die Individualität der Figuren untergräbt.

Den äußerst feinnervigen Experimenten mit der Orchestrierung stellt Wagner eine Sprache an die Seite, die ebenfalls neue Wege gehen und als Kunstmittel eigenständig sein soll. So geben etwa die durchgängigen Alliterationen dem Text selbst eine musikalische Ausdrucksfunktion. Bei der bloßen Textlektüre wirken diese Lautqualitäten stark übertrieben: »Garstig glatter glittschriger Glimmer!« flucht Alberich, als er das Gold an sich bringen will (*Rheingold*, 1. Szene), und vielfach parodiert ist das »Heiajaheia!« oder das »Wallalallalala« der Rheintöchter (ebd.). Diese Stilmittel sind allerdings im Verbund mit der Musik zu sehen: Auch die Stimme wird zum Instrument, das sich gegen das Orchester profilieren muss, wozu Deutlichkeit in der Deklamation nötig ist. Der **Text aus dem Geist der Musik** zeigt aber auch Wortstellungen, die sich der Rhythmik anpassen müssen und dadurch grammatisch zumindest ungewöhnlich sind. Im Bereich der Bildfügung findet sich mancher synkretistische Stilbombast, der die Intention verdoppelt oder übertreibt. Der Klangreichtum der Sprache steht insgesamt in Verbindung mit der neuen Orchestrierung, die alle Instrumente berücksichtigt und charakteristisch herausarbeitet.

Textvertonungen

Ein weiterer offenkundiger Fall der Zusammenarbeit zwischen Musik und Literatur zeigt sich darin, dass ein literarischer Text von einem Librettisten in einen Gesangspart umgeschrieben und von einem Komponisten vertont wird. Dabei haben sich mitunter feste Gespanne ergeben, beispielsweise Mozart mit Emanuel Schikaneder und Lorenzo da Ponte oder Richard Strauss mit Hugo von Hofmannsthal, der aus seinem Unbehagen an der literarischen Sprache in das musikalische Libretto flüchtete.

Zunächst ist jede Oper, insofern sie einem Libretto folgt, ein themenorientiertes und textgebundenes Werk, auch wenn es zumindest gleichwertig vom musikalischen Eigenwert lebt. Beispiele für diesen Typus **Oper nach Text** gibt es in allen europäischen Literaturen; bekannt geworden sind z.B. die Faust- und Dante-Sinfonien Franz Liszts oder Giuseppe Verdis *Luisa Miller* (1849), das den ersten Titel von Schillers *Kabale und Liebe* aufgreift und mit versöhnlichem Schlusstableau versieht; ebenso Jacques (Jakob) Offenbachs auf fünf Akte angelegte Oper *Hoffmanns Erzählungen* (*Les contes d'Hoffmann*, 1881, erst 1998 vervollständigt uraufgeführt), in der das Künstlerleben thematisiert und z.B. mit Abschnitten aus Hoffmanns *Sandmann* (1816) in Szene gesetzt ist. Auch Mozarts *Don Giovanni* (1787) mit dem Libretto Lorenzo da Pontes beruht auf literarischen Vorlagen.

Ein berühmtes Beispiel des 20. Jahrhunderts für die Vertonung einer Textvorlage ist Alban Bergs *Wozzeck* (1925), der die Büchnersche Titelfigur mit Mitteln der atonalen Orchestermusik in einer dramatischen Unterdrückung zeigt, gegen die er mit dem expressionistischen Ruf nach dem neuen Menschen eine neuartige Komposition setzt. Diese ist zwar auch durch Leitmotivreihen gekennzeichnet, doch werden sie (anders als bei Wagner) nicht mehr abgerundet, sondern durch heterogene Formen aufgesprengt: In den 15 Szenen kommen Volksliedformen, fragmentarisierte Fugentechnik sowie Choral und Choralparodie zum Einsatz – damit wird auch insgesamt die geschlossene Opernform parodiert.

Die Absicht, zu einem Text ein eigenständiges Musikwerk zu komponieren, prägt auch das **Kunstlied** der Romantik, insbesondere bei Franz Schubert, der in Anknüpfung an die Strophenform des Volksliedes im 18. Jahrhundert aus sehr unterschiedlichen literarischen Vorlagen die Liedgattung erneuert – seien es Goethes *Erlkönig* oder *Wandrers Nachtlied*, *Prometheus* oder *Ganymed*, Gedichte von Heinrich Heine oder Matthias Claudius oder der Liederzyklus *Winterreise* (1827) nach Gedichten von Wilhelm Müller. Der Klavierpart untermalt oder rhythmisiert hier nicht nur, sondern kann sich auch in Gegensatz zum Liedinhalt stellen und eigenständige musikalische Qualitäten entfalten. Dasselbe gilt für Gustav Mahlers Klavier- und Orchesterfassungen von *Des Knaben Wunderhorn* (1888–1901, nach Achim von Arnim/Clemens Brentano, 1806/18), wo er auch Textänderungen vornimmt und durch die musikalische Ebene einen ironischen Kontrast schafft.

In der Gattung der **Programmmusik**, die ein Stimmungsbild, ein Thema oder einen Gegenstand wiedergeben will, gibt es ebenfalls eine literarisch orientierte Variante, z.B. die sinfonische Dichtung, wie sie Richard Strauss entwickelt hat. *Also sprach Zarathustra* nach Nietzsche, *Till Eulenspiegel* oder wiederum der *Don Juan* u.a. kommen dabei ohne Liedtext aus, dieser soll vom Orchester angedeutet werden. Darin wird allerdings auch das Problem offenkundig, dass Musik kein direkter Handlungs- oder Bedeutungsträger sein kann – denn es gibt keine musikalischen Universalien, die über die Kulturen hinweg Stimmungen oder Themen exakt nachahmen könnten.

Musikbeschreibungen/verbal music

Entsprechend zur literarischen Bildbeschreibung gibt es eine große Bandbreite von Texten, die sich mit wirklicher oder fiktiver Musik beschäftigen und musikalische Werke beschreiben, sie verbalisieren oder literarisch wiederzugeben versuchen, um ein Musikerlebnis vorzustellen. Es handelt sich dabei um Musikbeschreibungen bzw. *verbal music* – ein Begriff, der sich für die Versprachlichung von Musik in literarischen Gattungen eingebürgert hat (Scher 1984, 9–25; dazu Vratz 2002, 69–80). Besonders Autoren von Erzähltexten haben literarische Versuche unternommen, sich einer musikalischen Vorlage oder Idee anzunähern, Stimmungen oder Atmosphäre eines musikalischen Werkes nachzuahmen, den thematischen Gehalt zu berühren oder dies alles zum Ausgangspunkt für ästhetische Überlegungen zu machen.

Meistens sind Musikbeschreibungen Einsprengsel in Erzählabläufen, seltener in Gedichten oder Dramentexten. Sie können nie ein ganzes musikalisches Werk darstellen, sondern müssen auswählen, Eindrücke herausstellen, verbinden, und dadurch bereits interpretieren sie. Da zumindest anspruchsvolle Musikbeschreibungen sich nicht damit begnügen, lakonisch die Werkstrukturen nachzuerzählen, entfalten sie auch eigene ästhetische Qualitäten bzw. entdecken sie mit der Musik auch neue Schreibweisen. Diese Annäherung der Literatur an die Musik ist vor allem durch die Frühromantik, besonders durch Novalis und F. Schlegel, betrieben worden, und zwar mit der Tendenz, gegen jede trockene Bildungsbeflissenheit des Bürgertums enthusiastische Kunstbegeisterung zu zeigen, die auch neue literarische Bilder oder gelockerte Erzählformen inspirieren kann (Clemens Brentano und Josef Görres: *Bogs der Uhrmacher*, 1807).

Musik bringt hier **Synästhesien** hervor, die weiterhin auch die Auflockerung der Erzählform ins Humoristische begleiten – jene romantischen Abschweifungen, die auch Jean Pauls Dichtung kennzeichnen. Im Unterschied zu all denen, die sich auf die moralischen und stofflichen Fragen der Oper bezogen oder sich mit Existenzfragen beschäftigt haben, zeigen die bekanntesten literarischen Nacherzählungen, dass sie sich auch in der Form von der Opernvorlage inspirieren lassen. E.T.A. Hoffmann, der selbst als Opernkomponist aufgetreten ist (*Undine*, 1813), hat seinem Vorbild Mozart eine Novelle gewidmet: Im *Don Juan* (1813) sind Handlungsteile des *Don Giovanni* mit einer Kriminal- und Liebesstory verknüpft.

Solche formalen Bezugnahmen, die über das Thematische hinausgehen, gibt es von der Romantik bis in die Gegenwartsliteratur. Für das 20. Jahrhundert hat Thomas Mann mit *Doktor Faustus* (1947) beispielhaft eine literarische Figur mit musiktheoretischen Erörterungen verknüpft: Die Geschichte des Tonsetzers Adrian Leverkühn ist daher einerseits Weiterdichtung des Faust, für den das musikalische Forschen zum existenziellen Abenteuer wird. Sie besteht aber auch aus Essaypassagen zur atonalen Musik, die man beim Lesen nicht empfinden, sondern reflektieren kann, was Thomas Mann schließlich veranlasst hat, einen Roman zum Roman zu veröffentlichen (*Die Entstehung des Doktor Faustus*, 1949). Neuerdings zeigt Helmut Kraussers Roman *Melodien* (1994), wie Nietzsches Musikbegriff für die Literatur fortwirkt: Die Erzählsprache soll nun wieder durch die musikalische Intensität der Erfahrung bereichert werden; das Hörerlebnis kann für die Romanfigur dann eine rauschhafte, dionysische Lebenserfahrung eröffnen, die auch die Zeitebenen des Romans zwischen Renaissance und unmittelbarer Gegenwart einebnet.

Eine verknappte Form der Musikbeschreibung bildet das **Musikzitat**, das mit einer Stückangabe eine Atmosphäre erzeugen oder etwas illustrieren will (abgesehen von dem Fall, dass ein Autor vielleicht Kenntnisse zur Schau stellen will). Über den Vergleich mit einem Stück oder mit der Nennung eines Komponistennamens kann ein literarisches Thema verstärkt werden. Das ist z.B. der Fall in Thomas Manns *Zauberberg*-Kapitel »Fülle des Wohllauts« (1924), wo sich Hans Castorp enthusiastisch als Plattenaufleger betätigt – so wird Verdis *Aida* nebst einigen knapp betitelten Stücken gespielt, aber auch Schuberts *Lindenbaum*-Lied, das Castorp mit seinem trügerischen Motiv des Ruhefindens bis in den Ersten Weltkrieg begleiten wird.

Der Einfluss von Musik auf die literarischen Formen

Als weiterer Effekt von Musik auf Literatur ist schließlich die Umwandlung literarischer Formen zu nennen. So wie Bildgedichte visuelle Gestalt haben (Optopoetik), kann Literatur musikalisiert sein bis hin zur **Wortmusik** (**Melopoetik**). Durch Sprache lassen sich rhythmische Effekte erzielen: Konsonanten und Vokalhäufungen werden vor allem als Lautkörper bzw. Klangfarben behandelt und bilden ein Metrum, sie fungieren dann nicht als bedeutungstragende Begriffe – eine Perspektive, die insbesondere die Lyrik nutzen kann, um Stimmungen und Assoziationen zu wecken. Populär geworden ist dieses Prinzip durch das dadaistische, sinnfreie Lautgedicht (Hugo Ball: *Karawane*, 1916, oder Kurt Schwitters: *Ursonate*, 1922–32), das gesungen, geflüstert und gegurrt wird und ähnlich wie eine Musikpartitur notiert ist. Ähnlich funktionieren auch Ernst Jandls Lautgedichte, die aber mit einem im Hintergrund erkennbaren Inhalt auch politisch Stellung nehmen wollen – so in *schtzngrmm* (1957), das mit der Brutalität der Laute auch die der Kampfhandlungen im Schützengraben zeigt.

Über die Lautgestalt hinaus ist auch ein **musikalischer Einfluss auf literarische Strukturen** erkennbar. Zum Beispiel können Musikgattungen in lockerer Anspielung als Überschriften für literarische Texte fungieren – *Divertimento*, *Kammermusik* oder *Sonatine* sind geläufige Titel, und auch in der *Kreutzersonate* (1891) Leo Tolstois, die sich auf eine Violinsonate Beethovens bezieht, lässt sich die Sonatenform nur mühsam entdecken. Eine Nachahmung musikalischer Strukturen durch Literatur im engeren Sinne ist in Paul Celans *Todesfuge* (1945) zu erkennen, wenn dort ein Thema exponiert wird, dann über den themenleitenden Generalbass Wiederholungen und mehrstimmige Variationen gegeben werden und Themen kontrapunktisch (also als selbständige Stimmen, die dem Motiv gegenüber gestellt werden) verflochten werden. Die Motive der Vernichtungskatastrophe werden also in Anlehnung an die musikalische Fugentechnik eng geführt; vollständig übertragbar ist das Prinzip allerdings nicht, es müssten sonst mehrere Stimmen simultan auftreten, was aufgrund der sukzessiven sprachlichen Darstellung nicht der Fall ist.

Neue Formen von Literatur haben sich auch in der Nähe der Pop-Musik etabliert; insbesondere die »**DJ-Culture**« hat jüngere Autoren dazu angeregt, über das ›Mixen‹, ›Cutten‹ und ›Scratchen‹ Literatur aus dem Geist der Musik neu zu beleben (vgl. Poschardt 1995). Stilistisch nähert sich die Schreibweise von Rainald Goetz (*Rave*, 1997), Benjamin von Stuckrad-Barre (*Remix*, 1999) u.a. dem Alltagsgespräch der Partys an – eine Verbindung von Musik und Literatur, mit der auch eine Lebensform kultiviert werden soll. In der Form handelt es sich dabei um sprunghafte Impressionen, Gedankenfetzen, aber auch um kopierte Fertigteile aus Nachrichten oder Alltagswelt, die wie im digitalen *sampling* der Musikteile zerstückelt und wieder zusammengesetzt werden (Goetz in *Kronos* oder *1989*, beide 1993).

Literatur

Gier, Albert: »Musik in der Literatur. Einflüsse und Analogien«. In: Zima 1995, S. 61–92.
Müller, Ulrich: »Literatur und Musik: Vertonungen von Literatur«. In: Zima 1995, S. 31–60.
Poschardt, Ulf: *DJ-Culture*. Hamburg 1995.
Scher, Steven Paul (Hg.): *Literatur und Musik. Ein Handbuch zur Theorie und Praxis eines komparatistischen Grenzgebiets*. Berlin 1984.
Vratz, Christoph: *Die Partitur als Wortgefüge. Sprachliches Musizieren in literarischen Texten zwischen Romantik und Gegenwart*. Würzburg 2002.
Zima, Peter V. (Hg.): *Literatur intermedial. Musik – Malerei – Photographie – Film*. Darmstadt 1995.

5.4 Gesamtkunstwerk

In der Kunstpraxis hat das Gesamtkunstwerk eine lange Tradition, die sich von der attischen Tragödie über den mittelalterlichen Gottesdienst mit Reliquienfeiern oder Mysterienspielen sowie die opulenten höfischen Feste des Barock verfolgen lässt. Erst die **romantischen Kunstträume** über die Welt reflektieren auch Programme und Konzeptionen des Gesamtkunstwerks. Über die Zusammenarbeit einzelner Künste hinaus findet sich dort der hochgespannte Anspruch, dass mit Kunst die Wissenschaften beeinflusst werden könnten und über eine Universalsprache schließlich die ganze Welt zu poetisieren sei. Das Leben selbst sollte nun von den Künsten geprägt sein, die nach F. Schlegel eine romantische Lebenskunstlehre vorstellen (s. Kap. 2.3.1).

Die Konjunktur der Gesamtkunstwerksidee um 1800 hat mit einer veränderten Funktion des Künstlers zu tun, der endgültig aus dem Schatten des Handwerkertums und aus der höfischen, religiösen und moralischen Pflicht heraustritt: Er gewinnt einen autonomen Stellenwert, der es ihm erlaubt, seine Fähigkeiten ganz auf die Kunst zu konzentrieren. Damit liegt der Impuls nahe, die Künste zu verbinden und mit ihnen zu experimentieren – indem sich Kunst von ihren Zwecken entbindet, kann sie sich mit voller Emphase als eigenständige ästhetische Welt definieren.

Die Hoffnung, dass dann die Wirklichkeit selber zu Kunst werden möge, hat auch **Richard Wagners** wirkungsreiches Konzept des Gesamtkunstwerks geprägt. Als politischer Revolutionär gescheitert, konzipierte Wagner in der Zürcher Emigration das Gesamtkunstwerk als Vehikel, um die geplatzten gesellschaftlichen Hoffnungen in der Kunst weiterleben zu lassen. In seiner einflussreichen Schrift *Das Kunstwerk der Zukunft* (1850) hat er die Absicht ausgeführt, daran möglichst viele Kunstdisziplinen zu beteiligen und deren Vereinzelung zu überwinden. Er spricht Dichtkunst, Tonkunst und Tanzkunst als den »drei urgeborenen Schwestern« (1911, 67) eine gemeinsame Wirkung zu, die noch ergänzt durch die (Bühnen-)Bildkunst das Gesamtkunstwerk volksnah entfalten soll. Dabei spielen auch physiologische Erkenntnisse eine Rolle: Wagner spricht den Menschen weniger als rationales, sondern als Nervenwesen an und setzt möglichst fortschrittliche technische Effekte ein (Bühnenmechanik, Beleuchtung, Feuer etc.), die auch das Hollywood-Kino inspiriert haben. Ehrgeiziges Ziel bleibt allerdings, das Gesamtkunstwerk kulturkritisch gegen Modehaltungen, Tendenzen der sinnenfeindlichen Abstraktion, ja sogar gegen Staatsgesetze zu aktivieren (vgl. 1911, 60). Ziel aller naturhaften Illusionseffekte, wie sie auch durch das Verbergen der Musiker im Orchestergraben gefördert wurden, ist es dann, »dieses Kunstwerk dem Leben selbst als prophetischen Spiegel seiner Zukunft vorzuhalten« (ebd., 2). Problematisch bleibt, dass auch bei Wagner die musikalische und gedichtete Natur zum Fluchtort wird und er sie außerdem mit Gefühlskult und Heroismus an die deutschen Mythen bindet. Anlässlich der Wagnerschen Konzeption (und auch Bayreuther Aufführungs-Praxis) hat Nietzsche in seiner *Geburt der Tragödie* (1871) die Überzeugung formuliert, dass »nur als ästhetisches Phänomen das Dasein der Welt *gerechtfertigt* ist« (I, 14), womit er einen zentralen Gedanken seit der Romantik zusammenfasst und verschiedenen Künstlern des 20. Jahrhunderts ein Programm liefert, die aus der Welt ein Kunstwerk modellieren wollen.

Gesamtkunstwerke der Avantgarden

Damit sind mehrere Linien vorgegeben, die das Gesamtkunstwerk im 20. Jahrhundert immer beliebter werden lassen. Die Künste können sich verbinden, um eine Gegenwelt zur empirischen Realität aufzubauen. **Wassily Kandinsky** z.B. grenzt die Kunstarten zwar voneinander ab, will sie aber im **synästhetischen Erlebnis** des Rezipienten insgesamt zum Klingen bringen: Die Seele wird als Saiteninstrument vorgestellt, das stets weitere Sinne in Gang setzt. Kunst stößt also die Phantasiekräfte des Empfängers nur an, der z.B. in dem Bühnenstück *Der gelbe Klang* (1912) zur Mitwirkung animiert werden soll. Verfeinerte Nervenkunst, esoterische Gedanken und abstrakte Farb-, Klang- und Worträume schaffen damit eine Kunstwelt. Das ›und‹ der bindungsfreudigen Künste erklärt Kandinsky zum Losungswort des 20. Jahrhunderts, um alle denkbaren Kunstsynthesen gegen die einseitig rationale und wissenschaftliche Welt zu stellen; das Individuum soll vom rätselhaften Klang des Universums durchtönt werden. Diesen Ansatz hat Kandinsky in seiner Bauhaus-Zeit gewandelt, wenn er nun **technische Neuerungen** miteinbezieht und sich um ein »planmäßiges analytisches Denken in Kunstfragen« bemüht (1973, 91). Fragen von Rhythmus, Kraft oder Geschwindigkeit, die in ein Produkt umzusetzen sind, bestimmen die Form des technisch avancierten Gesamtkunstwerks, wie es im Experimentaltheater am Bauhaus erarbeitet wurde.

Die synästhetischen Kunsterlebnisse haben im 20. Jahrhundert meistens darauf hingewirkt, mit dem Gesamtkunstwerk einen verschwindenden Weltzusammenhang aufzufangen. Die andere Linie des technisch inspirierten Gesamtkunstwerks haben sich hingegen die Avantgarden zu Eigen gemacht: durchaus gefährlich im Futurismus, der in der ständigen Erneuerung der Kunst durch Medien und Technik im Proteststurm gegen die Wirklichkeit anrennen wollte. **Technik und Kunst** verbinden sich in dieser Richtung der **Avantgarde** zu einem militärischen Gemisch, das die Grenzen von Kunst und Wirklichkeit auflösen will und schließlich in den Alptraum des faschistischen Staates mündete, den man im negativen Sinne als Gesamtkunstwerk analysiert hat (vgl. Wyss 1996).

Aus all diesen Möglichkeiten speisen sich auch Gesamtkunstwerke der **Gegenwart**. Wenn etwa **Karlheinz Stockhausen** mit *Freitag aus Licht* (1997/2002) Experimentalmusik, Bilder und Sprache verknüpft, bietet er Kunstmittel auf, um damit der Wirklichkeit eine fremde, meditative Welt gegenüberzustellen. Das Theater, insbesondere die **Postdramatik**, verbindet technisch-experimentelle und künstlerische Mittel, um der Wirklichkeit eine verfremdete Welt gegenüberzustellen – ein Ziel, das etwa die Kollaborationen Heiner Müllers mit dem Regisseur Robert Wilson verfolgen.

Eine weitere Variante ist, den gesamten Alltag zum Kunstwerk zu erklären und ihn nach Kriterien eines **Ästhetikdesigns** zu gestalten – die Grenze zwischen Höhenkamm- und Alltagskultur, zwischen Ästhetik und Nichtästhetik ist im Zeitalter der Pop-Art immer durchlässiger geworden. Der Satz Andy Warhols wird dann zum Leitmotiv, mit dem der Alltag überzogen wird: ›Everything is pretty‹. Davon zeugen vor allem die zahlreichen Benutzeroberflächen von Alltagsdingen und Programmen, die den Einzelnen zum Handeln oder Kaufen anregen sollen, wie überhaupt die Tendenzen einer allgemeinen ästhetischen Überformung der Umwelt (vgl. Welsch 1996). Dies gilt auch für einzelne **Lebensentwürfe**, die dem ästhetischen Imperativ folgen. Bereits Hugo Ball fasst den Dandyismus des 19. Jahrhunderts und die Künstlerkulte um 1900 zusammen in der Maxime, »auf Werke zu verzichten und das eigene Dasein zum Gegenstande energischer Wiederbelebungsversuche machen« (1946, 64). Dass die ganze Person und ihr Auftreten zum Kunstwerk stilisiert wird, passt gegenwärtig auf Kunstfiguren wie Madonna, Helge Schneider oder andere. Es ist ein genereller Trend der Alltagskultur geworden, das eigene Leben in Kunstformen zu hüllen und einer Öffentlichkeit zu präsentieren (vgl. Shusterman 1994; Goebel/Clermont 1997).

Elektronische Gesamtkunstwerke

Im engeren Sinne ließe sich auch die **ars electronica** der digitalen neuen Medien als Gesamtkunstwerk bezeichnen. Das elektronische Netzwerk wird zur neuen Zentralmetapher, mit der etwa Roy Ascott den Wunsch verbindet, »außerhalb des Körpers zu sein, des Geistes, die Grenzen von Zeit und Raum zu überwinden«, um damit eine Art »biotechnologischer Utopie« zu stiften (1989, 100). Unsicherheit und Überraschungseffekte stellen den Reiz dar, der kreative Reaktionen fordert: Die elektronischen Ströme verbinden die Teilnehmer zu einer großen Arbeitsgemeinschaft und dynamischer Interaktion. Das gemeinsame Projekt, dem der Einzelne sich bewusst unterordnet, ist wichtig, nicht das vereinzelte Schöpfergenie:

> »Als Künstler werden wir zunehmend ungeduldiger mit den einzelnen Arbeitsmodi im Datenraum. Wir suchen nach Bildsynthese, Klangsynthese, Textsynthese. Wir möchten menschliche und künstliche Bewegung einbeziehen, Umweltdynamik, Transformation des Ambientes, all das in ein nahtloses Ganzes. Wir suchen, kurz gesagt, nach einem GESAMTDATENWERK. Ort der Arbeit an und der Handlung für ein solches Werk muß der Planet als Ganzes sein, sein Datenraum, seine elektronische Noosphäre. Die Dauer des Werkes wird letztlich unendlich sein müssen« (1989, 106).

Mit solchen weltumspannenden Phantasien wird das traditionsreiche Motiv der Welt als Text, wie es auch den Romantikern vorschwebte, elektronisch eingelöst. Der Computer eröffnet eine Reihe von Perspektiven und Verhaltensmustern, das Interface als Anschluss des Benutzers an das Netz stellt ein »synoptisches Intervall in der Symbiose Mensch-Computer« dar (ebd., 104).

In diesem Sinne scheint eine Erweiterung des Text- wie auch des Lesebegriffes sinnvoll, ohne sie vom Buchmedium ganz zu lösen. Wenn mit dem Begriff des Intertextes die geschlossene Werkeinheit aufgelöst und zum ›visuellen‹ oder gar ›audiovisuellen‹ Intertext im Bezug auf die anderen Künste erweitert wird, erscheint dies im **digitalen** *Hypertext* noch einmal potenziert. Umfassend werden die interaktiven Möglichkeiten zur Texterweiterung bei den anspruchsvolleren

Projekten der Netzliteratur eingelöst, z.B. bei *literatur.digital.de*, von Roberto Simanowski initiiert (2002; s. Kap. 6.11.5).

Literatur

Ascott, Roy: *Gesamtdatenwerk. Konnektivität, Transformation und Transzendenz.* Kunstforum Bd. 103, 1989, S. 100–109.
Ball, Hugo: *Flucht aus der Zeit.* Luzern 1946.
Förg, Gabriele: *Unsere Wagner: Joseph Beuys, Heiner Müller, Karlheinz Stockhausen, Hans-Jürgen Syberberg.* Frankfurt a.M. 1984.
Goebel, Johannes/Christoph Clermont: Die *Tugend der Orientierungslosigkeit.* Berlin 1997.
Günther, Hans (Hg.): *Gesamtkunstwerk. Zwischen Synästhesie und Mythos.* Bielefeld 1994.
Kandinsky, Wassily: *Essays über Kunst und Künstler.* Bern 1973.
– /Marc, Franz (Hg.): *Der blaue Reiter* [1912]. München 1984.
Nietzsche, Friedrich: *Werke in drei Bänden.* Hg. von Karl Schlechta. München 1954.
Shusterman, Richard: *Kunst Leben. Die Ästhetik des Pragmatismus.* Frankfurt a.M. 1994.
Szeemann, Harald (Hg.): *Der Hang zum Gesamtkunstwerk.* Aarau/Frankfurt a.M. 1983.
Wagner, Richard: *Das Kunstwerk der Zukunft* [1850]. In: *Sämtliche Schriften und Dichtungen,* 16 Bde. Leipzig 1911, Bd. 3/4.
Welsch, Wolfgang: *Grenzgänge der Ästhetik.* Stuttgart 1996.
Wyss, Beat: *Der Wille zur Kunst. Zur ästhetischen Mentalität der Moderne.* Köln 1996.

5.5 Literatur und Film

Von der Fixierung optischer Standbilder in der Fotografie (Louis Daguèrre) über die Serienfotografie von Bewegungsabläufen (Eadweard Muybridge) bis zum Speichern von Bildsequenzen dauerte es gut 50 Jahre: Als die fotografische Glasplatte durch das durchlaufende Zelluloidband ersetzt wurde und entsprechende Transportmaschinen erfunden waren, konnten 1895 die Gebrüder Lumière in Paris die erste viel beachtete Kinovorführung präsentieren. Das neue Medium breitete sich rasch aus: Insbesondere in Berlin galt es über die sozialen Schichten hinweg als allgemeines Vergnügen, ins Kino zu gehen. Die Wahrnehmungsgeschichte des 19. Jahrhunderts spielte dabei eine wichtige Rolle: die Entwicklung der Verkehrstechnik von der Postkutsche zur Eisenbahn und zum Automobil, die dem Reisenden schnelle Bilder ohne eigene Körperbewegungen lieferten, ferner die Lebensbeschleunigung der Großstadt und ihre künstliche Wohnungs- und Straßenbeleuchtung sowie kunstgeschichtlich das Panorama (vgl. Paech 1997, 56 und 64 ff.).

Wechselwirkungen

Anders als bei der Fotografie ließen sich Autor/innen nach 1900 rasch von den filmischen Abläufen inspirieren, so z.B. Else Lasker-Schüler, Gottfried Benn, Alfred Döblin oder Franz Kafka. Kafka dokumentiert die Bedeutung des Films für die Wahrnehmung, auch mit Implikationen für die Literatur: »Die Raschheit der Bewegungen und der schnelle Wechsel der Bilder zwingen den Menschen zu einem ständigen Überschauen. Der Blick bemächtigt sich nicht der Bilder, sondern diese bemächtigen sich des Blickes. Sie überschwemmen das Bewusstsein. Das Kino bedeutet eine Uniformierung des Auges, das bis jetzt unbekleidet war« (Kafka 1961, 105).

Auch wenn Letzteres strittig ist – bereits das Fernrohr, das Mikroskop oder das Panorama sind Mechanisierungen des Auges –, sind sich die Autoren einig: Der Film, der selbst eine lange Vorgeschichte in den erzählerischen Blicklenkungen des 19. Jahrhunderts hat (vgl. Paech 1997, 45–63), kann nicht nur Sehgewohnheiten, sondern auch Schreibweisen ändern. Die Autoren nahmen zwei gegensätzliche Positionen ein, die bis heute diskutiert werden. Gottfried Benn stellte in seinen *Gehirne*-Novellen (1915) das Kino als rauschähnliches Erlebnis dar mit **Nähe zum Unbewussten und zu Traumvorgängen**. Das Gleiten der Bilder im Kino inspirierte die Autoren zu einem Fluss der erzählten Bilder, der als Assoziationstechnik Schule machte und den schon vor 1900 gelegentlich angewandten Bewusstseinsstrom zum geläufigen Stilmittel werden ließ.

Alfred Döblin nutzte den **Film als Dokumentationsmedium** und verfolgte damit ein aufklärerisch-emanzipatorisches Interesse. Anders als Benn leitet er aus dem Kino das Postulat der Sachlichkeit ab – ein »steinerner Stil« soll es sein, der das Schreiben als Collage von Stimmen, Perspektiven und Eindrücken prägt, wobei schleppende Handlungsverläufe ebenso wenig gefragt sind wie psychologische Innenschau. Döblins Werk ahmt über den Film das Tempo des modernen Lebens nach, so z.B. in der *Ermordung einer Butterblume* (1912) bis hin zu *Berlin Ale-*

xanderplatz (1929). Die Erzählhaltung wird polyperspektivisch aufgesplittet zwischen Franz Biberkopf, Stimmen aus seiner Umgebung und anderen anonymen, wie mit dem Kameraauge aufgenommenen Textpassagen. Dieses neutrale und personale Erzählen ist nach Döblin in der Lage, sozialkritisch den Fall des Individuums in der modernen Welt abzubilden.

Entsprechend hat auch Walter Benjamin im Film eine Chance gesehen, das Kunsttempo dem Lebenstempo anzupassen; im forcierten Nervenreiz sei der Film Teil eines »Optisch-Unbewußten« (GS I, 500), das die neuen Medien gesellschaftsweit konstituieren. Diese neue Wahrnehmung mache die Fotografie, vor allem die Filmkamera sichtbar mit ihrem »Stürzen und Steigen, ihrem Unterbrechen und Isolieren, ihrem Dehnen und Raffen des Ablaufs, ihrem Vergrößern und Verkleinern« (ebd.). Der Film leistet nicht nur Schockabwehr der Großstadtreize, sondern kann auf der Kunstebene das Erleben intensivieren. Gerade das Kino entfesselt ein neues Zeitgefühl und eine Steigerung des Bewusstseins: »Da kam der Film und hat diese Kerkerwelt mit dem Dynamit der Zehntelsekunden gesprengt, so dass wir nun zwischen ihren weitverstreuten Trümmern gelassen abenteuerliche Reisen unternehmen« (GS I, 499 f.). Benjamin, der den Autoren generell den Film als »lebensspendende Nüance« empfahl (GS IV, 102), erkannte in der Verunsicherung des Auges vor allem eine Möglichkeit, die Wahrnehmung zu schulen, um sich gegenüber technischen Neuerungen überhaupt emanzipiert zu verhalten und diese in das politisch-demokratische Leben einzugliedern.

Als sich die Interessen des Films vom Expressionistisch-Ausdruckshaften und dem Phantastisch-Utopischen (Fritz Lang: *Metropolis*, 1927) zur sachlichen Reflexion der Wahrnehmungsstruktur in der Großstadt wandte, rückten die Verfahren stärker in den Vordergrund: Der Konstruktionsprozess wird wichtiger als der Handlungsgang. Nun entdeckt der Film die Technik der schnellen *cuts* und versucht, das Tempo der literarischen Perspektivwechsel zu übertreffen, z.B. in Walter Ruttmanns Film *Berlin – Sinfonie einer Großstadt* (1927). Dort wird mit durchschnittlichen 3,7 Sekunden und minimalen 0,2 Sekunden Einstellungslänge ganz bewusst das Auge physiologisch überfordert. Spätestens hier wird auch deutlich, dass der Film nicht kontinuierliche Wiedergabe von Wirklichkeit ist, sondern dass er sie in 16 bzw. später 24 Bilder pro Sekunde zerteilt, sie dann neu zusammensetzt und so fiktive Wirklichkeiten konstruiert. Der Film nimmt also nicht eigentlich fortlaufende Ereignisse auf, sondern setzt die Präpariertechnik der Fotografie fort und konstruiert aus den vielen Einzelbildern heraus Abläufe. Darin liegen grundsätzlich seine Gestaltungsmittel der Wirklichkeit, die formal noch in der gegenwärtigen Splitterästhetik der Videoclips mit ihren fragmentierten Erzählabläufen zum Einsatz kommen. Diese Konstruktion kann ein Film bewusst machen und die Schnitte präsentieren – oder er kann ein Illusionskino pflegen, das gerade die Spuren der Konstruktion löscht und kontinuierliches Erzählen vorspiegelt.

Literaturverfilmung

Nach den ersten Anfängen mit kleinen Dokumentarstückchen orientierten sich die Filmautoren stärker zur **Fiktionalisierung** – bereits 1896 verfilmte Louis Lumière eine kurze Szene aus Goethes *Faust* und 1907 wurden fünf Szenen aus Schillers *Räubern* eingespielt. Wichtiger Ideengeber wurde Georges Méliès (*Voyage à travers l'impossible*, 1904) mit seinen experimentellen Kompositionen, die bald zur Kurzerzählung mit melodramatischem Muster tendierten (vgl. Paech 1997, 25). Obwohl Méliès eine Fülle eigener Inhalte entdeckte, griffen die Filmemacher immer wieder auf Formen und Themen der Literatur als etabliertem Medium zurück, womöglich auch, um dadurch institutionellen Rang zu gewinnen (vgl. ebd., 63). Auch von Seiten der Autoren gab es Bemühungen, Angebote an den Film zu machen und ihre Texte auf die neuen optischen Erfahrungen hin zu verfassen: 1913 versammelte Kurt Pinthus Beiträge in seinem *Kinobuch*, die, auch wenn sie vom Kino nicht genutzt wurden, das Bemühen um Zusammenarbeit zeigen. Mit Robert Wienes *Das Cabinet des Dr. Caligari* (1919/20) hatte der **Expressionismus im Film** wohl größere Folgen als in der Literatur, und insgesamt hat der Weimarer Film zum guten Teil literarische Vorbilder: Fritz Langs *Die Nibelungen* (1923/24) oder Friedrich Murnaus *Faust* (1926) sind dafür wichtige Zeugnisse, früh verfilmt wurden auch Thomas Manns *Buddenbrooks* (1923).

Zwar gibt es seit den 1920er Jahren auch eine gegenläufige Position des ›reinen Films‹, den Avantgardisten wie Sergej Eisenstein oder später Jean-Luc Godard von literarischen Einflüssen freihalten wollten, um filmgenuine Ausdrucksmittel zu erarbeiten (vgl. Paech 1997, 151–179). Es ist aber vor allem die Gattung des literarischen Films bzw. der **Literaturverfilmung**, die sich bei einem breiten Publikum etabliert. Das Hybridmedium des Tonfilms, der Ende der 1920er Jahre eine optische mit einer akustischen Wiedergabespur kombinierte, erweiterte die Darstellungsmöglichkeiten. Die literarische Sprache brauchte nicht mehr mit umständlich lesbaren Untertiteln gezeigt zu werden, sondern wurde unmittelbar in Dialogen oder Erzählerstimmen zu Gehör gebracht – aus dem Buchstabenraum der Texte macht der Tonfilm gesteigerte Realitätseffekte.

Dies hat sich die lange Tradition des literarischen Films mit unterschiedlichen Funktionen bis heute zu Nutze gemacht. Von 1945 bis 1965 etwa ist der Hang zum Unterhaltungsfilm deutlicher ausgeprägt mit Boulevardstücken, Komödien oder unterhaltsamer Prosa, danach werden mehr Klassiker (auch moderne) der Weltliteratur ins Filmmedium übertragen (vgl. Albersmeier/Roloff 1989, 34). Mit dem Massenmedium Fernsehen verbinden Filmemacher den Anspruch gehobener Unterhaltung sowie einen Bildungsgedanken, der darin besteht, einen offenen oder versteckten Kanon zu transportieren und dabei eine Handlung oder ein psychologisches Profil zu visualisieren (Thomas Manns *Tod in Venedig* von L. Visconti 1971; der *Zauberberg* 1968 als Fernsehspiel, 1982 als Kinofassung von H. Geißendörfer).

Insgesamt ist dieses mise-en-scène literarischer Stoffe, die Wiedergabe von Handlung, Figuren- oder Problemcharakteristik einer literarischen Vorlage nach wie vor eine beliebte Kunstform, an die sich nicht zuletzt auch unternehmerische Interessen (Profilierung des Produzenten, des Regisseurs und der Schauspieler) knüpfen. Dazu passt der gegenwärtige Trend, zu marktgängigen Kinofilmen Bücher nachzuliefern oder weiterhin Bücher zu verfilmen (Thomas Brussigs *Sonnenallee* in der Fassung von Leander Haußmann, 1999; Benjamin von Stuckrad-Barres *Soloalbum*, 2003).

Die Forderung nach Werktreue der filmischen Adaptation gegenüber dem literarischen Text aus der Gründerzeit des Films ist spätestens in den 1960er Jahren der Einsicht gewichen, dass die Verfilmung **eigene ästhetische Qualitäten** erarbeiten soll. In diesem Verständnis läuft der Film nicht der Vorlage hinterher, sondern hat er ein eigenes ästhetisches Recht mit einer ungebundenen Form. Diese Autonomie hat das Oberhausener Manifest eines ›neuen Films‹ (1962) betont, damit die Anbindung an das internationale Niveau gesucht und den **Autorenfilm** im neuen Sinne ermöglicht: Der Film soll, auch wenn er sich auf Literatur bezieht, seine eigenen Gesetze entdecken. Er muss dann nicht mehr unterhalten, sondern soll in gleichberechtigter Kooperation mit dem Text stehen – so z.B. der Anspruch der Produktionen von Peter Handke und Wim Wenders (z.B. *Die Angst des Tormanns beim Elfmeter*, 1971; *Himmel über Berlin*, 1987) oder der Arbeiten Alexander Kluges, der seine Montageprosa über Einzelschicksale und ihre kollektiven Lebensprogramme teilweise auch zu Dokumentarfilmen umgearbeitet hat (*Die Patriotin*, 1979).

Auch Herbert Achternbusch gehört zu denen, die mit Selbstverfilmungen von Literatur hervorgetreten sind (*Der Atlantikschwimmer*, 1975; *Niemandsland*, 1990/91). Insgesamt begünstigt der Autorenfilm die kritischen Themen der Literatur, was Rainer W. Fassbinders *Berlin Alexanderplatz* (1980) als TV-Serie und Kinofilm ebenso zeigt wie die Schlöndorff-Verfilmungen von Heinrich Bölls *Die verlorene Ehre der Katharina Blum* (1975), Günter Grass' *Blechtrommel* (1979) oder Max Frischs *Homo faber* (1991). Die stärkste formal-ästhetische Literaturadaption ist wohl der Experimentalfilm *Uliisses* von Werner Nekes (1982), der nach dem Vorbild des *Ulysses* von James Joyce (1922) eine polyperspektivische Leinwandwelt aus vielen fließenden Bildassoziationen, aber auch konstruierten Splittern von aufgelösten Alltagshandlungen montiert, dabei das Sehen selbst ins Stocken kommen lässt und den Film als Wirklichkeitskonstruktion thematisiert.

Neben der Analyse der Literaturverfilmungen (auch in Zusammenarbeit mit der Filmwissenschaft) werden **Konstruktionsparallelen zwischen filmischer und literarischer Erzählung** für die Literaturwissenschaft in den kommenden Jahren ein wichtiges Themenfeld bleiben (vgl. etwa Paech [2]1997; Hickethier [2]2001):

- *Zeitgestaltung*: Rückblende (flash-back), Vorausschau, Parallel- und Überkreuzmontage von Sequenzen und Techniken der Zeitbehandlung wie Zeitlupe, Zeitraffer oder Stoptricks; Dehnung (slow-motion) und Raffung (jump-cut);
- Wahl von *Perspektive und Blickwinkel*, Einstellungen und Fokus (Totale, Halbtotale, Naheinstellung und Wechsel), Beschreibung der Handlung von außen und ohne Innenblick, Sachlichkeit des Kameraauges;
- *Schnitttechniken*, Auflösung der Kontinuität, Montage der Einzelteile zu einer Sequenz oder fließend-panoramatische Darstellung; Kameraausschnitt und Zoom, der die Aufmerksamkeit auf das gewünschte Detail lenken kann;

- *Stimmungslenkung,* Spannungsmittel, Steigerung, happy ending;
- *weitere Gestaltungsmittel* wie Lichtgebung, langsame oder Reiß-Schwenks.

Literatur

Albersmeier, Franz-Josef/Roloff, Volker (Hg.): *Literaturverfilmungen.* Frankfurt a.M. 1989.
Benjamin, Walter: »Das Kunstwerk im Zeitalter seiner technischen Reproduzierbarkeit«. In: *Gesammelte Schriften* I, Frankfurt a.M. 1980, S. 471–508.
Bleicher, Joan K.: Mediengeschichte des Fernsehens. In: Schanze 2001, S. 490–518.
Hickethier, Knut: *Film- und Fernsehanalyse.* Stuttgart/Weimar ³2001.
Jacobsen, Wolfgang/Kaes, Anton/Prinzler, Hans Helmut: *Geschichte des deutschen Films.* Stuttgart/Weimar ²2003.
Kafka, Franz: *Gespräche mit Franz Kafka. Aufzeichnungen und Erinnerungen* von Gustav Janouch. Frankfurt a.M./Hamburg 1961.
Lexikon Literaturverfilmungen. Zusammengest. von Klaus M. Schmidt und Ingrid Schmidt. Stuttgart/Weimar ²2001.
Paech, Joachim (Hg.): *Film, Fernsehen, Video und die Künste. Strategien der Intermedialität.* Stuttgart 1994.
– : *Literatur und Film.* 2., überarb. Aufl. Stuttgart/Weimar 1997.
Paech, Anne/Paech, Joachim: *Menschen im Kino. Film und Literatur erzählen.* Stuttgart 2000.
Pinthus, Kurt (Hg.): *Kinobuch* [1913]. Nachdruck Frankfurt a.M. 1983.
Schanze, Helmut (Hg.): *Handbuch der Mediengeschichte.* Stuttgart 2001.
Schneider, Irmela: *Der verwandelte Text. Wege zu einer Theorie der Literaturverfilmung.* Tübingen 1981.
Segeberg, Harro (Hg.): *Die Mobilisierung des Sehens. Zur Vor- und Frühgeschichte des Films in Literatur und Kunst.* 1996.

5.6   Literatur und Radio

Die Erfindung des Radios stellt eine entscheidende Weiterentwicklung der telegrafischen Kommunikationsmedien dar: Durch drahtlose Übertragung wird es nun möglich, dieselbe Botschaft simultan nicht nur an einzelne Empfänger, sondern an ein großes Publikum zu versenden, oder, wie es McLuhan gesagt hat: Das Radio reduziert »die Welt auf Dorfmaßstab und lässt unersättlich dörfliche Bedürfnisse nach Klatsch, Gerüchten und persönlichen Bosheiten aufkommen« (1964/ 1995, 463). Mit dem Radio richtet sich auch die Medienentwicklung zunehmend vom Speichern auf das Senden von Informationen aus (Kittler 1986, 251).

Als der deutsche Rundfunk 1923 in Betrieb ging, gehörten neben musikalischer Unterhaltung auch Textrezitationen zum Programm, das über Lyrik hinaus rasch auch kleinere dramatische Szenen, Bearbeitungen aus der Dramentradition oder auch eigenständig neue ›Sendespiele‹ umfasste. Rasch gab es auch Auseinandersetzungen über die Funktionen des neuen Mediums. Die Unterhaltung wurde in den Dienst der Politik genommen: **Konservative Autoren** wie etwa Hermann Pongs (*Das Hörspiel*, 1930) sahen die Chance, in der Versammlung einer passiven Massenzuhörerschaft ein **Kollektivgefühl** zu erzeugen – was McLuhans späterer These entspricht, dass das Radio als »Stammestrommel« fungiere (1964/1995, 450), indem es seine Hörergemeinde wie einen archaischen Clan versammle. Die Nationalsozialisten konnten dieses Bedürfnis dann mit Vorträgen zu Rassenfragen bedienen und das Radio zum Medium der Machtergreifung umfunktionieren.

Dagegen stand der Ansatz, das Radio zur sozialen Emanzipation und politischen Aufklärung zu nutzen: Es gab eine **Arbeiter-Radio-Bewegung**, und bis heute sind die Vorstellungen Brechts maßgeblich, aus dem Radio als bloßem Nachrichtenverteiler ein **basisdemokratisches Diskussionsforum** zu machen, das interaktiv funktionieren, also Meinungen und Stimmen des Publikums sammeln sollte: »Der Rundfunk ist aus einem Distributionsapparat in einen Kommunikationsapparat zu verwandeln« (Brecht 1932, 553). Nicht einfach in der Verschönerung des Lebens, sondern in der Belehrung, im wechselseitigen Lernen auch mit künstlerisch interessanten Produkten liegen dann die Perspektiven des Radios (ebd., 555).

Neben der Übermittlung oder Diskussion von Nachrichten wurden aber auch rasch die **Möglichkeiten einer autonomen Hörästhetik** erkannt, die auf die Ausbildung des Hörsinns zielen bzw. die Hörer/innen akustisch sensibilisieren sollte. Über Botschaften, Handlung oder Stimmungserzeugung hinaus sollte es darum gehen, mit den Möglichkeiten der Hörspielerstimmen, Geräuscheffekten oder der musikalischen Kulisse nach den eigenen Gesetzen des Radios »das Stück aus dem Mikrophon heraus zu komponieren« (Flesch 1931/2002, 473). In diesem Sinne sollten nicht einfach Vorgänge hinter dem Mikrofon visualisiert werden – ein Hörspiel muss man nicht ›sehen‹ können, sondern es **folgt akustischen Gesetzen**. Das Hörspiel ist nicht nur ein halbiertes Schauspiel, das man mühsam auf den akustischen Sinn hin komprimiert, sondern ateliermäßige Konstruktion, was sich bereits 1924 in Fleschs Hörspiel *Zauberei auf dem Sender* am bewussten Einsatz von Störgeräuschen oder sonstigen radiogenen Effekten zeigte.

Bereits in den 1920er Jahren werden die **Verfahren von Schnitt und Montage** angewandt, die aus dem Film stammen. Denn die Akustik des frühen Hörspiels steht noch deutlich in der Tradition des Films, dessen Techniken der springenden Bilder, des Wechsels von Großaufnahme zum Detail oder der Auf- und Abblendungen es adaptierte. Bei allen Möglichkeiten des Orts- und Szenenwechsels sind zur Verdeutlichung eigene Markierungsweisen erforderlich: Darstellungen irrealer Bereiche, Traumsequenzen oder Phantasiepassagen können moderiert oder mit akustischen Effekten angezeigt werden, die sich auch an die Leitmotivtechnik Wagners anlehnen können.

Mit den neuen technischen Apparaturen kann gesprochene Sprache aufgezeichnet und bearbeitet, aber auch in Echtzeit wiedergegeben werden. Die Autor/innen können sich dabei den Eindruck von Authentizität zu Nutze machen, doch müssen sich Hörspielautoren und -produzenten auf die **Bedingungen des neuen Mediums** einstellen. Auch wenn ein Hörspielmanuskript lesbar bleibt und meistens entsprechend publiziert wird, übertrifft die akustisch-technische Fassung die Schriftversion, indem meistens Audio-Signale, musikalische Elemente oder Effekte hinzugefügt werden, die zunehmend den Erwartungshorizont der Hörer/innen bilden.

Die Geschichte des Hörspiels zeigt, dass Autor/innen das neue Medium nicht nur als eine Veröffentlichungsmöglichkeit für gattungsübergreifende Texte aller Art nutzten. Bereits ab 1923 bildete sich das **Hörspiel als radiogemäße Gattung** heraus, und es gibt auch Mischformen wie die Funknovelle (Erzähltexte mit eingeschobenen Dialogelementen), die literarische Reportage oder die Klanginszenierung von Sprache (vgl. Würffel 1978, 23 f.). Dort sind einige der später weiterentwickelten **Formen und Themenschwerpunkte des Hörspiels** angelegt:

- das experimentelle Geräuschhörspiel (Rolf Gunold: *Bellinzona*, 1925),
- die dramatische Reportage bzw. das Zeithörspiel, die dialogisierte Novelle (Arnolt Bronnen: *Michael Kohlhaas*, 1927),
- oratorisch-balladeske Kompositionen (Brecht: *Der Flug der Lindberghs*, 1929),
- das Hörspiel mit inneren Monologen (Hermann Kesser: *Schwester Henriette*, 1929).

Hatte sich unter dem Eindruck Brechts, Bronnens oder Alfred Döblins, der 1930 eine Rundfunkbearbeitung von *Berlin Alexanderplatz* (*Die Geschichte vom Franz Biberkopf*, 1930) vorlegte, das Hörspiel zunächst in eher sozialkritischer Absicht entwickelt, so wandelte es sich unter nationalsozialistischem Einfluss beispielsweise zum chorischen Weihespiel und wurde zum Propagandastück umfunktioniert.

Während nach 1945 die **Hörspielproduktion in der DDR** eigene Wege ging und Probleme des sozialistischen Alltags behandelte, Sozialanalyse leistete oder die Arbeitswelt (auch durchaus kritisch) thematisierte (vgl. Würffel 1978, 172–207; Bolik 1995), wurden **in der BRD** zunächst existenziell-individualistische Themen bevorzugt. Maßgeblich für diese Zeit des vornehmlich literarischen Hörspiels war Wolfgang Borcherts Geschichtsbewältigung in *Draußen vor der Tür* (1947), aber auch die Innenschau in Traum- oder Phantasiebereiche, wie sie Günter Eich mit *Träume* (1951) gab. So wie hier in aufstörender Weise die Gefährdung des Einzelnen in der Wirtschaftswunderwelt gezeigt werden sollte, zeigte sich in der **Blütezeit des Hörspiels** in den 1950er Jahren (Würffel 1978, 69 ff.) grundlegend ein Appell zur inneren Umkehr, weniger zur äußeren Veränderung – die Traumlabors waren für die individuelle Imagination eingerichtet (Benno Meyer-Wehlack: *Die Versuchung*, 1957; Ingeborg Bachmann: *Der gute Gott von Manhattan*, 1958). Mit Heinrich Bölls *Bilanz* (1958), einer Kriegsbewältigung und Sozialkritik, Friedrich Dürrenmatts Justizgroteske *Die Panne* (1956) oder Richard Heys *Nachtprogramm* (1964) machten sich auch politische Unterströmungen geltend, die aber in den 1960er Jahren insgesamt spärlich blieben. Bemerkenswert ist auch Bölls *Doktor Murkes gesammeltes Schweigen* (1958) als Beispiel für ein selbstreflexives, medien- und ideologiekritisches Hörspiel.

Das neue Hörspiel und experimentelle Verfahren

Eine Wende zum neuen Hörspiel vollzog sich 1968, als Ernst Jandl und Friederike Mayröcker mit *Fünf Mann Menschen* einen Experimentierraum eroberten: Sprache dient hier nicht mehr als Informationsträger zur Übermittlung von logischen Handlungsfolgen oder zur Innenschau, sondern wird selbst zum ästhetischen Gegenstand. Durchaus in Anlehnung an die frühen Versuche der 1920er Jahre werden Wörter der Alltagssprache als Klangkörper behandelt, vorgeführt, aufgelöst und neu montiert, mit akustischen Experimenten gekoppelt und mit Stereoeffekten abgemischt. Die Verfremdungsmöglichkeiten, die der Klangwert eines Wortes bietet, nutzten vor allem junge Autoren wie Peter Handke (*Hörspiel*, 1968), Ferdinand Kriwet (*Apollo Amerika*, 1969) oder Jürgen Becker (*Bilder. Häuser. Hausfreunde. Drei Hörspiele*, 1969).

Wolf Wondratschek, der in *Paul oder die Zerstörung eines Hörbeispiels* (1970) die Hauptfigur mit Lautfetzen und Assoziationen charakterisiert und dabei das Montageprinzip deutlich herausstellt, setzte durch seine Verwendung von authentischem Tonmaterial aus TV oder Rundfunk das **O-Ton-Verfahren** in Gang. Diejenigen, die dem experimentellen Hörspiel das selbstgenügsam Spielerische vorwarfen und politische Interaktion forderten, nutzten das Verfahren, um eine politische Öffentlichkeit herzustellen – so etwa die Chronik von Günter Wallraff und Jens Hagen *Was wollt ihr oder Ihr lebt ja noch* (1973), die im dokumentarisch-realistischen Stil Stellungnahmen von Straßenpassanten zu Entscheidungsprozessen herbeiziehen will und das Hörspiel als **interaktiven Prozess zwischen Autoren und Publikum** ganz im Brechtschen Sinne begreift. Entsprechende Absichten verfolgt auch die Werkkreisarbeit *Berufsbild*, 1971 (von Frank Göhre mit Auszubildenden); einen unterhaltenden und eher unterschwellig-kritischen Ton hat die Verklammerung von Radio und Literatur bei Ror Wolfs, der in *Der Ball ist rund* (1979) Versatzstücke aus der Fußball-Übertragung zugrunde gelegt und überformt hat.

Wie groß der Einfluss des Radios bzw. des Hörspiels sein konnte, lässt sich etwa daran erkennen, dass Orson Welles 1938 mit seinem Hörspiel *The War of the Worlds* über eine Invasion der Erde durch Marsbewohner unter den Einwohnern von New York massenhafte Panikreaktionen erzeugte. Solche spektakulären Effekte sind bei einem eingebürgerten Medium freilich kaum mehr zu erwarten. Das literarische Hörspiel hat heute seinen Platz in den Kultursendern der

Landesrundfunkanstalten: sei es im Kriminalhörspiel mit psychologisch nuancierten Darstellungen, in der kritisch-satirischen Unterhaltung (Max Goldt: *Die Radiotrinkerin*, 1989) oder bei politischen Problemthemen mit medialer Selbstthematisierung (F.C. Delius: *Die Flatterzunge*, 1999). **Klangcollagen oder Experimente** konnten sich in der Hörspielform nur für ein schmaleres Publikum etablieren (Einstürzende Neubauten: *Hamletmaschine*, 1988; Heiner Goebbels: *Surrogate Cities*, 1994), haben aber teilweise andere Kunstformen wie den Video-Clip beeinflusst. Insgesamt scheinen sich die akustischen Formen von Literatur aus dem Radio weg auf ein anderes Übertragungsmedium zu verlagern: Das CD-Hörbuch nimmt mit Tonproduktionen eines breiten Spektrums von literarischen Gattungen einen wachsenden Marktanteil ein.

Literatur

Bolik, Sibylle: *Das Hörspiel in der DDR: Themen und Tendenzen*. Frankfurt a.M. u.a. 1994.
Brecht, Bertolt: *Der Rundfunk als Kommunikationsapparat. Rede über die Funktion des Hörfunks* [1932]. Große kommentierte Berliner und Frankfurter Ausgabe. Hg. von Werner Hecht u.a. Frankfurt a.M. 1992, Bd. 21, S. 552–557.
Flesch, Hans: *Hörspiel, Film, Schallplatte* [1931]. In: Kümmel/Löffler 2002, S. 473–477.
Kittler, Friedrich A.: *Grammophon Film Typewriter*. München 1986.
Kümmel, Albert/Petra Löffler (Hg.): *Medientheorie 1888–1933. Texte und Kommentare*. Frankfurt a.M. 2002.
Lersch, Edgar: »Mediengeschichte des Hörfunks«. In: Schanze, Helmut (Hg.): *Handbuch der Mediengeschichte*. Stuttgart 2001, S. 455–489.
McLuhan, Marshall: »Radio«. In: *Die magischen Kanäle* [1964]. Dresden/Basel 1995, S. 450–465.
Würffel, Stephan Bodo: *Das deutsche Hörspiel*. Stuttgart 1978.

6. Literaturwissenschaftliche Methoden und Theorien

6.1 Zur Fachgeschichte der Neueren deutschen Literaturwissenschaft

Die Vielfalt literaturwissenschaftlicher Fragestellungen, die sich in den letzten dreieinhalb Jahrzehnten ausgebildet hat, das Auf und Ab der Methoden und Moden, der scheinbar immer kürzere Abstand zwischen den Paradigmenwechseln der Literaturwissenschaft – all dies ist die jüngste Phase einer Fachgeschichte, die im engeren Sinne erst knapp 200 Jahre zurückreicht. Die ›Erfindung‹ der Germanistik als Sprach- und Literaturwissenschaft – erste Forschungsbemühungen, erste Einrichtung von Lehrstühlen an Universitäten – fand im ersten Drittel des 19. Jahrhunderts statt.

Vorgeschichte

Allerdings hat die Germanistik in weiterem Sinne eine längere Vorgeschichte: Humanistische Gelehrte des 16. Jahrhunderts, Conrad Celtis etwa oder Sebastian Franck, zeigten durchaus ein – patriotisch motiviertes – Interesse an den Quellen der deutschen (mittelalterlichen) Vergangenheit. Die Poetik des Barock und der Aufklärung beschäftigt sich mit deutscher Literatur auf unterschiedliche Weise: Opitzens *Buch von der deutschen Poeterey* (1624) ist der Auftakt zu einer Poetik der deutschen Literatur; Andreas Tschernings *Kurtzer Entwurf und Abriß einer deutschen Schatzkammer [...]* (1658) entwirft eine literarische Stilistik an Beispielen der deutschen Barockliteratur; Gottscheds *Versuch einer Critischen Dichtkunst* (1730) enthält, neben der Fülle der regelpoetischen Anweisungen, literaturgeschichtliche Anteile, die neben den antiken und Renaissanceliteraturen Europas auch deutsche Literatur thematisieren.

Im 18. Jahrhundert führte zwar die vermehrte Zuwendung zu literarischen Dokumenten des Mittelalters zur Wiederentdeckung und Neuherausgabe wichtiger mittelalterlicher Texte, die literaturgeschichtliche Kenntnis blieb aber bruchstückhaft und ohne historisches Ordnungsbewusstsein. Erst die Impulse der Geschichtsphilosophie Johann Gottfried Herders schärften das Bewusstsein, dass Literatur und die jeweilige Geschichte eines Volkes eng miteinander verknüpft seien. Im Bereich der Sprachgeschichte war es zunächst Johann Christoph Adelung, der zwischen 1774 und 1786 seinen *Versuch eines vollständigen grammatisch-kritischen Wörterbuches der Hochdeutschen Mundart [...]* vorlegte, grammatisch und etymologisch beispielhaft für seine Zeit. 1807–1812 folgt Joachim Heinrich Campes *Wörterbuch der deutschen Sprache* (in 5 Bänden).

Insgesamt gilt für das 16. bis 18. Jahrhundert: Germanistik als Wissenschaft deutscher Sprache und Literatur existiert nicht an den deutschen Universitäten, es waren immer fachfremde Wissenschaftler, Rhetoriker, Historiker, Juristen u.a., die zuweilen auf Beispiele deutscher Literatur zurückgriffen.

Gründungsphase der Germanistik

In den ersten zwei Jahrzehnten des 19. Jahrhunderts kamen die Impulse für die **Begründung der Germanistik als Wissenschaft** aus zwei verschiedenen Richtungen: aus der literarischen Romantik sowie aus der stark nationalistisch-patriotisch gefärbten politischen Opposition gegen die napoleonische Besetzung nach 1806. Romantische Wissenschaftler wie Wilhelm und Jacob Grimm sowie die Schriftsteller Brentano und von Arnim, Tieck und Görres wandten sich in einem antiaufklärerischen Impuls der deutschen Frühzeit zu und entfalteten eine umfangreiche Such- und Sammeltätigkeit nach Dokumenten mittelalterlicher Volkskultur, nach Märchen ebenso wie nach Volksliedern. August Wilhelm Schlegel feierte in den ersten Jahren des 19. Jahrhunderts den *Parzival* wie auch das *Nibelungenlied* als spezifisch deutsche, »gelungene Synthese aus nordischen und christlichen Elementen [...], die als Vorbild einer neureligiös-romantischen Gegenwartsliteratur dienen könnte« (Hermand 1994, 29).

Vor allem nach den Eroberungsfeldzügen Napoleons führte die patriotische bzw. die nationalistische Begeisterung zu einer vermehrten **Nachfrage nach universitären Veranstaltungen** zur Poesie des deutschen Mittelalters. Bei der Gründung der Berliner Universität 1810 wurde so die erste Professur für Deutsche Sprache und Literatur eingerichtet, Lehrstühle in Königsberg, Greifswald, Gießen und Heidelberg folgten schnell, ebenso wie weitere Editionen altdeutscher Texte: etwa die des *Hildebrandsliedes*, des *Armen Heinrich* oder auch der *Kinder- und Hausmärchen* durch die Grimms.

Die Ausrichtung dieser frühesten Germanistik war eminent politisch – nationalistisch und republikanisch gleichermaßen. Alle Hoffnungen auf eine moderne staatliche Einheit der deutschen Teilstaaten des vormaligen Reiches wurden durch die restaurativen und repressiven »Karlsbader Beschlüsse« zunichte gemacht. Dies führte zu einer Entpolitisierung der Germanistik: Karl Lachmanns Bemühungen um einen streng faktenorientierten Umgang mit den Dokumenten deutscher Literatur führte zur **Etablierung der Editionsphilologie** als ›objektiver‹ wissenschaftlicher Disziplin; auch die sprachhistorischen Arbeiten Jacob Grimms und das mit seinem Bruder begonnene *Deutsche Wörterbuch* (1852 ff.) dokumentiert diese Philologisierung.

Liberale Germanisten, die sich weder der reinen Editionsphilologie noch einer deutschtümelnden Nationalwissenschaft ergeben wollten, wurden in den 1830er Jahren häufig mit Berufsverbot belegt: etwa der bedeutende Literaturhistoriker Georg Gottfried Gervinus, beide Grimms oder Heinrich August Hoffmann von Fallersleben. Es waren unter anderem diese nationalliberal Gesinnten, die 1846 den ersten Germanistentag nach Frankfurt beriefen – eine eher politische als akademische Veranstaltung; sie waren auch Mitglieder im Paulskirchen-Parlament 1848. Auf dessen gewaltsame Auflösung folgte eine ähnliche Repression wie schon 1818 (ausführlich zur Vor- und Frühgeschichte der Germanistik vgl. Fohrmann/Voßkamp 1994).

Gervinus hatte in seiner *Geschichte der poetischen Nationalliteratur der Deutschen* (1835–1842) einen deutlichen antifeudalistischen Akzent auf die Volksdichtung gelegt und, eine folgenreiche Einschätzung, die Literatur um 1800 als ›Deutsche Klassik‹ zum Höhepunkt der nationalkulturellen Entwicklung stilisiert, allen voran die Texte Goethes und Schillers. Als national-konservatives Gegenstück zu Gervinus' Literaturgeschichte publizierte August Fr. Chr. Vilmar 1845 die *Geschichte der deutschen Nationalliteratur*, die bis zum Ersten Weltkrieg in unzähligen Auflagen erschien. Die Geschichte der Literatur wird hier entpolitisiert, die Weimarer Klassik zum Zeitlos-Gültigen verklärt.

Positivismus

Die Germanistik konnte sich in den Jahren zwischen Märzrevolution und Reichsgründung als akademische Disziplin etablieren – allerdings unter Verzicht auf politische Programmatik, unter strenger Konzentration auf die textphilologische Erarbeitung literarischer Altertümer. Genauigkeit und Vollständigkeit in der Erfassung und Erarbeitung der Dokumente bereiteten den **literaturwissenschaftlichen Positivismus** der letzten Jahrzehnte des 19. Jahrhunderts vor.

Nach der Bismarckschen Reichsgründung 1871 wurde der Positivismus zum literaturwissenschaftlichen Leitbegriff: Mit einer der **naturwissenschaftlichen** ›Objektivität‹ der Befunde angeblich gleichwertigen Akribie und Genauigkeit wurden die Dokumente deutscher Literatur aufgesucht, gesammelt, archiviert und ediert. Die Öffnung der Goethe-Archive nach dem Tod seiner letzten Erben ist ein herausragendes Beispiel für den Positivismus: Alle seine literarischen Texte, Briefe, Tagebücher, Notizen, Schemata und Entwürfe, kleinste Zettelchen, die gesamte materiale Hinterlassenschaft seines Lebens werden in der 143-bändigen Weimarer Ausgabe seiner Werke zusammengestellt (1887–1919). So ertragreich und schätzenswert diese Akribie auch heute noch ist, so eingeschränkt blieb jedoch die Perspektive der Positivisten auf die Literatur: Sie blieb unkritisch bei der mechanischen Sammlung der Daten stehen und unternahm keine Interpretation bzw. geschichtsphilosophische oder gar politische Deutung.

Positivistisch orientiert zeigt sich auch die Literaturgeschichtsschreibung der Zeit: Bei Wilhelm Scherer, dem einflussreichsten Germanisten der 1880er und 90er Jahre, ist Literaturgeschichte die aus den akribisch erarbeiteten Materialien abgeleitete Lebensgeschichte von Schriftstellern sowie die Entstehungsgeschichte der Werke; neben dieser Literaturgeschichte sind eine Fülle großer Ausgaben, voluminöser Dichter-Biografien und Nachschlagewerke die wichtigsten Ergebnisse positivistischer Forschung.

Positivismuskritik

Die Gegenpositionen zum Positivismus in den ersten Jahren des 20. Jahrhunderts lassen sich in drei Gruppierungen gliedern; um 1900 gibt es die erste Phase eines etwas offneren Methodenspektrums:

- Die **geistesgeschichtliche Strömung** wendet sich pointiert gegen das scheinbar naturwissenschaftliche Selbstverständnis der positivistischen Literaturwissenschaft. Wilhelm Dilthey ordnet den Naturwissenschaften das Erkenntnisziel ›erklären‹ zu, den Geisteswissenschaften das Erkenntnisziel ›verstehen‹ (s. Kap. 6.2). In den ersten zwei Jahrzehnten des 20. Jahrhunderts folgten dieser geistesgeschichtlichen Orientierung etwa Rudolf Unger, Friedrich Gundolf oder Fritz Strich.
- **Formtypologische Untersuchungen**, die die unterschiedslos aufgetürmten positivistischen Datenmengen zu sortieren suchten, um zu genaueren Gattungs- oder Epochenbegriffen zu gelangen. Heinrich Wölfflin etwa erläutert in seinen *Kunstgeschichtlichen Grundbegriffen* (1915) den stil- und kunstgeschichtlichen Begriff des ›Barock‹, den Oskar Walzel und Fritz Strich dann auf die Literatur des 17. Jahrhunderts übertrugen.
- Eine **neuromantisch-nationalistische** Germanistik, die sich berufen fühlte, die vom Positivismus hinterlassene kulturelle Leere im neuen Kaiserreich zu füllen. Drei Strategien lassen sich hier beobachten: erstens die Hinwendung zu einem diffusen Romantikbegriff, häufig verbunden mit einer nationalistischen Wendung gegen alles Moderne, Technisch-Zivilisierte, die Großstadt; zweitens eine heimatbetonte Germanistik, die die altgermanischen Stämme zum Ausgangspunkt der deutschen kulturellen Entwicklung stilisierte; schließlich eine offen rassistische Germanistik, die Ariertum und germanische Rasse als Ausweis einer überlegenen Kultur deuteten.

In der Vorkriegs- und Kriegszeit verstärkten sich in allen genannten Strömungen nationalistische Tendenzen und während des Ersten Weltkrieges forderte eine Vielzahl von Germanisten, das Universitäts- und Schulfach zu einer ›Deutschwissenschaft‹ zu machen, die ein Gegengewicht zu allem Westlichen, Ausländischen, Überzivilisierten und, nicht zuletzt, Sozialdemokratischen bilden sollte. Die **Germanistik der Weimarer Republik** setzte die Strömungen der Vorkriegszeit fort (ausführlicher dazu vgl. Hermand 1994, 84 ff.).

Mit den Stichworten ›völkische Führungswissenschaft‹, ›rassen- und stammeskundliche Literaturgeschichte‹ sind zentrale Aspekte der **NS-Germanistik** bezeichnet. Die literarische Tradition wurde auf Leitbilder des harten, völkischen Heldentyps hin untersucht, der Kanon entsprechend modifiziert. Literaturwissenschaft stellte sich schließlich willig (!) in den Dienst der völkischen Identität bzw. im Krieg dann der Stärkung des Kampfeswillens. Natürlich gab es auch in der Germanistik eine innere Emigration: Die Spezialisierung auf eine (ältere) Epoche oder auf Gattungs- oder Stilfragen konnte eine Nische des Unpolitischen bilden.

Germanistik seit 1945

Auf die völlige Inanspruchnahme der Germanistik durch die NSDAP reagierte das Fach in der Nachkriegszeit durch eine radikale Entpolitisierung – bei weitgehender Personenkontinuität: Nur wenige Professoren waren kurzzeitig suspendiert, die anderen blieben im Amt. Die wissenschaftliche Hinwendung zu den

›großen Werken‹ der literarischen Überlieferung dokumentiert die Suche nach ›Lebenshilfe‹, nach Orientierung an ›Bleibendem‹, ›Vorbildlichem‹. Die Texte wurden fast ausschließlich aus historischen, sozialen und psychologischen Kontexten herausgelöst und **textimmanent** betrachtet. Die beiden methodengeschichtlich einflussreichsten Wissenschaftler der Nachkriegszeit, Emil Staiger und Wolfgang Kayser, setzen konsequent die geistesgeschichtlich-formanalytische Strömung aus der ersten Hälfte des Jahrhunderts fort, gekürzt um alle ideologisch-völkischen Anteile.

Obwohl diese Werkimmanenz das Selbstverständnis des Faches in den 1950er Jahren dominierte, ist die Germanistik des Jahrzehnts, genauer betrachtet, nicht mehr so homogen: **Geistesgeschichte, Hermeneutik** (s. Kap. 6.2) und **formanalytische Schule** (s. Kap. 6.3) sind die drei wichtigsten Tendenzen bis in die 1960er Jahre, auf die schließlich die Vielfalt der literaturwissenschaftlichen Methoden in immer kürzeren Abständen folgte, die dem Fach heute einen **komplexen Methodenpluralismus** beschert hat:

- ab 1965 die **Rezeptionsgeschichte** und -ästhetik (Kap. 6.4) sowie
- zum etwa gleichen Zeitpunkt die **Sozialgeschichte der Literatur** (Kap. 6.7) und
- **strukturalistische Ansätze** (Kap. 6.6);
- in der zweiten Hälfte der 70er Jahre die **psychoanalytische Literaturwissenschaft** (Kap. 6.5);
- zu Beginn der 80er Jahre vollzieht die **Diskursanalyse** einen wesentlichen Paradigmenwechsel des Faches (Kap. 6.8) – ebenso wie
- zu Beginn der 90er Jahre die an Niklas Luhmann orientierte **Systemtheorie** (Kap. 6.9);
- spätestens Ende der 90er Jahre werden als neueste methodologische Konzepte die **Cultural Studies/Kulturwissenschaften**, die **Feministische Literaturtheorie/ Gender Studies** und der **New Historicism** als leitende Paradigmata der Literaturwissenschaft entdeckt (Kap. 6.11).

Bevor in den folgenden Kapiteln die genannten Methoden und Fragestellungen im Einzelnen erläutert werden sollen, einige Hinweise zum Umgang mit Methoden im Allgemeinen. **Methoden sollten nicht überschätzt werden!** Methode ist schlichtweg jeder ›Weg‹, den eine forschende Beschäftigung mit einem – literarischen, literaturgeschichtlichen oder literaturwissenschaftlichen – Gegenstand zu einem bestimmten Erkenntnis-, Verständnis- oder Erklärungsziel hin zurücklegt. Methoden sind also nie Selbstzweck, sondern sie sind immer orientiert auf die Sache hin und beschreiben die wissenschaftliche Selbstreflexion sowohl des je spezifischen Zugangs zum Forschungsgegenstand als auch des jeweiligen Erkenntnisinteresses.

Methoden sollten allerdings auch nicht unterschätzt werden! Das Erkenntnisziel der forschenden Bemühung ebenso wie die (begrifflichen) Instrumente, die zur Beschreibung oder Analyse der Textbefunde benutzt werden, sind nämlich methodenspezifisch. Je nach Methode ändert sich auch das, was man am Text entdeckt. Jede Methode ist gekennzeichnet durch eine bestimmte Terminologie, d.h. durch Fachbegriffe, die sehr häufig aus einer Nachbarwissenschaft entliehen werden, an die die Methode sich anlehnt. Über ihre spezifischen Ziele, ihr terminologisches Instrumentarium und auch über die zentralen Referenzautoren, auf die sie sich bezieht, ist eine Methode identifizierbar und von anderen Methoden abzugrenzen.

Literatur

Barner, Wilfried/König, Christoph (Hg.): *Zeitenwechsel. Germanistische Literaturwissenschaft vor und nach 1945*. Frankfurt a.M. 1996.
Bogdal, Klaus-Michael (Hg.): *Neue Literaturtheorien. Eine Einführung*. Wiesbaden 1990.
– (Hg.): *Neue Literaturtheorien in der Praxis. Textanalysen von Kafkas »Vor dem Gesetz«*. Wiesbaden 1993, Nachdr. 2001.
Fohrmann, Jürgen/Voßkamp, Wilhelm (Hg.): *Wissenschaft und Nation. Studien zur Entstehungsgeschichte der deutschen Literaturwissenschaft*. München 1991.
– /Voßkamp, Wilhelm (Hg.): *Wissenschaftsgeschichte der Germanistik im 19. Jahrhundert*. Stuttgart 1994.
Hermand, Jost: *Geschichte der Germanistik*. Reinbek bei Hamburg 1994.
Mertens, Volker (Hg.): *Die Grimms, die Germanistik und die Gegenwart*. Wien 1988.
Nünning, Ansgar (Hg.): *Metzler Lexikon Literatur- und Kulturtheorie. Ansätze – Personen – Grundbegriffe*. 2., überarb. u. erw. Aufl. 2001.
Weimar, Klaus: *Geschichte der deutschen Literaturwissenschaft bis zum Ende des 19. Jahrhunderts*. München 1989.

6.2 Hermeneutik

6.2.1 Verstehen als Problem

Seit es Texte gibt, ist beim Verstehen mit Problemen zu rechnen. Da sprachliche Äußerungen auf Papier (oder sonstigem Datenträger) fixiert sind, entfalten sie im Lauf der Zeit ein Eigenleben, das sich von den Intentionen des Autors ablöst. Ein erstes Problem des Verstehens liegt bereits im Sprachwandel – Wörter ändern ihre Bedeutung in der historischen Entwicklung. Somit ändern auch literarische Texte im Lauf der Zeit ihre Bedeutungen und stoßen in unterschiedlichen Epochen und Jahrhunderten auch auf ganz unterschiedliche Leseperspektiven – was sich im kleinen Maßstab auch für die eigene Erst- und Zweitlektüre eines Buches feststellen lässt, die immer unterschiedliche Erkenntnisse bringen werden. Ähnliches zeigt die Alltagserfahrung, wenn sich etwa im spontan diskutierten Zeitungstext, einer Regierungserklärung oder einer Gebrauchsanleitung sowie im Gespräch verschiedene Interpretationen der Äußerungen ergeben, die Missverständnisse erzeugen, Nachfragen nötig machen oder Klärung brauchen. Verstehen, Lesen und Erkennen ist also immer eine Deutungshandlung, aber als Deuten immer auch ein Mit-Konstruieren von Botschaften, die nie fertig interpretiert vorliegen. Dieses wechselweise Zusammenspiel zwischen dem Verstehenden und dem Fremdhorizont, dem eigenen Erkenntnisrahmen und den neuen Perspektiven des Gelesenen oder Erkannten wird als **hermeneutischer Zirkel** bezeichnet.

6.2.2 Geschichte und Positionen der Hermeneutik

Vorgeschichte

Als **Lehre vom Verstehen** beschäftigt sich die Hermeneutik mit der Interpretation von literarischen Texten, aber auch mündlichen Äußerungen sowie anderen sinntragenden Konstruktionen, z.B. Bildern, Gesten, Handlungen oder Träumen. Als Wissenschaftsdisziplin hat sie sich im Lauf des 18. Jahrhunderts etabliert, aber ihre Tradition ist wesentlich älter. *Hermeneutike techne* ist im Griechischen die Kunst der Auslegung bzw. der Übersetzung (vgl. Gadamer 1974, 1062) – ein Begriff, der der lateinischen *interpretatio* nahe steht. Pate war vermutlich der Götterbote Hermes, jene mythische Figur, die den Menschen überirdische Weisheiten und Lebensregeln übermittelte und sich als mehr oder weniger guter Übersetzer des göttlichen Willens betätigte.

Die Grundeinsicht, dass alles, was gesprochen oder geschrieben ist, der Interpretation und der Unterscheidung von richtigen und weniger richtigen Deutungen bedarf, prägte bereits die antike Hermeneutik, die von griechischer und jüdischer Tradition gleichermaßen beeinflusst ist. Bereits die klassischen Homer-Interpreten unterschieden die Deutungstätigkeiten. Zum einen gab es eine Wort- und Bedeutungsforschung (*sensus litteralis*), die durch sprachlogische Untersuchungen den Sinn der Autorintention rekonstruieren wollte, nämlich die **gram-**

matisch-rhetorische Auslegung. Ein anderes Interesse kennzeichnete die **allegorische Deutung**, die zwar auch den Wortlaut der überlieferten Schriften bewahrt, aber den ursprünglichen Wortsinn in Richtung eines eigenen, zeitgenössischen Kontextes überschreitet zum übertragenen, mehrfachen Schriftsinn (*sensus allegoricus*).

Die Hermeneutik der christlichen Antike, die Stellenvergleiche zwischen Altem und Neuem Testament vornahm, leistete diese Allegorese als Entschlüsselung eines hinter dem buchstäblichen Sinn versteckten eigentlichen, höheren Sinnes, der über Augustinus im Mittelalter zur **Lehre vom vierfachen Schriftsinn** erweitert wurde. Gemeint war damit

- ein wörtlicher Sinn, der das geschichtliche Ereignis wiedergibt,
- ein allegorischer, der auf das Versprechen der Heilsgeschichte im alttestamentarischen Bund und der Einlösung im neutestamentarischen Bund abzielt,
- ein moralischer, der auf ethisch gutes Handeln zielt und
- ein anagogischer, der auf die religiöse Endzeit anspielte (vgl. Lubac 1959–64).

Solche Deutungen konnten weit über die Texte hinausgehen und selbst zum Dogma werden. Dagegen machte Luther auf die Gefahr des willkürlichen Hineinlesens aufmerksam, verwarf die Hintersinne der Allegorese und rückte die **Bibeltexte selbst ins Zentrum der Interpretation**: Zur Maxime wird die Behauptung, dass die Schrift aus sich selbst auszulegen ist. Nicht mehr kirchliche Lehrautorität sollte entscheidend sein, sondern die enge Textlektüre, die die einzelne Textstelle auf den Gesamtkontext beziehen und aus diesem wiederum die Einzelstelle erklären sollte. Vom Einzelbuchstaben zum Sinn der Schrift zu gelangen war auch die Grundabsicht von **Luthers Bibelübersetzung**. In diesem Zusammenwirken von Textteil und Ganzem lässt sich eine Vorform des hermeneutischen Zirkels erkennen, der hier allerdings auf den Text selbst begrenzt bleibt. Bei Luther ist nicht berücksichtigt, dass der Leserhorizont sich wandelt, was die Gegenreformation denn auch kritisiert hat.

Nachdem Johann Christian Dannhauer 1629 den Begriff ›Hermeneutica‹ eingeführt und systematisiert, also einen Katalog von Deutungsregeln aufgestellt hatte, wurde die Hermeneutik vor allem im Lauf des 18. Jahrhunderts zur Wissenschaftsdisziplin ausgebaut (zur weiteren Geschichte vgl. Rusterholz 1996; Jung 2001). Zum einen wird die lebenspraktische Auslegung der Schriften wichtig, wie sie die **Theologie** vornimmt. Darin wurden drei Formen unterschieden:

- die **subtilitas applicandi**, mit der ein Text und seine Regeln bzw. Handlungsvorschläge auf eine konkrete Lebenssituation angewandt wird;
- die **subtilitas intelligendi**, das historische Verstehen eines eindeutigen Wortsinnes;
- die **subtilitas explicandi**, die Erklärung auf den Horizont eines aktuellen Lesers hin, durch den sich die Bedeutung des Textes wandelt (vgl. Rusterholz 1996, 111 f.).

Auch die **Jurisprudenz** benötigt hermeneutisches Instrumentarium, z.B. zur Klärung der Frage, wie ein allgemeiner Rechtssatz auf einen bestimmten Einzelfall zu beziehen sei: Auslegungen, Kommentare oder Urteilsbegründungen sind Produkte der Deutung. Ende des 18. Jahrhunderts lässt sich auch von einer **literarischen Hermeneutik** sprechen, die sich um Regeln der Textauslegung kümmert (vgl. Szondi 1975).

Den zahlreichen Versuchen gerade der Aufklärungshermeneutik, Regeln für das Textverstehen zu erarbeiten, steht allerdings eine Wende in der Frühromantik gegenüber. Das richtige Verstehen wird dort nämlich als Ziel selbst problematisch, und die Plädoyers etwa von Novalis, besonders aber von Friedrich Schlegel mit seinem Essay *Über die Unverständlichkeit* (1800/1970) gehen nun dahin, das Missverstehen oder die **Unverständlichkeit zur Interpretationsmaxime** zu erklären. Texte sieht Schlegel vielmehr im permanenten Interpretationsprozess, in fortlaufenden Deutungsschritten, die zur Kultur des unendlichen Gesprächs gehören, an dem Autor und Leser gleichermaßen beteiligt sind. Missverstehen oder Nichtverstehen ist geradezu der Motor für die stete Debatte über die Vieldeutigkeit der Textsinne, die in progressiver Universalpoesie immer weiter entfaltet werden sollen: »Eine klassische Schrift muß nie ganz verstanden werden können. Aber die, welche gebildet sind und sich bilden, müssen immer mehr daraus lernen wollen« (Schlegel 1800/1970, 340).

Schleiermacher: Verstehen als grammatische und psychologische Interpretation

Diese These der romantischen Hermeneutik hat auch der unorthodoxe Theologe Friedrich Schleiermacher vertreten und sogar von einer »Wut des Verstehens« gesprochen, die das vielfache Verstehen gerade verhindert und den Blick auf das Unendliche nur verstellt (1799/1974, 57).

Auch bei Schleiermacher ist Kunst Bestandteil eines unendlichen Gesprächs, insofern er das Auslegen selbst als Kunst beschreibt bzw. als Sinnproduktion: »Ich verstehe nichts was ich nicht als nothwendig einsehe und *konstruieren* kann. Das Verstehen nach der letzten Maxime ist eine unendliche Aufgabe« (1974, 78; kursiv R.K.). Dies zeigt wiederum, wie stark Schleiermacher das Subjektive an der Deutungsarbeit hervorhebt, so wie er auch dem Autor eine subjektive, individuelle und kreative Sprachverwendung zugesteht. Der Deuter wiederum muss sich in diesen Horizont kongenial einarbeiten und soll sich bei dieser **psychologischen Interpretation** möglichst inspiriert in den Autor hineinversetzen bzw. ihn ›divinatorisch‹ verstehen: Das interpretierte Werk wird mit schöpferischer Phantasie vom Leser neu hervorgebracht.

Kunstgerechte Interpretation bemüht sich nach Schleiermacher auch um kleinste Einzelheiten und um das scheinbar Selbstverständlichste von Rede und Schrift – Hermeneutik wird so schließlich zur Kunst, »die Rede zuerst ebenso gut und dann besser [zu] verstehen als ihr Urheber« (ebd., 86). Dazu aber benötigt Schleiermacher noch eine weitere Strategie. Aus der theologischen Hermeneutik ist er mit Deutungstechniken vertraut, die sich auf den sprachlichen Aufbau eines Textes beziehen und von der individuellen Sprachverwendung bewusst absehen. Dieses technische Interpretationshandwerk, das bis in die heutige Schulinterpretation hinein gewirkt hat, erweitert Schleiermacher zu einem Katalog der **grammatischen Auslegung**, der die allgemein gültigen Sprachstrukturen berücksichtigt und sie auch im historischen Kontext sieht.

Dieses vergleichende, ›komparative Verstehen‹ bzw. die ›grammatisch-historische‹ Textkenntnis mit den festen Interpretationsregeln stellt Schleiermacher der anderen, der einfühlend-kreativen psychologischen Deutung ergänzend an die Seite. Genauso verhält es sich mit dem Sprachverständnis: Zwar handelt es sich um allgemeine Sprachstrukturen, die der einzelne Sprachnutzer vorfindet, doch wendet er sie auf individuelle Weise an. Von ihrer einzelnen Verwendung hängen dann auch die Sprachbedeutungen ab, in der die vorgefundenen Strukturen jeweils individuell zur Geltung gebracht werden.

Zwischen den genannten Polen ist die Rolle des Lesers zu situieren: der treffsicheren, anwendungsnahen Auslegung einerseits und der Unberechenbarkeit des Wortes andererseits, zwischen Wahrheit und Prozess, Allgemeinem und Individuellem, Vereindeutigung und Sinnverstreuung. Erst beide Seiten des Verstehens zusammengenommen zeigen dieses als Prozess: In einem mutmaßenden, psychologischen Erraten wird das Ganze der Deutung konstruiert und dann am Einzelteil in der sprachlichen Auslegung rückversichert, worin sich wiederum eine **Kreisstruktur des Verstehens** erkennen lässt. Sprachliche Kommunikation ist dann nicht einfach Transport von feststehenden Bedeutungen und Informationen, sondern jeder individuelle Deuter kann durch sein Sprachvermögen die Botschaft formen und damit einen neuen Sprachgebrauch ermöglichen. Dieses Zusammenwirken von endlicher (grammatischer) und unendlicher (psychologischer) Deutung, von regelgeleitetem Interpretationsverfahren und mutmaßendem, kreativem Deuten herausgearbeitet zu haben, ist Schleiermachers bleibendes Verdienst.

Wilhelm Dilthey: Verstehen als Miterleben

In diesem Sinne hat Wilhelm Dilthey grundlegend das naturwissenschaftlich-positivistische **Erklären**, das auf kausales Erschließen von Naturgesetzen abzielt und aus ihnen die Einzelphänomene vereindeutigend ableiten will, vom geisteswissenschaftlichen **Verstehen** unterschieden. Verstehen bedeutet nicht abstraktes, nur kognitives Kalkulieren, sondern bezieht ein **Miterleben** des Anderen ein, das erst die Lebenshorizonte von Leser und Autor zusammenbringt – so äußere sich »im Kunstwerk ein Zusammenhang von Erleben, Ausdruck und Verstehen« (1910, 99) des Künstlers. Der Interpret soll seinen Erlebnishorizont in den anderen hineinprojizieren, um zu einem probeweisen Verstehen zu gelangen; so »verstehen wir uns selber und andere nur, indem wir unser erlebtes Leben hineintragen in jede Art von Ausdruck eigenen und fremden Lebens« (ebd.). Damit erweitert Dilthey den **hermeneutischen Zirkel**, indem er den individuellen Standpunkt mit dem allgemeinem, universalen Wissen in Beziehung setzt, wodurch die jeweilige zeitliche oder kulturelle Kluft überbrückt und Teilhabe an gesellschaftlichen Kräften insgesamt möglich werden soll. Dilthey geht dabei fest von einer gelingenden Kommunikation aus, nämlich »daß, was ich an einem anderen verstehe, ich in mir als Erlebnis auffinden, und was ich erlebe, ich an einem Fremden durch Verstehen wiederfinden kann« (VII, 213).

So wünschenswert es aber ist, Erlebnisfähigkeit auf Seiten des Interpreten zu kultivieren – er soll immerhin in einen »Lustzustand« geraten (VI, 192) –, kann dies kaum ein Maßstab für die Richtigkeit seiner Interpretation sein. Fraglos bringt Dilthey mit dieser Forderung einer »persönlichen Genialität« (V, 267) des Deuters eine Position auf den Punkt, die unterschwellig das 19. Jahrhundert beherrscht hat, aber auch heute noch erkennbar ist: Der Interpret stellt sich durch Verstehen an die Seite des Dichters, und indem er ihn versteht, fühlt er sich mit ihm auf einer hierarchischen Stufe. Zu viel Erlebnis im Lebensstrom, so müsste aber der Einwand lauten, könnte auch dazu führen, dass Widersprüche geglättet oder Horizonte angenähert und harmonisiert werden, die vielleicht gar nicht übereinkommen können. Die Möglichkeit, dass es grundlegende Differenzen fremder Traditionen und Kulturen geben könnte (wie sie etwa das romantische Plädoyer für das Missverstehen einkalkulierte), wird kaum bedacht.

Martin Heidegger: Verstehen als Lebensbedingung

An diese Lebensphilosophie des Verstehens hat z.B. Martin Heidegger angeknüpft, der in *Sein und Zeit* (1927) ganz grundsätzlich das Verstehen als eine Lebensbedingung auffasst. Insofern wir immer schon in einer sprachlich verfassten und geschichtlichen Welt stehen, liege das Verstehen allem Erkennen und jedem Handeln, also der alltäglichen Lebenspraxis zugrunde. Anders (und in Heideggers Jargon) gesagt handelt es sich beim Verstehen um die Bedingung des In-der-Welt-Seins. Verstehen ist eine Tätigkeit, die sich erst nachrangig auf Texte bezieht, primär dagegen auf Lebenszusammenhänge, aus denen jede Deutung neue Seinsmöglichkeiten erarbeitet. Ob es ein Ding ist, ein Hammer vielleicht, dessen Eigenschaften erkannt und auf den Gebrauch intuitiv zugerichtet werden (1927/ 1984, 150), oder ein Waldstück, das der Jäger nach Wild absucht, der Förster als botanisches Objekt erkennt, der Spaziergänger als Ruheort wünscht, der Tourismusmanager auf seine Rendite hin bedenkt oder das ein Liebespaar auf seine Idyllentauglichkeit prüft – einem jeden Ding gegenüber bringt der Verstehende seinen **Erkenntnishorizont** mit und wendet ihn nach seiner Bedarfsperspektive an.

Dasselbe gilt für Texte: Wenn ein Leser etwas interpretiert, wie es ›da steht‹, so sei dies zunächst nichts anderes als die »selbstverständliche, undiskutierte Vormeinung des Auslegers« (ebd.). Entsprechend gilt: »Auslegung ist nie ein voraussetzungsloses Erfassen eines Vorgegebenen« (ebd.) – und damit entwickelt der Verstehende nicht nur seinen Bezug zum Sein oder sein eigenes Wesen, sondern entdeckt überhaupt im »entwerfenden Erschließen« der Sprache die Möglichkeiten des Seins (ebd., 148).

Ganz zutreffend (und im Unterschied zu Dilthey) schließt Heidegger in diesen Vorbehalt gegen die Erkenntnisobjektivität auch die Naturwissenschaften ein: Auch dort kann man das erkennende Subjekt und das erkannte Objekt nicht streng trennen. Es gibt keine ›Dinge an sich‹, die rein sachlich zu beobachten wären, sondern diese erweisen sich immer als Produkte eines Verstehensprozesses, ›Vorverständnisses‹ oder methodischen ›Vorgriffes‹, der die Resultate mitproduziert. Dieser **Zirkel ist Grundbedingung des Verstehens**; Ziel ist nicht, ihn zu vermeiden, sondern »in ihn nach der rechten Weise hineinzukommen« (ebd., 153) – und das heißt: sich seines eigenen Horizontes bewusst zu werden, dafür die Verantwortung zu übernehmen und seine eigenen Verstehensklischees zu hinterfragen.

Hans-Georg Gadamer: Verstehen als produktives Verhalten

Mit Heideggers Grundthese, dass Verstehen ein Vermittlungsgeschehen zwischen Text und Leser sei, das beide Horizonte verändert, wird der **hermeneutische Zirkel** in einem existenzialen Sinn gefasst (Grondin 2001). Dieser Gedanke ist auch für seinen Schüler Hans-Georg Gadamer leitend: Die Leistung der Hermeneutik bestehe grundsätzlich darin, »einen Sinnzusammenhang aus einer anderen ›Welt‹ in die eigene zu übertragen« (1974, 1062). Auch Gadamer geht davon aus, dass Verstehen eine Seinsweise ist und dass es Interpretationen sind, die das kulturelle Leben überhaupt fundieren. Konkreter aber als Heidegger denkt er an ästhetische Werke, insofern sie Erfahrung, Leben und Sprache zusammenbringen (*Wahrheit und Methode*, 1960).

Das Werk fasst Gadamer nicht als geschlossene, gegen alle Umwelteinflüsse resistente Einheit auf, sondern als ein Wahrnehmungsangebot, das der Leser in der **ästhetischen Erfahrung** einlösen kann und an dessen sprachlicher Fremdheit er die Grenzen seines eigenen Horizonts entdeckt. Der Leser erkennt sein eigenes Vor-Urteil, umgekehrt aber konstruiert er die Textwelt mit, deren neue Aspekte er nach eigener Maßgabe entfaltet. In der Vermittlung beider Vorgänge kann er schließlich den fremden Horizont des Textes rekonstruieren; beide Seiten befinden sich im Frage-Antwort-Verhältnis:

> »Das bedeutet aber, daß die eigenen Gedanken des Interpreten in die Wiedererweckung des Textsinnes immer schon mit eingegangen sind. Insofern ist der eigene Horizont des Interpreten bestimmend, aber auch er nicht wie ein eigener Standpunkt, den man festhält oder durchsetzt, sondern mehr wie eine Meinung oder Möglichkeit, die man ins Spiel bringt und aufs Spiel setzt und die mit dazu hilft, sich anzueignen, was in dem Text gesagt ist« (Gadamer 1960, 268).

Die im Text gestellten Fragen werden also im Dialog mit dem Leser auf eine neue Stufe gehoben, was Konsequenzen hat: »Nicht nur gelegentlich, sondern immer übertrifft der Sinn eines Textes seinen Autor. Daher ist Verstehen kein nur reproduktives, sondern auch ein produktives Verhalten« (ebd., 280). Damit erweist Gadamer die Überlegenheit eines Textes gegenüber dem Selbstverständnis des Autors bzw. seiner Schreibintention. Deutung erschöpft sich also nicht im Aufdecken des gemeinten Sinns, weil sich der schriftliche Text von den Absichten seines Autors löst und er nicht (wie etwa mündliche Rede) in einer bestimmten Situation aufgeht.

Mit dem Lesevorgang pointiert Gadamer den **hermeneutischen Zirkel** als Wechselspiel zwischen den beiden Horizonten des Textes und des Lesers, die sich gegenseitig verändern. Eine solche zirkelförmige Beziehung sieht er aber auch umfassend zwischen Teil und Ganzem – nämlich zwischen Kapitel und Buch, Buch und Gesamtwerk, Gesamtwerk und Leben des Autors und zwischen seinem Horizont und dem seiner zeitgenössischen Umgebung. Diese Annäherung von Interpret, Autor und Textteil bzw. -ganzem, von Vergangenheit und Gegenwart hat Gadamer als ein Zirkelprinzip beschrieben, das schließlich in eine »**Horizontverschmelzung**« (ebd., 289) münden könne, die allerdings stets nur annäherungsweise, in Konstruktionen auf Widerruf, realisiert werden kann. Als Erkenntnismodell grenzt er den hermeneutischen Zirkel gegen die naturwissenschaftliche

›Methode‹ ab, bei der ein Erkenntnissubjekt seinen Gegenstandsbereich definieren und daraus objektive Schlüsse ziehen will. Dieser Vorgang ist für Gadamer allerdings nur vorgeblich objektiv: Notwendig sei es nämlich auch für die Naturwissenschaften, ihre eigenen Voraussetzungen (bzw. ihren Fragehorizont) zu reflektieren, sonst bleibt es bei einem naiven Positivismus, der den vermeintlich reinen Fakten nachgeht, ohne die Relativität des eigenen Erkenntnisinteresses zu berücksichtigen.

Das Bild des Zirkels zeigt hier freilich seine Tücken. Denn denkt man den Ansatz Gadamers konsequent weiter, befinden sich beide Seiten – Geschichte und Verstehen – in wechselseitiger Abhängigkeit und kommt die Auslegung an keinen Endpunkt bzw. ist der Kreis nicht zu schließen: In der Traditionsaneignung durch die Gegenwart geschieht auch ihre permanente Aktualisierung. Damit wiederum wird eigentlich auch der historische Sinn relativiert und auf eine neue Stufe gehoben. Zutreffender wäre dann wohl das Modell einer **hermeneutischen Spirale**, bei der das Verstehen nicht wieder zu einem Ausgangspunkt zurückkehrt, sondern sich in einer weiteren Dimension entfaltet und tatsächlich beide Seiten in Bewegung bringt. Für Autor- und Leserhorizont bedeutete dies das stete Neuentdecken von möglichen Sinnpotenzialen und Impulsen aus der Textvergangenheit, die aber vom jeweils neuen Horizont der Lektüre immer anders entdeckt, also uminterpretiert werden; was auch jede alltägliche Leseerfahrung von Erst- und Zweitlektüren eines Buches erweist, die niemals mit gleichen Erkenntnissen abgeschlossen werden.

Als Problem erweist sich bei Gadamer, dass er zwar nicht die Autorenmeinung, aber die Werke selbst als Autorität der Tradition sieht, die der Verstehende schließlich rekonstruieren muss – dem historisch-dauerhaften, dem klassischen Text erweist Gadamer seine besondere Reverenz. Vor dem rein subjektiven Verstehen bzw. seinen Beliebigkeiten warnt Gadamer, ohne allerdings bestimmen zu können, wo die subjektiv-willkürliche Deutung beginnt und wo ihre objektiven Grenzen sein sollen. Darin liegen gewisse Widersprüche seines großen Projekts, das an der kulturellen Überlieferung arbeitet. Gadamer denkt dabei nicht an ein Spiralmodell: Es ist das Werk, das seine Kreise erweitert, aber auf seinen Bestand soll schließlich die Leserdeutung immer wieder zurückkehren. Bereits Heidegger hatte den aktiv entwerfenden Verstehenden in *Sein und Zeit* später zum Empfänger einer Überlieferungsgeschichte gemacht, der »auf eine Botschaft zu hören vermag« (1959, 121). Ähnlich bleibt bei Gadamer der Verstehende letztendlich der Tradition untergeordnet. Dass diese auch einmal abgebrochen, außer Kraft gesetzt oder mit kritischen Fragen konfrontiert werden kann, ist in diesem Modell nicht bedacht.

6.2.3 Diskussion und neuere Tendenzen der Hermeneutik

Dieses Dilemma zwischen einem erstarkten Leser einerseits und der mächtigen Tradition bzw. dem klassischen Bestand andererseits zieht sich durch die verschiedenen hermeneutischen Strömungen hindurch. Wenn das Verstehenssubjekt

Tradition lediglich braucht, um sich weiter zu entfalten, lässt sich die Frage dagegensetzen, wie denn beide Horizonte immer zu der Übereinstimmung gelangen können, die Gadamer vorschwebt. Um das Problem auf den Alltag der Deutungen zuzuspitzen: Läuft nicht dann jedes Interpretieren auf ein Vereindeutigen hinaus, womit alle überraschenden neuen Deutungen beschnitten werden können?

Dahin geht zumindest der Vorwurf all jener, die die Hermeneutik und die Praxis des Interpretierens, die nach dem Muster des *close reading* den Schulalltag bis heute bestimmt, selbst für eine Willkürhandlung halten: Interpretieren und Bewerten der Deutung haben auch etwas mit institutioneller Macht zu tun. Die amerikanische Kulturkritikerin Susan Sontag hat behauptet, dass Kunstinterpretationen gerade das ästhetische Empfindungsvermögen abstumpfen, gebraucht werde also keine Hermeneutik, sondern eine »Erotik der Interpretation« (1964/1991, 22). Aus Sicht des Poststrukturalismus hat insbesondere Jacques Derrida das Ziel der ›Wahrheit‹ bei Gadamer sowie seine Sinndeutungen kritisiert und gegen den Konsens, das Einvernehmen und die Horizontverschmelzung den Widerstreit und die Anerkenntnis des Heterogenen gesetzt (vgl. Gondek 2000; s. Kap. 6.6).

Manfred Frank hat durch Einbeziehung poststruktureller Perspektiven und linguistischer Fragen versucht, die Hermeneutik kritisch weiterzudenken. Dabei kommt wieder Schleiermachers Doppelorientierung zum Tragen: Objektive Sprachstrukturen und subjektive Kreativität sind beteiligt am Zustandekommen von Literatur sowie beim Deuten. Texte sind ein Subjektiv-Objektives: An den allgemeinen Sprachstrukturen, die sich hinter dem Rücken des Autors/Lesers ausbilden, arbeitet der Einzelne mit, das Individuum verändert die Sprache bzw. bringt Neues in ihr hervor. Was also die Sprache angeht, akzeptiert Frank die Vieldeutigkeitshypothese der Poststrukturalisten mit der eigenen These, dass in jeder Zeichenkette »mehr Sinn, als sich zu einer Zeit und durch ein Subjekt entdecken läßt«, stecke (Frank 1979, 69). Schrift, die aus dem Entstehungsanlass entkoppelt ist, gelangt in stets neue geschichtliche Umgebungen und wird um neue, unabschließbare Bedeutungen bereichert.

Dass im aktuellen, individuellen Sprachgebrauch ständig neue Bedeutungen generiert werden, behauptet Frank auch hinsichtlich des Interpretierens: »Dieser Unbestimmtheits- oder Freiheitsfaktor eröffnet den Spielraum des Verstehens« (ebd., 63). Eine Schwierigkeit ergibt sich wiederum daraus, dass Frank in den individuellen Sprachgestalten des einzelnen Autors auch ein Stilprinzip ausfindig machen möchte. Seine Deutungsanleitung zielt schließlich darauf, Prozesse der Bedeutungskonstitution am Text herauszufinden, um damit zu zeigen, auf welche Weise der Autor den allgemeinen Sprachhorizont erweitert hat. Die kreative Sprachanwendung bleibt auf der Seite des Autors, dessen Stil und Abweichungen aufgespürt werden sollen; die schöpferische Aktivität des Interpreten ist auf das Nachvollziehen festgelegt.

Der Widerstreit zwischen dem aufgewerteten Leser und dem Nachvollzug der Textbedeutung ist kaum zu entscheiden. Wichtige Erkenntnis bleibt aber, dass bei jedem Interpretieren auch die **Relativität des eigenen Ansatzes** gesehen werden muss. Das sollte nicht davon abhalten, Erkenntnisse über den fremden Autor- und Texthorizont zu gewinnen, doch zeigt eine konsequent begriffene Hermeneutik immer: Das Interpretament wird nur ein Vorläufiges sein, das durch weitere Lektüren ergänzt, revidiert oder kritisiert wird (vgl. Körtner 2001). Dies immerhin haben fast alle Hermeneutiker gezeigt: Jede Interpretation trägt Spuren der eigenen Perspektive, die nicht ausgeschaltet, sondern nur relativiert und variiert werden kann. Damit soll nicht der völligen Beliebigkeit, dem ›anything goes‹ aller Interpretationen das Wort geredet werden. Denn das Bemühen, die eigene Deutung durchsichtig zu halten (**Plausibilitätskriterium**), dient schließlich der Kommunikation, die nötig ist, sollen nicht die Einzeldeutungen nur als verlorene Stimme verhallen. Die jeweiligen Konstruktionen der Texte müssen in der Diskussion verglichen und ins Gespräch gebracht werden; es gibt keine Textwahrheit an sich, diese ist vielmehr ständig zu erarbeiten.

In Bezug auf die Sprache gilt: Jede kulturelle Äußerung, sei sie alltäglich, politisch, philosophisch oder künstlerisch-literarisch, ist interpretationsbedürftig. Dies ist jenen Tendenzen einer **objektiven Hermeneutik** entgegenzuhalten, die von einer eindeutig bestimmbaren Textbotschaft bzw. Autorintention ausgehen und das offene Deutungsspiel kritisieren – sei es in der Textlinguistik, wo z.B. Hirsch (1972) zwischen der wörtlichen Bedeutung eines Textes und seinem subjektiven Sinn für einen bestimmten Leser unterscheidet, sei es in den qualitativ forschenden Sozialwissenschaften, wo man gesellschaftliche Dokumente analysieren und diesen eindeutige Aussagen abgewinnen will (vgl. Oevermann 1986; Wagner 2001).

Ambivalent verhält sich hierin die **Psychoanalyse** Freuds als eine **Tiefenhermeneutik**, die lebensgeschichtliche Zusammenhänge verstehen will, die symbolischen Wirklichkeiten des Patienten als Sprach- und Bilderspiel begreift und bei der sich die Dialogpartner in einem hermeneutischen Zirkel Bedeutungen zuweisen, die sie gegenseitig überprüfen (vgl. Lorenzer 1973, 88). Freud hat seine Deutungen als Konstruktionen ausgewiesen, die Überprüfung brauchen. In seinem Modell ist auch dieses Deuten unabschließbar, wogegen allerdings das therapeutische Interesse des Arztes steht, klare Diagnosen zu gewinnen und dann doch seine Interpretationen zu vereindeutigen (s. Kap. 6.5).

Die **Schuldidaktik** ist neben solchen Anwendungen des hermeneutischen Verstehensmodells wohl ihr wichtigster Praxisbereich. In den 1970er Jahren machen die Didaktiker Anleihen bei der Hermeneutik, um das simple Lesen von vorbildhaften Texten, wie es die **Lebenshilfe-Didaktik** der Nachkriegszeit betrieb, zu ersetzen durch ein aktives, kritisches Lesen, bei dem die Schüler/innen als eigenständige Partner im Dialog mit dem Text begriffen werden. Diese Orientierung auf Handlung, auf eine produktive Rezeption von Texten, ist in etlichen schulpraktischen Versuchen erprobt und z.B. von Müller-Michaels (1991) als Konzept vorgestellt worden. Die **aktive Rezeption** soll dann einen Zugang zu Texten ermöglichen und diese überhaupt zur Geltung bringen. Dabei kann man etwa »Texte mit der eigenen Vorstellung auffüllen, Eindrücke formulieren, Assoziationen notieren, Vermutungen über den Handlungsablauf anstellen, Texte zerschneiden, neu zusammenstellen, ergänzen und verändern« (1991, 590). Diese Strategien entfalten ihre Wirkung aber erst dann, wenn sie mit Textanalysen verbunden und im Verstehen der eigenen Herangehensweise als Deutungsbefunde vertieft werden. Eine solche ›**konstruktive**‹ **Hermeneutik** setzt stärker als Gadamers Modell auf einen kreativen Leser, erhöht dabei die Lesemotivation, fördert das Verstehen von Texten und stützt gerade durch das aktive Handeln auch ihre Memorierbarkeit. Diese Vorteile – insbesondere die Motivation wie auch der Gedächtniseffekt – sind mittlerweile durch lesepsychologische Studien belegt (vgl. Mandl u.a. 1994).

Damit ist gezeigt: Die Anwendung einer Deutung von Texten ist kein nachträgliches Geschäft, bei dem man vorher ›verstanden‹ haben muss, sondern das Handeln mit ihnen gehört ebenso integral zum Verstehen wie die ästhetische Wahrnehmung. Dies gilt auch für die jüngste Anwendung der Hermeneutik im didaktischen Bereich, die das von Jutta Wermke (1997) initiierte Projekt einer integrierten Medienerziehung vornimmt, und zwar unter dem Begriff der ästhetischen Erfahrung. Dabei wird berücksichtigt, dass auch Medien, seien es audiovisuelle, künstlerische, sprachlich-literarische oder digitale, durch die Sinneswahrnehmung und ihren Gebrauch ›interpretiert‹ werden: Sie schaffen neue Wahrnehmungsmöglichkeiten, werden aber auch sprachlich durch eigene Erzählungen und produktive Textaufgaben in schon bestehende Lebenszusammenhänge eingebettet.

Grundlegende Literatur

Boehm, Gottfried/Gadamer, Hans-Georg (Hg.): *Seminar: Philosophische Hermeneutik*. Frankfurt a.M. 1976.
Dilthey, Wilhelm: *Gesammelte Schriften*. Göttingen 1957 ff. (*Einleitung in die Philosophie des Lebens*, Bd. 5/6; *Der Aufbau der geschichtlichen Welt in den Geisteswissenschaften* [1910], Bd. 7; *Einleitung in die Geisteswissenschaften* [1883].
Forget, Philippe (Hg.): *Text und Interpretation*. München 1984.
Frank, Manfred: *Das individuelle Allgemeine. Textstrukturierung und -interpretation nach Schleiermacher*. Frankfurt a.M. 1977.
– : »Was ist ein literarischer Text und was heißt es, ihn zu verstehen?« In: *Texthermeneutik: Aktualität, Geschichte, Kritik*. Hg. von Ulrich Nassen. Paderborn u.a. 1979, S. 58–77.
Gadamer, Hans-Georg: *Wahrheit und Methode*. Tübingen 1960.
– : »Hermeneutik«. In: Ritter, Joachim (Hg.): *Historisches Wörterbuch der Philosophie*, Bd. III. Basel/Stuttgart 1974, Sp. 1061–1073.
Gondek, Hans-Dieter: *Hermeneutik und Dekonstruktion*. Hagen 2000.
Grondin, Jean: *Von Heidegger zu Gadamer: unterwegs zur Hermeneutik*. Darmstadt 2001.
Heidegger, Martin: *Sein und Zeit* [1927]. Tübingen [15]1984.
Hirsch, Eric Donald: *Prinzipien der Interpretation*. München 1972 (Orig.: *Validity in Interpretation*. New Haven/London 1967).
Jung, Matthias: *Hermeneutik. Zur Einführung*. Hamburg 2001.
Körtner, Ulrich (Hg.): *Hermeneutik und Ästhetik*. Neukirchen-Vluyn 2001.
Lubac, Henri de: *Les quatre sens de l'écriture*. Paris 1959–64.
Nassen, Ulrich (Hg.): *Klassiker der Texthermeneutik*. Paderborn 1982.
Oevermann, Ulrich: »Kontroversen über sinnverstehende Soziologie. Einige wiederkehrende Probleme und Missverständnisse in der Rezeption der ›objektiven Hermeneutik‹«. In: Aufenanger, Stefan/Lenssen, Margit (Hg.): *Handlung und Sinnstruktur: Bedeutung und Anwendung der objektiven Hermeneutik*. München 1986, S. 19–83.
Rusterholz, Peter: »Grundfragen der Textanalyse. Hermeneutische Modelle«. In: *Grundzüge der Literaturwissenschaft*. Hg. von Heinz L. Arnold u. Heinrich Detering. München 1996, S. 101–136.

Schlegel, Friedrich: »Über die Unverständlichkeit« [1800]. In: *Schriften zur Literatur*. Hg. von Wolfdietrich Rasch. München 1970, S. 332–342.
Schleiermacher, Friedrich D.E.: *Hermeneutik* [1799]. Hg. u. eingeleitet von Heinz Kimmerle. Heidelberg 1974.
Szondi, Peter: *Einführung in die literarische Hermeneutik*. Frankfurt a.M. 1975.
Wagner, Hans Josef: *Objektive Hermeneutik und Bildung des Subjekts*. Weilerswist 2001.

Zitierte/weiterführende Literatur

Gadamer, Hans-Georg/Habermas, Jürgen: *Theorie-Diskussion. Hermeneutik und Ideologiekritik*. Frankfurt a.M. 1971.
Habermas, Jürgen: *Erkenntnis und Interesse*. Frankfurt a.M. 1968.
Heidegger, Martin: *Unterwegs zur Sprache*. Pfullingen 1959.
Lorenzer, Alfred: *Sprachzerstörung und Rekonstruktion*. Frankfurt a.M. 1973.
Mandl, Heinz/Friedrich, Helmut Felix/Hron, Aemilian: Psychologie des Wissenserwerbs. In: dies.: *Pädagogische Psychologie*. Weinheim 1994, S. 143–218.
Müller-Michaels, Harro: Produktive Lektüre. Zum produktionsorientierten und schöpferischen Literaturunterricht. In: Deutschunterricht 44 (1991), S. 584–594.
Sontag, Susan: Gegen Interpretation. In: dies.: *Kunst und Antikunst*. Frankfurt a.M. 1991 (Orig.: *Against Interpretation*. New York 1964).
Wermke, Jutta: *Integrierte Medienerziehung im Fachunterricht. Schwerpunkt: Deutsch*. München 1997.

6.3 Formanalytische Schule

6.3.1 Emil Staiger: Einfühlung und Analyse

Eine literaturwissenschaftlich-konkrete Ausprägung der Hermeneutik bildet die formanalytische Schule, die ihre erste programmatische Formulierung durch Emil Staiger erhalten hat (*Die Zeit als Einbildungskraft des Dichters*, 1939). Sein Versuch ging zunächst dahin, Literaturwissenschaft **gegen mehrere Ansätze** zu profilieren, die sich seit Ende des 19. Jahrhunderts herauskristallisiert hatten:

- Gegen den *psychologischen Positivismus* Wilhelm Scherers (1883), der Texte als historische Bestandsaufnahmen oder Krankengeschichten las und eine kausale Herleitung der Werke von Erlebtem, Erlerntem und Ererbtem anstrebte, eine empirisch-praktische Herangehensweise also, aus der später immerhin Quellenforschung, Textkritik oder Biografieforschung hervorgingen.
- Gegen die *Geschichtsschreibung aus der Genieperspektive*, wie sie etwa Friedrich Gundolf vornahm, der Goethes Werke als Überwindung eines tragischen Lebenszusammenhanges interpretierte und damit der Geistesgeschichte eine spezifische Prägung gab.
- Gegen die *zeitgenössische nationalistische Geschichtsschreibung* etwa Josef Nadlers, der reichlich nebulös Geistesprodukte aus regionalen Denkweisen oder der Stammesgeschichte ableitete, was Staiger als unklare Reduktion des Dichterischen empfand (1939, 11).
- Auch die *Geistesgeschichte*, insofern sie Texte mit Philosophien kurzschließt, akzeptierte Staiger dann nicht, wenn sie die Eigengesetzlichkeiten des literarischen Textes ignorierte (1939, 16).

Von der sozialhistorischen Betrachtungsweise (s. Kap. 6.7), wie sie mit Georg Lukács und Walter Benjamin in den 1920er Jahren angeregt und von der etablierten Universitätsgermanistik offen diskriminiert wurde, ahnt Staiger nur wenig und richtet seine Arbeit denn auch in eine ganz andere Perspektive: Der Blick des Interpreten soll strikt auf Zusammenhänge innerhalb des Werkes gelenkt sein. Bei dieser **werkimmanenten Betrachtung** geht es nicht um kausale Deduktionen, die etwa die Textentstehung auf die Verfassung des Dichters zurückführen – »nichts, was irgendwo dahinter, darüber oder darunter liegt« (1939, 11) –, sondern die Dichtung selbst sei zu untersuchen, um »mit aller Behutsamkeit das einzelne Kunstwerk zu beschreiben« (1939, 17).

Damit knüpft Staiger an bereits vorher entwickelte Perspektiven an, z.B. Otto Walzels Wendung gegen das Weltanschauliche der Literaturwissenschaft und dessen Interpretation von Dichtung vor allem als autonome Kunst (1923). Auch die Arbeiten des Romanisten Leo Spitzer (1930) sind als **Stiltypologien** gefasst, die allerdings eher den persönlichen Stil eines Autors oder auch Epochenstile herausarbeiten wollen. Weitere Vorläufer der Werkinterpretation, die sich mit gattungsgeschichtlichen Fragestellungen beschäftigt haben, sind etwa Karl Viëtor (1925) oder Friedrich Beissner (1941). Allerdings erweitert Staiger seinen eigenen Anspruch: Von den Texten wird nämlich auf Zeitempfinden und Zeitkonzepte, auf Denk- und Anschauungsformen der Dichter hingedeutet, um daran beispielhafte, grundlegende Auskünfte über den Menschen zu gewinnen. Literaturwissenschaft habe auch Anthropologie zu sein und über die Möglichkeiten des Menschen und seinen Horizont zu unterrichten (1939, 9).

Problematisch ist allerdings die Annahme, man könne sich tatsächlich in den Horizont des Schaffenden bruchlos hineinversetzen oder dem Text gegenüber eine objektive Perspektive einnehmen. Überdies setzt Staiger (hier ganz in der hermeneutischen Tradition Diltheys) noch stark auf die Intuition. Der »unmittelbare Eindruck« soll geprüft und erforscht werden unter dem berühmt gewordenen Motto: »**dass wir begreifen, was uns ergreift**, das ist das eigentliche Ziel aller Literaturwissenschaft« (1939, 11). Zu analysieren sind dann Motive, Ideen oder Bilder, Reim-, Vers- oder Syntaxstrukturen und anderen Formmerkmale. Doch muss eine zeitlose Formenlehre einseitig bleiben, wenn sie die umgebenden historischen Bedingungen ganz ausblendet.

6.3.2 Wolfgang Kayser: Die werkimmanente Interpretation und ihre Folgen

Etwas anders orientiert sich Wolfgang Kayser, dessen Einführung *Das sprachliche Kunstwerk* (1948) geradezu epochengültig war – vielleicht gerade, weil darin auf die umfassenden Seins- oder anthropologischen Fragestellungen verzichtet wird, die nicht selten Staigers subjektives Fragen nach dem Text trüben. Zwar fordert auch Kayser als Arbeitsvoraussetzung die »Fähigkeit zum Erlebnis des spezifisch Dichterischen« (ebd., 11), doch muss diese im »möglichst sachgemäßen Erfassen dichterischer Texte« fundiert werden, also in der »Kunst, richtig zu lesen« (ebd., 12). Um diese zu vermitteln, arbeitet er ein umfassendes **Analyseinstrumentarium** aus und wendet seine Lehre von den elementaren Begriffen und kleinen Baueinheiten von Dichtung sowie Ausführungen zu den Techniken der Gattung, Untergattungen und Bauformen auch an (was seine Einführung, wenngleich mit Vorbehalten, heute noch lesenswert macht). Im Rückblick auf Schleiermacher könnte man sagen, dass er die grammatische Interpretation bevorzugt, wogegen Staiger eher zur psychologischen Deutung tendiert.

Auch hat Kayser aus seinen Lektüren klassischer Moderne gelernt. Denn anders als Staiger, der die stilistische Einstimmigkeit der Kunstwerke gefordert und in diesem Sinne durchaus Klassikerverkultung betrieben hatte (1955, 14), betont Kayser den Wert der Spannungen und weist der gebrochenen, fragmentarischen Form der Moderne einen eigenen Aussagewert zu. Jedoch verlängert er seine Deutungen einer allgemeinen modernen Befindlichkeit, wie sie sich in Formbrüchen oder Vieldeutigkeiten äußert, nicht mehr auf eine gesellschaftlich-historische Ebene. Darin liegt das **Hauptmanko des werkimmanenten Verfahrens**, das sozialgeschichtliche Prozesse oder überhaupt Kontexte ausblendet und auch zunächst keinerlei Anschlussperspektiven formuliert. Denn auch auf die vermeintlich stabilen Formen und Gattungen der Dichtung wirkt sich der geschichtliche Wandel aus: Sie sind nicht überzeitlich festzuschreiben, ihre Funktionen ändern sich und sind gerade von sozialhistorischer Warte aus neu bestimmt worden (s. Kap. 6.7).

Die verschiedenen Arbeiten werkimmanenter Herkunft seit Hugo Friedrichs *Struktur der modernen Lyrik* (1955) über die folgenden Studien zur Gattungstheorie (vgl. etwa Lämmert 1955; Klotz 1960; Müller 1968) haben solche Aspekte nur allgemein oder gar nicht berührt. Als Handwerkszeug sind diese Texte gleichwohl in der Schulpraxis wie auch im Grundstudium noch gebräuchlich, weil sie das gründliche Arbeiten an den Textstrukturen und den genauen Blick auf Textbausteine und Formen schulen.

Parallel zur formanalytischen Schule stehen die reichhaltigen Forschungen in Bezug auf die strikt inhaltliche Seite von Literatur, nämlich **Figuren-, Handlungs-, Stoff-, Themen- und Motivgeschichte** (Frenzel 1962 bzw. 1976). Aber auch diese **Thematologie** (vgl. Beller 1992) bleibt einseitig, wenn sie keine Aussagen über gesellschaftliche Horizonte und Wandlungsprozesse macht, die eben auch die Motivwahl beeinflussen.

Die **Konjunktur der werkimmanenten Interpretation** nach 1945 war teilweise dadurch motiviert, die Texte den fatalen politisch-ideologischen Vereinnahmungen zu entziehen. Sie konnten aber auch manchem Wissenschaftler dazu dienen, die eigenen Verstrickungen in der Zeit des Nationalsozialismus zu überblenden im Bemühen um eine neue, **ideologiefreie Perspektive auf den Text**. Germanisten vermieden es, die Frage nach der eigenen historischen Katastrophe aufkommen zu lassen, stattdessen dominierten Bücher wie Benno von Wieses *Die deutsche Tragödie von Lessing bis Hebbel* (1948), die sich auf die Texte konzentrierten und ohne Politikbezug die allgemeine existenzielle Situation des Menschen erwogen. Auch dies ist eine Flucht in die zeitlosen Formen und Themen, unter deren Dach viele Germanisten bis in die 60er Jahre hinein Schutz suchten.

Damit ist freilich die Herangehensweise selbst nicht widerlegt, denn es gab auch vorher schon zumindest methodische Querverbindungen der Formanalyse und der Geistesgeschichte zum europäischen und anglo-amerikanischen Raum. Erkennbar werden sie an der französischen Schule der *explication de texte*, die ebenfalls auf eine Analyse der Sprachform und der dahinter liegenden Idee sowie Editionsfragen und Werkkontext des Autors abzielt (Lanson 1925; Spitzer 1969), sowie bei der *close reading*-**Methode** des *new criticism* (Spingarn 1924; Wellek/Warren 1963), wo Struktur, Bildlichkeit, Mehrdeutigkeiten der Texte unabhängig von der Autorintention und vom historischen Wandel untersucht und möglichst ohne Wertung dargestellt werden.

Zu diskutieren wäre auch, wie weit die formanalytische Schule Wolfgang Kaysers neben der Linguistik de Saussures die literaturwissenschaftlichen Studien des Strukturalismus beeinflusst hat. Auch dieser orientiert die Arbeit zunächst eng am Text und deckt dort Oppositionen und Strukturprinzipien auf, versucht jedoch zusätzlich, Verbindungen zu Sprache und Bildern des Alltags, der Politik usw. herzustellen (s. Kap. 6.6). Aber auch aus der sozialgeschichtlichen Perspektive sowie aus der Theorie des emanzipierten Lesers erwuchs der werkimmanenten Methode um 1965 erhebliche Konkurrenz. Dem strikten literatursoziologischen Ansatz wurde allerdings von Seiten der Formanalytiker entgegengehalten, dass Kunst nicht in direkt homologen Entsprechungen zu gesellschaftlichen Prozessen aufgehe, sondern auch nach eigenen Konstruktionen verfahre, die eine gute Analyse würdigen müsse. Profitiert haben von diesen Auseinandersetzungen auf lange Sicht jene Hermeneutiker, die das Instrumentarium der genauen, intrinsischen Textanalyse etwa mit dem sozialgeschichtlichen Kontext zu verbinden wussten (vgl. etwa Vietta/Kemper 1983).

Grundlegende Literatur

Danneberg, Lutz: »Zur Theorie der werkimmanenten Interpretation«. In: Barner, Wilfried/König, Christoph (Hg.): *Zeitenwechsel. Germanistische Literaturwissenschaft vor und nach 1945.* Frankfurt a.M. 1996, S. 313–342.
Kayser, Wolfgang: *Das sprachliche Kunstwerk.* Bern 1948.
Klotz, Volker: *Geschlossene und offene Form im Drama.* München 1960.
Lämmert, Eberhard: *Bauformen des Erzählens.* Stuttgart 1955, [8]1990.
Müller, Günther: *Morphologische Poetik.* Tübingen 1968.
Rusterholz, Peter: »Formen ›textimmanenter‹ Analyse«. In: *Grundzüge der Literaturwissenschaft.* Hg. von Heinz L. Arnold u. Heinrich Detering. München 1996, S. 365–385.
Spitzer, Leo: »Zur sprachlichen Interpretation von Wortkunstwerken«. In: *Neue Jahrbücher für Wissenschaft und Jugendbildung* 1930, S. 623–651.
– : *Texterklärungen. Aufsätze zur europäischen Literatur.* München 1969.
Staiger, Emil: *Die Zeit als Einbildungskraft des Dichters.* Zürich 1939.
– : »Die Kunst der Interpretation« [1951]. In: *Die Kunst der Interpretation. Studien zur deutschen Literaturgeschichte.* Zürich 1955, S. 9–33.
Viëtor, Karl: *Geschichte der deutschen Literatur nach Gattungen.* München 1925.
Walzel, Otto: *Gehalt und Gestalt im Kunstwerk des Dichters.* Berlin 1923.
Wellek, René/Austin Warren: *Theorie der Literatur.* Frankfurt a.M./Berlin 1963 (Orig.: *Theory of Literature,* 1949).

Zitierte/weiterführende Literatur

Beissner, Friedrich: *Geschichte der deutschen Elegie.* Berlin 1941.
Beller, Manfred: Stoff, Motiv, Thema. In: Brackert, Helmut/Stückrath, Jörn F. (Hg.): *Literaturwissenschaft. Ein Grundkurs.* Reinbek bei Hamburg 1992, S. 30–37.
Frenzel, Elisabeth: *Stoffe der Weltliteratur. Ein Lexikon dichtungsgeschichtlicher Längsschnitte.* Stuttgart 1962.
– : *Motive der Weltliteratur. Ein Lexikon dichtungsgeschichtlicher Längsschnitte.* Stuttgart 1976.
Friedrich, Hugo: *Struktur der modernen Lyrik.* Hamburg 1955.
Gundolf, Friedrich: *Goethe.* Berlin 1920.
Lanson, Gustave: »Quelques mots sur l'explication de textes. Esprit – Objets – Méthode«. In: ders.: *Méthodes de l'Histoire Littéraire.* Paris 1925, S. 38–57.
Scherer, Wilhelm: *Geschichte der deutschen Literatur.* Berlin 1883.
Spingarn, Joel Elias: »The New Criticism«. In: ders.: *Criticism in America.* New York 1924, S. 11–43.
Vietta, Silvio/Hans-Georg Kemper: *Expressionismus.* München 1983.
Wiese, Benno von: *Die deutsche Tragödie von Lessing bis Hebbel.* Hamburg 1948.

6.4 Rezeptionsästhetik

6.4.1 Hans R. Jauß: Grundlegung der ›Konstanzer Schule‹

An die grundsätzliche Einsicht der Hermeneutik, dass die konstruktive Tätigkeit der Leser/innen bei der Interpretation beteiligt ist, schließt die Rezeptionsästhetik Mitte der 1960er Jahre an, indem sie nicht die Textseite, sondern die Leserrolle heraushebt. Der komplementäre Gegensatz von grammatischer und psychologischer Interpretation Schleiermachers kommt hier wieder zum Vorschein. Es ist zunächst Hans Robert Jauß, der an einer **Literaturwissenschaft vom Leser aus** arbeitet und einen Paradigmenwechsel darin sieht, dass die Mitarbeit am Text untersucht wird, weil davon die Realisation des Kunstwerks prinzipiell abhängt. Und eine Provokation liegt zweifellos darin, nun die Literaturgeschichtsschreibung so zu konzipieren, dass sie zuerst die Leserreaktionen auf Texte beschreibt: Diese sollen im Spiegel ihrer **Wirkungsgeschichte** dargestellt werden, die sie in unterschiedlichen historischen Epochen entfaltet haben. Erst im Lauf einer langen Rezeptionsgeschichte, so die Arbeitshypothese der von Jauß begründeten ›Konstanzer Schule‹, entfaltet ein Text seine Potenziale, und deshalb sollte man ihn vor allem dadurch bestimmen, wie er gelesen worden ist. Dabei sollen nicht nur wissenschaftliche, sondern auch Laienlektüren zu Wort kommen – auch sie stehen zu den Texten in einem dialogischen Verhältnis.

Jauß kennzeichnet das mit dem Begriff des **Erwartungshorizontes**, den er aus der Wissenssoziologie Karl Mannheims übernommen hat: Der Text gibt einen Horizont vor, auf den der Leser mit seinem lebensweltlichen Erwartungshorizont antwortet – Einstellungen, Grundhaltungen, aber auch sein literarisches Vorwissen (z.B. über Gattungen, Motive, Themen oder Probleme) spielen hier mit hinein. Die literaturwissenschaftliche Aufgabe ist entsprechend, aus dem Text diejenigen gesellschaftlichen Fragen zu rekonstruieren, die den historischen Erwartungshorizont des Lesers bildeten. So soll gezeigt werden, wie der einstige Leser ein Werk verstanden haben könnte.

Indem Jauß das Werk und sein Publikum im dialogischen Verhältnis sieht, stattet er aber auch grundsätzlich die Leser mit neuen Rechten aus. Anders als noch bei Gadamer ist nun davon die Rede, dass sie nicht nur Traditionen weitergeben, sondern »auch die aktive Rolle übernehmen können, auf eine Tradition zu antworten, indem sie selbst Werke hervorbringen« (1975a, 325). Umgekehrt eröffnet der Text im Lauf seiner Rezeptionsgeschichte neue Ansichten und macht Wahrnehmungsangebote, die dem Leser fremd sind und die seine gewohnten Wahrnehmungsweisen in Frage stellen – dies in der Absicht, »ästhetische Wahrnehmung gegen den Zwang habitualisierter Erfahrung in einer entfremdeten Lebenswelt aufzubieten« (Jauß 1972, 35). In diesen ungewohnten Möglichkeitshorizonten der Literatur sieht Jauß zugleich eine geschichtsbildende **Energie des Lesens**.

6.4.2 Wolfgang Iser: Die Rolle des Lesers im Text

Insofern zielt Rezeptionsästhetik nicht nur auf den diachronen Vergleich von Rezeptionen, sondern bemüht sich auch auf synchroner Ebene, ästhetische Angebote des Textes und ihr Einlösen durch den Gegenwartsleser zu zeigen. Damit hat sich insbesondere Wolfgang Iser beschäftigt, der die Rolle des Lesers im konkreten Text untersucht hat, genauer: seine Möglichkeiten der Mitarbeit, die sich an den Textstrukturen entfalten können. Zwar zeigt auch Iser den historischen Wandel der Leserrolle anhand von Texten (besonders dem englischen Roman), und insgesamt kann er seine Auffassung belegen, dass mit der beginnenden Moderne im 18. Jahrhundert zunehmend die **Aktivität der Leser/innen** gefragt ist. Sein Interesse richtet sich aber vor allem darauf, den Lesevorgang selbst zu untersuchen bzw. jene konstruktiven Leistungen, mit denen der Leser erst den Text ›generiert‹. Damit lehnt er sich zunächst an Roman Ingardens phänomenologische Literaturwissenschaft an. Wenn dieser etwa davon ausgeht, dass das »literarische Werk ›lebt‹, indem es in einer Mannigfaltigkeit von Konkretisationen zur Ausprägung gelangt« (1965, 49), so macht Iser geltend, dass sich »das Werk zu seinem eigentlichen Charakter als Prozeß nur im Lesevorgang zu entfalten vermag« (1976, 39).

Dabei zeigt Iser, wie der Leser vom Lektürebeginn an Bilder entwirft, sie beim Weiterlesen bestätigt sehen kann oder revidieren muss, wie er seine Lektüre im »wandernden Blickpunkt« (ebd., 186) aus unterschiedlichen Perspektiven zusammensetzt, daraus Hypothesen bildet oder sie wieder verwirft. Eine vom Text angezeigte Perspektive wird durch die **Vorstellungsbilder des Lesers** realisiert, von einer anderen ergänzt und wiederum korrigiert. Dies ist der Prozess des Illusionsaufbaus, der dadurch in Gang gebracht wird, dass ein Text Horizonte eröffnet, Andeutungen macht oder Ansichten bietet, die vorausweisen (Protention), oder dass er bei fortschreitender Lektüre auf das Zurückliegende Bezug nimmt (Retention).

Besonders aktiv werden kann die **Leserimagination** dort, wo die Ansichten der fiktiven Welt unbestimmt bleiben oder ihre Semantik widersprüchlich ist: An ›Leerstellen‹ oder ›Unbestimmtheitsstellen‹ (wiederum mit Ingarden 1965, 53), also bei Kapitelenden, Handlungs- und Szenenwechsel, offenem Ende, fragmentarischer Darstellung müssen Rezipienten Verknüpfungen herstellen, die schließlich die Interpretation ausmachen. Literaturwissenschaft hat dabei zu zeigen, wie die Unbestimmtheitsstellen des Textes funktionieren und wie sie Leser/innen ansprechen, also eine **Appellstruktur** vorgeben, auf die Lesende reagieren müssen. Die Füllung der Leerstellen ist also nicht völlig beliebig, sondern durch den Textrahmen angebahnt. Jeder Text fordert einen bestimmten, **impliziten Leser**, entwirft also ein bestimmtes Lesermodell.

6.4.3 Rezeptionsästhetik und Strukturalismus

Indem der Leser in die Sprachspiele der fiktiven Textwelt einsteigt, sich mit ihnen auseinander setzt und mit ihren Vorstellungen und Perspektiven handelt, bringt er den Text erst hervor. Im Sinne dieser von Iser vorgestellten Leseraktivitäten hat dann auch Karlheinz Stierle vom **Text als Handlung** (Stierle 1975) gesprochen – einem nicht handgreiflichen, sondern einem symbolischen Handeln, was sich bereits an der Unterscheidung zwischen Gebrauchs- und fiktionalen Texten ablesen lässt.

Hans-Ulrich Gumbrecht (1975) hat kulturelle, literarische sowie wissenschaftliche Texte daraufhin untersucht, wie sie die Erfahrungsmuster des Publikums modellieren: Der Wissenshorizont einer bestimmten Zeit wird durch die Teilhabe des Autors gefiltert und in Form einer literarischen Gattung an den Leser weitergegeben, dessen wandelbarer Wissensbestand vom Text neu ›informiert‹ werden kann. Zunächst soll eine Hypothese darüber gebildet werden, welche Funktion bzw. Wirkungsabsicht ein Text für den zeitgenössischen Leser hatte. In der folgenden **Strukturanalyse** will Gumbrecht diese Hypothese von den Textphänomenen her beurteilen, so dass die Textstrukturen mit historischen Bedingungen, Wissenszirkulationen, sprachlichen Verhaltensweisen und Normen in Bezug gesetzt werden. Die Annahmen über einen Text müssen also auf beiden Seiten, am Publikumshorizont und an den Textstrukturen gleichermaßen, gezeigt werden.

Dieses Verfahren entspricht dem Wunsch, die Sinnbildungen und Reaktionen des Lesers an den Textstrukturen zu zeigen und den manchmal spekulativ bleibenden Ansätzen der Rezeptionsästhetik ein Fundament zu geben. Einen ähnlichen Rezeptionsbegriff haben vorher aus **strukturalistisch-semiotischer Perspektive** Umberto Eco und Roland Barthes entworfen.

In *Das offene Kunstwerk* (1973) beschreibt **Umberto Eco** an Texten der Avantgarde (Joyce: *Ulysses* u.a.), wie fragmentarische Strukturen, Leerstellen und Polyvalenzen die Mitarbeit des Lesers herausfordern. Im modernen, offenen Kunstwerk wird der Leser zum Koproduzenten des Autors. Den Text begreift Eco als ein Verweissystem aus semantischen Knotenpunkten bzw. aus Zeichen, die der Leser mit seiner semantischen Welt verknüpfen muss. Wenn nun der Text nach Oppositionsstrukturen oder Bedeutungseinheiten gegliedert wird, kann ein vorläufiges Ergebnis der Deutung (der Schlussinterpretant) benannt werden. Doch stellt dieser wiederum nur die Vorstufe neuer Interpretationen dar: Denn jede Interpretation verfährt ihrerseits mit Zeichen, die wiederum mit Zeichen vom nächsten Interpreten entziffert werden usw. Dabei entstehen theoretisch unendliche Zeichenketten (*unendliche Semiose*). Leser/innen verformen dabei die Textstruktur nach ihren immanenten Regeln. Aus dem ›lector in fabula‹ soll ein ›lupus in fabula‹ werden, der Mut zum Widerstreit beweist (Eco 1987). Auch Eco favorisiert aber insgesamt den Leser, der sich mit den Strukturen des Textes auf ein kommunikatives Wechselspiel einlässt.

Radikaler noch wird bei **Roland Barthes** der Leser in Szene gesetzt. Sein Verfahren, den Text in binären Codes zu zergliedern (vgl. Barthes 1987), ist zunächst von der präzisen strukturalen Analyse geprägt. Später wird daraus die

Forderung, dass der Leser Texte zerschneiden oder zerlegen soll (*décomposition*) und er mit der Auffindung der Textbedeutung, des Signifikaten, nicht vorschnell verfahren möge. Gegen die einfache Alltagslektüre soll der wissenschaftliche Leser neue Zugänge, Eingänge und Kontexte stiften, um im Text möglichst viele Markierungen und Spuren zu hinterlassen – als aktiver Leser, der nicht mehr Konsument, sondern Produzent ist (ebd., 8). Aufgabe der Lektüre ist dann, das Pluralische des Textes zur Geltung zu bringen, nicht es zu reduzieren. Dabei ist die Rede auch vom »Neuschreiben« des Textes; dieses könne nur in der **sternförmigen Auflösung des Sinnes** bestehen (ebd., 9).

Damit hätten die Befugnisse der Leser/innen ein Höchstmaß erreicht – allerdings mit dem Effekt, dass Barthes auch sie schließlich in einem Netz von Diskursen aufgehen lässt (s. Kap. 6.6). *Lust am Text* (1974) macht sich darin geltend, dass die Leser/innen genussvoll in den umgebenden Texten der Literatur und des Alltags aufgehen, in einem Textgewebe, das ein Eigenleben hat.

6.4.4 Kritik und Perspektiven

Von sozialgeschichtlicher bzw. materialistischer Seite aus ist an der Rezeptionsästhetik der Konstanzer Schule kritisiert worden, dass sie keinen empirischen Leser berücksichtige, sondern in der Welt eines idealen Lesers verbleibe, wie er vom Text her vorgesehen sei, ohne den materialen Unterbau, die ›Basis‹ gesellschaftlicher Verhältnisse mit einzubeziehen (vgl. Weimann 1977, XXVI). Diesem Einwand ist allerdings bereits Gumbrecht (1975) entgegengetreten, der an konkreten Analysen gezeigt hat, wie sich die Rolle des Lesers historisch wandelt und wie dies im Zusammenspiel mit Text- und Gattungsstrukturen dargestellt werden kann.

Noch in einem weiteren Punkt sind Anregungen der Rezeptionsästhetik aufgegriffen worden: Die **empirische Rezeptionsforschung** untersucht, wie bestimmte Leseweisen zustande kommen, warum welches Publikum welche Texte bevorzugt und wie Textbedeutungen vom Leser konstruiert werden (Groeben 1977; Faulstich 1977). So lässt man etwa Leser/innen zu Texten freie Assoziationen produzieren, Inhaltsangaben machen, Paraphrasen liefern oder Wörter in Lücken einsetzen (vgl. Groeben 1977, 75 ff.). Daraus hat Groeben (angelehnt an Ingarden 1965) ›Konkretisationsamplituden‹ erstellt, die die Ausschläge des subjektiven Faktors beim Lesen veranschaulichen. Es zeigte sich, dass Vieldeutigkeit und Unbestimmtheit nicht nur auf einige moderne Texte beschränkt bleiben, sondern allgemeinen Stellenwert haben – der »Spielraum-Faktor« gelte prinzipiell »für alle literarischen Werke« (1977, 35). Ferner ließen sich Anhaltspunkte dafür finden, dass die kognitive Textverarbeitung der emotionalen entspricht (Faulstich 1977, 138).

Zwar trennt Groeben die individuelle Konkretisation, die die Deutung vorstrukturiert, von der wissenschaftlichen Interpretation, denn diese müsse die Diskussion verschiedener Deutungsperspektiven auf Plausibilität hin umfassen. Im Rahmen seiner späteren **empirisch-konstruktivistischen Studien** hat Groeben (1992) aber gezeigt, dass auch im Wissenschaftsbereich Bedeutungen nicht nur rezipiert, sondern auch in Sinnfiguren konstruiert werden, und zwar »bis der Text einen für den Leser kohärenten Sinn ergibt« (1992, 620). Demzufolge wäre das Kriterium für Deutungen nicht ›Richtigkeit‹, sondern ›Viabilität‹, d.h. die Frage, wie es sich mit einer Interpretation leben lässt bzw. wie weit man mit ihr kommt, welche Perspektiven sie verspricht, ob die abgeleiteten Folgerungen aufgehen etc., ferner Interessantheit und die Anschlusspotenziale für weitere Arbeiten, die durch eine Interpretation ermöglicht werden. Die Autorintention rückt ebenso in den Hintergrund wie die werkadäquate Deutung, dafür wird **Interpretieren als Mitkonstruktion von Welten** denkbar, die wiederum von vielen Leser/innen im Gespräch verglichen werden (Schmidt 1990, 11–88).

Grundlegende Literatur

Barthes, Roland: *Lust am Text*. Frankfurt a.M. 1974.
– : *S/Z*. Frankfurt a.M. 1987.
Eco, Umberto: *Das offene Kunstwerk*. Frankfurt a.M. 1973.
– : *The role of the reader*. Bloomington 1979.
– : *Lector in fabula. Die Mitarbeit der Interpretation in erzählenden Texten*. München 1987.
– : *Der Name der Rose*. München/Wien 1987b.
Gumbrecht, Hans Ulrich: »Konsequenzen der Rezeptionsästhetik oder Literaturwissenschaft als Kommunikationssoziologie«. In: *Poetica* 7 (1975), S. 388–413.
Ingarden, Roman: *Das literarische Kunstwerk*. Tübingen 1965.
Iser, Wolfgang: »Der Lesevorgang. Eine phänomenologische Perspektive«. In: Warning 1975, S. 253–276.
– : *Der Akt des Lesens*. München 1976.
Jauß, Hans Robert: *Literaturgeschichte als Provokation*. Frankfurt a.M. ²1970.
– : *Kleine Apologie der ästhetischen Erfahrung*. Konstanz 1972.
– : »Der Leser als Instanz einer neuen Geschichte der Literatur«. In: *Poetica* 7 (1975a), S. 325–343.
– : »Zur Fortsetzung des Dialogs zwischen ›bürgerlicher‹ und ›materialistischer‹ Rezeptionsästhetik«. In: Warning 1975b, S. 401–434.
Schmidt, Siegfried J. (Hg.): *Der Diskurs des radikalen Konstruktivismus*. Frankfurt a.M. ²1990.
Stierle, Karlheinz: *Der Text als Handlung*. München 1975.
Warning, Rainer (Hg.): *Rezeptionsästhetik*. Theorie und Praxis. München 1975.

Weiterführende Literatur

Aissen-Crewett, Meike: *Rezeption als ästhetische Erfahrung*. Potsdam 1999.
Faulstich, Werner: *Domänen der Rezeptionsanalyse: Probleme, Lösungsstrategien, Ergebnisse*. Kronberg/Ts. 1977.
Groeben, Norbert: *Literaturpsychologie. Rezeptionsforschung als empirische Literaturwissenschaft. Paradigma – durch Methodendiskussion an Untersuchungsbeispielen*. Kronberg/Ts. 1977.
– : »Empirisch-konstruktivistische Literaturwissenschaft«. In: *Literaturwissenschaft. Ein Grundkurs*. Hg. von Helmut Brackert und Jörn Stückrath. Reinbek bei Hamburg 1992, S. 619–629.
Müller, Jürgen E.: »Literaturwissenschaftliche Rezeptions- und Handlungstheorien«. In: Bogdal, Klaus-Michael (Hg.): *Neue Literaturtheorien. Eine Einführung*. Opladen 1990, S. 176–200.
Weimann, Robert: *Literaturgeschichte und Mythologie*. Frankfurt a.M. 1977.

6.5 Psychoanalytische Literaturwissenschaft

Maßgeblich für das Entstehen der psychoanalytischen Literaturtheorie waren die Versuche Sigmund Freuds ab 1900, ausgehend von der neurologischen Medizin eine **Lektüre der Seele** vorzunehmen, also die Persönlichkeit mit ihren Anteilen des Unbewussten systematisch zu deuten. Freuds Studien haben bereits eine literarische Tradition: Die Bemühungen von Karl Philipp Moritz um 1780, kleine Fallstudien zu Merkwürdigkeiten, Träumen oder Phantasien von befragten Personen oder seiner selbst aufzuzeichnen und dies auch in Literatur zu übersetzen (*Anton Reiser*, 1785–90), können ebenso als Vorläufer gelten wie die **psychologischen Interessen romantischer Autoren**, die das Thema der Phantasie oder des Wahnsinns explizieren – etwa Jean Paul oder E.T.A. Hoffmann.

Medizin und Geisteswissenschaften bilden auch die Spannungspole Freuds, der sich zwischen dem naturwissenschaftlichen Erklären einerseits und dem geisteswissenschaftlichen Verstehen andererseits bewegt. Das zeigt sich nicht nur an den umfangreichen Studien, die Freud zu literarischen Texten oder Werken der Bildkunst mit künstlerpsychologischen und formalen Aspekten vorgelegt hat (z.B. *Das Unheimliche* zu E.T.A. Hoffmanns *Der Sandmann*, IV, 241–274), sondern ebenso daran, dass in seiner zentralen Schrift, der *Traumdeutung* (1900), neben Erörterungen über psychische Energien und Kräfte auch minutiöse Interpretationen von Traumbildern und Traumtexten geleistet werden, die verdrängte Wünsche oder Problemkomplexe zeigen und so Auskunft über das Unbewusste geben können.

Insbesondere die **Beschreibung der Traumarbeit**, die den zugrunde liegenden latenten Traumwunsch in einen konkreten, manifesten Trauminhalt umwandelt, ist eine philologische Raffinesse Freuds, der Mechanismen der Bildverdichtung und Bildverschiebung, Darstellungsformen und Bildsymboliken des Traums als verkleidete Darstellung latenter Gedanken analysiert (II, 280–487). Die philologische Hermeneutik von Dichtungsformen und traditionsreichen Stoffen bildet eine Deutungsgrundlage (vgl. Ricœur 1974), die Freud beibehalten wird, von der Annahme eines Ödipus-Komplexes bis zu seinen späteren mythologischen Konzepten etwa von Eros und Thanatos, die als Lebens- und Todestrieb bzw. Lust- und Realitätsprinzip seine Schriften zur Kulturtheorie kennzeichnen.

Das Deutungsmuster ist auch hier, eine psychische, kulturelle oder auch politische Äußerung als Text zu lesen, aus dem eine tiefere Bedeutung als Subtext zu entziffern ist. Dass Freud dabei nicht nur auf Vereindeutigung der Interpretation zielt (was ein therapeutisches Interesse sein könnte), sondern eingesteht, dass jede Deutung eines psychischen und auch kulturellen Phänomens unabschließbar und **Überdeutung** geradezu notwendig ist, zeigt wiederum seine Nähe zur romantischen Hermeneutik. Immer handelt es sich um ein **Deutungsspiel** von Vermutung und Bestätigung oder Verwerfung, also um ein kommunikatives Zusammenspiel von Deuter und Text (oder Patient), was dem Modell des hermeneutischen Zirkels entspricht und von Ricœur (1974) als **Tiefenhermeneutik** bezeichnet wird. Der Psychoanalytiker Alfred Lorenzer kann deswegen mit Recht resümieren: »Die Hermeneutik, dieses feine Fräulein aus alter Familie, wird in der Psychoanalyse zu einem sinnlichen Verhältnis verführt« (1977, 115).

Insbesondere in den 1960er und 1970er Jahren haben sich literaturwissenschaftliche Studien die unterschiedlichen Aspekte der Psychoanalyse angeeignet (eine generelle Übersicht bieten Schönau/Pfeiffer ²2003). Freuds Praxis und die Diltheysche Absicht, das Kunstwerk aus dem Lebenszusammenhang des Künstlers zu interpretieren (s. Kap. 6.2), standen Pate für eine in der Folge sehr verkürzende biografische Methode bzw. **Autorpsychologie:** Der Autor wurde auf der Couch platziert und nach seinen unbewussten Motiven oder Traumata abgesucht, sein Text also als Inkarnation seiner seelischen Probleme gelesen – ein Forschungsinteresse, das nicht selten auch auf Sensationseffekte aus ist, so z.B. wenn Studien über Kafka immer wieder seinen Vaterkomplex herausarbeiten oder im Falle Thomas Manns aus den Texten Familienkomplexe herauslesen wollen (vgl. Finck 1973). Problematisch ist die Fragestellung insofern, als meistens der Text auf die Psychologie des Autors verkürzt wird und die Deutung tendenziell mehr über den Deuter selbst als über den Autor verrät.

Ein sich daran anschließender breiter Forschungszweig ist das Thema der **künstlerischen Schaffensprozesse** selbst. Die romantische Annahme, dass Genie und Wahnsinn im engsten Zusammenhang stehen, hat Freud in seinen Kunststudien dahingehend gewandelt, dass alle Phantasie auch in die **künstlerische Form** übersetzt werden müsse, um dort objektive Geltung zu bekommen. Vorbild für die Forschung sind Freuds Ausführungen über den *Dichter und das Phantasieren* geworden, die das Kunstwerk als Möglichkeitsraum von Affektgestaltung zeigen (X, 159–170). Der Literatur- und Kunstpsychologe Ernst Kris hat in diesem Sinne die Beteiligung des Bewusstseins beim künstlerischen Gestalten betont: »the regression in the case of the aesthetic creation [...] is purposive and controlled« (1952, 253), die Inspiration als Grundlage müsse entwickelt und ausgearbeitet werden.

Im Zusammenspiel von Unbewusstem und der bewussten Gestaltung von Phantasien, Bildern und Impulsen liegt bis heute das Interesse der psychoanalytischen Literaturwissenschaft (vgl. Curtius 1976), ebenso in dem Aspekt, welche **Formen der Kreativität** sich unterscheiden lassen, inwieweit es sich dabei um Sublimierungen des Unbewussten handelt, bis hin zu praktischen Erörterungen über die günstigsten Voraussetzungen von Kreativität in der Psychologie (Guilford 1968) oder in der neueren Kreativitätsforschung (Brodbeck 1995).

Ein weiteres Forschungsfeld ist die **Figurenpsychologie**, die Konstellationen der Figuren im Text untersucht, ohne dabei auf den Autor zu schließen. Fragestellungen sind z.B., warum eine Figur auf bestimmte Weise denkt, phantasiert oder agiert und wie ihre rätselhaften Verhaltensweisen zu erklären sind; besonders die problematischen Gestalten haben die Literaturwissenschaft mit Analysen beschäftigt (Wünsch 1977, 50). Das Zuordnen zu einem Persönlichkeitstyp (etwa dem Melancholiker oder der Hysterikerin) ist dann ein rein nomenklatorisches Vorgehen (Wünsch 1977, 49 f.). Solche Aspekte der Figurenpsychologie haben seit den 1970er Jahren in den literaturwissenschaftlichen Methodenkanon Eingang gefunden. So gibt es z.B. Analysen über den autoritären Charakter Diederich Heßlings in Heinrich Manns *Der Untertan* oder über die Ich-Dissoziation im Umfeld des Expressionismus (Vietta/Kemper 1997, 30–185).

Norman Holland hat zeitgleich zur Rezeptionsästhetik und ihrer Entwicklung zur empirischen Rezeptionsforschung eine **psychoanalytische Rezeptions-**

theorie herausgebildet. Auch Holland untersucht die sehr unterschiedlichen Reaktionen empirischer Leser auf einen Text, wobei er ihre freien Assoziationen, die Freud bereits als eine Deutungsmethode einsetzte, ebenso wie ihre schriftlichen Aufzeichnungen berücksichtigt, um ferner durch psychoanalytische Interviews Parallelen zwischen der Tiefenstruktur der Texte und der der Leser aufzudecken. Deutlich wird für Holland, dass Leser/innen grundsätzlich bemüht sind, eigene Lebenselemente und Phantasien auf den Text zu projizieren. Lektüre ermögliche dabei, die unbewusste innere Zensur zu umgehen und ein angstfreies Verhältnis des Lesers zu seinen Phantasien zu schaffen. Diese Phantasien ergeben sich aus einem kreativen Zusammenspiel von Leser und Text, das zu beschreiben ist als Übertragung der Autorphantasien auf den Leser, der in Form einer Gegenübertragung in Richtung des Autors reagieren kann (Holland 1975, 113 ff.).

Mit diesen unterschiedlichen Aspekten arbeitet in der Bundesrepublik seit den 1970er Jahren vor allem die Freiburger literaturpsychologische Schule. Dabei sind anthropologische Komplexe thematisiert worden wie das *Trauma* (Mauser 2000a) oder *Literatur und Sexualität* (Cremerius 1991), und unter diesem Schwerpunkt finden sich auch weitere autorpsychologische Erörterungen (Pietzcker 1996, Mauser 2000b).

Seit den 1980er Jahren werden auch die Anregungen, die Jacques Lacan mit seiner **strukturalen Psychoanalyse** gegeben hat, in der Germanistik aufgegriffen. Lacan geht es nicht mehr wie Freud darum, das Ich zu stärken, sondern die wechselseitige Bestimmtheit und Abhängigkeit der Subjekte zu zeigen, die nicht autonom, sondern grundlegend heteronom, also fremdbestimmt seien (*Das Spiegelstadium als Bildner der Ich-Funktion*, I, 63–70). Dieses Subjekt im Spiel seiner strukturellen Beziehung zu anderen gilt es zu analysieren, was Lacan auch in seinen gelegentlichen Analysen literarischer Texte leistet (z.B. zu E.A. Poes *The purloined letter*, I, 7–60): Die einzelnen Figuren stehen im beweglichen Bezug zu anderen, haben keine feste eigene Identität, sondern handeln aufgrund ihrer Annahmen über die jeweilige Fremdperspektive des Gegenübers. Weiterhin erscheinen sie nicht mehr als Souverän ihrer Sprache bzw. Aussagen, sondern werden von der Sprache anderer gesprochen und von einem leeren Signifikanten (hier dem versteckten Brief) in ihrem Denken und Handeln geleitet. Ein Frageansatz liegt also auch darin, wie Schrift und Literatur als Medium die psychischen Inhalte strukturieren (vgl. Weber 1990).

Den Ansatz der Auflösung und Fremdbestimmtheit des Subjekts hat insbesondere Friedrich Kittler (1977) aufgegriffen, um an seiner Deutung von Goethes *Wilhelm Meister* zu zeigen, wie die Hauptfigur durch fremde Schriften bzw. durch ein Archiv strukturiert wird. In dieser Sicht wird der Mensch zur Durchgangsstation bzw. zum Medium für die Wünsche und die Sprache anderer, ein Ansatz, der in den 1980er Jahren in die Beobachtung des Sprechens und Schreibens unter Medienbedingungen gemündet ist (Medienpsychologie, s. Kap. 6.10).

Grundlegende Literatur

Cremerius, Johannes (Hg.): *Psychoanalytische Textinterpretation*. Hamburg 1974.
Curtius, Mechthild: *Seminar: Theorien der künstlerischen Produktivität*. Frankfurt a.M. 1976.
Freud, Sigmund: *Studienausgabe*. Hg. von Alexander Mitscherlich u.a. Frankfurt a.M. 1969 ff.
  (bes. *Die Traumdeutung*, Bd. II; *Schriften zu Kunst und Literatur*, Bd. X).
Holland, Norman: *5 Readers Reading*. New Haven/London 1975.
Kris, Ernst: *Psychoanalytic Explorations in Art*. New York 1952.
Lacan, Jacques: *Schriften*, Bd. I. Hg. von Norbert Haas. Olten/Freiburg i.Br. 1973.
Lorenzer, Alfred: *Sprachspiel und Interaktionsformen. Vorträge und Aufsätze zu Psychoanalyse, Sprache und Praxis*. Frankfurt a.M. 1977
Ricœur, Paul: *Die Interpretation. Ein Versuch über Freud*. Frankfurt a.M. 1974.
Schönau, Walter/Pfeiffer, Joachim: *Einführung in die psychoanalytische Literaturwissenschaft*. Stuttgart/Weimar ²2003.

Zitierte Literatur

Brodbeck, Karl-Heinz: *Entscheidung zur Kreativität*. Darmstadt 1995.
Cremerius, Johannes (Hg.): *Literatur und Sexualität*. Würzburg 1991.
Finck, Jean: *Thomas Mann und die Psychoanalyse*. Paris 1973.
Guilford, Joy P.: »Creativity«. In: ders.: *Intelligence, Creativity and their Educational Implications*. San Diego 1968, S. 77–96.
Kittler, Friedrich A./Turk, Horst: *Urszenen. Literaturwissenschaft als Diskursanalyse und Diskurskritik*. Frankfurt a.M. 1977.
Mauser, Wolfram: *Trauma*. Würzburg 2000a.
– : *Georg Christoph Lichtenberg. Vom Eros des Denkens*. Würzburg 2000b.
Pietzcker, Carl: *Johann Peter Hebel. Unvergängliches aus dem Wiesental*. Freiburg i.Br. 1996.
Vietta, Silvio/Hans-Georg Kemper: *Expressionismus*. München ⁶1997.
Weber, Samuel: *Rückkehr zu Freud. Jacques Lacans Entstellung der Psychoanalyse*. Wien 1990.
Wünsch, Marianne: »Zur Kritik der psychoanalytischen Textanalyse«. In: Klein, Wolfgang (Hg.): *Methoden der Textanalyse*. Heidelberg 1977, S. 45–60.
Wyatt, Frederic: »Anwendung der Psychoanalyse auf die Literatur. Phantasie, Deutung, klinische Erfahrung«. In: Curtius 1976, S. 335–357.

6.6 Strukturalismus, Poststrukturalismus und Dekonstruktion

6.6.1 Strukturalismus

Der literaturwissenschaftliche Strukturalismus kann grundsätzlich als eine Gegenbewegung zu jeder Form von Hermeneutik (s. Kap. 6.2) verstanden werden. Wenn das, was hinter den sprachlichen Zeichen vermutet wird – Bedeutung, Sinn bzw. die Welt der Signifikate – durch Interpretation erarbeitet werden soll, so analysiert der Strukturalismus die Beziehung der Zeichen untereinander auf der Ebene der Signifikanten. Auf dieser Ebene werden kulturelle Phänomene im Hinblick auf ihre Struktur beschrieben, genauer gesagt: auf die Relationen und Differenzen zwischen allen zeichenhaften Bestandteilen eines kulturellen Gegenstandes. Damit folgt der Strukturalismus auch dem Ideal einer quasi-naturwissenschaftlich exakten Beschreibung kultureller Phänomene oder literarischer Texte.

Ausgangspunkt der strukturalistischen Methode ist die Linguistik **Ferdinand de Saussures**. Dieser hatte in seinem *Cours de linguistique générale* (posthum 1916) **Sprache als System von Differenzen** beschrieben und nicht als Universum von Bedeutung tragenden Wesenheiten. Demnach besteht der Wert des einzelnen sprachlichen Zeichens nicht darin, dass es sich bedeutend auf irgendetwas Außersprachliches, Wirkliches bezieht, sondern er resultiert ausschließlich aus der Position des Zeichens im Beziehungsgefüge des Sprachsystems (zum sprachwissenschaftlichen Strukturalismus vgl. Piaget 1973, 72 ff.; Albrecht 1988, 24–80).

Im Anschluss an de Saussure wurde ein **semiotischer Kulturbegriff** entwickelt, der die Zeichenanalyse ausdehnt auf potenziell alle kulturellen Phänomene. Diese werden dann wie die Sprache analysiert, als spezifische Ordnung von Zeichen, deren Wert von den Beziehungen unter den Zeichen selber abhängt. Äußere Bestimmungen und Determinanten wie der Bezug zur Wirklichkeit werden irrelevant. Für den Strukturalisten kann die ganze Welt eine Sprache sein, ein Text, dessen Zeichen man entziffern muss. Der französische Ethnologe **Claude Lévi-Strauss** übertrug das strukturalistische Denkmodell auf die **Ethnologie**, die Erforschung archaischer und ursprünglicher Kulturen: Er untersuchte mythische Erzählungen und kultische Praktiken einzelner polynesischer Völker auf deren zeichenhafte Strukturmodelle hin, die er dann als repräsentativ für die jeweilige gesamte Kultur verstand (vgl. *Traurige Tropen*, 1955). Dabei stellte er Beobachtungen über die Raum- und Zeitbegriffe an (vgl. etwa Lévi-Strauss 1962) und analysierte rhetorische Figuren bzw. Tropen und Bilder in Denk- und Wahrnehmungsformen unterschiedlicher Kulturen.

Die **strukturale Psychoanalyse** hat **Jacques Lacan** eröffnet, dem es nicht wie noch Freud um eine Stärkung des autonomen Ich ging, sondern darum, die wechselseitige Bestimmtheit der Subjekte zu zeigen, die durch ihre jeweiligen Annahmen voneinander, also durch Perspektivübernahmen geprägt sind. Abhängig ist das Subjekt also von anderen, aber auch von der Sprache. Denn diese setzt es nur vermeintlich souverän als Mittel ein, viel mehr aber werde es von der

Sprache anderer beherrscht, die ganz ähnlich wie rhetorische Figuren (etwa Metapher und Metonymie) das **Unbewussten wie eine Sprache strukturieren** (s. Kap. 6.5).

Auch in den **politischen Wissenschaften** ist der Strukturalismus wirksam geworden. **Louis Althusser** hat die Trennung der Zeichenebenen in Signifikant und Signifikat genutzt, um zwischen den Ebenen der sichtbaren gesellschaftlichen Erscheinungen und ihren unsichtbaren Tendenzen zu unterscheiden. Damit wird die Frage nach den ideologischen Grundlagen einer Gesellschaft in den Blick gerückt, von denen die einzelnen Texte abhängig sind. Diese Grundlagen sind als abwesende, aber wirksame Strukturen zu analysieren. Sie sind das »Verborgene in dem gelesenen Text«, das wiederum in Strukturzusammenhang mit anderen Texte zu setzen ist und insgesamt als Symptomatologie der bürgerlichen Welt aus marxistischer Sicht gelesen wird (Althusser/Balibar 1972, 32). Auch das Ich ist, ganz ähnlich wie bei Lacan, nur eine Funktion – allerdings nicht allgemein, sondern in konkreten politischen Formationen. Dieser Ansatz hat noch grundlegend auf den Althusser-Schüler Michel Foucault und seine Ausprägung der Diskursanalyse gewirkt (s. Kap. 6.8).

Lévi-Strauss, Lacan oder Althusser hatten großen Einfluss auf die Diskussionen der 1970er Jahre in Deutschland, aber es war vor allem die Schule des russischen Formalismus mit der Leitfigur **Roman Jakobson**, die die literaturwissenschaftlichen Debatten seit Ende der 1960er Jahren beeinflusste. Auch dort ist der Gedanke prominent, dass Literatur nur indirekt über gesellschaftliche Wirklichkeit, nicht über Welt und schon gar nicht über den Autor spricht: Sie organisiert Zeichen auf ihre spezifische Weise. Generell geht Jakobsons Argumentation dahin, dass Literatur die Aufmerksamkeit besonders auf die eigene Sprachform, also die Signifikantenebene richtet und in dieser selbstbezüglichen Organisation von der Alltagssprache abweicht. Diese Differenzqualität hängt also vor allem an der **poetischen Sprachfunktion**, die nicht auf einen außersprachlichen Zusammenhang verweisen muss: »Indem sie das Augenmerk auf die Spürbarkeit der Zeichen richtet, vertieft diese Funktion die fundamentale Dichotomie der Zeichen und Objekte« (Jakobson 1993, 92 f.).

Laut Jakobson wird der Durchblick auf die normalerweise hinter der Sprache vermuteten Bedeutungsräume verstellt, das Zeichen stellt sich damit selbst in den Vordergrund, was verschiedentlich als Effekt des **foregrounding** bezeichnet worden ist (z.B. Jakobson 1993, 79). Es handelt sich um eine Art Verfremdungseffekt, der darauf beruht, dass der Signifikant der Rede, die sprachliche Oberfläche gegenüber der Bedeutungsebene wichtiger geworden ist.

Das konkrete Verfahren ähnelt in manchem der werkimmanenten Interpretation, es ist allerdings deutlich präziser. Jakobson untersucht z.B. die verschiedenen **strukturbildenden Prinzipien der lyrischen Rede:**

- syntaktische Muster wie den Parallelismus,
- die Wortklassen, aus denen der Text gefertigt ist, und ihre statistische Häufung,
- das differenzenreiche Spiel etwa von Brechts Gedicht *Wir sind sie* (1930) mit den Personalpronomina,
- die lautliche Seite des Wortmaterials,

- das Spiel mit Lauten, also Assonanzen und Alliterationen,
- binäre Kodierungen, die den Text strukturieren, wie ›einer – viele‹, ›Ganzes – Teil‹ u.Ä. (vgl. Jakobson 1976).

Jakobson geht es nicht darum, was etwa Brecht mit seinem Text ›sagen wollte‹. Die Rolle des Autors ist sehr gering, auch zielt Jakobsons Analyse nicht auf eine Bedeutung hinter dem sprachlichen Material ab. Sein Interesse ist die analytisch differenzierte **Beschreibung der sprachlichen Struktur** des Gedichts selbst, das in seinen internen Relationen dargestellt wird und insofern möglichst ideologiefrei gelesen werden soll.

Ging es Jakobson vor allem um Strukturen der lyrischen Rede, untersucht die **strukturale Textlinguistik** eingehend die narrativen Muster. **Algirdas Julien Greimas** und später auch der bulgarische Literaturwissenschaftler **Tzvetan Todorov** übertrugen das Denkmodell auf die Analyse narrativer Texte: Ihre Analysen zielen auf eine Tiefenstruktur ab, die hinter der Oberfläche des Textes als grundlegendes Muster sichtbar gemacht werden müsse. **Gérard Genette** hat neben der Untersuchung von temporalen Erzählstrukturen auch gezeigt, welche Gegenstandsebenen Erzähltexte haben können. Etwas anders als Jakobson nimmt er aber auf beide Sprachebenen Bezug: auf den Code bzw. die Zusammensetzung der Zeichen ebenso wie ihre Nachricht bzw. Bedeutung. In der Analyse von Metaphern- und Metonymiestrukturen in Erzählketten setzen sich die Ansätze Jakobsons fort (insbesondere bei Proust, vgl. Genette 1966).

Die textuellen Analysen erweitert **Roland Barthes** zu Untersuchungen eines umfassenden kulturellen Zeichenfeldes, das auch die Alltagskultur umfasst. Er führt beispielsweise an einer Kosmetikwerbung vor, wie deren textliche Struktur die Oppositionen ›alt/jung‹ und ›trocken/flüssig‹ organisiert und schließlich die positiven Werte mit neuen Bedeutungsmerkmalen auflädt: Was vorher nur ›flüssig‹ bedeutete, wird nun mit Jugend, Schönheit, Frische verbunden (vgl. Barthes 1957/1970, 47 ff.). Hinter der wörtlichen Oberfläche des Textes wird so eine Tiefenstruktur miteinander konnotierter Oppositionen sichtbar, auf deren Beschreibung die Analyse zielt. Die Zeichenwelten zwischen Texten, Bildern, Karten oder allen möglichen anderen Kulturphänomenen werden wiederum als »System differenzieller Verhältnisse, nach denen sich die symbolischen Elemente gegenseitig bestimmen«, analysiert (Deleuze 1975, 279). Ähnlich verfährt Barthes auch im Blick auf die *Sprache der Mode* (1967/1985), die er ebenfalls nach Oppositionen untersucht und in ihren semantischen Verschiebungen analysiert. Zerlegung der Texte aller Art in Codes und das neue Arrangement der Teile, Analyse und Synthese zusammengenommen machen die strukturalistische Tätigkeit aus (vgl. Barthes 1966).

Der Strukturalismus hat dabei auch die **Rezeptionstheorie** inspiriert (s. Kap. 6.4). So leistet Barthes in seiner Studie *S/Z* eine Analyse, die den Text in Codes (und diese in Antithesen) unterteilt – was seiner Forderung entspricht, dass der Leser Texte zerschneiden oder zerlegen soll (*décomposition*) und er mit der Bedeutungszuschreibung von Signifikaten nicht vorschnell verfahren möge.

Die Tätigkeit des Lesers hat auch **Umberto Eco** in *Das offene Kunstwerk* (1973) als Mitarbeit in einer Struktur beschrieben, was besonders für Texte der

Avantgarde gelte (Joyce: *Ulysses* u.a.). Fragmentarische Strukturen, Leerstellen und Polyvalenzen fordern die Mitarbeit des Lesers heraus; im modernen, offenen Kunstwerk wird der Leser zum Koproduzenten des Autors. Den Text begreift Eco als ein Verweissystem aus semantischen Knotenpunkten bzw. aus Zeichen, die der Leser mit seiner semantischen Welt verknüpfen muss. Wenn nun der Text nach Oppositionsstrukturen oder Bedeutungseinheiten gegliedert wird, kann ein vorläufiger Schlussinterpretant (das Ergebnis der Deutung) benannt werden. Doch stellt er wiederum nur die Vorstufe neuer Interpretationen dar: Denn jede Interpretation verfährt ihrerseits mit Zeichen, die wiederum vom nächsten Interpreten als Zeichen entziffert werden usw. Dabei entstehen theoretisch unendliche Zeichenketten (*unendliche Semiose*). Die Textstruktur braucht die Mitarbeit des Lesers, der den Text nach seinen immanenten Regeln verformt.

Folgende **Denkfiguren** sind es insgesamt, die für Vertreter des Strukturalismus bei aller Unterschiedlichkeit charakteristisch sind:

- Sprachliche Bedeutungen sind nicht natürlich festgelegt oder als Substanzen greifbar, sondern sie sind durch *Differenzen* zu anderen Sprachelementen bestimmt, mit denen sie ein System bilden.
- Die *Arbitrarität* des Sprachzeichens bei de Saussure wird auf Texte ausgedehnt, die nicht mehr als feste Bedeutungseinheiten oder inhaltliche Substanzen gesehen werden.
- Kulturelle Erscheinungen spielen sich in *wechselseitiger Abhängigkeit* ab bzw. in einem relationellen System differenter Verhältnisse.
- Die Analyse wird in *Oppositionen* bzw. binären Codes vorgenommen.
- Mit Jakobson wird der Untersuchungsgegenstand Sprache auf die literarischen Texte ausgedehnt, mit Eco und Barthes werden auch andere Zeichensysteme als ›Texte‹ lesbar gemacht (Bilder, die ›Sprache‹ der Mode usw.).
- Anders als beim historischen Tiefenblick des Geschichtsdenkens (etwa der Hermeneutik) wird auf der *Gegenwartsebene* gearbeitet (Synchronie).
- Das Subjekt wird radikal bezweifelt und in Abhängigkeit von Strukturen, Wissensordnungen oder Archiven gesehen, also als unpersönlicher Faktor, der seinen Aufenthaltsort zwischen den Systemplätzen wechselt.

6.6.2 Poststrukturalismus

Die Übergänge zum Poststrukturalismus sind fließend. Autoren wie Barthes oder Lacan haben ohne ausdrücklichen Programmwechsel bestimmte Ansätze des Strukturalismus erweitert und Ende der 1960er Jahre damit begonnen, aus Unbehagen an den geschlossenen Strukturen und den als steril empfundenen binären Codes die Analysen in ein **Spiel von Signifikanten** zu öffnen. Arbeiteten die Strukturalisten als Systematiker und versuchten, Ordnungen zu analysieren, so führt nun die poststrukturale Praxis **Unordnungen** vor und erweist gerade die Unmöglichkeit systematischer Inventarien (vgl. Culler 1999, 21). Beobachtet wird insofern keine feste Architektur von Strukturen bzw. Codes, sondern die Verstreuung von Sinnstrukturen zu Partikeln. Fluchtlinien und Kraftfelder sind es, die in das kulturelle Zeichengebäude hineingelegt werden können.

Deleuze und Guattari (1980/1997) haben diese gesellschaftliche Zeichenarchitektur als ein **Rhizom** analysiert, als ein unendlich verzweigtes Wurzelgeflecht, in das man unter anderem über Texte hineinfinden kann. Den Aussageverkettungen des Textes folgend, könne man auch Beobachtungen darüber anstellen, wie Literatur Fluchtlinien aus der Gesellschaftsmaschine markiert, die aber zugleich noch der politisch-gesellschaftlichen Maschine zugehören. Insgesamt wird die Schreibweise selbst zu einer Tätigkeit zwischen Literatur und Philosophie, wofür Deleuze die Maxime ausgibt: »das Schreiben als einen Strom behandeln, nicht als einen Code« (Deleuze 1993, 17). Analyse ist dann auch Auflösung und Zerstreuung von Sinn, mit einem Ausdruck Jacques Derridas (1972): Die Sinnverstreuung führt auf ein offenes Feld, auf dem sich ein Kräftespiel von Signifikanten ereignet (*dissémination*).

Den sinnlichen Faktor in die Wissenschaften einzuführen, der die kalte, rationale Analyse mit »Lust am Text« interessanter machen könnte (Barthes 1974), war zu Beginn der 1970er Jahre ein breiter Trend. Barthes, der in seinen Studien zu Alltagskultur noch strukturalistisch argumentierte, formuliert als einer der ersten die **Kritik am Strukturalismus**, der von einer sehr stabilen, festen Beziehung etwa zwischen Tiefen- und Oberflächenstruktur ausging. Diese Selbstkritik des Strukturalismus öffnet ihn zum Poststrukturalismus hin. Hier wird die Betonung der Signifikanten, d.h. der Zeichen radikalisiert: Bedeutung, Subjekt, Welt, Geschlechterrolle usw. sind keineswegs tatsächliche Einheiten, sie haben keine Essenz oder Wesenheit. Sie sind lediglich Produkte von Zeichen-Prozessen, erzeugt über eine Vielzahl gesellschaftlich umlaufender Diskurse (zur Diskursanalyse s. Kap. 6.8; zu Gender Studies Kap. 6.11.2).

Der poststrukturalistisch radikalisierte Textbegriff bringt auch eine **Veränderung des Interpretationsverständnisses** mit sich. Lektüren bzw. Deutungsstränge durchfließen oder durchkreuzen den Text, ohne tatsächlich Bedeutung festmachen zu können (vgl. Barthes 1987, 9 f.). Interpretation (wenn sie denn noch so heißen darf) verliert sich in den unendlichen Signifikationsprozessen, die der Text auslöst. Von einem sicherer feststellbaren Sinn ist im Kontext des Poststrukturalismus nicht mehr die Rede – erst recht nicht von einem Sinn, der auf eine Autor-Intention zurückginge: »Der Autor ist tot« hatte Barthes schon 1968 verkündet (1968, 12 ff.). Der Leser soll nun neue Zugänge, Eingänge und Kontexte stiften und im Text möglichst viele Markierungen und Spuren hinterlassen. Durch diese sternförmige **Auflösung des Sinnes** soll eine Lektüre gegen den Strich ermöglicht werden, die vom pragmatischen, schnellen Alltagslesen abzugrenzen ist. Diese Strategie hat auch politische Gründe: Gegen die gesellschaftlich anbefohlene Trennung von Produktion und Rezeption sei es »das Vorhaben der literarischen Arbeit [...], aus dem Leser nicht mehr einen Konsumenten, sondern einen Produzenten zu machen« (Barthes 1987, 8).

Auch Eco hat sein strukturalistisches Lesermodell erweitert und **verschiedene Lesertypen** im Bild des Labyrinths dargestellt. Der konservative Leser befindet sich im klassischen Labyrinth, das immer in die Kernkammer der festen Textdeutung führt, im barocken Irrgarten kann er sich in den zahlreichen Wegen verlaufen, hält aber an der Idee der richtigen Deutung fest. Im Rhizom, dem endlos verwickelten Pilzgeflecht, kann er hingegen an unendlich vielen Stellen einsteigen, sich einspinnen, neue Zugänge legen – ohne Anspruch auf eine abschließende Deutung, sondern immer nur neue Kommentartexte mit dem Wortgeflecht vernetzend (1987, 688 f.).

In diesem neuen Zustand wird bei Lacan, Derrida oder Barthes die **Schrift personalisiert**. Die Signifikanten scheinen dann wie Lebewesen zu agieren und als Akteure den Autor (und oft auch den Leser) zu ersetzen. Anders gesagt: Hatte der Strukturalist Lacan die Psyche als Text und Subtext analysiert, so spricht er nun den Buchstaben und Texten selbst eine Art Psyche zu. Dagegen erscheinen **Autor und Leser entpersonalisiert**: Sie gehen in einem Netz von Diskursen wie in einem Spinnengewebe auf. In dieser poststrukturalen Perspektive ist der Textkommentator »selber schon eine Pluralität anderer Texte«, die es als Systeme zu übertragen und neu zu schreiben gelte (Barthes 1987, 14 f.). In der viel zitierten *Lust am Text* gehen Autor und Leser vollständig ineinander über: »Auf der Bühne des Textes keine Rampe: hinter dem Text kein Aktivum (der Schriftsteller) und kein Passivum (der Leser), kein Subjekt und kein Objekt« (Barthes 1987, 25). ›Lust‹ macht sich darin geltend, dass der Leser genussreich in den ihn umgebenden Texten der Literatur und des Alltags aufgeht, in einem Textgewebe, das ein Eigenleben hat. Die verlebendigte Schrift, die tanzenden Zeichen werden dann zum gleichberechtigten Spielpartner des Lesers.

Der französische Poststrukturalismus hat sich nicht nur in Nachfolge des Strukturalismus, sondern auch in Kontroverse mit der deutschen Hermeneutik Heideggers und Gadamers herausgebildet (vgl. Forget 1984). In der Frage nach dem Subjekt, aber auch nach Geschichte, ›Wahrheit‹ und Bedeutung zeigen sich gravierende Unterschiede. Von Seiten der poststrukturalen Autoren wird moniert, dass auch der Text aus offenen Bedeutungsprozessen besteht und diese nicht mit festen Interpretationsmustern festzustellen sind, sondern sich im **Spiel der Signifikanten**, der Buchstaben und Wörter ereignen. Wenn Gadamer es versäumt, die Geltung der Klassiker kritisch zu hinterfragen, sie vielmehr zur Geltung bringen und den Verstehenshorizont kontinuierlich entfalten will, so arbeitet Derrida Differenzen und Brüche heraus und fragt provokant: »Kontinuierliche fortschreitende Ausweitung? Oder nicht eher diskontinuierliche Umstrukturierung?« (in Forget 1984, 57).

6.6.3 Dekonstruktion

Diese kritische Orientierung hat sich literatur- und kulturwissenschaftlich in den Ansätzen der Dekonstruktion weiter ausgeprägt. Der schwierige Begriff zeichnet sich zunächst einmal dadurch aus, dass kaum einer seiner Vertreter ihn abschließend definiert hat. Umschreiben lässt er sich hingegen: Wie die künstliche Wortprägung zeigt, ist ›Dekonstruktion‹, von **Jacques Derrida** Ende der 1960er Jahre in die Diskussion gebracht, ein Neologismus mit doppelter Bedeutung. Es handelt sich um eine Lektürestrategie, die versucht, die linguistische Konstruktion eines Textes bloßzulegen und diese zugleich in Widersprüche zu verstricken, um sie dadurch **aufzulösen**. Widersprechende, einander störende Bedeutungslinien eines Textes sollen bis auf Wort- und Buchstabenebene zerlegt werden, um grundsätzlich »die Geltungsansprüche einer auf die Ermittlung von Sinn ausgerichteten Interpretation zu unterlaufen« (Wegmann 1997, 334). Anders gesagt: Es sollen Bedeutungsstrukturen freigelegt werden, die sich sowohl der Absicht des Autors entziehen als auch untereinander konkurrieren.

Der Begründungszusammenhang Derridas ist ein linguistischer. Gegen die abendländische Tradition, die auf die Präsenz des Seins in der Stimme gebaut hatte, arbeitet er (1967) an der Schrift heraus, dass sie keine festen Bedeutungseinheiten repräsentiert, sondern sich in einem dauernden Spiel von Sinnabwesenheiten, also von **Differenz** (in provokant falscher Orthografie *différance* geschrieben) ereignet. Auch insofern wird hier der Strukturalismus über seine Grenzen geführt, als bei Derrida die Schrift in einem unendlichen Verweisspiel stets neue Verbindungen eingeht und Bedeutungen dabei dezentriert. Dabei wird in einem vielschichtigen Textverfahren das abgeschlossene strukturalistische Feld aufgesprengt. Das zeigt sich nicht zuletzt in einem Hang zu kreativen Wortspielen, z.B. wenn Derrida *carte* (Postkarte), *écart* (Abstand, Differenz) und *trace* (Spur) als Anagramme ins Spiel bringt (vgl. Derrida 1987).

Die Interpretationen und Sinnzuweisungen befinden sich nach Derrida immer im Aufschub, sie sind widerrufbar: In der dauernden Differenz verschieben die Analysen ›den‹ Sinn, der sich entzieht und nur als ein abwesender vorgestellt wird. Dass er mit jeder Lektüre neu produziert wird, will die Dekonstruktion bewusst machen.

Damit steht auch jede Annahme eines Sinnzentrums in der Kritik – Dekonstruktion richtet sich gegen die eindeutige hermeneutische Entzifferung. Die Auseinandersetzungen Derridas mit der Hermeneutik namentlich Gadamers drehen sich auch darum, dass Derrida jede Horizontverschmelzung der Kommunikanden, den geforderten Konsens des Alltags und das Gelingen von Kommunikation überhaupt in Abrede stellt (vgl. die Diskussionsbeiträge in Forget 1984). Gerade nicht um Gadamers Einverständnis und Akzeptieren von Überlieferung geht es, sondern um den Bruch (*rupture*), den Schnitt (*coupure*) und allgemein um Diskontinuitäten. Das gilt auch für die gänzlich unhistorische Vorgehensweise der Dekonstruktivisten, die ihre Textgegenstände bewusst aus dem geschichtlichen Kontext lösen, um ihnen zu eigener Geltung zu verhelfen und aus ihnen neue, gegen den Strich gebürstete Sichtweisen zu gewinnen.

Interpretationen, die an kulturelle Ganzheitsvorstellungen geknüpft sind, werden sogar unter Ideologieverdacht gestellt: Jedes Bemühen um Vereindeutigung, um Festschreiben von Sinn bilde eine Falle und berge die Gefahr, das Denken zu bestimmten politischen Haltungen zu verfestigen. Auch dagegen zielt der Gedanke von Differenz: Als stetes Gegenteil, dauernder Widerspruch soll sie die Möglichkeit zur Opposition bieten, gerade indem sie sich der Festlegung entzieht. Dekonstruktion zielt in diesem Sinne auch darauf, eine Perspektive auf den abwesenden Raum, das Verborgene und nicht Darstellbare zu öffnen, was wiederum im Kontext der Diskussionen um das Erhabene zu sehen ist (vgl. etwa Lyotard 1989).

Neben der französischen Spielart, wie sie vor allem Derrida und Barthes begründet haben, ist in Amerika besonders **Paul de Man** bekannt geworden, der (zusammen mit Harold Bloom, Geoffrey Hartmann und Hillis Miller) die ›Yale School‹ begründet hat. De Man versucht, grundsätzlich der literarischen wie auch der philosophischen Sprache eine **rhetorische Verfassung** nachzuweisen; sie vergegenwärtigt dann keine logisch-stimmige Erkenntnis oder gar etwas Empirisches, sondern verbleibt auf der Ebene der Sprachzeichen, um dort auf wieder andere Zeichen zu verweisen, ohne die Welt zu berühren. Daraus ergibt sich die Konsequenz, dass die vermeintlich wahrheitliche, diskursive Sprache der Philosophie auch nur ein Gebäude rhetorischer Figuren sei. Philosophie trifft dann keine Wahrheitsaussagen, sondern stellt Mutmaßungen über die Welt an, ähnlich wie die Literatur. De Man ebnet damit den Gattungsunterschied zwischen dem philosophischen und dem literarischen Diskurs ein.

Entscheidend wird dabei die Figur der **Allegorie**, denn diese verweist nach de Man auf keinen festen Signifikaten oder Bedeutungsgrund, sondern verschiebe sich in Bildprozeduren und werde in immer neuen Signifikanten lesbar. Diese Bildverschiebungen analysiert er auch in den Studien zu Rousseau, Nietzsche, Rilke usw. (vgl. de Man 1988) – an Texten im Übrigen, die selbst ihre Konstruktion offen legen und diese zum Thema machen. Dies können sie etwa, indem sie ihre Metaphorik aufbauen und variieren oder dementieren und mit ihren bildlichen Bedeutungsrändern spielen, was eine festlegende Deutung unplausibel macht.

Die nach wie vor interessante Fragestellung der Dekonstruktion lautet, wie überhaupt Texte ihre Bedeutungen konstituieren und wie dies Verstehensprozesse beeinflusst. Für die Sprache der Theorie ergibt sich die viel diskutierte Konsequenz, dass sie nicht mehr diskursiv-wahrheitlich vorgehe, sondern selbst fiktionale oder literarische Qualitäten bekommt, also nicht Analyse leistet, sondern ein Fortschreiben des Textnetzwerks unternimmt. Diese Maxime haben Derrida und de Man mit unterschiedlichen ästhetischen Ansprüchen umgesetzt (vgl. Bowie 1987).

Mit der Auflösung von ›Sinn‹ und ›Subjektivität‹ (des Autors und Lesers) sollen widerständige Leseweisen eröffnet werden. Hier weist die Dekonstruktion auch eine Nähe zur Systemtheorie auf, die in einem ähnlichen Vorgang Autor und Leser bzw. Aktion und Reaktion als Textgeflecht analysiert (vgl. de Berg/ Prangel 1995). Auch von Seiten der Hermeneutik hat man versucht, die Dekonstruktion von Autor und Leser aufzunehmen und in eine Verstehenstheorie einzuarbeiten. Die Auflösung beider Kommunikationsinstanzen erschwerte jedoch die Vermittlungsversuche Manfred Franks (1980), der die prinzipielle Vieldeutigkeit literarischer Texte mit dem Horizont des Autors bzw. seiner Stilprägung verbinden wollte. Zu gravierend sind die Unterschiede auch beim Verstehensbegriff selbst: Der Dekonstruktivist begreift sein Verstehen nicht zielgerichtet, sondern als Tätigkeit der anarchischen Verstreuung.

Grundlegende Literatur

Albrecht, Jörn: *Europäischer Strukturalismus*. Tübingen 1988.
Barthes, Roland: *Mythen des Alltags* [1957]. Frankfurt a.M. 1970.
– : *Die strukturalistische Tätigkeit*. In: Kursbuch 5 (1966), S. 190–196.
– : *Die Sprache der Mode* [1967]. Frankfurt a.M. 1985.
– : »La mort de l'auteur«. In: *Manteia* (1968), S. 12–17; dt. in: Jannidis, Fotis/Lauer, Gerhard/ Martínez, Matías/Winko, Simone(Hg.): *Texte zur Theorie der Autorschaft*. Stuttgart 2000, S. 185–193.
– : *S/Z* [1970]. Frankfurt a.M. 1976.
– : *Lust am Text* [1974]. Frankfurt a.M. 1987.
Bogdal, Klaus M.: *Historische Diskursanalyse der Literatur. Theorie, Arbeitsfelder, Analysen, Vermittlung*. Opladen 1999.
Bossinade, Johanna: *Poststrukturalistische Literaturtheorie*. Stuttgart/Weimar 2000.
de Berg, Henk/Prangel, Matthias (Hg.): *Differenzen. Systemtheorie zwischen Dekonstruktion und Konstruktivismus*. Tübingen 1995.
Deleuze, Gilles: Woran erkennt man den Strukturalismus? In: Chatelêt, François (Hg.): *Geschichte der Philosophie*, Bd. 7. Frankfurt a.M. u.a. 1975, S. 269–302.
– : *Unterhandlungen: 1972–1990*. Frankfurt a.M. 1993.
de Man, Paul: *Allegorien des Lesens* [amerik. 1979]. Frankfurt a.M. 1988.
Derrida, Jacques: *Die Schrift und die Differenz* [frz. 1967]. Frankfurt a.M. 1972.
– : *Grammatologie* (frz. 1967). Frankfurt a.M. 1974.
– : *Randgänge der Philosophie* (frz. 1972). Wien 1972.
– : *Die Postkarte von Sokrates bis an Freud und Jenseits*. 2. Lieferung. Berlin 1987.
Dosse, François: *Geschichte des Strukturalismus* [frz. 1991], 2 Bde. Hamburg 1997/1998.
Fietz, Lothar: *Strukturalismus. Eine Einführung*. 3., erw. Aufl. Tübingen 1998.
Forget, Philippe (Hg.): *Text und Interpretation. Deutschfranzösische Debatte*. Frankfurt a.M. 1984.
Frank, Manfred: *Das Sagbare und das Unsagbare. Studien zur neuesten französischen Hermeneutik und Texttheorie*. Frankfurt a.M. 1980.
Geisenhanslüke, Achim: *Einführung in die Literaturtheorie*. Darmstadt 2003, S. 69–90 bzw. 90–120.
Hempfer, Klaus W. (Hg.): *Poststrukturalismus – Dekonstruktion – Postmoderne*. Stuttgart 1992.
Jakobson, Roman: *Hölderlin – Klee – Brecht. Zur Wortkunst dreier Gedichte*. Eingeleitet und hg. von Elmar Holenstein. Frankfurt a.M. 1976.
– : *Semiotik: Ausgewählte Texte 1921–1971*. Hg. von Elmar Holenstein. Frankfurt a.M. 1988.
– : *Poetik. Ausgewählte Aufsätze 1919–82*. Hg. von Elmar Holenstein und Tarcisius Schelbert. Frankfurt a.M. 1993.
Lyotard, Jean-François: *Das Inhumane. Plaudereien über die Zeit*. Wien 1989.
Münker, Stefan/Roesler, Alexander: *Poststrukturalismus*. Stuttgart/Weimar 2000.
Titzmann, Michael: *Strukturale Textanalyse. Theorie und Praxis der Interpretation*. München ³1993.
Wahl, François (Hg.): *Einführung in den Strukturalismus* (1973). Frankfurt a.M. 1981.
Wegmann, Nikolaus: »Dekonstruktion«. In: *Reallexikon der Deutschen Literaturwissenschaft*. Hg. von Klaus Weimar. Berlin/New York 1997, S. 334–337.

Zitierte Literatur

Althusser, Louis/Balibar, Etienne: *Das Kapital lesen*, 2 Bde. Reinbek bei Hamburg 1972.
Bohrer, Karl Heinz (Hg.): *Ästhetik und Rhetorik. Lektüren zu Paul de Man*. Frankfurt a.M. 1993.
Bowie, Malcolm: *Freud, Proust and Lacan. Theory as Fiction*. Cambridge 1987.
Culler, Jonathan: *Dekonstruktion. Derrida und die poststrukturalistische Literaturtheorie*. Reinbek bei Hamburg 1999.

Deleuze, Gilles/Guattari, Félix: *Tausend Plateaus* [frz. 1980]. Berlin 1997.
Eco, Umberto: *Der Name der Rose*. Mit einem Nachwort. München 1987.
Frank, Manfred: *Was ist Neostrukturalismus?* Frankfurt a.M. 1983.
Genette, Gérard: *Figures I*. Paris 1966.
Holenstein, Elmar: *Von der Hintergehbarkeit der Sprache. Kognitive Unterlagen der Sprache.* Frankfurt a.M. 1980.
Lacan, Jacques: *Schriften*, Bd. I und II. Hg. von Norbert Haas. Olten/Freiburg i.Br. 1973/1975.
Lévi-Strauss, Claude: *Das wilde Denken* (frz. 1962). Frankfurt a.M. 1973.
Piaget, Jean: *Der Strukturalismus*. Olten 1973.

6.7 Sozialgeschichte der Literatur/Literatursoziologie

In scharfer Entgegensetzung zu einer Geistes- und Ideengeschichte der Literatur sowie zu den in den 1950er und frühen 1960er Jahren in der Literaturwissenschaft und im Literaturunterricht der Bundesrepublik dominanten formanalytischen und textimmanenten Deutungsansätzen etablierte sich mit Beginn der 1970er Jahre eine sozialgeschichtliche Betrachtungsweise der Literatur, die, zunächst sehr verallgemeinernd gesagt, die **gesellschaftlichen Bedingungen und Bezüge literarischer Texte** ins Zentrum ihrer Überlegungen stellte. Sozialgeschichtliche Literaturwissenschaft untersucht generell das Zustandekommen, die Distribution und auch die Rezeption von Texten unter historisch sich wandelnden sozialen Bedingungen.

6.7.1 Zur Vorgeschichte sozialgeschichtlicher Literaturwissenschaft

Die Vorstellung, dass Literatur mit Gesellschaft und Geschichte eng verknüpft ist, ist alt. Im ersten Drittel des 19. Jahrhunderts hatte **Georg Wilhelm Friedrich Hegel** in seinen *Vorlesungen über die Ästhetik*, die er erstmals im Semester 1817/18 hielt, die Antike gefeiert als eine Epoche, in der jeder Mensch ganz mit sich identisch, an einem sinnvollen Ort in Gesellschaft und Geschichte und als harmonisch-ganzer Mensch habe leben können. Kunst habe hier diese individuell-gesellschaftlich-geschichtliche Ganzheit, diese *Totalität* darstellen können. Über seine gegenwärtige bürgerliche Gesellschaft führt Hegel aus, wie der Einzelne sich »äußeren Einwirkungen, Gesetzen, Staatseinrichtungen, bürgerlichen Verhältnissen, welche er vorfindet und sich ihnen, mag er sie als sein eigenes Inneres haben oder nicht, beugen muss« (Hegel: Ästhetik, 225 f.), die moderne Gesellschaft zwinge also zur Entfremdung, reduziert den (angeblich) in der Antike noch »ganzen« Menschen auf seine gesellschaftlichen Rollen. Interessanterweise resümiert Hegel: »Dies ist die Prosa der Welt« (ebd., 227).

Die moderne, bürgerliche Gesellschaft mit allen ihren »Gesetzen, Staatseinrichtungen, bürgerlichen Verhältnissen«, das ist für Hegel Prosa – und im Gegensatz dazu ist die Antike ›die Poesie selbst‹. Indem Hegel seine Erfahrung bürgerlicher Gesellschaft im Bild der ›Prosa‹ fasst, stiftet er eine Beziehung zwischen der spezifischen Verfasstheit der modernen Gesellschaft und einem Teilbereich der Literatur. Und mit Blick auf den Roman schließt er: »Der Roman im modernen Sinne setzt eine bereits zur Prosa geordnete Wirklichkeit voraus« (Hegel: Ästhetik III, 177).

Georg Lukács schließt in seiner *Theorie des Romans* von 1916 unmittelbar an Hegels Vorstellung einer in der bürgerlichen Gesellschaft nicht mehr erfahrbaren Totalität an:

> »Der Roman ist die Epopöe eines Zeitalters, für das die extensive Totalität des Lebens nicht mehr sinnfällig gegeben ist, für das die Lebensimmanenz des Sinnes

zum Problem geworden ist, und das dennoch die Gesinnung zur Totalität hat« (Lukács: Theorie des Romans, 47).

Totalität und ›Sinn‹ haben sich aus der Offenheit des antiken ›goldenen Zeitalters‹ zurückgezogen hinter die Strukturen einer komplexen Gesellschaft. Der Roman, so folgert nun Lukács, sei die literarische Form, die sich auf die Suche nach der Totalität begebe, die versuche, den verlorenen Sinnzusammenhang zu rekonstruieren. Ausgangspunkt des Romans sei die Entfremdung des Individuums in der ›prosaischen‹ Moderne. Der Roman ist bei Lukács die literarische Form der »**transzendentalen Obdachlosigkeit**« (ebd., 32). Aus der Analyse der Mangelhaftigkeiten der modernen bürgerlichen Gesellschaft schließt Lukács auf eine angemessene literarische Form: den biografischen Roman. In diesem ist Sinn nun nicht mehr fraglos gegeben, der Romanheld wird auf die Sinnsuche in einer unendlich komplex und entfremdet gewordenen Gesellschaft geschickt. Zwischen einer gesellschaftlichen Organisationsform und deren literarischer Gattung vermittelt also der ›Sinn‹, der in jener fehlt und von dieser rekonstruiert wird.

> »Der Roman ist die Form des Abenteuers des Eigenwertes der Innerlichkeit; sein Inhalt ist die Geschichte der Seele, die da auszieht, um sich kennenzulernen, die die Abenteuer aufsucht, um an ihnen geprüft zu werden, um an ihnen sich bewährend ihre eigene Wesenheit zu finden« (ebd., 78).

In den 1920er Jahren radikalisierte Lukács seine literatursoziologische Theorie: Vor allem Einflüsse des Marxismus werden mehr oder weniger doktrinär umgesetzt. Lukács fordert von der Literatur, sie müsse die Wirklichkeit *widerspiegeln* (**Widerspiegelungstheorie**) und, etwa durch eine präzise konzipierte Figurenkonstellation, gesellschaftliche Verhältnisse abbilden. Lukács verstand allerdings unter Widerspiegelung nicht das naive ›Abmalen‹ gesellschaftlicher Wirklichkeit etwa der Klassengesellschaft, der **Sozialistische Realismus** hat aber in der eher platten Auslegung des Widerspiegelungstheorems dieses Missverständnis umgesetzt.

Bei Hegel und erst recht bei Lukács war die **Beziehung zwischen Gesellschaft und Literatur** gewissermaßen *inhaltlich* bestimmt: Der Roman bezieht sich in seinen Inhalten auf die entfremdete Gesellschaft, in der der oder die Einzelne nach dem verloren gegangenen Sinn sucht. Zwei weitere Theoretiker haben die Versuche gemacht, die Beziehung zwischen Gesellschaft und Literatur nicht inhaltlich zu bestimmen, sondern haben gefordert, man müsse auf der Ebene der Form, der ›inneren Logik des Textes‹ nach Korrelationen zwischen Kunstwerk und Gesellschaft suchen: **Theodor W. Adorno** und **Walter Benjamin**. Benjamin gehörte ins weitere Umfeld, Adorno zum engsten Mitarbeiterkreis der so genannten ›Frankfurter Schule‹, eine soziologisch, sozialpsychologisch, philosophisch und auch ästhetisch arbeitende Forschergruppe am Frankfurter Institut für Sozialforschung, das in den 1920er Jahren gegründet wurde, 1933 in die USA emigrierte und nach 1945 wieder an die Frankfurter Universität zurückkehrte. Vor allem Adorno steht für die Ausprägung einer Gesellschaftstheorie, Philosophie und Ästhetik, die unter dem Namen **Kritische Theorie** gefasst wird und deren Anregungen bis heute lange nicht ausgeschöpft sind.

Adorno zufolge soll die Vermittlung von Kunstwerk und Gesellschaft auf der Ebene der Form, der inneren Logik der Werke selbst beobachtet werden.

Adorno fasst die literarische Form, die ›Technik‹ der Werke, zugleich als autonom *und* heteronom auf: **Autonom** ist sie, weil sie im Kunstwerk selbst bestimmt wird, nur hier in dieser Form existiert, von niemandem außerhalb des Textes diktiert wird. Und gleichzeitig ist die Form jedoch auch **heteronom**: Am Kunstwerk arbeitet etwas mit, das außerhalb seiner liegt, etwas Gesellschaftliches (heute würde man sagen: Diskurse), beginnend bei der Sprache, die ja ein allgemein verfügbares Medium ist, über Versformen, Gattungsstrukturen bis hin zu Erzähltechniken o.Ä. In die Form des Kunstwerks schreibt sich also Gesellschaft ein.

Adorno macht Vorschläge, wie die Form eines Textes als Abdruck gesellschaftlicher Strukturen verstanden werden kann, und realisiert als erster eine wichtige Forderung Walter Benjamins, die dieser in seinem Essay »Der Autor als Produzent« entwickelte. Sie stellt die wichtigste Fragestellung moderner Kunstsoziologie dar und geht weit über die oben diskutierten Modelle einer Vermittlung zwischen Werk und Gesellschaft hinaus. Benjamin setzt die schriftstellerische Technik eines literarischen Werks, das heißt die *formale* Organisation der erzählten Welt, in Beziehung zu den Produktionsverhältnissen seiner Epoche. Die **Techniken der materiellen Produktion**, die die organisatorische Struktur einer Gesellschaft mitbestimmen, spiegeln sich im Kunstwerk in der **erzählerischen Technik der Werke**, ihrer Komposition, ihrem Bauprinzip, ihrer Form. Adorno übernimmt Benjamins These über das generelle Verhältnis zwischen formaler Organisation von Gesellschaft und Werk. Die »ästhetische Form«, so Adorno, sei »sedimentierter Inhalt« (Adorno: *Ästhetische Theorie*, 15), in der Art und Weise ihrer Formgebung, in der ›erzählerischen Technik‹ der Werke, schlügen sich Strukturen der realen Welt, der Gesellschaft nieder. »Die ungelösten Antagonismen der Realität kehren wieder in den Kunstwerken als die immanenten Probleme ihrer Form. *Das, nicht der Einschuß gegenständlicher Momente, definiert das Verhältnis der Kunst zur Gesellschaft*« (ebd., 16).

Das Kunstwerk zeichnet sich durch bestimmte stilistische Eigenarten und erzähltechnische Kompositionsweisen aus, ja es wird durch diese konstituiert, indem sie innerhalb des Werks eine ganz spezifische Logik ausbilden. Und diese beruht eben nicht allein auf der subjektiven Entscheidung eines Autors: Weit über die bewusste Darstellungsintention hinaus ist die Logik, der das Werk folgt, von derjenigen der außerkünstlerischen Realität bestimmt. Der Autor »gehorcht [...] einem gesellschaftlich Allgemeinen« (ebd., 343). Das Kunstwerk verhält sich, gleichsam bewusstlos, **mimetisch zu seinem Äußeren**, es ›gleicht sich an‹, zwischen seiner erzählerischen Technik oder seinem stilistischen Habitus und der subtilen Logik des gesellschaftlich Allgemeinen lassen sich genaue Korrelationen aufweisen.

Gleichzeitig aber geht Adorno zufolge das Kunstwerk nicht in dieser Mimesis auf. Vielmehr werde dem Entfremdeten, Verdinglichten, das bürgerliche Gesellschaft ausmacht und somit auch die ästhetische Struktur des Werks prägt, im Kunstwerk selbst ein Anderes entgegengehalten. Das Kunstwerk stellt »das fortgeschrittenste Bewußtsein der [gesellschaftlichen] Widersprüche *im Horizont ihrer möglichen Versöhnung*« dar (ebd., 285). Neben der ästhetisch realisierten Mimesis ans Gesellschaftliche ist im Kunstwerk, ebenfalls mit ästhetischen Mitteln, ein **utopisches Moment** aufgehoben – allein schon im Beharren des Werks auf seiner Individualität, seiner Geschlossenheit. Das Utopische, das unterschiedlichste ästhetische Gestalt annimmt, ist der Kunst wesentlich und macht erst den ›geschichtlichen Wahrheitsgehalt‹ der Werke aus (ebd., 285).

Damit bekommt das Kunstwerk ein wesentliches Widerstandspotenzial: Es weist über das gesellschaftlich Existente hinaus, zeigt Orte an, die es (noch) nicht gibt; Adorno geht sogar so weit zu sagen, dass das Kunstwerk allein schon darin, dass es in seiner Form den Anspruch erhebe, *autonom* zu sein, ein Vorschein und Versprechen dessen sei, was wir als Individuen sein könnten: Selbstbestimmt und autonom statt entfremdet und funktionalisiert in einer entfremdenden Gesellschaft.

Es waren vor allem Georg Lukács, Walter Benjamin und Theodor W. Adorno, deren fundamentale Überlegungen zu einer **Soziologie der Literatur** oder einer sozialgeschichtlichen Literaturwissenschaft größte Wirkungen auf die Literaturwissenschaft v.a. der 1970 Jahre ausübten.

6.7.2 Analysegegenstände und zentrale Fragestellungen

Sozialgeschichtliche Ansätze der Literaturwissenschaft lassen sich grob einteilen in diejenigen, deren **Untersuchungsgegenstände** eher

- *textinterne* Elemente sind, die inhaltliche Versatzstücke und formale Eigenheiten eines Textes in Rücksicht auf gesellschaftliche Bezüge erarbeiten und so Textverständnis und -interpretation erweitern wollen,
- *textexterne* gesellschaftliche Bestandteile des literarischen Kommunikationssystems darstellen.

Textinterne Fragestellungen

Sozialgeschichtliche Deutungsansätze literarischer Texte versuchen, das am literarischen Text zu identifizieren, was auf **konkrete gesellschaftliche, politische oder sozialgeschichtliche Fakten außerhalb des Textes** Bezug nimmt. Beispielsweise steht die Thematisierung der Standesdifferenz zwischen Adel und Bürgertum, zwischen adliger Dekadenz und bürgerlicher Tugend in Lessings *Emilia Galotti* zweifelsfrei in Abhängigkeit von den historischen Umgebungsbedingungen des Textes. Die Umstrukturierung der Familie in den *Buddenbrooks* vom »Ganzen Haus«, der Großfamilie, zur modernen Kleinfamilie referiert auf einen gesellschaftlichen Prozess im deutschen Bürgertum des späten 18. und 19. Jahrhunderts. Stoffe, Motive, Figuren und Figurenkonstellationen, historische, soziale, politische ›Daten‹ *im* literarischen Text werden also in Bezug gesetzt zu sozialgeschichtlichen Daten *außerhalb* des Textes, der literarische Text dokumentiert selbst diese Sozialgeschichte, mehr noch: Er reflektiert sie im Medium der Literatur, nimmt gegebenenfalls Stellung zu ihr, affirmativ, kritisch oder revolutionär.

Komplizierter erscheinen die textinternen Fragestellungen im Hinblick auf **formale Elemente** des Textes: Gibt es am literarischen Text jenseits der inhaltlichen Bezüge auf Gesellschaft und Geschichte etwas, das in Relation, Korrespondenz oder Abhängigkeit gegenüber Gesellschaftlichem steht oder es gar abbildet? Georg Lukács hatte die Gattung Roman, also eine gesamte Formtradition literarischen Sprechens, auf den Sinnverlust der Moderne zurückgeführt, auch die Überlegungen von Benjamin und Adorno zur Gesellschaftlichkeit der schriftstellerischen Technik, der formalen Organisation der Werke, gehören hierher. Darüber hinaus ließe sich beispielsweise die Frage stellen, ob nicht die metrisch stabile Hexameter-Form von Goethes Versepen der 1790er Jahre eine spezifische (Goethesche) Antwort auf die Orientierungskrisen nach der Französischen Revolution gewesen sei: In der gesellschaftlichen Verunsicherung bietet die feste literarische Form gleichsam Sicherheit.

Textexterne Fragestellungen

1. Die Soziologie der Literatur fragt erstens danach, unter welchen sich wandelnden gesellschaftlichen Bedingungen überhaupt literarische Kommunikation existiert, also nach dem **soziologischen Rahmen des literarischen Kommunikationssystems**. Hier wird der Blick gelenkt auf die gesellschaftlichen Orte, an denen Literatur produziert und rezipiert wird:
   - Klöster und Höfe etwa im Mittelalter mit einer kleinen, elitären Gruppe derjenigen, die überhaupt Zugang zu literarischer Kommunikation hatten;
   - die Höfe des 18. Jahrhunderts, an denen meist bürgerliche Schriftsteller arbeiteten;
   - die Differenz zwischen höfischem und städtisch-öffentlichem Theater: Letzteres bildete etwa die Voraussetzung eines bürgerlichen Trauerspiels bei Lessing;
   - mithin der Gesamtkomplex der historisch-soziologischen Entwicklung aller Bestandteile des Kommunikationssystems Literatur.
2. Zweitens stehen die **Bedingungen der literarischen Produktion**, also die Autorseite, im Zentrum literatursoziologischer Untersuchung, also die juristische, ökonomische und soziologische Situierung und Absicherung des Autors bzw. der Autorin. Ist etwa der Autor abhängig von einem Gönner, einem Mäzen, der nicht nur dem Autor seinen Lebensunterhalt sichert, sondern der auch entscheidend eingreift in den Prozess literarischer Produktion? Auftragsdichtung, Fürstenlob, Geselligkeits- oder Gelegenheitsdichtung resultieren aus einem solchen Mäzenat. Oder ist literarische Autorschaft die Nebenbeschäftigung bürgerlicher Gelehrter oder Verwaltungsbeamter in einem absolutistisch-höfischen Umfeld? Auch die Entwicklung der Autorschaft zum Erwerbsberuf im Verlauf des späten 18. und 19. Jahrhunderts ist Gegenstand literatursoziologischer Fragestellungen – eng verknüpft mit der juristischen Absicherung durch Nachdruckverbot und Urheberrecht bis hin zur Schriftstellervereinigung und zur IG Medien (zum Autor insgesamt vgl. Bosse 1981, Kreuzer 1981, Kleinschmidt 1998).
3. Auch die **gesellschaftliche Herkunft des Autors** steht im Interesse einer sozialgeschichtlichen Literaturwissenschaft; der Stand, die Klasse, die Schicht oder das Milieu, aus dem er stammt, eventuell auch dasjenige, in das er auf- oder abgestiegen ist, und die Art und Weise, wie die Standes- oder Schichtenzugehörigkeit des Autors Einfluss nimmt auf die Texte, die er produziert, auf die

Programmatik seines literarischen Schaffens und seine spezifischen Wirkungsabsichten. In diesem Zusammenhang muss auch die historisch und eventuell individuell unterschiedliche gesellschaftliche Bewertung eines Autors betrachtet werden: Hohe soziale Anerkennung oder eher abschätzige Beurteilung (›brotlose Kunst‹, ›Bohemien‹), auch die möglicherweise selbst gewählte Isolation, die völlige Abtrennung von gesellschaftlichen Gruppen oder Institutionen.

4. Die Soziologie der Literatur untersucht ebenso die verschiedenen **Instanzen und Institutionen der Vermittlung** im literarischen Kommunikationssystem: die mediale Seite der Literatur, die Handschriftkultur des Mittelalters, die Entwicklung des Buchdrucks oder etwa der Schnellpresse, die Entstehung und Entwicklung des Buchmarkts und des Verlags- und Messwesens, die Entstehung von Leihbibliotheken, Lesezirkeln, Arbeiterbildungsvereinen u.a., nicht zuletzt auch Literaturunterricht und -wissenschaft sowie das Rezensions-, Zeitungs- und Zeitschriftenwesen (zum Buchdruck vgl. Giesecke 1991; zum Buchmarkt Uhlig 2001, 356 ff.; zur Bibliotheksgeschichte vgl. Ruppelt 2001; Jochum 1993).

5. Die Sozialgeschichte des historisch spezifischen **Publikums** ist der Untersuchungsgegenstand der Literatursoziologie auf der Rezeptions-Seite des literarischen Kommunikationssystems. Hier wird die standes- oder klassenspezifische Exklusivität historisch besonderer Rezipientengruppen untersucht: das höfische Publikum des mittelalterlichen Versromans oder jenes des Theaters im Absolutismus, das bürgerliche Lesepublikum im 18. Jahrhundert oder auch Lessings Konzeption eines bürgerlichen Trauerspiels für ein städtisches, nicht-adliges Publikum. Die **Leser- oder Rezipientensoziologie** fragt grundsätzlich danach, welches Theater- oder Lesepublikum zu einer bestimmten Zeit existiert hat, welche gesellschaftlichen Gruppen welche Texte zu welcher Zeit auf welche Weise rezipieren, aus welchen möglichen Gründen und gegebenenfalls mit welcher institutionalisierten Unterstützung sie lesen oder ins Theater gehen (Schule, Universität, Arbeiterbildungsverein, Volkshochschule). Mit diesen Fragestellungen einer weiten Rezeptionssoziologie, einer Geschichte literarischer Kulturen, die die traditionelle Literaturgeschichte ergänzt, rücken neben den kulturellen Milieus (etwa bei Pierre Bourdieu) auch nicht-kanonische literarische Texte, Trivial- und Unterhaltungsliteratur usw. in den Blick literaturwissenschaftlicher Fragestellungen (vgl. Silbermann 1981; Franzmann 1999).

6. In Verbindung damit stehen auch Fragestellungen der **empirischen Rezeptionsforschung**: Wie etwa wirkt ein Text in die Gesellschaft hinein? Lässt sich tatsächlich die Wirkung eines literarischen Textes oder Konzeptes dokumentieren? Wie verhält sich die dokumentierbare Wirkung zu den programmatischen Wirkungsabsichten von Autoren oder Autorengruppen: Erbauung und Belehrung des Aufklärungsromans, Mitleidserregung und darüber moralische Erziehung bei Lessing, politisch-ideologiekritisches Nachdenken bei Brecht? Wie verhält sich ein Text, entweder der Schriftstellerabsicht entsprechend oder losgelöst davon gleichsam empirisch-objektiv, zu der ihn umgebenden gesellschaftlichen Ordnung? Betreibt er Affirmation oder Kritik, zielt er auf Provokation ab oder gar auf Revolte?

In diesem Zusammenhang muss die weiteste Perspektive der Kunst- oder Literatursoziologie thematisiert werden, die Frage danach, welche Rolle Kunst bzw. Literatur überhaupt innerhalb eines Ensembles von Subsystemen in der Gesellschaft spielen. Hier geht es um die eventuelle Anerkennung literarischer Kommunikation als eines der wichtigsten gesellschaftlichen Symbolsysteme oder als eines Korrektivs der gesellschaftlichen Wirklichkeit (»Heinrich Böll als das literarische Gewissen der Adenauer-Ära«) oder aber um die wachsende Randständigkeit der Literatur in der modernen Mediengesellschaft. Die Frage nach dem Verhältnis des Systems Literatur zu anderen gesellschaftlichen Systemen leitet über zu einer Systemtheorie der Literatur (s. Kap. 6.9).

In den Kontext der literatursoziologischen Überlegungen der 1970er Jahre gehört das Konzept der **Institution Literatur**. Es stellt den Versuch dar, Produktion, Struktur und Rezeption von Kunstwerken zu begreifen in Hinsicht auf die Funktion und die Stellung von Literatur in ihrer jeweiligen gesellschaftlichen Ordnung. Peter Bürgers *Theorie der Avantgarde* (1974) versucht erstmals, Vermittlung zwischen Literatur und Gesellschaft zu denken im Rahmen einer gesamtgesellschaftlichen Theorie. »Mit dem Begriff Institution Kunst sollen hier sowohl der kunstproduzierende und -distribuierende Apparat als auch die zu einer gegebenen Epoche herrschenden Vorstellungen über Kunst bezeichnet werden, die die Rezeption von Werken wesentlich bestimmen« (Bürger 1974, 29). Je nach historischem Ort und gesellschaftlicher Ordnung finde sich, so Bürger, die allgemein durchgesetzte und anerkannte Zuschreibung einer normativen Funktion der Literatur in der gesellschaftlichen Ordnung. Literatur als Institution müsse stets bezogen werden auf ihre ›primäre Trägerschicht‹, in der Produzenten und Rezipienten vornehmlich angesiedelt seien. Ein Schüler Bürgers, Hans Sanders, entwickelte dieses Konzept weiter und spricht von einer »Institution Roman« (1981): Die für die bürgerliche Gesellschaft maßgebliche literarische Gattung bekomme seit dem 18. Jahrhundert einen institutionellen Status. Erich Schön formuliert mit Blick auf den Roman der Aufklärung: Der Roman »bezieht [...] seine Legitimation aus seiner Funktion als aufklärerische Zweckform zur Belehrung und Erbauung« (Franzmann 1999, 30) (zu Literatur und/oder Gattung als Institution vgl. Voßkamp/Lämmert 1986).

Ein unüberschätzbarer Effekt der sozialgeschichtlichen Orientierung der Literaturwissenschaft in den 1970er Jahren sind zwei große literaturgeschichtliche Projekte: die **Sozialgeschichten der deutschen Literatur**, die komplementär zur traditionellen geistesgeschichtlichen Literaturgeschichtsschreibung stehen: die von Rolf Grimminger herausgegebene und auf 12 Bände geplante *Hansers Sozialgeschichte der deutschen Literatur vom 16. Jahrhundert bis zur Gegenwart* (1980 ff.) und, herausgegeben von Horst Albert Glaser, die *Deutsche Literatur. Eine Sozialgeschichte* (10 Bände, Reinbek bei Hamburg 1980 ff.). Literarische Phänomene werden hier eben nicht auf einem philosophischen, ideen- oder religionsgeschichtlichen Hintergrund erläutert, Literatur wird vielmehr zurückgebunden an gesellschaftliche Ereignisse und Bewegungen, an Sozialstrukturen und Ideologien.

6.7.3 Ende und/oder Nachgeschichte sozialgeschichtlicher Literaturwissenschaft

Trotz aller anerkennungswürdigen Verdienste der sozialgeschichtlichen Literaturwissenschaft blieb sie methodengeschichtlich weitgehend auf die 1970er Jahre begrenzt. Kritisch gegen sie zu wenden ist einerseits die Tatsache, dass sie literarische Texte häufig nur zum Beleg für allgemeinere gesellschaftliche, politische oder geschichtsphilosophische Konzepte nutzte und mit klarer politisch-ideologischer Tendenz um das eigentlich Literarische verkürzte. Die Grundlegung der marxistischen Geschichtsmechanik wurde zudem fraglich. Sozialgeschichtliche Literaturwissenschaft konnte andererseits die Frage nach der ›Brücke‹ zwischen sozialer und politischer ›Wirklichkeit‹ und literarischem Text nicht beantworten. Die scheinbare Ausschließlichkeit ›sozialer‹ Determination literarischer Texte war eine Sackgasse: Begriffs- und ideengeschichtliche Zusammenhänge, ästhetische Traditionen und Normen, intertextuelle Relationen, biografische Prägungen und tiefenpsychologische Voraussetzungen literarischer Produktion u.v.a.m. konnten unter rein sozialgeschichtlicher Perspektive nicht ausreichend berücksichtigt werden. Dennoch lassen sich gegenwärtige methodologische Ansätze durchaus als Fortsetzung sozialgeschichtlicher Literaturwissenschaft oder als deren kritische Aneignung verstehen. Deutliche Traditionslinien ziehen sich etwa in die Diskursanalyse, die Systemtheorie und den New Historicism (s. Kap. 6.11).

Literatur

Adorno, Theodor W.: *Ästhetische Theorie* [1969]. Ges. Werke, Bd. 7. Hg. von Rolf Tiedemann. Frankfurt a.M. 1970.
– : *Einleitung in die Musiksoziologie. Zwölf theoretische Vorlesungen.* Frankfurt a.M. 1975.
Benjamin, Walter: »Der Autor als Produzent«. In: W.B.: *Gesammelte Schriften.* Hg. von Rolf Tiedemann und Hermann Schweppenhäuser, Bd. II, 2 (Werkausgabe, Bd. 5), Frankfurt a.M. 1980, S. 683–701.
– : »Der Erzähler. Betrachtungen zum Werk Nikolai Lesskows«. In: W.B.: *Gesammelte Schriften.* Hg. von Rolf Tiedemann und Hermann Schweppenhäuser, Bd. II, 2 (Werkausgabe, Bd. 5), Frankfurt a.M. 1980, S. 438–465.
Bosse, Heinrich: *Autorschaft ist Werkherrschaft: Über die Entstehung des Urheberrechts aus dem Geist der Goethezeit.* Paderborn 1981.
Bürger, Peter: *Theorie der Avantgarde.* Frankfurt a.M. 1974.
Franzmann, Bodo u.a. (Hg.): *Handbuch Lesen. Im Auftrag der Stiftung Lesen und der Deutschen Literaturkonferenz.* München 1999; Taschenbuchausgabe Baltmannsweiler 2001.
Giesecke, Michael: *Der Buchdruck in der frühen Neuzeit. Eine historische Fallstudie über die Durchsetzung neuer Informations- und Kommunikationstechnologien.* Frankfurt a.M. 1991.
Glaser, Horst Albert (Hg.): *Deutsche Literatur. Eine Sozialgeschichte. Von den Anfängen bis zur Gegenwart*, 10 Bde. Reinbek bei Hamburg 1980 ff.
Grimminger, Rolf (Hg.): *Hansers Sozialgeschichte der deutschen Literatur* (bisher 9 von 12 geplanten Bänden erschienen). München 1980 ff.
Hegel, Georg Friedrich Wilhelm: *Vorlesungen über die Ästhetik* [1817]. Teil I–III. Stuttgart 1980.
Jochum, Uwe: *Kleine Bibliotheksgeschichte.* Stuttgart 1993.
Kleinschmidt, Erich: *Autorschaft. Konzepte einer Theorie.* Tübingen 1998.
Kreuzer, Helmut (Hg.): *Der Autor.* Göttingen 1981 (LiLi 42).
Lukács, Georg: *Die Theorie des Romans. Ein geschichtsphilosophischer Versuch über die Formen der großen Epik* [1916]. Darmstadt/Neuwied ⁶1981.

Ruppelt, Georg: »Bibliotheken«. In: Franzmann 2001, S. 394–431.
Sanders, Hans: *Institution Literatur und Roman. Zur Rekonstruktion der Literatursoziologie.* Frankfurt a.M. 1981.
Silbermann, Alphons: *Einführung in die Literatursoziologie.* München 1981.
Uhlig, Christian: »Der Buchhandel«. In: Franzmann 2001, 356–393.
Voßkamp, Wilhelm/Lämmert, Eberhard (Hg.): *Historische und aktuelle Konzepte der Literaturgeschichtsschreibung.* Tübingen 1986.

6.8 Diskursanalyse

6.8.1 Begriffsentwicklung

Der Begriff des Diskurses hat in den letzten Jahren eine heikle Konjunktur erfahren und wird geradezu inflationär gebraucht. Diskurs war im 18. Jahrhundert ein allgemeines Wort für Gespräch, Konversation, Gedankenaustausch und wird heute noch ähnlich in der linguistischen Gesprächsanalyse gebraucht (vgl. Ehlich 1994). In Deutschland ist der Begriff insbesondere in der Soziologie von Jürgen Habermas verwendet worden: ›Diskurs‹ meint eine ›Diskussion‹, mit der sich Einzelne über die Gültigkeit von Normen verständigen und versuchen, zu einem erträglichen Konsens zu gelangen, unter Absehung von Hierarchien im ›herrschaftsfreien Diskurs‹ und nur dem ›zwanglosen Zwang‹ des besseren Arguments verpflichtet (vgl. Habermas 1971).

In der französischen Erzähltheorie bezeichnet *discours* den Fortlauf des Erzählens in der schriftlichen Narration, die sich formal analysieren lässt und von der erzählten Handlung (*histoire*) abgegrenzt wird (vgl. Genette 1994). Auch die Etymologie des Begriffs gibt zunächst nur schwache Auskunft: lat. *discursus* heißt soviel wie das Durcheinander-, Hin- und Herlaufende; dasjenige, was ›diskurriert‹, sind dann die Sprach- und Denkmuster einer Epoche, die die politischen Meinungen, konkrete Verhaltensweisen oder auch Literatur bestimmen.

6.8.2 Michel Foucault: Grundlegungen des Diskursbegriffs

Michel Foucault (1926–1984) brachte den Begriff maßgeblich in Umlauf, ohne ihn jedoch systematisch zu fixieren. Näherungsweise fasst er den Diskurs als eine »Menge von Aussagen, die einem gleichen Formationssystem angehören« (Foucault 1973, 156). Begriffsbildungen, Kategorien, also eine bewusst gewählte Anordnung der Wissensgegenstände, bilden dafür die Voraussetzungen. Zum Diskurs gehört also nicht das Rauschen der Alltagsgespräche, das Telefonbuch, eine Bastelanleitung oder was sonst sich an ›wilder‹ Kommunikation ereignet. Diskurse werden vielmehr durch genaue Regeln bestimmt, die aus theoretisch unendlichen Aussagemöglichkeiten bestimmte Sätze definieren und dasjenige, was man wissen und sagen können muss, durch Ausschlussverfahren festlegen. Damit werden Kriterien aufgestellt, welche Aussagen überhaupt zu einem Wissensgebiet, Formationssystem oder Diskurs gehören und welche nicht zugelassen sind.

Um ein Beispiel aus dem literarischen Diskurs zu nehmen: Der Titel des ›klassischen‹ oder ›kanonischen‹ Werkes wird nicht allen Texten verliehen, sondern nur wenigen strategisch ausgewählten – solche Ernennungen (hier: zum Diskurs ›klassische Literatur‹) werden knapp gehalten, um dadurch Hierarchien zu schaffen. Diese Entscheidungen spielen innerhalb einer Gesellschaftsökonomie eine wichtige Rolle, weil damit geregelt wird, was bestimmte Personen(-gruppen) äußern dürfen und was nicht. Diskursbildung ist also, insofern sie Ausschluss-

und Verknappungsprozeduren vornimmt, auch ein **Machtmittel zur Monopolbildung**. Denn so wie nicht jeder zu jedem Zeitpunkt alles sagen kann, hat auch nicht jeder Zugang zu den Diskursen, dazu wird man vielmehr autorisiert (vgl. Foucault 1974a, 26). Nimmt man alle Diskurse einer Epoche zusammen, bilden sie einen Fundus bzw. ein **Archiv**; dieses enthält ein Regelwerk, das die diskursive Praxis ermöglicht (vgl. Foucault 1973, 156).

Die Rolle der Wissenschaften in diesen Prozessen hat Foucault ausführlich untersucht, um schließlich ihren **Erkenntnisgewinn als ein Produkt von Institutionen** zu kennzeichnen. So zitiert er einen Absatz aus einer alten chinesischen Enzyklopädie, der von Tiergattungen handelt:

> »a) Tiere, die dem Kaiser gehören, b) einbalsamierte Tiere, c) gezähmte, d) Milchschweine, e) Sirenen, f) Fabeltiere, g) herrenlose Hunde, h) in diese Gruppierung gehörige, i) die sich wie Tolle gebärden, j) unzählige, k) die mit einem ganz feinen Pinsel aus Kamelhaar gezeichnet sind, l) und so weiter, m) die den Wasserkrug zerbrochen haben, n) die von weitem wie Fliegen aussehen« (Foucault 1971, 17).

Das Beispiel zeigt allgemein (übrigens auch für die heutigen Wissenschaften!), wie willkürlich und wandelbar diskursive Wissensordnungen sind: Sie sind nicht naturgegeben, sondern werden durch unterschiedliche Kulturen stets anders – und nicht unbedingt: richtiger – ausgearbeitet.

Wahrheiten sind dann nur eine Sache der Verabredung, was Foucault bei Nietzsche gelernt hat: Angehörige einer Sprachgemeinschaft verständigen sich auf sie und verfertigen sie durch Sprachbilder wie Metaphern oder Metonymien, also durch Kunstgebilde und täuschende Begriffsfügungen, die im längeren Gebrauch wie selbstverständlich unseren Denkhorizont bilden. Ein Beispiel dafür wäre ein Satz wie ›Die Wissenschaft hat festgestellt‹, der eine Personifikation darstellt und Geltung beansprucht, ihre Begründung aber womöglich schuldig bleibt. Dass mit diesen Denkgewohnheiten und Illusionen aber umso besser Macht ausgeübt werden kann, ist ein Zentralgedanke.

Diskursanalyse kann so zeigen, wie der Wille zur Wahrheit (vgl. Foucault 1974c, 12 ff.) auch als Wille zur Beherrschung derer funktioniert, die dieses Wissen nicht haben. Denn hinter jeder Behauptung, hinter jedem Wissen steckt ein Wille zur Macht – wiederum eine Denkfigur Nietzsches, die Foucault weiterführt mit der These des **Willens zum Wissen** (1974a, 11 ff.). Er bezeichnet damit aber weniger individuelle Verhaltensweisen, sondern Denkweisen, die Weltbilder übermitteln, aber damit nicht Wahrheiten weitergeben, sondern Erfindungen oder Momentaufnahmen, die die Welt gar nicht oder unvollständig treffen. Trotzdem funktionieren sie: Sie können sich zu Diskursen formieren, die eine »Ausschlussmaschinerie« bilden (ebd., 15), mit der man Macht ausüben kann.

In der Studie *Die Ordnung der Dinge* (1966) bringt Foucault am deutlichsten Wissenschaftssysteme und Literatur in Verbindung. Er zeigt dort, wie sich Literatur seit 1800 auf sich selbst bezieht und Selbstreflexion betreibt. Sie tut dies im Widerspiel zu den Wissenschaften, die seit dem 18. Jahrhundert die Literatur aus dem Bereich der Wissensordnungen verdrängt haben und sich ihren Gegenständen immer mehr in Formeln und Tafeln nähern. Literatursprache ist als Instrument, das Informationen weitergeben oder wirkliche Welten nachahmen müsste, nun nicht mehr gefragt. Gerade durch Besinnung auf ihre eigene **Sprachqualität** aber kann sie einen Gegendiskurs zu den herrschenden rationalen Wissensformen bilden und damit alternative Erkenntniswege anbieten: Sie habe ein eigenes, anarchisches, widerständiges ›Sein‹ und könne selbst eine eigene Ordnung der Dinge modellieren (vgl. Foucault 1966/1971, 366).

6.8.3 Foucaults Kritik der Institutionen und Machtanalytik

Die Hoffnung auf einen starken Gegendiskurs ›Literatur‹ wird Foucault allerdings zurücknehmen: In den 1970er Jahren entthront er die Literatur und räumt ihr nicht mehr die Priorität vor den umgebenden Diskursen ein, sondern sieht sie vielmehr als von ihnen abhängig. Es geht nun vor allem darum, historische Wissensformationen zu analysieren, jene Denksysteme also, die durch die Anordnung von Wissen auch dessen Inhalte mitgeprägt haben (Foucault 1973).

Als ein Diskursbereich unter vielen erscheint Literatur nun selbst von Machtstrukturen gekennzeichnet: Ihre **Institutionen**, so lässt sich folgern, sind die journalistische Kritik, die wissenschaftliche Wertung oder die schulische Umsetzung, die darüber befinden, ob es einen Kanon ›hoher‹ Literatur gibt, der ›niedere‹ Gebrauchsformen wie Zeitungs-, Gelegenheitstexte oder Popgesang ausschließt oder zulässt. Literatur ist also keine fest definierte Substanz, die sich selbst bestimmt, sondern wandelt historisch ihre Funktion, die in ihrer jeweiligen Position zwischen den anderen Diskursen beschreibbar ist. Dazu kann Literaturkritik einen Teil beitragen: Sie weist Teilnehmern des literarischen Diskurses ihre Plätze zu. Doch wirken extern auch konkrete Machtfaktoren mit, sei es in Form eines Kulturamtes oder einer Zensurbehörde, die vielleicht Literaturkritik als verlängerten Arm benutzen kann. An einer solchen Nahtstelle verbinden sich **diskursive** mit **nichtdiskursiven Praktiken**, also technischen, ökonomischen, sozialen Bedingungen oder politischen Machtinstanzen.

Foucault relativiert den Diskursbegriff nun insgesamt, insofern er stärker auf die Institutionen der Macht zu sprechen kommt, ihre Rahmenbedingungen also, innerhalb derer Diskurse in soziale Praxis umgesetzt werden: Spitäler, Irrenhäuser und Gefängnisse insbesondere sind es, die als Machtfaktoren analysiert werden mit durchschlagenden Wirkungen auf alle Lebensbereiche, Moralbegriffe oder Denkweisen, wie sie in der Literatur herrschen (Foucault 1977). Instanzen bündeln ihre Kräfte zum **Dispositiv**, einem Netzwerk, das strategisch über die Teilnehmer herrscht (Foucault 1977–86, Bd. 1). Dasselbe gilt für wissenschaftliche Institutionen, die ebenfalls durch Strategien des Ausschlusses und Regelsetzens Wissenspolitik betreiben.

Daraus folgt eine Zentralthese Foucaults: Macht ist nicht bloß repressiv, sie unterdrückt nicht nur Äußerungen, sondern sie ist vor allem produktiv, insofern sie am Wissensfundus der Diskurse mitarbeitet und ganz allgemein durch Wahrheitsrituale neue Gegenstandsbereiche hervorbringt (vgl. Foucault 1977, 250).

Foucault hat damit nicht im Sinn, die Machtinstanzen positiv zu bewerten – sein Ansatz bleibt der Kritik verpflichtet. In seiner **Machtanalytik** zeigt er, wie gerade die aufgeklärten Institutionen die heiklen Bereiche des Verbrechens und der Sexualität als bedrohlich wahrgenommen und überwacht haben. So zeichnet er die Entstehung des Gewissens aus der Geschichte der religiösen Beichte und der Gefängnisse mitsamt Disziplinarstrategien und Überwachungstechniken (1977). Das Spähprinzip des **Panoptismus** dehnt sich von der religiösen Beichte auf alle gesellschaftlichen Bereiche aus, Verhöre entsprechen einem gesteigerten Informationsbedürfnis der entstehenden modernen Staaten um 1800, die alles beobachten wollen (1977, 251 ff.). Der Mensch wird zum »Geständnistier«, das unter Beichtzwang steht (Foucault 1977–86, Bd. 1, 77). Daraus entstehen einige Textsorten: Verhörprotokolle, autobiografische Berichte, Briefe, und all dies kann von den im 18. Jahrhundert entstehenden Menschenwissenschaften Medizin, Psychiatrie, Pädagogik oder Kriminologie zu Dossiers zusammengestellt und in den Archiven abrufbar gespeichert werden – Texte, die konstitutiv für Gesellschaften sind (Foucault 1977, 250).

Der **Mensch**, denkt man ihn als lebendige, individuelle Einheit, wird von diesem Szenario geschluckt, oder, wie es Foucault mit einem durchaus lyrischen Bild formuliert hat, er »verschwindet wie am Meeresufer ein Gesicht im Sand« (1971, 462). Auch er ist eine Erfindung der Wissensordnungen, die sich womöglich ändern und damit einen anderen Menschen hervorbringen können. Damit wird auch das neuzeitliche Ich, das selbstgewisse, souveräne **Subjekt** zum Problem: In den modernen Wissensordnungen, die es geschaffen hat, ist es selbst gefährdet und dann nicht autonom, sondern im lateinisch-wörtlichen Sinne *sub-iectum*, Unterworfenes.

Auch der Autor, der schreibende Spezialfall des Subjekts, gehört zu den Institutionen, denen Foucault etwas Willkürliches unterstellt. Auch er schreibe aus den Diskursen heraus, die seine Rede prägen und die ihn beherrschen, er tritt nur als eine historische Funktion auf (1974b, 7–31). Als juristische Figur, die über ihr Eigentum wacht, habe der moderne Autor oder Künstler ausgespielt – so die Kernaussage der seitdem oft wiederholten provokanten Formulierung vom **Tod des Autors**. Diese These hat vor allem Roland Barthes geprägt (1968/1977), und seine Analyse von Werbung und anderen Alltagsphänomenen mag ihn zu dieser Ansicht bewogen haben: Die verschiedenen Stimmen, die den Autor durchziehen, lassen sich als Codes analysieren (Barthes 1974, 11). Die Analyse Barthes' zielt dabei stärker auf den literarischen Text; Foucault fragt hingegen eher nach den historischen Mechanismen, unter denen sich überhaupt der Begriff des Autors gebildet hat (allgemein s. Kap. 1).

6.8.4 Anwendungsmöglichkeiten in der Literaturwissenschaft

Folgenreich für die Literaturwissenschaft waren Foucaults Desillusionierungen und Zerstörung von Gewissheiten. Denn auch wenn seine Analysen nur indirekt auf literarische Texte anzuwenden sind, bieten sie doch effektive Werkzeuge, um einige Leitbegriffe der Literaturwissenschaft auf den Prüfstand zu stellen. Das gilt, wie gezeigt, für die **Instanz des Autors**: Beim Schreiben folgt er nicht einer genialen Eingebung, die er durcharbeitet, vielmehr wird er von den ihn umgebenden Diskursen vorgeprägt. Seine Erschütterung allerdings macht den **Leser** nicht stärker. War es für Roland Barthes (1987) ein demokratischer Akt, die Macht des sinngebenden Autors zu unterlaufen und dem Leser eine produktive Rolle zuzusprechen, so ist nach Foucaults Subjektkritik auch der Leser kein souveräner Herrscher über die Texte mehr, sondern ebenso in Diskurse eingebunden.

Was die **Texte** angeht, interessieren sie Foucault nicht als geschlossene Einheit, sondern sie werden als offene Prozesse der Strukturierung gesehen, bei denen gesellschaftliche Diskurse beteiligt sind (vgl. Foucault 1974b). Gänzlich obsolet ist die Zuschreibung eines **Werks** und seiner abgeschlossenen Aussage zu einer wie auch immer gearteten Autorintention. Auch **Geschichte** bezweifelt Foucault, wenn sie traditionell als kontinuierlicher Gang einer »evolutiven, linearen Bewußtseinsgeschichte« gesehen wird (vgl. 1974c, 14), und mit ihr wird die Geschichtsschreibung in Frage gestellt, die nicht mehr als Ereignisgeschichte oder Datenkette zu verfassen sei, sondern die dahinter liegenden Diskurse berücksichtigen müsse.

Die **Institutionenkritik Foucaults** ist schließlich auf die Bildungseinrichtungen Schule und Hochschule selbst anwendbar. Das gilt auch für die Wissenschaftsdisziplin Literaturgeschichte, deren Entstehung einem bildungspolitischen Bedürfnis folgt. Die Frühromantiker waren es, die gegen die Desorientierung in der Bücherflut zur Strategie der Verknappung griffen: Man ging daran, einen Kanon zu schaffen, um zu Zwecken der Kommunikation und Bildung wichtige von nebensächlichen Büchern zu unterscheiden (s. Kap. 1). Diese Auswahltätigkeit begründete die entstehende Literaturgeschichte, die repräsentative Werke kennzeichnete und sie nach Ideen ordnete – woraus schließlich das Fach Germanistik entstand.

Im Katalog der Foucaultschen Skepsis erscheint auch ein zentrales Problem dieses Faches – die **Interpretation**, die wiederum **als Machtspiel** ausgewiesen wird:

> »Wenn Interpretieren hieße, eine im Ursprung versenkte Bedeutung langsam ans Licht zu bringen, so könnte allein die Metaphysik das Werden der Menschheit interpretieren. Wenn aber Interpretieren heißt, sich eines Systems von Regeln, das in sich keine wesenhafte Bedeutung besitzt, gewaltsam oder listig zu bemächtigen, und ihm eine Richtung aufzuzwingen, es einem neuen Willen gefügig zu machen, es in einem anderen Spiel auftreten zu lassen und es anderen Regeln zu unterwerfen, dann ist das Werden der Menschheit eine Reihe von Interpretationen« (Foucault 1974c, 95).

Angeregt worden ist von Foucaults Arbeiten in Deutschland zunächst die **Interdiskursanalyse**, die sich mit einem Netzwerk von gesellschaftlich formierten Bildern, Sinn- und Vorstellungskomplexen beschäftigt, die die politischen Einstellungen und Verhaltensweisen steuern. Diese Sprachbilder oder »Sinn-Bilder« (Link 1983, 286), in denen die Anschauungen zu einer eingängigen Struktur kondensieren, werden **Kollektivsymbole** genannt (Link 1988). Sie sind maßgeblich beteiligt an gesellschaftlichen Sinnstiftungsprozessen. Merkmal des Interdiskurses Literatur ist dabei, dass er eigenen sprachlichen Regeln folgt, zugleich aber in besonderer Weise geeignet ist, verschiedene gesellschaftliche Themen und Fragestellungen bzw. Wissensbestände (also umliegende Spezialdiskurse) zu bündeln: Er nutzt diese nämlich als Rohstoffe, um sie in anschauliche Symbole zu übersetzen und damit weiten Kreisen verständlich und zugänglich zu machen. Dabei ist er verwoben mit allen möglichen Textsorten, seien es Gebrauchstexte, Postkartentexte oder politische Dokumente. Historisch haben Vertreter der Interdiskursanalyse dies an Beispielen des 18. Jahrhunderts bis zur Gegenwart gezeigt, indem sie verbreitete, populäre Bilder in ihren literarischen und alltäglichen Varianten verglichen und in Oppositionsbündeln bzw. Gegensatzpaaren analysiert haben (vgl. Parr 2000).

Dieser Ansatz hat ein deutliches Vorbild auch in **Roland Barthes'** Studien, in denen er ebenfalls unterschiedliche kulturelle Bereiche, wie Körpervorschriften, Moden, Medien, oder Alltagsgespräche mit literarischen Texten vergleicht. Damit schlägt Barthes eine etwas andere Richtung ein als Foucault, wenn er weniger unter Aspekten der Macht arbeitet, sondern mehr die rhetorischen Strukturen von Gesellschaftsformen untersucht. Hier wird stärker die linguistische Bedeutung des Diskursbegriffes betont: Es sind gesellschaftliche Kommunikationen und soziokulturelle Phänomene, Weltbilder und Haltungen als ideologische Formulierungen, die Barthes miteinander in Beziehung setzt. Mit diesem semiotischen Ansatz kann er auch allgemein eine Analyse von Kulturen (sei es westeuropäischen oder fernöstlichen) leisten. Darin liegt die Verwandtschaft zu Foucault: Auch bei Barthes ist gesellschaftliche Praxis nicht als natürliche gezeigt, sondern als eine aus Zeichen konstruierte – ein Ansatz, der die internationale Semiotik mit geprägt hat (vgl. Nöth 2000). Entsprechend zerfällt auch Literatur in Codes, sie ist mehrstimmige Rede, die sich auch aus nichtliterarischen Texten speist. An diesem Komplex zeigt Barthes (und ähnlich die Interdiskursanalyse), wie sich bestimmte Sprachbilder verfestigen können, und zwar auf unheilvolle Weise: Sie erstarren dann zu politischen Klischees und zu ideologischen Gebilden, die durch genaue Analyse zu ›verflüssigen‹ sind.

Stärker verbreitet ist mittlerweile eine andere Ausrichtung der Diskursanalyse, nämlich die **Materialgeschichte**. Der Materialbegriff umfasst **technische Medien**, aber auch die Vorstellungen bzw. Konzeptionen, die ihnen zugrunde liegen. Weiterhin bezieht er sich auf Archive aller Art, die Dokumente, Zeugnisse im weitesten Sinn oder persönliche Daten enthalten. Die technischen und medialen Voraussetzungen diskursiver Praxis zu ermitteln, ist Friedrich Kittlers Projekt in den *Aufschreibesystemen* (1995). Medien als solche, die für Foucault zur nichtdiskursiven Praxis zählen würden, stehen bei Kittler im Vordergrund, insofern sie die Botschaften inhaltlich formen und Denkweisen sowie literarische Schreibweisen prägen, mehr noch: die gesellschaftliche Wirklichkeit definieren (s. Kap. 6.10). Stefan Rieger (2000) hat diesen medientechnischen Ansatz stärker auf die zugrunde liegenden Diskurse bezogen, die technische Entwicklungen begleiten, insbesondere das psychologische Wissen, das im Zusammenhang mit Speicher- oder Übertragungsmedien entsteht.

Aus dem Funktionieren von Speichern kann man auch Rückschlüsse auf das Programm ableiten, das ihnen zugrunde liegt – es gibt eine Diskursstrategie hinter dem sichtbaren technischen Medium. **Manfred Schneider** hat gezeigt, dass dies nicht nur für Zahlen- und Datenspeicher gilt, sondern auch für all jene Archive, die mit Aufzeichnungen von menschlichen Daten, also Unterlagen, Dossiers, Akten, Urkunden oder Notizen gefüllt sind – bis hin zu Verhörsprotokollen, Geständnissen oder autobiografischen Notizen (vgl. Schneider 1986; Kittler/Schneider/Weber 1990). Zusammen bilden diese Texte eine kulturelle Matrix, die wiederum literarischen Texten zugrunde liegt, die zumindest teilweise aus diesem Hintergrund entstehen. Stärker als auf technische Aspekte zielen Schneiders Analysen auf machtpolitische Zusammenhänge, die Texte beeinflusst haben, einschließlich der Ritualbildungen, die sich in literarischen Texten niederschlagen: religiöse Bekenntnisimperative, Politiken des autobiografischen Geständnisses, Gewohnheiten der Liebe (Schneider 1992) oder andere Kulturereignisse, die auf dem Recycling von Erfahrungsmustern beruhen (Schneider 1997). Damit können Mechanismen erschlossen werden, die der Literatur zugrunde liegen, Strategien des Denkens also, die auf die literarischen Formen eingewirkt haben. Daraus hat sich eine Reihe von **Fragestellungen für die Germanistik** ergeben:

- Wie funktionieren die Regelungen, die die Machtinstanzen in wissenschaftlichen oder literarischen Diskursen durchgesetzt haben?
- Wie hat der Beichtzwang auf die Literatur gewirkt?
- Welche Wirkung hatte die Erfindung des modernen Gefängnisses auf die Literatur?
- Gibt es Rituale der Liebe, die in der Literatur konstruiert werden?
- Wie zeigen sich in Texten Spuren der Medien?
- Welche Rolle spielt die Instanz des Autors zu einem bestimmten Zeitpunkt und wie zeigt sich dies in seinen Texten?
- In welcher Weise baut ein Text ›Wahrheiten‹ auf und nach welchen Strategien verfährt er dabei?
- Welche Sprachregelungen werden in der Politik getroffen und wie werden sie in öffentlichen Medien oder Literatur reflektiert?
- Gibt es literarische Texte, die selbst Herrschaft ausüben?
- Welche Entscheidungen hat Literaturwissenschaft in ihrer Geschichte getroffen, um damit bestimmte Wahrheiten zu produzieren?

All diese an Foucault geschulten Fragestellungen lassen sich im weitesten Sinne einer **historischen Diskursanalyse** zuordnen, die in einer Archäologie der Wissenssysteme und der gesellschaftlichen Instanzen zeigt, wie sich diese an literarischen Texten niederschlagen (Kammler 1986; Bogdal 1999).

6.8.5 Perspektiven und Kritik

Foucaults Œuvre bleibt bei der Vielzahl seiner Thesen ohne systematische Abrundung. Seine Absicht ging nicht dahin, ganzheitliche Theoriegebäude zu produzieren, die er selbst als Machtapparate kritisiert hätte, weil sie die weitere Reflexion verhindern würden. Gewisse Widersprüche hat er in Kauf genommen: So etwa die Sprünge zwischen einem sehr weiten Diskursbegriff und andererseits konkret beschreibbaren Machtspielen in Diskursereignissen. Die Widersprüchlichkeiten sowie die wechselnde Verwendung des Diskursbegriffs haben die starke Rezeption von Foucaults Konzepten allerdings nicht behindert, eher noch (und sei es in Form produktiver Irrtümer) gefördert. Die durchgängigen Themen von Macht, Gesellschaftsinstitutionen und Wissensformationen und die wechselhafte Rolle des Subjekts, das als Schriftraum von Diskursen begriffen wird, haben zahlreiche Spuren in verschiedenen Gebieten hinterlassen: in der Medientheorie, der politischen Machtanalytik, in der feministischen Theorie, in postkolonialen Studien und in der Sozialpsychologie.

Literarische Texte haben Foucault eher als historische Zeugnisse von Wissensordnungen, Machtstrukturen oder Lebensbedingungen interessiert; insofern gibt es hier Berührungspunkte mit dem sozialgeschichtlichen Ansatz (s. Kap. 6.7). Das spezifisch Literarische nimmt Foucault kaum in den Blick. Wie aber Jürgen Link oder Manfred Schneider gezeigt haben, kann Diskursanalyse durchaus auf literarische Strukturen bezogen werden und dann umso gewinnbringender eingesetzt werden. Texte und Gewissheiten »gegen den Strich zu lesen« (Barthes 1974, 41) ermöglicht eine neue Sicht auf Leitbegriffe wie den Autor, auf ›höhere‹ und ›niedere‹ Texte, auf Leser, Kultur oder Epoche, deren diskursive Grundlagen zu zeigen sind. Auch die Hermeneutiker könnten Strategien ihrer Arbeit hinterfragen: Ihr eigenes »Kommunikationsprogramm« wäre als »aktive Sinnordnungspolitik« zu beschreiben (Fohrmann/Müller 1988, 239) – eine Selbstuntersuchung, die durchaus zum hermeneutischen Zirkel gehört.

Grundlegende Literatur

Angermüller, Johannes (Hg.): *Diskursanalyse: Theorien, Methoden, Anwendungen*. Hamburg 2001.
Barthes, Roland: *La mort de l'auteur* [1968]. In: ders./Wolfgang Kayser u.a. (Hg.): *Poétique du récit*. Paris 1977, S. 143–148.
– : *S/Z* [1970]. Frankfurt a.M. 1987.
– : *Die Lust am Text* [1973]. Frankfurt a.M. 1974.
Fohrmann, Jürgen/Harro Müller (Hg.): *Diskurstheorien und Literaturwissenschaft*. Frankfurt a.M. 1988.
Foucault, Michel: *Die Ordnung der Dinge. Eine Archäologie der Humanwissenschaften* [frz. 1966]. Frankfurt a.M. 1971.
– : *Archäologie des Wissens* [frz. 1969]. Frankfurt a.M. 1973.
– : *Die Ordnung des Diskurses* [frz. 1971]. Frankfurt a.M. 1974a.
– : *Schriften zur Literatur* [frz. 1962–69]. München 1974b.
– : *Von der Subversion des Wissens* [frz. 1963–73]. München 1974c.
– : *Überwachen und Strafen. Die Geburt des Gefängnisses* [1975]. Frankfurt a.M. 1977.
– : *Sexualität und Wahrheit*, Bd. 1–3 [1976–84]. Frankfurt a.M. 1977–86.
Jäger, Siegfried: *Kritische Diskursanalyse: eine Einführung*. Duisburg 1999.
Kittler, Friedrich A.: *Aufschreibesysteme 1800/1900*. 3., überarb. Aufl. München 1995.
– /Schneider, Manfred/Weber, Samuel (Hg.): *Diskursanalysen 2. Institution Universität*. Opladen 1990.
Link, Jürgen: »Literaturanalyse als Interdiskursanalyse. Am Beispiel des Ursprungs literarischer Symbolik in der Kollektivsymbolik«. In: Fohrmann/Müller 1988, S. 284–307.
Mills, Sara: *Der Diskurs: Begriff, Theorie, Praxis* (engl. 2002). Tübingen/Basel 2002.
Schneider, Manfred: *Die erkaltete Herzensschrift. Der autobiographische Text im 20. Jahrhundert*. München 1986.
– : *Liebe und Betrug. Die Sprache des Verlangens*. München 1992.
– : *Der Barbar: Endzeitstimmung und Kulturrecycling*. München 1997.

Zitierte/weiterführende Literatur

Bogdal, Klaus-Michael: *Historische Diskursanalyse der Literatur: Theorie, Arbeitsfelder, Analysen, Vermittlung.* Opladen 1999.
Ehlich, Konrad (Hg.): *Diskursanalyse in Europa.* Frankfurt a.M. 1994.
Genette, Gérard: *Die Erzählung.* München 1994.
Habermas, Jürgen: »Vorbereitende Bemerkungen zu einer Theorie der kommunikativen Kompetenz«. In: ders./Niklas Luhmann (Hg.): *Theorie der Gesellschaft oder Sozialtechnologie.* Frankfurt a.M. 1971, S. 101–142.
Kammler, Clemens: *Michel Foucault. Eine kritische Analyse seines Werks.* Bonn 1986.
Link, Jürgen: *Elementare Literatur und generative Diskursanalyse.* München 1983.
Nöth, Winfried: *Handbuch der Semiotik.* 2., überarb. u. erw. Aufl. Stuttgart/Weimar 2000.
Parr, Rolf: *Interdiskursive As-Sociation: Studien zu literarisch-kulturellen Gruppierungen zwischen Vormärz und Weimarer Republik.* Tübingen 2000.
Rieger, Stefan: *Die Individualität der Medien. Eine Geschichte der Wissenschaften vom Menschen.* Frankfurt a.M. 2000.

6.9 Systemtheorie

6.9.1 Begriffsentwicklung

Die Rede vom System ist allgegenwärtig: Ob politische Systeme oder psychische, Zahlungssysteme oder Spielsysteme, Systeme des Handelns oder Denkens – es scheint sich um einen Passepartout-Begriff zu handeln, der in seiner Entstehungsgeschichte in den Wissenschaften geklärt werden muss. Bezeichnet das griech. *systema* ein Ganzes, das aus Einzelgliedern zusammengesetzt ist, wird dieses in der Systemtheorie nicht als feste Einheit oder Substanz, sondern als ein dynamisches Geflecht von Kommunikationen gefasst (vgl. Baecker 2001).

Mit den verschiedenen Branchen der Systemtheorie ist seit 1970 ein Netzwerk entstanden, das mittlerweile unterschiedlichste Wissensbereiche verbindet. Von der Biologie und der Neurobiologie seit den 1950er Jahren stammend (vgl. Maturana/Varela 1987), hat der Analysebegriff des Systems sich insbesondere in der Soziologie Niklas Luhmanns, aber auch in der Psychologie und Medizin entwickelt (vgl. Kriz 1999) und ist in den Wirtschafts- und Umweltwissenschaften (vgl. Gnauck 2002) ebenso geläufig wie in der Pädagogik; auch in den Politik- oder Rechtswissenschaften wird seine Anwendung erprobt (vgl. de Berg 2000). Weiterhin haben die Geschichts- und Kulturwissenschaften (vgl. Becker/Reinhardt-Becker 2001), die Kunstwissenschaften mit Einschränkung (vgl. de Berg 2000, 180–242), insbesondere aber die Literaturwissenschaft in den 1990er Jahren die starke Konjunktur des systemischen Ansatzes genutzt und einen umfangreichen Theorieimport getätigt.

Die Biologie betrachtet als lebendes System alles, was durch Rückkopplungsprozesse die Aufrechterhaltung des eigenen Systems regelt, nämlich das Erkennen chemischer Daten, die zugleich die Programme zu ihrer Verarbeitung enthalten und so die laufende Neuproduktion ermöglichen. Die Neurobiologie hat in diesem Sinne danach gefragt, was ein lebendes System ist, wie es in sich funktioniert und wie es Umweltreize nach den Regeln des eigenen Wahrnehmungsapparates verarbeitet. Demnach ist auch das Lernen kein Umbau, der bloß von außen geschieht, sondern der Systemaufbau einer Einheit, die mit internen Voraussetzungen auf Neues reagiert (vgl. Maturana/Varela 1987).

So lässt sich der zentrale Begriff der **Autopoiesis** in erster Näherung fassen: Ein lebendes System bildet alle Lebenserhaltungsfunktionen aus sich selbst heraus, indem es Umweltimpulse aufnimmt, aber nach eigenen Gesetzen verarbeitet (gr. *auto*: selbst; *poein*: machen; vgl. Becker/Reinhardt-Becker 2001, 31–39). Diesen Ansatz hat der **Konstruktivismus** weitergeführt und untersucht, wie unser Nervensystem als in sich geregelte Einheit die Welt, die wir wahrnehmen, konstruiert, und inwiefern man davon sprechen kann, dass jeder einzelne Wahrnehmungsapparat als autopoetisches System funktioniert, das sich aus sich selbst heraus entwickelt (vgl. Schmidt 1990).

6.9.2 Niklas Luhmann: Grundbegriffe

Der Soziologe Niklas Luhmann hat die neurobiologischen Systemprozeduren mit gesellschaftlichen Vorgängen verknüpft, wobei er sich auf Talcott Parsons stützte und eine grundlegende Auffassung von ihm übernahm: Menschliches Handeln greift aus einer überkomplexen Welt bzw. aus dem unendlichen Horizont der Perspektiven etwas Relevantes heraus. Damit wird eine Auswahl getroffen, die Regeln, Sichtweisen oder Handlungsvorschläge für eine Gesellschaft konstruiert. In Parallele zum Autopoiesis-Gedanken könnte man sagen: Gesellschaft entwirft sich durch ihre Symbole und Umgangsregeln, also ihre soziale Praxis insgesamt. **Komplexität** bedeutet dabei nur am Rande ›kompliziert‹, eigentlich ist damit die Zahl der möglichen Verknüpfungen gemeint, die ein System zwischen seinen Elementen herstellen kann. Ein System sucht sich dabei so viel Komplexität wie nötig, um seine Funktionen aufrechterhalten zu können. Bei zu vielen Verknüpfungsmöglichkeiten droht allerdings der Zusammenbruch – dann muss Komplexität reduziert werden, d.h. das System muss eine Auswahl treffen, um daraus Leitcodes zu gewinnen (Becker/Reinhardt-Becker 2001, 23–25).

In seinem viel beachteten Buch *Soziale Systeme* (1984) hat Luhmann ein Evolutionsmodell der modernen Gesellschaft entworfen und damit Anhaltspunkte dafür gegeben, wie sich Gesellschaften ausdifferenzieren können. Wichtig geworden sind vor allem seine Analysen zur modernen Gesellschaft. Seit Ende des 18. Jahrhunderts folge sie einer **Ausdifferenzierung nach Funktionen** der gesellschaftlichen Teilbereiche: Politik, Recht, Wirtschaft, Moral, Erziehung, Philosophie, Kunst oder Religion sind solche Segmente, die zunehmend in sich selbst funktionieren, eigenständig und spezialisiert arbeiten und damit auch effizient sein können. Sie steuern sich selbst und bilden im Ensemble der Teilsysteme das gesellschaftliche Gesamt. Damit lässt sich Gesellschaft beschreiben als **Zusammenhang der Kommunikationen** in und zwischen Subsystemen, die aufeinander Bezug nehmen. Menschen, Individuen und ihre Interaktionen sind dabei zweitrangig und werden nicht direkt der Gesellschaft zugerechnet, beobachtbar ist allein »Kommunikation und deren Zurechnung als Handlung« (Luhmann 1984, 240). Ob Lebewesen, Dinge, Gesellschaften u.a. – Systemtheoretiker beobachten nur die Kommunikate, die agierenden Sprecher werden als ›opak‹ behandelt.

Der Aufbau eines Systems geschieht »durch Selbstbeobachtung und Selbstbeschreibung sozialer Systeme« (Luhmann 1984, 241) und das entsprechende **Kommunizieren der Systeme** untereinander. Diese Kommunikation wird durch Leitdifferenzen gesteuert, die den Code des Systems bilden, und zwar als Gegensatzpaar bzw. als binärer Code. Jedes System folgt anderen Leitdifferenzen, z.B. ›Haben – Nicht-Haben‹, ›effizient – nicht effizient‹ (Wirtschaft); ›wahr – falsch‹ (Wissenschaft, Theologie), ›innovativ – reproduktiv‹ (Technologie); ›gut – böse‹ (Moralphilosophie); ›Macht – Opposition‹ (Politik); ›schön – hässlich‹, ›interessant – langweilig‹ (Kunst), ›in – out‹ (Unterhaltungsbranche) usw. Aus diesen Leitdifferenzen gewinnen Systeme aus den potenziell unendlichen Eigenschaften der Umwelt ein eigenes Profil. Die Selbstreflexion über ihre Leitdifferenzen brauchen sie, um ihre Evolution voranzutreiben. In diesem Sinne benötigen Systeme sogar Probleme zur Selbstorientierung, ohne die sie nicht überleben können. Nichtsdestoweniger kommunizieren sie mit ihrer jeweiligen **Umwelt**, d.h. den von ihnen aus gesehen umgebenden Systemen, und treten mit ihnen in Wechselwirkung. Diese **strukturelle Kopplung** erzeugt eine Schnittmenge, z.B. zwischen Rechtssystem und Intimbeziehung dann, wenn eine Ehe geschlossen oder nichteheliche Lebensgemeinschaft festgestellt wird, oder im Fall des Zusammentreffens von Literatur und Politik die Förderung durch Preise bzw. im negativen Fall Einengung durch Zensur (vgl. Becker/Reinhardt-Becker 2001, 65–67).

Wenn sich Teilsysteme ausbilden, die sich spezialisieren, gewinnen sie dadurch neue Perspektiven. Werden diese von den Teilsystemen in Beziehung gesetzt, entstehen durch die Synergieeffekte des Zusammentreffens neue Zustände, die nicht treffsicher vorausgesagt werden können (**Emergenz**). Ist schon das Eigenverhalten eines Systems nicht strikt vorhersagbar, da es grundsätzlich mehrere Reaktionsweisen zeigen kann, ist die Reaktion der Systeme aufeinander umso schwieriger vorherzusagen oder gar zu steuern. Das gilt auch für die Planbarkeit von Gesellschaften, deren Teilsysteme sich immer noch anders entwickeln können als angenommen. Dieser Bereich der zukünftigen, offenen Ereignisse wird als **Kontingenz** bezeichnet – was etwa Robert Musil im *Mann ohne Eigenschaften* (1930) literarisch als Möglichkeitssinn beschrieben hat.

In dieser Unvorhersagbarkeit der Ereignisse hat Luhmann gerade der Kunst eine hoffnungsreiche Rolle zugesprochen, wenn sie neue, unvermutete Perspektiven anbietet und durch »Herstellung von Weltkontingenz« Fremderfahrung ermöglicht: »Die festsitzende Alltagsversion wird als auflösbar erwiesen; sie wird zu einer polykontexturalen, auch anders lesbaren Wirklichkeit – einerseits degradiert, aber gerade dadurch auch aufgewertet« (Luhmann 1986, 625). Festgefahrene Haltungen können durch Kunst mit einer Alternativversion der Dinge konfrontiert werden, woraus sich neue Handlungsperspektiven gewinnen lassen: Der einäugigen Sicht der Alltagsgewissheiten kann sie durch Rätsel, Irritationen oder Eröffnung neuer Kontexte beggenen. In der Literaturwissenschaft entspricht dem das **polykontexturale Verfahren**, Literatur aus der Sicht anderer Systeme (bes. Recht, Medizin, Politik) zu beobachten (vgl. Plumpe/Werber 1995).

6.9.3 Vorgänge des Beobachtens

Ein wichtiger Bezug zur Literatur ergibt sich aus dem **Begriff des Beobachters**: Systemereignisse können durch einen Beobachter analysiert werden, der wiederum ein eigenes System darstellt. Die Systemtheorie beschreibt dabei nicht, wie reibungslose Kommunikation passiert, sondern sie zeigt ebenso Inkompatibilitäten zwischen Systemen, unvereinbare Leitdifferenzen, die die Kommunikation erschweren. Sie ist in diesem Sinne eine Beobachtungstheorie: Jeder Vorgang, jeder Zustand und jedes Ding ist abhängig von der eingenommenen Perspektive des Beobachters, der immer in Abhängigkeit von seinem Standort und nach seinen Begriffen beschreibt. Darin liegt die **Relativität von Erkenntnis**: Der Beobachter kann sein eigenes Beobachten beobachten und dieses wiederum auf dritter Ebene beobachten usf., gelangt dabei aber an kein Ende und kann seine Position nie endgültig fixieren; jeder Erkennende hat notwendig einen blinden Fleck der Selbsterkenntnis. Dies entspricht wiederum der Alltagserfahrung der Selbsttäuschung oder der Tatsache, dass man durch andere über die eigene Beobachterposition aufgeklärt werden kann.

Dieser Gedanke ist von der Hermeneutik nicht weit entfernt: Der Leser verhält sich als Beobachter, der den Text als fremde Welt kennen lernt, ihn unter eigenen Systembedingungen nachschafft, sich mit der neuen Sichtweise auseinander setzt und so etwas über seine eigene Weltsicht erfährt (vgl. de Berg/Prangel 1997). Auf Textverhältnisse übertragen hieße das wiederum, dass Lektüre nicht einfach Übertragung von Informationen ist, sondern dass jeder Leser unter seinen eigenen Systembedingungen Textbedeutungen generiert (vgl. Schmidt 1990, 63 ff.).

Auch hier spielt Kontingenz eine Rolle: Wenn zwei Kommunikationsteilnehmer sich verständigen (wie z.B. Autor und Leser über den Text), müssen beide aus einem Fundus von Verstehensmöglichkeiten auswählen, weswegen dann von **doppelter Kontingenz** gesprochen wird, was auch doppelte Unschärfe beim Verstehen bedeutet (Becker/Reinhardt-Becker 2001). Und noch eine Lehre kann der Beobachter von Literatur ziehen: Er sollte bei der Geschichtsschreibung die Entwicklung von Literatur nicht auf ein striktes Ziel hin lesen. Denn auch literarische Texte stellen einen zukunftsoffenen Horizont her, der auf bestimmte Weise aufgegriffen wird, aber auch stets anders realisiert werden kann. Epochenbeschreibungen sind insofern nichts anderes als Konstrukte, die ein Beobachter im Nachhinein erstellt – einleuchtende womöglich, die aber Brüche glätten und vielleicht Tendenzen übersehen, die zum Epochenschema nicht passen.

6.9.4 Wechselwirkung zwischen Literatur und anderen Systemen

Systemtheorie ist in der Literaturwissenschaft insbesondere dann angewendet worden, wenn es darum ging, das Zusammenwirken von Literatur mit anderen Systemen zu beobachten. Gerade hier zeigt sich, dass Systeme nicht nur in sich geschlossen arbeiten, sondern dass sie miteinander kommunizieren, indem sie die **Leitdifferenzen** anderer Systeme für sich selbst überprüfen können. Denn ein literarisches Werk kann sehr wohl aus der Umwelt bzw. aus anderen Systembereichen bewertet werden: ökonomisch als Ware, die marktgängig ist oder nicht, als politische Kritik, religiöse Stellungnahme oder als jugendgefährdende Schrift, die eventuell auf den Index zu setzen ist. Sie kann auch durchaus zur Moralinstanz werden oder lehrreich sein und bilden wollen, und Pädagogen mögen über das Bildungspotenzial eines bestimmten Textes gutachten, der im Unterricht zu berücksichtigen ist oder nicht. So wie Literatur auf Codes aus anderen Systemen bezogen werden kann, kann sie aus ihrer Sicht die differenzierenden Blickpunkte anderer Systeme für eigene Zwecke umwandeln oder sie als Zumutung zurückweisen. Denn Literatur fragt nicht vorrangig nach ökonomischen, politischen oder moralischen Leitdifferenzen, sondern in erster Linie nach den Regeln von

Kunst, danach also, ob ein Text interessant oder langweilig, anspruchsvoll oder nicht, anregend oder belanglos, stimmig oder brüchig ist. Gerade die Leitdifferenz von interessant und langweilig ist seit Ende des 18. Jahrhunderts zum Entwicklungsmotor von Literatur geworden.

Immer wieder ist von Systemtheoretikern die Phase um 1770 als Sattelzeit beschrieben worden, in der die moderne Gesellschaft beginnt, sich in kleinere Systeme auszudifferenzieren (Luhmann 1984, Schmidt 1989). Beim Aufbau eines eigenständigen **Literatursystems** ist zunächst die Arbeit der Autoren des Sturm und Drang am Geniekult wichtig: Sie bringen sich als Individuen ins Spiel, die mit wachsendem Selbstbewusstsein um Anerkennung und (juristische) Rechte kämpfen und dies über Dichtungsprogramme oder autobiografische Texte betreiben. Originalität wird dabei zum Markenzeichen des Dichters, der sich als bedeutendes Individuum begreift. Indem er dies tut und sich im gleichen Zuge von allen gesellschaftlichen Forderungen emanzipiert, wie sie vielleicht Fürsten, Theologen oder Moralphilosophen stellen mochten, arbeitet er daran, das Literatursystem als eigenständiges System einer vielfältig gewordenen Umwelt bzw. Gesellschaft zu etablieren. Weder der Dichter noch seine Kunst sollten Befehlsempfänger umliegender Bereiche sein; in eigener Regie wollen die Dichter sich selbst die Regeln geben und eine eigene Identität gewinnen (s. Kap. 1).

Auch dadurch stärkt sich das Literatursystem um 1800, dass die einzelnen Texte zunehmend an einer Vernetzung untereinander arbeiten: Sie zitieren sich gegenseitig und stiften einen intertextuellen Zusammenhang. Bereits *Die Leiden des jungen Werthers* (1774/87) zeigen dies. Der Held erweist sich nämlich auch als emsiger Leser: Homer, Ossians Heldengesänge, Lessings *Emilia Galotti* und natürlich Klopstocks Werke gehören zu den Lesefrüchten. Ebenso wird der Text seinerseits von Nachfolgern aufgegriffen und in vielen ›Wertheriaden‹ sowie zahlreichen Briefromanen verarbeitet bis hin zu Ulrich Plenzdorf (*Die neuen Leiden des jungen W.*, 1972). Dieses **Anschlusspotenzial** erweist der *Werther* in den Zitaten, Variationen, Übernahmen, Anspielungen, Auseinandersetzungen, in die er später hineingerät.

6.9.5 Literarische Autopoiesis als Systembildung

Dieser Vorgang der Autopoiesis, des Selbsthervorbringens, funktioniert aber nicht nur im gesellschaftlichem Bezug oder dadurch, dass Einzeltexte sich in einen intertextuellen Zusammenhang stellen (s. Kap. 1.2). Er kann sich auch an Textstrukturen zeigen, die auf sich selbst verweisen und ihre Konstruktion offen legen, wie z.B. Christian Morgensterns Gedicht *Das ästhetische Wiesel* (1900):

> Das ästhetische Wiesel
> saß auf einem Kiesel
> inmitten Bachgeriesel.

> Wißt ihr,
> weshalb?
>
> Das Mondkalb
> verriet es mir
> im stillen:
>
> Das raffinier-
> te Tier
> tats um des Reimes willen.

Das hier vorgestellte Wiesel ist kein tatsächliches, zoologisches, sondern eines, das nur in der lyrischen Form besteht. Wie diese funktioniert, wird im Gedicht selbst angesprochen: Der Reim übertrumpft den Gegenstand, der sich kunst- bzw. systemgerecht verhalten muss. Die strenge Achsensymmetrie der Anordnung ist ein ästhetisches Arrangement. Es handelt sich auch um ein Bildgedicht, das in sich selbst kreist und nur für sich selbst da ist. Das Gedicht erweist seine Systemeigenschaften darin, dass es Leitdifferenzen aufbaut: Es fragt nicht nach Wahrheit, Ökonomie oder Moral, sondern nach Reim/Nichtreim, Kunst/Nichtkunst und Bildtauglichkeit/Untauglichkeit. Seine Selbstreferenzialität zeigt sich darin, dass es (nicht ohne Ironie) über Bedingungen von Gedichtsprache allgemein reflektiert, dass es vielleicht eine Gedichtmaschine ist, insofern darin ein Bauplan zu erkennen ist für weitere Gedichte. Das **Medium** von Gedichtsprache wird selbst reflektiert, um daraus eine konkrete **Form** zu gewinnen. Wenn man das Medium als eine allgemeine Struktur definiert, die Kommunikation ermöglicht (etwa Geld, um ein Geschäft abzuwickeln; Sand, der einen Fußabdruck zeigt, oder im Sportwettkampf das einzelne Spiel), so bedient sich die Literatur des allgemeinen Mediums Sprache, um daraus speziellere Formen zu gewinnen, hier die der lyrischen Kommunikation.

Selbsthinweise kann Literatur in vielfacher Art geben. Sie trägt dann ihre Produktionsregel in sich. Das folgende Beispiel etwa zeigt das Prinzip, wie ein Satz durch Rückkopplung neu produziert werden kann: »E ist dEr ErstE, sEchstE, achtE, zwölftE, viErzEhntE ...« : was ergänzt heißen muss: »...Buchstabe in diesem Satz« (Schwanitz 1990, 59). Die Position des jeweiligen ›E‹ gibt zugleich die Regel, nach der der Satz fortgeführt werden kann. Ähnlich verhält es sich, wenn im Roman der Erzähler seine Rolle reflektiert und der Leser in den Maschinenraum des Erzählens geführt wird oder im Theater Aussagen über das Drama gemacht werden, womit der Text Auskunft darüber gibt, wie er gemacht ist (und also auch, wie er weiter geschrieben werden könnte). Eine spezielle Variante dieser Autoreferenzialität ist die **Autologie**, die auf der Formebene die Produktionsregel noch einmal abspiegelt: wenn etwa über den Reim in Reimform gesprochen wird, wie in Morgensterns Gedicht.

6.9.6 Perspektiven für die Literaturwissenschaft und Kritik

Mit systemtheoretischen Ansätzen lassen sich einige Fragestellungen pointieren, die zwar teilweise vorher in der Formanalyse und in der sozialgeschichtlichen Herangehensweise auch schon aufgeworfen wurden, allerdings nicht in vergleichbarer Stringenz. **Literatursoziologisch** kann man nun zeigen, in welcher Interaktion bzw. in welchen Zusammenhängen das Literatursystem mit anderen Systemen steht und wie diese – Recht, Politik, Wirtschaft, Medizin, Religion etc. – sich durch jeweils andere Leitcodes voneinander abgrenzen und nach eigenen Gesetzen funktionieren. **Historisch** lässt sich beschreiben, wann Literatur stärker auf die Seite der Umwelt oder wann sie stärker auf das eigene System zielt. So ist es typisch für den Ästhetizismus um 1900 (vgl. Morgenstern), dass dieses Zusammenwirken von Medium und Form ganz auf Kunst selber zielt. Diese Entscheidung bahnte sich um 1770 an und wurde in der Frühromantik entschieden durchgeführt, wo es insbesondere um Selbstreflexionen von Kunst ging (s. Kap. 2.3.1). Die Avantgarden des 20. Jahrhunderts hingegen, die das Kunstsystem mit dem Alltag vermischen wollen, betreiben dagegen Entdifferenzierung, setzen die organisierenden Kunstregeln außer Kraft oder forcieren den Einsatz von Alltagsdingen und Technik, um die Gesellschaft zu revolutionieren (vgl. Plumpe 1993).

Dabei spielt eine wichtige Rolle, welche **Selbstbeschreibungen** Literatur in ihren Programmen vornimmt. Genauer lässt sich dann in der Einzeltextanalyse beobachten, in welcher Art ein Text auf sich selbst verweist, wie er seine Strategien oder Konstruktionen offen legt und über sein Gemachtsein nachdenkt. Die Analyse läuft dann meist darauf hinaus, einen Text in Codewerte bzw. binäre Oppositionen zu unterteilen und über diese Schemata ein Funktionssystem zu beschreiben; die sonstigen analytischen Details überlässt man z.B. der werkimmanenten Interpretation.

Stellt die Systemtheorie Kategorien wie ›Mensch‹, ›Moral‹ und überhaupt anthropologische Sichtweisen grundsätzlich in Frage, werden auch die traditionellen Instanzen der Literaturwissenschaft – besonders der Autor und seine Inspiration sowie die Anteilnahme des Lesers – in Systemfunktionen aufgelöst: Nicht als Individuen sind sie interessant, sondern als **Rollenträger**, die sich Eigenschaften zuschreiben und sie wieder ablegen können. Der Systemtheorie deswegen den ›menschlichen‹ Standpunkt abzusprechen, wäre indessen kurzsichtig, denn gerade die unparteiliche, nicht einfühlsame Perspektive kann die Analyse z.B. gesellschaftlicher Probleme erst durch Unvoreingenommenheit und distanzierte Herangehensweise weiterführen.

Von diskursanalytischer Seite könnte man den Einwand erheben, dass Gesellschaft nicht nur als Funktionieren von Systemen, sondern über die Wirkung von Machtinstanzen zu beschreiben ist, die durchaus greifbar sind und einer kritischen Sichtung unterzogen werden müssen. Abgesehen aber davon, dass auch Luhmann (1997) zu kritischen Sichtweisen angeregt hat, würden Systemtheoretiker grundsätzlich dagegenhalten, dass es keine guten oder schlechten Systeme und auch keine privilegierten Beobachterstandpunkte gibt, sondern ihre Verhältnisse untereinander oder Vorgänge in sich selber zu beschreiben sind. Diese Beschreibungen können dann funktionieren oder interessant sein und Anschlusskommunikation ermöglichen. Literaturwissenschaftler/innen haben damit aber auch die Aufgabe, ihre eigenen Beobachtungen zu beobachten, was mit der hermeneutischen Bewusstmachung des eigenen Erkenntnishorizonts vergleichbar ist (vgl. de Berg/Prangel 1997; Pfeffer 2001). Von manchen Widersprüchen abgesehen, könnten beide Seiten hierin und in der konkreten Textanalyse durchaus Gemeinsamkeiten entdecken und damit die Gefahr der dogmatischen Erstarrung durchkreuzen.

Grundlegende Literatur

Baecker, Dirk: »Kommunikation«. In: *Ästhetische Grundbegriffe. Historisches Wörterbuch in sieben Bänden*. Hg. von Karlheinz Barck u.a. Stuttgart/Weimar 2001, S. 384–426.
Barsch, Achim: »Kommunikation mit und über Literatur. Zu Strukturierungsfragen des Literatursystems«. In: *Spiel* 12,1 (1993), S. 34–61.
Becker, Frank/Elke Reinhardt-Becker: *Systemtheorie. Eine Einführung in die Geschichts- und Kulturwissenschaften*. Frankfurt a.M./New York 2001.
Fohrmann, Jürgen/Harro Müller (Hg.): *Systemtheorie der Literatur*. München 1996.
Luhmann, Niklas: *Soziale Systeme*. Frankfurt a.M. 1984.
– : »Das Kunstwerk und die Selbstreproduktion der Kunst«. In: H.U. Gumbrecht/K.L. Pfeiffer (Hg.): *Stil. Geschichten und Funktionen eines kulturwissenschaftlichen Diskurselements*. Frankfurt a.M. 1986, S. 620–672.
– : *Die Gesellschaft der Gesellschaft*. Frankfurt a.M. 1997.
Plumpe, Gerhard: *Ästhetische Kommunikation der Moderne*, 2 Bde. Opladen 1993.
– /Niels Werber (Hg.): *Beobachtungen der Literatur. Aspekte einer polykontexturalen Literaturwissenschaft*. Opladen 1995.
– /Niels Werber: »Systemtheorie in der Literaturwissenschaft oder ›Herr Meier wird Schriftsteller‹«. In: Fohrmann/Müller 1996, S. 173–208.
Schmidt, Siegfried J. (Hg.): *Der Diskurs des radikalen Konstruktivismus*. Frankfurt a.M. ²1990.
– : *Die Selbstorganisation des Sozialsystems Literatur im 18. Jahrhunderts*. Frankfurt a.M. 1989.
Schwanitz, Dietrich: *Systemtheorie in der Literatur. Ein neues Paradigma*. Opladen 1990.

Zitierte/weiterführende Literatur

Bardmann, Theodor M./Alexander Lamprecht: *Systemtheorie verstehen. Eine multimediale Einführung in systemisches Denken*. Wiesbaden 1999.
de Berg, Henk/Prangel, Matthias (Hg.): *Systemtheorie und Hermeneutik*. Tübingen 1997.
de Berg, Henk/Johannes Schmidt (Hg.): *Rezeption und Reflexion. Zur Resonanz der Systemtheorie Niklas Luhmanns außerhalb der Soziologie*. Frankfurt a.M. 2000.
Gnauck, Albrecht (Hg.): *Systemtheorie und Modellierung von Ökosystemen*. Heidelberg 2002.
Hohm, Hans-Jürgen: *Soziale Systeme, Kommunikation, Mensch. Eine Einführung in soziologische Systemtheorie*. Weinheim 2000.
Jahraus, Oliver (Hg.): *Interpretation – Beobachtung – Kommunikation. Avancierte Literatur und Kunst im Rahmen von Konstruktivismus, Dekonstruktivismus und Systemtheorie*. Tübingen 1999.
Jensen, Stefan: *Erkenntnis – Konstruktivismus – Systemtheorie. Eine Einführung in die Philosophie der konstruktivistischen Wissenschaft*. Opladen 1999.
Koschorke, Albrecht (Hg.): *Widerstände der Systemtheorie. Kulturtheoretische Analysen zum Werk von Niklas Luhmann*. Berlin 1999.
Kriz, Jürgen: *Systemtheorie für Psychotherapeuten, Psychologen und Mediziner. Eine Einführung*. Wien 1999.

Maturana, Humberto/Francisco Varela: *Der Baum der Erkenntnis. Die biologischen Wurzeln menschlichen Erkennens.* Bern/München 1987.
Pfeffer, Thomas: *Das zirkuläre Fragen als Forschungsmethode zur Luhmannschen Systemtheorie.* Heidelberg 2001.

6.10 Medienwissenschaften

Die allgemeine Medienwissenschaft fragt danach, wie Kommunikationsprozesse von technischen Medien geändert werden und welche soziologischen oder kulturellen Auswirkungen sich jeweils ergeben (vgl. insgesamt Hickethier 2003). Germanisten beobachten in dieser Perspektive spezieller, wie sich die **Entwicklung von Literatur unter den Bedingungen technischer Medien** vollzogen hat. Von den ersten Schriftzeichen über optische und akustische bis zu den digitalen Medien ist zu beobachten, wie Medien in der Literatur thematisch verarbeitet werden, vor allem aber auch, wie sie in den Textstrukturen ihre Spuren hinterlassen oder neue Gattungen begünstigen, und schließlich umgekehrt: wie Literatur den jeweils neuen Medien eine Formensprache gegeben hat. Wichtige Impulse für diese **Medienästhetik** setzen bereits Walter Benjamins Studien seit Ende der 1920er Jahre (zusammengefasst in Benjamin 2002), in denen der Zusammenhang zwischen Gesellschaftsstrukturen, Medien wie Fotografie und Film sowie den Künsten, insofern sie die Wahrnehmungsformen ändern können, untersucht wird.

Geprägt sind die **mediengeschichtlichen Diskussionen** in der Literaturwissenschaft besonders von Marshall McLuhan, der davon ausgeht, dass »das Medium Ausmaß und Form des menschlichen Zusammenlebens gestaltet und steuert« (1964/1995, 23) und zugleich den Inhalt in einer Weise transportiert, die die Sinne jeweils spezifisch anspricht – so die viel zitierte These, ›das Medium sei die Botschaft‹ bzw. präge sie (ebd. und passim). In den Medien suche der Mensch eine Ausweitung seiner Sinne: Sei es der Buchdruck, die Telegrafie, der Film, das Radio, der PC oder das mobile Telefon – der Mensch schaffe sich gleichsam eine gedehnte Haut, mit der er die Außenwelt fühlt, die aber deswegen auch auf seine Wahrnehmung der Welt zurückwirkt: »Heute, nach mehr als einem Jahrhundert der Technik der Elektrizität, haben wir sogar das Zentralnervensystem zu einem weltumspannenden Netz ausgeweitet und damit, soweit es unseren Planeten betrifft, Raum und Zeit aufgehoben« (ebd., 15).

Diese Optimierung der Kommunikation im globalen Weltdorf folgt zwar auch einem spielerischen Selbstzweck, vor allem aber handelt es sich um Strategien des zentralen Nervensystems, Machtpotenziale zu vergrößern durch Erhöhung der Lebensgeschwindigkeit. Dabei folgt McLuhan keiner bloß materialistischen Sicht, nach der die Medien allein die Umweltwahrnehmung prägen, und auch Künste bzw. Literatur sind nicht nur Spiegel der Medienverhältnisse. Ihnen wird sogar eine Vermittlungsfunktion zugetraut: »Der Künstler kann das Verhältnis der Sinne zueinander berichten, noch ehe ein neuer Anschlag der Technik bewußte Vorgänge betäubt. Er kann es berichten, noch bevor die Betäubung und ein unterschwelliges Herumtappen und die Reaktion einsetzen« (ebd., 109). Diese **Medienanthropologie** wird heute mit Blick auf die deutschsprachige Literatur von Albrecht Koschorke konkretisiert, dessen »Mediologie« (^{2}2003) die technischen Medien allerdings nur im weitesten Sinne betrifft. Er analysiert vor allem, wie sich unter dem Eindruck von Naturwissenschaften (Physiologie), aber auch technischen Konzeptionen die Kommunikationsverhältnisse und die Gedächtniskultur in der Literatur geändert haben.

Solche Fragestellungen nach dem **Zusammenhang von Medien, Sinneswahrnehmung und Künsten** wurden von der sozialgeschichtlichen Literaturwissenschaft seit den 1960er Jahren sporadisch aufgegriffen, sofern sie nicht die Welt der Technik als Kulturindustrie aus ihren Untersuchungen ausblendete. Einen eigenen Stellenwert bekamen diese Perspektiven in der Germanistik ab Mitte der 1980er Jahre. Friedrich A. Kittler untersucht systematisch die Einflüsse der Medien auf Literatur, und zwar besonders in medienpsychologischer Sicht (vgl. Kittler 1986 und 2003), wobei er den Medien eine klare Vorrangstellung einräumt und der Literatur jegliche eigene Gesetzlichkeit abspricht. Mit dieser Frontstellung gegen den geisteswissenschaftlichen Ansatz wollte er die Literaturwissenschaft in eine **Medientechnik** überführen und in die Medienwissenschaften integrieren. Ausgewogener ist die **Diskursgeschichte der Medien** von Manfred Schneider (1987), der gezeigt hat, wie ästhetische bzw. Formtraditionen der Literatur im Zusammenhang mit Drucktechniken oder anderen medialen Bedingungen und Machtstrategien entstanden sind.

Literatur unter Bedingungen der Druckmedien

Unter den praktischen Anwendungen medienwissenschaftlicher Perspektiven ist die wichtigste bisher, Literatur in Abhängigkeit ihrer Druckmedien zu analysieren (allgemein Binczek/Pethes 2001). Der Gedanke, dass die literarische Sprache und das Schreiben von den Medien beeinflusst sein könnten, ist u.a. von Friedrich Nietzsche geäußert worden: Die 1865 eigens für Blinde erfundene Schreibmaschine ermöglichte es dem an starker Sehschwäche leidenden Autor, durch Tastendruck den Einzelbuchstaben zu wählen und die Sätze simultan auf dem Schreibpapier entstehen zu sehen. Dies nahm Einfluss auf Nietzsches Schreiben, er ließ sich zu spielerischen Experimenten mit Buchstaben, Wörtern und Zeilen inspirieren und bevorzugte nun Kurztexte bzw. Aphorismen gegenüber den literarischen Großformen. Indem der Schreibende an der Maschine sein Produkt unmittelbar vor sich sieht, ändert sich auch der Inhalt der Texte, woraus Nietzsche den folgenreichen Schluss zog: »Das Schreibwerkzeug arbeitet mit an unseren Gedanken« (Nietzsche 1882/1981, 172). In dieser Sicht ist es also nicht gleichgültig, welche Produktionsbedingungen ein Text hat, sondern es sind die medialen Bedingungen von der mündlichen Weitergabe über Handschrift, Buchdruck bis zur Computerschrift, die mit Literatur in Verbindung zu sehen sind, weil sie auch einige Literaturgattungen erst hervorgebracht haben.

Kann man bereits den Buchstaben als Medium bezeichnen, insofern er als Mittler zwischen zwei Kommunizierenden fungiert, so ist allgemein die **Entwicklung der Schriftkultur** Gegenstand zahlreicher Untersuchungen geworden (McLuhan 1964/1995; Flusser 1992), die auf die Auswirkungen dieser Kulturtechnik hinweisen: Aus ihrer Entstehung zu rein praktischen Zwecken (Handelsbriefe, kurze Nachrichten) kann Schrift auch zu Beherrschungs- oder Eroberungszwecken eingesetzt werden. Eine weitere Funktion ist, die kulturelle Überlieferung zu sichern. Ferner hat Flusser (1992) mit einer viel diskutierten These demonstriert, wie mit der Schrift auch Denkrichtungen angebahnt werden: Die optische Gleichförmigkeit und Stetigkeit des Alphabets scheint kulturgeschichtlich mit dem Gedanken einherzugehen, dass Geschichtsprozesse auf einen zukünftigen Punkt hin verlaufen und das Denken eben solche politische Zielgerichtetheit auf bestimmte Zwecke hin annehmen müsse.

Thema zahlreicher Studien ist der Medienwechsel zu Beginn der Frühen Neuzeit: Die mittelalterliche Handschriftenkultur, die von der mündlichen, persönlich-unmittelbaren Weitergabe weniger Texte bzw. der Oralität und der Visualität geprägt war (vgl. Wenzel 1995), wird durch Johannes Gutenbergs Buchdruck mit beweglichen Lettern abgelöst (Binczek/Pethes 2001; Giesecke 1998). Die um 1454 entstandene erste Druckbibel setzte eine Medienrevolution in Gang, die das **Buch als Massenmedium** und seine wichtige Rolle im öffentlich-politischen und im kulturellen Leben fundieren sollte. In diesem Kontext sind die wichtigen literaturgeschichtlichen Folgen dieser Kontinuität und Linearität der Schrift (McLuhan 1964/1995, 32) bzw. der Vereinheitlichung der Drucktypen zu einer normierten Informationsverarbeitung untersucht worden. Dazu zählt die Entwicklung einer einheitlichen Hochsprache und das damit einsetzende Nationalbewusstsein, der Beginn von Literatur als einem öffentlichen Medium, die Entstehung des Romans, aber auch die Rolle der Bibelübersetzung Luthers und der Reformation, die es ohne den Buchdruck in dieser Form nicht gegeben hätte (vgl. Schneider 1987).

Als weiterer wichtiger Faktor der Schriftverbreitung seit dem Ende des 15. Jahrhunderts gilt die Entwicklung des **Postwesens** (vgl. Siegert 1993). Die Logistik der Postkutschendienste steht im engen Zusammenhang mit der Entwicklung einiger Literaturformen im 18. Jahrhundert. Das **Zeitungswesen** etablierte sich von den Poststationen ausgehend: Weil sich diese an Knotenpunkten der Verkehrswege befinden, lassen sich die dort zusammenlaufenden Nachrichten am besten bündeln, die freilich keinen politischen, sondern eher Unterhaltungswert hatten (vgl. Lotz 1989).

Als ein unterhaltsames Publikationsorgan, das ein relativ großes Publikum erreichte, bildeten sich die **moralischen Wochenschriften** heraus, deren Rolle als Verständigungsmedium der Aufklärung im 18. Jahrhundert diskutiert wird, ferner das **Feuilleton** (frz. *feuillet*: Blatt, Bogen) mit seinem ästhetischen und politischen Anspruch. Für die Literatur im engeren Sinne sind verstärkt die Zusammenhänge des Zeitungswesens mit der **Novellistik** dargestellt worden, aber auch die Verbindungen zum **Briefroman**, der als Untergattung im 18. Jahrhundert entscheidend von der Post begünstigt wurde und eine private Sprachkultur hervorbrachte (vgl. Nickisch 1991, 44–59 und 158–167; Siegert 1993, 35–101; s. Kap. 3.4).

Auch die Textproduktion im gegenwärtig perspektivreichsten Massenmedium, dem **Computer**, ist mittlerweile zum Gegenstand der jüngeren Literaturwissenschaft geworden, die analysiert, wie die neuen Medien auf Lese- und Schreibvorgänge einwirken (vgl. Kammer 2001, 519–554). Abgesehen von der kaum mehr übersehbaren Fülle der Privattexte und Literaturprojekte, die den Computer als günstigen Verbreitungsweg nutzen, in ihren Formen aber traditionell bleiben (*Forum der Dreizehn* und *the Buch – leben am pool*, 1999), sind für die Literaturwissenschaft solche Unternehmungen interessant, bei denen nicht nur Formen, sondern auch Grundlagenbegriffe von Literatur gewandelt werden. Insofern ist der irritierend weite Begriff der **Netzliteratur** genauer zu fassen als **digitale Literatur**, wenn beim Schreiben oder Lesen die Beweglichkeit im virtuellen Raum genutzt wird und auch Möglichkeiten des Navigierens im Hypertext miteinbezogen werden. Dabei werden als neue Gattung auch die so genannten ›random-Texte‹ untersucht, bei denen mit der Maustaste Wörter oder Bilder angeklickt werden, um Bild- oder Klangcollagen in Bewegung zu setzen oder neue Wortkonstellationen zu öffnen. Solche Textqualitäten wie auch neue Struktureigenschaften der Auflösung, Vernetzung und Interaktivität von Autor und Leser hat etwa Roberto Simanowski mit seinem Projekt *literatur.digital.de* realisiert und in einem Kommentarbuch ausführlich analysiert (Simanowski 2002).

Akustische und optische Medien

Durch die Frage, wie sich Literatur in ihren Medien bzw. materialen Trägern verhält, hat sich die Literaturwissenschaft neue Themen und Formen, aber auch neue historische Zusammenhänge erschlossen. Dies zeigen die vielfältigen Untersuchungen von Literatur und **optischen Medien** seit dem 18. Jahrhundert, die etwa danach fragen, wie technische Apparate des Sehens (Walitsch/Hiebler in Hiebel 1999, 281–540) auf die Literatur gewirkt haben, z.B. das Mikroskop auf das Rahmenbild und die Kleinformen der Dichtung im 18. Jahrhundert, wenn ein knappes Bild (Spruchdichtung, Fabel) vorgestellt oder eine Abfolge kleiner Ereignisbilder im größeren Roman gegeben wird. Der Zusammenhang des Panoramas mit den Erzählweisen des 19. Jahrhunderts wird ebenso behandelt (vgl. Segeberg 1996) wie das Problem der Fotografie für die Literatur (vgl. Plumpe 1989), der Einfluss der Serienfotografie auf die Entwicklung der Polyperspektive um 1900 (s. Kap. 2.3.5) sowie insbesondere der Wechselkreis von Filmtechnik und literarischen Erzählweisen seit 1895 (s. Kap. 5.5). In diesem Zusammenhang sind vielfältige parallele Kompositionsstrategien herausgearbeitet worden, wie etwa die Wahl von Blickwinkel und Perspektive, Schnitt- und Montagetechniken sowie Möglichkeiten der Zeitgestaltung (vgl. Hickethier ³2001).

Der Einfluss der **akustischen Medien** auf die Literatur zeigt sich z.B. in der Erfindung des Bewusstseinsstroms. Dieser ist nicht mehr eine rein literarische Angelegenheit, sondern ein Medieneffekt der spontanen Aufzeichnung des 1877 erfundenen Fonografen. Die Möglichkeit der unverfälschten Speicherung im Tonmedium legt nahe, die inneren Stimmen zu registrieren, was etwa in den Erzählungen Arthur Schnitzlers (*Leutnant Gustl*, 1900) in den inneren Monolog mündet (vgl. Kittler 1986, 243). Dass die Sprache als Übermittler von Botschaften zum technischen Problem wird, findet in der Literatur einen Niederschlag in der Sprachskepsis um 1900, aber auch darin, dass man nun auf die Lautgestalt oder die Buchstaben achtet und sie isoliert von ihren Bedeutungen behandelt, sei es als optisches Arrangement von Buchstaben oder Wörtern im Gedicht oder in der Lautpoesie, die auf die Bedeutungsebene von Sprache verzichtet.

Münker/Roesler (2000) untersuchen, wie sich das **Telefon** in der Philosophie und in der Literatur ausgewirkt hat, sei es als anonymisiertes Kommunikationsmedium oder als Machtinstrument etwa in Kafkas *Schloss* (1923) oder allgemein in der Umformung von literarischer Kommunikation (vgl. Bräunlein 1997).

Die engste Zusammenarbeit von Literatur und akustischen Medien ist allerdings seit 1923 beim Rundfunk zu beobachten; sie prägt bis heute die reichhaltigen Hörspielangebote der Rundfunkhäuser und des CD-Hörbuchmarktes (s. Kap. 5.6).

Den Stellenwert der Medien zu klären ist vor allem in den Bildungsdebatten ein weithin sichtbares pädagogisches und didaktisches Bedürfnis geworden (vgl. Wermke in Schanze 2001). Darin spiegeln sich auch die Auseinandersetzungen zwischen Medientheorie und Literaturwissenschaft. Unberührt davon bleibt die Einsicht, dass Erkenntnis und Wissenserwerb keine reinen Geistestätigkeiten und -produkte sind, sondern sich immer in Medien vollziehen: »Was wir über unsere Gesellschaft, ja über die Welt, in der wir leben, wissen, wissen wir durch die Massenmedien« (Luhmann 1996, 9). Erkenntnis, Wahrnehmung und Künste unterliegen spätestens seit 1800 auch einem Industrialisierungsprozess, der sich in literarischen Formen niedergeschlagen hat. Texte in einem Kontinuum von Nachbarmedien zu zeigen, wird insofern ein weitreichendes Forschungsinteresse bleiben, ebenso wie die Rollen des Autors und des Lesers im Blick zu behalten sind, die sich unter medialen Bedingungen gewandelt haben (Rau 2000).

Grundlegende Literatur

Benjamin, Walter: *Medienästhetische Schriften*. Hg. mit einem Nachwort von Detlef Schöttker. Frankfurt a.M. 2002.
Faßler, Manfred/Halbach, Wulf (Hg.): *Geschichte der Medien*. München 1998.
Flusser, Vilém: *Die Schrift*. Frankfurt a.M. 1992.
Giesecke, Michael: *Der Buchdruck in der frühen Neuzeit: eine historische Fallstudie über die Durchsetzung neuer Informations- und Kommunikationstechnologien*. Frankfurt a.M. 1998.
Hickethier, Knut: *Film- und Fernsehanalyse*. Stuttgart/Weimar ^{3}2001.
– : *Einführung in die Medienwissenschaft*. Stuttgart 2003.
Hiebel, Hans H. u.a.: *Große Medienchronik*. München 1999.
Kloock, Daniela/Spahr, Angela (Hg.): *Medientheorien. Eine Einführung*. München 1997.
McLuhan, Marshall: *Die magischen Kanäle* [1964]. Dresden/Basel 1995.
Schanze, Helmut (Hg.): *Handbuch der Mediengeschichte*. Stuttgart 2001.
– (Hg.): *Metzler Lexikon Medientheorie/Medienwissenschaft*. Stuttgart/Weimar 2002.
Schnell, Ralf: *Medienästhetik. Zu Geschichte und Theorie audiovisueller Wahrnehmungsformen*. Stuttgart/Weimar 2000.
Segeberg, Harro (Hg.): *Die Mobilisierung des Sehens. Zur Vor- und Frühgeschichte des Films in Literatur und Kunst*. Frankfurt a.M. 1996.

Zitierte Literatur

Binczek, Natalie/Pethes, Nicolas: »Mediengeschichte der Literatur«. In: Schanze 2001, S. 248–315.
Bräunlein, Jürgen: *Ästhetik des Telefonierens: Kommunikationstechnik als literarische Form*. Berlin 1997.
Kammer, Manfred: »Geschichte der Digitalmedien«. In: Schanze 2001, S. 519–554.
Kittler, Friedrich A.: *Aufschreibesysteme 1800/1900*. München ^{5}2003.
– : *Grammophon Film Typewriter*. München 1986.
Koschorke, Albrecht: *Körperströme und Schriftverkehr. Mediologie des 18. Jahrhunderts*. München ^{2}2003.
Lotz, Wolfgang (Hg.): *Deutsche Postgeschichte. Essays und Bilder*. Berlin 1989.

Luhmann, Niklas: *Die Realität der Massenmedien.* Opladen 1996.
Münker, Stefan/Roesler, Alexander (Hg.): *Telefonbuch.* Frankfurt a.M. 2000.
Nickisch, Reinhard M.G.: *Brief.* Stuttgart 1991.
Nietzsche, Friedrich: Briefwechsel. In: *Kritische Gesamtausgabe.* Hg. von Giorgio Colli und Mazzino Montinari. Berlin/New York 1981, III. Abt., Bd. 1.
Plumpe, Gerhard: *Der tote Blick. Zum Diskurs der Photographie in der Zeit des Realismus.* München 1990.
Rau, Anja: *What you click is what you get? Die Stellung von Autoren und Lesern in interaktiver digitaler Literatur.* Verlag im Internet: dissertation.de 2000.
Schneider, Manfred: »Luther mit McLuhan. Zur Medientheorie und Semiotik heiliger Zeichen«. In: Schneider, Manfred/Kittler, Friedrich/Weber, Samuel (Hg.): *Diskursanalysen I.* Opladen 1987, S. 15–32.
Siegert, Bernhard: *Relais. Geschicke der Literatur als Epoche der Post.* Berlin 1993.
Simanowski, Roberto (Hg.): *literatur.digital.de.* München 2002.
Wenzel, Horst: *Hören und Sehen. Schrift und Bild. Kultur und Gedächtnis im Mittelalter.* München 1995.
Wermke, Jutta: »Medienpädagogik«. In: Schanze 2001, S. 140–164.

6.11 Kulturwissenschaftliche Ansätze

Nachdem bis in die 1990er Jahre hinein die verschiedenen in den vorangegangenen Kapiteln thematisierten Methoden oder literaturwissenschaftlichen Zugänge einander fast wie ›Moden‹ ablösten, wird seit etwa 1990 zunehmend die **methodische Vielfalt** als gleichzeitig zur Verfügung stehendes Gesamtinstrumentarium literaturwissenschaftlicher Argumentation und Analyse betrachtet, aus dem der Einzelne sich eklektizistisch bedienen darf, je nachdem, was der gerade untersuchte Gegenstand erfordert. Gleichzeitig wird die Neuere deutsche Literaturwissenschaft verstärkt als Teil der **Kulturwissenschaften** diskutiert – ein großer Rahmen, der die meisten früheren methodischen Schulen und Fragestellungen umschließt. Diese neue Orientierung der germanistischen Literaturwissenschaft greift, wie im Folgenden gezeigt werden soll, auf ältere, bereits trans- oder interdisziplinär ausgerichtete methodologische Strömungen zurück, die als Ausgangspunkt eines kulturwissenschaftlichen Verständnisses des Faches verstanden werden können. Kulturwissenschaftlich ausgerichtete Literaturwissenschaft bedeutet gleichermaßen die **Erweiterung des fachlichen Gegenstandbereichs** und eine starke **interdisziplinäre Ausrichtung**.

Das Fach Literaturwissenschaft ist gleichwohl nicht einfach durch ein Fach Kulturwissenschaften zu ersetzen. Vielmehr legitimieren sowohl die Komplexität des Gegenstandes Literatur und die Erfordernisse seiner Erforschung als auch die Wertigkeit der Literatur selbst (im Ensemble anderer künstlerischer oder kultureller Produktionen) eine Wissenschaft, die sich vorrangig der Erforschung der Literatur widmet – selbstverständlich auch unter Einbeziehung anderer kultureller Diskurse, denen die Literatur z.T. ihre Verfahren, ihre Ästhetik verdankt.

6.11.1 Cultural Studies

›Kulturwissenschaften‹ ist zunächst ein Sammelbegriff für alle Wissenschaften, die sich der Beschreibung und Analyse kultureller Strukturen und Phänomene verschrieben haben. »So kann heute eigentlich jeder das Label ›Cultural Studies‹ für sich beanspruchen, der kulturelle Praxen in ihrer Verwobenheit mit gesellschaftlichen Machtverhältnissen untersucht – ob nun als Ethnograph, Philologe, Medienwissenschaftler, Soziologe, Kulturkritiker, selbsternannter Freistilforscher« (Engelmann 1999, 25). Wissenschaftsgeschichtlich kann die Konjunktur des Begriffs ›Kulturwissenschaften‹ auch verstanden werden als der Versuch einer methodisch abgesicherten Legitimation dessen, was einmal als ›Geisteswissenschaften‹ bezeichnet worden ist – ein Begriff, den es so nur im Deutschen gibt (s. Kap. 6.1). An die Stelle der im angloamerikanischen und französischen Sprachraum verwendeten Begriffe *humanities* oder *sciences humaines* soll die präzisere Bezeichnung ›Kultur‹ treten, die sowohl auf die materialen Erzeugnisse menschlicher Gesellschaften abzielt wie auf deren Institutionen, auf gemeinschaftlich verabredete Verfahren, Rituale usf.

Im Gegensatz zu dem eher unspezifisch klingenden Überbegriff ›Kulturwissenschaften‹ waren die **Cultural Studies** am Beginn ihrer Geschichte eine sehr präzise und politisch ausgerichtete Methode: Aus den Vorläufern literaturwissenschaftlicher Untersuchungen aus den 1950er Jahren zu populärer Literatur und Film, zu Werbung und Presse entwickelte sich in England angesichts der gravierenden gesellschaftlichen Veränderung nach dem Zweiten Weltkrieg ein politisches und pädagogisches Projekt. Richard Hoggarts eröffnete mit seinem Buch *The Uses of Literacy* (1957) den Blick auf komplexere kulturelle Erscheinungen und gründete in Birmingham ein Forschungsinstitut (Center für Contemporary Cultural Studies); dessen Untersuchungsgegenstände entsprechen vielfach schon denen der gegenwärtigen Cultural Studies: Volkslied und Popmusik, Kunst im Alltag, Wohnkultur, Jugendkultur, Sport u.v.a.m. Neben Hoggart sind Raymond Williams (*Culture and Society*, 1958) und E.P. Thompson (*The Making of the English Working Class*, 1963) die Initiationsfiguren der Cultural Studies.

Methodengeschichtlich lassen sich die Cultural Studies einerseits in der Tradition marxistischer Philosophie des 20. Jahrhunderts (Althusser, Frankfurter Schule) und andererseits von Strukturalismus und Diskursanalyse verstehen. Wie die sprachlichen Zeichen im Strukturalismus werden alle gesellschaftlichen ›Realitäten‹ als nicht ›eigentlich‹ gegeben interpretiert, vielmehr werden sie über ein komplexes Verweisungssystem der Differenzen konstituiert, »ein [...] Geflecht von Elementen, Diskursen oder Praxen [entspringen], deren Beziehungsgefüge es zu analysieren« gilt (Engelmann 1999, 18). Kultur wird damit nicht mehr, in strenger orthodox marxistischer Trennung, als Überbauphänomen oberhalb der Basis der Produktionsverhältnisse betrachtet, sondern als das Ensemble aller Diskurse und gesellschaftlichen Handlungsformen, die überhaupt die Erfahrung von Gesellschaft vermitteln.

Damit geht eine radikale **Demokratisierung des Kulturverständnisses** einher: Kultur ist nicht mehr Höhenkamm- und Elitenkultur, sondern schließt verschiedene Subkulturen, Jugendkultur, Arbeiterkultur und Popkultur, ethnische Minderheitenkulturen und Erscheinungsformen der Multikulturalität ein. Zumal nach der zunehmenden Internationalisierung der Cultural Studies seit den 1980er Jahren ist eine große Breite der **Untersuchungsgegenstände** zu beobachten – Gegenstände, die einerseits die Interdisziplinarität der Cultural Studies betonen, die andererseits aus den traditionellen Literaturwissenschaften herausgefallen waren:

- Wirkungsweisen etwa popkultureller Kunstwerke oder Events;
- mediale Inszenierungs-, Durchsetzungs- und Organisationsstrukturen;
- Analysen des Populären: Quiz-Shows, Fernsehen, die Zusammensetzung des Fernsehpublikums bestimmter Formate, Surfen, Musik, Shopping, Mode und Lebenstile, Konsumerscheinungen (vgl. Hügel 2003);
- Körperdiskurse und Selbstinszenierung, Identitätskonstruktionen, für die die Kulturen das Material liefern (ethnische, sexuelle, schichtspezifische, individuelle oder kollektive Identität);
- Rassismus und Multikulturalität;
- E-Mail-Konversation und Cyberkultur;
- Kulturpolitik, Stadt, Kolonialismus, Globalisierung, u.v.a.m.

Die Leistung der Cultural Studies ist vor allem die Etablierung einer modernen und methodologisch reflektierten Soziologie oder Diskursanalyse der Kultur. Literaturwissenschaft, die sich *auch* als Kulturwissenschaft versteht, kann Phänomene der spezifisch *literarischen* Kultur in ihrer gesamtkulturellen Einbettung besser verorten, die Bestimmung des kulturellen Ortes von Trivial- und Unterhaltungsliteratur oder das Verständnis literarischer Kultur im Kontext von Medienkonkurrenz, Eventkultur und Cyberspace ist nur so denkbar. Gleichwohl ist damit keinesfalls die intensive philologische, analytische, vielleicht hermeneutische Bemühung um den einzelnen Text überflüssig geworden (einen Überblick über »Konzepte der Kulturwissenschaften« gibt Nünning/Nünning 2003).

In den Kontext einer kulturwissenschaftlich ausgerichteten Literaturwissenschaft gehören auch die zivilisationsgeschichtlichen Untersuchungen von **Norbert Elias**, dessen schon 1939 im Londoner Exil publizierte Schrift *Über den Prozeß der Zivilisation* erst in den 1970er Jahren, also im Zusammenhang mit dem starken Einfluss der Cultural Studies und der sozialgeschichtlichen Literaturwissenschaft, breit rezipiert wurde. In diesem Werk beschreibt Elias die Entwicklung der modernen europäischen Gesellschaften seit dem Mittelalter als eine über komplexe Modellierungs- und Ausdifferenzierungsprozesse laufende Sozialisation; die Ergebnisse seiner interdisziplinär angelegten Arbeiten bieten vielfältige Anschlüsse für eine moderne Literaturwissenschaft.

Ebenfalls kultursoziologisch argumentiert der französische Forscher **Pierre Bourdieu**, dessen Studie *Die feinen Unterschiede* (1979) die Funktion eines spezifischen Kultur-Konsums (von Individuen oder auch Klassensubjekten) als gesellschaftliches Unterscheidungsmerkmal erarbeitet. Rezeption von bestimmter Literatur gehört hier zum Habitus, der das Individuum von anderen unterscheidet, zu einem sozialen Verhaltens- und Selbstgestaltungsmuster der Identitätsbildung. In seiner späten großen Arbeit *Die Regeln der Kunst* (1992/1999) erarbeitet Bourdieu am Beispiel Flauberts das im 19. Jahrhundert sich als autonom ausdifferenzierende ›literarische Feld‹ und liefert damit eine kulturgeschichtliche Alternative zum Systembegriff Niklas Luhmanns (s. Kap. 6.9).

Literatur

Benthien, Claudia/Velten, Hans Rudolf (Hg.): *Germanistik als Kulturwissenschaft. Eine Einführung in neue Theoriekonzepte.* Reinbek bei Hamburg 2002.
Böhme, Hartmut/Mattusek, Peter/Müller, Lothar: *Orientierung Kulturwissenschaft. Was sie kann, was sie will.* Reinbek bei Hamburg 2000.
Bromley, Roger u.a. (Hg.): *Cultural Studies. Grundlagentexte zur Einführung.* Lüneburg 1999.
Engelmann, Jan (Hg.): *Die kleinen Unterschiede. Der Cultural-Studies-Reader.* Frankfurt a.M. 1999.
Göttlich, Udo u.a. (Hg.): *Die Werkzeugkiste der Cultural Studies.* Bielefeld 2001.
Hohendahl, Peter Uwe (Hg.): *Kulturwissenschaften. Beiträge zur Erprobung eines umstrittenen literaturwissenschaftlichen Paradigmas – Cultural studies.* Berlin 2001.
Hörning, Karl H./Winter, Rainer (Hg.): *Widerspenstige Kulturen. Cultural Studies als Herausforderung.* Frankfurt a.M. 1999.
Hügel, Hans-Otto (Hg.): *Handbuch Populäre Kultur. Begriffe, Theorien und Diskussionen.* Stuttgart/Weimar 2003.

Lindner, Rolf: *Die Stunde der Cultural Studies*. Wien 2000.
Lutter, Christina/Reisenleitner, Markus: *Cultural studies. Eine Einführung* [1998]. Wien 2002.
Nünning, Ansgar und Vera (Hg.): *Konzepte der Kulturwissenschaften. Theoretische Grundlagen – Ansätze – Perspektiven.* Stuttgart/Weimar 2003.
Nünning, Ansgar (Hg.): *Metzler Lexikon Literatur- und Kulturtheorie. Ansätze –Personen - Grundbegriffe.* Stuttgart/Weimar ²2001.

6.11.2 Feministische Literaturtheorie / Gender Studies

Literaturwissenschaftliche Arbeiten und Projekte, in »denen aus weiblicher Perspektive die Darstellung von Frauen in literarischen Texten sowie die Literaturproduktion und Literaturrezeption von Frauen erforscht wird«, werden unter dem Begriff der feministischen Literaturtheorie zusammengefasst (Nünning 2001, 168; für ausführliche Grundlagenkenntnisse vgl. Lindhoff 2003; Kroll 2002). Damit ist keine methodologisch kohärente literaturtheoretische Gruppierung bezeichnet, sondern eine sowohl historisch als auch in einzelnen Methoden differierende Vielfalt von Ansätzen. Vor allem in den 1970er Jahren war es eine aus Nordamerika stammende wissenschaftliche Bewegung, die sich zunächst der **Frauenbilder** in von Männern verfasster Literatur annahm und die ›patriarchalische‹ Ausgestaltung der Figuren, des Weiblichen analytisch erarbeitete. Die Nordamerikanerin Kate Millett las Literatur vor allem aus dem 19. und 20 Jahrhundert programmatisch ›gegen den Strich‹, d.h. sie analysierte die männliche Perspektive der Schreibenden und las die Frauenbilder unter feministischer Perspektive daraufhin, wie stark sie aus einer männlichen Machtperspektive erzeugt seien.

Eine zweite Strömung oder gar Phase erreichte die feministische Literaturtheorie mit dem Versuch, gegen die Dominanz des traditionellen Kanons auf die **Tradition weiblicher Literatur** hinzuweisen. Das bedeutete einerseits die (Wieder-) Entdeckung vergessener Autorinnen, die Interpretation und Edition ihrer literarischen Werke, ebenso auch die Neuinterpretation bekannter Autorinnen unter neuen Gesichtspunkten. Bevorzugte Gegenstände der literaturwissenschaftlichen Frauenforschung waren das Selbstverständnis von Frauen als Autorinnen, Orte oder gesellschaftliche Nischen, die literarische Selbstentfaltung von Frauen historisch begünstigten oder überhaupt ermöglichten, mittelalterliche Klöster etwa oder Salons um 1800. Ebenso gehörten ›typische‹ Genres weiblichen Schreibens (vor allem Textsorten privater Kommunikation) dazu, aber auch ›große‹ traditionell literarische Genres (vgl. Gnüg/Möhrmann ²1999). Diese Strömungen zielten insgesamt auf die Erforschung eines spezifisch weiblichen Schreibens, einer andersartigen weiblichen Ästhetik ab, die eine eigene literarische Tradition neben oder gegen den männlichen Kanon setzten (Elaine Showalter: *A Literature of Their Own*, 1977).

Das **Prinzip dieser Gegen-Kanonisierung** aber wurde selbst wiederum problematisch: Einerseits etablierte es diesen neuen Kanon zu eindeutig aus der Perspektive weißer, heterosexueller Mittelschichtsfrauen – Kategorien wie ›Ethnie‹, ›Rasse‹, ›Klasse‹ und ›sexuelle Orientierung‹ bleiben ausgeschlossen –, andererseits erschien das Klassifizieren und Ausschließen, Hierarchisieren und Kanonisieren als Machtpraxis eines männlich erzeugten und strukturierten Wissenschafts- und Literaturbetriebs. Nachdem die ersten Jahre feministischer Literaturwissenschaft von einem deutlichen **Emanzipationsenthusiasmus** getragen wurden – Befreiung von männlich-ideologischen Frauenbildern und gleichermaßen die Präsentation positiver weiblicher Vorbilder waren das Programm –, erreichte die Diskussion schon Ende der 1970er Jahre eine neue Ebene. Die patriarchale Unterdrückung reiche bis tief in die Sprache hinein, in die Begrifflichkeit und Methodik wissenschaftlicher Rede und Verfahren.

Unter Zuhilfenahme sowohl psychoanalytischer als auch poststrukturalistisch-diskursanalytischer Erkenntnisse wurden die gesamten Verfahren traditioneller Wissensproduktion als männlich indiziert entlarvt – und zwangen demzufolge zu einem völlig neuen wissenschaftlichen Diskurs (zur Entwicklung feministischer Theoriebildung vgl. auch Frei Gerlach 1998, 19–151). »Das zentrale Anliegen der bisherigen feministischen Literaturkritik, die Konstitution weiblicher Subjektivität und Identität, wurde zurückgewiesen: Die Frauen sollten jetzt vielmehr dazu beitragen, die abendländischen Subjektivitäts- und Identitätskonzepte überhaupt zu überwinden« (Lindhoff ²2003, VIII). Das Subjekt – das weibliche sowohl als auch das männliche – wird jetzt als Produkt sprachlicher Strukturen, kollektiver Diskurse begriffen, das programmatische Ziel ist nicht mehr weibliche Subjekt- und Identitätskonstruktion, sondern die **Dekonstruktion der Geschlechterdifferenz** als einer fundamentalen diskursiven Ordnung im Dienste traditioneller Subjektbildung.

Die Kritik und Überprüfung literaturwissenschaftlicher Kategorien und Gegenstände im Zeichen dieses feministischen Dekonstruktivismus reicht bis hin zu zentralen Kategorien wie ›Werk‹ und ›Autor‹. Silvia Bovenschen etwa weist darauf hin, dass Konzepte wie ›Genie‹ und ›schöpferisches Handeln‹ traditionell primär männlich konnotiert sind, wobei allerdings die Figuration der Kreativität, die Muse oder die Allegorie, den weiblichen Körper trägt – den allerdings der Mann imaginiert (Bovenschen 1979, 238). Die Fülle von Bildern der Weiblichkeit bzw. der Frau, die die Literatur traditionell enthält, muss immer (auch wenn diese Bilder in von Frauen geschaffenen Texten zu finden sind) im Kontext einer männlich dominierten Diskurspolitik verstanden werden. Die Geschlechterdifferenz als Diskursmerkmal produziert die Differenzen zwischen den Geschlechtern im Text.

Feministische Literaturwissenschaft ging immer schon über die Literatur als Untersuchungsgegenstand hinaus, insofern sie das ganze Ensemble medialer und sozialer Konstruktionsprozesse in den Gegenstandsbereich der eigenen Forschung miteinbezog – und so schon eine deutliche kulturwissenschaftliche Prägung zeigte. Insofern lassen sich die **Gender Studies** gewissermaßen als eine Spezifikation der Cultural Studies und als Generalisierung einer feministischen Literaturwissenschaft lesen: Hier geht es um die **Konstruktion von Geschlechterrollen** in kulturellen Formationen, Diskursen u.s.w.: »Gender-Studien fragen nach der Bedeutung des Geschlechts für Kultur, Gesellschaft und Wissenschaften. Sie setzen keinen festen Begriff von Geschlecht voraus, sondern untersuchen, wie sich ein solcher Begriff in den verschiedenen Zusammenhängen jeweils herstellt bzw. wie er hergestellt wird« (Braun/Stephan 2000, 9).

Der Begriff ›Gender‹ (lat. *generare*: erzeugen, generieren) bedeutet innerhalb eines diskursanalytisch konzipierten Denkmodells, dass ›Realitäten‹ nicht einfach naiv ›sind‹, sondern grundsätzlich erzeugt werden durch gängige Diskurse: Bedeutungen, Körper- und Geschlechtervorstellungen, ja sogar die Auffassungen von Raum und Zeit sind diskursiv erzeugt. Gender ist im Unterschied zum biologischen Geschlecht (*sex*) die kulturell oder diskursiv erzeugte Auffassung oder Vorstellung davon, was die gesellschaftlichen Rollen der Geschlechter seien. Annahme der Gender-Forschung ist dabei, dass »kulturelle Bedeutungsstiftung grundsätzlich über die Geschlechterdifferenz organisiert« werde (Kroll 2002, 143). Gender-Forschung geht über feministische Literaturtheorie hinaus, insofern sie Männlichkeitsbilder, -phantasien und -vorstellungen in den Untersuchungsgegenstand einschließt.

Gender Studies schließen die Beschäftigung mit **Alltags- und Populärkultur** notwendig ein, um einerseits die Dimensionen gesellschaftlicher Konstruktion von Geschlechterrollen überhaupt angemessen beschreiben zu können, um andererseits allerdings auch die historischen und gegenwärtigen Felder möglicher weiblicher literarischer Produktivität mit in den Blick nehmen zu können. Im Kontext der Gender-Studies sind sowohl die **postkolonialen Perspektiven**, die Spezifik der Gender-Problematik in der Überlagerung durch ethnische Differenzen (kulturelle Hybridität), als auch die **Queer Studies** entstanden, die ›normabweichende‹ Sexualität in den Blick nehmen, weil dort die diskursive Produktion der Normen selbst am deutlichsten wird. Darüber hinaus hat die Genderforschung »mit der Kritik an natur- oder wesenhaft festgelegten (Geschlechts-)Identitäten auch die Frage nach den kulturellen Praktiken und Bühnen ihrer Inszenierung aufgeworfen« (Bischoff 2002, 309) (Film- und Popstars u.v.a.m.).

Als literaturwissenschaftliche Fragestellung untersuchen Gender Studies, »wie kulturelle Entwürfe von Weiblichkeit und Männlichkeit in der Literatur und ihrer Lektüre konstituiert, stabilisiert und revidiert werden« (Kroll 2002, 144). Dabei verfolgen die Analysen natürlich einen weiten interdisziplinären, originär kulturwissenschaftlichen Ansatz: Diskurse aus Religion und Recht, Politik, Medizin, Pädagogik und Philosophie müssen mit- und gegen den literarischen Text gelesen werden. Neben den Entwürfen von Geschlechterbildern in den Texten untersucht die Gender-Forschung auch Zusammenhänge zwischen Geschlecht und Gattungsentwürfen und -konzepten (*gender* und *genre*), geschlechtsrollenspezifische Modi der Produktion und Rezeption von Literatur (Schweickart 1986).

Literatur

Bischoff, Dörte: »Gender-Theorien: Neuere deutsche Literatur«. In: Benthien, Claudia/Velten, Hans Rudolf (Hg.): *Germanistik als Kulturwissenschaft. Eine Einführung in neue Theoriekonzepte*. Reinbek bei Hamburg 2002, S. 298–322.
Bovenschen, Silvia: *Die imaginierte Weiblichkeit. Exemplarische Untersuchungen zu kulturgeschichtlichen und literarischen Präsentationsformen des Weiblichen*. Frankfurt a.M. 1979.
von Braun, Christina/Stephan, Inge (Hg.): *Gender-Studien – Eine Einführung*. Stuttgart/Weimar 2000.
Dausien, B. u.a. (Hg.): *Erkenntnisprojekt Geschlecht. Feministische Perspektiven verwandeln Wissenschaft*. Opladen 1999.

Frei Gerlach, Franziska: *Schrift und Geschlecht. Feministische Entwürfe und Lektüren von Marlen Haushofer, Ingeborg Bachmann und Anne Duden*. Berlin 1998.
Gnüg, Hiltrud/Möhrmann, Renate (Hg.): *Frauen Literatur Geschichte. Schreibende Frauen vom Mittelalter bis zur Gegenwart*. Stuttgart/Weimar ²1998.
Harding, Sandra: *Feministische Wissenschaftstheorie*. Hamburg ³1999.
Kroll, Renate (Hg.): *Metzler Lexikon Gender Studies – Geschlechterforschung. Ansätze – Personen – Grundbegriffe*. Stuttgart/Weimar 2002.
Lindhoff, Lena: *Einführung in die feministische Literaturtheorie*. Stuttgart/Weimar ²2003.
Schweickart, Patrocinio P.: »Reading Ourselves: Toward a Feminist Theory of Reading«. In: Flynn, Elizabeth A./Schweickart, Patrocinio P. (Hg.): *Gender and Reading: Essays on Readers, Texts, and Contexts*. Baltimore 1986, S. 31–62.
Weigel, Sigrid: *Topographie der Geschlechter – Kulturgeschichtliche Studien zur Literatur*. Reinbek bei Hamburg 1990.

6.11.3 New Historicism

Einer der wichtigsten jüngeren Theorieimporte aus Nordamerika (und aus einer Nachbarwissenschaft, der Geschichtswissenschaft) ist der New Historicism. Die theoretische Ausprägung und Konsolidierung des Ansatzes im Verlauf der 1980er Jahre ist eng mit dem Namen des amerikanischen Literaturwissenschaftlers und Renaissance-Historikers **Stephen Greenblatt** verbunden. Mit seinen Arbeiten v.a. zu Shakespeare legt er die idealtypischen Modelle für ›neohistorische‹ Untersuchungen vor. In seinen theoretischen Grundannahmen grenzt sich Greenblatt vor allem von einer teleologischen Geschichtsphilosophie etwa marxistischer Prägung ab. Das Unbehagen gegenüber Geschichtsentwürfen, die die Gesamtgeschichte der Menschheit möglichst einsinnig und sogar zielgerichtet erzählen, historische Metaerzählungen also, resultiert primär aus dem Einfluss postmoderner französischer Theorien.

Vor allem unter Bezug auf die diskursanalytischen Arbeiten Michel Foucaults (dazu ausführlicher Kap. 6.8) kann Geschichtsschreibung nicht mehr als die objektive Wiedergabe historischer Fakten begriffen werden. Vielmehr wird deutlich, in wie hohem Maße sie narrative, literarische Muster benutzt (White 1990, 1991, 1994). Diese Erzählmuster, die überlieferten Ordnungsprinzipien und Kategorien, die ›wichtige‹ von ›unwichtigen‹ Daten unterscheiden, die überhaupt ermöglichen, Ordnung in die geschichtliche Datenfülle zu bringen, sind obsolet geworden, stehen selbst auf dem Prüfstand oder werden dekonstruiert. Historische Wahrheit gibt es nicht, sondern sie wird gemacht: Einerseits artikuliert sich in jeder historischen ›Erzählung‹ das spezifische Interesse bestimmter gesellschaftlicher Gruppen oder Mächte, andererseits schreibt eine Vielzahl oft unbewusst wirksamer Diskurse an der Geschichtsschreibung mit.

Der erste Effekt dieser diskursanalytischen Besinnung ist die **Selbstreflexivität historiografischen Erzählens,** die Selbstkritik und -relativierung: Der ›Neohistoriker‹ weiß, dass er es ist, der in seiner Geschichtsschreibung die Geschichte erst macht, die er, naiv betrachtet, darstellt; er erst produziert den Sinn der Geschichte. In eben dem Maße ist ja auch individuelle und auch geschlechtliche Identität immer Resultat eines kulturell bzw. diskursiv basierten Einschreibungsprozesses (s. Kap. 6.11.2). Eine solche Identität – gleich ob personale oder diejenige eines literarischen Textes – kann nur verstanden werden aus der diskursiven oder intertextuellen Vernetzung heraus, die die Identität erst konstituiert.

Der New Historicism aber trägt seinen Namen vor allem deshalb, weil, ausgehend von dem Nordamerikaner Stephen Greenblatt, eine kleine Gruppe von Historikern das genaueste Sachinteresse am historischen Gegenstand eben *trotz* der Foucaultschen Grundsatzeinwände nicht aufgeben wollte. Greenblatt stellte die Frage, wie bei gleichzeitiger diskursanalytischer Selbstrelativierung die historische Erforschung des einzelnen Gegenstandes, speziell (für Greenblatt) die englische Renaissance und ihre Literatur, möglich bleiben könne. Die Antwort auf diese Frage ist eine Diskursanalyse der Geschichte: »Der New Historicism hat sich [...] vorgenommen, sozusagen das Mikroskop auf das aus Diskursfäden gesponnene dichte Gewebe der Kultur bzw. Geschichte zu richten und einzelne Fäden daraus zu verfolgen, um jeweils ein Stück Komplexität, Unordnung, Polyphonie, Alogik und Vitalität der Geschichte zu rekonstruieren« (Baßler 2001, 15).

Die Praxis des interpretierenden Umgangs mit einem Text lässt sich am genauesten mit dem Begriff des ›close reading‹ beschreiben, ein textnahes Lesen, das in der angloamerikanischen Tradition zunächst als fast völlige Werkimmanenz betrieben wurde, dessen Genauigkeit und Textnähe jetzt aber auf den Text selbst und die ›Fäden‹ der verschiedensten Diskurse gerichtet wird, seine Textimmanenz also programmatisch aufgibt. Literaturwissenschaftlern des New Historicism geht es, orientiert an psychoanalytischen Deutungsmustern etwa Freuds oder Lacans, eher um die untergründig (wie ein gesellschaftliches Unbewusstes) am Text mitschreibenden Diskurse, also auch um etwas, was auf der Textoberfläche möglicherweise verdrängt oder ausgeschlossen ist.

Stephen Greenblatt verfolgt dazu »einzelne Diskursfäden aus dem Text hinaus und in andere kulturelle Zonen, in andere Medien hinein« (ebd., 16). Dabei werden etwa Shakespeares Texte lesbar als das Ergebnis eines schier endlosen **Einschreibungsprozesses anderer Diskurse**, als Knotenpunkt komplexer Austauschprozesse. Über eine solche Einzeluntersuchung hinaus verbindet Greenblatt damit einen methodologischen Anspruch: Das mikroskopisch Untersuchte soll stellvertretend stehen für auch andere kulturelle bzw. historische Phänomene; mit seinen Untersuchungen liefert der New Historicism pars pro toto sowohl die gesamte Kultur und Geschichte als auch seine eigene Methodik: »Jeder neohistoristische Text gibt in seiner rhetorisch strukturierten Verknüpfung diskursiver Zusammenhänge zugleich eine Grammatik mit, eine Grammatik für jenes Sprachspiel, das man auf dem schwankenden Boden poststrukturalistischer Theorie noch und jeweils als historisches, als ›Geschichte‹ bezeichnen kann« (ebd., 20).

Literatur spielt in dieser historisch ausgerichteten Forschung nur die Rolle eines der vielfältigen, am kulturellen Ensemble beteiligten Diskurse: Ökonomie und Rechtsgeschichte, Wirtschaftsgeschichte und Anthropologie, Geschichtswissenschaft, Religion und Literaturgeschichte sind nur einige (allerdings zentrale) Felder dieser elementar interdisziplinären Ausrichtung, die Literatur in einem Gesamt kulturwissenschaftlicher Untersuchungsfelder zu verorten sucht.

Literatur

Baßler, Moritz: *New Historicism. Literaturgeschichte als Poetik der Kultur.* Frankfurt a.M. 1995.
Kaes, Anton: »New Historicism: Literaturgeschichte im Zeichen der Postmoderne?«. In: Eggert, Hartmut (Hg.): *Geschichte als Literatur. Formen und Grenzen der Repräsentation von Vergangenheit. Festschrift für Eberhard Lämmert.* Stuttgart 1990, S. 56–66.
White, Hayden V.: *Die Bedeutung der Form. Erzählstrukturen in der Geschichtsschreibung.* Frankfurt a.M. 1990.
– : *Auch Klio dichtet oder Die Fiktion des Faktischen. Studien zur Tropologie des historischen Diskurses.* Stuttgart 1991.
– : *Metahistory. Die historische Einbildungskraft im 19. Jahrhundert in Europa.* Frankfurt a.M. 1994.

6.11.4 Anthropologie

Als umfassende Kulturwissenschaft, die sich aus verschiedenen Disziplinen wie Soziologie, Ethnologie, Philosophie, Kunst- und Literaturwissenschaften speist, verfolgt die Anthropologie als zentrale Fragestellung, welche Denk- und Wahrnehmungsformen der Mensch im Lauf der Geschichte ausgeprägt hat. Insofern ist sie eine ›Menschenwissenschaft‹, die ihre übergreifenden Perspektiven aus verschiedenen Spezialdiskursen bezieht.

In Deutschland hatte sie zunächst eine deutliche **soziologische Prägung**, insbesondere durch Georg Simmel und Max Weber, die untersuchten, wie Denkformen und Mentalitäten bestimmten Gesellschaftsstrukturen entsprechen. Bei Simmel etwa wird die Frage der Geldzirkulation und ihr Entwicklung als Ausdruck bestimmter Lebens- und Wahrnehmungsweisen interpretiert (*Philosophie des Geldes*, 1900), und zwar als eine Entwicklung hin zum Möglichkeitsgewinn mit Gefahren der Entfremdung. Ferner stellt er Wahrnehmungsformen der Großstadt in einen zeitgenössischen sozialpsychologischen Zusammenhang (1890 ff./ 1998). Weber fragt nach dem Zusammenhang des Protestantismus, der innerweltlichen Askese und der Entwicklung des Kapitalismus (*Die protestantische Ethik*, 1905).

Mit Ernst Cassirers *Philosophie der symbolischen Formen* (1923–29/1994) werden anthropologische Fragen von der Gesellschaft weg in das einzelne erkennende Subjekt verlagert und nicht mehr soziologisch, sondern vor allem auf der Ebene der Denkformen, also als Geistesgeschichte analysiert. Ideen, Bilder, Mythen, Religionen, Philosophie, Sprachen und allgemein zeichenhaft vermittelte Erkenntnisinhalte sind es, die zusammengefasst im **Begriff des Symbols** den Wahrnehmungshorizont des Einzelnen formen und zugleich auch die Perspektive prägen, die seine Wahrnehmung der Welt bedingt. Denn diese ist nicht einfach empirisch vorgegeben und drückt sich ebenso wenig mit ihren sinnlichen Reizen wie auf einer Wachsplatte der subjektiven Wahrnehmung ab, sondern wird vom erkennenden Subjekt mitgeformt: die »Symbolwelt wird zum Anlaß, die Erlebnisinhalte und die Anschauungsinhalte in neuer Weise zu gliedern, zu artikulieren und zu organisieren« (1942/1994, 15). Damit kann Cassirer zeigen, wie sich von den ersten überlieferten Zeugnissen des Denkens bis zur Gegenwartsphilosophie die Weltbilder und damit die Wahrnehmungen der Welt geändert haben.

Solche Denkhorizonte machen Aussagen über den Menschen möglich, über seine Art und Weise, durch seine Wahrnehmung auch die Welt zu prägen. Sie erlauben aber auch Aussagen über kulturelle Zusammenhänge, wie Cassirers Überlegungen *Zur Logik der Kulturwissenschaften* zeigen (1942/1994). Insofern Sprache, Kunst, Musik und Philosophie Bedeutungswelten und Ausdrucksformen sind, gestalten sie auch das kulturelle Leben, über dessen soziologische Grundlagen Cassirer freilich keine Aussagen macht.

Die soziologische und die geistesgeschichtliche Richtung markieren zwei mögliche Orientierungen der Anthropologie. Die soziologische Tradition dominiert, wenn man beispielsweise die Karriere des Begriffs der ›**Mentalitäten**‹ in Frankreich untersucht, der nicht auf die großen geistesgeschichtlichen Strömungen wie etwa den Protestantismus blickt, sondern auf Zeugnisse der Alltagsgeschichte in privaten historischen Dokumenten, die Aufschluss geben können über Denkhaltungen, alltägliche Lebensformen, aber auch Gefühlskultur oder Einstellungen zu sozialen Fragen (Philippe Ariès: *Die Geschichte der Kindheit*, 1960–75; Ariès/Duby: *Geschichte des privaten Lebens vom römischen Imperium bis zur Gegenwart*, 1989).

In einem allgemeinen Sinn hat Wolfgang Iser (1991) anthropologische Denkfiguren auf Literatur angewandt. Literatur verbindet insofern **das Fiktive und das Imaginäre**, als sie Denkmodelle bereitstellt bzw. inszeniert, die auf Überschreitung des pragmatischen, bloß wirklichkeitsbezogenen Denkens angelegt sind. Grundsätzlich ist auch den alltäglichen Erzählungen oder Träumen das Fiktive eingeschrieben; davon aber unterscheidet sich Literatur darin, dass sie sich dessen bewusst ist, sie weist auf das ihr eigene Fiktive selbst hin. Historisch haben sich zwar die (literarischen) Formen des Fiktiven gewandelt, grundsätzlich aber ermöglicht Literatur nachzuvollziehen, welche Perspektiven Menschen an das Denken in Möglichkeitshorizonten geknüpft haben: welche Wünsche, Sehnsüchte, aber auch Ängste sich in die Texte eingeschrieben haben. Dieser Bereich des Vorstellbaren ist das Imaginäre, der unabgeschlossene Bereich des überhaupt Denkbaren.

Für literaturwissenschaftliche Fragestellungen ist besonders die Frage relevant, welches **Wissen über den Menschen** den Horizont eines Autors bei Abfassung eines Textes geprägt hat, d.h. von welchen Perspektiven aus er geschrieben hat. Literatur gibt dann, wie etwa Wolfgang Riedel in seiner Schiller-Studie (1985) zeigt, Auskünfte über andere Wissenschaften wie Medizin oder Naturwissenschaften, ist in ihren Formen und Inhalten aber selbst auch von ihnen geprägt: thematisch, da sie das zeitgenössische Wissen über den Menschen in Handlungs- und Geschehensabläufe umsetzt, und formal, insofern sie es nach eigenen Regeln darstellt, diese aber auch (z.B. in den Erzählweisen) wandelt. Diese Rekonstruktion der Wissensräume, die einen Autor oder Text geprägt haben, ist zwar insgesamt ideengeschichtlich orientiert, der Einbezug beispielsweise des medizinischen Diskurses aber geht darüber hinaus.

Ein ausführlich untersuchtes Themenfeld in der literarischen Anthropologie ist insgesamt die Herausbildung der Anthropologie als eigener wissenschaftlicher Disziplin, wie sie auch die Literatur des 18. Jahrhunderts geprägt hat, und zwar mit der Intention, einen Menschen, der zwischen Körper und Seele, aber auch seinen verschiedenen sozialen Funktionen aufgespannt ist, zum ›ganzen Menschen‹ zu vereinen (vgl. die Beiträge in Schings 1994).

Die Erweiterung mancher anthropologischen Erkenntnis ins Kollektive und Allgemeine lässt sich dann kritisieren, wenn Fundamentalaussagen zum Menschen konstruiert werden, die nicht mehr geschichtlich festzumachen sind. Eine offene Frage bleibt, wie das Verhältnis zwischen kulturellen Denkformen und den gesellschaftlichen Strukturen zu behandeln ist. Foucault, der Cassirer durchaus schätzte, hat das Problem knapp formuliert: »Das Subjekt bildet sich nicht einfach im Spiel der Symbole. Es bildet sich in realen und historisch analysierbaren Praktiken« (Foucault 1987, 289). Gerade in der weitergehenden Einbeziehung diskursanalytischer Fragestellungen könnte eine wichtige Arbeitsperspektive für die literarische Anthropologie liegen. Ähnliches gilt für die Frage nach der **Rolle der Medien**, die ihrerseits die Wahrnehmungs- und Denkformen prägen können. Hier hat Karl-Ludwig Pfeiffer mit seiner auf Iser anspielenden Studie über *Das Mediale und das Imaginäre* (1999) gezeigt, wie bestimmte Medienkonstellationen das Denken und die Literatur geprägt haben, ferner hat Koschorke (1999) mit seinem mediologischen Ansatz die Verbindung des Schriftmediums und des Denkens herausgearbeitet.

Literatur

Ariès, Philippe/Duby, Georges (Hg.): *Geschichte des privaten Lebens* [1985–87]. 5 Bde. Frankfurt a.M. 1989.
Cassirer, Ernst: *Philosophie der symbolischen Formen* [1923/25/29], 3 Bde. Darmstadt [10]1994.
– : *Zur Logik der Kulturwissenschaften. Fünf Studien* [1942]. Darmstadt [6]1994.
Elias, Norbert: *Über den Prozeß der Zivilisation* [1939 ff.]. Frankfurt a.M. 1991.
Fauser, Markus: »Literarische Anthropologie«. In: ders.: *Einführung in die Kulturwissenschaft*. Darmstadt 2003, S. 41–65.
Foucault, Michel: »Interview« in H.L. Dreyfus/P. Rabinow: *Michel Foucault. Jenseits von Strukturalismus und Hermeneutik*. Frankfurt a.M. 1987, S. 265–292.
Gebauer, Gunter (Hg.): *Anthropologie*. Leipzig 1998.
Riedel, Wolfgang: *Die Anthropologie des jungen Schiller. Zur Ideengeschichte der medizinischen Schriften und der »Philosophischen Briefe«*. Würzburg 1985.
Schings, Hans-Jürgen (Hg.): *Der ganze Mensch. Anthropologie und Literatur im 18. Jahrhundert*. Stuttgart/Weimar 1994.
Simmel, Georg: *Soziologische Ästhetik* [1890–1911]. Hg. u. eingel. von Klaus Lichtblau. Darmstadt 1998.
– : *Philosophie des Geldes* [1900]. Bd. 6 der Gesamtausgabe. Frankfurt a.M. 1989.
Weber, Max: *Die protestantische Ethik und der Geist des Kapitalismus* [1905]. Weinheim [3]2000.
Wulf, Christoph (Hg.): *Vom Menschen. Handbuch Historische Anthropologie*. Weinheim/Basel 1997.

7. Literaturwissenschaftliche Praxis

7.1 Arbeitstechniken des literaturwissenschaftlichen Studiums

Das Studium der Neueren deutschen Literaturwissenschaft ist in vielfältiger Hinsicht die strukturierte Einführung in einen intensiv lesenden, verstehenden und in wissenschaftliche Arbeit mündenden Umgang mit Texten. Die wichtigste Voraussetzung für Spaß am und Erfolg im Studium ist die **intensive Beschäftigung mit einem literarischen Text**. Diese setzt die *Lust am Text* voraus. Die gründliche, analytische und deutende Lektüre und Wiederlektüre eines literarischen Textes ist eine spannende, individuell sinnstiftende und persönlich bereichernde, lebendige kulturelle Praxis. Spannender wird sie noch, wenn die eigene Lektüre mit dem Textverständnis anderer Leser/innen in einen produktiven Dialog tritt: im Seminar mit den Lektüren der Mitstudierenden, in der schriftlichen Arbeit mit den Deutungsperspektiven der Forschung.

Studienorganisation – Veranstaltungsvor- und -nachbereitung

Im Studium bieten die verschiedenen Lehrveranstaltungstypen unterschiedliche Möglichkeiten, literarische Texte und Traditionen sowie wissenschaftliche Verfahren kennen zu lernen. **Vorlesungen** als primär wissensvermittelnde Veranstaltungen verlangen andere Mitarbeit und Nachbereitung und üben insofern auch andere Formen wissenschaftlichen Umgangs mit den Gegenständen des Faches ein als **Übungen**, die wissenschaftliche Fertigkeiten und analytische Verfahren vermitteln, und schließlich als (Pro- oder Haupt-)**Seminare**, die die Gegenstände wie die wissenschaftlichen Verfahren in Eigenarbeit intensiv vertiefen und ihre Umsetzung in Referat und Hausarbeit erproben. Beim Zusammenstellen des Semesterstundenplans sollten nur wenige Vorlesungen, Übungen und Seminare ausgewählt und bestenfalls sogar (inhaltlich) zueinander gruppiert werden. Die Veranstaltungen sollen schließlich intensiv begleitet werden; aus Seminaren gehen häufig Referate und schriftliche Hausarbeiten hervor, zu deren Anfertigung weiter unten einige Hinweise erfolgen.

Zunächst einmal zu den **Veranstaltungsvorbereitungen**: Jede Dozentin bzw. jeder Dozent gibt im kommentierten Vorlesungsverzeichnis oder über Aushänge am schwarzen Brett an, welche Vorbereitung auf eine Lehrveranstaltung im jeweils kommenden Semester verpflichtend, wünschenswert oder sinnvoll ist. Dazu gehört in jedem Fall die mindestens einmalige Lektüre der Primärliteratur, d.h. der literarischen Texte, die im Zentrum der Lehrveranstaltung stehen.

Die **Lektüre der literarischen Texte** sollte niemals ohne Bleistift und Zettel vorgenommen werden. Auffälligkeiten beispielsweise stilistischer Art, zentrale inhaltliche Aspekte u.v.a.m. sollten mindestens im Text markiert werden. Komplexe Figurenanlagen oder auffällige Gestaltungsmittel des Textes können beim ersten Lesen auf einer Karteikarte notiert werden, am besten im Format DIN A6: Die Karte(n) kann/können ins Buch eingelegt werden und die primären Textbeobachtungen stehen dann im Seminar unmittelbar zur Verfügung. Mit einer solchen Vorbereitung ist schon zu Beginn des Seminars die Voraussetzung dafür geschaffen, sich in der Liste der Vorschläge für Referate oder Hausarbeiten kompetent orientieren zu können: Die Vorbereitung solcher Studienprojekte kann sehr früh im Semester beginnen!

Vorlesung und Seminar verlangen ganz unterschiedliche Mitschreib-, Protokollierungs- und **Nachbereitungsverfahren**.

Eine **Vorlesungsmitschrift** ist die intensive Aufarbeitung der Protokollnotizen aus einer Vorlesung in Form eines geschlossenen, ausformulierten Textes; sie sollte, natürlich in Abhängigkeit vom Gegenstand der Vorlesung, so umfangreich wie möglich sein. Die positiven Effekte einer Vorlesungsmitschrift, betreffen gleichermaßen sachliche, auf den literaturwissenschaftlichen Gegenstand bezogene, und methodische, wissenschaftliche Fertigkeiten. Erstens erarbeitet man sich einen großen und für das Fach zentralen Bereich strukturierten Wissens im Zuhören, Mitschreiben und Nacharbeiten. Zweitens praktiziert man wissenschaftliches Schreiben: Wichtig ist der Nachvollzug der systematischen Anordnung der Argumente sowie deren explizite sprachliche Wiedergabe. Man muss die richtige sprachliche, syntaktische, stilistische Form finden, um die Argumentation der Vorlesung wieder abzubilden. Das ›Wie‹ wissenschaftlichen Schreibens ist also zentraler Übungsgegenstand der Vorlesungsmitschrift, deren Effekt die wachsende Souveränität im Umgang mit wissenschaftlicher Sprache und Terminologie und in sachlicher Darstellung ist.

Die Fertigkeiten, die bei der Vorlesungsmitschrift über die Wissensvermittlung hinaus eingeübt werden, haben schon einen berufspraktischen Bezug: Es ist kein Beruf im kulturellen oder journalistischen Bereich denkbar, in dem nicht das strukturierende wie selektive Zuhören sowie die knappe oder auch ausführliche und verständliche Umsetzung des Gehörten vorausgesetzt wird – in der Dramaturgie ebenso wie im Presse- oder Fachreferat großer Institutionen oder Unternehmen, im Verlag oder als schreibender Journalist.

Die **Seminarmitschrift** unterscheidet sich deutlich von der Vorlesungsmitschrift. In Seminaren wird nicht so sehr eine große Fülle an Wissen kompakt vermittelt, vielmehr soll im Blick auf ausgesuchte Texte, die allen Seminarteilnehmer/innen bekannt sein sollten, in Moderation durch die Dozentin oder den Dozenten und in Seminardiskussion und -gespräch ein intensives Verständnis dieser Texte erarbeitet werden. ›Wissen‹ ergibt sich hier vielfach erst im Gespräch über den Text, ›Grundwissen‹ (über Gattungen und Epochen) wird vorausgesetzt oder in knappen Dozenten- oder Studierendenreferaten vorgestellt; das Verständnis des literarischen Textes sowie analytische oder textbeschreibende Fertigkeiten werden vertieft. Im Protokoll einer Seminarsitzung sollte alles notiert werden, was wichtig erscheint, neu, interessant, wissenswert: neues Hintergrundwissen für das Verständnis einer Textpassage ebenso wie die verschiedenen Argumente, die in der Diskussion über Verständnismöglichkeiten des Textes geäußert werden, und Zusammenfassungen ganzer Diskussionsverläufe durch den Lehrenden.

Im Unterschied zur ausformulierten Vorlesungsmitschrift genügt bei der Seminarmitschrift für den Eigenbedarf das, was man in der Sitzung selbst notiert. Natürlich sollten diese Notizen so leserlich und übersichtlich sein, dass man im Nachhinein die Ergebnisse einer Seminarsitzung nachvollziehen kann. Wenn ein Protokoll als kleinere schriftliche Leistung abgegeben werden soll, muss es selbstverständlich am Computer ausformuliert werden zu einem Verlaufs- oder Ergebnisprotokoll (zu den Nachbereitungsformen von Lehrveranstaltungen vgl. Jeßing 2001, 11–30).

In den meisten Lehrveranstaltungen werden einige kleinere oder größere mündliche und schriftliche Leistungen abverlangt: Protokolle oder Thesenpapiere, Referate oder schriftliche Hausarbeiten. In allen Fällen ist bei diesen Aufgaben der Kontakt zum Lehrenden erforderlich. Referate oder Hausarbeiten muss man in **Sprechstunden** besprechen: Vor allem sollten die Eingrenzung des Themas, die Auswahl der Sekundärliteratur, die Konzeption der Arbeit, stilistische oder formale Details mit den Dozent/innen geklärt werden. Solche Sprechstundenbesuche müssen vorbereitet werden; ein Zettel mit zu klärenden Fragen genügt.

Schriftliche Hausarbeit

Die wichtigste Voraussetzung für eine gute, spannende und damit erfolgreiche Hausarbeit ist die intensive **Erarbeitung des Primärtextes**. Die mehr- oder vielfache Lektüre des Textes führt zu einem nach und nach immer intensiveren Verständnis des Textes, das in die Lage versetzt, ein zugleich beschreibendes und analytisches Bild des Textes zu erlangen. Das bedeutet konkret: Der literarische Text, der Gegenstand der Hausarbeit ist, muss wieder und wieder gelesen werden. Während des Lesens muss man eine Fülle von Beobachtungen notieren: zu Figurencharakteristik und -konstellation, zu einem bestimmten Motiv, zu Stilistik, Erzählhaltung, Landschaftsgestaltung u.v.m (je nach Themenstellung). All diese Beobachtungen werden geordnet in einen ersten selbst geschriebenen Text überführt: die **Textbeschreibung**, also den Versuch der dichtesten, von der Chronologie des Textes schon abgelösten und kategoriengeleiteten Wiedergabe aller Textbeobachtungen in Form eines geschlossenen Textes. Diese Textbeschreibung weist **textanalytische Anteile** auf: alles, was mit Hilfe terminologischer Kategorien etwa der Metrum-, Gattungs- oder Stilanalyse wissenschaftlich fixiert werden kann. Das Ziel von Textbeschreibung und -analyse ist die **Verständnishypothese**: das thesenartige Resultat der vorhergehenden Arbeitsschritte, das begründete Ergebnis des eigenständigen, individuellen Zugangs zum Text, das später in den Dialog mit der Forschung eintritt.

Die Forschungsliteratur zu einem Hausarbeitsthema muss in einem eigenen Arbeitsschritt ermittelt werden, dem **Bibliografieren**. Dieses kann entweder vor oder nach der Primärtextarbeit stattfinden, lesen sollte man die Forschungsliteratur auf jeden Fall *nach* der Erarbeitung des Primärtextes. In zwei umfassenden Fachbibliografien wird die Forschung der gesamten Germanistik jahrgangsweise zusammengestellt: dem so genannten ›Eppelsheimer-Köttelwesch‹ (*Bibliographie der deutschen Sprach- und Literaturwissenschaft*; erscheint jährlich, auch auf CD-ROM) und der Zeitschrift *Germanistik* (erscheint halbjährlich; weitere Bibliografien in der Schlussbibliografie, S. 295). Die Systematik der Darstellung in beiden Publikationen ist prinzipiell ähnlich: In beiden wird zunächst die germanistische Forschungsliteratur des Berichtszeitraums nach Sprach- und Literaturwissenschaft unterschieden; der literaturwissenschaftliche Teil ist historisch angeordnet, unterhalb der Epochenbegriffe finden sich, alphabetisch geordnet, die Namen von Autorinnen und Autoren, darunter wiederum einzelne Werke, zu denen dann zunächst neue Ausgaben, schließlich aber die jüngste Forschungsliteratur aufgelistet erscheint. Zudem bietet die *MLA*, die Bibliografie der *Modern Language Association of North America*, eine elektronisch abfragbare Fachbibliografie, die an den meisten Universitätsbibliotheken als CD-ROM-Datenbank zur Verfügung steht. Aus diesen Fachbibliografien schreibt man nun Titel sowie Erscheinungsorte und -jahre aller auffindbaren Forschungsliteratur heraus, die hilfreich für die Erarbeitung des Hausarbeitsthemas sein kann.

Erst nach der genauen Erarbeitung der Primärliteratur greift man auf die **Forschungsliteratur** zu, leiht Bücher aus, kopiert Aufsätze. Forschungsliteratur liest man langsam, systematisch, intensiv und mit Bleistift: Schon bei der ersten Lektüre werden Grenzen zwischen Sinnabschnitten und Argumentationsschritten des Aufsatzes markiert. Dann wird, direkt in den Computer hinein, ein **Exzerpt** verfertigt: Sinnabschnitt für Sinnabschnitt muss man die zentrale ›These‹ entweder herausschreiben oder mit eigenen Worten formulieren. Bei jeder exzerpierten These müssen Autor, Jahr und Seitenzahl der Stelle angegeben sein. Von jedem Forschungsbeitrag, der Deutungsaspekte für das eigene Thema verspricht, wird ein Exzerpt erstellt. Sodann werden die Exzerptnotizen den Kategorien der eigenen Textbeschreibung zugeordnet, d.h. die eigene Lektüre und die Deutungen Dritter werden zusammengeführt.

Die tatsächliche **Abfassung der Hausarbeit** lässt sich in folgende Schritte gliedern:

1. Bevor die Arbeit geschrieben werden kann, muss das erarbeitete Material auf eine zukünftige Argumentation hin geordnet werden. Der erste Schritt zur Herstellung des eigentlichen Hauptteils der Arbeit ist also die **Disposition des Materials**, die Konzeption einer sinnvollen argumentativen Logik, nach der die Argumentation gegliedert werden soll. Der Blick auf das **Inhaltsverzeichnis** der fertigen Arbeit muss die gedankliche Leistung, die hinter der Disposition des Materials und der Konzeption der Arbeit steht, deutlich werden lassen.
2. Bei der Abfassung des **Hauptteils** der Arbeit gilt: Der grundsätzliche Anspruch an jede schriftliche oder mündliche Auseinandersetzung mit einem literaturwissenschaftlichen Thema ist der ›**Dialog‹ mit der Forschung**. Die eigene Textlektüre soll in einen produktiven, gegebenenfalls kontroversen Dialog mit den Lektüren anderer treten. Hierbei kommt es darauf an, einerseits das eigene Verständnis, die eigene Sicht des literarischen Gegenstandes deutlich zu

profilieren, diese andererseits aber in eine produktive Diskussion mit den verschiedenen Positionen der Forschungsliteratur zu bringen. Der Dialog mit der Forschungsliteratur besteht weitgehend im Abwägen der Plausibilität eigener und fremder Argumente, in der Gedankenbewegung zwischen eigenem und fremdem Verständnis, angereichert durch eine Fülle erst mit Hilfe der Forschungsliteratur erworbenen Wissens. Am Ende steht (in den meisten Fällen) eine über den Durchgang durch die Sekundärliteratur teils bestätigte, teils korrigierte oder modifizierte, teils auch widerlegte Ausgangshypothese; das eigene Textverständnis ist um die vertiefenden oder korrigierenden Argumente Dritter erweitert worden.

3. **Einleitung** und **Schluss** einer schriftlichen Hausarbeit werden erst nach der Abfassung des Hauptteils geschrieben: Die Einleitung skizziert Gegenstand, Fragestellung und Argumentationsweg und benennt gegebenenfalls die Ausgangshypothese. Im Schluss kann man die wesentlichen Ergebnisse der Arbeit in einem Fazit zusammenfassen und darüber hinaus einen Ausblick liefern auf interessant erscheinende Weiterungen des Themas, auf Anschlussmöglichkeiten – auch im Hinblick auf später zu schreibende Hauptseminars- oder Examensarbeiten.

4. Mit einem **Literaturverzeichnis**, einer gegliederten Aufstellung aller tatsächlich benutzten Literatur, schließt man die Arbeit ab. Zunächst wird die Primärliteratur genannt, also die literarischen Texte, die zur Bearbeitung anstanden, dann die (alphabetisch geordnete) Sekundärliteratur, die Forschungsbeiträge, die hinzugezogen worden sind. Die äußeren, formalen Bestimmungen für eine Hausarbeit (Seitenränder, Schriftgröße, Titelblatt, Fußnotenform usw.) sind in einer Reihe einführender Bücher explizit angegeben (zur Abfassung schriftlicher Hausarbeiten vgl. v.a. Moennighoff/Meyer-Krentler 2001; Jeßing 2001).

Referat

Ein geschriebener Text eignet sich höchst selten auch für einen Vortrag. Und das bloße Vorlesen eines Textes ist noch lange kein Referat. Ein Referat ist ein mehr oder weniger frei vorgetragener, lebendiger und interessanter Vortrag, in dem man knapp den Gegenstand umreißt, um dann eigene Wahrnehmungen und wissenschaftliche Deutungsperspektiven aufzuzeigen und Diskussionen mit den anderen Seminarteilnehmern anzuregen. Ein Referat setzt prinzipiell die gleiche Arbeit voraus wie eine schriftliche Hausarbeit: Texterarbeitung, Bibliografieren, Exzerpt, Abfassung des Textes. Ein Referat verlangt darüber hinaus aber die Vorbereitung einer mündlichen Präsentation.

Der Text muss auf den Vortrag hin entworfen werden: Sein **Beginn** muss die Zuhörer/innen gefangen nehmen, fesseln oder wenigstens interessieren für das, was man zu sagen hat. Zu diesem Zweck sollte man am Anfang eines jeden Referats knapp den Gegenstand vorstellen. Danach kommen die **Ergebnisse der eigenen Texterarbeitung** ins Spiel. Das Referat muss eine gute Mischung aus Anteilnahme oder Begeisterung für den Gegenstand und sachlicher, wissenschaftlicher Auseinandersetzung mit ihm aufbieten. Die verschiedenen **Forschungsposi-**

tionen, die man sich in der Vorbereitung des Referats erarbeitet hat, können unmittelbar mit den eigenen Deutungsperspektiven in einen Dialog gebracht werden. Man kann sie aber auch in einem gesonderten Abschnitt referieren, um sie insgesamt der eigenen Deutung gegenüberzustellen, kritisch-abwägend, zustimmend oder auf einzelne Argumente zurückgreifend. Grundsätzlich sollte sich die Darstellung der Deutungsperspektiven anderer auf knappe, pointierte Thesen beschränken. Der Schluss eines Referates bündelt im besten Falle die vorgetragenen eigenen und fremden Argumente auf eine pointierte und gegebenenfalls provokative Weise, die im Seminar eine Anschlussdiskussion auslöst.

Grundsätzlich muss ein Text, der bisher nur in Papierform vorliegt, umgearbeitet werden in einen **mündlichen und verstehbaren Vortrag**. Dazu trägt man sich den Text selbst vor, ändert ihn, arbeitet um – und trägt ihn nochmals vor. Dabei prägt der Text sich ein. Ein Referatstext darf niemals abgelesen werden! Der mehrfach wiederholte Probevortrag zu Hause hat, ebenso wie die Überarbeitungen zu einem mündlichen Text, mit dem Referat so vertraut gemacht, dass das Manuskript praktisch überflüssig geworden ist.

Für die Wirkung eines Referats ist entscheidend, wie man mit seinem ganzen Körper referierend handelt. Das heißt grundsätzlich: **stehend referieren**, vom Platz des Dozenten oder der Dozentin. Die ganze Person, der Körper muss mitreden, man ist nicht das anonyme Sprachrohr eines Textes, sondern präsentiert als Person ein Wissen, für das man sich interessiert. Man kann das gesamte Publikum im Blick halten; ein Publikum, das sich nicht im Blick der oder des Referierenden empfindet, verliert seine Aufmerksamkeit, beschäftigt sich anders. Das heißt aber auch, dass beim Vortrag nur kurze Blicke auf Skript, Thesenpapier oder Stichwortkatalog erlaubt sind.

Um ein gutes Referat zu begleiten, erstellt man ein **Thesenpapier** zum eigenen Vortrag: Dieses strukturiert das nur Gehörte für das Publikum sinnvoll, hilft bei der Orientierung und kann durch handschriftliche Notizen ergänzt werden. Ein solches Thesenpapier sollte über die Vortragsthesen hinaus möglichst Angaben zu der erarbeiteten Forschungsliteratur enthalten, als Nachweise der eigenen Arbeit sowie als Tipps zum Weiterlesen.

Die vorgegebene Dauer eines Referats muss unbedingt eingehalten werden. Als Faustregel kann man bei der Planung des Referates pro DIN A4-Seite Text etwa fünf Minuten Vortragsdauer berechnen; freier Vortrag braucht immer länger als monotones Ablesen. Die gekonnte und absprachegemäße Zeitplanung des Referats ist ein Qualitätsmerkmal: Man soll im Studium lernen, über jeden beliebigen Gegenstand in einer festgesetzten Zeit das Wichtigste zu sagen. Entscheidend sind die Auswahl der entscheidenden Informationen, eine stringente Argumentfolge und eine interessante Präsentation. Das ist gleichzeitig eine berufsqualifizierende Fertigkeit für eine große Zahl möglicher Berufe, in die Studierende der Neueren deutschen Literaturwissenschaft hineingelangen können oder wollen.

Literatur

Bangen, Georg: *Die schriftliche Form germanistischer Arbeiten. Empfehlungen für die Anlage und die äußere Gestaltung wissenschaftlicher Manuskripte unter besonderer Berücksichtigung der Titelangaben von Schrifttum.* 9., durchges. Aufl. Stuttgart 1990.

Eco, Umberto: *Wie man eine wissenschaftliche Abschlußarbeit schreibt. Doktor-, Diplom- und Magisterarbeit in den Geistes- und Sozialwissenschaften* [1988]. Heidelberg ⁹2002.

Faulstich, Werner/Ludwig, Hans Werner: *Arbeitstechniken für Studenten der Literaturwissenschaft.* Tübingen ⁴1993.

Grund, Uwe/Heinen, Armin: *Wie benutze ich eine Bibliothek? Basiswissen – Strategien – Hilfsmittel.* 2., überarb. Aufl. München 1996.

Hülshoff, Friedhelm/Kaldewey, Rüdiger: *Mit Erfolg studieren: Studienorganisation und Arbeitstechniken.* 3., neubearb. Aufl. München 1993.

Jeßing, Benedikt: *Arbeitstechniken des literaturwissenschaftlichen Studiums.* Stuttgart 2001.

Kammer, Manfred: *Bit um Bit. Wissenschaftliche Arbeiten mit dem PC.* Stuttgart/ Weimar 1997.

Kruse, Otto: *Keine Angst vor dem leeren Blatt. Ohne Schreibblockaden durchs Studium.* 4., erw. Aufl. Frankfurt a.M. 1995.

Moennighoff, Burkhard/Meyer-Krentler, Eckhardt: *Arbeitstechniken Literaturwissenschaft.* 9., vollst. überarb. u. aktualis. Aufl. München 2001.

7.2 Editionsphilologie

Das wichtigste Arbeitsmaterial des Literaturwissenschaftlers ist der literarische Text. Zugänglich sind literarische Texte (neben den für das Studium irrelevanten Möglichkeiten des Hörbuchs und der Internet-Präsentation) nur als Bücher, genauer: als Ausgaben. Der Weg allerdings von dem Text, den ein Autor resp. eine Autorin geschrieben hat – was ja schon länger zurückliegen kann –, zu einem gedruckten Buch, einer zitierfähigen, wissenschaftlichen Ausgabe dieses Textes, ist weit. Der Herausgeber-Redaktion stellen sich oft schwerwiegende **Probleme**. Das kann viele Gründe haben:

- Es existieren **mehrere** (gegebenenfalls sogar voneinander abweichende) **eigenhändige Manuskripte** oder Diktate des Autors.
- Der Text ist sehr **unzuverlässig überliefert**, da der Buchdruck oft so fehlerhaft ist (Fehler des Setzers oder Druckers, Eingriffe durch Zensur oder Selbstzensur), daß man nicht mehr von einem ›originalen‹ Text sprechen kann.
- Der (Erst-)Druck eines literarischen Textes enthält so genannte *Kartone*, d.h., dass nach Druck und Bindung **nachträgliche Korrekturen, Streichungen, Änderungen** notwendig erschienen und die entsprechenden Seiten aus allen oder einigen Exemplaren ausgeschnitten wurden bis auf einen kleinen Steg, auf den dann die einzeln gedruckten Ersatzseiten aufgeklebt wurden. Innerhalb einer Druckauflage kann es also unterschiedliche Textbestände geben. Interessant ist natürlich auch die Frage nach dem (schon autorisierten) Text *vor* der Korrektur (beispielsweise enthält der Erstdruck des *Werthers* mehrere Kartone, und es ist nicht rekonstruierbar, welche Passagen Goethe gestrichen oder geändert haben wollte).
- Der literarische Text liegt in **mehreren autorisierten Fassungen** vor, d.h. Autor oder Autorin haben in verschiedenen Phasen ihres Lebens unterschiedliche Fassungen des Textes zum Druck freigegeben (das gilt etwa für Kellers *Grünen Heinrich*). Die letztwillige Verfügung eines Autors für eine »Ausgabe letzter Hand« steht dabei oft in spannendem Gegensatz zu einem gegebenenfalls vorliegenden Erstdruck, da hier Prozesse der Selbstzensur oder der Selbstreflexion angesichts des Textes nachvollzogen werden können.
- Der Text liegt gar nicht in einer autorisierten Fassung vor, sondern **nur in vorläufigen Fassungen**, die sich im Nachlass eines Autors finden (z.B. der 4. Teil von Goethes Autobiografie *Dichtung und Wahrheit*).
- Es existiert gar **keine kohärente Fassung** des Textes, sondern nur Bruchstücke, die zwar insgesamt ungefähr dem evtl. geplanten Textumfang, den Kapiteln oder Szenen, entsprechen, aber nie vom Autor in eine Reihenfolge gesetzt, geschweige denn autorisiert worden sind (so zum Beispiel im Fall von Georg Büchners *Woyzeck*).
- Der Text liegt u.a. auch in so genannten **Sekundärvarianten** vor: Raubdrucke oder ähnliche nicht autorisierte Drucke, die im Einzelfall Abweichungen vom Erstdruck oder vom »Ur-Text« aufweisen können. Noch komplizierter wird das Ganze, wenn der Autor selber bei der Weiterbearbeitung seines Textes zu einer zweiten Fassung auf solche Sekundärvarianten zurückgreift (passive Au-

torisierung); beispielsweise arbeitet Goethe für die Zweitfassung des *Werthers* mit einem Raubdruck und übernimmt auch Druckfehler des Raubdrucks).
- Der Autor kann Dritte zur Bearbeitung, Korrektur und Redaktion seines Textes zu Eingriffen berechtigt haben, die weit über Schreibfehler und Interpunktionsfehler hinausgehen.

Darüber hinaus liegen einem Herausgeber-Kollegium mit dem literarischen Text häufig unterschiedliche Dokumente (aus der Feder des Autors) vor, die den Entstehungszusammenhang illustrieren:

- Vorstudien, Quellenexzerpte, Schemata (**Paralipomena**), auch Brief- und Tagebuchnotizen u.v.a.m., also Zeugnisse der Textentstehung.
- Der ganze Text kann (oft mehrfach) in **vorläufigen Fassungen** vorliegen, die die Entstehung des letztlich autorisierten Textes dokumentieren.
- Passagen des Textes liegen in **verschiedenen früheren Versionen** vor und dokumentieren so ebenfalls die Textentstehung (*Varianten, Lesarten*).

Die Arbeit der Herausgeber eines literarischen Textes gliedert sich, lange bevor überhaupt an die Zusammenstellung und Zusammensetzung der Ausgabe gedacht werden kann, in eine Reihe unverzichtbarer **Arbeitsschritte auf dem Weg zur Edition**.

1. In einem ersten Schritt werden sämtliche Überlieferungsträger eines literarischen Textes zusammengetragen, Handschriften und Diktate, Drucke und ggf. andere Medienversionen des Textes (**Heuristik**). Daraufhin werden alle handschriftlichen Texte transkribiert und vergleichend nebeneinander gelegt (**Transkription und Kollation**). Dieser Vergleich stellt alle Varianten und Lesarten heraus, d.h. alle Abweichungen der Textfassungen voneinander werden aufgenommen und registriert.
2. Der Editionsphilologe erarbeitet einen Stammbaum der Werkentstehung, ein so genanntes **Stemma**. Hier werden, ausgehend von der frühesten Autorhandschrift, alle (relevanten) späteren handschriftlichen, autorisierten und nichtautorisierten Druckfassungen sowohl in ihrer chronologischen Reihenfolge als auch in ihrer Abhängigkeit voneinander dargestellt. Die im ersten Arbeitsschritt zusammengetragenen Überlieferungsträger werden also einander zugeordnet. In einem Stemma werden die Autor-Handschriften (und -Diktate) mit einem H bezeichnet, eigenhändige Typoskripte mit einem T und autorisierte Drucke mit einem D, die Abfolge verschiedener Handschriftenfassungen wird durch Exponenten angezeigt (H^1–H^2 ...); Abschriften Dritter oder nicht-autorisierte Drucke werden in Minuskeln (Kleinbuchstaben) markiert (h, t, d).
3. Voraussetzung der Stemmatisierung ist die **recensio, die kritische Musterung aller erschlossenen Textträger**. Hier muss zunächst überhaupt festgestellt werden, ob etwa der Raubdruck eines Textes überhaupt ins Stemma aufgenommen werden soll (im Falle einer passiven Autorisierung wie im oben berichteten *Werther*-Fall sollte das so sein), also welche Relevanz dieser Fremdvariante zukommt. Darüber hinaus dient die *recensio* der genauesten Beurteilung aller Varianten einerseits im Hinblick auf ihre möglichen Verwandt-

schafts- oder chronologischen Beziehungen, andererseits aber vor allem im Hinblick auf eine mögliche Identifizierung einer Leitvariante, also der Fassung, mit der verglichen wird und die vielleicht sogar die Textgestalt für die zu erarbeitende Ausgabe liefert.

4. Das Ziel der *recensio* ist also die **Auswahl einer Textgrundlage** für die Edition; Ziel der editionsphilologischen Arbeit insgesamt ist immer die Herstellung eines herauszugebenden literarischen Textes. Wenn die Herausgeber sich für eine bestimmte Textgrundlage entschieden haben, müssen noch Eingriffe am Text vorgenommen werden. Die Korrektur offensichtlicher Schreib-, Druck- oder Setzfehler heißt **Emendation** (lat. *emendare*: verbessern); oftmals sind allerdings (vor allem handschriftliche) Überlieferungsträger in einem teilweise verderbten Zustand: Streichungen machen Worte oder Sätze unleserlich, die Handschrift selbst bereitet Probleme, Zerstörungen an der Handschrift- oder Druckfassung erlauben kein eindeutiges Lesen. Die Herausgeber ersetzen dann auf Vermutungsbasis die verderbten Stellen (die Korruptelen), etwa ein unleserliches Wort durch ein mögliches passendes. Dieser Vorgang heißt **Konjektur** (lat. *coniectura*: Vermutung). Eine Korruptel kann im Zweifelsfall auch als ›unheilbar‹ gelten und wird im edierten Text dann durch eine so genannte Crux (†) markiert.

5. Die Herstellung des zu edierenden Textes, die **Textkonstitution**, kann, v.a. bei älteren Texten, ein kompliziertes Unterfangen sein. Häufig – praktisch immer bei mittelalterlichen Handschriften, doch durchaus auch noch in der Neuzeit: Hölderlin, Büchner, Kafka – liegt ein literarischer Text gar nicht in einer vom Autor zusammenhängend verfertigten Fassung vor, sondern nur in Bruchstücken. Die Herausgeber versuchen dann, die Fragmente so zu vereinigen, dass ein möglicherweise der Autorabsicht entsprechender Text entsteht, der natürlich immer nur eine Annäherungsform darstellen kann. Im Fall der meisten neuzeitlichen Texte liegen zwar Handschriften-, Typoskript- oder Druckfassungen vor, doch auch hier müssen editorische Entscheidungen der Textkonstitution vorangehen. So muss etwa entschieden werden, welche der vorliegenden autorisierten Fassungen die Herausgeber überhaupt in die Ausgabe übernehmen wollen:

- Der Text könnte, entgegen den späteren Änderungen des Autors, in der ersten Druckfassung oder gar in der Fassung der Handschrift abgedruckt werden.
- Der Text könnte, entgegen allen früheren Fassungen, dem zuletzt geäußerten Willen des Autors entsprechen (also entsprechend der ›Ausgabe letzter Hand‹).

Darüber hinaus müssen die Editoren über das Maß der korrigierenden Eingriffe in den Text entscheiden: Waren die Herausgeber älterer Ausgaben noch relativ großzügig mit Emendationen und auch Konjekturen (wobei durchaus häufig offensichtliche Mehrdeutigkeiten des Textes unzulässigerweise vereindeutigt wurden), hat sich in den letzten drei Jahrzehnten eine strengere Auffassung durchgesetzt: Nur absolut offensichtliche Schreib- oder Druckfehler sollen emendiert werden (vgl. dazu Scheibe 1982; Plachta 1997, 91 ff.).

Über Emendation und Konjektur als editorische Eingriffe im Zuge der Textkonstitution hinaus können die Herausgeber die **Orthografie und Interpunktion** des literarischen Textes grundsätzlich der modernen Schreibweise angleichen, zumal wenn sich die Ausgabe etwa an ein vorwiegend schulisches Publikum richtet. Diese Praxis wird allerdings mittlerweile sehr vorsichtig gehandhabt, da der originale Gestus eines Textes wesentlich auch von seiner Schreibung und oft auch von der absichtsvoll individuellen Interpunktion abhängt (gute Beispiele hierfür sind etwa Stifters Roman *Der Nachsommer*, 1857, oder Uwe Johnsons *Mutmaßungen über Jakob*, 1959).

Schließlich müssen die Herausgeber festlegen, in welcher Form sie in der zu veranstaltenden Ausgabe die Varianten und Lesarten, also diejenigen Stellen, an denen in der Entstehungs- und Überlieferungsgeschichte des Textes oder auch bei der Drucklegung Änderungen vorgenommen worden sind, dokumentieren. In der Praxis der **Apparatgestaltung** hat die Editionsphilologie vier verschiedene Darstellungsmöglichkeiten entwickelt: den Einzelstellenapparat, den Einblendungsapparat, den Treppenapparat und den synoptischen Apparat (zur Apparatgestaltung vgl. insgesamt die illustrative Darstellung bei Plachta 1997, 99 ff.). Diese vier Möglichkeiten der Apparatgestaltung betreffen den textkritischen Apparat im engen Sinne: die entstehungs- und überlieferungsgeschichtlichen Varianten werden dokumentiert.

In einem sehr viel weiteren Sinne aber versteht man unter dem **textkritischen Apparat** einen meist sehr umfänglichen Anhang zum edierten literarischen Text. Im Idealfall dokumentiert die Ausgabe eines literarischen Textes die gesamte editionsphilologische Arbeit in ihrem textkritischen Apparat; die Ausgabe heißt dann **historisch-kritische Ausgabe**, sozusagen das editionsphilologische Adelsprädikat. Der textkritische Apparat einer historisch-kritischen Ausgabe muss folgende Bestandteile aufweisen:

1. eine **editorische Vorbemerkung**: Die Herausgeber benennen die Textgrundlage ihrer Edition, also die Fassung des Textes, nach der sie sich richten, und begründen diese Auswahl; gleichzeitig benennen sie die Editionsprinzipien im Hinblick auf Emendation, Konjektur, Orthografie und Interpunktion;
2. ein **Variantenverzeichnis**: Lesarten, Varianten und Fassungen werden angegeben und dokumentiert;
3. **Zeugnisse der Textentstehung**: Quellenexzerpte, Schemata und Notizen des Autors, so genannte Paralipomena; Brief- und Tagebuchdokumente, in denen der Autor die Arbeit am Text dokumentiert;
4. **Zeugnisse der Textwirkung**: Dokumente der unmittelbaren Wirkung des Textes zu Lebzeiten des Autors: Briefe von Zeitgenossen an den Autor oder an Dritte, Zeitungsrezensionen u.v.a.m.;
5. den **Stellenkommentar** – eines der aufwendigsten Aufgabengebiete des Editionsphilologen. Dabei wird der gesamte Text, Zeile für Zeile und Wort für Wort, durchgegangen und jede mythologische Anspielung, jede stilistische oder sprachliche Besonderheit, jede etwa für den Autor bedeutsame Metapher o.Ä., jede Lesart einer Stelle aus vorigen Textfassungen, auch jeder Eingriff der Herausgeber kommentiert und dokumentiert. Zu den unterschiedlichen Einträgen in den Stellenkommentar seien einige Beispiele aus einem Stellenkommentar zu Goethes *Iphigenie* zitiert:
    - Hinweise auf Varianten in anderen Fassungen:
      Vers 81 *gesellt und lieblich*: in allen Prosafassungen »in lieblicher Gesellschaft«.

- Erklärung älterer und heute ungebräuchlicher Wortformen:
  Vers 237 *gerochen:* im 18. Jh. und bei Goethe regelmäßig noch gebräuchliches stark flektiertes Part. Perfekt zu ›rächen‹.
- Erläuterung mythologischer Bilder mit Verweis auf antike Quellen:
  Vers 584 *wie losgelaßne Hunde*: in antiker Vorstellungswelt werden die Rachegöttinnen oft mit Blut- oder Schweißhunden auf der Fährte des verwundeten Wildes verglichen; so mehrfach bei Aischylos: *Die Choephoren* v. 1054: »Ich seh's: das sind der Mutter wütge Hunde dort« (Übers. von Oskar Werner), vgl. auch v. 924;
- Hinweise zu Eigenarten des Stils, ggf. unter Hinweis auf entsprechende Traditionen:
  Vers 803 *Vielwillkommner*: Eine Wortneubildung Goethes, wie sie seit der Voßischen Homerübersetzung als Zeichen antikisierenden Stils gerne verwendet wurde; vgl. auch »oftgewaschnen« (v. 1028), »spätgefundnen« (v. 1325), »fernabdonnernd« (v. 1361);
- Erläuterungen zu Besonderheiten der Metrik, allgemeiner der Form:
  Vers 538–560: Der Rhythmuswechsel zum Gebet der Iphigenie vom (fünfhebigen) Blankvers zum freieren (meist vierhebigen) Hymnenvers greift in der Hinwendung zur Göttin auf die junge Tradition der Sturm-und-Drang-Hymne zurück, ist aber vor allem auch der Orientierung an der antiken Tragödie geschuldet: Auch hier wurde der Wechsel von der dramatischen Handlung zum Chorlied durch einen metrischen Wechsel angezeigt (vgl. auch Anfang und Schluss des IV. Aufzuges).
6. (optional) einen **einführenden und erläuternden Text des Herausgebers**, in dem dieser die literaturgeschichtlichen, sozialgeschichtlichen und biografischen Hintergründe des Textes skizziert, einen Überblick über Entstehungsgeschichte und Wirkungsgeschichte liefert, gegebenenfalls einige Erläuterungen zur Form des Textes macht und schließlich in knapper Form Interpretationsansätze des Textes darstellt;
7. eine **Bibliografie**: Zunächst werden alle Ausgaben des Textes zu Lebzeiten des Autors aufgeführt, danach wichtige (ggf. hist.-krit., wissenschaftliche) Ausgaben; Bibliografie und textkritischer Apparat werden abgeschlossen durch eine Auswahl an Forschungsliteratur zum Text.

Neben der **historisch-kritischen Ausgabe** gibt es weitere, im Hinblick auf Umfänglichkeit des Apparats und wissenschaftliche Benutzbarkeit zu unterscheidende Editionen literarischer Texte (zu den verschiedenen Editionstypen vgl. Plachta 1997, 11–26):

- Die **Studienausgabe** enthält einen schmaleren Apparat; Stellenkommentar, Entstehungs- und Wirkungszeugnisse sind in einer Auswahl präsentiert; sie ist gleichwohl tauglich zum wissenschaftlichen Arbeiten.
- Die **Textausgabe** liefert nur den reinen Text, verzichtet ganz auf den Apparat; häufig jedoch drucken solche Ausgaben den Text nach einer historisch-kritischen Ausgabe, auf die man dann (in der Bibliothek) im Falle einer wissenschaftlichen Arbeit zurückgreifen muss.

Die Wahl der ›richtigen‹ Edition eines literarischen Textes ist für das Studium der Neueren deutschen Literaturwissenschaft von großer Wichtigkeit. Historisch-kritische Ausgabe und Studienausgabe präsentieren den literarischen Text in einer zitierfähigen Fassung, da sie einerseits sehr genau angeben, welche der vom Autor bzw. von der Autorin autorisierte, d.h. zur Veröffentlichung freigegebene Fassung sie zugrunde legen: die Handschrift, den Erstdruck, eine überarbeitete Zweit- oder Spätfassung oder die so genannte ›Ausgabe letzter Hand‹. Andererseits geben beide Ausgabentypen Rechenschaft darüber, inwieweit und nach welchen Richtlinien die Editoren in die originale Orthografie und Interpunktion eingegriffen haben. Diese beiden Kriterien sind **unabdingbare Voraussetzung für die Zitierfähigkeit** einer Ausgabe in einer literaturwissenschaftlichen Arbeit: Fehlen diese Hinweise, darf die entsprechende Ausgabe nicht benutzt werden; dies ist bei den meisten Leseausgaben und immer bei günstigen Wühltisch-Ausgaben der Fall.

Literaturwissenschaftliche Arbeiten im Studium sollten grundsätzlich auf Texte nach einer Historisch-kritischen Ausgabe oder Studienausgabe zurückgreifen, da nur hier ein kritisch hergestellter Text geboten wird und nur hier wissenschaftlich notwendige Informationen und Materialien präsentiert werden. Natürlich sind historisch-kritische Ausgaben im Normalfall im Studium nicht bezahlbar, und auch die Kosten vieler Studienausgaben größerer Gesamtwerke dürften das studentische Bücherbudget übersteigen. Einerseits aber gibt es durchaus eine Vielzahl historisch-kritischer Editionen von Einzelwerken in Reclams UB bzw. einigen Taschenbuchreihen, andererseits bieten auch einige Leseausgaben neben dem puren literarischen Text wenigstens den Hinweis, welcher historisch-kritischen bzw. Studienausgabe sie folgen, so dass bei der Arbeit mit dem Text und bei der wissenschaftlichen Erschließung auf den Apparat der entsprechenden Ausgabe zurückgegriffen werden kann: Die großen Historisch-kritischen Ausgaben und Studienausgaben eines literarischen Werks finden sich auf jeden Fall in der Universitäts- oder Institutsbibliothek. Die Arbeit mit kritischer Edition *und* deren Apparat gehört zur Arbeit am Text hinzu.

Literatur

Kanzog, Klaus: *Einführung in die Editionsphilologie der neueren deutschen Literatur*. Berlin 1991.
Kraft, Herbert: *Editionsphilologie*. 2., neubearb. u. erw. Aufl. Frankfurt a.M. 2001.
Plachta, Bodo: *Editionswissenschaft. Eine Einführung in Methode und Praxis der Edition neuerer Texte*. Stuttgart 1997.
Roloff, Hans G. (Hg.): *Editionswissenschaft und akademischer Unterricht. Symposion*. Berlin 1999.
Scheibe, Siegfried: »Zum editorischen Problem des Textes«. In: *Zeitschrift für deutsche Philologie* 101 (1982), S. 12–29 (Sonderheft: *Probleme neugermanistischer Edition*).
Scheibe, Siegfried u.a.: *Vom Umgang mit Editionen. Eine Einführung in Verfahrensweisen und Methoden der Textologie*. Berlin 1988.

7.3 Berufsfelder für Germanist/innen

Das Studium der Neueren deutschen Literaturwissenschaft vermittelt, über die Sachkompetenz, das Wissen über die Gegenstände des Fachs hinaus, eine ganze Reihe fundamentaler Fertigkeiten, die für einige Berufsfelder als so genannte **Schlüsselqualifikationen** gelten (generell dazu vgl. Blamberger/Glaser/Glaser 1993):

1. **Organisatorische und planerische Fähigkeiten:** Die Planung des gesamten Studiums wie auch der Aufbau des jeweiligen Semesterstundenplans verlangt ein großes Maß an Organisation; auch bei der Verfertigung schriftlicher Arbeiten im Studium müssen die Studierenden einen größeren Zeitraum, vier Wochen, zwei Monate o.Ä., selbständig einteilen und zu verabredeter Zeit die Arbeit abliefern.
2. **Gegenstandsaneignung:** die Fertigkeit, sich einen spezifischen Teilbereich der kulturellen Überlieferung sowie dessen wissenschaftliche Erforschung in einer selbständigen Weise anzueignen; das beginnt schon bei der Ausdauer und Konzentration verlangenden Lektüre älterer und oft sehr umfangreicher literarischer Werke und reicht über die wissenschaftlich-analytische Erarbeitung einer eigenen Deutungsperspektive bis zum Exzerpt von Sekundärliteratur und zum Forschungsbericht.
3. **›Ästhetische‹ Kompetenz:** d.h. das Vermögen, literarische (und andere) Kunstwerke sowohl in ihrer künstlerischen Eigenart zu erfassen als auch über diese eigenständig urteilen zu können.
4. **Wissenschaftliches Schreiben:** die Fertigkeit, das Erarbeitete in einer vorgegebenen schriftlichen Form, auf begrenztem Raum und in vorab verabredeter zeitlicher Erstreckung umzusetzen (von Lexikonartikel, Essay bis hin zur schriftlichen Hausarbeit).
5. **Vortragskompetenz:** also die Fähigkeit, die Ergebnisse der eigenen wissenschaftlichen Arbeit in einem zeitlich begrenzten Rahmen sachlich angemessen und für die Zuhörer interessant vorzustellen (vom Kurzreferat bis zur anderthalbstündigen Sitzungsmoderation). Sowohl schriftliche Arbeiten als auch mündlicher Vortrag ermöglichen die **Ausbildung individueller Stile und Verhaltensrepertoires** – in der persönlichen, eigenständigen Aneignung von Literatur, der Entwicklung eines eigenen Schreib- und mündlichen Darstellungsstils.
6. **Transfer:** die Fähigkeit, von den erarbeiteten Gegenständen des Faches zu abstrahieren und fundamentale Erkenntnisse oder wissenschaftliche Verfahren auf andere Gegenstände oder benachbarte Fächer zu übertragen.

Diese Schlüsselqualifikationen entsprechen den **Anfordernissen ganz unterschiedlicher Berufsfelder**. Im Unterschied etwa zur Medizin oder auch zu verschiedenen Ingenieurwissenschaften ist mit dem literaturwissenschaftlichen (bzw. germanistischen) Studium allerdings kein fest umrissenes Berufsbild verbunden. Im Folgenden sollen diejenigen Berufsfelder, die traditionell von Germanisten bzw. germanistischen Literaturwissenschaftlern gewählt werden oder die die im literaturwissenschaftlichen Studium ausgebildeten Schlüsselkompetenzen abfordern, kurz vorgestellt werden.

Lehrerin/Lehrer Das traditionellste Berufsziel der Germanistik-Studierenden ist gewiss der Schuldienst: Die Anforderungen an den Lehrerberuf sind neben der ausgewiesenen fachlichen Kompetenz die Fertigkeit, komplexere Gegenstände des Faches schüler- und schulstufenbezogen angemessen zu analysieren und zu strukturieren, die Fähigkeit, schulische Kommunikationsprozesse über den Gegenstand zu initiieren, zu leiten und zu lenken, Diskussionen ergebnisorientiert zusammenzufassen, schriftliche und mündliche Kompetenzen auf Seiten der Lernenden zu fördern, schließlich organisatorische und planerische Fähigkeiten im Blick auf größere Lerneinheiten und Curricula.

Der Lehrerberuf ist auf die Arbeitsbereiche der verschiedenen Schulstufen ausgerichtet: Der Deutschunterricht der Primarstufe ist stark von Vermittlung und Erwerb der Lese- und Schreibkompetenz bestimmt. In den Sekundarstufen ist zu unterscheiden zwischen Haupt-, Real-, Gesamtschule und Gymnasium; im gymnasialen Deutschunterricht sind Sprach- und Literaturunterricht etwa in einem Verhältnis von 25 zu 75 Prozent verteilt.

Ziel des Literaturunterrichts auf allen Schulstufen ist die stufenweise Förderung der Kompetenzen der Schüler/innen im lesenden, schreibenden, handelnden, interpretierenden Umgang mit Literatur. Dabei sollte die Ermöglichung ästhetischer Erfahrung im Zentrum stehen. Daneben werden den Schüler/innen unterschiedliche Hilfsmittel des Textzugangs, der Texterläuterung und -interpretation zu Verfügung gestellt, für die Facharbeit in der gymnasialen Oberstufe auch eine erste Einführung ins Bibliografieren und den Umgang mit Forschungsliteratur. Literaturunterricht spielt auch im Deutschunterricht der berufsbildenden Schulen eine Rolle, vor allem aber sind verschiedene Bereiche der Erwachsenenbildung ein wichtiges Arbeitsfeld für Absolvent/innen eines literaturwissenschaftlichen Studiums.

Das Studium des Faches **Deutsch für das Lehramt** an Grund- oder weiterführenden Schulen ist, von Bundesland zu Bundesland, verschieden organisiert. Der Abschluss, der an der Universität erworben wird, das 1. Staatsexamen, wird allerdings bundesweit anerkannt. Das Studium enthält, über das Fachstudium Deutsch hinaus, ein Studium in einem zweiten Unterrichtsfach sowie Erziehungswissenschaften oder allgemeine Didaktik, darüber hinaus in manchen Bundesländern ein obligatorisches Schulpraktikum (dieses Schulpratikum sollte man auch deswegen sehr ernst nehmen, da sich hier, relativ früh im Studium, schon herausstellen kann, dass die Schule nicht das richtige Arbeitsfeld für die eigene Zukunft ist!). An das 1. Staatsexamen schließt sich grundsätzlich die zweite Ausbildungsphase an, das so genannte Referendariat. Mentoren begleiten die Vorbereitung und Durchführung des Unterrichts, der sowohl praktisch als auch theoretisch beurteilt wird; als Referendar/in arbeitet man allerdings wie ein ›richtiger‹ Lehrer. Nach dem 2. Staatsexamen ist der Übergang in ein reguläres Beschäftigungsverhältnis als Lehrer/in möglich.

Journalistin/Journalist Beim beliebtesten Berufsziel der Studierenden der deutschen Literaturwissenschaft handelt es sich um kein juristisch anerkanntes Berufsbild – die Berufsbezeichnung ›Journalist‹ ist ungeschützt. Die Tätigkeitsfelder von Journalisten erstrecken sich von den Redaktionen der Tages- und Wochenzeitungen, der verschiedenen Nachrichten-Magazine, der Radio-, Fernseh- und Internet-Redaktionen, über Wissenschafts- und Kulturjournalismus bis hin zur Betreuung der Pressearbeit eines größeren Unternehmens, einer Verwaltungs- oder Kulturinstitution.

Aufgabe oder Funktion der Journalist/innen sind für die Gesellschaft von großer Wichtigkeit: Sie haben, so heißt es gemäß dem Selbstverständnis des Deutschen Journalisten-Verbandes, »Sachverhalte oder Vorgänge öffentlich zu machen, deren Kenntnis für die Gesellschaft von allgemeiner, politischer, wirtschaftlicher oder kultureller Bedeutung ist«. Damit stellen sie mithilfe der genannten Medien das Wissen öffentlich zur Verfügung, das die Gesellschaftsmitglieder für das Verständnis der gesellschaftlichen Ordnung und der politischen Vorgänge brauchen und das sie gleichzeitig zur Beteiligung an der politischen Willensbildung befähigt.

Die **fundamentale Kompetenz** für alle journalistischen Berufe ist das Schreiben, d.h., einen Sachverhalt in gebotener Kürze, adressiert an ein bestimmtes Lesepublikum und unter Auswahl der wichtigsten Information darstellen zu können (in Zeitungen sind die Vorgaben der Zeichen- oder Zeilenanzahl für Beiträge absolut verbindlich, weil der Seitenspiegel oft steht, bevor die Beiträge hineingeschrieben werden). Auch die Kompetenz des selektiven und strukturierten Zuhörens wird verlangt, wichtiger noch, die der Recherche, der Interviewführung etc. Je nach Redaktionsabteilung sind natürlich auch literatur- oder kulturwissenschaftliche Sachkompetenzen hilfreich: bei der Buch-, Theater- oder Happening-Rezension ebenso wie bei Ankündigungen literarischer Programme oder Kulturereignisse.

Die **Ausbildung zum Journalisten** kann auf zwei verschiedene Weisen geschehen: durch das Studium bzw. die praxisnahe Ausbildung an einer Journalistenschule bzw. in einem Journalismus-Studiengang oder – und das ist die Regel – durch ein Volontariat bei einer Zeitung oder einer Zeitschrift. Dieses Volontariat setzt ein abgeschlossenes Hochschulstudium voraus, gleichgültig in welchem Fach. Die Chancen auf einen Ausbildungsplatz sind allerdings sehr gering, wenn man nicht ausreichend Erfahrungen in Praktika oder als freie/r Mitarbeiter/in gesammelt hat. Das Volontariat besteht, zumindest bei großen Tageszeitungen, aus einem Einsatz in allen Redaktionsabteilungen – von der Lokal- und Sportredaktion bis hin zum Auslandseinsatz, inhaltlich vom Taubenzüchterverein bis zur diplomatischen Krise. Die Ausbildung darf als ›learning by doing‹ umschrieben werden, vielfach wird man ins kalte Wasser gestoßen: Die Regelung der Ausbildung in einem eigenen Tarifvertrag steht aus. (Ein abgeschlossenes Volontariat bietet noch lange keine Gewähr für die Übernahme in eine Redaktion!)

Ein besonderes Berufsfeld, für das auch journalistisch Weitergebildete herangezogen werden, ist das des **Pressereferenten** oder der **Pressereferentin**. Bei politischen oder kirchlichen Institutionen, größeren Wirtschaftsunternehmen oder Kultureinrichtungen wie Theatern ist ein Pressereferat eingerichtet, das die Darstellung der Institution oder des Unternehmens vor der Öffentlichkeit verantwortet und organisiert. Die Pressereferentin schreibt und redigiert Pressemitteilungen über die Aktivitäten innerhalb des Unternehmens, pflegt die Kontakte zu Presse, Radio und Fernsehen, organisiert Pressegespräche oder -konferenzen, Tage der offenen Tür o.Ä. und begleitet und betreut Vertreter der verschiedenen Medien – etwa ein Fernsehteam bei einem Dreh im Haus, Fotografen bei Fototerminen oder Kulturjournalisten bei Theaterpremieren. Zu den Aufgaben des Pressereferats gehört überdies, die Berichterstattung über das eigene Unternehmen in Pressespiegeln zu dokumentieren und diese den an verschiedenen Aktivitäten Beteiligten zugänglich zu machen.

Dramaturgin/Dramaturg Ein wichtiges Berufsfeld für Absolventen literatur- oder kulturwissenschaftlicher Studiengänge ist die **Dramaturgie** an Schauspiel- oder Opernhäusern. Der **Dramaturg im Presseferat** übernimmt einerseits das beschriebene Aufgabengebiet der Öffentlichkeitsarbeit, das hier durch theaterspezifische Aufgabenfelder ergänzt wird: die Redaktion und Herausgabe einer hauseigenen Theaterzeitung, die Vorbereitung und Erstellung von Jahres-Programmheften, Programmleporellos, Plakaten und anderen Drucksachen sowie die Präsentation des Hauses im Internet. Besucherführungen durch das Theater, Theaterfeste, Einführungsmatineen in neue Inszenierungen und die Pflege intensiver Kontakte zu Schulen und anderen Kinder- und Jugendeinrichtungen runden den Tätigkeitsbereich ab.

Der **Produktionsdramaturg** ist für die Er- und Bearbeitung von Schauspielen und Opern zuständig, in Zusammenarbeit mit dem jeweiligen Regisseur und dem Generalmusikdirektor für Planung eines gesamten Spielzeit-Programms. Aus dem einzelnen Schauspiel- oder Operntext entwickelt der Dramaturg durch Kürzungen, Ergänzungen oder – je nach Regiekonzept – Modernisierungen einen spielbaren Text. In Zusammenarbeit mit Musikern, Regisseur, Bühnenbildner und Kostümabteilung begleitet der Produktionsdramaturg durchgängig die gesamte Inszenierung und ermöglicht schließlich in einem Programmheft dem Publikum einen intensiven Einblick in die Entstehungs- und Gattungsgeschichte des gespielten Stückes sowie in das Regiekonzept.

Der Dramaturg kann auch das künstlerische Profil seines Hauses dadurch mitgestalten, dass er als ›Lektor‹ des Theaters oder Opernhauses die (musik-)dramatischen Neuerscheinungen sichtet und im Blick auf ihre Attraktivität im Spielplan beurteilt. Dabei muss er die Position des Stückes in der Tradition der Moderne beurteilen können und auch das Publikum im Blick haben, ohne sich dessen Geschmack anzubiedern. Im Bereich der neuesten Musik oder Dramatik kann der Dramaturg auch Kontakte zu gegenwärtigen Autoren und Komponisten pflegen, um gegebenenfalls eine Auftragskomposition oder -dichtung mitsamt einer Uraufführung ans eigene Haus zu holen.

Die **Kompetenzen**, die von Dramaturg/innen in einem Theater oder Opernhaus verlangt werden, sind vielfältig. Zunächst sollte man über ausführliche literatur-, theater- und musikgeschichtliche Kenntnisse verfügen; vor allem im Bereich der Produktionsdramaturgie werden auch differenzierte Kompetenzen im Bereich der Werkanalyse und der literatur- oder musikkritischen Einschätzung verlangt. Sowohl bei Pressemitteilungen als auch v.a. bei der Vorbereitung von

Programmheften sind Fähigkeiten der präzisen schriftlichen Formulierung erfordert, darüber hinaus auch der souveräne Umgang mit einschlägiger Forschungs- und Sekundärliteratur.

Eine **Ausbildung zum Dramaturgen** oder zur Pressereferentin eines Theaters gibt es nicht, Voraussetzung ist allerdings grundsätzlich der Abschluss eines Studiums. Seit neuestem wird an der Bayerischen Theaterakademie München, der Hochschule für Musik und Theater Leipzig und der Hochschule Hamburg ein Studiengang Dramaturgie angeboten. Darüber hinaus sollte man natürlich ein ästhetisches Gespür oder Vergnügen für alle dramatischen Genres und organisatorisches Geschick mitbringen sowie die Bereitschaft, auch außerhalb normaler Arbeitszeiten im Theater zu arbeiten. Dringend erforderlich für die Laufbahn von Dramaturg/in oder Pressereferent/in ist die frühzeitige Praxiserfahrung: Schon während der ersten Semester eines Studiums sollte man bei den verschiedenen Abteilungen eines Theaters um ein Praktikum nachfragen oder um eine Assistenz in der Dramaturgie.

Lektorin/Lektor Das Berufsbild des Lektors wird fälschlicherweise oft mit der bloßen orthografischen Durchsicht der einem Verlag eingereichten literarischen oder wissenschaftlichen Werke gleichgesetzt. Das Berufsfeld ist aber vielfältiger und weit anspruchsvoller. Die meisten der Institutionen und Unternehmen, die größere Mengen von Texten veröffentlichen, verfügen über Lektorate: Radio- und Fernsehanstalten, Buch- und Musik-Verlage und andere Wirtschaftsunternehmen: Werbeagenturen, Internetanbieter u.v.a.m.

Über die Korrektur und Redaktion eingereichter Texte hinaus besteht das anspruchsvollste **Aufgabengebiet** des Lektors oder der Lektorin in der Neuentwicklung von Buchprojekten, von ganzen Buchreihen oder auch von Publikationsprogrammen. Lektor/innen in Fachverlagen entwerfen mit Blick auf eine bestimmte Wissenschaftssparte und auf den möglichen Abnehmerkreis ein Buchprojekt, etwa ein neuartiges Lexikon oder Handbuch, treten mit möglichen wissenschaftlichen Autor/innen oder Hausgeber/innen in Kontakt und betreuen das gesamte Projekt von der Erteilung der Schreibaufträge bis hin zu Druckbild, Seiten- und Umschlagsgestaltung, Endkorrektur und -redaktion. Dazu gehört auch die verlagsinterne ›Durchsetzung‹ des Projekts: Gegenüber der Marketingabteilung muss die Lektorin die Verkaufbarkeit des Buches plausibel machen, sie muss die Nische, in die es hineinstößt, kenntlich machen und die Dauer, den Umfang und die Kosten des Publikationsprojektes kalkulieren.

Natürlich liest eine Lektorin oder ein Lektor vor allem: Das, was die zu einem Projekt hinzugezogenen Autoren geschrieben haben, vorher noch: viele wissenschaftliche Publikationen, die erst die Lücke und die Notwendigkeit für das geplante Buch sichtbar machen. Darüber hinaus lesen Lektor/innen natürlich auch die Bücher oder Manuskripte, die dem Verlag für bestimmte Reihen oder auf gut Glück zugesandt werden, sie beurteilen die Texte auf ihre wissenschaftliche und ästhetische Qualität hin und entscheiden darüber, ob das Buch im Verlag erscheinen kann. Lektor/innen pflegen auch die Kontakte zu Autoren, die schon im Verlag publiziert haben, und bieten ihnen Projekte an. Die Lese- und Korrekturarbeit der Lektor/innen betrifft die inhaltliche und stilistische Übereinstimmung der eingereichten Texte mit den Projektentwürfen, dem Konzept einer Buchreihe oder den Vorstellungen des Verlags; sie machen Vorschläge zu Kürzung oder inhaltlicher Ergänzung, Überarbeitung oder Verbesserung, überprüfen Stil, Grammatik und Orthografie und fügen Korrekturen ein. Sie machen schließlich Vorschläge für die Druckgestaltung des Buches, für evtl. einzufügende Abbildungen, Marginalien, Kolumnentitel, Umschlag und Klappentext. Alle diese Überarbeitungs- und Vorschlagsprozesse werden eng mit den Autor/innen des Bandes abgestimmt.

Die Arbeit als Lektorin oder Lektor setzt neben einer breiten Allgemeinbildung und, v.a. bei Literaturverlagen, ästhetischem Beurteilungsvermögen, eine intensive wissenschaftliche Ausbildung voraus: Je nach Ausrichtung des Fachverlages oder der Lektoratsabteilung sind vertiefte fachwissenschaftliche Kenntnisse unverzichtbar – also ein Studium der Natur-, Sozial- oder Geisteswissenschaften – sowie ausgewiesene Kompetenzen im schreibenden und redigierenden Umgang mit Texten. Auch zum Lektor wird man nicht direkt ausgebildet: Voraussetzung ist ein abgeschlossenes Fachstudium, gegebenenfalls mit Promotion; erst dann ist die Bewerbung um ein Volontariat in einem Verlag möglich. Allerdings ist es dringend geboten, schon während des Studiums als Praktikant oder freier Mitarbeiter praktische Erfahrung in Verlagen zu sammeln. Auch außerhalb des Lektorats, in Werbung und Vertrieb der Verlagshäuser, arbeiten sehr häufig (zusätzlich qualifizierte oder umgeschulte) Geisteswissenschaftler.

Wissenschaftlerin/Wissenschaftler Natürlich ist eines der möglichen Berufsfelder für Studierende der Neueren deutschen Literaturwissenschaft auch die **Wissenschaft** selbst, die Arbeit an einer Universität. Die wissenschaftliche Laufbahn ist vielleicht am wenigsten planbar: Voraussetzung ist in der Regel ein besonders hohes und ›auffälliges‹ Engagement in Lehrveranstaltungen und bei der Abfassung von schriftlichen Arbeiten. Das Angebot, als studentische Hilfskraft für eine Dozentin oder einen Dozenten zu arbeiten, ist häufig die Folge eines solchen Engagements, und gleichzeitig eine Chance, intensiveren Einblick in Arbeitstechniken der Forschung und der Lehrveranstaltungsvorbereitung (Bibliografieren, Vorbereitung von Präsentationen usw.) zu bekommen. Im Falle eines sichtbaren Engagements im Studium und einer fundierten Examensarbeit fragen Professor/innen ihre Kandidat/innen häufig, ob sie sich nicht vorstellen könnten, die Ergebnisse ihrer Arbeit in einer Dissertation zu vertiefen oder in einem Forschungsprojekt mitzuarbeiten und dort zu promovieren. Die **Finanzierung** eines meist auf zwei bis drei Jahre anzusetzenden Dissertationsprojektes kann einerseits dadurch erfolgen, dass man an der Universität als Wissenschaftliche Hilfskraft angestellt wird – der positive Nebeneffekt ist, dass man gleichzeitig neben der Forschungsarbeit auch schon eine (meist zwei Semesterwochenstunden umfassende) Lehrverpflichtung wahrnehmen muss: Wissenschaftler sind immer Forscher *und* Lehrer! Andererseits kann auch ein Stipendium zur Finanzierung herangezogen werden (eine gute Übersicht über mögliche Stipendiengeber liefert die Forschungs- und Technologiekontaktstelle der Universität Hannover: www.tt.uni-hannover.de/mwk/doku/stipendien2.htm). Darüber hinaus kann man die Promotion natürlich auch selbst finanzieren, was aber meist zu Beeinträchtigungen bei der Forschungsarbeit führt, außerdem ist die relativ enge Bindung an Institut und Lehrstuhl empfehlenswert.

Nach der Promotion bieten sich an der Universität (in beschränktem zahlenmäßigem Umfang) folgende Arbeitsmöglichkeiten:

- **Wissenschaftliche Mitarbeiter/innen** (mit meist zeitlich begrenztem Angestelltenvertrag) arbeiten an Forschungsprojekten mit und nehmen eine in der Regel vier Semesterwochenstunden umfassende Lehrtätigkeit wahr.
- **Wissenschaftliche Assistent/innen** sind Beamte auf Zeit und müssen neben den vier Stunden Lehre innerhalb der sechs Jahre Vertragszeit die Habilitationsschrift anfertigen, als Mitarbeiter *kann* man dies, wenn die übergeordneten Forschungsprojekte des Lehrstuhls Zeit dazu lassen.
- **Akademische Räte/Studienräte im Hochschuldienst** (Beamte auf Lebenszeit) bieten vornehmlich die grundständige Lehre eines Faches an: Ihr Aufgabenbereich umfasst 12–16 Semesterwochenstunden Lehrverpflichtung sowie Aufgaben in der Selbstverwaltung des Instituts.
- Nach erfolgreicher Habilitation (die man natürlich auch außerhalb der Hochschule anfertigen kann) steht dann die (oft langwierige) Bewerbung auf ausgeschriebene Professuren an: **Professor/innen** haben eine Lehrverpflichtung von 8 SWS, müssen i.d.R. ihr Fach in seiner ganzen Breite vertreten und Forschungsprojekte vorantreiben.

Die **Voraussetzungen** für den Einstieg in die (literatur-)wissenschaftliche Laufbahn sind erstens ein hohes Begeisterungsvermögen für die Gegenstände des Faches; zweitens der eigenständige Umgang mit den Verfahren und Techniken literaturwissenschaftlicher Forschung in Analyse und schriftlicher Darstellung und drittens eine ausgewiesene Vermittlungskompetenz (ein Lehramtsstudium schadet keineswegs auf dem Weg zum Wissenschaftler): In Vorlesungen und Seminaren sollen komplexere Gegenstände des Faches in einer spannenden und für die Studierenden ertragreichen Weise präsentiert werden, Wissenschaftler/innen sollen das eigene Begeisterungsvermögen für die Literatur auf das Publikum übertragen können und die Techniken und Verfahren des wissenschaftlichen Umgangs mit den Texten vermitteln. Viertens ist auch die kommunikative Kompetenz erforderlich, in Diskussionen und auf Tagungen eigene Forschungspositionen zu präsentieren und mit denen anderer Wissenschaftler in einen Dialog zu bringen.

Neben den hier vorgestellten Berufsfeldern sind natürlich noch weitere Berufsmöglichkeiten denkbar, wie etwa Werbetexter, Sachbuch- (oder auch Roman-)Autor, Kulturmanager u.v.m., die alle auf die genannten Schlüsselqualifikationen zurückgreifen. Die Wahl eines Berufsfeldes findet meist nicht *vor* dem Studium statt. Die Praktika, die man während des Studiums unbedingt absolvieren sollte in Schule, Theater, Zeitung o.Ä. dienen einerseits der Orientierung über mögliche Berufsziele, andererseits aber sammelt man dort die Erfahrungen, die man – neben einem Quentchen Glück – für den Einstieg in jeden Berufszweig braucht.

Literatur

Albrecht, Wolfgang: *Literaturkritik*. Stuttgart/Weimar 2001.
Blamberger, Günter/Glaser, Hermann/Glaser, Ulrich (Hg.): *Berufsbezogen studieren. Neue Studiengänge in den Literatur-, Kultur- und Medienwissenschaften*. München 1993.
Förster, Jürgen/Neuland, Eva/Rupp, Gerhard (Hg.): *Wozu noch Germanistik? Wissenschaft – Beruf – Kulturelle Praxis*. Stuttgart 1989.
Lorenz, Dagmar: *Journalismus*. Stuttgart/Weimar 2000.
Schnell, Ralf: *Orientierung Germanistik. Was sie kann, was sie will*. Reinbek bei Hamburg 2000.
Schönstedt, Eduard: *Der Buchverlag. Geschichte, Aufbau, Wirtschaftsprinzipien, Kalkulation und Marketing*. Stuttgart/Weimar ²1999.
www.regie.de
www.buehnenverein.de
www.djv.de (Deutscher Journalisten-Verband)

8. Anhang

8.1 Bibliografie

8.1.1 Lexika

Arnold, Heinz Ludwig (Hg.): *Kritisches Lexikon zur deutschsprachigen Gegenwartsliteratur (KLG)*. München 1978 ff. (Loseblattausgabe). CD-ROM-Ausg. 1999 ff. Online: http://www.KLGonline.de/
Barck, Karlheinz u.a. (Hg.): *Ästhetische Grundbegriffe. Historisches Wörterbuch in sieben Bänden*. Stuttgart/Weimar 2000 ff.
Best, Otto F.: *Handbuch literarischer Fachbegriffe. Definitionen und Beispiele*. Überarb u. erw. Ausg. Frankfurt a.M. 1995.
Borchmeyer, Dieter/Žmegač, Viktor (Hg.): *Moderne Literatur in Grundbegriffen*. 2., neu bearb. Aufl. Tübingen 1994.
Böttcher, Kurt (Hg.): *Lexikon deutschsprachiger Schriftsteller. Von den Anfängen bis zur Gegenwart*. 2 Bände. Bd. 1 Leipzig 1987; Bd. 2 Hildesheim/Zürich/New York 1993.
Brauneck, Manfred (Hg.): *Autorenlexikon deutschsprachiger Literatur des 20. Jahrhunderts*. Überarb. u. erw. Neuausg. Reinbek bei Hamburg 1995.
Brinker-Gabler, Gisela/Ludwig, Karola/Wöffen, Angela: *Lexikon deutschsprachiger Schriftstellerinnen von 1800 bis 1945*. München 1986.
Brunner, Horst/Moritz, Rainer (Hg.): *Literaturwissenschaftliches Lexikon. Grundbegriffe der Germanistik*. Berlin 1997.
Deutsches Literatur-Lexikon. Biographisch-bibliographisches Handbuch. 3., völlig neu bearb. Aufl. Hg. von Bruno Berger und Heinz Rupp; ab Bd. 6 hg. von Heinz Rupp und Carl Ludwig Lang. Bern/München/Stuttgart 1968 ff. (zuletzt Bd. 21: Streit – Techim, 2002).
Füssel, Stephan (Hg.): *Deutsche Dichter der frühen Neuzeit (1450–1600). Ihr Leben und Werk*. Berlin 1993.
Gfrereis, Heike (Hg.): *Grundbegriffe der Literaturwissenschaft*. Stuttgart/Weimar 1999.
Hechtfischer, Ute u.a. (Hg.): *Metzler Autorinnen Lexikon*. Stuttgart/Weimar 1998.
Jens, Walter (Hg.): *Kindlers neues Literaturlexikon*. München 1988–1992. 20 Bände, 2 Supplementbände 1998. CD-ROM München 1999. Online-Zugang meist von Universitätsbibliotheken unter: http://www.xipolis.net/portals/digibib/
Killy, Walther (Hg.): *Literaturlexikon. Autoren und Werke deutscher Sprache*. Gütersloh 1988–1993.
Lang, Carl Ludwig/Feilchenfeldt, Konrad (ab Bd. 2) (Hg.): *Deutsches Literatur-Lexikon. Das 20. Jahrhundert. Biographisch-bibliographisches Handbuch*. Geplant auf 16 Bände. Bern/München 2000 ff.
Lutz, Bernd (Hg.): *Metzler Autoren Lexikon. Deutschsprachige Schriftsteller vom Mittelalter bis zur Gegenwart*. 2., überarb. u. erw. Aufl. Stuttgart/Weimar 1994.
Meid, Volker (Hg.): *Sachlexikon der Literatur*. München 2000.
– : *Reclams Lexikon der deutschsprachigen Autoren*. Stuttgart 2001.
– : *Sachwörterbuch zur deutschen Literatur*. Stuttgart 1999. Als CD-ROM: *Elektronisches Sachwörterbuch zur deutschen Literatur*. Stuttgart 1999.
Nünning, Ansgar (Hg.): *Metzler Lexikon Literatur- und Kulturtheorie. Ansätze – Personen – Grundbegriffe*. 2., überarb. u. erw. Aufl. Stuttgart/Weimar 2001.
Reallexikon der deutschen Literaturwissenschaft (RLW). Hg. von Klaus Weimar. Bisher erschienen: Bd. 1–2 (A–O). Berlin u.a. 1997, 2000.

Ricklefs, Ulfert (Hg.): *Das Fischer Lexikon Literatur*. 3 Bände. Frankfurt a.M. 1996.
Schweikle, Günther/Schweikle, Irmgard (Hg.): *Metzler Literatur Lexikon. Begriffe und Definitionen*. 2., überarb. Aufl. Stuttgart 1990.
Steinecke, Hartmut (Hg.): *Deutsche Dichter des 20. Jahrhunderts*. Berlin 1994.
Steinhagen, Harald/Wiese, Benno von (Hg.): *Deutsche Dichter des 17. Jahrhunderts. Ihr Leben und Werk*. Berlin 1984.
Wetzel, Christoph: *Lexikon der deutschen Literatur. Autoren u. Werke*. Stuttgart 1987.
Wiese, Benno von (Hg.): *Deutsche Dichter des 18. Jahrhunderts. Ihr Leben und Werk*. Berlin 1977.
– (Hg.): *Deutsche Dichter der Romantik. Ihr Leben und Werk*. 2., überarb u. vermehrte Aufl. Berlin 1983.
– (Hg.): *Deutsche Dichter des 19. Jahrhunderts. Ihr Leben und Werk*. 2., überarb. u. vermehrte Aufl. Berlin 1979.
– (Hg.): *Deutsche Dichter der Moderne. Ihr Leben und Werk*. 3., überarb. u. vermehrte Aufl. Berlin 1975.
– (Hg.): *Deutsche Dichter der Gegenwart. Ihr Leben und Werk*. Berlin 1973.
Wilpert, Gero von: *Sachwörterbuch der Literatur*. 8., verb. u. erw. Aufl. Stuttgart 2001.
– : *Deutsches Dichterlexikon. Biographisch-bibliographisches Handwörterbuch zur deutschen Literaturgeschichte*. 3., erw. Aufl. Stuttgart 1988.
– : *Lexikon der Weltliteratur*. Bd. 1: *Biographisch-bibliographisches Handwörterbuch nach Autoren und anonymen Werken*; Bd. 2: *Hauptwerke der Weltliteratur in Charakteristiken und Kurzinterpretationen*. 3., vollst. überarb. Aufl. Stuttgart 1988/1999. CD-ROM Berlin 1999.

8.1.2 Literaturgeschichten

Baasner, Rainer/Reichard, Georg: *Epochen der deutschen Literatur. Ein Hypertext-Informationssystem*. Stuttgart 1998 ff. Bisher: *Aufklärung und Empfindsamkeit* (1998); *Sturm und Drang/Klassik* (1999); *Romantik* (2000). Als Datenbank vieler Universitätsbibliotheken zugänglich
Bahr, Ehrhard (Hg.): *Geschichte der deutschen Literatur. Kontinuität und Veränderung. Vom Mittelalter bis zur Gegenwart*. 3 Bände. Tübingen 1987–88.
Beutin, Wolfgang u.a.: *Deutsche Literaturgeschichte. Von den Anfängen bis zur Gegenwart*. 6., verb. u. erw. Aufl. Stuttgart 2001.
Brenner, Peter J.: *Neue deutsche Literaturgeschichte. Vom ›Ackermann‹ zu Günter Grass*. Tübingen 1996.
de Boor, Helmut/Newald, Richard (Hg.): *Geschichte der deutschen Literatur von den Anfängen bis zur Gegenwart*. 7 Bände in 11 Teilbänden. München 1949 ff.
Glaser, Horst Albert (Hg.): *Deutsche Literatur. Eine Sozialgeschichte*. 10 Bände. Reinbek bei Hamburg 1980 ff.
Gnüg, Hiltrud/Möhrmann, Renate (Hg.): *Frauen Literatur Geschichte. Schreibende Frauen vom Mittelalter bis zur Gegenwart*. 2., vollst. neu bearb. u. erw. Aufl. Stuttgart/Weimar 1999.
Grimminger, Rolf (Hg.): *Hansers Sozialgeschichte der deutschen Literatur vom 16. Jahrhundert bis zur Gegenwart*. 12 Bände. München 1980 ff.
Hauser, Arnold: *Sozialgeschichte der Kunst und Literatur* [1953]. München 1983.
Jansen, Josef: *Einführung in die deutsche Literatur des 19. Jahrhunderts*. Bd. 1: *Restaurationszeit (1815–1848)*; Bd. 2: *März-Revolution, Reichsgründung und die Anfänge des Imperialismus*. Opladen 1982/1984.
Meid, Volker: *Metzler Literatur-Chronik. Werke deutschsprachiger Autoren*. 2., erw. Aufl. Stuttgart/Weimar 1998.
Propyläen Geschichte der Literatur. Literatur und Gesellschaft der westlichen Welt. 6 Bände. Hg. von Erika Wischer. Berlin 1981 ff.
Schlaffer, Heinz: *Die kurze Geschichte der deutschen Literatur*. München 2002.

Schütz, Erhard/Vogt, Jochen u.a.: *Einführung in die deutsche Literatur des 20. Jahrhunderts.* Bd. 1: *Kaiserreich.* Opladen 1977; Bd. 2: *Weimarer Republik, Faschismus und Exil.* Opladen 1978; Bd. 3: *Bundesrepublik und DDR.* Opladen 1980.
See, Klaus von (Hg.): *Neues Handbuch der Literaturwissenschaft.* 25 Bände. Wiesbaden 1972 ff. Neuere deutsche Literaturgeschichte in folgenden Bänden:
Bde. 9–10: *Renaissance und Barock I–II* (1972);
Bde. 11–13: *Europäische Aufklärung I–III* (1974–1985);
Bde. 14–16: *Europäische Romantik I–III* (1982–1985);
Bd. 17: *Europäischer Realismus* (1980);
Bde. 18–19: *Jahrhundertende – Jahrhundertwende* (1976);
Bd. 20: *Zwischen den Weltkriegen* (1983);
Bde. 21–22: *Literatur nach 1945 I–II* (1979).
Sørensen, Bengt Algot: *Geschichte der deutschen Literatur.* 2 Bände. Bd. I: *Vom Mittelalter bis zur Romantik.* München 1997; Bd. II: *Vom 19. Jahrhundert bis zur Gegenwart.* 2., aktual. Aufl. München 2002.
Žmegač, Viktor (Hg.): *Geschichte der deutschen Literatur vom 18. Jahrhundert bis zur Gegenwart.* 3 Bände in 4 Teilbänden. Königstein 1979–1985. Als Tb. in 6 Bänden. Königstein 1984/85; als CD-ROM 1999.
– (Hg.): *Kleine Geschichte der deutschen Literatur.* Weinheim ³1993.

8.1.3 Einführungen in die Neuere deutsche Literaturwissenschaft

Arnold, Heinz Ludwig/Detering, Heinrich (Hg.): *Grundzüge der Literaturwissenschaft.* München ³1999.
Brackert, Helmut/Stückrath, Jörn (Hg.): *Literaturwissenschaft. Ein Grundkurs.* Reinbek bei Hamburg 2001.
Pechlivanos, Miltos/Rieger, Stefan/Struck, Wolfgang/Weitz, Michael (Hg.): *Einführung in die Literaturwissenschaft.* Stuttgart/Weimar 1995.
Renner, Ursula/Bosse, Heinrich (Hg.): *Literaturwissenschaft – Einführung in ein Sprachspiel.* Freiburg i.Br. 1999.
Schnell, Ralf: *Orientierung Germanistik. Was sie kann, was sie will.* Reinbek bei Hamburg 2000.
Schneider, Jost: *Einführung in die moderne Literaturwissenschaft.* 3., aktual. Aufl. Bielefeld 2001.
Vogt, Jochen: *Einladung zur Literaturwissenschaft.* 2., durchges. und aktual. Aufl. München 2001.
Zymner, Rüdiger (Hg.): *Allgemeine Literaturwissenschaft. Grundfragen einer besonderen Disziplin.* 2., durchges. Aufl. Berlin 2001.

Einführungen in die Textanalyse und –interpretation

Andreotti, Mario: *Die Struktur der modernen Literatur. Neue Wege in der Textanalyse.* 3., vollst. überarb. u. erw. Aufl. Bern 2000.
Corbineau-Hoffmann, Angelika: *Die Analyse literarische Texte. Einführung und Anleitung.* Tübingen/Basel 2002.
Eicher, Thomas/Wiemann, Volker: *Arbeitsbuch: Literaturwissenschaft.* 3., vollst. bearb. Aufl. Paderborn 2001.
Fricke, Harald/Zymner, Rüdiger: *Einübung in die Literaturwissenschaft. Parodieren geht über Studieren.* 4., korr. Aufl. Paderborn 2000.
Schutte, Jürgen: *Einführung in die Literaturinterpretation.* 4., aktual. Aufl. Stuttgart/Weimar 1997.
Strelka, Joseph P.: *Einführung in die literarische Textanalyse.* 2., durchges. Aufl. Tübingen 1998.

Bücherkunden

Blinn, Hansjürgen: *Informationshandbuch deutsche Literaturwissenschaft.* 4., überarb. und erg. Aufl. Frankfurt a.M. 2001.
Hansel, Johannes: *Bücherkunde für Germanisten.* Berlin ⁹1991.
Paschek, Carl: *Praxis der Literaturinformation Germanistik.* 2., völlig neu bearb. Aufl. Berlin 1999.
Raabe, Paul: *Einführung in die Bücherkunde zur deutschen Literaturwissenschaft.* 11., völlig neu bearb. Aufl. Stuttgart/Weimar 1994.
Zelle, Carsten: *Kurze Bücherkunde für Literaturwissenschaftler.* Tübingen 1998.

8.1.4 Bibliografien

Perodika/Digitales

»Eppelsheimer-Köttelwesch«: *Bibliographie der deutschen Literaturwissenschaft.* Bd. 1 (1945–1953) bis Bd. 8 (1968). Frankfurt a.M. 1957 ff. – *Bibliographie der deutschen Sprach- und Literaturwissenschaft* (1969 ff.). Begründet von Hanns Wilhelm Eppelsheimer, fortgef. von Clemens Köttelwelsch und Bernhard Koßmann. Hg. von Wilhelm R. Schmidt. Frankfurt a.M. 1971 ff.
Germanistik. Internationales Referatenorgan mit bibliographischen Hinweisen. Jg. 1 ff. Tübingen 1960 ff.
MLA (Modern Language Association). International Bibliography of Books and Articles on the Modern Languages an Literatures. Bd. 1 1921. New York 1922 ff. (online).

Abgeschlossene Bibliografien (knappe Auswahl)

Bärwinkel, Roland/Lopatina, Natalija/Mühlpfordt, Günther: *Schiller-Bibliographie 1975–1985.* Berlin 1989.
Caputo-Mayr, Maria Luise/Herz, Julius M.: *Franz Kafka. Internationale Bibliographie der Primär- und Sekundärliteratur.* 2., erw. u. erg. Aufl. München 2000.
Dünnhaupt, Gerhard: *Bibliographisches Handbuch der Barockliteratur. Hundert Personalbibliographien deutscher Autoren des siebzehnten Jahrhunderts.* 3 Bände. Stuttgart 1980/81; 2., verb. u. wesentl. erw. Aufl. in 6 Bänden unter dem Titel: *Personalbibliographien zu den Drucken des Barock.* Stuttgart 1990–1993.
Handbuch der deutschen Literaturgeschichte. 2. Abteilung: Bibliographien. Hg. von Paul Stapf. München 1969 ff.
Henning, Hans/Hammer, Klaus (Hg.): *Internationale Bibliographie zur deutschen Klassik 1750–1850.* Folge 1–10 erschienen unselbständig in den *Weimarer Beiträgen* 6–10 (1960–1964); ab Folge 11/12 in Bearbeitung von Hans Henning und Siegfried Seifert in selbständiger Form: Weimar 1968 ff. (erscheint jährlich).
Hermann, Helmut G.: *Goethe-Bibliographie. Literatur zum dichterischen Werk.* Stuttgart 1991.
Jonas, Klaus Werner: *Die Thomas-Mann-Literatur. Bibliographie der Kritik.* 2 Bände. Berlin 1972–1979.
Kohler, Maria: *Internationale Hölderlin-Bibliographie (IHB). 1804–1983.* Hg. vom Hölderlin-Archiv der Württembergischen Landesbibliothek Stuttgart. Stuttgart 1985 (wird als Periodikum fortgeführt in:)
Kuhles, Doris: *Lessing-Bibliographie. 1971–1985.* Unter Mitarb. von Erdmann von Wilamowitz-Moellendorf. Berlin/Weimar 1988.
Matter, Harry: *Die Literatur über Thomas Mann: Eine Bibliographie 1898–1969.* 2 Bände. Berlin 1972.
Pyritz, Hans: *Goethe-Bibliographie.* Unter red. Mitarb. von Paul Raabe. Fortgef. von Heinz Nicolai und Gerhard Burkhardt. 2 Bände. Heidelberg 1965–1968.

Pyritz, Ilse (Hg.): *Bibliographie zur deutschen Literaturgeschichte des Barockzeitalters.* Begr. von Hans Pyritz. Teil 1: *Allgemeine Bibliographie. Kultur- und Geistesgeschichte, Poetik, Gattungen, Traditionen, Beziehungen, Stoffe.* Bern/München 1991; Teil 2: *Dichter und Schriftsteller, Anonymes, Textsammlungen.* Bern/München 1985; Teil 3: *Gesamtregister.* Bern/München 1994.
Schlick, Werner: *Das Georg Büchner-Schrifttum bis 1965.* Hildesheim 1965.
Seifert, Siegfried/Volgina, Albina A.: *Heine-Bibliographie 1965-1982.* Berlin/Weimar 1986.
– : *Goethe-Bibliographie 1950-1990.* Hg. von der Stiftung Weimarer Klassik. 3 Bände. München 1999.
– : *Lessing-Bibliographie.* Berlin/DDR 1973.
Vulpius, Wolfgang: *Schiller Bibliographie 1893-1958 nebst Ergänzungsband 1959-1963.* Weimar/Berlin 1959-1967.
Wersig, Peter: *Schiller-Bibliographie 1964-1974.* Berlin 1977.
Wilhelm, Gottfried: *Heine-Bibliographie.* Unter Mitarb. von Eberhard Galey. 2 Teile nebst einem Ergänzungsband von Siegfried Seifert. Weimar/Berlin 1960-1968.

8.1.5 Periodika

Fachzeitschriften

Das achtzehnte Jahrhundert. Zeitschrift der Deutschen Gesellschaft für die Erforschung des Achtzehnten Jahrhunderts. Göttingen: Wallstein 1.1977 ff.
Amsterdamer Beiträge zur neueren Germanistik. Amsterdam: Rodopi 1.1972 ff.
Arbitrium. Zeitschrift für Rezensionen zur germanistischen Literaturwissenschaft. München: Beck, ab Jg. 7: Tübingen: Niemeyer 1.1983 ff.
Aufklärung: Interdisziplinäre Halbjahreszeitschrift zur Erforschung des 18. Jahrhunderts und seiner Wirkungsgeschichte. Hamburg: Meiner 1.1986 ff.
(Pauls und Braunes) Beiträge zur Geschichte der deutschen Sprache und Literatur (PBB). Halle: Niemeyer, 1.1874 ff. (nach dem Zweiten Weltkrieg in Tübingen, in Halle erschien zwischen 1955 und 1979 unter gleichem Titel eine parallele Zeitschrift).
Colloquia Germanica. Internationale Zeitschrift für germanische Sprach- und Literaturwissenschaft. Bern (später Tübingen): Francke 1.1967 ff.
Daphnis. Zeitschrift für mittlere deutsche Literatur. Amsterdam: Rodopi 1.1972 ff.
Deutsche Vierteljahrsschrift für Literaturwissenschaft und Geistesgeschichte (DVjs). Halle, ab Jg. 23/1949: Stuttgart: Metzler 1.1923 ff.
Der Deutschunterricht. Beiträge zu seiner Praxis und wissenschaftliche Grundlegung (DU). Stuttgart: Klett, später Seelze: Friedrich 1.1948/49 ff. Darin aufgegangen: *Diskussion Deutsch*
Diskussion Deutsch. Zeitschrift für Deutschlehrer aller Schulformen in Ausbildung und Praxis (DD). Frankfurt a.M./Berlin/München: Diesterweg 1.1970 – 26.1995 = H. 1–144.
Editio. Internationales Jahrbuch für Editionswissenschaft. Tübingen: Niemeyer 1.1987 ff.
Études Germaniques (EG). Paris: Didier 1.1946 ff.
Euphorion. Zeitschrift für Literaturgeschichte. Bamberg: Buchner, seit 1952: Heidelberg: Winter 1.1894 ff.
Fontane-Blätter. Halbjahreschrift im Auftr. d. Theodor-Fontane-Archivs u. d. Theodor-Fontane-Gesellschaft e.V. Potsdam: Archiv 1.1965 ff.
German life and letters. A quarterly Review (GLL). Oxford: Blackwell 1.1936/37 – 4.1939,1; N.F. 1.1947/48 ff.
The German Quarterly (GQ). Appleton, Wisc: American Association of Teachers of German 1.1928 ff.
The Germanic review. Devoted to studies dealing with the Germanic languages and literatures. New York: Columbia UP 1.1926 ff.
Germanisch-romanische Monatsschrift (GRM). Heidelberg: Winter 1.1909 ff.
Simpliciana. Schriften der Grimmelshausen-Gesellschaft. Bern u.a.: Lang 1.1979 ff.

Internationales Archiv für Sozialgeschichte der deutschen Literatur (IASL). Tübingen: Niemeyer 1.1976 ff.
Literatur für Leser (LfL). München: Oldenbourg, jetzt Frankfurt a.M.: Lang 1.1978 ff. *Literatur in Wissenschaft und Unterricht* (LWU). Würzburg: Königshausen & Neumann 1.1968 ff.
Mitteilungen des deutschen Germanistenverbandes. Frankfurt a.M.: Diesterweg, seit 1997 Bielefeld: Aisthesis 1.1954 ff.
Modern language quarterly. A journal of literary history (MLQ). Durham, NC: Duke UP 1.1940 ff.
The Modern Language Review. A quarterly journal (MLR). Cambridge: UP 1.1905 ff.
Monatshefte für deutschsprachige Literatur und Kultur. Madison, Wisc.: UP 1.1899 ff.
Neophilologus. An international journal of modern and medieval language and literature. Groningen: Noordhoff 1.1915 ff.
Poetica. Zeitschrift für Sprache und Literaturwissenschaft. Amsterdam: Grüner, später München: Fink 1.1967 ff.
Publications of the Modern Language Association of America (PMLA). New York, NY: Assoc. 1.1884/85 ff.
Recherches germaniques. Revue annuelle. Strasbourg: Université Marc Bloch 1.1971 ff.
Text und Kritik. Zeitschrift für Literatur. München: edition text & kritik 1.1964 ff.
Weimarer Beiträge. Studien und Mitteilungen zur Theorie und Geschichte der deutschen Literatur (WB). Weimar: Arion, seit 1964: Berlin: Aufbau 1.1955; seit 1992 unter dem Titel: *Weimarer Beiträge. Zeitschrift für Literaturwissenschaft, Ästhetik und Kulturwissenschaften*. Wien: Passagen 1.1992 ff.
Wirkendes Wort. Deutsche Sprache und Literatur in Forschung und Lehre (WW). Trier: WVT Wissenschaftlicher Verlag Trier 1.1950/51 ff.
Zeitschrift für deutsche Philologie (ZfdPh). Berlin u.a.: Schmidt 1.1869 ff.
Zeitschrift für Germanistik (ZfG). Leipzig: VEB Verlag Enzyklopädie 1.1980 – 10.1989; N.F. Berlin: Lang 1.1991 ff.
Zeitschrift für Literaturwissenschaft und Linguistik (LiLi). Göttingen: Vandenhoeck, ab Heft 97 (1995) Stuttgart/Weimar: Metzler 1.1970/71 ff.

Jahrbücher

Brecht-Jahrbuch. Frankfurt a.M.: Suhrkamp 1974–1980.
The Brecht Yearbook. Madison, Wisc.: UP 1.1971 ff.
Georg Büchner Jahrbuch. Frankfurt a.M., ab Jg. 8 Tübingen: Niemeyer 1.1981 ff.
Goethe-Jahrbuch. Frankfurt a.M.: Sauerländer 1.1880 – 34.1913; *Jahrbuch der Goethe-Gesellschaft*. Weimar: Verlag der Goethe-Ges. 1.1914 – 21.1935; Fortführung: *Goethe. Vierteljahresschrift der Goethe-Gesellschaft. Neue Folge des Jahrbuchs*. Weimar: Verlag der Goethe-Ges., später Böhlau 1.1936 – 33.1971; seit 1972 wieder unter dem Titel: *Goethe-Jahrbuch*. Weimar: Verlag Hermann Böhlaus Nachfolger Weimar 89.1972 ff.
Goethe Yearbook. Columbia, SC: Camden House 1.1982 ff.
Heine-Jahrbuch. Hamburg: Hoffmann & Campe, ab Jg. 34 Stuttgart/Weimar: Metzler 1.1961 ff.
Herder-Jahrbuch/Herder-Yearbook. Stuttgart/Weimar: Metzler 1.1992 – 6.2002.
Iduna. Jahrbuch der Hölderlin-Gesellschaft. Tübingen: Mohr 1.1944. Forts. ab 2 (1947): *Hölderlin-Jahrbuch*. Ab 1990 in Stuttgart/Weimar: Metzler, seit 1998 in Eggingen: Ed. Isele 1.1944/2.1947 ff.
Jahrbuch für Internationale Germanistik (JIH). Frankfurt a.M.: Athenäum, ab Jg. 5 Bern: Lang 1.1969 ff.
Jahrbuch der Deutschen Schillergesellschaft. Stuttgart: Kröner 1.1957 ff.
Jahrbuch des Freien Deutschen Hochstifts. Tübingen: Niemeyer 1902–1936/40 (1940); N.F. 1962 ff.
Kleist-Jahrbuch. Stuttgart/Weimar: Metzler 1.1990 ff.
Lessing-Yearbook. München: Hueber, später Göttingen: Wallstein 1.1969 ff.
Thomas-Mann-Jahrbuch. Frankfurt a.M.: Klostermann 1.1988 ff.

8.1.6 Internetseiten/-Portale

Bibliographien zur Germanistik. Geordnet nach Fachgebieten:
   http://www.biblint.de/index.html
Die Düsseldorfer Virtuelle Bibliothek: Germanistik:
   http://www.uni-duesseldorf.de/WWW/ulb/ger.html
Erlanger Liste:
   http://www.phil.uni-erlangen.de/~p2gerlw/ressourc/liste.html
germanistik.net: Internet Resources for Germanists:
   http://polyglot.lss.wisc.edu/german/irfg/#top
Germanistische Fachinformationen im WWW:
   http://www.ub.fu-berlin.de/internetquellen/fachinformation/germanistik/
Internetquellen zur Germanistik:
   http://www.stub.uni-frankfurt.de/webmania/webgermanistik.htm
Studienbibliographie zur Germanistik. Von Armin Fingerhut:
   http://www.fingerhut.de/geisteswissenschaften/germanistik.htm

8.2 Personenregister

Achleitner, F. 69
Achternbusch, H. 183
Adelung, J. Chr. 189
Adenauer, K. 235
Adorno, Th. W. 69, 71, 130, 135, 230, 231, 232, 233, 236
Äsop 128
Aichinger, I. 68
Aischylos 110, 284
Aissen-Crewett, M. 214
Albertinus, Ä. 131
Albersmeier, F.-J. 182, 184
Albrecht, J. 219, 227
Albrecht, W. 293
Alciato, A. 167
Alemán, M. 131
Alkaios 86
Alt, P.-A. 13, 27, 31, 92, 97, 132, 135
Althusser, L. 220, 227
Andersch, A. 63
Anderson, S. 67
Andres, St. 63
Angermüller, J. 245
Anz, Th. 52, 54
Anzengruber, L. 114
Aragon, L. 167
Ariès, Ph. 271, 272
Ariost, L. 31, 86
Aristophanes 100
Aristoteles 21, 99-102, 104, 105, 107, 110, 118, 146, 147
Arnim, A. von 36, 85, 173, 190
Arnim, B. von 36
Arnold, H. L. 204, 209
Artaud, A. 108, 118
Artmann, H. C. 69
Ascott, R. 178, 179
Asklepiades 86
Asmuth, B. 79, 97, 117, 157, 160
Auerbach, B. 43
Aufenanger, St. 204
Augustinus 138, 139, 147, 196
Aust, H. 129, 135
Ayrer, J. 23

Baader, J. 57
Bach, J. S. 159
Bachmann, I. 68, 71, 95, 187
Bachtin, M. 119, 135
Baecker, D. 75, 76, 247, 254
Bahr, H. 51
Baldo, D. 117
Balibar, E. 220, 227

Ball, H. 56, 57, 174, 178, 179
Balzac, H. de 46
Bangen, G. 279
Barck, K. 76
Barclay, J. 24, 131
Bardmann, Th. 254
Barlach, E. 62, 115
Barsch, Th. 254
Barthes, R. 2, 7, 8, 164, 212, 214, 221, 222, 223, 224, 227, 241, 242, 243, 245
Barner, W. 76, 194, 209
Baßler, M. 269, 270
Batteux, Ch. 79
Baudrillard, J. 75
Bauer, M. 123, 135
Baumgarten, A. G. 148
Becher, J. R. 54, 63, 64, 66, 96
Becker, F. 247, 248, 249, 250, 254
Becker, Jürgen 134, 167, 187
Becker, Jurek 65, 67
Beckett, S. 116
Beethoven, L. van 175
Beissner, F. 206, 209
Belke, H. 137, 142
Beller, M. 208, 209
Benjamin, W. 61, 120, 135, 139, 181, 184, 206, 230, 231, 232, 233, 236, 256, 260
Benn, G. 52, 53, 54, 60, 61, 62, 95, 180
Bense, M. 69, 169
Benthien, C. 264
Berg, A. 172
Berg, H. de 226, 227, 247, 250, 254
Berg-Ehlers, L. 157, 160
Bergengruen, W. 62
Bergson, H. 50
Bernhard, Th. 72, 117, 139
Beutin, W. 13, 31, 54, 76
Beutler, E. 118
Beuys, J. 70, 116
Beyer, M. 75
Birken, S. von 89
Biermann, W. 66, 67, 72, 89, 96
Binczek, N. 257, 258, 260
Bischoff, D. 267
Blamberger, G. 286, 293
Bleicher, J. K. 184
Bloch, E. 62, 63, 64
Bloom, H. 226
Blunck, H. 60
Boccaccio, G. 15, 17, 129
Bodmer, J. J. 148
Bodmersdorf, I. von 88
Bobrowski, J. 65

Boehm, G. 166, 169, 204
Böhme, H. 264
Böll, H. 63, 68, 70, 133, 134, 141, 187, 235
Bölsche, W. 47
Börne, L. 41, 96
Bogdal, H. M. 194, 214, 227, 244, 246
Bohlen, D. 139
Bohnen, K. 32
Bohrer, K. H. 227
Bolik, S. 186, 188
Bolz, N. 75
Bonaventura 37
Bonhoeffer, D. 62
Boor, H. de 13, 32
Borchert, W. 63, 116, 186
Borchmeyer, D. 28, 32
Born, N. 71
Bosse, H. 2, 5, 8, 233, 236
Bossinade, J. 227
Bourdieu, P. 234, 264
Bovenschen, S. 266, 267
Bowie, M. 226, 227
Brackert, H. 78, 214
Bräunlein, J. 259, 260
Brand, M. 60
Brant, S. 14
Brasch, Th. 67, 72
Braun, Chr. von 266, 267
Braun, V. 66, 67
Brauneck, M. 110, 111, 112, 113, 114, 117, 135
Brecht, B. 60, 61, 62, 63, 64, 88, 89, 96, 102, 103, 107, 108, 114, 116, 118, 129, 185, 186, 187, 188, 220, 221
Breitinger, J. J. 148, 165
Brentano, C. von 34, 36, 85, 173, 190
Breton, A. 59
Brinkmann, R. D. 69, 71, 169
Britting, G. 63
Broch, H. 59, 141
Brockes, B. H. 29
Brodbeck, K. H. 216, 218
Bromley, R. 264
Bronnen, A. 186
Brunner, Th. 18
Bruns, K. 42
Brussig, Th. 74, 183
Bruyn, G. de 65, 67
Büchner, G. 40, 47, 58, 102, 104, 107, 115, 158, 172, 280, 282
Bürger, G. A. 27, 29, 89, 93
Bürger, P. 235, 236
Burdorf, D. 80, 82, 84, 85, 97
Burroughs, W. S. 169
Busch, W. 168

Campe, J. H. 132, 189
Camus, A. 68
Canetti, E. 139
Cardano, G. 139
Carossa, H. 63
Cassirer, E. 270, 271, 272
Celan, P. 69, 95, 156, 158, 175
Cellini, B. 139
Celtis, K. 17, 189
Cervantes 131
Cézanne, P. 166
Chaucer, G. 31
Chiellino, C. 75, 76
Cicero 17, 147
Claudius, M. 172
Clermont, Chr. 178, 179
Cohn, D. 135
Conrady, K. O. 32
Cook, J. 140
Corneille, P. 30, 111
Cremerius, J. 217, 218
Culler, J. 222, 228
Curtius, M. 216, 218

Daguerre, L. 180
Danneberg, L. 209
Dannhauer, J. C. 196
Dante 86
Darwin, Ch. 47, 50
Dausien, B. 267
Descartes, R. 25
Defoe, D. 132
Deleuze, G. 221, 223, 228
Delius, F. C. 188
Derrida, J. 202, 223, 224, 225, 226, 227
Detering, H. 204, 209
Diderot, D. 166
Dilthey, W. 94, 192, 198, 199, 204, 207, 216
Döblin, A. 52, 59, 61, 62, 125, 133, 180, 181
Döring, St. 68
Dosse, F. 227
Dos Passos, J. 133
Droste-Hülshoff, A. von 38, 44
Duby, G. 272
Duchamp, M. 57
Duden, A. 71
Dürrenmatt, F. 115, 116, 187
Durzak, M. 129, 135

Eckermann, J. P. 129
Eco, U. 8, 134, 161, 162, 164, 169, 212, 214, 221, 222, 223, 224, 228, 279
Edison, Th. A. 48

Eggert, H. 270
Ehlich, K. 238, 246
Eich, G. 63, 68, 186
Eichendorff, J. von 38
Eicher, Th. 163, 164
Einstein, C. 52
Eisenstein, S. 60, 182
Eisler, H. 60
Eke, N. 41, 42, 54
Elias, N. 264, 272
Eliot, T. S. 66
Elisabeth von Nassau-Saarbrücken 130
Eluard, P. 167
Emmerich, W. 64, 65, 67
Engelmann, J. 262, 263, 264
Engels, F. 42
Enzensberger, H. M. 72, 96
Eppelsheimer, R. 276
Ernst, M. 57
Euripides 110, 171

Fallada, H. 59
Fähnders, W. 54
Faktor, J. 68
Fassbinder, R. W. 116, 183
Faßler, M. 260
Faulstich, W. 213, 214, 279
Fauser, M. 272
Feuchtwanger, L. 62
Fichte, J. G. 34
Fiedler, L. 73
Fielding, H. 126
Fietz, L. 227
Finck, J. 216, 218
Fischart, J. 18, 130
Fischer, L. 142
Fischer-Lichte, E. 117
Fischinger, O. 61
Flaubert, G. 46, 264
Fleming, Paul 92
Flesch, H. 185, 188
Flusser, V. 257, 260
Flynn, E. 268
Foerg, G. 179
Förster, J. 293
Fohrmann, J. 191, 194, 245, 254
Fontaine, J. de la 128
Fontane, Th. 2, 42, 44, 45, 46, 89, 123, 129, 132, 133
Forget, Ph. 204, 224, 225, 227
Forster, G. 33, 140
Foucault, M. 2, 8, 220, 238, 239, 240, 241, 242, 243, 244, 245, 246, 268, 269, 272
Franck, S. 189
Frank, H. J. 85, 97

Frank, M. 5, 8, 202, 204, 226, 227, 228
Franzmann, B. 234, 235, 236, 237
Freeman, J. 169
Frei Gerlach, F. 266, 268
Frenssen, G. 50
Frenzel, E. 208, 209
Freud, S. 49, 203, 215, 216, 218, 219, 269
Freytag, G. 42, 100, 118, 132
Fricke, G. 118
Friedrich, H. 97, 208, 209
Friedrich, H. F. 205
Fries, F. R. 65
Frisch, M. 71, 72, 116, 183
Fuhrmann, M. 6, 8, 160
Fürnberg, L. 66

Gadamer, H.-G. 8, 195, 200, 201, 202, 203, 204, 205, 210, 224, 225
Gaede, F. 32
Gebauer, G. 272
Geisenhanslüke, A. 227
Geißendörfer, H. 182
Gellert, Chr. F. 31, 128, 132, 137, 138
Genette, G. 124, 128, 135, 221, 228, 238, 246
George, St. 51, 94, 95
Gervinus, G. G. 190, 191
Geßner, S. 30
Gier, A. 175
Giesecke, M. 234, 236, 258, 260
Glaser, H. 286, 293
Glaser, H.-A. 13, 32, 235, 236
Glaser, U. 286, 293
Gleim, J. W. L. 29
Gnauck, A. 247
Gnüg, H. 265, 268
Godard, J.-L. 182
Goebbels, H. 188
Goebel, J. 178, 179
Göpfert, G. G. 118
Görres, J. 173, 190
Goethe, J. W. IX, 2, 13, 27, 28, 29, 30, 31, 33, 35, 36, 38, 44, 64, 77, 79, 82, 85, 86, 87, 88, 89, 93, 94, 96, 97, 102, 106, 113, 114, 118, 129, 130, 132, 138, 139, 140, 154, 155, 156, 157, 159, 166, 169, 172, 191, 233, 280, 281, 283, 284
Göttert, K. 160
Göttlich, U. 264
Götz von Berlichingen 139
Goetz, R. 70, 72, 74, 117, 169, 175
Goldt, M. 188
Goll, C. 58
Gomringer, E. 69, 89, 169
Gondek, H.-D. 202, 204

Gorgias 146
Gotthelf, J. 43
Gottsched, J. C. 13, 26, 27, 28, 29, 30, 79, 104, 112, 118, 189
Grabbe, C. D. 41
Grass, G. 68, 70, 74, 132, 139, 183
Greenblatt, St. 268, 269
Greimas, A. J. 221
Grimm, H. 60
Grimm, J. 45, 190, 194
Grimm, R. 135
Grimm, W. 45, 190, 194
Grimmelshausen, J. Chr. von 20, 24, 131, 132, 139
Grimminger, R. 235, 236
Groeben, N. 213, 214
Grondin, J. 200, 204
Große, W. 92, 97
Grosz, G. 57
Gruber, B. 34, 55
Grün, M. von der 70
Grund, U. 279
Gryphius, A. 21, 23, 84, 86, 90, 91, 92, 95, 112, 113, 158, 159
Guattari, F. 223, 228
Günderrode, K. von 36
Guilford, J. P. 216, 218
Gumbrecht, H.-U. 212, 213, 214, 254
Günther, H. 179
Gundolf, F. 192, 206, 209
Gunold, R. 186
Gutenberg, J. 16, 258
Gutzkow, K. 41, 43, 96, 132

Habermas, J. 73, 76, 205, 238, 246
Hacks, P. 66
Haeckel, E. 50
Hagedorn, Fr. von 29
Hagelstange, R. 63
Hagen, J. 187
Halbach, W. 260
Haller, A. von 92
Hamburger, K. 78, 125, 135
Hammer, K. 117
Handke, P. 69, 71, 103, 116, 117, 133, 134, 167, 183, 187
Harder, M. 73, 76
Harding, S. 268
Harig, L. 69, 73
Harms, W. 169
Harsdoerffer, G. Ph. 21
Hart, H. 47
Hart, J. 47
Hartfield, J. 57, 133
Hasubek, P. 128, 135

Hauptmann, G. 45, 47, 58, 103, 107, 115
Hartmann, G. 226
Hausmann, M. 88
Haußmann, L. 183
Haverkamp, A. 152, 160
Hebbel, F. 45, 82, 115, 118, 208
Hebel, J. P. 127, 129
Hecht, W. 188
Hegel, G. W. F. 38, 39, 41, 46, 55, 79, 93, 97, 119, 229, 230, 236
Heidegger, M. 68, 199, 200, 201, 204, 205, 224
Heidenreich, H. 136
Hein, Chr. 67
Hein, J. 114, 115, 117
Heine, H. 41, 64, 96, 140, 172
Heinen, A. 279
Heinse, W. 166
Heißenbüttel, H. 69
Hemingway, E. 129
Hempfer, K. W. 78, 227
Henkel, A. 168, 170
Hennings, E. 58
Herbert, Z. 167
Herder, J. G. 13, 27, 29, 85, 93, 134, 165, 169, 189
Hermand, J. 190, 192, 194
Hermlin, St. 63
Herodot 140
Herzfelde, J. 57, 133
Herzfelde, W. 57
Hesse, H. 58
Hey, R. 187
Heydebrand, R. von 6, 8
Heym, G. 53
Hickethier, K. 142, 183, 184, 256, 259, 260
Hiebel, H. H. 259, 260
Hiebler, H. 259
Hieronymus 147
Hilbig, W. 67
Hildesheimer, W. 68
Hillebrand, B. 135
Hinck, W. 27, 32, 118
Hinderer, W. 97
Hirsch, E. D. 203, 204
Hitler, A. 61
Hochhuth, R. 70
Höch, H. 57
Hölderlin, Fr. 33, 282
Höllerer, W. 68, 97
Hölty, L. 27
Hörning, K. H. 264
Hörnigk, F. 118
Hoesterey, I. 4, 8, 165, 170
Hoffer, K. 72

Hoffmann, E. T. A. 36, 37, 39, 172, 174, 215
Hoffmann, H. 168
Hoffmann, P. 51, 54
Hoffmann von Fallersleben, H. A. 190
Hoffmannswaldau, H. H. von 138
Hoffmeister, G. 21, 32
Hofmann, M. 32
Hofmannsthal, H. von 50, 51, 94, 115, 172
Hoggarts, R. 263
Hohendahl, P. U. 264
Hohm, H. J. 254
Holdenried, M. 142
Holenstein, E. 227, 228
Holland, N. 216, 217, 218
Hollerith, H. 48
Holthusen, H. E. 63
Holz, A. 46, 47, 48, 169
Homer 119, 140, 157, 166, 167, 195, 251, 284
Horaz 17, 21, 79, 100, 165, 170
Horn, A. 78
Horváth, Ö. von 114
Hron, A. 205
Huch, R. 62
Huchel, P. 62, 66
Hügel, H.-O. 263, 264
Huelsenbeck, R. 57
Hülshoff, F. 279
Humboldt, A. von 140
Hume, D. 25
Hutten, U. von 14
Huyssen, A. 93, 97

Ibsen, H. 47, 115
Iffland, A. W. 114
Ingarden, R. 211, 213, 214
Iser, W. 211, 212, 214, 271, 272
Ionesco, E. 116

Jäger, S. 245
Jahraus, O. 254
Jakobsen, W. 184
Jakobson, R. 220, 221, 222, 227
Janco, M. 57
Jandl, E. 69, 89, 169, 174, 187
Janouch, G. 184
Jauß, H. R. 210, 214
Jean Paul 33, 34, 65, 154, 159, 173, 215
Jelinek, E. 72
Jens, W. 68
Jensen, St. 254
Jeßing, B. 275, 277, 279
Jirgl, R. 70, 73
Jochum, U. 234, 236

Jørgensen, S. A. 32
Johnson, U. 73, 133, 134, 138, 141, 283
Joyce, J. 59, 69, 133, 183, 212, 222
Jünger, E. 60
Jung, C. G. 60
Jung, M. 196, 204
Jung, W. 55
Jung-Stilling, H. 139

Kandinsky, W. 177, 179
Kaes, A. 184, 270
Kästner, E. 59, 89
Kafka, F. 58, 180, 184, 216, 259, 282
Kaiser, Georg 53, 60, 115
Kaiser, Gerhard 27, 32, 94, 97
Kaldewey, R. 279
Kaleko, M. 58
Kammer, M. 258, 260, 279
Kammler, C. 244, 246
Kant, I. 34
Kanzog, K. 285
Kayser, W. 80, 97, 103, 118, 193, 207, 208, 209
Keller, G. 44, 129, 130, 132, 280
Kemper, H. G. 52, 54, 92, 97, 209, 216, 218
Kempowski, W. 73
Kerner, J. 38
Kesser, H. 186
Killy, W. 80, 97
Kimmerle, H. 205
Kimpel, D. 132, 135
Kipphardt, H. 70, 116
Kirsch, S. 67, 72
Kisch, E. E. 59, 141
Kittler, F. A. 185, 188, 217, 218, 243, 244, 245, 257, 259, 260, 261
Klee, P. 169
Klein, W. 50, 55
Kleinschmidt, E. 233, 236
Kleist, H. von 37, 101, 104, 115
Klemperer, V. 75
Klepper, J. 62
Kling, Th. 74
Klinger, C. 56, 76
Klinger, Fr. M. 27, 30, 114
Kloock, D. 260
Klopstock, F. G. 29, 31, 82, 86, 87, 93, 148, 251
Klotz, V. 101, 102, 117, 135, 208, 209
Klüger, R. 75
Kluge, A. 73, 134, 183
Knape, J. 146, 148, 152, 160
Knef, H. 139
Knörrich, O. 97, 117, 118, 142

König, Chr. 194, 209
Könneker, B. 13, 32
Koeppen, W. 62, 133
Körtner, U. 203, 204
Köttelwesch, 276
Kohl, St. 44, 46, 54
Kolbenheyer, E. 60
Kolmar, G. 62
Koopmann, H. 135
Korte, H. 97
Koschorke, A. 254, 256, 260, 272
Kotzebue, A. von 114
Kracht, Chr. 75
Kraft, H. 285
Kranz, G. 167, 170
Kraus, K. 59
Krausser, H. 174
Kremer, D. 34, 54
Kretzer, M. 48
Kreutzer, I. 164, 169
Kreuzer, H. 233, 236
Kris, E. 216, 218
Kriz, J. 247, 254
Kroetz, F. X. 114
Kristeva, J. 4, 9
Kriwet, F. 187
Kroll, R. 265, 267, 268
Krolow, K. 62, 63
Kronauer, B. 71
Kruse, O. 279
Kühlmann, W. 92, 97
Kümmel, A. 188
Kunert, G. 66, 67, 72, 74
Kunz, J. 129, 135
Kunze, R. 66
Kurella, A. 65

Lacan, J. 217, 218, 219, 220, 222, 228, 269
Lachmann, K. 190
Lachmann, R. 152, 160
Lacis, A. 58
Lämmert, E. 124, 127, 128, 135, 208, 209, 235, 237, 270
Lamping, D. 80, 97, 98
Lamprecht, A. 254
Lang, F. 181, 182
Langgässer, E. 63
Lanson, G. 208, 209
La Roche, S. 31, 35, 132, 138
Lasker-Schüler, E. 53, 114, 180
Laube, H. 41
Lausberg, H. 98, 157, 160
Lebert, B. 75
Lehmann, H.-T. 109, 117
Lehmann, W. 63

Leibfried, E. 128, 135
Leibniz, G. W. 25, 148
Lenssen, M. 204
Lenz, H. 73
Lenz, J. M. R. 27, 30, 102, 107, 114
Lenz, S. 70, 133
Lersch, E. 188
Lessing, G. E. 6, 30, 64, 88, 101, 103, 104, 105, 106, 112, 113, 118, 128, 148, 161, 164, 165, 170, 208, 232, 234, 251
Levin-Varnhagen, R. 35
Lévi-Strauss, C. 219, 220, 228
Lichtblau, K. 272
Lilienthal, O. 48
Lindhoff, L. 265, 266, 268
Lindner, R. 265
Link, J. 242, 245, 246
Liszt, F. 172
Locke, J. 25
Löffler, P. 188
Löns, H. 50
Loerke, O. 62
Loest, E. 67
Logau, Fr. von 88
Lohenstein, D. C. 23, 112
Lorenz, D. 52, 54, 293
Lorenzer, A. 203, 205, 215, 218
Lotz, W. 258, 260
Lubac, H. de 196, 204
Ludwig, H.-W. 97, 279
Ludwig, O. 46
Ludwig XIV. 111
Ludwig von Anhalt-Köthen 21
Luhmann, N. 193, 246, 247, 248, 249, 251, 253, 254, 260, 261, 264
Lukács, G. 62, 64, 130, 135, 206, 229, 230, 232, 233, 236
Lumière, L. 48, 180, 182
Luserke, M. 27, 32
Luther, M. 16, 17, 18, 85, 147, 156, 196, 258
Lutter, Chr. 265
Lyotard, J.-F. 72, 76, 225, 227

Mach, E. 49
Madonna 178
Mahal, G. 47, 54
Mahler, G. 173
Mahoney, D. 135
Mallarmé, St. 51, 95, 169
Man, P. de 226, 227
Mandl, M. 204, 205
Mann, H. 58, 62, 64, 133, 216
Mann, K. 62
Mann, Th. 2 f., 5, 50, 58, 62, 63, 64, 124, 132, 133, 139, 154, 174, 182, 216, 232

Mannheim, K. 210
Marc, F. 179
Marinetti, T. 53
Marlitt, E. 42
Maron, M. 67, 73
Martial 88
Marx, L. 129, 135
Marx, K. 41, 42
Mattusek, P. 264
Maturana, H. 247, 255
Mauser, W. 217, 218
Mayer, M. 36, 55
Mayröcker, F. 69, 187
McLuhan, M. 185, 188, 256, 257, 258, 260
Meid, V. 92, 98, 131, 135
Meliès, G. 182
Menander 100
Mereau, S. 35
Mertens, V. 194
Meyer, C. F. 44, 129
Meyer-Krentler, E. 277, 279
Meyer-Wehlack, B. 187
Miller, H. 226
Millet, K. 265
Mills, S. 245
Mitchell, W. J. Th. 170
Mitscherlich, A. 218
Modick, K. 72
Möhrmann, R. 265, 268
Moennighoff, B. 277, 279
Mörike, E. 38, 44, 81
Molière 111
Montaigne, M. de 141
Montemayor, J. de 24, 131
Moréas, J. 51
Morgenstern, Chr. 52, 169, 251, 252, 253
Morgner, I. 67
Moritz, K. Ph. 31, 132, 139, 168, 215
Morse, S. 45, 161
Mozart, W. A. 172, 174
Müller, G. 126, 127, 135, 208
Müller, Harro 245, 254
Müller, Heiner 66, 72, 73, 99, 103, 108, 109, 116, 118, 167, 177
Müller, Herta 74, 75
Müller, I. 66
Müller, J.-D. 130, 131, 135
Müller, J. E. 214
Müller, L. 264
Müller, U. 175
Müller, W. 172
Müller-Funk, W. 56, 76
Müller-Michaels, H. 203, 205
Münker, St. 227, 259, 261
Mundt, Th. 41

Murnau, F. 182
Musil, R. 51, 59, 62, 133, 134, 141, 249
Muybridge, E. 180

Nadler, J. 206
Napoleon Bonaparte 37, 38, 113, 190
Nassen, U. 204
Nekes, W. 183
Nestroy, J. 114
Neuber, F. C. 30
Neuland, E. 293
Newald, R. 13, 31
Nickisch, R. 142, 258, 261
Nicolai, F. 140
Niefanger, D. 13, 19, 21, 32, 92, 98, 131, 135
Nietzsche, F. 49, 50, 55, 163, 164, 171, 173, 174, 176, 179, 226, 239, 257, 261
Nöth, W. 243, 246
Novalis 33, 36, 37, 55, 173, 197
Nünning, A. 194, 264, 265
Nünning, V. 264, 265

Øhrgaard, P. 32
Oellers, N. 39, 43, 54
Oevermann, U. 203, 204
Offenbach, J. 172
Opitz, Martin 13, 21, 23, 24, 79, 80, 82, 83, 91, 113, 131, 147, 148, 189
Opitz, Michael 73, 76
Opitz-Wiemers, C. 73, 76
Ossian 251
Ortheil, H.-J. 72
Ottmers, C. 160
Ovid 138

Paech, A. 184
Paech, J. 162, 164, 180, 182, 183, 184
Papenfuß-Gorek, B. 67
Parr, R. 42, 55, 243, 246
Parsons, T. 248
Pastior, O. 74
Petersen, J. H. 62, 123, 126, 135
Pethes, N. 257, 258
Petrarca, F. 14, 15, 17, 90
Pfeffer, Th. 254, 255
Pfeiffer, J. 216, 218, 254
Pfeiffer, K.-L. 272
Pfemfert, F. 52
Pfister, M. 4, 9, 103, 104, 117
Philipp, R. 57, 76
Piaget, J. 219, 228
Pietzcker, C. 217, 218
Pindar 87
Pinthus, K. 54, 182, 184

Piscator, E. 58, 107
Plachta, B. 282, 283, 284, 285
Platz-Waury, E. 117
Plautus 24
Plenzdorf, U. 66, 251
Plumpe, G. 33, 34, 46, 54, 55, 56, 76, 249, 253, 254, 259, 261
Pocci, F. von 168
Poe, E. A. 217
Pongs, H. 185
Ponte, L. da 172
Poschardt, U. 175
Prangel, M. 226, 227, 250, 254
Prinzler, H. H. 184
Proust, M. 221
Pütz, P. 102, 118

Quintilian 17, 147, 152, 156, 157, 158

Raabe, W. 44, 46
Rabelais, F. 18, 130
Racine, J. 30, 102, 111
Raimund, F. 114
Rajewski, I. 163, 164
Ransmayr, Chr. 72
Rasch, W. 204
Rau, A. 260, 261
Rebhun, P. 18
Reding, J. 70
Reimann, B. 65, 67
Reinhardt-Becker, E. 247, 248, 249, 250, 254
Reisenleitner, M. 265
Remarque, E. M. 60
Reuter, Chr. 24, 131, 140
Richter, H. W. 63
Richardson, S. 132, 138
Ricœur, P. 215, 218
Riedel, W. 271, 272
Riefenstahl, L. 62
Rieger, St. 243, 246
Riha, K. 142
Rilke, R. M. 51, 52, 58, 88, 95, 166, 167, 226
Rinser, L. 62
Ripa, C. 167
Ritter-Santini, L. 170
Robbe-Grillet, A. 134
Rochlitz, J. F. IX
Rodin, A. 166
Roesler, A. 227, 259, 261
Rolof, H. G. 285
Roloff, V. 182, 184
Rothmann, K. 55, 76
Rothmann, R. 74

Rotth, A. Chr. 21
Rötzer, H. G. 131, 136
Rousseau, J.-J. 132, 138, 139, 226
Runge, E. 70, 141
Rupp, G. 293
Ruppelt, G. 234, 237
Rupprich, H. 32, 131, 136
Rusterholz, P. 196, 204, 209
Ruttmann, W. 61, 181

Sachs, H. 18
Salinas, P. 131, 136
Sanders, H. 235, 237
Sappho 86
Sarraute, N. 134
Sartre, J.-P. 68
Saussure, F. de 208, 219
Schädlich, H. J. 67
Schärf, Chr. 133, 135
Schanze, H. 184, 260
Schedlinski, R. 67
Scheibe, S. 282, 285
Schelbert, T. 227
Schelling, F. W. J. 79
Scher, St. P. 173, 175
Scherer, W. 47, 191, 206, 209
Schikaneder, E. 172
Schiller, F. 13, 28, 29, 30, 33, 64, 79, 82, 83, 86, 88, 89, 101, 106, 113, 118, 155, 172, 182, 191, 271
Schings, H.-J. 272
Schlaf, J. 47, 48
Schlaffer, H. 129, 136
Schlegel, A. W. 35, 36, 55, 141, 190
Schlegel, F. 34, 35, 36, 55, 141, 173, 176, 197, 204
Schleiermacher, F. 197, 198, 205, 210
Schlingensief, Chr. 117
Schlink, B. 75
Schlöndorff, V. 183
Schmidt, A. 69, 134
Schmidt, I. 184, 254
Schmidt, K. M. 184
Schmidt, S. J. 80, 98, 214, 247, 250, 251, 254
Schnabel, J. G. 31, 132
Schneider, H. 178
Schneider, I. 184
Schneider, M. 243, 244, 245, 257, 258, 261
Schneider, P. 71
Schneilin, G. 117
Schnell, R. 63, 68, 70, 71, 76, 260, 293
Schnitzler, A. 51, 259
Schön, E. 7, 9, 235
Schönau, W. 216, 218

Schöne, A. 19, 23, 32, 168, 170
Schönstedt, E. 293
Schöttker, D. 260
Schopenhauer, A. 50, 60
Schubart, C. F. D. 33
Schubert, F. 172, 174
Schultze, I. 74
Schulze, G. 75, 76
Schütz, St. 67
Schwanitz, D. 252, 254
Schweikart, P. P. 267, 268
Schweppenhäuser, H. 135, 236
Schwitters, K. 57, 169, 174
Scott, W. 132
Sedlmayer, H. 63
Segeberg, H. 184, 259, 260
Seghers, A. 58, 62, 63, 65
Selbmann, R. 132, 136
Seneca 100, 111
Serner, W. 57
Seume, J. G. 140
Shakespeare, W. 24, 27, 30, 69, 104, 111, 268, 269
Showalter, E. 265
Shusterman, R. 178, 179
Sidney, Ph. 24, 131
Siegel, Chr. 141, 142
Siegert, B. 258, 261
Silbermann, A. 234, 237
Simmel, G. 48, 55, 270, 272
Simanowski, R. 76, 179, 259, 261
Simonis, A. 51, 55
Singer, H. 131, 136
Solger, K. W. F. 79
Sontag, S. 202, 205
Sophokles 101, 110
Sorel, Ch. 24
Sorg, B. 98
Sowinski, B. 111, 118, 160
Spahr, A. 260
Spingarn, J. E. 208, 209
Spitzer, L. 206, 208, 209
Staden, H. 140
Staiger, E. 78, 193, 206, 207, 209
Stanzel, F. K. 121, 122, 123, 135, 136
Stein, Ch. von 140
Steinbrink, B. 146-150, 152, 155, 156, 160
Stendhal 46
Stephan, I. 58, 62, 76, 266, 267
Stephan, V. 71
Sternheim, C. 53, 115
Stierle, K. 212, 214
Stifter, A. 38, 43, 130, 132, 140, 283
Stockhausen, K. 177
Stolberg, Fr. L. zu 93

Storm, Th. 44, 129
Sträßner, M. 101, 117
Stramm, A. 53, 56
Straßner, E. 128, 136
Strauß, B. 72, 75, 117
Strauss, R. 172, 173
Strich, F. 19, 192
Strindberg, A. 47
Strittmatter, E. 65
Stuckrad-Barre, B. von 75, 175, 183
Stückrath, J. 78, 214
Sucher, C. B. 117
Süßkind, P. 134
Suphan, B. 169
Susmann, M. 94, 98
Szeemann, H. 179
Szondi, P. 78, 197, 205
Szyrocki, M. 21, 32

Taine, H. 47
Tasso, T. 31, 86
Theiß, W. 128, 136
Theobaldy, J. 71
Theokrit 30
Thieß, F. 62
Thomasius, Chr. 148
Thompson, E. P. 263
Tieck, L. 36, 166, 190
Tieck, S. 35
Tiedemann, R. 135, 236
Tismar, J. 36, 55
Titzmann, M. 38, 55, 227
Todorov, T. 221
Toller, E. 53, 115
Tolstoi, L. 175
Trakl, G. 53
Trilse-Finkelstein, J. 117
Trunz, E. 32
Tscherning, A. 189
Tucholsky, K. 59, 89
Turrini, P. 114
Turk, H. 99, 118, 218
Tzara, T. 57

Ueding, G. 146-150, 152, 155, 156, 160
Uhlig, Chr. 234, 237
Unger, R. 192

Varela, F. 247, 255
Velten, H. R. 264
Verdi, G. 172, 174
Vergil 30, 140, 152
Vesper, B. 71
Vesper, W. 60
Viëtor, K. 206, 209

Vietta, S. 52, 54, 209, 216, 218
Vilmar, A. F. Chr. 191
Visconti, L. 182
Völker, L. 97
Vogt, J. 121, 122, 123, 126, 128, 134, 135
Vogt, M. 40, 54
Voltaire 30
Voß, J. H. 31, 82, 93, 157, 284
Voßkamp, W. 24, 32, 78, 191, 194, 235, 237
Vostell, W. 116
Vratz, Chr. 173, 175

Wackenroder, W. H. 36, 166, 167
Wagenknecht, Chr. 81, 84, 98
Wagner, H. J. 203, 205
Wagner, R. 43, 161, 163, 171, 172, 176, 179
Wagner-Egelhaaf, M. 139, 143
Wahl, F. 227
Walden, H. 52
Walitsch, H. 259
Wallraff, G. 71, 141, 187
Walser, M. 68, 75, 133
Walser, Th. 72
Walzel, O. 163, 164, 192, 206, 209
Warhol, A. 177
Warning, R. 7, 9, 214
Warren, A. 208, 209
Waterhouse, P. 74
Weber, M. 270, 272
Weber, S. 217, 218, 244, 245, 261
Wedekind, F. 53
Wegmann, N. 225, 227
Weigel, S. 268
Weimann, R. 213, 214
Weimar, K. 194
Weiss, P. 73, 116, 133
Weissenberger, K. 143
Weisstein, U. 170
Wellek, R. 208, 209
Wellershof, D. 70
Welles, O. 187
Welsch, W. 75, 76, 178, 179
Wenders, W. 183
Wenzel, H. 258, 261

Werber, N. 249, 254
Werfel, F. 62
Wermke, J. 204, 205, 260, 261
Werner, O. 284
Weyhrauch, W. 63
Wezel, J. C. 132
White, H. 268, 270
Wickram, G. 18, 130
Wiechert, E. 62
Wieland, Chr. M. 29, 31, 79, 82, 86
Wienbarg, L. 41
Wiene, R. 182
Wiener, O. 69
Wiese, B. von 208, 209
Williams, R. 263
Wilson, R. 116, 177
Winckelmann, J. J. 165, 166
Winko, S. 6, 8
Winter, R. 264
Witte, B. 32
Wittgenstein, L. 54, 69
Wölfflin, H. 192
Wolf, Chr. 65, 67, 73, 74
Wolf, M. 73
Wolf, R. 187
Wolff, Chr. 25
Wollstonecraft, M. 35
Wondratschek, W. 187
Wülfing, W. 42
Wünsch, M. 216, 218
Würffel, St. B. 186, 187, 188
Wulf, Chr. 272
Wyatt, F. 218
Wyss, B. 54, 55, 60, 76, 177, 179

Yates, F. A. 152, 160

Zahn, P. 118
Zaimoglu, F. 75
Zesen, Ph. von 131
Zima, P. V. 164, 175
Zola, E. 46, 47, 48
Zuckmayer, C. 59, 62, 114, 116
Zweig, A. 62, 63

8.3 Sachregister

Abenteuerroman 131 f.
Absolutismus 13, 24
absolute Metapher 158
absurdes Theater 116
Actio 150
Agrodrama 65
Ästhetik 26
ästhetische Bildung 33 ff., 106
ästhetische Erfahrung IX f., 165, 198 ff.
ästhetische/poetische Sprachfunktion 3, 220
Ästhetisierung 35, 75, 177 f.
Ästhetizismus (l'art pour l'art) 12, 51
Agitprop 58, 71
Akt 102
Aktionstheater 71, 116
Alexandriner 22, 82, 103
Allegorie 145, 158 f., 226
allegorische Deutung 196
Alliteration 83, 171
Alltagskultur 267
amplificatio 154
Anadiplose 154
Anagnorisis 101
Anakoluth 104
Anakreontik 29,
analytische Sprachphilosophie 69
analytisches Drama 101
Anapäst 81
Anapher 154
Ankunftsliteratur 65
Antike 15, 17, 19, 21 f., 26, 28-30, 99 ff., 119, 145 ff.
Antithese 155 f.
Anthropologie 270 ff.
Apparatgestaltung 283 f.
Appellstruktur 211
Aposiopése 104
Aptum 153
Arbeitshypothese 275, 277
Arbeitstechniken des Studiums 273 ff.
Arbitrarität 219, 222
Archaismus 157
Archiv 239
ars electronica (digitale Kunst) 178 f.
aside 103
Assemblage 57
Asyndeton 154
Ataraxia 112 f.
Aufbauroman 64
Aufklärung 11, 25-31, 92, 106, 131 f., 148, 189, 233, 241
auktoriale Erzählsituation 121 f.
Ausdifferenzierung 248

Ausgabe letzter Hand 284 f.
Authentizität 125
Autobiographie 15, 73 ff., 137 ff., 243 f.
Autologie 252
Autonomieästhetik 28, 33 ff., 56, 58, 230 f.
Autopoiesis 247, 251 f.
Autorbegriff X, 1 f., 5, 35, 197 ff., 222 f., 231, 233 f., 241, 245, 259
Autorenfilm 183
autorisierte Fassung 280
Autorpsychologie 216
Avantgarde 53, 56 f., 115 ff., 177 f., 235, 253

Bänkelsang 90
Ballade 29 f., 85, 89
Barock 11, 18-25, 92, 111 f., 131, 147, 167 f., 190
Bauhaus 59 f.
Belehrung 21
Beobachter 249 f.
Berufsfelder für Literaturwissenschaftler X, 286 ff.
Bewusstseinsliteratur 50
Bewusstseinsstrom 52, 59, 124, 133, 259
Bibel 16
Bibelübersetzung 16
Bibliografie/ren 275 f., 283
Biedermeier 37 f.
Bildbeschreibung (Ekphrasis) 166 f.
Bildende Kunst (Malerei, Skulptur) 161 ff.
Bildergeschichte 168
Bildgedicht 167
Bildlichkeit 91
Bildungspolitik 6
Bildungsroman 31, 44, 65, 132
Bildzeichen/Bild 161
Biologie 247
Bitterfelder Weg 65
Botenbericht 102
BRD 68 ff., 186 ff.
Brief 137 f.
Briefroman 31, 132, 137 f., 258
Buchdruck 1, 4, 7, 13, 16 f., 48, 258 f.
Buchmarkt 4, 7
bürgerliche Öffentlichkeit 106
bürgerliches Trauerspiel 30, 113 ff., 153
Bürgertum 16, 20, 26, 30, 106, 114, 229 f., 232 f.
Burleske 111

Casualpoesie 22
Chanson 89

Charakterdrama 104 f.
Chor 23
close reading 202, 208, 269
Code 248
Collage 57
comédie larmoyante 112 f.
commedia dell'arte 23, 111
commedia erudita 111
comic strip 168
constantia 112
cut-up 169
Cultural studies (Kulturwissenschaften) 193, 262 ff.

Dadaismus 56 f., 115 f., 169, 174, 178
Daktylus 22, 81
Darstellung 99
décomposition 213, 221
DDR 63 ff., 186
Dekadenz 50
Dekonstruktion 224 ff., 265 ff.
Determination 47
Dialog 103, 123
Dichterbegriff 15, 29
Dichterdrama 113
Dichterbünde/ Dichtergesellschaften 20 f., 29
Didaktik 203 f.
Differenz/en 219 ff.
digitale Kunst 178 f.
digitale Literatur 74, 258 f.
direkte Rede 123 f.
dispositio 147, 150
Dispositiv 240
Diskursanalyse 193, 236, 238 ff., 253, 263, 267 ff., 272
dissémination 223
Distichon 83
Dithyrambos 110, 171
Dokumentarismus 59, 180 f.
Dokumentartheater 70, 116
Drama 18, 23, 27, 30, 47, 99 ff.
Dramaturg/in 289
Dreistillehre (*genera elocutionis*) 153 f.
Dreißigjähriger Krieg 13, 19 f., 23
Druckmedien 257 ff.

Editionsphilologie 190 f., 280 ff.
Einbildungskraft 34 ff., 152, 165, 167
Einheitenlehre (Ort, Zeit, Handlung) 100 ff.
Ekphrasis (Bildbeschreibung) 166 f.
Elegie 17, 21 f., 30, 87
Ellipse 154 f.
elocutio 147, 150, 154
Emblem 22 f., 167 f.

Emendation 282
Emergenz 249
Empfindsamkeit 3, 27, 29 f., 93
empirische Rezeptionsforschung 213 f.
Empirismus 25, 27
Endreim 83
energeia 166
engagierte Lyrik 70 f., 95 f.
Enjambement 83
Entwicklungsroman 31, 132
Epigramm 21 f., 30, 88
Epik 119 ff.
Epipher 154
episches Präteritum 125 f.
episches Theater 107 f., 116
Epochenbegriffe X, 11-13, 19, 25
Epos 17, 22
Erbauung 21
Erfahrung 120
Erfreuen 21
Erhabenes 225 f.
Erlebnislyrik 93
erlebte Rede 124
Erwartungshorizont 210
Erzähler 120
Erzählerbericht 123
Erzählerverhalten 18
Erzählsituationen 121 ff.
erzählte Zeit 126 ff.
Erzählzeit 126 ff.
Essay 3, 141
Ethnologie 219
Ethos 147
Evolutionstheorie 47
exclamatio 155
Exilliteratur 62 f.
experimentelle Lyrik 69, 74, 168 f.
experimentelles Hörspiel 186 ff.
experimentelles Theater 108 f., 115 ff.
explication de texte 208
Exposition 100
Expressionismus 3 f., 52 ff., 62, 115, 172, 180 f.

Fabel 30, 128
Fachgeschichte 189 ff.
Fallhöhe 104
Familie 26
Fastnachtsspiel 18, 111
feministische Literaturtheorie (Gender studies) 193, 265 ff.
Festspiel 22
Feuilleton 258
Figurengedicht 22, 88 f.
Figurenpsychologie 216

Fiktionalität 3,5, 119 ff., 226
Film 48, 61, 163 f., 180 ff.
fin de siècle 50 f., 54
Fonograf 259
foregrounding 220
Formalismus 64, 193
Formanalyse 206 ff.
Formtypologie 192
Fotografie 45 f., 48, 259
Flugschriftenliteratur 17
Fragment 35
Frankfurter Schule 230 ff.
Französische Revolution 13, 26, 28, 31
Frauenroman 35, 58
Freiburger Literaturpsychologie 217
Frühaufklärung 29
Frühe Neuzeit 13, 19 ff., 91 f., 130 f.
Funktionen der Literatur 3
Futurismus 53

Gattungen 17, 21, 27 f., 77 ff., 207 f.
Gebrauchsformen in der Literatur 137 ff.
Gattungspoetik X
Gedächtnis (kulturelles) IX, 95, 109
Gedankenfiguren 155 f.
Gedichtformen 86 ff.
Gegenreformation 13
Geistesgeschichte 192 f., 195 ff., 206, 229
geistiges Eigentum 1, 251, 253
geistliche Literatur 19
Gelegenheitsdichtung 22, 91 f.
Gelehrtenkultur 19
Gelehrtenpoesie 17
geminatio 154
gemischter Charakter 104
Gender studies (feministische Literaturtheorie) 193, 265 ff.
Genie 1, 27, 29 f., 206, 250
genera elocutionis (Dreistillehre) 149, 153
genus orationis 149 f.
Germanistik/Wissenschaftsgeschichte 189 ff.
Gesamtdatenwerk 178 f.
Gesamtkunstwerk 36, 43, 115 f., 163, 176 ff.,
Geschichtsdrama 113
Geschichtsschreibung 11 f., 206, 250, 268
geschlossenes Drama 102
Gesellschaftsroman 132 f.
graffiti 168
grammatisch-rhetorische Auslegung 195 f., 197 f.
Großstadt 48 f., 270
Gruppe 47 68
Gruppe 61 70

Haiku 88
hamartia 104
Handlungsdrama 104 f.
Handschriften 280 ff.
Hanswurstiaden 112
Haupttext 103
Hebungen/Vers 81
Hedonismus 67, 75
Heilig. Röm. Reich Dt. Nation 13, 15, 19, 26
Heimatliteratur 50, 60
Hermeneutik 4, 8, 193, 195 ff., 219, 222 f., 225 f., 245, 250,
hermeneutische Spirale 201
hermeneutischer Zirkel 196, 198 ff., 245
Hermetik 12, 69 f.
Heuristik 281
Heteronomie 231
Historiendrama 111
historisch-kritische Ausgabe 283 f.
historisches Präteritum 125 f.
Historismus 45
höfisch-historischer Roman 24, 131
höfische Kultur/Hof 20, 24, 92
Hörspiel 68, 185 ff.
Horizont des Erkennens 198 ff., 207, 224, 254
Horizontverschmelzung 200, 202
Humanismus 1, 11, 13, 15-18, 23, 147, 190
Hymne 29, 87
Hyperbaton 155
Hyperbel 159
Hypertext 4, 178 f.

Ich-Dissoziation 49
Ich-Erzählsituation 122
Ich-Identität 71, 120, 215 ff., 219 f.
Idealismus 25
Idealrealismus 46
Ideengeschichte 11 ff., 25, 38
Idylle 30
Ikonische Zeichen 161 f.
Illusionsbühne 115
Imaginatio/Imagination 152, 211, 215 ff.
impliziter Leser 211
Impressionismus 51
Individuum/Individualität 14 f., 26, 34, 202, 231, 250
indirekte Rede 123 f.
Industrialisierung 40 f.,
Innenweltdarstellung 124 f.
innere Emigration 62
innerer Monolog 124, 133
inscriptio 167
Institutionen 233 ff., 239 ff.

Interdiskursanalyse 242
Interdisziplinarität 161 ff., 262
interkulturelle Literatur 75
Intermedialität X, 161 ff.,
Internet 7
Interpretation X, 1, 8, 195 ff., 206 ff., 210 ff., 219, 223 ff., 242
interrogatio 155
Intertext 4, 251
Intrige 101
inventio 15, 147, 150
inversio 155
iterativ-durative Raffung 127
Ironie 36, 41, 156
Irrationalismus 37, 60

Jambus 22, 81
Jesuitendrama 23
journalistische Berufe 287 f.
Jugendstil 51
Junges Deutschland 40 f.
Jurisprudenz 196

Kadenz 81
Kahlschlag 63
Kanon 5 ff., 238, 265 f.
Kalendergeschichte 129
Kanonisierungsgeschichte 12
Kantate 22
Katastrophe 101
Katharsis 105, 108
Kindheit 26
Kirchenlied 22, 85
Kirchenspiele 110
Klangcollagen 185 ff.
Klassische Rhetorik 145 ff.
Klassisches Drama 106, 113
Klassizismus 5, 13, 15, 17, 28, 30 f., 106
Klimax 154
Komödie 23 f., 100, 111, 114 f.
Kommunikation (literarische), Kommunikationen 233 ff., 248 f.
Kommunikationsapparat 185
Konjektur 282
Konstruktion 139, 250, 265, 268
Konkrete Poesie 69, 168 f.
Kontingenz 249 f.
Kollation 281
Kollektivsymbole 232
Komplexität 248
Konstanzer Schule 210 ff.
Konstruktivismus 213 f., 247
Konvention 162
Konversationsroman 133
Korrekturen 280

Kreuzreim 83
Kritische Theorie 230 ff.
Kritizismus 25
kühne Metapher 158
Kunstepoche 33, 39
Kulturwissenschaften (Cultural studies) 193, 219, 262 ff.
Kultursoziologie 264
Kunsterzählung 166
Kunstkomparatistik X, 161 ff.
Kunstlied 172 f.
kulturelle Verabredung/Relativität 161 ff.
Kurzgeschichte 129

Landlebendichtung 29 f.
Lautpoesie 56
Leben 50, 53 f.
Lebens-Kunst 35, 75, 178
Leerstellen (Unbestimmtheitsstellen) 210, 222
Lehramt/Schuldienst 287
Lehre vom vierfachen Schriftsinn 196
Lehrgedicht 92
Lehrstück 116
Leitdifferenzen 248 ff.
Leitmotiv 171
Lektor/in 290
Leser/in X, 1, 7, 35, 142, 197 ff., 210 ff., 221 ff., 234, 242, 245, 250, 259, 273
Liberalismus 42, 191 f.
Libretto 172
Liebeslyrik 19
literarische Wertung 6 f.
Literaturbegriff X, 1 ff., 5
Literatur des Kaiserreichs 11
Literaturgeschichte 12
Literaturreform 13, 21
Literatursprache 21, 24
Literaturstreit 73
Literatursystem 250 ff.
Literaturverfilmung 182 f.
Literaturwissenschaftler/in (Universität) 291
Litotes 159
loci a persona 149, 151 f.,
Logozentrismus 28
Lustspiel 112, 114 f.
Lyrik 22, 29, 69, 74, 79 ff., 220 f.
lyrisches Ich 93

Machtanalytik 238 ff.
Mäzen 22
Märchen 36
Manierismus 23
Manuskript 280
Marxismus 41 f., 107 f., 220, 263, 268

Materialgeschichte 243
Mauerschau (Teichoskopie) 102
Medien/Medienwissenschaften 1, 142, 243 f., 256 ff.
Medienästhetik 256 ff., 272
Medienanthropologie 256
Mediengeschichte 256 ff.
Medienpsychologie 217
Medientechnik 257
Mediologie 256, 272
Medium/Form 252
Meistersang 17
Memoria 150, 152
Mentalitäten 271
Metapher 91, 85, 145, 157 f.
Metonymie 145, 158
Metrik 21 f., 82
Milieu 46 f.
Mimesis 14, 99
Mitleid 105, 113, 148
Mitschrift (Seminar, Vorlesung) 274 f.
Mittelalter 110 f., 128, 147, 168, 190, 233 f.
Moderne 5, 46 ff., 73, 133 f., 174 f.
Monolog 103, 123
Montage 53, 57, 59, 61, 68, 133, 141 f., 169, 183, 186 ff., 259
Montgolfière 39 f.
Moralische Anstalt 106
Moralische Wochenschriften 28 f., 258
Motivgeschichte 208
Multikulturalität 263 f.
multiperspektivisches Erzählen 123
Musik 162 f., 171 ff.
musikalische Zeichen 162 f.
Musikbeschreibungen (*verbal music*) 173 f.
Musikzitat 174
morality plays 111
Mysterienspiele 110
Mythologie 30, 63, 66 f.

Nachahmung 14, 99, 231 f.
Nationalismus 42 f., 50, 60, 192
Nationalsozialismus 61 f., 171, 185, 192, 206, 208
Natur 43 f.
Naturalismus 46 ff.
Naturlyrik 29, 66
Naturpoesie 19
Naturwissenschaften 198 ff.
Nebentext 103
Neologismus 157
Nerven, Nervosität 48 ff., 105, 109, 176 f., 181, 256
Neue Sachlichkeit 59

Neue Subjektivität 71
Neuer Mensch 52 f.
neutrale Erzählsituation 122 f.
Neuer Realismus 70
Neulatein 15 f., 18, 21, 23
Neuromantik 51
new criticism 208
new historicism 236, 268 ff.
nouveau roman 134
Novelle 129, 258

O-Ton-Verfahren 187
objet trouvé 57
Ode 17, 21, 29, 85 ff.
offenes Drama 102
Officia oratoris 149 f.
Oper 22, 171 ff., 176
Oxymoron 156

Paralipomena 281, 283
Parallelismus 155
partes artis 149 f.
Paarreim 83
Panoptismus 241
Panorama 39, 180
paragone 161
Pathos 147
Peripetie 100
personale Erzählsituation 122 f.
Perspektive 121 ff., 183
Perspektivität 123
perspicuitas 154
Philologie 14, 20
Physikotheologie 29
Picaroroman 24, 131
pictura 22 f., 167
Pietismus 139
Plausibilitätskriterium 203
Pluralismus 59, 72 f., 75, 116 f.
Poesie 17
Polyptoton 154
poésie pure 95 f.
poeta doctus 15, 21, 27
Poetik X, 26, 145 ff.
poetische/ästhetische Sprachfunktion 3, 220
Polykontexturalität 249
Polysyndeton 154
Pop-Art 71, 175, 177 f., 263, 267
Positivismus 46 f., 191 f., 206
Posse 111
Postdramatik 108 f., 177
Postkolonialismus 267
Postmoderne 72 ff., 116 f., 134, 175, 177 f.
Poststrukturalismus 202, 212 f., 222 ff.
Posttext 4

Prätext 4
Pressereferent/in 288 f.
Programmmusik 173
progressive Universalpoesie 35
pronuntiatio 150
Prosa 18, 30, 119 ff., 221, 230
Prosaroman 18, 130 ff.
provorsa oratio 120
Psychoanalyse 193, 203, 215 ff., 219
psychologische Interpretation (Schleiermacher) 197
puritas 154

Quartett 22, 84

Rachetragödie 111
Radio 61, 68, 163 f., 185 ff., 260
Rationalismus 25-28
Raubdruck 281
ready-made 57
Realismus 30, 39 ff., 132 f.
Recensio 282
Redeformen (Drama) 103 f.
Referat 277 f.
Reformation 11 f., 16 f., 18
Regelpoetik 13, 15, 26 f., 29 f.,
Regeldrama 111
Reimformen 83 f.
Reformation 130 f.
Reisebericht 137, 139 ff.
Reisetagebuch 15
Relativität 49, 51, 202, 249
Reportage 140 f.
Renaissance 13-17, 19, 21, 23 f., 111
retardierendes Moment 100 f.
Revolutionslyrik 41
Reyen 23
Rezeptionsästhetik 7, 193, 210 ff., 217, 221
Rezeptionsgeschichte 12, 234
Rhetorik X, 15, 17, 20, 145 ff., 226
Rhizom 223
Rhythmus 156
Robinsonade 31, 132
Roman 18, 21, 24, 27, 31, 130 ff.
Romantik 3, 5, 7, 33 ff.,, 171 ff.,176, 190, 215, 253
Romanze 90
Rückkopplung 247
rührendes Lustspiel 30, 112 f., 114
Rückblende 183
Rückwendung (Analepse) 127

Säkularisierung 25
Satyrspiele 110
Schäferroman 24, 131

Schelmenroman 24, 131
Schlüsselqualifikationen für Literaturwissenschaftler/innen 286
Schuldrama 23
Schreibmaschine 257
schriftliche Hausarbeit (Seminararbeit) 275 ff.
Schriftsprache 16
Schriftzeichen 161
Schuldrama 23
Schwank 18, 128
Schwulst 23
Schwulstkritik 19, 23, 27
Sekundenstil 47
Selbstbeschreibungen der Literatur 250 ff.
Semiotik 161 ff., 212 f., 219
Senkungen (Vers) 81
Sensualismus 25, 27
Serienfotografie 180, 259
Signifikanten 219 ff.
Signifikate 219 ff.
Simultaneität (Zeichen) 161 f.
Simultangedicht 53
Sonett 21, 23, 90
soziales Drama 115
Sozialgeschichte (Literatursoziologie) 11-14, 26, 193, 206 ff., 229 ff., 241 ff., 248 ff., 270
Sozialistischer Realismus 64, 230
Spondeus 81
Sprachgesellschaften 20 f.
Sprachskepsis 49
Sprachspiel 69
Ständeklausel 104, 112, 153
Stanze 86
Stationentechnik 53
Stellenkommentar 283 f.
Stemma 281
Stilhöhe 147
Stilistik 145 ff.
Stilmittel 27
Stiltypologie 206
stilus (*gravis*, *mediocris*, *humilis*) 147, 153
Strophenformen 84 ff.
Strukturalismus 193, 212, 217, 219 ff., 263
strukturelle Kopplung 249
Studienausgabe 284
Studienorganisation 273 ff.
Stunde Null 63
Sturm und Drang 3, 12, 27, 29, 93 f.
Stuttgarter Schule 69
subiectio 155
Subjekt/Subjektivität 65 ff., 71, , 215 ff., 241, 265
subscriptio 22 f., 167

subtilitas applicandi, -explicandi, -intelligendi 196
sukzessive Raffung 127
Sukzessivität (Zeichen) 161 f.
sustenatio 155
Symbol 159
symbolische Form 270 f.
Symbolismus 51, 94 f.
Sympraxis 35
Synästhesie 173, 177
Synchronie 222
Synekdoche 158
Synonymie 154
Systemtheorie 193, 226, 236, 247 ff.
Szene 102

Tagebuch 137 f.
Telefon 48, 259
Telegrafie 45, 48
Terzett 22, 84
Terzine 86
Textausgabe 284
Textbegriff 1 ff., 195 ff., 219 ff., 242, 268 ff.
Textedition X
Textentstehung 283
Textlinguistik 221
Textvertonungen 171 ff.
Theater der Grausamkeit 108 f.
Theaterreform 30
Thematologie 208
Tiefenhermeneutik 203, 215
Topos/topoi/Topik 149 ff.
tragische Ironie 104
Tragödie 100 ff., 110 ff.
Traktat 137
Transkription 281
transzendentale Obdachlosigkeit 230
Traum 180, 215 ff.
Traumarbeit 215
Traumdeutung 215 ff.
Trauerspiel 23, 105 f., 112 f., 115
Trochäus 81
Tropus 157
Trümmerliteratur 63
Tumor-Stil 19

umarmender Reim 84
Umwelt (vgl. System) 33, 248 f.
Unbestimmtheitsstellen (Leerstellen) 211
Universitäten 20
Unbewusstes 49 ff., 180, 215 ff., 219 f.
unendliche Semiose 212, 222

Unterhaltungslyrik 92
Unverständlichkeit 197
Urheberrecht 2,
Utopie 33 f., 64, 67, 72 f., 231 f.

Vagantenstrophe 85
Varianten/Sekundärvarianten 280 ff.
Veranstaltungsvor-/ nachbereitungen 273 f.
verbal music (Musikbeschreibung) 173 f.
Verfremdungs-Effekt 108
Vergleich 157 f.
Verkehrsmittel 48, 180
Versepos 31
Versformen 80 ff.
Verstehen 195 ff.
visueller Intertext 165
Vitalismus 50, 53 f.
Volkslied 29, 85
Volksstück 114
Volkssprache, volkssprachliche Literatur 21, 153
Vorausdeutung (Prolepse) 127 f.
Vormärz 11, 40 f.

Weimarer Klassik 12, 28 f., 33, 85, 87 f., 106 f., 113, 132
Weimarer Republik 57 ff., 107 f., 115 f., 192
Welttheater 106
Wende-Roman 73
Werkbegriff X, 4
Werkkreis Literatur d. Arbeitswelt 70
werkimmanente Methode 193, 206 ff.
Wertung, literarische 6 f.
Widerspiegelung 64, 230 f.
Wiener Gruppe 69
Wiener Moderne 52
Wirkung 145 ff.
Wirkungsgeschichte 210
Wissensordnungen 239 ff.
Wortfiguren 154

Xenie 30

Zeitgestaltung 18
zeitdeckendes Erzählen 126
zeitdehnendes Erzählen 126
Zeitraffung 126 f.
Zensur 61, 240
Zeugma 154
Zieldrama 101
Zufall 57, 74

Weitere Lehrbücher bei J. B. Metzler

Jörg Meibauer et al.
Einführung in die germanistische Linguistik
2002, XI, 364 Seiten, kartoniert
ISBN 3-476-01851-2
€ 19,90

Ansgar Nünning / Vera Nünning (Hrsg.)
Konzepte der Kulturwissenschaften
Theoretische Grundlagen – Ansätze - Perspektiven
2003, X, 388 Seiten, kartoniert
ISBN 3-476-01737-0
€ 24,95

Knut Hickethier
Einführung in die Medienwissenschaft
2003, ca. 400 Seiten, kartoniert
ISBN 3-476-01882-2
Ca. € 24,95

Dirk Niefanger
Barock (Lehrbuch Germanistik)
2000, VIII, 275 Seiten, kartoniert
ISBN 3-476-01735-4
€ 19,90

Peter-André Alt
Aufklärung (Lehrbuch Germanistik)
2., durchgesehene Auflage 2001,
XI, 348 Seiten, kartoniert
ISBN 3-476-01853-9
€ 19,90

Detlef Kremer
Romantik (Lehrbuch Germanistik)
2., überarbeitete und aktualisierte Auflage 2003,
VIII, 339 Seiten, kartoniert
ISBN 3-476-01972-1
€ 19,95

Walter Fähnders
Avantgarde und Moderne 1890 – 1933 (Lehrbuch Germanistik)
1998, VII, 318 Seiten, kartoniert
ISBN 3-476-01451-7
€ 19,90